|高等教育现代化研究丛书|

董泽芳◇主编

高校人力资源开发与目标管理研究

GAOXIAO RENLI ZIYUAN KAIFA
YU MUBIAO GUANLI YANJIU

董泽芳　张继平　袁秋菊／著

华中师范大学出版社

新出图证（鄂）字 10 号
图书在版编目（CIP）数据

高校人力资源开发与目标管理研究/董泽芳，张继平，袁秋菊著．—武汉：华中师范大学出版社，2023.6
（高等教育现代化研究丛书/董泽芳主编）
ISBN 978-7-5769-0127-6

Ⅰ．①高… Ⅱ．①董… ②张… ③袁… Ⅲ．①高等学校—人力资源管理—研究 Ⅳ．①G647.23

中国国家版本馆 CIP 数据核字（2023）第 082825 号

高校人力资源开发与目标管理研究
Ⓒ 董泽芳　张继平　袁秋菊　著

责任编辑：庞　丹	责任校对：巴　铭	封面设计：罗明波
编辑室：学术出版中心	电话：027-67867792	
出版发行：华中师范大学出版社有限责任公司		
社址：湖北省武汉市洪山区珞喻路 152 号	邮编：430079	
电话：027-67863426（发行部）	传真：027-67863291	
网址：http://press.ccnu.edu.cn	电子信箱：press@mail.ccnu.edu.cn	
印刷：湖北恒泰印务有限公司	督印：刘　敏	
开本：710mm×1000mm　1/16	印张：36.5	
版次：2023 年 6 月第 1 版	印次：2023 年 6 月第 1 次印刷	
字数：525 千字	定价：154.00 元	

欢迎上网查询、购书

敬告读者：欢迎举报盗版，请打举报电话 027-67867353

总　　序

　　教育是国之大计、党之大计。党的二十大报告提出了"实施科教兴国战略，强化现代化建设人才支撑"的重要论断，围绕教育优先发展、科技自立自强、人才引领驱动等作出新的全面部署。这为我们在全面建设社会主义现代化国家新征程上加快建设教育强国、科技强国、人才强国指明了方向。

　　高校承担着人才培养、科学研究、社会服务、文化传承创新与国际交流合作等重要职能，是教育高地、科技高地、人才高地的融合体。习近平总书记指出，高等教育发展水平是一个国家发展水平和发展潜力的重要标志。国家对高等教育的需要比以往任何时候都更加迫切，对科学知识和卓越人才的渴求比以往任何时候都更加强烈。实现高等教育现代化是实现教育现代化的核心内容，是建设教育强国、科技强国与人才强国的重要保障，是全面实现中国式现代化的强大基础，是推进中华民族伟大复兴的先导工程。

　　实现我国高等教育现代化，既要顺应国际高等教育的发展潮流，符合全球高等教育发展的共同愿景，体现世界一流的高等教育理念、体系、质量和水平；也要具有鲜明的中国特色，契合中国的国情，坚持社会主义办学方向，重视对优秀传统文化、核心价值理念和正确教育思想的弘扬，走出一条在高等教育大国基础上建设高等教育强国的道路；还要遵循我国现代化发展、教育现代化发展与人才发展自身的规律。高等教育现代化是一个立足本国、向他国学习，并不断自我创新的过程。基于此，我国高等教育现代化应该是立足于人口规模巨大国情的现代化，是追求人的全面发展、全体人民共同富裕、物质文明和精神文明协调并进、人与自然和谐共生的现代化，走和平发展道路的现代化。

实现我国高等教育现代化要把握机遇，用好机遇。当今世界正处于国际形势大变动时期，中国的发展也进入新时代，综观国际、国内形势，我国正处在进一步发展的重要战略机遇期，这为高等教育现代化发展提供了千载难逢的机遇。如世界经济格局新变化为高等教育现代化提供了强大的外部动力，"科教兴国"与"人才强国"战略为高等教育现代化建设提供了重要的战略支撑，经济持续发展与对高教投入加大为高等教育现代化发展提供了必要的物质保障，全党全社会对"教育优先发展"战略的认识深化为高等教育现代化发展创造了良好的精神环境，广泛的国际开放与合作背景拓宽了我国高等教育现代化国际交流平台，等等。在促进我国高等教育现代化发展的进程中，我们必须以高度的使命感把握机遇，用好机遇。

实现我国高等教育现代化也必须正视问题、研究问题。这些问题主要有：一是有些理念滞后，表现在很多大学对大学主体是什么、为什么办大学以及大学应该怎样办等缺乏深层次的理性认识；二是价值取向偏颇，表现在重功利价值轻学术价值，重科技价值轻人文价值，重局部近期价值轻整体长远价值，重个人发展价值轻社会发展价值，重效率价值轻公平价值，重适应社会的价值轻社会导引的价值，重分化的价值轻整合的价值，重维护稳定价值轻改革创新等方面，价值取向上的偏颇必然导致办学方向的迷茫、培养目标的模糊与高等教育功能的萎缩；三是发展定位不当，表现在我国当前许多高校在定位上仍然存在着办学目标雷同、服务面向不清、办学层次混乱、发展模式单一、办学特色淡化等问题；四是经费投入不足，表现在我国生均财政经费偏低，不同地区高校生均经费差距很大，公办高校经费投入与规模发展不相适应，不少高校的硬件建设和软件建设受到极大限制；五是制度建设薄弱，表现在大学与政府、社会的关系尚未理顺，大学自身的主体性的失落，有些大学内部也因种种原因出现行政权力异化，如职能官位化、作风衙门化、学术行政化等现象；六是教师现状堪忧，表现在部分高校教师人文素质偏低、敬业意识淡薄、价值观念偏颇和师德教风不佳等方面；七是培养模式僵化，反映在部分高校培养目标过专、专业划分过细、专业设置求全、教学方法重灌、学习方法过死、评价方法单一等；八是教学质量堪忧，主要反映在学生的自主学习能力不高、实践能力偏弱、创新人才较差等方面。我们必须以高度的责任感研究问题、破解难题。

本套丛书正是基于上述认识，围绕我国社会现代化进程中高等教育现代化面临的问题进行了探究。如有专著根据高等教育现代化是为了实现科教强国、人才强国的目标，将有效开发高校人力资源作为研究对象，以当今国际形势变动、国内发展转型、学校自身变革对高校教师开发以及人才培养的需求为研究切入点，重点评介了国内外高校人力资源开发与管理的相关理论，结合对当前高校人力资源开发与管理现状的调查研究，着重分析了高校人力资源选、用、管、评的机制优化与实施策略。有专著依据我国高等教育现代化追求公平与质量并重的目标，阐释了评价考生入学公平的最终标准是人人都能接受适合自己的高质量高等教育，人人都能成为社会的有用之才，人人都有出彩的机会；高等教育分流机制创新的根本目的是促进高等教育公平，前提条件是保证教育质量，高等教育分流机制创新必须合目的性、合规律性、合条件性。有专著认为实现乡村振兴是我国高等教育现代化的重要任务，提出了"培育一粒种子，带动一个专业，服务一群产业，扶持一方经济""以师兴乡"的办学理念，开展了研究生层次乡村工匠之师培养培训创新实践与理论研究，总结出了"三界共振＋三双共振＋三术共振"要素之和及其相互作用的"全息共振"模式。有专著围绕高等教育对乡村振兴的智力支持的理念，采用访谈、个案等形式对某些具有典型性的农村社区进行实证调查，分析了高等教育对乡村振兴进行智力渗透方面的成绩与问题，提出了实现高等教育为乡村振兴提供切实有效智力支持的对策建议。有专著基于"制度—环境—行为"和"行为—环境—制度"两条主线，围绕制度、社会结构与组织环境、行为主体三大中心及其相互作用，对应用型本科高校教师工作考核制度的变迁机制和运行现状进行了探究。有专著立足于高等教育现代化是追求全体人民共同富裕、城乡协调发展的现代化，提出高师实践教学改革应以实习支教为抓手，整合教师教育实践教学改革和农村师资补充，建构地方政府推动下高校实习生、高校教师、乡村教师与城镇教师循环流转的"四元多维"模式，以促进贫困地区教育发展。有专著基于高职院校服务战略产业的方向，研究了区域战略性新兴产业对人才的需求，调查了职业院校人才培养现状，探讨和建构了推进职业院校服务区域战略性产业的路径和相关政策保障。有专著根据高等教育现代化的目标，从新制度主义理论视角出发，研究了推动高校分类发展，引导应用型本科高校特色发展，完善教师权益保障制度、工资薪酬制度和职称评定制度等的思路与对策。有专著以112所地方本科师范院校为样本，对组织目标、组织结构、组织行为等方面的转型问题进行了研究，提出了建立省级统筹下的教师教育体系、形成分类评估的制度、促进适合区域特色的本土化发展之路等对策。有专著基于知识生产模式理论的分析视角，综合运用多种方法，研究了西南地区地方高校的学科建设问题，剖析了地方高校与学科、地方高校与知识、学科与知识的逻辑关系，总结了西南地区地方高校学科建设的基本经验，梳理了地方高校学科建设中的主要问题，提出了在高等教育现代化进程中优化地方高校学科建设的基本路径。有专著以教育博士专业学位研究生培养模式为研究对象，以知识生产模式转型为理论视角，考察了我国教育博士专业学位研究生培养中的问题，提出了构建"系统集群—结构要素"组合的教育博士专业学位研究生培养模式和改革路径。

本套丛书在选题上都是紧紧围绕高等教育现代化发展，立足于问题研究，着眼于学科发展，致力于实践服务，既有宏观的政策考察，也有中观的制度分析，更有微观的对策探讨；书中提出的可行性建议与举措，对促进我国高等教育改革与发展具有一定的参考价值，希望能为构建中国式现代化高等教育体系，推进高等教育现代化发展贡献微薄之力。本套丛书的作者有些是资历尚浅的青年学者，书中有些观点和论证还显稚嫩和不足，但他们对教育深厚的人文情怀与现实关切令人感动。

中国高等教育现代化建设是一个系统工程，还有许多值得研究的问题。由于作者水平所限，以及对高等教育现代化发展的规律认识不深，本套丛书必有诸多不足，希望诸位读者不吝赐教。在此要特别感谢华中师范大学出版社领导、编辑部主任及各位编辑对本套丛书的大力支持。

董泽芳

2023 年 5 月 12 日

引　　论

　　当今世界的综合国力竞争，归根到底是人力资源的竞争。高校人力资源是具有高层次性、高智能性、高能动性、高创造性、高增值性与高流动性等特质的人力资源，是决定高校发展的最宝贵的资源。高校人力资源开发就是高校组织通过多种开发途径，充分发掘高校人力资源的内在潜能，增强他们的主体意识，唤醒他们的生命感、使命感和价值感，激发他们的创造力与精神力，并通过合理配置和有效激励等方式，提高人力资源的使用效率。

　　高校人力资源开发是一项系统工程，主要包括充分挖潜、优化配置、合理使用等环节。要实现其整体的优质与高效，在每一个环节中都离不开科学管理。由此，很多学者将研究上述内容的学科统称为"高校人力资源开发与管理"。

　　高校目标管理是科学管理的新阶段。所谓"目标管理"就是管理者通过各侧面、各层级目标的科学确立，引导执行者一步步实现各层级目标以实现最终目标的管理方法。目标管理遵行"目标管理与自我控制"的思想，要义是组织中高层管理人员与职员共同商定发展目标，职员按照目标确定各自的分目标，组织以目标为中心实行全员管理，将目标完成的程度作为评价和激励职员的杠杆，促使他们自我约束、自我控制，实现自我管理，最终落实目标；其核心在于激发职员自我努力、追求卓越的愿望；其宗旨在于塑造积极、灵活、和谐的组织风格。目标管理理论一经提出，很快在欧美及日本等国家产生反响，并广泛应用于公用事业、政府机关、金融等行业和部门，收到了很好的效果。由于目标管理的成效，以及高校管理与企业管理存在一些相通之处，20世纪60—70年代，目标管理被引入西方高校管理中。我国于20世纪90年代后，随着高等学校合并和重组，学校规模变得越来越大，加上高教管理体制改革不断深化，传统的高校管理已经不能满足提高效率和效益的要求，目标管理作为一种现代管理方法逐渐开始受到许多高校关注并得到施行，取得了良好效果。

回顾我国高校人力资源开发与高校目标管理的推行与研究的历程，相关的理论及其应用研究逐渐增多，但面临的理论困扰与实践困惑亦多。本研究在选题上最大的创新，就是将高校人力资源开发与高校目标管理结合起来，以解决高校人力资源开发与目标管理面临的理论与实践问题。这种结合既能够提升人力资源开发的理论性、增强人力资源开发决策的科学性和提高人力资源开发的效能性，也能促使高校目标管理的目标更明确、体系更完善、措施更具体、评价更科学。

新时代加强高校人力资源开发与目标管理研究对促进高校发展意义更为重大。当前，中国特色社会主义进入了新时代，在新的历史方位上，高校肩负着新的时代使命。高校必须回应国家和社会发展的呼唤，服务国家战略和经济社会发展，构建新时代一流卓越人才培养体系，大力培养担当民族复兴大任的时代新人，努力实现高教强国战略。高校必须站在为国家、为民族振兴培养人才的高度上，准确、科学地确立自己的战略基点，优化办学结构，凝练办学特色，完善内部治理结构，激发学校的内生动力；搭建国际交流合作平台，建设一流的人才培养基地，努力实现人才强校的目标。高校必须坚持以改革为动力，通过完善管理体制机制，加强高校人力资源开发与目标管理，激发每个员工的创新创造活力，遵循人才成长与人力资源开发规律，构建有利于激发师生积极性和创造性内生动力的制度和机制，打造一支高素质的师资队伍和管理队伍，努力实现充分开发高校人力资源的目标。可以说，加强高校人力资源开发与目标管理研究，既是实施"人才强国"战略的强烈呼唤，又是实现"人才强校"目标的迫切要求，还是促进高校员工充分发展的有效途径。

本书内容分为三大篇。上篇是高校人力资源开发与目标管理研究的理论基础，包括四章：第一章为高校人力资源开发与目标管理的概念分析，重点分析了"高校人力资源开发"与"高校目标管理"这两个核心概念的基本内涵、主要特征及构成要素，探讨了二者之间的关系。第二章为高校人力资源开发与目标管理的研究基础，分别研究了高校人力资源开发与高校目标管理研究的缘起、现状与趋势等，探讨了新时代加强高校人力资源开发与目标管理研究的意义。第三章为高校人力资源开发与管理的思想源流，在探讨了中国古代人力资源思想、西方人力资源开发与管理思想流派及中国现代人力资源开发与管理指导思想的基础上，重点分析了现代人力资源开发与管理的八大基本原理。第四章为高校人力资源开发与目标管理的理论支撑，即人力资本理论、科学管理理论、个体行为理论、团队管理理论与竞争战略理论等五大理论。

中篇是高校人力资源开发研究，包括四章：第五章为高校人力资源的战略规划，主要研究高校人力资源战略规划的内涵与意义、方法和程序、现状与问题，以及新时期高校人力资源规划的新目标与新要求。第六章为高校人力资源的充分开发，主要研究高校人力资源充分开发的内涵、目标、方式及相关理论。第七章为高校人力资源的优化配置，从介绍人力资源优化配置的一般理论入手，分析高校人力资源优化配置的现状与问题，进而提出新时期优化高校人力资源配置的思路与对策，最后对我国当前的高校"双肩挑"岗位设置问题进行了专门研究。第八章为高校人力资源的合理使用，研究了高校人力资源合理使用的目的和意义、内容与方法、现状与原因，及新时期高校人力资源合理使用的指导思想与操作策略。

下篇是高校目标管理研究。包括四章：第九章为高校目标管理的理论探讨，探讨了高校目标管理的基本概念，进行了相关概念辨析，分析了高校目标管理的主要特征和时代价值。第十章为高校目标管理的过程分析，即目标制定、目标实施、目标考核与总结反馈。第十一章概括了高校目标管理的原则，即目标兼顾原则、行动协调原则、全程监控原则、适时反馈原则、有效激励原则与合理授权原则。第十二章为高校目标管理的规律探讨，提出了要正确处理主体与客体、过程与结果、共性与个性、适应与超越、定性与定量、刚性与柔性、集中与分散、公平与效率、激励与约束之间的关系。

本书在编写中，力图体现下列原则：一是研究目标的前沿性。本书不仅了介绍了高校人力资源开发与目标管理研究的历史背景、现实境况与取得的成效，还分析了面临的问题、研究的走向与发展的趋势；更注意从高教强国、人才强校与员工发展的视角阐释了新时代加强高校人力资源开发与目标管理研究的意义。二是理论介绍的系统性。本书在第三章全面介绍了中国古代人力资源思想与西方人力资源开发与管理的思想流派后，重点分析了中国现代人力资源开发与管理的指导思想，包括马克思与恩格斯的人才观、毛泽东的人才观、邓小平的人才观与习近平的人才观，阐释了现代人力资源开发与管理的八大基本原理，又专列第四章，介绍了高校人力资源开发与目标管理的五大支撑理论，即人力资本理论、科学管理理论、个体行为理论、团队管理理论与竞争战略理论。三是规律探索的深刻性。本书在对高校人力资源开发与目标管理的基本概念、概念特征、理论基础、时代价值、基本原则、运行过程等进行系统研究的基础上，十分注重对核心概念的探究和对基本规律的揭示，如从开发战略、开发对象、开发主体、开发环节四个侧面认识到高校人力资源充分开发是一种整体性开发、全员性开发、全方位开发与全程性开发；从主体与客体、过程与结果、个性与共性、适应与超越、定性与定量、刚性与柔性、集中与分散、公平与效率、激励与约束等九大关系出发，揭示了高校目标管理中九大管理规律。四是问题研究的针对性。本书在对高校人力资源开发、高校目标管理与人力资源战略规划进行的研究中，都专门讨论了当前面临的理论困扰与实践困惑；在高校人力资源优化配置的研究中，不仅分析了优化配置的现状与问题，还专门研究了高校"双肩挑"岗位设置的理论依据与实践价值，同时针对高校"双肩挑"面临的理论分歧与实践困扰，重点探讨了高校"双肩挑"岗位应有的设置原则与管理方法。五是对策建议的可操作性。高校人力资源开发与目标管理研究已经在许多高校落地生根，因此它早已不是纯粹的"书斋中的学问"，而是具有很强的应用性，成为高校管理的一种重要策略和制度。本书在每个章节中都注重根据时代与高校发展的要求，提出既有理论指导性又有实践操作性的对策建议，有利于读者们从本书中找到可借鉴之处，引起读者思考。

本书是积作者与团队成员二十多年的研究成果编写而成。早在20世纪90年代后期，作者董泽芳就开始为行政管理与高教管理专业的研究生开设"人力资源开发与管理"和"高校人力资源开发与管理"等课程，并发表了系列研究文章；董泽芳主编的《人力资源开发与管理》一书，2000年由华中师范大学出版社出版并多次再版。2004年，华中师范大学开始实施目标管理，在三年多的实践中，深感面临的理论困惑与实践困扰很多，2007年初分管人事工作的校党委副书记何祥林教授与人事处陈守银处长策划，由董泽芳教授牵头成立课题组，专门研究高校目标管理问题，理论研究的主要成员有当年的在读博士生张继平、熊德明、何青等，参与实证调查的主要有硕士生李任、刘桂芬、王虹红、都丽娟等。课题组先后在《高等教育研究》等刊物发表了《高校目标管理的主要特征及实施策略》《高校目标管理面临的困惑与思考》《论高校目标管理中的十大关系》《高校目标管理刚柔相济》《关于75所高校目标管理实施现状调查》等系列理论文章和多篇调查报告。2021年7月董泽芳教授、张继平教授与袁秋菊教授合作，在原有研究基础上，以"高校人力资源开发与目标管理"为新课题，立足于时代发展的新要求、高校发展的新机遇、高校人力资源开发与目标管理面临的新困惑，确定了新的研究目标，构建了新的研究框架，拓展了新的研究内容。

当然，本研究也只是这一研究领域里的一个阶段性成果。实施高校人力资源开发和高校目标管理是一项复杂而艰巨的系统工程，在不同层次、不同类型的高校的管理实践中又存在千差万别。无论是理论层面，还是实践层面，都有许多值得研究和探讨的问题，高校人力资源开发与目标管理的理论体系建构还可作进一步完善，高校人力资源开发与目标管理的问题分析还可作进一步深化。

董泽芳

2022 年 6 月 25 日

目　录

上篇　高校人力资源开发与目标管理研究的理论基础

第一章　高校人力资源开发与目标管理的概念分析 … 3
第一节　高校人力资源开发的基本概念 … 3
一、对人力资源开发的一般理解 … 3
二、高校人力资源的构成与特征 … 8
三、高校人力资源开发 … 20
第二节　高校目标管理的基本概念 … 22
一、目标的内涵与属性 … 22
二、目标管理的概念与特征 … 24
三、高校目标管理的构成要素及目标体系 … 28
第三节　高校人力资源开发与目标管理的相互关系 … 32
一、高校人力资源开发是一项系统工程 … 33
二、高校人力资源开发离不开科学管理 … 34
三、目标管理促进高校人力资源开发 … 36

第二章　高校人力资源开发与目标管理的研究基础 … 40
第一节　高校人力资源开发与研究的缘起、内容与趋势 … 40
一、高校人力资源开发与研究的缘起 … 40
二、高校人力资源开发与研究的成效 … 45
三、高校人力资源开发与研究的趋势 … 50
第二节　高校目标管理的推行与研究背景、成效与问题 … 54

一、高校目标管理推行的背景 …………………………… 54
　　二、高校目标管理研究的成效 …………………………… 59
　　三、高校目标管理面临的问题 …………………………… 64
　第三节　新时代加强高校人力资源开发与目标管理研究的意义 … 67
　　一、新时代高校人力资源开发管理与高教强国 ………… 68
　　二、新时期高校人力资源开发管理与人才强校 ………… 74
　　三、新时期高校人力资源开发管理与员工发展 ………… 79
第三章　高校人力资源开发与管理的思想源流 ………………… 84
　第一节　中国古代人力资源思想举要 ……………………… 84
　　一、中国古代的重人思想 ………………………………… 84
　　二、中国古代的育人思想 ………………………………… 87
　　三、中国古代的选人思想 ………………………………… 90
　　四、中国古代的用人思想 ………………………………… 93
　　五、中国古代的管人思想 ………………………………… 96
　第二节　西方人力资源开发与管理的思想流派 …………… 99
　　一、科学管理学派 ………………………………………… 99
　　二、行为管理学派 ………………………………………… 107
　　三、文化管理学派 ………………………………………… 110
　第三节　中国现代人力资源开发与管理的指导思想 ……… 111
　　一、马克思、恩格斯的人才观 …………………………… 111
　　二、毛泽东的人才观 ……………………………………… 118
　　三、邓小平的人才观 ……………………………………… 122
　　四、习近平的人才观 ……………………………………… 127
　第四节　现代人力资源开发与管理的基本原理 …………… 147
　　一、要素有用原理 ………………………………………… 147
　　二、系统优化原理 ………………………………………… 148
　　三、能级对应原理 ………………………………………… 150
　　四、互补增值原理 ………………………………………… 151
　　五、激励强化原理 ………………………………………… 152

六、反馈控制原理……………………………………………… 154
　　七、弹性冗余原理……………………………………………… 155
　　八、竞争协作原理……………………………………………… 156
第四章　高校人力资源开发与目标管理的理论支撑……………… 159
　第一节　人力资本理论…………………………………………… 159
　　一、人力资本理论的基本观点………………………………… 159
　　二、人力资本理论在高校人力资源开发与管理中的理论价值……
　　　…………………………………………………………………… 167
　　三、人力资本理论对高校人力资源开发与管理的实践指导…… 168
　第二节　科学管理理论…………………………………………… 171
　　一、科学管理理论的基本观点………………………………… 171
　　二、科学管理理论在高校人力资源开发与管理中的理论价值……
　　　…………………………………………………………………… 173
　　三、科学管理理论对高校人力资源开发与管理的实践指导…… 174
　第三节　个体行为理论…………………………………………… 176
　　一、个体行为理论的基本观点………………………………… 176
　　二、个体行为理论在高校人力资源开发与管理中的理论价值……
　　　…………………………………………………………………… 181
　　三、个体行为理论对高校人力资源开发与管理的实践指导…… 186
　第四节　团队管理理论…………………………………………… 189
　　一、团队管理理论的基本观点………………………………… 189
　　二、团队管理理论在高校人力资源开发与管理中的理论价值……
　　　…………………………………………………………………… 190
　　三、团队管理理论对高校人力资源开发与管理的实践指导…… 191
　第五节　竞争战略理论…………………………………………… 192
　　一、竞争战略理论的基本观点………………………………… 193
　　二、竞争战略理论在高校人力资源开发与管理中的理论价值……
　　　…………………………………………………………………… 194
　　三、竞争战略理论对高校人力资源开发与管理的实践指导…… 196

中篇　高校人力资源开发研究

第五章　高校人力资源的战略规划 ………………………………… 201
第一节　高校人力资源战略规划的内涵与意义 ………………… 201
一、高校人力资源战略规划的内涵 …………………………… 201
二、高校人力资源战略规划的特征 …………………………… 203
三、制定高校人力资源战略规划的意义 ……………………… 204
第二节　高校人力资源战略规划的方法和程序 ………………… 206
一、高校人力资源战略规划的依据 …………………………… 206
二、高校人力资源战略规划的方法 …………………………… 208
三、高校人力资源战略规划的程序 …………………………… 213
第三节　高校人力资源战略规划的现状与问题 ………………… 217
一、高校人力资源战略规划的现状 …………………………… 217
二、高校人力资源战略规划的问题 …………………………… 219
第四节　新时代高校人力资源战略规划的目标与要求 ………… 223
一、新时代高校人力资源战略规划的新目标 ………………… 223
二、新时代高校人力资源战略规划的新要求 ………………… 225

第六章　高校人力资源的充分开发 ………………………………… 230
第一节　高校人力资源充分开发的内涵 ………………………… 230
一、从开发战略上讲，是一种整体性开发 …………………… 230
二、从开发对象上讲，是一种全员性开发 …………………… 233
三、从开发主体上讲，是一种全方位开发 …………………… 235
四、从开发环节上讲，是一种全程性开发 …………………… 238
第二节　高校人力资源充分开发的目标 ………………………… 240
一、高校人力资源充分开发的总体目标 ……………………… 240
二、高校人力资源充分开发的具体目标 ……………………… 241
第三节　高校人力资源充分开发的方式 ………………………… 244
一、教育开发 …………………………………………………… 244
二、配置开发 …………………………………………………… 246

三、使用开发 …………………………………………… 247
　　四、环境开发 …………………………………………… 248
　第四节　高校人力资源充分开发的相关理论 …………… 250
　　一、教育学与高校人力资源充分开发 ………………… 250
　　二、心理学与高校人力资源充分开发 ………………… 251
　　三、创造学与高校人力资源充分开发 ………………… 255

第七章　高校人力资源的优化配置 …………………………… 259
　第一节　人力资源优化配置的一般理论 ………………… 259
　　一、人力资源优化配置的含义 ………………………… 259
　　二、人力资源优化配置的依据 ………………………… 261
　　三、人力资源优化配置的内容 ………………………… 263
　　四、人力资源优化配置的模式 ………………………… 264
　　五、人力资源优化配置的原则 ………………………… 266
　　六、衡量人力资源配置是否优化的标志 ……………… 267
　第二节　高校人力资源优化配置的现状与问题 ………… 269
　　一、我国高校人力资源优化配置的现状 ……………… 269
　　二、我国高校人力资源优化配置中存在的问题 ……… 274
　第三节　高校人力资源优化配置的原则与路径 ………… 281
　　一、高校人力资源优化配置的意义 …………………… 281
　　二、高校人力资源优化配置的原则 …………………… 282
　　三、高校人力资源优化配置的路径 …………………… 284
　第四节　高校"双肩挑"岗位设置研究 ………………… 287
　　一、高校"双肩挑"岗位设置的理论依据与实践价值 … 287
　　二、高校"双肩挑"的现状与困扰分析 ……………… 292
　　三、高校"双肩挑"岗位的设置原则与管理方法 …… 300

第八章　高校人力资源的合理使用 …………………………… 307
　第一节　高校人力资源合理使用的目的和意义 ………… 307
　　一、高校人力资源合理使用的目的 …………………… 307
　　二、高校人力资源合理使用的特点 …………………… 309

三、高校人力资源合理使用的意义……………………… 310
第二节　高校人力资源合理使用的内容与方法…………… 313
　　一、高校人力资源合理使用的内容……………………… 313
　　二、高校人力资源合理使用的原则……………………… 315
　　三、高校人力资源合理使用的方法……………………… 317
第三节　我国高校人力资源合理使用的现状与原因……… 324
　　一、高校人力资源使用的现状…………………………… 324
　　二、影响高校人力资源合理使用的原因………………… 328
第四节　新时期高校人力资源合理使用的指导思想与操作策略……
　　…………………………………………………………… 331
　　一、新时期高校人力资源合理使用的指导思想………… 332
　　二、新时期高校人力资源合理使用的操作策略………… 334

下篇　高校目标管理研究

第九章　高校目标管理的理论探讨………………………… 345
第一节　高校目标管理的相关概念辨析…………………… 345
　　一、目标管理与计划管理………………………………… 347
　　二、目标管理与绩效管理………………………………… 350
　　三、目标管理与量化管理………………………………… 356
第二节　高校目标管理的特征探讨………………………… 359
　　一、方向的明确性………………………………………… 360
　　二、校情的适应性………………………………………… 364
　　三、目标的多元性………………………………………… 371
　　四、设计的整体性………………………………………… 375
　　五、全员的参与性………………………………………… 380
　　六、操作的灵活性………………………………………… 384
　　七、激励的科学性………………………………………… 387
第三节　高校目标管理的时代价值………………………… 392
　　一、提高高校的竞争力…………………………………… 392

二、增强高校的适应力……………………………………… 393
　　三、拓宽高校的辐射力……………………………………… 394
第十章　高校目标管理的过程分析……………………………… 397
　第一节　目标制定……………………………………………… 397
　　一、论证决策………………………………………………… 398
　　二、协商分解………………………………………………… 401
　　三、定责授权………………………………………………… 405
　第二节　目标实施……………………………………………… 407
　　一、咨询指导………………………………………………… 407
　　二、监控督察………………………………………………… 408
　　三、调整纠偏………………………………………………… 409
　第三节　目标考核……………………………………………… 410
　　一、目标考核的基本内涵…………………………………… 410
　　二、目标考核的构成要素…………………………………… 412
　　三、目标考核的主要特征…………………………………… 414
　　四、目标考核的实施策略…………………………………… 415
　第四节　总结反馈……………………………………………… 445
　　一、反馈考核结果…………………………………………… 446
　　二、有效实施奖惩…………………………………………… 448
　　三、指出改进方向…………………………………………… 450
第十一章　高校目标管理的原则概括…………………………… 451
　第一节　目标兼顾原则………………………………………… 451
　　一、长期目标与短期目标兼顾……………………………… 452
　　二、重点目标与一般目标兼顾……………………………… 453
　　三、刚性目标与柔性目标兼顾……………………………… 453
　　四、组织目标与个人目标兼顾……………………………… 454
　　五、维持性目标与突破性目标兼顾………………………… 455
　　六、功利目标与精神目标兼顾……………………………… 456
　第二节　行动协调原则………………………………………… 456

一、目标制定时集思广益…………………………………………457
　　二、目标分解时各展其长…………………………………………457
　　三、目标实施时群策群力…………………………………………458
　　四、目标考核时多元参与…………………………………………458
　第三节　全程监控原则………………………………………………458
　　一、目标制定时明确职责…………………………………………459
　　二、目标实施时关注境况…………………………………………459
　　三、目标考核时维护公正…………………………………………460
　第四节　适时反馈原则………………………………………………462
　　一、目标制定时加强双向沟通……………………………………462
　　二、目标实施中加强信息通报……………………………………463
　　三、目标考核中加强得失交流……………………………………464
　第五节　有效激励原则………………………………………………466
　　一、物质激励与精神激励相结合…………………………………467
　　二、正向激励与负向激励相配合…………………………………468
　　三、外在激励与内在激励相贯通…………………………………471
　　四、显性激励与隐性激励相补充…………………………………472
　　五、成就激励与期望激励相联系…………………………………474
　第六节　合理授权原则………………………………………………476
　　一、明确授权范围…………………………………………………476
　　二、选准授权对象…………………………………………………478
　　三、遵循授权要求…………………………………………………478
　　四、选择授权方式…………………………………………………479
　　五、掌控授权状况…………………………………………………481
第十二章　高校目标管理的规律探讨…………………………………482
　第一节　主体与客体的关系…………………………………………483
　　一、主客体关系的应然状态………………………………………483
　　二、主客体关系的实然状态………………………………………485
　　三、主客体关系的和谐状态………………………………………491

第二节 过程与结果的关系 ······ 495
一、过程与结果关注的焦点 ······ 495
二、过程与结果脱节的原因 ······ 499
三、过程与结果配合的途径 ······ 500

第三节 共性与个性的关系 ······ 503
一、共性的特征分析 ······ 503
二、个性的内涵解读 ······ 506
三、共性与个性的联系机制 ······ 510

第四节 适应与超越的关系 ······ 514
一、主动适应的现实需要 ······ 515
二、适度超越的理想追求 ······ 520
三、适应与超越的相互递进 ······ 523

第五节 定性与定量的关系 ······ 524
一、定性与定量考核相补充的价值所在 ······ 524
二、定性与定量考核相割裂的原因分析 ······ 526
三、定量与定性考核相结合的路径依赖 ······ 527

第六节 刚性与柔性的关系 ······ 530
一、刚柔相济的重要意义 ······ 531
二、刚柔相克的严重危害 ······ 534
三、刚柔相济的基本原理 ······ 536

第七节 集中与分散的关系 ······ 538
一、集中与分散相互依存的条件 ······ 539
二、集中与分散彼此冲突的表现 ······ 541
三、集中与分散交汇中和的措施 ······ 542

第八节 公平与效率的关系 ······ 546
一、效率是高校目标管理的本质体现 ······ 546
二、公平是高校和谐发展的前提 ······ 547
三、公平与效率兼顾是目标管理的理性选择 ······ 549
四、公平与效率兼顾应坚持的原则 ······ 552

第九节　激励与约束的关系……………………………………… 553
　一、激励与约束的统一…………………………………………… 554
　二、激励与约束的对立…………………………………………… 556
　三、激励与约束的协调…………………………………………… 557

上篇

高校人力资源开发与目标管理研究的理论基础

第一章　高校人力资源开发与目标管理的概念分析

本书以《高校人力资源开发与目标管理研究》为名,可知"高校人力资源开发"与"高校目标管理"是最核心的两个概念。故本章重点分析这两个核心概念的基本内涵、主要特征、构成要素及二者之间的关系,从而为高校人力资源开发与目标管理的理论研究和实践活动奠定基础。

第一节　高校人力资源开发的基本概念

全面分析高校人力资源开发的概念,必须首先了解何谓人力、何谓资源、何谓开发;进而探讨高校人力资源的概念、构成与特征。

一、对人力资源开发的一般理解

"资源"原意是指资财的来源,现在泛指各种可以被利用来创造财富或满足需要的条件或手段。通常认为,人类社会经济活动可利用的基本资源有人、财、物、信息与时间五类。在这五类资源中,后四种资源可归结为"物"的资源。物的资源是一种机械性的"死"的资源,而人则是一种具有能动性的"活"的资源。

"人力"是指在社会经济活动中能发挥主观能动作用的人的各种具

体力量的总称。人力由体质、智力、知识与技能四大要素构成。体质即人的身体素质，具体包括体格、体能与适应力三方面；智力是指人认识事物与运用知识改造客观世界的能力，包括注意力、观察力、记忆力、思维力、想象力等；知识是人在学习和实践活动中所获得的各种经验和理论；技能是指人运用知识经验并经由练习而习惯化了的动作体系。

在一切资源中，人力资源最宝贵。早在两千年前，我国的思想家荀子就谈到了人与自然界万物的本质区别。他说："水火有气而无生，草木有生而无知，禽兽有知而无义；人有气有生有知亦且有义，故最为天下贵也。"人与万物的区别在于人有知、有义，因此能组成有序社会并能驾驭万物，从而成为世间最宝贵的资源。马克思主义者则从人是生产力诸因素中最活跃、最革命的因素的角度来肯定人的地位。马克思说，在劳动过程中，"人以自身的活动来引起、调整和控制人和自然之间的物质变换的过程。人自身作为一种自然力与自然物质相对立。为了在对自身生活有用的形式上占有自然物质，人就使他身上的自然力——臂和腿、头和手运动起来"[①]。也就是说，人能够发动自身的体力和脑力作用于自然资源，创造出能满足人类生活的社会财富。从人类社会发展的历史看，无论是科学技术的发明、生产工具的改进，还是生产资料的使用和物质财富的创造，都离不开人力。可见，在一定的社会历史条件下，在人与物这两大类资源要素中，人力资源具有决定性的作用。

关于人力资源，目前有着多种界定。有的人从广义的角度，把人力资源界定为"包含在人体内的一种生产能力""人类资源"或"智力正常的人"；有的人从狭义的角度，把人力资源界定为"劳动力资源""一个国家或地区具有劳动能力的人口的总和""处在劳动年龄的已直接投入建设或尚未投入建设的人的能力""一切具有为社会创造物质文化财富、为社会提供劳务和服务的人"，或"企业内部成员及外部可提供潜在服务及有利于企业预期经营活动的人的总和"等等。

---

① 马克思. 资本论：第一卷［M］. 中共中央马克思恩格斯列宁斯大林著作编译局，译. 北京：人民出版社，1975：201-202.

关于"开发"一词的概念,有辞书说道:开发是指以荒地、矿藏、森林等没有被利用的自然资源为对象进行劳动,以达到利用的目的。后来它又被运用到人力开发、智力开发和技术开发等领域,使它有了更多的含义。

什么是人力资源开发？从经济学的角度溯源,"人力资源开发"这一概念的提出就要追溯到魁奈了。魁奈最早对人的素质进行了研究,他认为人是创造财富的第一因素,并提出了"构成国家强大的因素是人"这一观点。随后,威廉·配第将人的素质和经济发展联系起来,他认为:"决定经济发展的根本因素并不是土地和人口的绝对数量,而是人口的素质；人的素质不同,劳动能力也有所不同,而劳动能力不同,创造的价值也就不同。"接着,亚当·斯密和李嘉图进一步发展了劳动价值理论,从经济学角度为人力资源开发思想的发展做出了重要贡献。到了19世纪末,经济学集大成者阿尔弗雷德·马歇尔对知识和组织作用的看法,几乎与近代人力资源开发的思想相近。马歇尔在《经济学原理》中提出了与过去的经济学家不同的观点:生产要素除土地、劳动、资本三因素外,还包括人的健康程度、产业培训,他把人的能力因素与人的健康程度、产业培训问题联系起来。

经济学主要是从宏观层面对人力资源开发思想进行论证。事实上,我们现在关于人力资源开发的研究大都是从微观的角度下定义。最先是在1969年,"人力资源开发"一词由伦纳德·纳德勒（Leonard Nadler）在美国培训发展协会的年会上首次提出,一年后,纳德勒又提供了一个他和他的妻子齐丝（Zeace）在后来的几十年中一直使用的定义。他们把人力资源开发定义为在特定时期开展的、以促成劳动者行为改变为目的的一系列有组织的活动[1]。从纳德勒提出"人力资源开发"的概念至今,也仅有52年的历史,在这一术语倡导的思想被逐渐广泛接受的过程中,人们对其内涵的认识还远远没有达成一致。关于人力资源开发的

---

[1] NADLER L. Developing human resource: concept and models [M]. San Francisco: Jossey-Bass, 1970.

内涵，有以下代表性的观点。

克雷格（Craig）（1976）认为，人力资源开发的中心目标是通过终身学习的各种形式来发展人类的潜能①。纳德勒和维格斯（Nadler & Wiggs）（1986）认为，人力资源开发是一个以释放组织中的个人潜能为目的的综合性学习体系，这个体系包括了促使组织存活的间接（课堂的、媒介的、模拟的）学习经验和直接（在职工作的）经验两方面②。斯旺森（Swanson）（1987）认为，人力资源开发是一个借助员工因素来改进组织绩效的过程，它涉及岗位设计、能力倾向、技术专长和工作动机等多方面的活动③。史密斯（R. Smith）（1988）认为，人力资源开发是由各种各样的项目和活动所组成的，这些项目和活动能直接或间接地通过教学方法或者个人之间的知识传递，正面影响个人的发展以及组织的生产效率与利润④。梅克拉根（McLagan）（1989）认为，人力资源开发是培训和发展、职业发展、组织发展的综合运用，其目的是提升个人和组织的绩效⑤。沃金斯（Watkins）（1989）认为，人力资源开发既是一个学术领域，又是一个实践领域；它的宗旨是在个人、团队和组织层面上，培养长期的、与工作相关的学习能力。因此，它包含了但又不限于培训、职业发展和组织发展⑥。查罗夫斯基（Chalofsky）（1992）认为，人力资源开发既是一门学科又是一个实践领域，它致力于通过发展和运用基于学习的干预方法来增强个人、团队、集体和组织的学习能

---

① CRAIG R. Training and development handbook [M]. New York: McGraw Hill, 1976
② NADLER L, WIGGS G. Managing human resource development: a practical guide [M]. San Francisco: Jossey-Bass, 1986.
③ SWANSON R A. Human resource development definition [M]. St. Paul, MN: Training and Development Research Center, 1987.
④ SMITH R. Human resource development: an overview [M]. Washington, DC: Office of Educational Research and Improvement, 1988.
⑤ MCLAGAN E. Models for HRD practice [J]. Training and development journal, 1989, 43 (9): 49-59.
⑥ WATKINS K. Business and industry: handbook of adult and continuing education [M]. San Francisco: Jossey-Bass, 1989.

力,从而达到使劳动者及组织的成长和效率最优化的目标[①]。斯旺森(Swanson)(1995)认为,人力资源开发是一个以提升绩效为目的,通过组织发展和员工的培训与发展来培育和释放劳动者专业技能的过程[②]。美国培训与开发协会(ASTD)是当今世界上最大的人力资源开发从业人员的专业组织,该组织对人力资源开发的定义对当今世界的影响是最大的。其对人力资源开发内涵的界定是:综合利用培训与开发、职业生涯开发与组织开发等手段来改进个体的、群体的和组织的效率[③]。

将以上观点综合起来看,人力资源开发是持续提高个人和组织绩效的过程,它是通过开展一系列员工教育和培训等学习活动来保证基本业务交付、促进员工个人发展并进而形成组织持续的竞争力以最终实现组织发展的过程。在本书中,我们把人力资源开发界定为:开发者通过学习、教育、培训、管理、文化制度建设等有效方式,为实现一定的经济目标与发展战略,对既定的人力资源进行利用、塑造、改造和发展的活动。

正确理解"人力资源开发"需把握如下几个要点:第一,开发的主体是指从事开发活动的领导者、计划者与组织实施者。第二,开发的对象是指人力资源开发活动所指向的素质与能力。第三,开发的活动可分为在职开发活动和脱岗开发活动。其中在职开发活动主要包括工作轮换、指导/实习、行动学习。脱岗开发活动包括正规教育、研讨会或大型学者会议、周期性休假和利用企业内部开发中心、文件筐技术开展的活动。第四,开发的目的一是通过开发活动提高人的才能,二是通过开发活动增强人的活力或积极性。第五,开发的内容包括人力资源的生理开发、人力资源的智力开发、人力资源的技能开发、人力资源的心理开

---

① CHALOFSKY N. A unifying definition for the human resource development profession [J]. Human resource development quarterly,1992,3(2):75-182.

② SWANSON R A. Human resource development:performance is the key [J]. Human resource development quarterly,1995,6(2):207-213.

③ 谢晋宇. 作为独立学科的人力资源开发 [J]. 南开管理评论,2001(6):44-48.

发、人力资源的伦理开发和人力资源的环境开发。第六，开发的途径有学习、教育、培训、管理、文化制度建设等。第七，开发的过程可以根据时间划分为前期开发、使用期开发和后期开发。前期开发是指人力资源形成期间与就业前的开发过程，包括家庭教育、学校教育和就业培训等；使用期开发主要是指人力资源入职后的开发培训过程，包括在职培训和脱产培训等；后期开发指法定退休年龄后的人力资源开发活动。

二、高校人力资源的构成与特征

（一）高校人力资源的概念

对于高校人力资源的定义，学者们根据不同时代的要求，从不同层面进行了界定，整体而言，逐渐从微观转向宏观。

从微观层面，即高校内部而言，主要有三种观点：一种观点认为，高校人力资源应指有劳动能力且正在劳动中的人，它是指能够推动高等教育事业发展，培养专门人才而作用于经济和社会发展的，具有智力劳动能力和体力劳动能力，并处于劳动中的人们的总称[①]。另一种观点认为，高校人力资源主要指学校的全体教职工，它是学校最重要的资源，也是高校中具有劳动能力的人的总称，包括在职的教职工、部分离退休人员和失业或待业人员。这种观点在原有概念界定的基础上，增加了具有劳动能力但未在劳动中的人员。还有一种观点认为，高校人力资源即以高校为背景，能够推动高校发展的劳动者的体力、智力、知识和技能等能力的总和，包括教学科研人员、党政管理人员、后勤服务人员、校办产业人员、离退休人员及在校大学生；高校人力资源作为区域人力资源的重要组成部分，是实施创新驱动发展战略和人才强国（省）战略的关键性人力资源，在建设区域创新体系、推动区域科技进步和产业结构升级、提高区域经济竞争力过程中起着重要作用。它通常是指投入高等学校工作中的专任教师、教辅人员、行政人员、工勤人员、科研人员、

---

① 郑赤建. 高校人力资源管理研究［M］. 长沙：湖南人民出版社，2007：10.

校办工厂职工和附设机构人员，有时也将在校学生包括在内[①]。这种观点将高校人力资源的范围从教职工扩大到了学生。从宏观层面，即高校内外部综合而言，高校人力资源与高校人才培养目标及其综合竞争力的提升密切相关，是高校核心竞争力中最活跃的因素[②]，其主要涉及"人"或者"人力"，即"人"或者"人力"是高校人力资源本质属性的核心要件。高校人力资源就是围绕高校教育目标的实现而动用的一切校内外人力的总和。其中，校内资源有教学科研人员、行政教辅人员、后勤服务人员、离退休教职工和在校学生；校外资源有政府机关、社会团体、慈善机构和社会人士等。

根据以上定义不难看出，是否属于高校人力资源，主要看能不能达到以下几个要求：第一，以高校为基础，与高校大环境有关；第二，能够有助于或是推动高校发展；第三，具有现实或潜在的体力、智力、知识、技能等能力。因此，只要能够满足这些条件的人力资源，都应该属于高校人力资源。本书所指的高校人力资源，主要指围绕高校教育目标的实现，参与人才培养活动的所有从事教学、科研、辅导与管理的人员。

（二）高校人力资源的构成

大学从本质上来讲是一种复杂的组织系统。这个系统由拥有多重目标的人群构成，其中治理主体分为内部治理主体和外部治理主体，他们把持着权力，决定着大学的发展方向。随着社会视野的不断开放，封闭的大学系统越来越跟不上时代，当前大学系统需要高校与政府及社会组织团体共同协作，构建一套相互依存的治理体系，主要治理主体有政府、企业、行政管理人员、教师、学生、校友团体等，其相关人员都是高校重要的人力资源。

---

① 王章豹，阮晨艳. 我国高校人力资源区域集聚及其宏观影响因素分析 [J]. 高等教育研究，2016（9）：14.
② 降富楼. 创新驱动发展战略下高校人力资源管理对策研究 [J]. 国家教育行政学院学报，2016（8）：40.

关于高校人力资源构成，学术界有不同的见解，大致可以归纳为以下几种说法：一是"一要素说"，即高校人力资源是指高校在岗的教职工，不包括退休人员及学生；二是"三要素说"，即高校人力资源由教学人员、管理人员和后勤人员构成；三是"四要素说"，即高校人力资源主要由教学科研人员（包含实验教辅人员）、党政管理人员、后勤服务人员及校办产业人员和离退休人员四部分构成；四是"五要素说"，即高校人力资源主要由管理人员、科研人员、服务人员、附属部门工作人员及离退休人员五部分组成。总体来说，高校人力资源可以从广义和狭义层面来界定。广义上的高校人力资源就是指高校范围内具有劳动能力的人力资源，这其中就包括高校内外部的在职和离退休人员。而狭义上的高校人力资源是指从事或服务于高校内部教学科研等工作，推动高等教育、经济和社会发展的具有体力、脑力和心力等劳动能力的在岗员工的总和。狭义上的高校人力资源主要包括三大系统：教学科研系统、行政管理系统、后勤服务系统。

1. 教学科研人员

教学科研人员是高校人力资源的主体和核心，在高校中以知识传承和创造为主要职责，是高校实现其目标和提升教育质量的根本。教师群体作为大学的灵魂，在大学这个追逐知识的空间中发挥着最为重要的作用。教学科研系统中可分为在职教学科研人员和离退休教学科研人员。高校中的教学科研人员主要是指从事高校教育和科研工作的教师们。作为传播高深知识以及为社会培养高层次人才的重要教育基地，高校的核心任务就是教学与科研。奋斗在教学和科研一线的在职人员都具有较高的素质，并且有一定的职业特征。他们具有较强的自尊心、责任心、事业心，极具创造性和复杂性，对其进行的人力资本投资有较高的风险，但同时他们身上承担着高校生存和发展的重要任务，是高校实现教学科研任务的主体，所以在开发和管理的过程中必须根据各自的特点有针对性地实行。离退休的教学科研人员是学校持续发展的宝贵财富，具有不可替代的优势，也是年轻教职工们学习的榜样。这类人群大都是学术造诣深或教学水平高的教授,他们在高校发展的过程中做出了重要贡献,在指导和牵引学科发展方面有着巨大的潜力。高校在管理过程中应更加重视这类人群,发挥他们的优势,使其在安享晚年的同时能发挥余热、实现价值。

2. 行政管理人员

行政管理系统主要包括高校内党政工团等管理岗位上的行政工作人员。高校的管理工作是高校事务中一个非常重要的组成部分,其主要任务有把握学校办学发展方向,制定学校战略发展方向,为教学和科研提供保障,制定和实施学校的规章制度,筹措和利用办学资源等。可见高校的正常运行是离不开行政管理人员的,所以也必须重视对行政人员的管理。由于日常从事着层级性质的工作,他们大多具有较强的纪律性和规范性,并且其职位的发展也有一定的阶段性,其职位层级往往能影响他们的劳动的自主性和创造性。

3. 教辅与后勤服务人员

后勤服务系统主要包括教辅人员和后勤服务人员。教辅人员指的就是学校教育教学的辅助人员,也可理解为高校教学以外的、与教学密切相关且为教学服务的高校员工,主要有教务辅助人员、教学实验辅助人员、图书资料辅助人员、教育信息和学生管理辅助人员等。后勤服务人员是指从事学校后勤服务工作的高校人员。高校的后勤工作体现在高校服务、管理等方面,它与师生的学习和工作是息息相关的。从专业发展的角度看,后勤服务系统的人员比教学科研和行政管理人员的压力更大,他们的工作性质决定了这类人员流动性大,所以在管理时我们应该更加重视对他们专业性的培养,提高他们的归属感[1]。

(三) 高校人力资源的特征

高校人力资源作为国民经济资源中的一种特殊资源,既具有一般资源的共性,如工具性(人作为劳动力同其他物质资源一样,都是实现需

---

[1] 谭颖芳. 高校人力资源构成要素探析:基于利益相关者视角 [J]. 内蒙古师范大学学报(教育科学版), 2012, 25 (3): 34-37.

要的手段)、稀缺性（凡属于资源都不可能取之不竭、用之不尽，不可能满足任何需要）等，又具有自身的特征。了解这些特征，对于进一步探讨人力资源形成、开发、使用与管理的规律，都具有重要的意义。

1. 高校人力资源的一般特性

(1) 生物性与社会性

人力资源的生物性表现在这一资源是以人身为天然载体，是存在于人体之中的一种"活"的资源。人力资源所具有的生理潜能与心理潜能都与人的自然生理特征紧密相关。对人力资源的开发必须遵循生理学与心理学的规律，对这一资源的利用必须考虑生理的限度、时间的弹性、风险的防范与环境的改善。

人力资源的社会性主要反映在它的形成和开发依赖于社会，它的配置与使用更离不开社会，因为人是社会性群体，尤其是在高度社会化大生产条件下的现代社会，人的一切能力的提高与发挥都有赖于一定的群体组织结构与社会大环境。从本质上讲，人力资源是一种社会性资源和社会财富，它是构成人类一切社会活动的基础，也是推动社会经济发展的动力。人力资源是生物性与社会性的辩证统一体。不承认其生物性，不利于人力资源的形成与质量提高；不承认社会性是其本质特性，不了解个体与群体、社会的关系，就无法对这一资源进行有效开发与合理利用，就会导致庸俗唯物主义。

(2) 主体性与客观性

人力资源的主体性是指在社会经济的资源体系中，同物的资源相比，人力资源是一种居于主体地位的具有能动性的资源。这种能动性首先表现在人具有自主意识，其次表现在人具有较强的自我选择、自我强化、自我调控等方面的能力。一切动物都具有趋利避害的本能，但其他动物只能被动地接受外部环境的影响，不能主动地选择与调控环境，而人却能够清晰地认识自身及其同外界的关系，能够有目的地改造外部世界，有选择地进行各种活动，有计划地调整个人同自然及社会的关系。正是由于有了这种自主意识与自我调控的能力，人在一切社会经济活动中，总是处在发起与支配其他资源的位置上，使社会经济活动能够按照人的意愿发展。

人力资源作为一种资源也具有客体性，也就是对象性。这种客体性体现在人力资源运动过程的各个环节。一个人呱呱坠地来到人间，仅仅具有一些生物本能，经过家庭的养育、学校的教育、社会的培育，才能成长为有一定体质、智力、知识与技能的人。在这一长达十多年的人力资源形成过程中，在很大程度上，人是一种被塑造的客体。人具备了一定的体能、智能和技能，但在尚未进入社会经济活动领域以前，仅是一种潜在的人力资源，只有进入经济活动领域，才能成为现实的人力资源。在从潜在人力资源向现实人力资源转化的过程中，社会将各具特色的人力资源，根据不同的需要分配到不同的地区、部门、行业与职业中去，这就是人力资源的配置过程。对于已配置到各个行业、各个部门的人力资源，行业和部门还要时时考虑采取何种政策、何种措施，使人尽其才、才尽其用，以实现人力资源的优化配置和高效利用，这就是人力资源的使用过程。在上述过程中，人力资源的主体性始终是存在的，但从社会的角度看，人力资源也是一种被开发、被使用的对象。准确地说，人力资源的整个运动过程，始终是主体性与客体性并存、人与社会交互作用的过程。

（3）无限性与时效性

人类生存所依靠的自然资源、物质资源是有限的，而人力资源的潜能，诸如身体的能量、智力的成就、情绪的表达、道德的成熟与社交的能力等方面的潜能却是极其巨大的。有关研究表明，人的大脑皮层至少有140亿个神经细胞，每个神经细胞又通过神经纤维，同成千上万个其他细胞建立联系，这种联系的组合用天文数字都难以表达。有人估计，一个人的大脑在一生中储存的知识，有可能达到相当于美国国会图书馆藏书的50倍，因此，人的大脑的记忆容量是不可能完全装满的。美国学者威廉·詹姆斯认为，一个正常人一般只发挥了自身潜能的10%，米德认为只发挥了6%，奥图则认为只发挥了4%。苏联学者伊凡叶夫·里莫夫指出："如果人类能够发挥一半的大脑潜能，将轻易地学会四十种语言，背诵整本苏联大百科全书，拿十二个博士学位。"[①] 总之，学者们的研究普遍证实人的潜能开发不可能达到极点，这就为充分开发人力资源、提高劳动力的质量、优化劳动力的结构、取得最佳的社会经济效益提供了生理与心理上的依据。

在认识到人力资源潜能开发的无限性时，不可忽略人力资源还具有时效性的特征。所谓"时效性"，是指人力资源的形成、开发和使用都具有时间的制约性，如果不能及时得以开发和利用，或不能得到充分开发和有效利用，就会随时间的流逝而降低或丧失其作用。

这种时效性，首先表现在人力资源的形成上。心理学研究表明，人的各种潜能开发都有一个最佳期，如婴儿出生后第五至十个月、六七岁与十三四岁时，是智力开发的三个最佳期；三岁是意志形成的最佳期；四岁是语言发展的最佳期等。在人的潜能开发过程中，如果抓住了最佳期，就会事半功倍；错过了最佳期，就会事倍功半。

时效性其次表现在人力资源的开发上。人力资源是一种有生命周期的有限资源，能够从事劳动的自然时间又被限定在生命周期的中间一段，一般称劳动年龄段，在这一年龄段的劳动能力被称为"经济活动人口"。对这一阶段的人力资源如果能在工作态度、劳动技能、创新意识等方面进行及时开发，就能使人力资源形成可以带来财富增值的人力资本；如果错过了开发年龄，就会使经济活动人口变成"社会负担人口"，由社会财富变成社会包袱。

时效性还表现在人力资源的使用上。人力资源的使用也存在着最佳年龄时效期的问题，也就是在不同年龄起用人才就会产生不同的效果。人力资源不同于矿产资源，矿产资源埋于地下未开采，将来还可以开采，经过冶炼、铸造后派上用场；人的聪明才智如果储而不用，就要废退，导致"积才成朽"。大量的调查研究证明，人的智力、体力客观上存在着一个上升与下降的变化过程。据研究，人的精力、学习和创造能力在 30 岁以前是逐步上升的，30 岁左右进入或达到顶峰期；30 岁～50

---

① 奥图. 人的潜能 [M]. 刘君业，译. 北京：世界图书出版公司，1988：4.

岁处于平衡的高原期,即处于高水平发展的相对稳定期;50岁以后开始缓慢下降,60岁后下降得较显著。诚然,对不同类型的人才来说,成才的最佳年龄是不尽相同的,如25岁到45岁是科技人才的黄金年龄,37岁为其峰值;文艺体育等方面的人才主要靠身体素质,其最佳年龄一般在20岁前后;政治管理人才主要靠知识经验和能力,其事业的高峰年龄多在50岁前后。总之,为了提高人力资源的使用效率,应在人的智力或体力最佳、最易出成就的时期,将其选用和安排到合适的岗位。

(4) 可再生性与可投资性

经济资源一般可分为非再生性资源与可再生性资源。前者如矿藏,在它的某部分被开发出来和耗费使用后,只能使总体减少,不可能靠自身机制恢复和再生。后者如森林,在被开发、使用后,若能保持必要的条件就可以恢复和再生。人力资源则是一种可再生性资源。这种再生产性主要表现在两个方面:一是人口的再生产,也就是指新一代的出生、成长与老一代的衰老、死亡是一个川流不息的过程,由此实现人口的不断替换与更新。二是劳动力再生产。这一再生产过程有着丰富的内涵:首先是指劳动者队伍的替换、补充与扩大。这一过程主要是通过新生劳动力以及其他未就业的劳动适龄人口进入社会经济领域实现的。人口的再生产是实现这一过程的自然基础和必要前提。其次是指劳动者劳动能力的获得与提高。这一过程主要是通过教育、训练、劳动实践以及自学等途径实现的。最后是指现有劳动者劳动能力的保持。这一过程主要是通过向劳动者提供一定的物质条件,供其生活消费和恢复体力来实现的。人力资源的再生产同物质资料的再生产有着极为密切的关系,它们相互制约,彼此促进。

与人力资源的可再生性密切相关的另一个重要特征是人力资源的可投资性,亦即对人力资源进行开发性投资,可以提高人力资源质量,优化人力资源结构,增加人力资本的固有存量,获得人力资源使用的最佳效率。对人力资源进行开发性投资有多条途径:一是教育投资。广义的教育包括正规的和非正规的各种形式的人类学习;狭义的教育主要指学校教育。通过教育投资，可以提高人的知识水平、道德水平与思维水平，可以提高人的工作能力、学习能力与创新能力。许多研究结果表明：个人增加教育投资、延长受教育年限与他所获得的收益成正比变动关系；国家增加教育投资更是提高国民素质、增强综合国力的重要途径。二是保健投资。发展医疗保健事业，改善营养状况，优化劳动条件，不仅可以减少疾病和死亡，增加新生劳动者的数量，提高现有劳动者的身体素质，还可以确保劳动者的身心健康，充分发挥人的生理、心理潜能，取得最佳的劳动效果。当前，世界各国在人力资源的开发过程中，都十分注重对保健的投资。三是流动投资。"流水不腐，户枢不蠹。"合理的人力资源流动，有助于实现劳动力的余缺调剂，充分发挥现有人力资源的作用；有助于为每个人找到合适的岗位，革除学非所用、用非所长的弊端；有助于为劳动者创造新鲜的工作环境，克服在长期固有劳动模式中所产生的惰性。可见，为合理流动进行必要的投资，也是开发人力资源的一条有效途径。

（5）创造性与突破性

人类的劳动按照发展层次可以分为三种类型：模仿性劳动、重复性劳动和创造性劳动。作为在主要教学、科研岗位上的教学人员，其人力资源的创新能力是高校发展的源泉。高校人力资源服务的对象主要是具有思维能力的学生，而这一阶段的学生又普遍具有不同的个性以及不同的智力水平。那如何把自己所掌握的知识更有效地传授给学生，在这一基础上又如何提高自己的教学质量和教学水平就成了高校教师们要仔细琢磨的问题。各个专业的知识在一定程度上还并不完善，并且随着时代的进步和科技的发展，各学科知识也都在不断地更新，高校教师需要在变化和不完全确定的系统中充分发挥自己的智力和灵感，在前人的经验和成果的基础上有所创新和突破，来应对各种可能发生的情况，推动技术的进步。对于社会而言，这是高校教师的职责和义务。对于学校而言，他们是学校的骨干，是学校生存发展的基础，通过在专业上不断创新和突破来提高学校的知名度。而他们对所在的学科领域有着浓厚的兴趣，对未知领域也有着强烈的探求意识，对事业有明确的理想和抱负，在学习和工作上始终抱着积极向上的态度，这些都促使他们在学习和工作中孜孜不倦地努力，不断取得新进步，达到更高层次的专业水平，以此获得成就感和实现自己的理想[①]。

2. 高校人力资源的特殊性

（1）结构上的高层次性

清华大学老校长梅贻琦先生当年曾说："大学者，非谓有大楼之谓也，有大师之谓也。"高等学校是为社会各行业培养高级专门人才的摇篮，理应是汇集了各行业的大师以及高级人才的地方，而并不仅仅只是有高楼的地方。高校肩负着为社会培养专门人才的历史使命和职责，这决定了高校的工作必须由社会中的高级知识分子来承担。这些人知识渊博，学历层次较高，一般都具有硕士或博士学位，有的甚至在国外学习和工作过。就受教育程度和个人的能力而言，他们的业务素质和专业水平较高，所以高校人力资源中的教学科研人员一般都具有高级职称，包括教授、副教授、研究员或副研究员等，一部分也必须拥有中级职称如讲师才能走进课堂。从环境角度而言，高校本身就具有得天独厚的学习条件以及自我提高的社会氛围，这就不断地促使高校的人力资源进一步提升自己的专业素质和技能，也使之在社会中的地位和层次愈加突出。也正是因为高校人力资源在结构上的高层次性，他们在工作上有更多的选择和机会。他们大都具有较强的自我意识，崇尚自由，喜欢自主和独立，不喜欢依附和依赖于别人。与企业职工相比，他们更不愿被各种僵化的条条框框所限制和束缚。他们更向往具有一定张力的工作环境，这样，他们就能更好地实现自己的价值以及获得社会和行业的认可，通过挑战权威的人物和发现一些新的知识理论来获得人生乐趣，同时也把自由自主地向学生传授知识、解答疑惑作为人生的最高价值诉求。

（2）认识上的高智能性

人力资源包含着智力的内容，即具有智能性，这使它具有强大的功

---

① 王克君，曾觉吾. 高校人力资源的特性分析及管理的对策研究[J]. 理论界，2010（1）：209-210.

能。人类创造了工具、创造了机器，通过自己的智力使自身器官的功能得到延展和放大，从而使自身的能力无限扩大，推动数量巨大的物质资源取得巨大的效益。在当今科学技术日新月异、社会已经进入知识经济时代的背景下，人力资源的智能性特征更加明显，它不仅关系到个体发展，而且关系到国家和社会的生存与发展。

（3）活动上的高能动性

能动性是人力资源的根本特性。它的形成与利用是通过载体来完成的，当人力资源作为生产要素进入到生产过程后，它在一切互动活动中处于中心位置，起主导作用，能引导和操控其他资源，从而创造出超出自身价值数倍的经济效益；自然资源、信息资源、物质资源等资源则不同，它们都是被动且有限的。高校人力资源在活动上具有高能动性，具体体现在这类人能够根据社会需要和自我兴趣能动地做出选择；在实现自我价值的过程中能积极主动地自我提高；抓住机会接受更高层次的教育和学习，积累专业知识和技能，在自己的专业领域取得更优异的成绩；他们也能根据国家的需要，自动地选择自己要学习的专业，并结合时代实情，积极主动地开展对专业前沿理论热点和实践问题的研究，自动发现和开辟自己的专业研究方向。高校人力资源具有能动地探索高深学问、追求真理、发现新知识的特性，他们能在探索的道路上主动发现并解决问题。

（4）效益上的高增值性

法国生物学家拉马克在《动物的哲学》一书中提出了用尽废退的学说，从某种意义上也间接证明了人力资源具有增值性这一特点。人力资源是人具有的体力、脑力和心力，对个体的人来说，他的体力是不会因使用而消失的，只会因为使用频率的增加而不断增强，当然这种增强也是具有一定限度的；同样，他的知识、经验、技能也不会因为使用而消失，相反只会因为不断地学习而积累，变得越来越多。也就是说人力资源在一定的范围内会不断地增值，创造的价值也会越来越多。我们称这种性质为人力资源的增值性。自然资源则不同，它不仅是有限的，而且许多资源还是不可再生的，长期使用还可能出现贬值现象。毋庸置疑，高校人力资源具有较高的专业素质和专业技能，与一般的人力资源相比，高校人力资源的投资回报率是较高的，这就体现在他们在效益上具有高增值性。高校既是培养学生的地方，也是培养教师的摇篮。对于刚进入高校工作的人员，学校一般会帮助他们在工作的过程中不断提升自己的学历、知识、经验、技能等，从而使他们为学校创造更多的效益，同时实现自身价值的增长。

(5) 需求上的多精神性

由于高校人力资源绝大多数具有相对较高的学历，拥有探求新知的能力，故绝大多数人都属于"知识型员工"的范畴。高校人力资源的个人需要具有多样化的特征，除了基本的物质需求外，他们更注重精神上的满足，如自我价值的实现以及获得社会和同行的认可和尊重等。从物质上来说，普通的高校教授收入低于重点中学老师的收入，甚至有些机关单位的一般干部年收入都比高校教授高，但尽管如此，还是有很多人愿意留在高校，这就说明他们更注重精神上的满足。高校员工这种知识型人才大都从事脑力工作，知识文化高，不再需要低层次的需求，更多的需要则来自尊重的需求，高层次的精神需求占主导地位。而且不同学科、不同部门的高校员工，需求也不同，会呈现出不同学科的特色。就算是同一学科、同一部门，不同的教师会根据自己在学校以及学科的定位、自己未来发展的方向和目标，形成不同的需求，他们这些不同的需求往往会被学校和社会支持，也会被赋予更多个性化的色彩。

(6) 市场上的高流动性

人才流动是市场经济条件下市场对人力资源优化配置的必然结果。高校人力资源也不例外。高校人力资源是社会中的人，具有人基本的属性，同样也具有流动性这一性质，他们的需求多种多样，不仅有物质上的需求，还有精神上的需求。他们通过接受更高层次的教育实现自身价值的提升，通过科研成果的累积增加自己学识的厚度，产生更多的社会吸引力，从而使得自身有更大的流动性。他们自身有优势和较强的竞争力，同时也受经济利益、社会地位以及生活环境等影响，他们向往着更好的发展机会、优越的工作环境以及物质上的更高待遇和更融洽的人际氛围等。只有在自己喜欢的环境里工作生活才能创造更多的价值，才能更具幸福感，所以当前高校的人力资源因为需求而产生流动已经成为经济市场中的普遍现象[①]。据历年的调查数据可以总结出如下高校人力资源流动的趋势：由落后地区向发达地区流动，由西部地区向东部地区流动，由偏远城市向发达城市流动，由边缘城市向中心城市流动，但也不排除个例。原来的高校职位从某种意义上来说是一个"铁饭碗"，高校人力资源忠诚于学校，随着时代的转变，他们对于学校的忠诚逐渐转化为对于自己研究专业的忠诚。对于他们来说，学校是一个能更好地研究专业学问的地方，如果现有学校不能为他们提供继续发展的资源和空间，那么他们就会寻找新的工作舞台和战略伙伴，流动到能发挥自己的能力、实现自己的理想的地方去，因此高校人力资源自身的价值取向更大程度上决定了他们流动的方向。

三、高校人力资源开发

高校人力资源指的是在高校校园中进行教学、管理、科研等工作的教师和职工的总和，也是目前高校中最基本和核心的资源。高校作为新世纪人才培养的集中阵地，其人力资源的数量和质量一定程度上也决定了组织所培养的人才数量和质量。因此，对高校人力资源进行开发和管理既能提高教职工的素质，也能推动高校自身的发展。而以往对高效人力资源开发都是从培训、技能提升视角进行研究，本书认为高校人力资源开发不同于其他组织的知识型员工开发，更多体现的是主动性、积极性，以及对于职业的价值取向和高度责任感，因此从知识型组织这一角度对高校这种特殊组织的人力资源开发进行研究具有特定的意义。

知识型组织，又称知识密集型组织，实质上是由知识工作者组成的知识联合体[②]。知识型组织是以知识作为生产要素、经营要素与资源配

---

① 王克君，曾觉吾. 高校人力资源的特性分析及管理的对策研究 [J]. 理论界，2010（1）：209-210.

② 宋良荣，徐福缘. 论知识型组织人力资本的特征及其管理 [J]. 科学学与科学技术管理，2001（9）：85-87.

置要素的组织。在这样的组织里，知识的运用贯穿于组织运作的各个方面。知识型员工，又称为知识工作者，是知识型组织高效运转的核心因素。从组织竞争的角度出发，知识型组织的竞争力水平往往取决于知识工作者的人力资本存量，以及知识创新的质量和数量。因此，管理和激励知识工作者，使其人得其位，位适其人，最终实现人尽其才，才尽其用，这是知识型组织在激烈竞争中立于不败之地的关键[①]。

知识型组织与人力资源开发是辩证统一的关系，二者既有相同点，又有不同点，相辅相成，相互依存。首先，两者的共同点是都是为了最大限度地开发组织成员所拥有的潜力，从而实现既定的组织目标。而两者的不同之处在于，前者更注重组织潜力的开发，后者注重个人潜力的开发。知识型组织中，成员通过学习来提高组织的绩效；而传统的人力资源开发主要是通过改善组织外部影响因素来改变人员的行为。

高校作为典型的知识型组织，它的人力资源的开发是很值得研究的。对此我们对高校人力资源开发作如下定义：高校人力资源开发就是挖掘、发现和使用学校一切可利用的人力资源，特别是人才资源；运用有效手段改进其组织范围内具有现实或潜在劳动能力的教职工的工作能力，提高其业务水平，使其潜能得以充分发掘，素质得以全面提高，劳动能力得以合理利用。此外，高校人力资源开发还包括对高校学生人力资源的使用及社会中可为学校所用的人力资源的发现、整合与使用。国外有关教育人力资源管理的内涵与上述大体一致，即通过人力资源规划、招募、甄选、安置和入职、雇员发展、绩效评价、报酬及集体谈判等管理职能，雇佣、任用、开发和激励雇员，以实现学区的目标，帮助雇员获得最高成就，使雇员拥有一个最佳的职业生涯。

高校人力资源开发在职能和内容方面与一般企业人力资源开发存在着很多相通之处，比如两者都致力于通过一定的手段调动人的积极性，挖掘人的潜能，发挥人的创造力，旨在实现组织内人力资源的合理配

---

① 宋良荣，徐福缘. 论知识型组织人力资本的特征及其管理 [J]. 科学学与科学技术管理，2001 (9)：85-87.

置、有效激励等，进而充分发挥组织人员的主观能动性，使人尽其才，人事相宜，最终实现组织目标。

第二节 高校目标管理的基本概念

高校目标管理是一个内涵丰富的新概念，要全面认识这一概念，需要从分析目标和目标管理的内涵、属性及特征等入手，进一步探讨高校目标管理的构成要素及目标体系。

一、目标的内涵与属性

（一）目标的内涵

在英文中，目标的含义有四：一是 target，指受攻击的对象或对象物（如他是这次运动的目标之一）；二是 goal，指通过斗争和忍受艰难困苦才能取得的东西（如达到了解是人们的最高的目标）；三是 objective，指要获得的一个战略地位，要达到的一个目的（如取得卓越的管理效率是我们的目标）；四是 aim，指要达到的目的（如伊丽莎白时代的人的目标是要达到完全的现实主义）[①]。从管理学的角度看，目标不是命运，而是承诺；目标并不决定未来，而是动员组织资源和能力以实现未来的手段；目标是用来衡量组织绩效的标准；目标决定组织结构、组织活动，也决定着资源和人员的配置；目标是目的或宗旨的具体化，是一个组织努力争取达到期望的状况；目标是根据组织宗旨提出的在一定时期内达到的预期成果。

（二）目标的基本属性

彼得·德鲁克曾指出，如果一个领域没有目标，则这个领域必然被忽视。目标是管理的基本要素，是规划行动的先决条件，是衡量行动是否合理的标志和尺度。目标是管理的起点，是最重要的战略决策，它规

---

① 王同亿. 语言大典 [M]. 北京：三环出版社 1990：2444.

定着管理活动的方向。实施目标管理已成为我国高校推进科学管理的重要举措，深刻理解目标的基本属性，对科学实施目标管理具有重要意义。

目标的属性主要有：一是控制性。在控制作用下，目标可以使组织经营活动达到前所未有的水平，并能在此基础上维持现有水平。例如，某高校的毕业生就业率在80%左右，为提高人才培养质量，学校把毕业生失业率（待业率）限定在15%以内，这个目标就是控制目标。二是层次性。从组织结构的角度来看，组织目标是分层次、分等级的，从高到低依次为整个组织系统的目标、分系统的目标、各部门的目标、组织成员的个人目标等。三是网络性。组织中各类、各级目标构成一个网络系统，网络表示研究对象的相互关系。目标与目标之间左右联系、上下贯通、彼此呼应、融为一体，在相互作用、相互促进中得以实现。四是多样性。一个组织的目标是多种多样的，即使是组织的主要目标，一般也包括许多分目标。同时，每个目标的每一个方面还会有更具体的目标。五是时间性。目标是某一时间范围内的目标。按时间长度，目标可以分为短期目标和长期目标。二者的区分是相对而言的。六是可考性。目标必须是可以考核的，否则便会失去作用。可考核的目标常分为定量目标和定性目标，使目标具有可考性的最方便的方法就是尽量使目标定量化。七是导向性。目标是预期要达到的结果，预设了行动的方向，具有很强的导向作用，是一种有方向的量。如果我们想要去哪里，目标为我们指明方向。正确的目标来源于正确的指导思想和先进的管理理念。目标不是空洞的口号，关于目标的实现程度要有描述其大小的具体数值，才能对其进行考核、评价。实现目标必须立足现实，分析在自身条件和外部环境的基础上经过一段时间的努力能取得的成绩。目标的大小、方向和作用点，使其具有导向性。八是系统性。目标是由多个子矢量构成的一个相互联系、相互制约又相互支撑的有机整体。此目标的缺损往往会影响彼目标甚至总目标的实现，某一目标的有效实现往往能促进或带动其他目标的实现。总目标的实现需要以各子目标的实现为基础，所以，目标是可以进行分解和综合的，这为总目标的分解、实行目标管理责任制提供了理论根据。九是预测性。目标是一种期望值，是期望要达到的某种效果，而不是已存在的事实。因此，学校在制定目标时，除必须对国家的政策、法律法规、自身的任务有正确的认识外，还必须对周边环境、历史、现状做详尽的分析和研究，对学校自身现有的资源优劣进行分析，做好对未来的预测，才能克服主观盲目性，使确定的目标既有先进性，又有可行性和可操作性。十是可塑性。目标管理属于管理的计划职能范畴，它不是用目标来控制，而是试图将个人目标与组织目标结合统一起来，从而给被管理者以较好的激励，实现整体发展效果。目标是未来一年、两年或更长时间所要达到的期望值。随着形势的变化，组织内部和外部的物质、能量与信息的交换及环境变化，原来难以实现的目标，现在可能已失去努力实现的意义，原来对自身的生存和发展没有影响的因素，现在可能成为迫切要完成的任务，所以，目标的实现是伴随着对目标做适当的调整的过程。目标的可塑性使目标在发展方向、发展重点、发展速度等方面能与时俱进，确保目标成为促进组织整体和部门发展的动力和方向，使组织整体和部门始终充满积极向上的生机和活力，体现出目标的动态特性。

二、目标管理的概念与特征

（一）目标管理的概念

目标管理的概念可以从个人与组织两方面来理解。就个人成长而言，"企业中的每一个成员都有着不同的贡献，但所有的贡献都必须是为了一个共同的目标。换句话说，他们的努力必须全都朝着一个方向，他们的贡献必须互相强化以便形成一个整体——没有缺口，没有摩擦，没有不必要的重复劳动"[①]。就组织发展而言，"为了取得杰出绩效，每项职务都要有助于整个组织目标的实现。特别地，每个管理人员的职务都必须以整个企业的成功为核心。管理人员预期取得的绩效，必须与企

---

① 德鲁克.管理：使命、责任、实务：实务篇 [M].王永贵，译.北京：机械工业出版社，2006：60.

业的目标绩效保持一致"①。这就鲜明地指出，目标管理是"以目标为导向的管理……即是以'有效性'（Effectiveness）作为个人工作的目标，再加上'自我控制'（Self Control），而'自我控制'的有效性即要以资讯交流作为自我管理、自我改善、自我更新及自我发展的工具，进而实现提升贡献、创造顾客之目的"②。这一描述包含以下几层意思。

1. 目标管理重视员工参与

目标的实现者同时也是目标的制定者，即由上级与下级共同制定目标。首先确定总目标，然后对总目标进行分解，逐步展开，通过上下协商，制定出各部门的分目标，用总目标来指导分目标，用分目标保证总目标的实现，形成一个"目标—手段"链。

2. 目标管理强调自我控制

德鲁克认为，员工是愿意负责的，是愿意在工作中发挥自己的聪明才智和创造性的。要控制人，就要对其动机进行控制，而不应当控制其行为，也就是说通过对动机的控制达到对行为的控制。而目标管理的主旨在于用"自我控制的管理"代替"压制性管理"，它使管理人员能控制自己的成绩，可以激发管理人员把工作做得更好。

3. 目标管理注重权力下放

集权和分权的矛盾是组织的基本矛盾之一，唯恐失去控制是阻碍大胆授权的主要原因之一。目标管理的指导思想就是要协调这一矛盾，促使权力下放，这有助于在保持有效控制的前提下，让局面更活跃一些。

4. 目标管理关注成果第一

传统的对下属表现的评价方法，往往是根据印象、本人的思想和对问题的态度等因素来进行评价，主观感情色彩浓厚。实行目标管理后，由于有了一套完善的目标考核体系，从而能按员工的实际贡献大小如实地评价一个部门、一个人。

---

① 德鲁克. 管理：使命、责任、实务：实务篇 [M]. 王永贵, 译. 北京：机械工业出版社，2006：60.

② 德鲁克. 卓有成效的管理者 [M]. 许是详, 译. 中英双语典藏版. 北京：机械工业出版社，2005：序XIV.

综上所述，我们可以认为，目标管理是一种管理程序或过程，是组织中上级和下级协调一致，根据组织使命制定奋斗的总目标，并根据总目标确定各子单位的分目标，而后将分目标分解落实为各子单位属员应完成的目标任务，并根据规定的目标开展组织活动，以保证总目标的实现。以此为据，这些目标亦将成为组织经营、考核及奖励每个子单位与个人贡献的标准。

（二）目标管理的思路

目标管理是以科学管理理论和行为科学理论为基础形成的一种管理制度，这种制度可以使组织及其成员共同参与制定工作目标，在实现组织对各阶段目标实施情况的控制的同时，实现组织成员的自我管理和自我控制，并努力完成工作目标，其管理优势主要体现在管理思路上。

1. 以目标为中心

目标管理强调明确的目标是有效管理的前提，目标的确定是一切管理活动的开始。组织目标是组织行为的导向，同时也是任务完成情况的考核依据。组织的目的、任务、行动都必须转化为目标，管理人员必须通过各级目标对员工实施管理，并以此保证总目标的实现。

2. 以系统为网络

任何组织都是一个系统，而系统是分层次的，不同的层次有不同的要求，不同的要求就有不同的目标，目标之间的相互关联、相互支持形成了整体目标网络系统。管理者必须着眼于网络系统，明确组织内各个部门和成员的工作和责任，建立工作绩效评价的标准，从而使组织能够有效运作。

3. 以员工为中介

目标管理要求组织中上级管理人员同下级管理人员，以及员工一起共同制定组织目标，并将其具体展开到组织的各部门、每个层次、每个员工，从而不仅能使目标更符合实际、更具可行性，而且有利于激发各级人员在实现目标的过程中的积极性和创造性。

（三）目标管理的特征

目标管理以人性假设为基础，对人性、人心进行充分的分析，汲取行为管理科学的成功经验，把人的心理和行为联系起来，因而具有传统管理所不具有的独特特征。

1. 目标明确

目标管理最重要的特征就是目标明确。明确的目标能使管理者看清使命，有效经营和管理，增加成功的机会。

2. 员工参与

员工参与是目标管理的形式体现，是有效管理的关键，能使员工产生强烈的认同感，是提高员工工作热情的有力手段。管理者与员工通过沟通与交流，能够对目标达成共识，形成团队协作的意识。

3. 规定时限

目标管理强调目标实现的时间性，制定的每个目标都有明确的完成期限。在大多数情况下，目标的制定与年度预算或主要项目的完成期一致，能有效克服拖沓的行为习惯。

4. 自我控制

目标管理强调员工自我担责，在工作中发挥自己的聪明才智和创造性。目标管理的主旨在于用"自我控制的管理"代替"压制性的管理"，使管理人员能够控制自己的行为与业绩，并成为员工做好工作的动力。

5. 权责共担

目标管理的一个明显特征就是善于授权，将权力下放，而同时又委以员工更多的责任，员工在增强满足感的同时也愿意担负更多的责任。这种方法调动了员工的积极性，增强了组织的凝聚力，使目标能在和谐的氛围中得以实现。

6. 自我评价

目标管理通过目标分解将信息反馈给员工，使员工调整行为，并根据组织目标设定自己的目标。管理人员通过与员工一起检查评价目标实现的情况，引导员工进行自评，能鞭策员工积极投入工作。

三、高校目标管理的构成要素及目标体系

高校是人才培养、科学研究、知识创新、文明传播之地。将目标管理思想引入高校管理工作中，是近年来随着我国高校管理体制改革的推进而逐步出现的。许多高校对目标管理工作做了大量有益的探索，如教学工作目标管理、科研工作目标管理、党务工作目标管理等。目标管理思想在高校管理改革中的全面推广和系统运用，则是一个需要不断探索和研究的课题。

（一）高校目标管理的概念

与企业相比，高校在组织机构、目标设置、员工构成等方面存在较大差异，因而高校目标管理有着较大的差异性。结合当前实际，我们认为，高校目标管理就是学校管理者引导各单位和教职员工遵循培养德智体美劳全面发展的社会主义合格建设者和可靠接班人这一目标方向，根据经济社会发展的需要和高校的实际情况设定具体的目标及近期、远期工作任务，并以目标为指针，各单位明确各自的责任和发挥各方面的主动性，按照职责范围层层分解任务、组织实施、检查考核、评价处理，再在新的基础上制定新的目标，开始新一轮的组织活动。这个过程是一个围绕目标周而复始、阶梯式螺旋上升的过程。

（二）高校目标管理的构成要素

高校目标管理是一个复杂的系统性工程，它主要由七个要素构成，即主体、客体、目标、条件、阶段、手段和职能。这七个要素相互作用产生的合力推动目标管理的整体发展。

1. 主体

主体是指按照一定的目的认识和改造客观对象的人。教育管理活动的主体即教育管理活动当中认识和改造客观对象的人。高校目标管理的主体是指在高校目标管理活动及其过程中起着能动性主导作用的因素，主要是指高校校长、职能部门、直属机关以及教职工和学生等等，高校

目标管理的主体在高校目标管理中具有能动性、目的性和创造性，处于主动的、主导的地位，对高校目标管理的客体具有能动作用。

2. 客体

客体是指被认识和被改造的客观对象。教育管理活动的客体就是教育管理活动作用对象的人和物。高校目标管理的客体指的是高等教育宏观管理主体在高等教育管理活动中所具体指向和作用的对象。在高校目标管理中，管理客体主要包括高校的教学单位，如学院（系、所）、教职工和学生等，同时也包括职能部门、直属机关等。高校目标管理的客体具有对象性、客观性和对主体的制约性三方面的本质属性。高校目标管理客体的对象性指的是在高校目标管理的主体和客体的关系中，客体始终是作为主体认识和改造的对象而存在；高校目标管理客体的客观性指的是高校目标管理中的客体作为主体认识和实践的对象是客观的，是不以主观意志为转移的；高校目标管理客体对主体的制约性指在高校目标管理中主体在认识和改造客体时，总是要受到来自客体方面的种种制约。

3. 目标

目标即组织预期要求达到的目的或结果。高校目标管理的目标指高校在实施目标管理过程中预期要求达到的目的或结果。高校目标管理中的目标分为多种，总的来说，既包括高校制定的整体目标，又包括从整体目标出发而制定的各级组织的分目标。具体划分如下：从项目量化构成看，目标可以分为数量工作目标和质量工作目标；从责权利关系看，目标可以按照组织的层级分解为工作总目标、次高层工作目标和基层组织工作目标等；从时间关系看，目标则可分为长期目标、中期目标和短期目标，从而使实现目标的过程形成了一个按时间顺序、前后相互衔接的整体；从目标的性质来看，可以分为战略目标、战术目标和操作目标；从实施管理任务的对象来看，目标又可以分为组织目标和个人目标等等。

4. 条件

条件指制约事物存在和发展变化的诸因素，主要分为内部条件和外部条件。高校目标管理的条件即制约高校目标管理存在和发展变化的诸因素。从内部条件来看，高校内具有相对统一的奋斗目标，相对凝聚的为实现目标而努力的力量，较为前沿的关于高校目标管理的研究成果和具有创造性思维的研究力量，高水平的管理队伍，能够掌握比较先进的目标管理理论、具有现代化的管理意识的高校领导，关键是高校拥有社会上素质最高的成员——广大的高校教师和大学生。从外部条件来看，高校实施目标管理借鉴了企业目标管理的经验，避免了企业目标管理的不足；在我国还有中国共产党的科学领导。

5. 阶段

阶段即事物发展进程中划分的段落。高校目标管理的阶段指高校目标管理过程中划分的段落。高校目标管理过程主要分为四个阶段，即目标达成、目标实施、目标考核、总结反馈，再到新一阶段的目标达成、目标实施、目标考核、总结反馈，依次循环往复。第一个阶段是目标达成，包括三个环节：一是论证决策；二是协商分解；三是定责授权。第二个阶段是目标实施，包括三个环节：一是咨询指导；二是监控督察；三是调整纠偏。第三个阶段是目标考核，包括两个环节：一是绩效考核；二是实施奖惩。第四个阶段是总结反馈，包括两个环节：一是反馈考核结果；二是指出改进方向。

6. 手段

手段是为达到某种目标所采用的方法。高校目标管理的手段指高等学校在目标管理过程中为达到预期目标所采用的方法，主要包括计划手段、反馈手段、调节手段、激励手段等。在高校目标管理的各个环节当中都须要采用宏观的计划指令为强制性手段来保证目标管理的实施；在目标管理过程当中须要从头至尾地按照实施、反馈、调节、再实施的程序不断地往复循环；考核的目的在于激励，利用激励手段激发全体成员的积极性，从而挖掘其最大潜能。

7. 职能

职能是人和事物以及机构所能发挥的作用与功能。高校目标管理的职能即高校目标管理所发挥的作用。高校目标管理中，明确组织机构的作用，为合理授权奠定了基础；吸收下属参与管理，促使人们去承担任务，从而把组织利益与个体利益有机统一起来；确立明确的目标与清晰的指标体系，有助于开展检查、监督、评价等有效的控制活动。

（三）高校目标管理的目标体系

高校的目标是高校在未来一定时期内所要达到的目的。由于高校内部的组织有院系与职能部门，高校目标管理的目标体系分为院系工作目标体系与职能部门工作目标体系，其中职能部门因其工作性质不同，其工作目标体系又分为共性工作目标体系与个性工作目标体系。当然，院系工作目标体系根据需要也可以设置个性工作目标体系（见表1-1、表1-2）。

表1-1 院系工作目标体系

学科建设	1. 重点学科建设	教师队伍建设	1. 人员结构
	2. 学位点建设		2. 师资培养
	3. 国内学术交流		3. 人才培养
	4. 国际学术交流		4. 人事管理
本科教学	1. 教学建设	学生工作	1. 学生教育
	2. 教学改革		2. 学生管理
	3. 教学质量		3. 学生资助
	4. 教学管理		4. 团队建设
研究生培养	1. 招生与就业	行政管理	1. 行政工作
	2. 导师队伍		2. 资产管理
	3. 条件建设		3. 财务管理
	4. 培养质量		4. 安全管理
	5. 管理工作		5. 后勤管理
	6. 课程教学		
	7. 特色与创新		

续表

科研工作	1. 科研经费	思想与党建	1. 领导班子建设
	2. 科研成果		2. 基础组织建设
	3. 科研基地		3. 宣传思想工作
	4. 科研管理		

表 1-2 职能部门工作目标体系

共性工作目标体系	履行职能	1. 参谋	个性工作目标体系	1. 党办个性工作目标
		2. 管理		2. 校办个性工作目标
		3. 协调		3. 组织部个性工作目标
		4. 监督		4. 宣传部个性工作目标
		5. 服务		5. 统战部个性工作目标
	行政管理	1. 人事管理		6. 监察处个性工作目标
		2. 财务管理		7. 纪委办个性工作目标
		3. 资产管理		8. 学工处个性工作目标
		4. 安全管理		9. 人事处个性工作目标
	思想与党建	1. 党建工作		10. 计财处个性工作目标
		2. 班子建设		11. 教务处个性工作目标
		3. 廉政建设		12. 研究生院、团委、武装部、工会等个性工作目标
		4. 思想与宣传		

第三节 高校人力资源开发与目标管理的相互关系

高校人力资源开发与目标管理既有各自侧重研究的对象与范畴，又具有相互联系、彼此制约、共同促进的密切关系。

一、高校人力资源开发是一项系统工程

高校人力资源是高校发展的核心优势，高校人力资源的数量、质量决定着高校的活力与发展水平。随着人类社会的不断进步和科学技术的迅猛发展，人才已经成为经济和社会发展的第一资源。高等教育与社会人才的培养与开发有着直接而密切的联系，这是由高等教育的使命所决定的。教育是发展科学技术和培养人才的基础，在国家现代化建设中具有先导性、全局性作用，无论是在历史上还是现实社会中都被摆在优先发展的战略地位。国以人兴，政以人治。在未来的国际竞争中，人才的竞争将成为各国竞争的焦点。教育特别是高等教育在培养科技、管理等各类高层次核心竞争人才，造就数以千万计的高级专门人才和培养数以亿计的素质优良的劳动者方面具有不可替代的作用。

重视和加强高校人力资源开发意义重大。其一是落实科教兴国战略的强烈呼唤。科教兴国已是民族复兴的基本国策。落实科教兴国战略，实现全面建设小康社会的目标，关键在于人才，特别是高素质的创新人才。高校人力资源开发不仅直接影响着高等教育的水平与质量，而且关系到科教兴国、人才强国战略的落实，关系到创新型国家建设的进程和国家核心竞争力的提高，乃至社会主义现代化建设的成败。其二是实现人才强校的迫切要求。人才问题是高等学校改革与发展的核心问题和头等大事，是高校持续发展的最根本的动力。人才问题在高校发展中的重要作用主要反映在：高校的生命力在于质量，而质量提升的关键在人才。重视和加强高校人力资源开发，是统筹规划我国高校人才队伍建设的客观要求，是增加高校人才数量、提升高校人才素质、优化高校人才结构的重要手段，是全面贯彻全国人才会议精神，用好人才、留住人才，提高高校人才使用效益的有效措施。其三是促进高校个人发展的必要途径。现代社会，新技术革命迅速发展，人类知识不断更新，社会结构日趋复杂，给人类生活的各个方面都带来了深刻的影响，对高校教职员工的个人素质也提出了越来越高的要求。为适应时代和高校内部日趋

激烈的竞争的要求，必须重视和加强人力资源的自我开发。

高校人力资源开发是一项系统工程。这一系统工程主要包括高校人力资源充分开发、优化配置、合理使用与科学管理四方面的内容。所谓高校人力资源充分开发，主要包括开发战略、开发对象、开发主体、开发环节四个层面。从开发战略上讲，这是一种整体性开发，需要做好开发目标、开发计划、开发措施三个方面的统筹，在量、质、配置以及使用上做好开发；从开发对象上讲，这是一种全员性开发，就是要根据教研、管理与服务的不同需要，对教研类人力资源、管理类人力资源和服务类人力资源分类进行充分开发；从开发主体上讲，这是一种全方位开发，也就是学校主体、院系主体、教研室主体、团队主体和个人主体都要各负其责、各尽其力；从开发环节上讲，这是一种全程性开发，涵盖了从预测规划到合理招聘、从岗前培训到在岗培训、从外部引进到内部挖潜等方面。所谓高校人力资源的优化配置，是指在充分开发高校人力资源的前提下，通过创造良好的内外环境，通过一定的途径，使得人与物、人与人、人与岗位及人与环境尽可能完美结合，最大限度地降低人力资源成本，提高人力资源效率，以最好地实现高校的人才培养、科学研究、社会服务、文化传承创新与国际教育合作等五大功能。所谓高校人力资源的合理使用，就是高度重视高校人力资源的人本性、专业性、主动性、创造性等特征，时时关心，处处尊重，合理安排，使其与一定的生产要素相结合并发挥效用，促其实现从精神向物质的转化，从可能的生产力向现实生产力的转化。所谓高校人力资源的科学管理，是指高校管理者依据高校的职能与任务，遵循高校人才成长规律，运用科学的原理、原则和方法，对高校各类各级人员进行合理的规划与组织，对人际与人事关系进行有效的指导和调控，以达到高效率、高效益地开发和利用高校人力资源的目的。

二、高校人力资源开发离不开科学管理

高校人力资源开发作为一项系统工程，其开发、配置、使用与管理

四个部分或四个环节是相互联系、彼此制约、共同促进的连续性活动。诚然，在对这个系统进行的研究中，各个部分或环节的研究对象和范畴是不同的。高校人力资源开发面对的是广义的人力资源，即面对高校人才开放系统中所有的人，涉及人的整个生命周期；而高校人力资源的配置、使用与管理面对的则是狭义的特定的人力资源，即在职的各类人员。同时，开发、配置、使用与管理的研究范畴也各有侧重，如高校人力资源开发侧重研究如何对高校人力资源潜能进行充分挖掘；高校人力资源配置侧重研究如何实现高校人力资源与其他各种资源的最佳匹配；高校人力资源使用侧重研究如何使高校人力资源发挥最大的使用效益；高校人力资源管理则侧重研究如何对高校员工的招募、录取、培训、使用、晋升、调动等活动过程进行规划、组织、协调和管理。

如果将高校人力资源的开发、配置、使用与管理看作一个整体，要实现其整体的优质与高效，则开发、配置与使用的每一个方面或每一个环节都离不开科学管理。从充分开发环节看，主要是在量、质和配置上做好开发。"量"上的开发，关键是做好定编定员，而做好定编定员的前提是制定科学的用人标准，坚持科学的定编程序，运用科学的定员方法。"质"上的开发，核心是运用科学的管理理念和方法对高校教师的引进、开发、配置和使用等环节进行管理，对教职工的思想和行为进行引导，以充分调动教职工的主观能动性，达到事得其人、人适其事、人尽其才，使他们在教学、科研、管理、后勤服务方面充分发挥作用。从优化配置的环节看，同样有赖于坚持"人本化"的管理思想，突出现代化人力资源管理手段和人性化管理方法；也需要从改革管理体制入手，如改革人力资源管理机构，构建学术权力与行政权力均衡发展的高校内部治理结构，创建多样化、柔性化的跨院系、跨学科的大学组织结构等着手。从合理使用的环节看，更需要坚持科学的以人为本、系统优化、动态发展、能级对应等管理原则，以及坚持合理定编定员、客观进行职务分析、适时进行职务调配与公正地开展员工职务升迁工作等管理方法。因此，可以说高校人力资源开发离不开科学管理。由此，很多学者将研究上述内容的学科称为"高校人力资源开发与管理"。

三、目标管理促进高校人力资源开发

高校目标管理是科学管理的新阶段。所谓"目标管理"就是管理者通过各侧面、各层级目标的科学确立,引导执行者一步步实现各层级目标以实现最终目标的管理方法。目标管理最早由美国著名管理学家彼得·F.德鲁克(Peter F. Drucker)提出,他在1954年所著的《管理实践》一书中,系统地阐述了关于"目标管理与自我控制"的思想,其要义是组织中高层管理人员与职员共同商定发展目标,职员按照目标确定各自的分目标,组织以目标为中心实行全员管理,将目标完成的程度作为评价和激励职员的杠杆,促使他们自我约束、自我控制,达到自我管理,最终落实目标;其核心在于激发职员自我努力、追求卓越的愿望;其宗旨在于塑造积极、灵活、和谐的组织风格。目标管理理论一经提出,很快在欧美及日本等国家的企业产生反响,并广泛应用于公用事业、政府机关、金融等行业和部门,并收到了很好的效果。由于目标管理的成效,以及高校管理与企业管理存在一些相通之处,20世纪60—70年代目标管理被引入西方高校管理中。

20世纪90年代后,随着我国高等学校的合并和重组,学校规模变得越来越大,加上高教管理体制改革不断深化,传统的高校管理已经不能满足效率和效益的需要,目标管理作为一种现代管理方法逐渐开始受到许多高校的关注并得到施行。高校目标管理就是高校管理者引导各单位和教职员工遵循培养德智体美劳全面发展的社会主义合格建设者和可靠接班人这一目标方向,根据经济社会发展的需要、高校的实际情况及总体目标设定具体的目标及近期、远期工作任务,并以目标为指针,各单位在获得适当资源配置和授权的前提下,明确各自的责任和发挥各方面的主动性,按照职责范围层层分解任务、组织实施、检查考核、评价处理,再在新的基础上制定新的目标,开始新一轮的组织活动。这个过程是一个围绕目标周而复始、阶梯式螺旋上升的过程。

目标管理的理论和方法对促进高校的改革与发展具有深远意义。首先是积极应对了高等教育形势的变化。从 20 世纪末期开始，我国高等教育规模经历了持续扩张，高校数、在校学生人数和教职工数快速增长，我国高等教育从精英化阶段进入大众化时期。大众化高等教育与精英型教育的根本差异，远远超过了数量变化的维度，高等教育数量上的扩张必然引发一系列关于高校发展与高校管理的新问题和新思考，庞大的非线性系统使得传统的高校管理方式已不能胜任高等教育大众化形势下高校管理的需求，高校管理必须寻求新的管理方式来适应社会与高等教育的变迁。其次是较好适应了高校内部管理体制改革的强烈要求。高等教育规模不断扩张无疑对我国经济社会的发展具有重要推动作用，但不断扩张所引发的高校管理问题也不容忽视。一些合并高校因多校区并行运转给行政、后勤管理、教学与学生管理和服务工作带来了诸如发展目标、学科融合、管理成本、文化重构、资金筹措等一系列新问题；一些高校因为管理中的信息不对称而导致了管理风险的不断增加，高校内部矛盾越来越多；一些高校因为管理的层次过多、管理的链条过长而导致了管理成本的不断上升。凡此种种都指向了高校内部的管理体制与管理效率问题。传统的高度集权的高校管理体制已经明显不能适应高校快速发展的形势需要。我们必须探索一种以"遵行规律＋提高效益"为目标、能够充分激发高校内生潜力的管理体制，而推行目标管理为进行内部管理体制创新找到了重要的切入点。最后是在一定程度上提高了高校内部的管理效能。施行目标管理，可以通过层层建立目标责任体系，使各单位、各个人都有确定的工作目标，划清责任，明确要求，有利于充分发挥基层单位的工作主动性、积极性与创造性，为实现学校目标和单位目标而做出最大努力；推行目标管理有利于"简政放权"、下移管理重心，有利于促进高校管理机器的高效、协调、有序运转；推行目标管理还有利于帮助基层单位负责人凝练工作思路、明确努力方向，分清矛盾主次，把握轻重缓急，突出重点，兼顾大局，是培养和加快干部成长的有效途径。一些推行目标管理的高校在实践中不仅收到了良好的管理效果，而且极大地提高了管理效率。

实施目标管理和加强对目标管理的研究，对促进高校人力资源开发更是具有多重价值。一是能够提升人力资源开发的理论性。随着整个社会经济政治体制改革的深入，高等学校改革也在全面展开。尤其是提高高校内部管理效率的改革备受人们关注，各种不同管理理论的应用与研究逐渐进入管理者和高教研究人员的视野。激励理论、绩效理论、量化管理理论、公平与效率理论、全面质量管理理论等成为高等教育管理文献中的高频率词汇。但相对于丰富多样的高校管理实践来说，理论研究的深度和广度还显得比较欠缺。本书力求在实证调研和理论论证的基础上理清高校目标管理的相关概念，探讨高校目标管理的基本原则，探究高校目标管理的理论依据，分析高校目标管理的主要环节，揭示高校目标管理的基本规律，构建比较完善的高校目标管理理论体系，丰富高等学校的管理理论。二是能够增强人力资源开发决策的科学性。高校人力资源开发工作涉及高校的各个部门和各个环节，开发目标的多重性，配置方案的可变性，使用环境的复杂性，管理措施的差异性，实施情境的不确定性，客观评价的高难度性，尤其是高等教育产品（人与知识）的特殊性，更需要整个人力资源开发过程具有严密性和科学性，否则可能会给高校、组织和个人造成巨大的损害。在过去的高校人力资源开发中教训甚多。科学的高校目标管理，强调决策层在科学理论指导下，依据学校内外环境、教育发展的规律和学校发展态势，审时度势，充分论证，确保总体目标的合理性；强调目标分解既要考虑目标实施主体的能力，还要权衡目标实施主体之间的公平性，做到人能尽其才，物能尽其用，形成严密的目标链；同时注重人力资源开发的各个环节，包括开发战略、配置方案、使用原则的确定，以及评估模式的选择与评估等级的裁决都需要在科学理论指导下才能顺利实施。三是能够提高人力资源开发的自觉性。目标管理既吸取了科学管理的思想，强调目标在学校管理过程中的作用，以目标指导行动，要求把任务转化为目标体系，又继承了行为科学的精髓，重视人的作用的发挥和人的思想因素的作用，把目标作为联结"人"与"事"的核心要素，使人通过完成目标去指向"事"，自觉克服传统管理中"等、靠、要"的思想，主动承担责任，创造性地完成学校下达的目标。目标管理反对上级或外部的过多干涉，主张变"他控"为"自控"，鼓励教职工独立自主地完成任务；在考评过程中采用上级考评与教职工自我评价相结合。这种自主管理有利于建立工作责任感，有利于发挥教职工自我开发的主动性和创造性。

第二章　高校人力资源开发与目标管理的研究基础

对高校人力资源开发与目标管理的研究有一个逐渐拓展与不断深化的过程。关于高校人力资源开发的研究要早于高校目标管理的研究。由于二者在实践上密切互动，理论上逻辑贯通，并在促进高校人力资源建设方面共同发挥着实践指导与理论支撑作用，故本书将高校人力资源开发与目标管理作为一个整体进行研究。本章在分别梳理高校人力资源开发研究与高校目标管理研究的缘起、现状与趋势等的基础上，探讨了新时代加强高校人力资源开发与目标管理研究的意义。

第一节　高校人力资源开发与研究的缘起、内容与趋势

一、高校人力资源开发与研究的缘起

对高校人力资源开发的重视与研究，始于欧美等高等教育较早发达的国家，他们认为国家的根基就是由高等教育孕育出来的高质量人才所建构的，高校人力资源的开发与研究被他们视为重中之重。如德国将"关键能力"贯穿于创新人才教育之中，英国设立高等教育创新基金来

促进创新人才的培养，美国设立科研基金用以资助博士和优秀青年学者从事科学研究，法国通过科研资助形式把服务国家科技发展战略作为博士生培养的目标，日本通过各类卓越计划不断加大对创新人才的投资力度等。目前国外关于人力资源开发与管理的研究主要集中在人力资源开发、人力资源战略规划、绩效评估、奖酬制度设计、跨文化管理、知识管理、学习型组织构建等方面。

20 世纪 70 年代以来，在我国随着科学技术的进步和管理思想的创新，大学日益成为社会输出人才的中心，大学人才市场的特性日益凸显，越来越多的人注意到日益激烈的人才竞争反映出高校间的竞争，而高校间的竞争又是以高校内部的人才资源开发和管理制度创新为基础的，由此引发了我国各高校内部的一系列改革，在"共建、调整、合作、合并"八字方针指引下，不少高校在人才引进、岗位设置、福利分配以及师资队伍建设等方面进行了改进，并取得了一些可喜成果[①]。我国高校人力资源的开发与研究也逐渐受到重视。我国关于高校人力资源开发的研究，2000 年以前相对较少，2000 年以后逐渐增多，这与高等教育改革发展的进程是密切相关的。随着高等教育规模的不断扩大，人们开始从各个层面关注高等教育的发展，其中，高校的人力资源开发与管理问题也备受研究者的关注。学者们的研究大体有这样几个视角：一是直接从高校人事管理中呈现的显性问题出发；二是从分析高校教职工的特点入手；三是从分析高校工作的特点入手；四是从分析高校人力资源开发与管理的特点出发；五是国际比较研究。虽然不同学者的研究视角不同，但他们针对高校人力资源开发与管理提出的问题与对策有许多相同之处，认为存在的问题主要包括以下几个方面：管理理念滞后、人力资源配置（总量、结构）不合理、激励不力、流动机制及绩效考核机制缺失等。相关对策涉及以下方面：高校应树立现代人力资源开发与管理理念；调整、优化高校人力资源结构，合理配置高校人力资源；致力于有效的绩效考核体系及合理的人才流动机制建立等。

---

① 洪梅. 创新高校人力开发与资源管理的研究 [J]. 科技管理研究，2012 (12)：142-146.

我国关于高校人力资源开发的研究是与高校人事制度改革紧密相关的。从 20 世纪 80 年代中期开始，渐进式的高校人事制度改革走过了三十多年的风雨历程，有学者将其概括为三个阶段：第一阶段以 1984 年中央职称工作领导小组在全国 51 个单位（包括部分高校）进行专业技术职务聘任制度改革试点为标志，推动了高校聘任制与人事分配自主权方面的研究；第二阶段以原国家教委下发的《关于下发〈国家教委直属高等学校工资总额动态包干管理暂行办法〉及组织实施工作的通知》（教人〔1995〕30 号）为起点，进一步增加了高校用人机制与内部分配制度的变革研究；第三阶段以中共中央、国务院 2010 年印发的《国家中长期教育改革和发展规划纲要（2010—2020 年）》为标志，全面开启了高校人事制度的规范与创新研究。

第一阶段：20 世纪 80 年代中期至 90 年代中期。这一阶段改革的重点是政府简政放权，高校自主管理，健全学校内部管理制度，打破铁交椅、铁饭碗、铁工资，体现按劳分配原则。改革的策略和路径是自下而上，发展到政府部门与高校共同推进，由点到面再到全方位改革，形成了高校人事制度改革的第一次高潮。这一阶段具有标志性意义的是 1984 年中央职称工作领导小组在全国 51 个单位（包括部分高校）进行专业技术职务聘任制度改革试点，1988 年在企事业单位开始推行固定工实行聘用合同管理[1]，1993 年开展工资制度改革，根据"脱钩、分类、放权、搞活"的总体要求，对事业单位进行了分类管理的探索和尝试，对放权搞活做出了制度性的规定，高校还可实行工资总额包干[2]。1993 年 10 月，《中华人民共和国教师法》出台，明确规定"国家实行教师职务制度"，教育部陆续向学校下放多项人事管理权限，直属高校内部积极探索校院系权责清晰、运转有效的管理模式，实行灵活多样的用人方式，扩大校内薪酬分配自主权。这一阶段学界的研究主要围绕落

---

[1] 肖兴安. 近 30 年我国高校人事制度研究历程与特点 [J]. 高教发展与评估，2011（2）：86-96.

[2] 何宪. 高校工资制度改革研究 [J]. 中国高等教育，2020（20）：13-21.

实高校人事分配自主权，推动从政府直接管理、高度集中的计划管理向政府间接管理、学校自主管理的方式转变。其中，霍宝柱在分类型、分层次评审工作实践的基础上，对高校教师职务任职资格评审的模式与机制进行了进一步探讨①；张珧敏依据上海复旦、交大等四所高校于1985年9月首次职称改革试点以来的教师职务评聘现状分析，提出了完善教师职务聘任制的难点与对策②；雷朝滋根据教师职务聘任制未达到预期效果的原因分析，提出了进一步完善高等学校教师职务聘任制度的基本思路③。

第二阶段：20世纪90年代中期至2010年。这一阶段改革重点是用人机制改革，加强高校在"选聘用酬"上的自主性。其中，教育部1995年颁发的《国家教委直属高等学校工资总额动态包干管理暂行办法》，以及1998年实施的"长江学者奖励计划"这一革命性改革举措，不仅在高校人才引进领域具有开创性，而且带动了高校人事分配制度改革方面的"多米诺骨牌"效应。1999年1月《中华人民共和国高等教育法》正式实施，规定高等学校实行教师聘任制，高等学校校长与受聘教师签订聘任合同。随后，《关于当前深化高等学校人事分配制度改革的若干意见》《关于深化高等学校人事制度改革的实施意见》《关于高等学校岗位设置管理的指导意见》陆续出台，明确提出"全面推行聘用制，建立符合高等学校办学规律、充满生机和活力的用人制度"④。与此同时，学界有关推动高校用人机制的转换，建立能上能下、能进能出和鼓励优秀人才脱颖而出、人尽其才的用人机制研究也逐渐增多。其中，陈万明等针对各高校按需设岗、公开招聘、合同管理、以岗定酬等

---

① 霍宝柱. 正确导向 分层指导 分类评审：改进与完善高校教师职务任职资格评价机制 [J]. 江苏高教，1994（5）：21-24.
② 张珧敏. 上海高校教师职务聘任制的改革与探索 [J]. 上海高教研究，1995（4）：25-27.
③ 雷朝滋. 贯彻实施《教师法》完善教师职务聘任制 [J]. 中国高等教育，1995（9）：6-9.
④ 肖兴安. 近30年我国高校人事制度研究历程与特点 [J]. 高教发展与评估，2011（2）：86-96.

人事分配制度改革中存在的误区，提出了具体的解决措施①；阂铁军提出岗位津贴制度实施需在加大收入分配激励的同时，注意学术氛围、学术发展等与教学科研工作有关的条件建设与培育，充分调动教师的内生动机；赵丹龄等根据教育部直属71所高校用人制度改革与教师聘任制、校内实施津贴制度等的实施与交流情况，总结了部属高校人事分配制度改革中的新情况与新特点，提出了进一步深化高校人事分配制度改革的思路和建议②。

第三阶段：2010年至今。这一阶段改革的重点是"规范化与再创新"，国家在人事政策尤其是分配制度上进一步规范。随着高等教育的全球化与产业化，高等教育回归其与生俱来的社会职能，中国一流高校必须积极参与世界人才市场的竞争，高校人事制度改革持续推进。《国家中长期教育改革和发展规划纲要（2010—2020年）》提出继续实施"985工程"和"211工程"，《统筹推进世界一流大学和一流学科建设总体方案》提出要以重点学科建设为基础，统筹推进世界一流大学和一流学科建设。高校围绕人才治理结构失衡、聘用机制失范等矛盾，进一步实行岗位分类管理，全面推行公开招聘与聘用制，探索多种分配激励方式③，推进教学科研基层组织建设④，坚持以促进人的全面发展作为衡量教育质量的根本标准⑤。这一阶段，学界主要围绕高校人事制度创新进行了大量的研究。其中，李忠云等提出以人才资源能力建设为主题，以调整和优化人才结构为主线，通过实施人才强校战略推动学校创新发

---

① 陈万明，龚怡祖. 正确体现"效率优先、兼顾公平"的原则：关于高校人事分配制度改革的思考 [J]. 中国高等教育，2000（9）：15-16.

② 赵丹龄，赵江. 高校人事分配制度改革的新问题与新思路 [J]. 中国高等教育，2002（24）：7-9.

③ 童锋，夏泉，曹艺凡. 中国高校人事制度改革的背景、困境与出路 [J]. 黑龙江高教研究，2017（11）：60-63.

④ 管培俊. 新一轮高校人事制度改革的走向与推进策略 [J]. 中国高等教育，2014（10）：18-22.

⑤ 刘建平. 以人事制度改革为牵引 全面深化高教综合改革 [J]. 中国高等教育，2014（23）10-11.

展①；郭广银提出新时期要着力建设有利于优秀人才大量涌现并充分发挥作用的体制机制，引进、培养和用好一大批高层次人才②；管培俊指出新时期高校人事制度改革的显著特点，明确新一轮高校人事制度改革应着力于建立适应现代大学制度的高校人事管理体系、完善适应中国特色现代大学制度的内部治理结构、建立适应"协同创新"需要的新型用人机制等③。

二、高校人力资源开发与研究的成效

上述高校人事制度改革掀起的三次高潮，从整体来说顺应了改革开放的历史潮流，揭示了高校改革发展的规律，推动了高等教育行政事业单位的改革，也反映了我国高校人力资源开发与研究的成效。

（一）高校人力资源开发的理论研究获得重要突破

这些年来，我国学者在高校人力资源开发与管理的理论研究方面取得了下列突破：一是对高校人力资源的主要特征有了新的认识，认识到高校人力资源呈现出不同于其他行业人力资源的两重性。一般人力资源的两重性，指的是消费性和生产性这两者的统一。但高校人力资源在使用过程中呈现出独特的两重性，即投入的高消费和产出的高增值的统一。二是在高校人力资源开发上采取了一系列新的举措，在教师的职称评选、收入分配以及人才引进上采用了竞争机制，用人上采取"聘任制""学科末位淘汰制"，意在消除由"教授终身制"带来的员工不求上进、混日子等消极现象，通过竞争来激发教师的忧患意识，促进高校人力资源的整体开发。三是在高校人事制度改革方面达成了新共识。高校教师岗位聘期考核工作应当坚持公开、公正、公平，以及适度激励与灵活性原则，注重考核主体与对象、内容和方法，加强考核指标的科学设

---

① 李忠云，张端. 以创新的思路实施人才强校战略 [J]. 中国高教研究，2004（2）：8-11.
② 郭广银. 深入实施人才强校战略 聚好用好用活大学人才 [J]. 中国高等教育，2012（10）：7-9.
③ 管培俊. 关于新时期高校人事制度改革的思考 [J]. 教育研究，2014（12）：72-80.

计,形成多层次的参与监督机制①。四是在高校人力资源管理方面构建了一系列新的规则,除了在微观技术层面完善聘任制本身,还有赖于在宏观层面优化政府与高校的关系,建立起充分尊重学术自发秩序的高等教育治理制度,推动高校做好长期人力资源管理战略规划与发展工作,保障本单位拥有充足且高质量的人力资源。优化高校人力资源结构,采用"定编定岗""人岗匹配",并根据各学校的需求,设置合理的职称分配比例,调整职称结构②。

(二)高校人力资源开发的制度探索取得一定成果

这些制度探索主要是围绕教师的评聘制度展开的,其主要成果有三:一是"非升即走"制的探索。在德国,要成为讲座教授,一般都要先经历若干年编外讲师这一严苛的过程,编外讲师制度和讲座教授制度保证德国的大学选留了一批真正以学术为志业的学者,也保证了获得正式教席的学者能专心治学而不为稻粱谋,因而被认为是当时德国大学发展的动力所在③。美国模式最重要的两大特点就是"非升即走"和"终身轨",时间和条件相对明确的"非升即走"既让年轻教师对职业发展的预期更加明确,也给了不具有学术竞争力的年轻人及早转行的机会。"非升即走"和"终身轨"的有机结合为美国大学拥有一支高质量的教师队伍和相对平和的学术环境提供了制度保障。相对于德国大学的教师聘任与评价制度,美国大学更加强调多元开放和学术民主。我国从2000年左右开始借鉴美国的"终身教职",探索实行"非升即走"机制,作为准聘期结束后甄选长聘教职的任职评审标准。2003年北大第一次提出"非升即走""终身教职"等概念并引起了极大轰动,强调对现有副教授和讲师实行固定聘期合同,实现教师"择优"和"分流"④。

---

① 任友洲. 高校教师岗位聘期考核:定位、方法及对策 [J]. 华中师范大学学报(人文社会科学版),2013(3):162-167.

② 万有林. 我国高校人力资源管理效能提升研究 [J]. 江苏高教,2020(9):48-51.

③ 俞蕖,刘波. 研究型大学学术岗位制度差异与变革趋势:基于德、美两国的比较 [J]. 中国高教研究,2013(2):56-61.

④ 黄文武. 大学教师"非升即走"制度安排的利弊分析 [J]. 江苏高教,2020(6):89-96.

以"非升即走"为代表的竞争性制度安排,其内在逻辑对教师职业角色和活动行为取向具有强大的规约性和指向性。二是"预聘—长聘"制的设计。清华大学、北京大学首开先河,随后浙江大学、华东师范大学等高校也纷纷尝试建立各具特色的"预聘—长聘"制度。该制度针对新入职的高校教师,设置预聘期,并配套以"非升即走"的制度设计,通过预聘期考核的教师能够获得被学校终身雇佣的资格。三是"准聘—长聘"制的出台。2018年1月,中共中央、国务院下发《关于全面深化新时代教师队伍建设改革的意见》,明确了"准聘与长聘"相结合的人事改革方向。两个文件的出台,既从政府层面肯定了"准聘—长聘"制度的发展方向,也为这一制度的不断完善提供了规范的指导。

(三)高校人力资源开发的实证研究有了积极进展

实证研究不仅是做好学术工作的一项基本功,也是关系到高校人力资源开发与管理成败的一个重要方面。实证研究的进展主要反映在:一是关于教师评价政策效果的实证研究。有学者对近20年来26个省(自治区、直辖市)主动公开的141份省域层面教师评价政策文本进行高频词分析和语义挖掘,提出要提升考核评价机制系统性、突出师德师风考核重要性、扩大考核评价对象覆盖性、探索考核评价内容效能性、丰富考核评价主体参与性等建议[①]。二是关于高校人事制度改革相关政策的文本分析。有学者从政策工具运用与创新的视角,对1978年以来中央政府及各部委出台的55份高校人事制度改革相关的政策文本进行统计分析,针对政策工具运用过程中出现的问题,给出了有针对性的政策建议[②]。还有学者通过对J省12所地方公办本科高校的教师聘任政策文本进行分析,并结合对样本高校人事部门深度访谈,从依法治校的视角,提出重构和优化地方高校教师聘任制的具体措施[③]。三是关于高校教师

---

① 郭婧,杨洁,李永智. 我国教师评价政策的回顾与前瞻:基于2000—2019年省域层面教师评价政策文本的分析[J]. 教师教育研究,2021(3):9-16.
② 邴浩. 政策工具视角下的高校人事制度改革[J]. 复旦教育论坛,2014(6):63-68.
③ 黎庆兴,李德显. 教师权利保障视域下地方高校教师聘任制的反思与重构:基于J省12所公办本科高校的实证研究[J]. 当代教师论坛,2021(2):10-18.

退出的现状与问题调查。有课题组以教育部直属 22 所高校的 87 个退出案例作为数据资料，揭示目前我国高校教师退出的现状和面临的问题，在此基础上提出政策建议[①]。四是关于完善高校教师评聘与考核体系的实证研究。如张红阳引入灰色系统理论[②]；俞明传、顾琴轩提出多源评价法[③]；张有绪、陈伟则运用层次分析法与模糊数学评价法进行绩效评价[④]；黎光明等将收集到的评价数据作嵌套设计的多元概化理论分析，以提高教师绩效评价的信度与效度[⑤]；范明等对教师评价指标体系构建的科学性进行实证研究[⑥]；张泳等运用德尔菲法根据不同类型教师发展的重点确定合理的指标权重[⑦]。他们都试图通过不同方法提高教师评价的科学性。

（四）高校人力资源开发的应用研究产生明显实效

高校人力资源开发与管理的应用研究主要为解决高校内部管理中的实际问题提供科学依据。首先，北京大学为贯彻落实党和国家的科教兴国战略，根据教育部"教育振兴行动计划"要求，在 1999 年年初率先以建立能进能出、能上能下、能高能低的激励竞争机制，创建能吸引并稳定高层次人才安心从事教育科学事业的制度环境为目标，正式启动了

---

① "教育部直属高校教师退出机制研究"课题组.教育部直属高校教师退出机制研究：基于 87 个案例的数据分析 [J].中国高等教育，2016（15）：27-33.

② 张红阳.基于灰色系统理论的高校教师工作绩效评价体系研究 [J].河南师范大学学报（哲学社会科学版），2016（3）：182-185.

③ 俞明传，顾琴轩.国外高校教师绩效多源评价内容特征研究 [J].外国教育研究，2013（11）：59-66.

④ 张有绪，陈伟.高校教师绩效考核体系的构建研究 [J].经济研究参考，2014（5）：77-79.

⑤ 黎光明，张敏强，蒋欣，等.高校教师教学水平评价的概化理论分析 [J].心理科学，2017（1）：122-128.

⑥ 范明，陈佳秀.高校工科教师评价指标体系构建实证研究：以 J 大学为例 [J].北京工业大学学报（社会科学版），2017（8）：68-74.

⑦ 张泳，张焱.分类发展视角下的高校教师绩效评价体系构建：基于德尔菲法的调查研究 [J].高教探索，2018（8）：97-103.

岗位设置与人员聘任工作①。上海交通大学同年开始组织实施了以"严格要求、分类明确、重点突出、统筹兼顾、宏观指导、总量控制"为原则的校内岗位津贴制度"辉煌计划",从根本上改变了"大锅饭"状况,逐步形成了良性的竞争和激励机制,用人机制也愈加灵活与规范②。四川大学于1999年10月和2001年6月进行了两轮人事分配制度改革,合理调整了全校各类人员的结构比例,在教职工的日常管理、升等晋级、考核奖惩等各个环节都进行了大胆的改革和创新,促进了从身份管理向岗位管理的转变,对于稳定和吸引高层次人才起到了较好的积极作用③。其次,随着"985"等工程的实施,高校围绕"选聘用酬",大力推进编制管理、岗位管理、人员聘用以及薪酬分配改革,教育部在武汉大学、厦门大学等五所高校部署职员改革试点,浙江大学等高校率先探索教师分类管理,吉林大学通过按"贡献率"进行分配来调动教职工的积极性和创造性④,清华大学在教师退出机制方面逐步实现高校教师养老保险制度与社会保障制度对接。高层次人才计划进一步发挥示范引领作用,面向全球延揽人才,带动了高校创新团队建设、年薪制探索、协议用工和合同管理等一系列用人机制改革举措。高校普遍根据自身发展状况和办学特色,构建定位明确、层次清晰、可持续发展的人才支持与培养体系。高校人事管理站在更高层次上,具有更加广阔的视野,开始实现从封闭的人事管理到开放的人力资源国际化配置的深刻转变。

---

① 黄娟. 高校岗位津贴制度浅析:以北京大学医学部为例 [J]. 内蒙古师范大学学报(教育科学版),2015(12):31-32.

② 刘宇空,付瑶瑶,颜淑霞,等. 继续深化以岗位津贴制度为主的高校人事分配制度改革:上海交通大学的探索与实践 [J]. 中国高教研究,2004(S1):55-59.

③ 罗中枢,李旭锋,李键,等. 新机制促进新跨越:四川大学关于岗位津贴制度的实践与效果 [J]. 中国高教研究,2004(S1):82-85.

④ 孙赵华,王德顺,郎少刚,等. 人事分配制度改革的探索与实践:吉林大学实施校内津贴制度的实践与效果 [J]. 中国高教研究,2004(S1):79-81.

三、高校人力资源开发与研究的趋势

（一）注重高校人力资源开发问题的反思

当前，高校人力资源开发工作已经受到相当的重视，关于高校人力资源开发的研究也取得一定的成果，但依然存在诸多问题。一是人力资源开发观念相对滞后。一些高校人力管理者只重视对财力增长、物力增加的研究，忽视对人力资源开发的研究。他们认为高校的发展就是靠投入，资金的短缺是高校发展的瓶颈，没有意识到真正的瓶颈是缺乏一支高素质的教师队伍，忽视在人力资源的开发与管理上下真功夫。二是人力资源开发制度建设不力。一些高校管理者已经意识到通过创造良好的工作和生活环境来稳定人才、吸引人才和集聚人才的重要性，但是对人力资源开发制度的建设关注不够。部分高校在教学管理、教师培训、工资管理和津贴分配等方面尚未建立起完备的制度。如在教学管理制度上，有些高校规定上课迟到五分钟即为教学事故，一旦构成教学事故，津贴就会受到影响。这一规定对教师的要求显然过于苛刻，因为每个人难免会出现特殊情况，如果将规定改为"一学期迟到了三次，则构成教学事故"较为合理。三是人力资源业绩考核不够科学。目前对于高校教师的业绩考核主要从教学和科研两个方面进行，但不少高校业绩考核都存在重量轻质的偏颇。不少高校在津贴分配上，将津贴与教师的职称、科研与课时量挂钩，这些对于革除分配中的平均主义思想和调动教师工作的积极性有一定的好处，但偏重职称、轻视实绩也不尽合理。不少高校在年终考核时往往根据部门人数多少限定优良比例，且将能否在年终考核中评优与职称职务晋升挂钩，这样既失业绩考核的公正性，又挫伤了部分人的工作积极性。四是人力资源开发机制研究不够。在人力资源开发的研究中，注重对物和事的管理的研究，忽视人力资源开发与管理中的引导机制、激励机制、竞争机制和约束机制的研究，因而不能有效地促进人力资源的开发。反思这些问题有助于明确促进高校人力资源开发的方向。

(二)重视构建现代大学制度的研究

构建现代大学制度是促进高校人力资源开发的制度保障。现代大学制度是指与市场经济体制和教育发展需要相适应的大学外部关系、内部组织结构及大学成员行为规范的体系。它包括宏观和微观两个层面：宏观层面主要是指积极建立大学与社会、政府及大学之间的新型关系；微观层面主要是通过制度构建来确立大学内部行政权力与学术权力的关系，以实现民主管理、科学决策，提高大学管理的绩效。微观层面的改革实际上就是指大学自身制度的建设与改革，主要包括人事制度改革、资源配置管理制度改革和学术制度保障三个方面，其中人事制度改革是整个高校管理体制改革的核心和关键，是建设现代大学制度的重要组成部分。

现代大学制度主要具有以下两方面的特征：一方面要使大学具有充分的自主权、灵活性和创造力，能够主动适应正在建立和不断完善的社会主义市场经济体制，能够承担起增强国家综合竞争实力，为建设全面小康、和谐社会提供人力和智力支持的历史使命；另一方面要遵循教育自身的发展规律和作为"学科共同体"及"高素质人才密集地"的高等院校的办学规律，充分尊重知识分子的劳动特点和心理特征，解放教育生产力，激发师生的创造力。

构建现代大学制度强调建立健全的柔性管理模式。柔性管理模式的核心在于大学内部管理中贯彻学术自由、民主治校和人本管理的理念。柔性管理要求培养集体合作精神，善于利用"人的资本"进行民主管理，重视人的精神资源的开发，有利于调动教职工潜在的积极性，并把知识分子的参与、沟通、共享、发展引入大学管理中，提高管理效能。柔性管理要求政府部门应简政放权，转变职能，厘清政府与高校的关系，通过统筹协调、方针指导、立法、监督和评估等手段对高等教育进行宏观调控，真正完善、保障和落实高校办学自主权。人事自主权是高校办学自主权的一个重要方面，高校应有权根据教育行政主管部门制定的科学的人员编制总额，自主决定本单位的机构设置和各种人员配备比例，有聘用、录用、试用、晋升、辞退、奖惩等权力。政府在推动现代大学制度建设的过程中应进一步增强高校人事自主权。

构建现代大学制度要求推进高校的人事制度改革。高校人事制度改革不同于其他组织的人事制度改革,不能简单地引进市场机制,更不能简单地去套用现代企业的管理模式,而要在适应社会多样化需求的同时,更加注重尊重人才培养、学术研究的个性特征和知识分子的心理特点;高校人事制度改革应重视全体教职员工的民主参与,充分发挥教职工的积极性和主动性,鼓励其参加学校的内部管理与民主决策,让他们成为改革的主动参与者。

(三)重视高校内部管理制度改革的探讨

深化高校内部管理制度改革是促进高校人力资源开发的重要举措。改革与高校人力资源开发密切相关。高校内部管理制度改革,应从以下四个方面进行。

一是要改革用人制度。主要方向是积极引进市场机制来合理配置人力资源,破除职务终身制和人才单位所有制,按照"按需设岗、公开招聘、择优聘用、严格考核、合同管理"的原则在高校全面推进聘用制度;合理调整各类人员的结构,正确处理教师、管理人员、教辅人员和其他专业技术人员之间的比例关系,建立事业编制与组织编制、固定编制与流动编制、教学编制与科研编制等多种编制相结合的编制管理体制,实行严格的编制管控制度;将"人"与"事"分离,有计划地实施人事代理制度,用人单位与员工签订劳动合同并将人事管理活动委托给代理机构,人事代理机构提供诸如人事档案管理、人事工资关系管理、评聘职称、代办社会保险等服务。

二是创新考评制度。绩效考评是一个系统过程,它应包括绩效考评标准的制定、绩效的沟通、绩效考评的实施、绩效的反馈与辅导、绩效的改进与再计划、绩效考评结果的运用。绩效考评过程应当是组织管理者与员工进行相互沟通的一个过程。考评的结果是员工晋升、奖惩、培训等人事决策的重要依据。制定科学合理的考核办法,对于加强岗位管理、充分调动教师的积极性、形成有效的激励竞争机制有着重要的意义。因此,创新考评制度是高校人事制度改革的重要内容之一。首先,考评应以绩效为中心，要使目前注重"量"的考评向强调"质"的考评转变，注重教学和科研的创新性，而非片面强调发表论文的数量。其次，制定符合不同学科特点的考核标准，不可"一刀切"；同时，针对教学人员、科研人员、管理人员及服务人员应当制定相应明确的考评标准，分别对教学科研效益与质量、全面的行政效率和服务对象满意度进行评估。再次，考评的周期应根据不同学科的特点及学术研究的自身规律进行创新，可以变学期考核、年度考核为以三年或五年为周期的任期考核制。最后，注重考评结果的科学使用。考评应以提高员工绩效及为相关人事决策提供依据为目的。因此，考评过程要求全员参与，全过程沟通，以保证考评过程的公正、公平及考评结果的客观、有效，同时激励员工进一步强化产生高绩效的行为。

三是完善分配制度。积极探索以绩效为导向的分配制度，进一步增强高校内部分配自主权，发挥分配制度的激励导向作用。首先，分配制度应基于以岗定薪、岗变薪变、按劳分配、优劳优酬的原则；对关键岗位和管理骨干按任务和业绩定酬，将薪酬与能力和业绩挂钩。其次，分配方式应注重物质形式与精神激励相结合。一方面，在工资、津贴、福利等保健因素方面进行合理的改革与调整。比如，工资与教师绩效挂钩，津贴方面，除了基于所聘岗位的职务职级确定的基本津贴之外，可以适当辅助以业绩津贴，即基于工作任务和工作实绩确定的带有奖励性质的津贴类别。另一方面，分配制度要以激励为导向，注重精神激励，建立起长效的激励薪酬机制。如给员工规划远期的职务晋升机会、培训计划、国际交流与学习的机会、带薪休假等。再次，分配制度应体现公平原则，其中包括分配标准的公平、执行过程的公平及分配结果的公平。要充分认识到分配制度的公平性对员工心理及工作态度等方面都有至关重要的影响。

四是建立服务制度。随着时代的发展与高校内部管理体制改革的深化，服务观念越来越被强调，高校在人才引进、使用、保持、激励、开发、流动等一系列过程中都应当创新思维，更好地为人才提供各方面服务，为他们提供更好的工作场所与人文环境，给他们创造施展自己才能及充分发挥潜能的空间。高校建立服务制度要从以下几下多方面着手：增强服务意识，在高校教师、管理人员及其他人员之间建立起一种平等和谐的关系；转变管理观念，从传统意义上的"管"人转变为服务于人；增强有效沟通，广泛听取意见，真正维护广大教职员工的根本利益；优化服务环境，建立高校人力资源信息网络，方便教职员工及时了解相关人事信息及人事决议；构建交流平台，鼓励全员参与管理，处理好校人力资源管理部门与院系人事信息站的关系；改进服务方式，拓展服务内容，学校的人事、科研、教学管理部门要为人力资源提供各类科研信息、资料信息与课题申报、会议经费、科研评奖等方面的帮助与服务，在教学设施、设备和手段等方面为教学、科研人员积极创造条件等。

第二节 高校目标管理的推行与研究背景、成效与问题

一、高校目标管理推行的背景

1954年，美国著名管理学家彼得·F. 德鲁克（Peter F. Drucker）在他所著的《管理的实践》一书中，最早系统地阐述了"目标管理与自我控制"的思想，目标管理就是管理者通过各侧面、各层级目标的科学确立，引导执行者一步步实现各层级目标以实现最终目标的管理方法。彼得·F. 德鲁克提出的"目标管理"，最初是针对企业管理的。他认为，任何企业必须形成一个真正的整体，企业每个成员所做的贡献虽不相同，但是，必须全部朝着共同的方向努力，必须为实现共同的目标做出贡献，使整体的业绩最大化。德鲁克强调了对行为结果的管理，而不是对行为的监控。它把管理的整个重心从工作状况即输入端和过程转移到生产效率的结果即输出端上来。德鲁克曾对目标管理做过精辟的解释：所谓目标管理，就是管理目标，也是依据目标进行的管理。德鲁克认为，不是因为有了工作才有目标，应反过来说，正是因为有了目标，

才能确定每个人的工作。目标经营方式所起的最大作用，实际上就是能以自我控制的经营方式取代上级统一的支配经营方式；只有这种"目标与自我控制"的经营管理体制才是真正的目标管理。管理者的职责在于重视贡献，这样才能转移管理者的注意力，使其不致局限于自己的专业、某种技能、自己的部门，而是注意整体工作，同时注重自身目标与组织目标的关系，注意到被管理的所有对象，如让他们想到顾客、服务对象，注意到企业的产品、社会的信誉、政府的政策、服务的效果等。目标管理将使管理者的工作内容和方式发生重大改变。

1965 年，美国学者奥迪奥恩（G. Odiorne）打破了前期目标管理理论将重点放在各级管理人员上的倾向，把参与目标管理的人员扩大到整个企业范围。他认为实行目标管理的过程是通过上下级一起来确定共同的目标，使职工从中受到激励，而且由大家共同对确定的目标进行具体化，并检验实施情况和评价实施结果。在此之后，美国企业对目标管理的作用有不同的看法，认为目标管理存在三个缺陷：一是未包括目标内的工作；二是容易产生只重视个人目标而忽视工作的整体性和依靠性；三是目标管理仍有忽视人的作用的倾向。针对以上弊端，哈佛大学的莱文森提出了三项补充意见：一是人与人、部门与部门之间应建立"真诚的同伴关系"，不应把人当物看待；二是每一项具体目标都应包括在集体制定的整个目标之内，每个人对集体的贡献应采用集体评价的办法，报酬的多少也应完全依据集体达到目标的程度而定；三是除个人和集体目标外，还应制定由个人及上级共同完成的目标，这样才有利于下级对上级工作进行评价。这也说明，这一阶段的目标管理理论仍处在探索与发展之中。

在欧美目标管理基础上，日本于 20 世纪 70 年代提出了方针管理，他们把"方针"定义为：方针＝目标值＋措施。方针管理要求对企业方针进行全面展开和管理，不仅要层层展开目标值，还需要层层落实措施。实践证明，方针管理对日本经济的发展起到了重要的促进作用。我国于 20 世纪 80 年代初期引进目标管理理论与方法以来，结合经济体制改革，逐步建立起"中国式的目标管理"，并取得了可喜的成果，例如首都钢铁公司、东风汽车公司等单位都有不少成功经验。

由于目标管理的成效，以及高校管理与企业管理存在一些相通之处，20世纪60—70年代，这一理论被引入西方高校管理中。我国高校的目标管理是随着高等教育的迅速发展与高教管理体制改革的不断深化而推进的。我国原有的高教管理体制是在高度计划经济体制下建立起来的一种国家集中计划、中央部门（俗称"条"）和地方政府（俗称"块"）分别办学并直接管理的体制。部门和地方高等学校"条块分割"，低水平重复设置，造成我国高等教育在结构和布局上严重不合理和高教资源的严重浪费。为了适应高等教育发展与管理体制改革的需要，1993年2月26日，中共中央、国务院发布的《中国教育改革和发展纲要》指出："在政府与学校的关系上，要按照政事分开的原则，通过立法，明确高等学校的权利和义务，使高等学校真正成为面向社会自主办学的法人实体。学校要善于行使自己的权力，承担应负的责任，建立起主动适应经济建设和社会发展需要的自我发展、自我约束的运行机制。"该文件的出台为高校推行目标管理奠定了一定的法律基础，高校法人地位的获得，不仅意味着高校要承担一定的义务和责任，更意味着高校拥有一定的自主改革、自主发展、自我约束的权力。20世纪90年代后期，我国高等教育的迅速发展，同时开始了以"共建""合作""合并""协作""划转"等方式进行的宏观层面的管理体制改革，一个新的高等教育运行规则和制度体系正在我国逐步建立与形成。随着高校的大扩张，高校的规模和内部的组织形态发生了很大的变化，许多高校以学科建设为核心进行了教学科研组织的调整和重组，理顺校院系关系，从最初院系并存的管理体制逐渐过渡到以学院为实体，实行校院两级管理体制，以减少教学、科研、行政工作的层次。高校体制、高校规模和组织形态的变化，势必要求学校进一步转变管理思想，变革管理模式。在经历各种尝试之后，目标管理以其自身蕴含的符合现代价值理念的管理特征开始为各高校管理者所青睐，但在实施中尚处于摸索阶段。

2010年6月发布的《国家中长期教育改革和发展规划纲要（2010—2020年）》明确提出"改进管理模式，引入竞争机制，实行绩效评估，进行动态管理"的要求，推动了高校目标管理研究的进一步深化。高校目标管理既是高等教育管理体制改革的创新，也是建立现代大学制度的有益探索。步入21世纪，我国几乎绝大部分高等院校都实行了目标管理，但面临的问题与困惑甚多。关于高校目标管理理论及其应用研究逐渐增多。高校目标管理主要是指高校管理者引导二级单位（行政管理部门、院、系等）共同确定学校工作目标及其体系，并以总目标为指针，确定各单位的分目标，各单位在获得适当资源配置和授权的前提下，积极主动、自我控制，为自觉承诺的目标而奋斗，从而使学校的总目标得以实现的活动。高校目标一般可分为两类：一是软性目标，也就是战略目标，即行为只有宏观指向，如"要使学校达到一流水平""要建立一支高水平的师资队伍"等；二是硬性目标，也就是战术目标，即行为具有具体指向，如"要使学生就业率达到95%""要使师生比例达到1:10"等。硬性目标量化明确，没有弹性，易于操作和落实；软性目标难以量化，弹性较大，落实困难，但对发展有宏观的方向指导，即使不能量化，也要尽可能实化、具体化，否则将会流于形式。相对于传统的管理方法，高等学校目标管理使管理中心下移，行政管理部门、院系获得更多的自主权，利于实现治事与用人的有机结合，实现责、权、利的有机统一。

我国多数高校重视目标管理的主要原因有三：一是对高等教育大众化形势的积极应对。从20世纪末期开始，我国高等教育经历了持续扩张，实现了跨越式发展，从精英化阶段进入大众化时期。然而，大众化高等教育与精英型高等教育的根本差异，远远超过了数量变化的维度，高等教育数量上的扩张必然引发一系列关于高校发展与高校管理的新问题和新思考，包括对我们为什么要大力发展高校，未来的高校将如何发展，众多的大型乃至巨型高校将如何管理等。面对高校规模的日益扩大和内部结构与外部关系的日趋复杂化，高校的管理愈加专业化，带有更多的企业化特点。庞大的非线性系统使得传统的高校管理方式已不能胜任大众化形势下的高校管理需求，高校管理必须寻求新的目标管理来适应社会与高等教育的变迁。我们认为实行目标管理是我国高校在大众化形势下管理改革方式的一种有益探索与尝试。它不仅仅从管理目标上指明了注重效能的导向，而且还给我们提供了一种新的系统管理方法论，即从整体的视角，处理好高校管理中主体与客体、过程与结果、集中与分散、公平与效率、适应与超越、刚性与柔性、个性与共性、定性与定量、激励与约束、重点与一般等多种复杂的关系，这无疑是人类理性认识管理的有力武器。

二是深化高校内部管理体制改革与提高管理效率的强烈要求。高等教育规模不断扩张无疑对我国经济社会的发展具有重要推动作用，但不断扩张所引发的高校管理问题也不容忽视。一些合并高校因多校区并行运转给行政、后勤管理、教学与学生管理和服务工作带来了一系列新问题，例如发展目标、学科融合、管理成本、文化重构、资金筹措等；一些高校因为管理中的信息不对称而导致管理风险不断增加，高校内部矛盾越来越多；一些高校因为管理的层次过多、管理的链条过长而导致了管理成本的不断上升。凡此种种都指向了高校内部的管理体制与管理效率问题。传统的高度集权的高校管理体制已经明显不能适应高校快速发展的形势和需要。因此，我们有必要探索一种以"遵行规律＋提高效益"为目标、能够充分激发高校的内生潜力的管理体制。而推行目标管理为进行内部管理体制创新找到了重要的切入点。开展目标管理，可以通过建立目标责任体系，使各单位、各个人都有确定的工作目标，划清责任，明确要求，有利于充分提高基层单位的工作主动性、积极性与创造性，为实现学校目标和单位目标而做出最大努力；推行目标管理有利于"简政放权"、下移管理重心，促进高校管理的高效、协调、有序运转；推行目标管理还有利于帮助基层单位负责人凝练工作思路、明确努力方向，分清矛盾主次，把握轻重缓急，突出重点，兼顾大局，是培养和加快干部成长的有效途径。一些推行目标管理的高校在实践中不仅收到了良好的管理效果，而且极大地提高了管理效率。

三是建设现代大学制度的必然选择。改革开放以来，我国经济体制发生了重大变革，市场经济逐渐占据主要地位，绩效问题提上管理日程。然而，众多高校依然遵循传统的大学制度，在绩效管理方面存在重数量轻质量、方式大于目标、眼前重于长远等弊端，越来越不适应现代大学发展的需要。在近年来的高校内部管理体制改革中，许多高校试图通过推行岗位责任制提高工作效率，但由于激励的手段单一，考核与结果脱节，效益与激励割裂，加之物质激励的区分度不明显，仍旧带有传统的理想化的精神激励为主的色彩，激励效果不显著，缺乏长久的动力机制，不能适应市场经济的需要，这样就使得建设现代大学制度被提上议事日程。现代大学制度的一个重要方面就是大学自身层面的内部制度设计，主要表现为大学内部治理结构的完善，亦即在大学利益主体多元化以及所有权与管理权分离的情况下，能够有效协调大学各利益相关者的相互关系，降低代理成本，提高办学效益的一系列制度安排。一个有效的大学治理结构，应该根据利益相关者的组织属性，将决策控制权按照实际需要，合理地分布于不同的治理主体手里，并使不同主体之间产生权力依赖和制约关系。企业的目标管理可以为形成有效的大学治理结构提供借鉴，尽管高校和企业有很多区别，但也有很多相通之处，如都注重产品质量的管理、产品成本的核算、企业形象的设计与建立、产品营销和售后服务的策划与实施等等，特别是都注重利益相关者的组织属性与决策权、执行权的合理配置等。不少高校根据自身的特点和运行规律，借鉴企业目标管理，合理配置决策控制权，协调相关者的相互关系，极大地促进了有序竞争的良好状态与朝气蓬勃的精神风貌的形成，以及适应力与竞争力的提升。

二、高校目标管理研究的成效

进入21世纪后，我国从部分高校试行到绝大部分高校推行目标管理，关于高校目标管理理论及其应用的研究逐渐增多。回顾我国高校推行目标管理的历程，总结高校目标管理的理论与实证研究，已取得的成效如下。

（一）高校目标管理的理论研究获得重要突破

理论是行动的指南。近年来，我国学者立足高等教育管理体制改革的实践，在高校目标管理的理论研究方面突破了传统管理的局限，具体表现在三方面：一是对高校目标管理的内涵有了较为明确的认识。我国学者、专家们对高校目标管理曾下过不少定义，如徐振鲁将高校目标管理定义为"人们通过确定目标、实施目标和按照目标的实施结果进行考评、奖惩的活动，是逐步实现'自我控制'的一种管理方法，包括目标制定、目标实施、部门考评、奖励与惩罚和反馈结果五个方面"[①]；姜莹认为高校目标管理就是"领导和职工共同参加目标制定，在工作中实行自我控制，并努力完成工作目标的一种管理制度，是参与式管理的一种方式，是一种动态管理过程"[②]。这些定义使我们对高校目标管理的本质有了更清晰的认识，对高校目标管理的内容有了更准确的了解。二是对高校目标管理的主要特征有了更科学的把握。此类研究包括："三特征说"，如任义总结出高校目标管理的系统性、实效性和局限性等特征[③]；"四特征说"，如董泽芳、张继平将高校目标管理的特征概括为主客体关系的辩证性、目标的多元性与一致性、条件的适应性与设计的整体性、全员的参与性与手段的灵活性[④]；"六特征说"，如吕皖将高校目标管理的特征归纳为超前性、有序性、集合性、微分性、多边性和向量性[⑤]。三是对高校目标管理的重要意义有了更深入的探讨。如张步新认为，"强化目标管理，是调动工作积极性、创造性的重要方法，是管理工作科学化、系统化、规范化的重要途径"[⑥]；姜莹认为在高等学校中引入目标管理，有利于激发大家的主动性、积极性和创造性精神；有利于完善各种责任制，提高工作质量；有利于实现高校决策科学化和民主化[⑦]。分析这些研究成果可以看出，尽管高校目标管理理论研究存在不同的学术观点，但其理论创新与发展的生命力是不容置疑的，其实践应

---

① 徐震鲁. 略论高等学校目标管理的基本理论问题 [J]. 河南社会科学, 2007 (1): 149.
② 姜莹. 浅论高校目标管理 [J]. 南京理工大学学报（社会科学版），1997 (3): 89-90.
③ 任义. 试论高校目标管理的主要特征 [J]. 现代教育科学，2007 (7): 49-51.
④ 董泽芳，张继平. 高校目标管理的主要特征及实施策略 [J]. 高等教育研究，2008 (11): 38-44.
⑤ 吕皖. 高校目标管理初探 [J]. 上海高教研究，1989 (2): 131-133.
⑥ 张步新. 高校目标管理浅议 [J]. 中国现代医学杂志，2003 (14): 150-152.
⑦ 姜莹. 浅论高校目标管理 [J]. 南京理工大学学报（社会科学版），1997 (3): 89-90.

用的价值是不可否认的,它对于高校管理模式创新和运行机制改革的指导作用是显而易见的,对于高校健全教学质量保障体系,完善科研考核制度,促进科研与教学互动、与创新人才培养相结合,培养拔尖创新人才、形成国际一流学科、产生原创性成果等的价值也是不可忽视的。

(二) 高校目标管理的比较研究形成丰硕成果

国外关于目标管理的研究是结合企业管理而展开的。1954年,美国管理大师彼得·德鲁克在《管理的实践》一书中首次提出并阐释了目标管理、自我控制与提高效能的关系。他认为"管理者的工作必须要卓有成效",为此,书中提出根据组织使命制定奋斗的总目标,并根据总目标确定各子单位的分目标,而后将分目标落实为各子单位属员应完成的目标任务,使组织活动根据规定的目标进行,以保证总目标的实现。德鲁克在推广目标管理时指出:"在各个领域内,目标是必需的,它在很大程度上影响组织的生存与繁荣。"这是国外高校推行目标管理的源头和理论根基。1960年,美国行为科学家道格拉斯·麦格雷戈(Douglas McGregor)在《企业中的人的因素》一书中将该思想发展为"企业应制定自下而上的管理目标,以实现综合与自我调节控制"。1970年,乔治·S. 奥迪奥恩(George S. Odiorne)发展和完善了德鲁克目标管理的思想。他指出目标管理是一个上下级共同参与、相互协作的系统过程,这种管理的优点在于实行"参与式管理",通过上下结合的方式进行反复协商和综合平衡,以使所确定的目标更加具有动员性和激励性,更加便于目标的实现[①]。目标管理从此成为激励师生参与学校管理的一种理念。1981年,美国旧金山大学商学院教授理查德·巴布柯克(Richard Babcock)对目标管理给予了高度评价,他认为,目标管理这一概念具有波兰天文学家哥白尼"日心说"般的突破性效应,目标管理注重管理行为的结果而不是对行为的监控,这是一个重大贡献,因为它把管理的整个重点从工作努力(即输入)转移到生产率(即输出)上来。英国高校将目标管理思想运用于绩效拨款制度,建立了教学、科研

---

① 许一. 目标管理理论述评 [J]. 外国经济与管理,2006 (9):1-7.

双重考核体系，确保创造性成果的产生和创新人才的培养。美国的高等教育机构从企业目标管理运作中学到了更多有用的东西，包括完善的预算系统、有效的资金投入与合理的财务管理办法，以及高度专业化的人力资源管理手段等。

（三）高校目标管理的调查研究取得积极进展

调查研究不仅是做好学术工作的一项基本功，也是关系到高校目标管理成败的一个重要方面。我国学者、专家在推行高校目标管理的过程中，不断学习和掌握正确的调查研究方法，努力提高调查研究水平和成效，在宏观调查研究、中观调查研究和微观调查研究方面都取得了积极进展。从宏观调查研究来看，学者和专家们致力了解目标管理在全国范围内或较大区域内的推行情况。如对国内83所大学（包括中南地区75所，其他不同地区8所）的调查发现，已有42.9%的大学正在实施目标管理，有20.8%的大学计划实施，也就是说，有将近2/3的大学在实施和研究高校目标管理，凡在实施的学校都有结合自己校情而提出的方案；对中南地区75所高校的调查结果显示，正在实施目标管理的院校为32所，占42.67%，计划实施的院校为17所，占22.67%，计划实施目标管理和正在实施目标管理的院校比例高达65.34%[1]；有学者在中南地区选择了10所"985""211"高校和地方高校开展调查，研究发现，高校目标管理是管理模式创新的有益尝试，高校目标管理是一项极其严密的系统工程，它在一定适应范围内行之有效，不能简单代替其他管理方式[2]。从中观调查研究来看，研究者们侧重探测目标管理对高校管理所带来的具体变化。如对黄石理工学院学生工作目标管理的调查研究发现，通过几年目标管理的实施，学生学风发生了明显变化，"早操出勤率稳定在98%，上课出勤率达到99%以上，98%的学生能够按

---

[1] 董泽芳，何青，熊德明. 关于75所高校目标管理实施现状的调查 [J]. 高教发展与评估，2009（2）：15-21.

[2] 熊德明，董泽芳. 十所院校目标管理实施现状的调查与分析 [J]. 黑龙江高教研究，2011（11）：12-16.

时上自习，校园环境得到净化，宿舍脏乱差老大难问题得到根本的解决，卫生合格率达到100%，优秀率达到90%，争创文明宿舍，争做卫生标兵活动向深层次发展"①。从微观调查研究来看，研究机构或研究人员着力于构建完善的目标管理体系，特别是绩效考核体系。如有人通过实证研究，证明高校教师绩效考核中引入 ANP 的方法构建具有网络层次的指标体系，可以解决高校教师绩效考评过程中评价指标之间不完全独立的问题②。针对高校教师绩效考核的重要方面——高校教师教学工作评价，有学者采用问卷调查等方法，对某省 10 所样本高校的学生、教师进行了实证分析。为了对高校教师的绩效考核进行研究，以改进现行高校教师绩效考核体系，使其更为科学、合理、有效，民盟北京市委调研组对北京 15 所院校的 117 位教师进行了问卷调查。

(四) 高校目标管理的应用研究产生明显实效

高校目标管理的应用研究是在开辟新的应用途径的基础上开展的，是对理论研究、比较研究和调查研究的扩展，能为解决高校管理中的实际问题提供科学依据。我国高校目标管理应用研究在学校领导的重视下，在学者专家的积极参与下，取得了系列研究成果。一是在深入开展高校目标管理理论研究的基础上，创造性地开展了院系实体化管理模式的研究。如宁夏大学在推进学院实体化管理改革进程中，进行了大胆探索与实践，采取了目标管理这一科学管理方法，在对学院目标管理进行可行性分析的基础上，走出了一条适应形势、符合实际、实现学校科学管理的新路子③；又如长江大学根据自身实际推行的院系目标管理着重突出一个"中心"——服务和提高人才培养质量，围绕一个"目标"——学校工作的总体目标，抓住几个关键"环节"——构建科学合

---

① 陶秀清. 目标管理在高校学生工作中的实践与探索 [J]. 科技创业月刊，2008 (1)：85-86.

② 周双喜，冯俊文. 基于 ANP 的高校教师绩效考核实证研究 [J]. 技术经济与管理研究，2012 (7)：33-36.

③ 宁夏大学学院实体化改革领导小组. 行目标管理之策 走科学管理之路：宁夏大学学院目标管理探索与实践 [J]. 宁夏大学学报（人文社会科学版），2004 (3)：9-12.

理的目标体系，加强目标管理的过程控制，实施科学有效的目标考核与绩效激励[①]。二是依托高等教育研究机构，建立健全学校党委直接领导的目标管理组织，使目标管理直接为大学发展服务。如武汉理工大学、广东外语外贸大学、广州大学、宁夏大学、长江大学等依托高等教育研究机构组建高校目标管理领导小组与研究组织，根据学校发展的年度目标，征求职能部门及院系意见，制定目标管理评估指标体系，组织协调相关部门年初下达考核任务，监测考核评估指标动态，加强过程管理和校情调研，建立学校考核评估指标数据库，年终提供目标管理考核和绩效评估结果，撰写学校发展报告。三是基于目标管理的基本规律，实现了总目标与分目标的有机结合，为各院系、职能部门创造性地开展管理工作提供了新方法。这些研究涉及学校管理的方方面面，如刘绍勤认为高校教学目标管理必须坚持系统观，做到计划、执行、检查、改进一体化，发挥整体作用[②]；有学者介绍了沈阳大学现阶段财务管理的整体目标，阐述了实行高校财务目标管理的主要措施，为高校切实抓好财务管理工作提供了有益借鉴；有学者从图书馆实际出发，阐述了图书馆推行目标管理的必要性以及目标管理实施方法，并分析了目标管理的效能；还有学者结合大学生辅导员和班主任的工作，探讨了大学班级目标的制定、实施、评估及量化考核等方面的可行性。这些研究突破了传统绩效管理、量化管理的局限，更为客观真实地揭示了高校管理体制改革的发展方向。许多学校从中受到了实惠，学校管理从无序走向有序，教学质量上升到新的台阶，科研成果上升到更高的水平。

三、高校目标管理面临的问题

随着高校目标管理在我国的推行与研究的深入，人们对高校目标管理的实践价值与理论意义的认识也逐渐提高，但高校目标管理面临的理

---

① 吴淑娟，白宗新. 院系目标管理的实践探索：以长江大学为例 [J]. 大学（研究与评价），2009（4）：62-67.

② 刘绍勤. 论高校教学目标管理与过程管理 [J]. 高教发展与评估，2006（2）：62-65.

论问题与实践困惑仍多。

(一) 高校目标管理的理论研究相对薄弱

经过 20 多年的发展，目标管理在高等教育管理体制改革中发挥了重要的作用，大量的管理实践为各类管理活动提供了价值发现和衡量的作用，积累了丰富的实践操作经验。但与此相比，高校目标管理理论的研究却相对滞后，特别是基础理论的研究更为匮乏，由此使目标管理理论研究面临多方面的问题：一是分散的实践导向与整体结构缺失的冲突，即现行的目标管理研究过多关注具体操作方法、技术的研讨，而忽视了对目标管理整体理论结构和基础理论问题的思考，难以从根本上解决高校目标管理理论体系的构建、功能定位和内在机理等核心问题；二是逻辑起点定位模糊与核心概念混杂的博弈，主要表现为高校目标管理生搬硬套企业目标管理理论，使得高校目标管理理论在整体上缺乏统一的理论范式，进而导致高校目标管理的核心概念存在着众说纷纭的现象，许多研究甚至将目标管理与计划管理、量化管理等混为一谈；三是理论界定虚化与高校管理实践脱节的冲突，针对高校管理体制改革的具体特征，探索与之相对应的目标管理的理论成果文献还是凤毛麟角，使理论假设所描述和界定的内涵与高校的现实状态不符，构建于该假设之上的目标管理理论在指导实践时也就缺乏足够的解释力和说服力。这些都在一定程度上影响了高校目标管理的发展和制约了管理水平的提升。

(二) 高校目标管理的价值认识比较模糊

许多高校意识到了目标管理的重要性，在内部逐渐开始推行目标管理。然而，不同高校实施目标管理的成效却大相径庭，一些高校实施目标管理的效果不理想，个别高校还出现了失效的现象，究其原因，问题并非出在目标管理本身，而是出在目标管理的推动者即各级管理者身上。学校主管领导、部门及院系甚至是基层并未真正理解目标管理的本质，对目标管理存在认识上的误区，错误的思想使得决策偏离正确轨道，进而导致在实践中出现错误的做法。有的人认为目标就是工作结果，实现目标就是有好的工作结果，从而出现了过分强调结果，使教职员工只注重结果而忽视结果的形成过程的做法；有的管理者将目标管理和目标考核混为一谈，认为目标管理就是目标考核，从而忽视了目标制定中的上下沟通、目标实施中上级对下级的指导、目标考核后的信息反馈；有的高校用目标管理取代绩效管理、常规管理等其他管理方式，认为目标管理是无所不能的、立竿见影的，对高校目标管理的适用范围和局限性缺乏正确分析；有些高校则认为高校不宜实行目标管理，对目标管理的实用性和有效性缺乏合理认识。

（三）高校目标管理的过程研究不够深入

高校目标管理的过程是在西方目标管理经验的基础上总结出来的，是一个由目标制定开始，经目标实施、目标考评再到总结反馈的循环系统。自20世纪90年代目标管理移植到国内，已逐渐为高等教育界所熟悉和接受，已有学者、专家开始从"过程"的视角去思考我国高校目标管理问题。但遗憾的是，学者、专家们在研究中却存在着重某些过程而轻另一些过程的倾向。从目前国内的研究状况看，学者们研究的重点多集中于目标制定过程和目标考核过程，对目标的实施过程维度的研究则相对薄弱且主要集中于考核结果的公布环节，而对考核结果的反馈过程的关注程度较弱，研究也不够深入，以至于目标实施和总结反馈的最佳模式等都无人问津。这一方面反映出我国高校目标管理过程研究还不够成熟，另一方面也反映出在实践层面上我国高校目标管理过程中的目标实施环节还不够成熟。由此，我们要在加强高校目标管理过程研究的同时，把目标实施环节作为一个研究重点，这在理论和实践上都是必要的。

（四）高校目标管理的方法探讨略显单一

我国高校目标管理自产生以来，在研究方法上通常采用以定量为主的研究，以定量与定性相结合或多种方法混合研究为中心的研究相对薄弱，研究方法略显单一，有待改进。在以定量为主的研究中，研究者们将高校目标管理的问题与现象用数量来表示，以数字化符号为基础去测量目标的实现状况，进而去分析、考验、解释高校管理工作的成效，从而获得有意义的结果。在具体方法的运用上，研究者们常常以现状调查取代发展趋势预测，简单地把调查结果作为高校发展定位的依据，从而导致高校发展定位失准、发展方向和趋势把握失误，难以从根本上解决高校可持续发展的问题。也有极少数研究者意识到定性研究在高校目标管理研究中的重要性，但却不知从何着手，往往套用定量研究的指标体系，使定性研究陷入误区，结果导致定量研究与定性研究不能有机结合。

（五）高校目标管理的研究视角有些狭隘

高校目标管理源于管理学，因而学者专家们多从管理学的视角开展研究，缺乏多种学科的理论观照。研究者们基于管理学的技术科学属性，分析国内外高校目标管理理论及实践研究成果的特征，在管理研究成果的基础上设置相应的考核指标体系，构建目标管理模型。然而，高校目标管理研究既与管理学有着千丝万缕的关系，也与教育学、社会学、历史学等学科密不可分，所以高校目标管理不属于纯管理学的范畴，也兼有教育学的研究特性，管理学的研究原理与高校目标管理之间存在的共同规律与价值并不能完全解决高校目标管理所面临的具体问题，即使高校目标管理研究中遇到类似于管理学中的问题，采用相似的研究原理时也不能合理地呈现高校目标管理的特殊性，因而高校目标管理的研究视角应该从单一的管理学视角向多学科视角转换。

第三节　新时代加强高校人力资源开发与目标管理研究的意义

党的十九大庄严宣告，经过长期努力，中国特色社会主义进入了新时代。在这个新的历史方位上，高校肩负着新的时代使命。高校必须回应国家和社会发展的呼唤，服务于国家战略和经济社会发展的要求，构建新时代一流卓越人才培养体系，大力培养担当民族复兴大任的时代新人，努力实现高教强国战略。高校必须站在为国家、为民族振兴的高度上，准确、科学地确立自己的战略基点，优化办学结构，凝练办学特色，完善内部机制改革，激发学校的内生动力；搭建国际交流合作平台，建设一流的人才培养基地，努力实现人才强校的目标。高校必须坚持以改革为动力，通过完善内部机制改革，加强高校的人力资源管理，激发每个员工创新创造的活力，遵循人才成长与人力资源开发规律，构建有利于激发师生积极性和创造性内生动力的制度和机制，努力实现对高校员工充分开发的目标，打造一支高素质的师资队伍和管理队伍。本节主要从高教强国、人才强校、员工发展三个层面探讨新时代加强高校人力资源开发与目标管理研究的意义。

一、新时代高校人力资源开发管理与高教强国

当今世界的综合国力竞争，归根到底是人力资源的竞争。培养造就数以亿计的高素质劳动者、数以千万计的专门人才以及一大批拔尖创新人才与特殊人才，是发展具有中国特色、世界水平的现代教育的内在要求，是建设创新型国家和创新型社会的有力支撑，更是实现"两个一百年"奋斗目标和中华民族伟大复兴中国梦的历史使命和时代担当。

（一）高教强国的路径是推进高校创新人才的培养

教育是发展科学技术和培养人才的基础，在国家现代化建设中具有先导性、全局性作用，无论是在历史上还是现实社会中都被摆在优先发展的战略地位。随着科学技术的突飞猛进，知识经济的高速增长，新一轮产业革命的蓬勃兴起，创新能力成为衡量国家或地区发展状况的重要指标，决定国家未来的经济增长潜力。科技创新从未像今天这样深刻影响着世界经济政治力量的对比，成为国际竞争力的关键。将创新作为基本战略，提升创新能力、推动经济持续增长成为世界各主要国家共同的选择[1]，各国都希望通过扩大教育规模、增加教育投入、提升教育质量提升国家创新能力，以期实现经济的可持续发展。从全球范围看，日趋

---

[1] 乔黎黎，邱灵，张铭慎，等. 新时代加快建设创新型国家的若干问题（笔谈）[J]. 宏观经济研究，2018（11）：64-78.

激烈的国际竞争对加快建设人才强国提出新挑战，各国都以高质量的教育体系为抓手，吸引他国的优质生源，进而选拔留用其中的优秀人才。高层次拔尖创新人才在经济发展、科技创新和社会进步中的作用进一步凸显。高校人力资源开发与管理是高等教育的基础，也是实现科教兴国、高教强国必须要把握的利器。放眼世界，现代化强国无一不是研究生教育强国，世界一流大学无不具有一流的研究生培养实力，无不以培养一流的研究生为重要标志和旗帜。研究生教育越发达，高端人才供给就越充分，科教融合就越紧密，科研育人机制就越完善，服务经济社会发展机制就越成熟。没有强大的研究生教育，就没有强大的国家创新体系；没有高质量的研究生教育，就没有高质量的人才供给。缺乏持续、稳定、全面的高层次创新型人才，就难以实现现代化强国建设目标，难以实现中华民族伟大复兴的中国梦。

（二）从世界经验中看大学发展与高教强国

从世界主要发达国家的情况来看，每一次经济的快速发展，都是高等教育的优先发展提供了有力支撑。德国将20世纪70年代提出的"关键能力"贯穿于创新人才教育之中，并于2005年启动精英大学计划，目的在于打造德国的世界一流大学。洪堡认为教育的目的就是"教育人去进行创造性的思维，去进行符合道德原则的行动"。在英国，大学教育有着自由教育的传统，培养绅士型的领袖和学者是大学教育的目标。按照英国19世纪教育家纽曼的话来说，就是培养"学会思考、推理、比较、辨别和分析，情趣高雅，判断力强，视野开阔的人"。英国在2002年设立了高等教育创新基金（简称HEIF）[①]，大大拓展了大学为社会服务的功能，促进了创新人才的培养。在美国，大学教育旨在让学生都能获得具有普遍与持久价值的知识、技能和思考习惯，使学生不仅具有能力，而且能承担责任。早在1876年前后，美国就设立了相关科研基金，用以资助优秀青年学者从事科学研究。其中，1880年前后，约

---

① 黄兆信，张中秋，赵国靖，等. 英国高校创业教育的现状、特色及启示 [J]. 华东师范大学学报（教育科学版），2016（2）：39-44.

翰·霍普金斯大学将获得博士学位的研究人员引入该校相关机构中从事研究，成为博士后制度的雏形，发展博士后人才的战略也得以在二战后成为助力美国国力腾飞最为重要的力量[①]。2010 年，美国又将国内生产总值的约 3% 投入科研和技术创新领域，设立各类奖励基金，鼓励中青年创新人才的创造发明。在法国，国民教育部部长若斯潘 1991 年 6 月在《世界报》撰文指出："高等教育应当比过去更注重培育思想方法、自学能力和适应能力。'造就有头有脑的人'，比过去任何时候都更为重要。"法国于 2015 年发布《国家科研战略》，把服务国家科技发展战略作为博士生培养的目标，确定以科研资助合同的形式，委托大学攻克各类发展难题，使法国在科技前沿领域能够继续处于世界前列。日本自 1996 年起，连续制订五期"科学技术基本计划"，颁布《21 世纪日本人才战略》，通过"卓越研究基地计划""博士课程教育卓越领先项目"等相关措施，不断加大对创新人才的投资力度。日本还发布了《2016 年度科学技术白皮书》，以"挑战超级智能社会"为主题，提出日本政府必须致力于创建贯穿初等教育至高等教育的创造性教育体系[②]。

（三）实现高教强国的核心在高校培养出更多创新人才

改革开放以来，党和国家一直强调要把科技工作和教育工作摆在优先发展的战略地位，重视科学技术和教育事业在社会主义现代化建设中的重要作用。其中，党的十八大报告明确指出"教育是民族振兴和社会进步的基石，要坚持教育优先发展，全面贯彻党的教育方针"；党的十九大报告进一步强调"坚定实施科教兴国战略、人才强国战略"；《中国教育现代化 2035》提出，要提升一流人才培养与创新能力，加强创新人才特别是拔尖创新人才的培养，加大应用型、复合型、技术技能型人才培养比重。这些要求均体现出党和国家在推动我国由人才大国迈向人

---

① 张睦楚.在探索中改革：我国博士后创新人才培养政策发展的历程 [J]. 黑龙江高教研究，2017（3）：29-33.

② 李冬梅. 日本发布《2016 年度科学技术白皮书》助力科技人才培养 [J]. 世界教育信息，2016（15）：73.

才强国的进程中，对人才价值重要性认识的不断升华。自 20 世纪 90 年代以来，我国高等教育领域为了培育创新人才，推出了一系列的改革项目。1995 年教育部启动"211 工程"，旨在重点建设一批高等院校和重点学校，进一步提高高等院校的知识创新水平和科研水平。1998 年教育部实施"高层次创新人才工程"，旨在使高等院校跟踪国家学术发展前沿，成为知识创新和高层次创新性人才培养基地。同年，教育部实施"985 工程"，以建设若干所世界一流大学和一批国际知名的高水平研究型大学为目标，通过调整优化学校的学科结构和学科方向，快速集聚了一批优秀人才，将其充实到师资队伍中。从 2003 年开始，教育部通过立项方式资助"研究生教育创新计划"，采取多种手段鼓励并资助研究生参加科研创新，使创新人才脱颖而出。2007 年教育部实施了国家公派出国留学研究生项目，紧密配合国家中长期科学和技术发展规划纲要的实施，加速高水平大学和重点学科建设，培养一批若干年后国家建设所需各行各业拔尖创新人才。2012 年科技部、教育部等八部委联合发布《创新人才推进计划实施方案》，提出要培养和造就一批具有世界水平的科学家、高水平的科技领军人才和工程师、优秀创新团队和创业人才。2015 年，国务院发布《统筹推进世界一流大学和一流学科建设总体方案》，提出坚持以一流为目标，引导和支持具备一定实力的高水平大学和高水平学科瞄准世界一流，汇聚优质资源，培养一流人才，产出一流成果，加快走向世界一流。

（四）新时期实现高教强国值得重视和研究的问题

通过一系列创新人才支持项目的重点建设，中国高等教育水平有了整体提升，科研工作取得了巨大进展，为经济社会的健康发展做出了重要贡献，极大地拉近了与西方高等教育强国的距离。尽管如此，中国在绝大多数创新领域仍然落后于拥有众多声誉斐然的世界一流大学的美国、日本、德国等国[1]。

---

[1] 马光远. 中国创造力报告（2012—2013）：创新驱动中国梦 [M]. 北京：社会科学文献出版社，2013：23.

一是创新能力不强，创新成果不足。《世界竞争力报告》显示，我国科技研发人员的国际竞争力长期处于所统计国家的中等水平，我国的人才驱动创新得分远低于德国、美国和日本[①]。研究生教育是创新人才培养的基地，是科技强国、教育强国人才培育的重中之重。但由于扩招导致研究生参与科研活动少，对科研项目研究过程知之甚少，因而实践动手能力不强，创新能力不足。而科研活动的缺失，必然导致质疑精神的缺失、批判性思维的匮乏，提出问题进而解决问题的能力得不到锻炼与培养。研究生缺乏敏锐的感知和想象能力，直接导致我国研究生原创性成果不多，发表在国际顶尖杂志上的学术论文偏少，论文作者没有自己独到的洞见，论文被引次数不多，学术贡献力和创新性大打折扣[②]，提高质量成为研究生教育改革发展的核心任务。

二是创新成果质量不高，原创性科研成果较少。国内名校SCI论文数量与世界一流大学相仿，但"原创指数"不高，在国际上引用率低，缺乏重量级大师和成果，中国所有高校在CNS三大期刊的发文总量，直到2017年才勉强达到哈佛大学的水平。2016—2017年QS世界大学排名前20位大学与中国排名最靠前的5所大学师资数据表明，在教师科研水平方面，我国的大学与世界一流大学有着较大的差距，教师的科研成果倾向于用论文的数量去衡量，排名体系中使用的论文数据库收录的都是国际一流期刊，对成果原创性要求较高，对某一领域有突破性贡献的文章赋值较重[③]。根据现状来看，我国教师论文数量虽然达到一定的程度，但在质量方面有待进一步提高。在师均论文引用方面，我国与世界一流大学存在明显的差异，与世界排名前三的大学平均分差距高达28.5分。因此，要缩小与世界一流大学的差距，必须在教师科研方面

---

① 汪怿. 全球人才竞争的新趋势、新挑战及其应对 [J]. 科技管理研究，2016（4）：40.
② 熊文明，顾新，张莉. 协同创新与研究生创新能力培养 [J]. 中国高校科技，2015（6）：85-86.
③ 郭丛斌，孙启明. 中国内地高校与世界一流大学的比较分析：从大学排名视角 [J]. 教育研究，2015（2）：147-157.

实现从量到质的追求的转变①。

三是学位论文质量下降。学位论文的学术水平是研究生创新能力的集中体现。改革开放以来，我国研究生教育经历了从小到大、快速发展的历史性跨越，实现了自主培养高层次人才的战略目标，成为具有全球影响的研究生教育大国。但博士生在开辟新研究领域、运用新视角新方法、提出独创性见解等原始创新方面存在明显不足。国务院学位委员会从2000年开始开展博士学位论文抽检工作，从抽检结果看，论文被抽检出不合格的情况仍然存在。在2015年全国博士学位论文抽检中，各学科论文样本总体合格率为95.07%。其中，历史学、理学、哲学、农学、医学、文学和工学七个学科门类抽检总合格率在平均线以上，法学、管理学、经济学、教育学和艺术学五个门类合格率在平均线以下。"对学科现状的了解程度""研究方法科学适切""分析论证有力、合乎逻辑"三个维度的问题均涉及超过60%的样本论文，近57%的论文"研究不够深入"，54%的论文被指出在创新性方面存在问题②。

高校是培养高素质创新人才的重要基地。研究高校人力资源开发与管理是应对日益激烈的国际人才竞争的迫切需要，是为全面建成小康社会提供人才保证的重要举措，是统筹规划我国高校人才队伍建设的客观要求，是增加高校人才总量、提升高校人才素质的重要手段，是全面贯彻全国人才会议精神，用好人才、留住人才，提高高校人才使用效益的有效措施。高校人力资源开发与管理，不仅直接影响着高等教育的水平与质量，而且关系到科教兴国、人才强国战略的落实，关系到创新型国家建设的进程和国家核心竞争力的提高，乃至社会主义现代化建设的成败。

---

① 孙刚成，贺列列. 基于世界大学排名面板数据的中外一流大学师资比较 [J]. 黑龙江高教研究，2018（2）：46-52.

② 秦琳. 社会科学博士论文的质量底线：基于抽检不合格论文评阅意见的分析 [J]. 北京大学教育评论，2018（1）：39-54.

二、新时期高校人力资源开发管理与人才强校

从改革开放到党的十九大,人才强国作为一项重大国策在持续推进,成为中国特色社会主义的三大基本战略之一。高等学校是人才聚集与科技创新的策源地,正是在这个背景下提出了"人才强校"战略。这个概念自在高等教育领域提出以来,从思想转变到战略实施都有一个不断探索、改革创新的过程,成为高等学校发展中必须解决好的重大问题。

(一)人才竞争与一流学校建设

美国哈佛大学前校长科南特指出:"大学的荣誉不在于它的校舍和人数,而在于它一代代教师的质量。一个学校要站得住,教师一定要出色。"教师是立教之基、兴教之源、强教之本,人才始终是经济社会发展的第一资源,是"双一流"和高水平大学建设最根本的力量。从高等教育发展和人才成长的规律而言,着眼引进人才是高校人才队伍建设的关键,立足培养人才是高校人才队伍建设的根本,尽快缩短在高层次人才方面的差距,是我国建设世界一流大学的前提和保证[1]。近年来,伴随着人才强国战略的深入实施,我国高校纷纷出台人才强校的战略、规划,抓住机遇谋贤才。同以往的人才竞争不同,新一轮的人才争夺,瞄准的是高层次人才。高层次人才对学校队伍建设具有引领带动作用,对提升学术水平和增强科技创新能力具有重要支撑作用。只有构筑一流的人才高地,集聚一批高层次人才,才可能推动教学与科研"两翼齐飞",提高人才培养质量、增强自主创新能力、激发改革发展活力,提升学校综合实力和核心竞争力。为建设人才强校,高校要把引进优秀人才放在高校人力资源开发与管理工作的首位。

(二)世界各国人才强校的经验

师资力量的变化代表学校教学科研水平的变动和不同学科的发展状

---

[1] 姜平波. 从专注到包容:"人才强校"战略的深化与发展[J]. 江苏高教,2018(4):30-33.

态，对研究生教学方法改革和有关政策制定都会产生深远的影响。哈佛大学前校长艾略特在聘任教师时，不对教师进行宗教、政治信仰或新旧派别上的区分，而是兼容并包，以学术水平论高低。他在师资队伍建设方面最为著名的做法是任命律师兰德尔为哈佛大学法学院院长，兰德尔又进一步推动了艾略特对研究生教学方法的改革，主张研究生需要具备一定的观察推理能力且在学术上有所突破后才能获得高级学位[①]。艾略特对研究生教育的创新还影响到同时期的其他美国高校。1900年，他和耶鲁大学、哥伦比亚大学等13所研究型大学的校长共同创办了美国大学协会（Association of American Universities），定期探讨研究生教育事宜，促进美国研究生教育的标准化[②]。在长期的探索与发展过程中，美国高校形成了"以学生为中心，课内与课外相结合、科学与人文相结合、教学与研究相结合"的创新人才培养模式。在研究型大学中，前沿课程是必不可少的课程之一。2000年加拿大通过实施"首席研究员计划"，面向全球招徕顶尖级研究学者。韩国则确立了"技术立国"战略，2001年出台了《国家战略领域人才培养计划》。2012年德国"卓越倡议"计划第二期开始实施，联邦和各州政府共同出资进行重点资助，以提升公立大学的研究能力和国际竞争力[③]。

（三）我国对人才强校、开发高校教师的重视

近年来，针对国际国内政治经济形势和打造核心竞争力的实际需求，我国高等教育在完成大众化教育的进程之后，发展重点由规模扩张转化为内涵建设，教育教学质量的全面提升成为高校第一位的中心任务。例如，2012年我国推出了旨在鼓励国内优秀创新创业高层次人才发展与成才的"万人计划"。与此相对应，教育部也推出了"高层次创造性人才计划"一系列工程，如"长江学者和创新团队发展计划""新

---

① Harvard University. Annual reports of the president and treasurer of Harvard College (1882-83) [R]. Cambridge: University Press, 1883: 15.
② 李子江，鲁婵. 哈佛大学校长艾略特的研究生教育改革探索 [J]. 学位与研究生教育，2021 (3): 86-93.
③ 中国教育科学研究院. 提高国民素质 建设人力资源强国 [J]. 教育研究，2017 (5): 4-11.

世纪优秀人才支持计划""青年骨干教师培养计划"等,目标都在于统筹国内国际两方面的人才资源,打造一支强大的国家创新力量,推动国家由人力资源大国向强国的转变和发展。应该说,这些战略举措带动了高等学校的长足发展。近年来,"柔性引才"的概念日益深入人心,高校的用人方式也打破了刚性引进的传统,不再局限于引进正式职位的教师,而增加了博士后研究人员和编制外聘用人员的数量,人才的"软引进"随之活跃,用人方式呈现出多元化的新格局。一些大学开始探索与国际接轨的先进管理模式,"学术特区""人才特区"不断出现。2010年清华大学试点生命科学学院人事制度改革,实施以 tenure track 系列为主体的新型人事制度,生命科学学院享有更大的人事自主权;西安交通大学2010年成立前沿科学技术研究院(FIST),其人事制度"特区"的重要体现之一,就是 tenure track 的人事体制以及为每个科研人员配备与其科研水准相关的独立的物理空间和相应的建设经费的扁平化管理模式;北京生命科学研究所(NIBS)、上海交通大学 Med-X 研究院等也在不断探索与国际接轨的"学术特区"和"人才特区"。不少高校开始改革招聘的环节和规则,推出了与国际接轨更为紧密的招聘流程,突出人才的中心地位。南方科技大学在人才引进工作上坚持以高标准、高要求和突出"高精尖缺"为导向,突破我国高校人才引进的本土化束缚和"近亲繁殖"的樊篱,大力引进国际化高水平的世界一流师资队伍,是学校在短时间内实现跨越式发展的核心因素[①],对我国建设世界一流高水平大学具有重要的启示作用。

(四)人才强校值得重视和研究的问题

近几年来,高校人力资源建设发展迅速,成效显著,主要体现在教师队伍规模不断扩大,学历层次显著上升,职称与年龄结构渐趋合理,教师自身素质得到了提高,参与科研工作的自觉性增强了。但从"人才强校"的角度讲,高校人力资源还面临着人才数量、结构、流动、管理

---

① 夏泉,苏朗. 实现高校跨越式发展探索的启示:以南方科技大学一流师资队伍建设为例[J]. 中国高校科技,2020 (6):4-7.

等多方面的问题。

首先，人力资源相对过剩与绝对匮乏并存。一方面，部分高校对人才强校战略理解片面、急功近利，没有遵循符合学科发展需要以及与本校学科特色相匹配、专业方向相契合的原则，关注点在人才的"帽子"。引进的人才能否在后续的调整、整合中得到支持至关重要，调整匹配不到位，则会出现大材小用、另作他用甚至闲置不用的现象。还有很多学校会花大力气引进人才，但是人才引进之后，学校对人才的关注度会降低，会出现资源配套跟不上的情况，这些都造成了人才资源的浪费[①]。另一方面，随着高校招生规模的急剧膨胀，生师比问题也变得越来越突出，目前许多省高校都存在生师比过高的情况，专职教师短缺的现象非常突出。教师资源，特别是扩充专业与新开专业教师资源的引入、培植和保护已成为高校人力资源研究的一个重要课题。

其次，人才的盲目引进与近亲繁殖普遍存在。一是高校在人才队伍的建设过程中，往往注重对学科带头人、学术精英等高层次拔尖人才的引进，而忽视对现有人员、学术团队和群体的建设，人才合力作用不能形成，人才群体的积极性、主动性和创造性得不到充分发挥，制约了学校整体创新能力的提高；二是由于受中国传统文化影响，我国高校中来自外校甚至海外高校的学缘比例不高，缺少国际视野，学术资源来源范围本地化，学术研究缺乏活力等问题凸显，这影响了高校科研创新和学术繁荣[②]。

再次，高层次人才流动无序，人才供需失衡问题凸显。具体表现为西部高校科研拔尖人才流失加剧，流向相对单一，人才流动的趋向主要是由西部向东部、从内地向沿海、从偏远城市向中心城市流动；部分高

---

① 陈娟. "双一流"建设视阈下青年教师拔尖人才成长机制研究［J］. 江苏高教，2020（10）：77-81.

② 夏泉，苏朗. 实现高校跨越式发展探索的启示：以南方科技大学一流师资队伍建设为例［J］. 中国高校科技，2020（6）：4-7.

校存在恶性挖人现象，部分人才频繁跳槽，急功近利之风盛行①。不同区域人才流动失衡、流向单一，不同层次人才流动失衡②。在流失的人才中，高校科研拔尖人才占相当比例，并有逐年升高趋势，呈现出高层次、年轻化人才流失严重的态势。校内自主培养的优秀人才与引进的高校科研拔尖人才相比，待遇落差较大，很容易造成自主培养的优秀人才流失，造成严重的资源浪费③。

最后，人才引进的高额投资难以产生预期效应。我国高校人才"多但不强"，高层次人才引进的机会成本较高，人才的结构效益尚未显现。在高等教育领域，虽然我国高校人才的总量稳居高位，但受大学治理现代化水平、现代大学制度等多种因素影响，人才的总体水平不高，人才总量与价值不够匹配，有的高校高层次人才引进的机会成本较大，当人才的流入难以产生预期的引领和带动作用时，高额资金投入的实际效用便无从保障④。为了加快建设创新型领军人才队伍、提升高校国际竞争力，我国政府启动了多项高层次人才项目，为留学回国海外人才提供丰厚的优惠待遇，海外人才的工作条件和生活待遇远高于本土人才，但总体来看，受社会文化背景差异、同辈支持、学缘关系等因素的综合影响，海外人才质量参差不齐，部分海归教师的科研实力尚未显现，出现"学术硬着陆"⑤等学术适应不良问题。

我国高等教育处于改革与发展的重要机遇期，高校人才资源建设是高校学科建设、科学研究、人才培养的重要保障。坚持学术立校，人才

---

① 童锋，秦秋明，饶敏. 高校科研拔尖人才无序流动的表征、根源及对策 [J]. 科技管理研究，2020（20）：105-110.

② 甘晖. 破解西部高校人才队伍建设难题的战略思考 [J]. 中国高等教育，2017，53（5）：7-10.

③ 童锋，张荣华. 研究型大学引进高端科研人才的特征、问题与效能 [J]. 科技管理研究，2017，37（19）：118-123.

④ 闫丽雯. "双一流"视域下高校人才竞争的问题、根源与破解路径 [J]. 黑龙江高教研究，2020（9）：19-23.

⑤ 朱佳妮. "学术硬着陆"：高校文科青年海归教师的工作适应研究 [J]. 复旦教育论坛，2017（3）：87.

强校是高校发展最为重要的理念。通过高校人才资源使用性开发，大力培养造就高素质领军人才，正确选拔优秀拔尖人才，合理使用各类人才，极大地调动人才的积极性、主动性和创造性，使人才充分发挥聪明才智，勇于创新，大胆开拓，为全面建成小康社会、构建和谐社会，建设若干所高水平中国大学奠定坚实基础，是适应高等教育快速发展的需要，建设高水平一流大学的重要途径。

三、新时期高校人力资源开发管理与员工发展

高校员工的价值不仅体现在他们所培养的各种人才在社会、经济发展中所创造的巨大的间接价值方面，而且还体现在他们通过教学、科研与管理所创造的直接价值。要想能更多更好地实现这样的价值，就要激活他们的潜质、开发他们的创造力和提高他们的整体实力。

（一）时代发展对高校员工提出了新要求

现代社会，新技术革命迅速发展，人类知识不断更新，社会结构日趋复杂，对人类生活的各个方面都带来了深刻的影响，对高校教职员工素质要求也越来越高。2016年世界银行发表《面向当今年轻人的21世纪技能进程》，提出不管是在发展中国家、新兴经济体或是更发达国家的市场中，全球化价值链和数字化、绿色、知识、服务经济的出现，正在改变劳动力市场的需求和工作的未来前景。联合国教科文组织发布的《2016全球教育监测报告：教育造福人类与地球》提出，到2020年，将有四千万岗位无法获得所需的受过高等教育的员工。为解决此挑战，学习应成为终身追求并且教育体系应完全接受可持续发展，否则教育将无法充分发挥其潜力，推动世界向前发展。与此同时，高校人与人的竞争也日趋激烈，人才引进的门槛水涨船高。目前，多数"211工程"高校引进教师的基本条件都是获得博士学位。浙江大学、武汉大学、华中科技大学、中山大学等高校对于引进的讲师一般要求具有博士后或其他研究工作经历，清华大学、北京大学等高校正在逐年加大招聘具有海外背景优秀人才的比例。在不断提高引才标准的同时，高校更加注重科学的引才方法，人才评价更加理性，评价角度更加多元。

(二) 高校人力资源开发的方式与要求

激励机制的规范化与相对固定化的特点,使之成为员工的一种行为标准,具有重要的参照价值。通过激励机制,学校对员工符合工作目标的情感、意志和行为会予以支持和强化,对不符合工作目标的意识予以约束和归化,增强组织的凝聚力和进取风气。研究表明,人是具有极大潜力的,但这些潜力能否被充分挖掘,取决于激励机制的合理、科学的构建和它的有效性是否充分发挥。通过建立有效的激励机制,可以大大地调动员工的内在潜力、主观能动性,激发其创造性,从而提高工作绩效。因此,企业可以通过构建员工自主培训的动力机制,让员工产生自主培训的内在需要;根据企业发展战略、员工的能力素质以及岗位活动需要,确定员工自主培训内容及方法,设计出自主培训方案;根据自主培训考核标准,对员工自主培训行为的结果进行考评;依据考评结果对员工进行奖惩要充分考虑员工的公平感,实现量化管理,增加奖惩的公开性。

辩证唯物主义认为,外因是变化的条件,内因是变化的根据,外因通过内因起作用。在人力资源开发中,外在主体的开发必须通过内在主体的开发才能发挥作用,人本身不仅是认识外界事物的主体,同时也是被自己所认识的客体,对自我的认识便决定了个人行为的基本形态和生活态度,从而充分发挥和挖掘自己的长处,克服自己的短处。为了体现个人价值,追求理想目标,人就会投入精力,认真学习、思考和实践,力求完善自我、超越自我、战胜自我。这个过程本身就是开发自身潜能的过程。同时,个体为有效实现目标,达到事半功倍的效果,势必要自觉不自觉地挖掘潜在资源,最大限度地提高资源的利用率。从这个意义上说,人不仅能够实现自我开发,而且相对于组织开发而言,人的自我开发更为重要。树立科学的理想目标是自我开发的基础,所确立的理想目标既要立足于时代及经济社会现状,又要与个人素质优势相一致,并且要随着素质能力的不断提升,不断调整优化理想目标,并在这个基础上制订个人职业计划。同时,保持积极心态,养成良好的习惯,锤炼坚定的意志,勇于思考和善于思考,加强学习和实践。只有那些具有强烈的创新意识和高度的责任感、旺盛的求知欲、强烈的好奇心、敏锐的洞察力，以及勇于奉献的精神、敢于冒险的勇气等良好品质，在研究中善于独立思考、标新立异，敢于入"冷门"、辟"蹊径"的人，才能较好地适应社会的要求。

（三）国外高校激发员工活力的经验

纵观世界一流大学，在师资建设与管理上都能够在基本要求确定之后，一是尽可能地为教师创造广阔的学术自由空间和良好的学术自由氛围与条件，二是具有充分的自主权，通过建立完善的评估监测体系来实现对大学的监管[①]。例如，以哈佛大学为代表的美国大学将教师选聘和终身教职授予的权力放在院系，增加院系的自主权。不仅教师的工资水平具有很强的市场竞争力，而且规范、具有人情味的休假制度让人心驰神往，教授每工作7年可以获得1年的带薪学术休假，在一定程度上保证了教师有充沛的精力集中进行科学研究以及有充足的自由支配时间。巴黎十一大学充分发挥校委会的作用，制定学校的发展政策，实现科学管理；同时，严格校长的选举与任命制度，校长必须是研究型的学者，校长在教师的聘任与奖助资金的发放上也具有自主权[②]。德里克·博克曾经指出："大学的进步怎样才能得到保证呢？第一个因素是能够招收最具才华和创造力的人才并使他们能为学术活动所吸引；第二个因素是教授们能够在不受约束和外界干扰的自由环境中开展工作。"[③] 在哈佛大学，来自世界各地的优秀人才齐聚一堂，在"与真理为友"的校训的感召下，传播已有知识、创造新知识，抱着对社会的强烈的责任感和使命感，团结向上，追求卓越。在这所美国历史最悠久、世界著名的大学里，每一个学院、每一位教师都鼓励学生创新，并致力于将学生培养成

---

① 赵蓉英，全薇. 面向世界一流大学的科研竞争力分析 [J]. 高教发展与评估，2017（3）：1-8.

② 刘敏. 世界一流大学的管理及制度建设：以巴黎十一大为例 [J]. 比较教育研究，2011（5）：36-40.

③ 博克. 走出象牙塔：现代大学的社会责任 [M]. 徐小洲，等译. 杭州：浙江教育出版社，2001：19.

社会的栋梁之材。

(四) 我国高校员工激励存在的问题

一是重引进轻培养追踪,教师活力难以激发。部分高校对青年拔尖人才的工作止步于引进和选聘,忽视后续的培养和支持环节。进修制度设计不全,主要关注青年拔尖人才学术水平的提高并促进其学术成果的产出,却忽视对青年教师的价值观、师德、团队精神、心理健康等综合素养的提升。加上"非升即走"制度还没有探索出清晰可行的退出和分流路径,缺乏对退出人才资源合理再利用的研究,缺乏对青年教师权益的制度性保障,忽视了人才深层次心理诉求的满足[1],无法化解青年拔尖人才的孤独感、无力感、不适应感等。很多高校对科技人才引进前缺乏充分的考察评估,引进后激励机制不能发挥作用,也未能定期进行动态的追踪和评估,以致于不能激发科技人才的创新潜能。同时,教师要被迫频繁地填写各种信息表、开各种无关学术的会议等,过多琐碎的非学术事务不仅严重影响教师学术的产出与质量,还会消弭他们的学术信仰与热情。

二是激励方式不能与国家需求以及个人需要紧密结合。目前我国科技人才的创新活动依然围绕学术成果、获奖及职称等方面展开,国家相关部门对科技人才的奖励和激励基本向论文和专利等学术成果倾斜。该激励机制使科技人才失去将科研成果进行产业转化的动力,造成长期以来科技人才的科研工作与产业经济相脱离的状态[2]。同时,现行科技人才激励政策对所有科技人才采取相同的激励措施,没有充分考虑不同年龄段人才的差异化需求。

三是短期功利主义思想束缚了高校人才的成长与兴趣的激发。在教师职称晋升考核中,尽管在形式上教师的教学水平与科研水平被视为同

---

[1] 陈娟. "双一流"建设视阈下青年教师拔尖人才成长机制研究 [J]. 江苏高教,2020 (10): 77-81.

[2] 孔德议,张向前. 我国"十三五"期间适应创新驱动的科技人才激励机制研究 [J]. 科技管理研究,2015 (11): 45-49.

等重要的晋升标准，但相对学术产出而言，教师的教学质量和价值很难进行普适性与准确性相统一的量化检验，因而科研产出的数量与水平往往成为晋升与否的决定性因素。在巨大压力下，青年教师容易产生急功近利思想，不是真正想从机理上解决问题，更不愿在教学上倾注心力[1]。从个人学术能力的发展规律看，青年拔尖人才正值开拓专业视野、厚植专业基础的最佳时期，但面临短周期内要完成硬性考核指标的巨大压力和恐慌，只能忙于多申请课题、多发论文，往往无法静心打基础，也无法潜心研究真正感兴趣的问题，这些"精致利己主义"做法限制了教师的科研兴趣与创造力，自然也限制了科研工作者在"高精尖"领域的原始创新能力，世界级大师人才的成长也就失去了制度、环境与土壤[2]。

---

[1] 张东海. "非升即走"的逻辑及其引入我国高校的可能性 [J]. 比较教育研究，2013 (11): 55-60.

[2] 叶前林. 中国顶尖大学离世界一流大学师资水平有多远？[J]. 黑龙江高教研究，2019 (2): 7-11.

第三章　高校人力资源开发与管理的思想源流

高校人力资源开发与管理的思想，源于古代人力资源思想，并随着时代的发展而不断丰富和完善。本章在分别探讨了中国古代人力资源思想、西方人力资源开发与管理思想流派及中国现代人力资源开发与管理指导思想的基础上，重点分析了现代人力资源开发与管理的八大基本原理。

第一节　中国古代人力资源思想举要

中国有五千年的文明历史，且素有文官治国的传统，在如何重人、育人、选人、用人与管人方面，有着丰富的思想与实践经验。总结、批判、继承和发展这些思想与经验，对做好现代人力资源的开发与管理工作具有重要的意义。

一、中国古代的重人思想

中国古代以儒学为主流的诸子百家，在论及为政、治民、兴邦、创业等问题时，十分推崇人本主义，表达了丰富的尊重、关怀、爱惜人的思想。

（一）人为万物之灵

古代的重人思想是通过对人与自然物的比较，对人在社会发展中的能动作用的认识而不断完善的。这一思想最早体现在孔子对天命、鬼神等超自然物的怀疑态度及对人的尊重心理上。《论语》多处记载"子不语怪、力、乱、神"①，"敬鬼神而远之"②，"子罕言利与命与仁"③。孔子认为人不同于自然物，人具有某些共同社会特性，即"性相近也"④，肯定了人的正常感情与现实需求，认为人的共性使人能组成社会，而理想的社会与道德的行为要靠人去实现。因此，他提出"为仁由己"⑤，也就是强调了人的自主性与能动性。这一思想经孟子、荀子等人发展而进一步完善。孟子认为人与动物的最大区别在于人有理性和共同追求，故提出"人皆可以为尧、舜"⑥。荀子更明确提出"人为万物之灵"⑦。他说："水火有气而无生，草木有生而无知，禽兽有知而无义；人有气有生有知亦且有义，故最为天下贵也。"⑧ 人与万物的差别在于有知、有义，因此人们能够组成一个有秩序的社会，能够驾驭万物，成为世间最尊贵的事物。这是对人的地位和作用的充分肯定。

（二）以人为本，仁者爱人

早在先秦时期，一些思想家就从不同角度论证了以人为本的合理性。如孔子提出"富与贵，是人之所欲也"，"贫与贱，是人之所恶也"⑨。墨子提出人与人之间能够"兼相爱，交相利"⑩，说明人的本性相同，要求互惠互利，而不是相仇相害。孟子从性本善出发，提出"恻隐之心，人皆有之；羞恶之心，人皆有之；恭敬之心，人皆有之；是非之心，人皆有之"的理论。荀子则从人的群体性出发，论证人在社会发展中的地位。他说：单个人"力不若牛，走不若马，而牛马为用，何

---

① 《论语·述而》。
② 《论语·雍也》。
③ 《论语·子罕》。
④ 《论语·阳货》。
⑤ 《论语·颜渊》。
⑥ 《孟子·告天下》。
⑦ 《荀子·解蔽》。
⑧ 《荀子·王制》。
⑨ 《论语·里仁》。
⑩ 《墨子·兼爱》。

也？曰：人能群，彼不能群也"①。意思是说，人与其他万物相比，可贵之处是人类具有群体性，人与人之间的相互合作可以产生改造自然的巨大力量。以人为本的管理思想，要求以爱护他人为基本出发点。孔子认为，人性使人能组成社会，人性的本质体现为"仁"，所以"仁者爱人""爱人能仁"②，爱人就是要承认人的地位和尊严，要考虑人的利益，要关心和尊重他人。这种人与人相互沟通、相互信任和相爱的思想正是现代管理中Z理论的主要论点。

（三）得人心者得天下

古代的重人思想随着思想家们对"为天下""治国家"的认识而不断深化。古人讲："凡为天下，治国家，必务本而后末，所谓本者，非耕耘种殖之谓，务其人也。"③孟子分析"桀纣之失天下也，失其民也。失其民者，失其心也。得天下有道，得其民，斯得天下矣。得其民有道，得其心，斯得民矣"④。正是基于这种认识，孟子指出"民为贵，社稷次之，君为轻"⑤，以及"仁人无敌于天下"⑥。后人也因此而提出："食者民之本，民者国之本，国者君之本。"⑦唐太宗更是一语中的，他讲："国以人为本。"⑧统治者要以人为本，就必须施行仁政，须怀有对人的真实情感和同情心，要充分考虑人民的利益，"节用而爱人，使民以时"⑨，就是要轻徭薄赋，使人民受益。

（四）人才乃国家之珍

人才为本，人才更重要。古代学者涉及人才的概念大致有"士"

---

① 《荀子·王制》。
② 《国语·周语下》。
③ 《吕氏春秋·孝行览》。
④ 《孟子·离娄上》。
⑤ 《孟子·尽心下》。
⑥ 《孟子·梁惠王上》。
⑦ 贾思勰：《齐民要术·种谷第三》。
⑧ 《贞观政要·崇儒学》。
⑨ 《论语·学而》。

"贤士""君""君子""智者"等，主要是指掌握文化知识、能分辨是非曲直的知识阶层。对这样的人才不仅要亲近、爱护，还要"富之贵之""敬之誉之"，因为人才就是财富，人才就是国宝。墨子把人才视为"国家之珍""社会之佐"，把人才与国家的兴亡联系起来，与社会的治乱联系起来，认为"入国而不存其士，则亡国矣"，"缓贤忘士而能以其国存者，未曾有也"，因此，"归国宝，不若献贤而进士"[①]。墨子对人才的高度重视，在历史上树起了一面鲜明的旗帜。

古代学者高度评价了人才对国家的作用：一是对政治的稳定作用。政治人才能够治国、兴邦、富民，是故"贤良之士众，则国家之治厚；贤良之士寡，则国家之治薄"[②]。二是对人民的师表作用。"民从于贤"[③]，说明贤才为人们提供了学习的榜样和人们对贤才的向往心理。因此，孔子提倡"见贤思齐"[④]，孟子认为"圣人，百世之师矣"[⑤]。三是对社会的改造作用。人心向往贤才，因而"见贤人，则往不可止"[⑥]，贤才作为人民的先锋，可以带领人民去实现改造社会的目标。

二、中国古代的育人思想

人才重要，但不能自然产生，而需要培养教育。我国古代的育人思想主要反映在对育人的意义、对象、目的与方法等方面的认识上。

（一）学而知之

我国古代学者比较习惯于以人性论为出发点来探讨育人的意义，尽管他们对人性的认识不同，但对教育是完善人性、培养人才的重要途径的认识却是一致的。

---

① 《墨子·亲士》。
② 《墨子·尚贤上》。
③ 《吕氏春秋·先识览》。
④ 《论语·里仁》。
⑤ 《孟子·尽心下》。
⑥ 《吕氏春秋·孝行览》。

孔子提出"性相近也，习相远也"①，认为人的先天本性差不多，只是由于后天的培养、教育与学习不同，才形成了人的差异，所以人都是"学而知之者"②。孟子主张"人性善"，即认为人的各种优良品质是先天就有的，教育的作用就在于使人能克服外界的干扰，保持住自己的善性。他说，"人之有道也，饱食、暖衣、逸居而无教，则近于禽兽"③，意指人只知道吃饭、穿衣、睡觉、玩乐，就与禽兽没有多大差别了。而接受教育、刻苦学习，则"人皆可以为尧舜"。荀子认为"人性恶"，不学习就无法改变这种恶性。"为之，人也；舍之，禽兽也"④，"我欲贱而贵，愚而智，贫而富，可乎？曰：其唯学乎！"⑤ 学习与否不仅决定了一个人是做人还是当禽兽，而且关系到一个人的贫富贵贱和聪明愚蠢。

（二）有教无类

为了广泛开发人的智慧才能，古代一些杰出的思想家们主张大力发展教育。孔子最早提出"有教无类"的观点，即提倡所有的人不分国别、民族、阶级、贫富、年龄、性别都应接受教育。教育的内容是"文、行、忠、信"⑥，即文化、德行、忠诚与守信。孟子主张对所有人应"设为庠序学校以教之"，"教以人伦，父子有亲，君臣有义，夫妇有别，长幼有序，朋友有信"⑦。这些主张对于加强全民文化教育，提高民族素质，形成礼仪之邦都是很有远见的，也可以看成是我国古代人力资源开发思想和人力资本投资理论的雏形。

（三）百年树人

人才的培养既要开发才智，又要完善德行，是一个长期的复杂的过

---

① 《论语·阳货》。
② 《论语·季氏》。
③ 《孟子·滕文公上》。
④ 《荀子·劝学》。
⑤ 《荀子·儒效》。
⑥ 《论语·述而》。
⑦ 《孟子·滕文公上》。

程，因此管仲提出："一年之计，莫如树谷；十年之计，莫如树木；终身之计，莫如树人。一树一获者，谷也；一树十获者，木也；一树百获者，人也。"① 后人把这一思想概括为"十年树木，百年树人"，意指人才培养过程的长期与艰难。王安石将复杂的"树人"过程概括为教、养、取、任四个环节，即"教之、养之、取之、任之，有一非其道，则足以败天下之人才"②，就是说对人应教之学问，养以礼法，取以贤能，任以专职，任何一个环节偏离了正确的方向，都足以损毁天下之人才。这种把教育、培养与选拔、任用看成是一个相互联系的有机整体的思想，可以看作有关人力资源系统工程的最早表述。

（四）学无止境

古人不仅认识到培养人是一个长期的过程，同时也指出学习是一个终身的过程。如荀子提出"学不可以已"，"学至乎没而后止也"③，认为学习不能中止，不能半途而废；知识本身是无止境的，对每个人来说生命结束之时才是他终止学习之日，即人们常说的"活到老，学到老"。这也可以看成是最早的终身教育思想。

对于整个学习过程，古代学者首先强调要勤奋好学。孔子说："君子食无求饱，居无求安，敏于事而慎于言，就有道而正焉，可谓好学也已。"④ 也就是要求人在生活上不要有高要求，而应该从日常生活和工作实践中，学习办事的效率、讲话的分寸、做人的道理，时时处处注意学习，才算真正的"勤奋好学"。其次，强调学思结合。孔子讲"学而不思则罔，思而不学则殆"⑤，认为只是读书而不思考，食而不化，就会迷乱不明，难免上当受骗；而思考不以学习为基础，则会流于空想，使自己迷惑不定。再次，强调学行结合。孔子特别注重学习后的行为，

---

① 《管子·权修》。
② 《上皇帝万言书》。
③ 《荀子·劝学》。
④ 《论语·学而》。
⑤ 《论语·为政》。

他讲到"行有余力，则以学文"①；"讷于言而敏于行"②；"言必信，行必果"③，即要求在学习中要身体力行，要少说多做，要言行一致。荀子讲："君子之学也，入乎耳，箸乎心，布乎四体，形乎动静。"④ 他认为在学习中，不仅要对看到的东西进行思考消化，还要用其来指导自己的行动，这样才能成为一个人才。

（五）因材施教

古代学者认为，在充分了解学生个性差异的基础上，实施有针对性的教学，是成功的教育的前提，这就是因材施教原则。孔子是因材施教的典范，他对每个学生了如指掌，类似"柴也愚，参也鲁，师也辟，由也喭"⑤ 的判断在《论语》中有多处记载。孟子也像孔子一样，主张学生的素质不同，在教育的内容与方法上应各有区别。他说："君子之所以教者五：有如时雨化之者，有成德者，有达财者，有答问者，有私淑艾者。此五者，君子之所以教也。"⑥ 也就是说，对于那些聪明好学的学生，要像时雨对草木那样，稍一点化他们就能迅速成长；对于那些品德优良、才能不足的学生，则应侧重于培养他们的人伦道德，促使其成德；而对于德行不足、才能有余的人，则应努力使他们发挥自己的专长，成为某一方面的人才；另外有些学生在德才方面都比较欠缺，对他们采取有问必答的态度就可以了；有些人经过努力还不及格，那就只好让他们间接地接受教育了。扬长补短、因人而教仍然是今天育人的重要原则。

三、中国古代的选人思想

人才选择是否合理，直接关系到事业的成败，我国历史上有作为的

---

① 《论语·学而》。
② 《论语·里仁》。
③ 《论语·子路》。
④ 《荀子·劝学》。
⑤ 《论语·先进》。
⑥ 《孟子·尽心上》。

政治家、军事家都注意招贤纳士、延揽人才。选人思想主要体现在选人的标准、吸引人的条件与选人的方法等方面。

(一) 德才兼备的选人标准

选人标准历来是人事管理中的根本问题。古代许多学者非常强调德才兼备的选人标准。如管仲提出,君主选用人才一定要审查三个问题,"一曰德不当其位,二曰功不当其禄,三曰能不当其官"①。这三个问题之所以重要,是因为让品德高尚的人处低位,就是浪费人才,让品德低下的人处高位,更是一种错误;无功者受禄,有功者就得不到激励;无才之辈身居高位,有才能者就会被埋没。汉代王符对德薄能鲜者身居高位的危害作了深刻的分析,他说:"德不称其任,其祸必酷;能不称其位,其殃必大。"② 说明一个人的品德与职务不相称,或其能力与职务不适应,都会带来严重后果;只有德才兼备者,才是唯一正确的选择。

德与才之间并非并列的关系。司马光认为"才者,德之资也;德者,才之帅也"③,阐释了德与才之间统帅与被统帅的关系。这个看法颇为深刻。司马光进而分析了不同的人的德才素质,认为:"才德全尽谓之圣人,才德兼亡谓之愚人,德胜才谓之君子,才胜德谓之小人。……自古昔以来,国之乱臣,家之败子,才有余而德不足,以至于颠覆者多矣。"

德才兼备的选人标准是我国历史上的优良传统,今天仍然具有重要的价值。尽管古代所讲的德才与我们今天的德才内涵不同,但在选人的原则上,则是相通的。

(二) 突出个性的选人思路

有德有才的人,往往也是有思想、有个性的人。对于这类贤才,瞎指挥或命令式的管理是不能奏效的,因此墨子讲:"良弓难张,然可以

---

① 《管子·立政》。
② 《潜夫论·忠贵》。
③ 《资治通鉴·周纪》。

及高入深;良马难乘,然可以任重致远;良才难令,然可以致君见尊。"① 孔子也提出"君子不器"②的观点,认为人才有自己的人格与追求,不听任别人的任意摆布,因此,不能把他们当成器具使用,而应以礼相待,尊重他们的人格,承认他们的自主权。

(三)以礼招才的选人方法

杰出人才虽然不是唯命是从的人,但只要以礼相待,即尊重他们,就能充分调动他们的积极性。管仲说:"夫争天下者,必先争人。"而争人的一个重要原则,就是"圣王卑礼以下天下之贤"③,意即高明的统治者应甘心居于贤人之下,这就是"礼贤下士"。他还说:对贤者要"亲之以仁,养之以义,报之以德,结之以信,接之以礼"。这里所说的"仁、义、德、信、礼"主要是指对人才要关心、要尊重、要信用。老子说:"善用人者为之下"④,认为善于用人的人,待人必谦下,不盛气凌人。孔子也说,"君使臣以礼,臣事君以忠"⑤,认为只有国君做到了以礼待臣,臣子才会忠心地辅佐君主。古代思想家提出的"以礼招才"思想,已被历史证明是非常正确的,在某种意义上讲,礼遇、尊重比高官厚禄更能吸引人才⑥。

(四)注重课考的选人策略

考核是选人的一个重要环节,没有严格的考核,就难以区分贤愚优劣,也难以做到合理任用。管仲有一句名言:"成器不课不用,不试不藏。"即对于人才,不经过严格考核不加以任用,不经过试用,不能作为人才储备。

古代考核的办法主要有考试、招贤、自荐与推荐。西周是通过逐级考试选择人才,考试分三级五等进行:先由乡大夫进行"秀士""选士"

---

① 《墨子·亲士》。
② 《论语·为政》。
③ 《管子·霸言》。
④ 《老子·第六十八章》。
⑤ 《论语·八佾》。
⑥ 《管子·幼官》。

的考试；再由司徒进行"俊士""造士"的考试；最后由学政大司从"造士"中选出优秀者交司马量才录用，被录用者称"进士"。先秦时期主要是通过国君派人直接招贤或出榜招贤的方式选择人才。在春秋战国时期，自荐也是一种较为普遍的方式，如"毛遂自荐"已成为人人皆知的历史故事。孔子、孟子、管仲等人主张推荐，推荐的方式有官员举荐、贤人举荐和群众举荐等。

举荐选拔有赖于对人才的全面考察。古代考察人才的具体方法有耳听、口问、考言、视声、视色、察情、观诚、观友、观隐与综合分析等。如孔子主张"听其言而观其行"[①]，"退而省其私"[②]。诸葛亮提出"七观法"："一曰问之以是非而观其志，二曰穷之以辞辩而观其变，三曰咨之以计谋而观其识，四曰告之以祸难而观其勇；五曰醉之以酒而观其性，六曰临之以利而观其廉，七曰期之以事而观其信。"唐太宗的谋臣魏征则提出了"六观法"："贵则观其所举，富则观其所养，居则观其所好，习则观其所言，穷则观其所不受，贱则观其所不为。"这些观点都强调了应在人们的地位、处境变化中，观察人的举止、言谈、兴趣、修养和追求，因为这样更容易看出人的本质。此外，还有《太公六韬·龙韬》提出的考察军事人才的"八征法"，《逸周书·官人》提出的"六征"鉴别法，《吕氏春秋·季春纪》提出的"八观法"，孟子提出的"观眸观察法"，荀况提出的"四观法"等。这些考察人才的方法为古代正确选择人才提供了操作依据，也为现代的人力资源开发与管理提供了借鉴。

四、中国古代的用人思想

我国古代许多政治家与思想家深知合理用人对于治国安邦的重要作用，提出了许多宝贵的用人思想。

（一）为政之要，惟在得人

古代许多思想家、政治家都把任用贤能之士看作治国之首要，为政

---

① 《论语·公冶长》。
② 《论语·为政》。

之根本，指出这关系到国家的兴衰成败。如墨子指出"尚贤者，政之本也"[①]；唐太宗讲"为政之要，惟在得人"[②]；司马光说："为治之要，莫先于用人。"[③]

明太祖朱元璋将这一思想发展得更为具体，他说："构大厦者，必资于众工；治天下者，必赖于群才。"他把"治天下"比作"构大厦"，盖大楼是百年大计，靠的是一批有精湛技艺的工匠。"治天下"更是长远大计，靠的是一大批善于治国的人才。

（二）选贤任能，量才而用

"贤"主要是指人的思想境界、道德品质；"能"主要是指人解决问题、完成任务的本领。荀子提出"无能不官"，"尚贤使能，而等位不遗"[④]，认为没有能力的人不能任命为官吏，每个官吏的等级地位要与他们的贤能程度相当，这也就是"量能而授官，皆使其人载其事而各得其所宜"[⑤]。管仲主张将"察能授官"作为使用人才的总原则。他认为："授事以能，则人上功。"[⑥]"毋与不可，毋强不能，毋靠不知。与不可，强不能，靠不知，谓之劳而无功。"[⑦] 强调只有根据人们的实际能力分配任务，才能鼓励人们积极争取立功；认为不能交给一个人不可做、不能做、或他不了解的工作，因为那叫勉为其难；强不能为能，强不知为知，结果只能是劳而无功。

（三）慧眼识才，知人善任

善任就是用人所长，古代用人最忌求全责备。据《史记·高祖本纪》记载：刘邦平定天下之后，在洛阳南宫举行酒宴，询问列侯诸将，请他们谈谈"我们为什么能得天下？而项羽为什么失去天下？"高起、

---

① 《墨子·尚贤》。
② 《贞观政要》卷七。
③ 《资治通鉴·魏纪》。
④ 《荀子·王制》。
⑤ 《荀子·君道》。
⑥ 《管子·问第》。
⑦ 《管子·形势》。

王陵对答:"陛下慢而侮人,项羽仁而爱人。然陛下使人攻城略地,所降下者因以予之,与天下同利也。项羽妒贤嫉能,有功者害之,贤者疑之,战胜而不予人功,得地而不予人利,此所以失天下也。"高祖说:"公知其一,未知其二。夫运筹策帷帐之中,决胜于千里之外,吾不如子房。镇国家,抚百姓,给馈饷,不绝粮道,吾不如萧何。连百万之军,战必胜,攻必取,吾不如韩信。此三者,皆人杰也,吾能用之,此吾所以取天下也。项羽有一范增而不能用,此其所以为我擒也。"司马光对刘邦的评价是"奋布衣,提三尺剑,八年而成帝业……惟其知人善任使而已"①。司马光认真总结了历代王朝兴亡更替的经验教训,发现无一不与当朝者用人政策相关,因而得出"兴亡在知人"的结论。可见,合理用人的前提是知人。只有知人,才能做到"任其所长,不任其所短,故事无不成,而功无不主"②。

(四)用人不疑,疑人不用

用人不疑与疑人不用是古代使用人才的一个重要原则。齐桓公曾向管仲请教怎样就会危害自己的霸业,管仲说:"不知贤,害霸;知而不用,害霸;用而不任,害霸;任而不信,害霸;信而复使小人参之,害霸。"③ 这五个问题都是有关用人政策的问题。它说明只有知人才能善任,也只有知人才能用人不疑,只有用而不疑才能不使小人谗言危害霸业。宋代政治家欧阳修指出:"任人之道,要在不疑。宁可艰于择人,不可轻任而不信。"④ 意为宁可择人时多费一些精力,看准了再用,但不可轻易任用却不信任,不敢(或不肯)放手让其施展才干。用人不疑,就是对人才的充分信任,是一种重要的精神激励,能够增强人的事业心、责任感与向心力。

---

① 《稽古录》卷十二。
② 《管子·形势解》。
③ 《说苑·尊贤》。
④ 《论任人之体不可疑札子》。

五、中国古代的管人思想

中国古代的思想家倡导人本管理,而管好人的关键是要重视人的利益需求,做到分工合理,恩威并用,领导者要能够以身示范。

(一) 给人以求,以礼节欲

"欲"和"求"是指人的欲望与需求。欲求是人的一切心理活动赖以进行的主观因素,也是人的一切行为的根本动力。正确认识与合理满足人的欲求,对调动人的积极性和管好人具有重要意义。荀子对此作了深入的研究,他说,"人生有欲","所受乎天也","欲者情之应也","欲而不得,则不能无求,求而无度量分界,则不能不争,争则乱,乱则穷。先王恶其乱也,故制礼义以分之,以使欲必不穷乎物,物必不屈于欲,两者相持而长"①。荀子认为,人生下来之后受主客观世界的影响,必然会产生欲求。欲求的发展有三条规律:第一是"欲不可去",人人都有欲求,"饥而欲食,寒而欲暖,劳而欲息,好利而恶害,是人之所生而有也";第二是"欲不可尽",人的欲望是无止境的,欲望也是不可能完全满足的;第三是欲物"相持而长",亦即物质和欲望在相互影响、相互制约中增长。荀子分析:人的欲望若得不到必要的满足,就会导致争斗、祸乱和贫穷;既要促进社会发展,又要防止祸乱,就应制定礼仪,以培养人的合理的欲望,节制不合理的欲望,使人的欲望与社会财富的增长相适应。人的欲望发展是有层次的。管仲讲的"仓廪实则知礼节,衣食足则知荣辱",就是把人的欲求分为两个层次:"仓廪实"与"衣食足"是低层的物质欲求,"知礼节"与"知荣辱"为高层次的精神需求。明末清初思想家王夫之则认为:"盖凡声色、货利、权势、事功之可欲者,皆谓之欲。"② 这里,王夫之把人的欲求分为生理、物质、权力和功名四个层次。应该说,我国古代关于欲求的这些认识都是比较深刻的。

---

① 《荀子·礼论》。
② 《读四书大全说》。

（二）心制九窍，合理分工

先秦时期，有些政治家就认识到，管理者必须明确各自的职责，而不能互相干扰和替代，这是由管理的客观规律性所决定的。例如，管仲就非常强调顺乎自然、遵循规律、合理分工的管理思想。他讲："心之在体，君之位也；九窍之有职，官之分也。心处其道，九窍循理，嗜欲充益，目不见色，耳不闻声。故曰：上离其道，下失其事。"[①] 他以心比君，以九窍喻百官，认为君治百官，就像心制九窍一样，九窍虽受制于心，但心却不能代替和包办九窍的功能，否则就会"目不见色，耳不闻声"。而心不干扰九窍之能，九窍就会很好地实现自己的功能。同样，君臣各有其职，也不应该互相干扰。君主若不包办大臣的事，大臣自会处理好自己的事务，君主也不会因日常琐事缠身而烦心。"心制九窍"的思想反映了古代政治家已从哲学的高度，非常明确地认识到了人事管理的客观规律性。

（三）刚柔相济，恩威并用

"刚"是制度管理，严格约束；"柔"是指道德感化，感情激励。自古以来，刚柔相济就是公认的管理人的原则。孔子说："道之以德，齐之以礼，有耻且格。"[②] 就是主张在管理中要将道德感化和制度约束两手并用。历史上许多著名的政治家、军事家都注重运用这一管人原则。例如：诸葛亮治军一方面讲柔，他说："古之善将者，养人如养己子。有难，则以身先之；有功，则以身后之；伤者，泣而抚之；死者，哀而葬之；饥者，舍食而食之；寒者，解衣而衣之；智者，礼而禄之；勇者，赏而劝之。将能如此，所向必捷矣。"[③] 他要求将领爱兵如子，爱民如子，以心换心，以情感人。另一方面他又讲刚，他说："夫以兵之权，制之以法令，威之以刑罚……故令不可轻，势不可逆。"[④] 也就是

---

① 《管子·心术上》。
② 《论语·为政》。
③ 《将苑·哀死》。
④ 《将苑·威令》。

说将领要靠法令、刑罚维护纪律，规范下级行为，维护上级权威，做到有法必依、执法必严、违法必究，不能有丝毫变通的余地。

要做到刚柔相济，必须赏罚分明。韩非子主张："诚有功，则虽疏贱必赏；诚有过，则虽近爱必诛。"① 诸葛亮在论及奖惩原则时，强调"诛罚不避亲戚"，"赏赐不避仇怨"②。唐太宗李世民也用精练的语言阐述了赏罚严明的原则："赏当其劳，无功者自退。罚当其罪，为恶者咸惧。"③ 正确地使用奖惩可以引导人们的行为，这是古代管理者从实践中总结出的管人原则，在今天仍然普遍有效。

（四）以身先之，以道御之

领导者带好队伍，除需要有健全的管理制度、有效的管理手段外，还需要领导者有良好的修养与作风。孔子讲："欲政之速行也，莫善乎以身先之；欲民之速服也，莫善乎以道御之。"④ 这里的"以身先之"，是指领导者的率先垂范作用，身教胜于言教；这里的"以道御之"是指领导者以正确的思想、方法去带好队伍，做到上下一心、行动一致。

"以身先之"的前提是领导者个人的"身正"。孔子指出："其身正，不令而行；其身不正，虽令不从。"⑤ 说明领导者只有管好自己，才能管好别人；领导者的带头作用就是无声的命令。身正是"修己"，亦即自我修养的结果。孔子说"修己以敬"⑥，认为领导者只有认真地修养自己，才能严肃地对待工作，从而搞好领导工作。修己有着多方面的内容，"非淡薄无以明德，非宁静无以致远，非宽大无以兼覆，非慈厚无以怀众，非平正无以判断"⑦，指出清淡寡欲、清正廉洁、宽容大度、仁慈民主、公平正直，是领导者加强自我修养的重点。中国古代把修身

---

① 《韩非子》。
② 《诸葛武侯文集》。
③ 《贞观政要》卷三。
④ 《孔子家语》。
⑤ 《论语·子路》。
⑥ 《论语·宪问》。
⑦ 《淮南子·主术训》。

看成是同齐家、治国、平天下紧密联系在一起的,这是非常深刻的人事管理思想。

第二节　西方人力资源开发与管理的思想流派

西方人力资源开发与管理思想,流派纷呈,影响较大的有科学管理学派、行为管理学派、文化管理学派。

一、科学管理学派

科学管理学派对管理的本质认识是,管理就是一门科学,管理可以形成一门学问。在管理学理论的开创时期,由于不同的研究者所处的环境和所关注的对象不同,他们在对科学管理进行研究时所选取的角度也是不一样的,从而形成了不同的理论主张。科学管理学派的代表人物主要有泰罗、法约尔（Henri Fayol）和马克斯·韦伯（Max Weber）。正是泰罗、法约尔和韦伯试图从三个不同的角度,即个人、组织和社会来解决现实中的管理问题,从而为管理科学奠定了坚实的基础。

(一) 泰罗的科学管理

弗莱德里克·泰罗（Fredrick W. Taylor, 1856—1915）是美国工业发展史上的代表人物,他把管理看作科学,强调管理者在生产中的重要作用。正是由于他对管理方法和管理理论的贡献给20世纪工业国家的发展带来了深远的影响,因而被誉为"科学管理之父"。科学管理理论不仅促进了传统工业的发展,而且为西方的组织结构奠定了文化基础。

美国第一条铁路开通昭示着现代公司制度的建立[①],同时,钢铁、纺织、机械制造等现代产业都在吸引成千上万的农民和海外移民告别乡村进入工厂工作。泰罗学习和成长的年代是一个工业上新旧交替的时

---

① 钱德勒. 看得见的手：美国企业的管理革命 [M]. 重武, 译. 北京：商务印书馆, 1997：91-134.

代：一方面，传统的古典教育和学徒制度仍然主导着社会；另一方面，新的工业体系以教育、职业培训和工厂制度等形式改变了传统社会。受一些特殊原因的影响，泰罗进入费城的恩特普里斯水压工厂做了4年的学徒工，直到1878年，他到米德维尔钢铁公司做了一名工人[①]。泰罗努力工作，在短短6年的时间内，从一名普通工人晋升为机工、班组长、工长，最后成为总工程师。通过实践，泰罗观察到当时工厂制存在的诸多问题，尤其对计件工资制度和"磨洋工"问题有了深刻认识[②]。由此，他总结和创新出一套系统的科学管理方法——时间和动作研究、激励支付计划、工作标准，以及其他的一些发明。他将这些看成是一种新的"科学"，可以成本更低地、更有效地生产。

科学管理的中心问题是提高劳动生产效率。一是为了提高劳动生产效率，必须实现标准化。标准化是指工人在工作时，要运用标准的操作方法，而且所使用的工具、机器和原材料以及作业环境都应实现标准化。二是制定标准定额（工作定额）。为了发掘工人们劳动生产率的潜力，就要制定出有科学依据的工作量定额。制定标准定额是整个泰罗制的基础。定额可以通过调查研究的方法科学地加以确定。为此，他提出了时间和动作研究的方法。所谓时间研究，就是研究人们在工作期间各种活动的时间构成。所谓动作研究，就是研究工人干活时动作的合理性，即研究工人在干活时其身体各部位的动作，经过比较、分析之后，去掉多余的动作，改善必要的动作，将最后得出的最有效的操作方法作为标准，从而减少人的疲劳，提高劳动生产率。将基本动作的时间加以汇总，加上必要的休息时间和其他延误的时间，就可以得出完成这些操作的标准时间，并设定合理的日工作量。三是在制定标准定额的基础上实行差别计件工资制。按照工人是否完成其定额而采取高低不同的工资率，即完成定额的可按工资标准的125%计算工资，完不成的只按80%

---

① 雷恩. 管理思想史 [M]. 孙健敏，黄小勇，李原，译. 北京：中国人民大学出版社，2009：142.
② KANIGEL. Frederick Taylor's apprenticeship [J]. The Wilson quarterly, 1996, 20 (3)：44-51.

计算工资，以鼓励工人千方百计完成工作定额。四是计划职能和执行职能相分离。泰罗把计划和执行分开，由专门的部门负责制订计划，由不同的职能工长带领工人负责执行。五是对组织机构的管理控制实行例外原则。所谓例外原则，就是企业的高级管理人员把一般日常事务处理权授给下级管理人员，而自己只保留对例外事项（即重要事项）的决策与监督权。六是为实现科学管理，应开展一场"心理革命"。通过开展一场"心理革命"，变劳资对立为互相协作，共同为提高劳动生产率而努力。

泰罗的科学管理理论一是开创了管理实证研究的先河。泰罗不是进行纯粹的逻辑推论，而是走进工厂、深入车间，进行大量、细密的实验，使管理成为一门严肃、严谨的科学。二是使人类的管理由经验走向科学，用调查研究和科学知识代替管理者个人的主观判断与经验。三是提出科学管理是不断发展的。他认为，在各种情况下，实践都应在理论之先。从工业化发展的历史可以清楚地看出科学管理思想对人类的贡献：一是美国作为科学管理的发源地和积极实践者，在一战尤其是二战之后取得了全球经济的主导地位，这一经济崛起背后的管理学逻辑在于科学管理的运用。钱德勒等管理史学家的研究充分证明了这一点[①]。二是20世纪70年代之后，日本经济的崛起与质量管理、精益制造等生产方式的变革密不可分，由戴明和朱兰在日本所推动的质量管理运动正是科学管理思想的新发展。今天，中国经济的发展受到了管理上的严重制约，使得生产的效率和质量受到广泛的批评，其中一个重要的问题正是因为缺乏科学管理的思想和实践，大多企业停留在经验管理的层面上而止步不前[②]。

（二）法约尔的一般管理

1916年，法约尔发表了经典著作《工业管理与一般管理》，在法国引起广泛关注。该著作写作风格简单朴实，文字内容通俗易懂，理论逻

---

① 钱德勒. 看得见的手：美国企业的管理革命 [M]. 重武，译. 北京：商务印书馆，1997.
② 李新春，胡晓红. 科学管理原理：理论反思与现实批判 [J]. 管理学报，2012 (5)：658-670.

辑严谨科学，字里行间渗透着法约尔的管理经验和其对管理活动的深入思考。法约尔出了"管理"这个名词，并总结归纳出管理的五大职能要素；从具体的操作入手，指出管理的十四项原则；强调管理教育的重要性。这些贡献帮助塑造了今日管理学之面貌，推动了战略管理、组织行为和人力资源等分支学科的发展；同时，贯穿在十四项原则中的"适度"标准是所有管理原则的核心，也是以"价值中立"的方式来构建现代化学科的重要途径[①]。比如，法约尔指出，"没有原则，我们就要陷入黑暗和混沌；没有尺度，即使有最好的原则，我们也会举步维艰"[②]。

法约尔认为组织企业人员必须具备技术、商业、财务、安全、会计、管理六项能力，他主要关注的是最后一项——管理能力。法约尔指出，技术能力是大型企业下层人员和小型工业企业领导人的主要能力，管理能力是较高层领导人的主要能力；技术能力在工业阶层下层占主要地位，而管理能力在上层占主要地位。他主张在学校教育中建立起关于管理知识的系列教育。他发现工业学校缺少管理教育的根本原因是缺乏有关管理的理论。因此法约尔强调只要管理实践者们对自己的管理实践经验进行总结，管理理论的建立就指日可待。他认为，要构建管理理论体系，首先要将管理活动从其他一般性经营活动中区分出来，在此基础上才有可能系统思考管理活动的特质。对经营与管理活动进行科学划分是法约尔整个管理理论体系的基础。法约尔认为，经营与管理是两个不同的概念，管理是整个经营活动中的一个组成部分。通过对企业全部活动进行分析，法约尔将管理从经营职能中提炼分离出来，成为经营的第六项职能。在将管理从经营活动中区分开来之后，法约尔系统思考了管理的一般原理，进而在《工业管理与一般管理》一书中提出了一般管理的十四项原则，即劳动分工、权利与责任、遵从纪律、统一指挥、统一领导、个人利益服从整体利益、人员的报酬、集中、等级制度、秩序、公平、人员的稳定、首创精神、人员团结。这十四项管理原则涵盖了组

---

① 陈佳贵. 管理学百年与中国管理学创新发展 [J]. 经济管理，2013，35（3）：195-199.
② 法约尔. 工业管理与一般管理 [M]. 迟力耕，张璇，译. 北京：机械工业出版社，2007：43.

织结构设计、组织治理制度安排、组织人员分配、组织利益分配关系处理、组织人员激励、组织文化氛围等方面，它们之间具有内在的必然联系。在对十四项管理原则逐一分析的基础上，法约尔总结提炼出五个管理职能：计划、组织、指挥、协调和控制。计划是管理的第一要素。确定企业的组织结构是管理部门所要解决的核心问题；正确的组织结构应做到职责明确、协调各种活动以及精心选拔和培养管理人员；建议建立参谋部来协助领导，完成个人使命。指挥是组织有效运行的必要条件；负责指挥的管理人员应做到以下八点：深入了解职工，淘汰无工作能力的人，深入了解企业与职工之间的协定，为职工树立好榜样，对组织进行定期检查，通过与主要助手的会议来提高效率，不要在工作细节上耗费精力，保持职工团结、调动职工积极性和培养职工创新精神。协调是管理活动的重要环节；管理人员应定期召开会议，会议间隔期的沟通，以及总部同边远机构之间的联系，可由参谋机构等人员来协助完成。"控制就是要证实一下是否各项工作都与已定计划相符合，是否与下达的指标及已定原则相符合"；控制涉及企业活动的一切方面；控制将促使计划制订得更好，组织得以简化和加强，指挥效率得到提高，协调更便于进行[①]。

作为管理学中"断臂的维纳斯"，该著作的后半部分没能被法约尔及时完成，但是其思想依旧在世界各地散播开来，影响了管理学科的发展进程。就内容而言，这本著作讨论了三大问题：一是针对法国工人实践需求与学校教育之间的脱节，反思了数学的滥用和学校课程设置的不合理，并讨论了管理教育的必要性和可行性。正是法约尔对管理教育的重视，促使其管理思想得以获得最大程度的认可、传播和应用。二是将管理职能确立为与"会计、商业、财务、安全和技术"相并列的第六大职能，并分析了管理职能的五大要素，即计划、组织、指挥、协调和控制，由此构建了一般管理理论。三是提出了管理的十四项原则。这些原则高屋建瓴，涉及面广，应用性强。自1916年《工业管理与一般管理》

---

① 范静波. 法约尔管理思想探源[J]. 现代管理科学，2011（9）：36-38.

正式出版以来，由法约尔所开创的一般管理理论正式诞生，至今已有一百多年。该理论从本质属性和职能过程来讨论管理内涵，内容丰富，影响深远，已成为西方早期管理思想中发展最为系统、受众最为广泛、最经得起时间考验的理论观点。法约尔所提出的"计划、组织、指挥、协调和控制"的管理职能分类在学校教育和企业培训中应用广泛，给了管理学科入门者和资深实践者以生动的职业体验；同时，该理论所提倡的十四项原则至今仍是大多数企业在日常运行中的基本管理法则[①]。

（三）马克斯·韦伯的官僚制

马克斯·韦伯（Max Weber, 1864—1920）是西方国家最具影响的社会科学家之一，也是现代文化比较研究的先驱。他一生致力于考察世界诸种宗教的经济伦理观，试图从比较的角度，探讨世界各主要民族的精神文化气质与该民族社会经济发展之间的内在关系。马克斯·韦伯构建了官僚制的理论模型，他对官僚制的理论阐述，主要体现于《重组的德意志中的议会和政府》（1918）和《社会与经济组织理论》（1921）两部著作中。

在韦伯的理论框架中，"官僚制"一词完全是中性的，是法理社会的主要组织形式。在西方社会理性文化历史进程中，官僚制体现了超越以前所有文明的重大技术进步，是一切现代社会的特征，也是所有制度的一个重要组成部分。韦伯给予官僚制以极高的评价，他认为现代资本主义的出现是与官僚制分不开的，尽管企业家占有生产手段，市场的自由、理性的技术、可预测的法律、自由劳动力、经济生活的商业化等也是资本主义存在和发展的必要条件。但在这所有条件中，官僚制的意义是最为关键的，因为官僚制才是使经济行动得以收到预期效果的基本前提。韦伯写道：资本主义形式的工业组织，如要合理运用，就必须能依靠可预测的判断和管理。无论在希腊城邦时代，或者在亚洲的宗法制国家和斯图亚特朝代的西方各国中，这个条件都不具备。皇家的"虚伪的

---

① 张佳良，刘军. 法约尔与一般管理理论：写在《工业管理与一般管理》百年（1916—2016）诞辰 [J]. 管理学报，2012（5）：1737-1744.

公正"连同它的加恩减免,给经济生活的测算带来了无穷的麻烦。官僚制却不同,它的目的合理性使资本主义的工业组织得以合理运行。

韦伯是这样来构建他的理想的官僚制模式的:(1)在职能专业化的基础上进行劳动分工,按权力自上而下排列成严格规定的等级层次结构体系。每一个下级机关都是在上一级机关的控制和监督之下,同时,由下到上又有着申诉和表示不满的权利。(2)有明确划分权责的规章制度。按系统的劳动分工确定机构和人员的职责领域。为了履行这些职责,提供必要的权力,需要有明确规定的必要的强制性手段,其应用的条件也予以详细规定。(3)指导一个机关行为的规则,包括技术性规则和行为准则两个方面。为了合理地应用这些规则,必须对有关人员进行专门训练和培训。(4)系统化的工作程序与公私分明的界线。管理行为都依据一套严格、系统而明确的规则,管理当局的成员与组织的财产要明确分离,办公场所与居住场所也要分开。(5)严格的公事公办。非个性化的机构拥有特殊的权利与义务,它们是组织而不是职位占有者的财产。任何任职者都不能滥用其正式的职权,只接受有关准则的指导,但合法权力能以各种不同的方式来行使。(6)在官员的选拔标准上注重知识和能力。每个机构都通过竞争性选择来招聘人员,根据技术以及非个性的标准确定职位候选人。任职者基于资历、成就或两者兼而有之进行晋升。根据这些规定,理性官僚制的管理行为是属于目的合理性的行动,从效率与功能上看远远胜过非理性的行动[①]。

马克斯·韦伯在其官僚制问题的研究中,特别关注并提出经济生活中"理性"的主题。他考察资本主义的起因、表现形式和作用,审视它所具有的"革命性的力量"。考察农业生产领域里资本主义逐渐生长所带来的经济、社会、政治、心理和伦理方面的影响,以及诸种因素之间的相互作用。在对资本主义演进的研究中,韦伯区分出"理性"和"非理性"两种不同性质的资本主义,认为"资本主义精神的发展,最好是从这样的角度,即把它作为理性主义发展之整体中的一个组成部分,而

---

① 张康之. 韦伯对官僚制的理论确认 [J]. 教学与研究,2001 (6):27-32.

且是能够从基于生活基本问题之上的理性条件中推演出来的角度来理解",提出愈是理性就愈是与大众的要求和大众需求的回应紧密相联系的看法。

韦伯在比较研究和探讨中国未能出现资本主义的原因时指出,中国缺乏一种适于资本主义发展的市民意识,缺乏一种"适于资本主义非个人理性'企业'发展的法律形式和社会基础"。他认为,在中国,作为俸禄体系的一个结果,"通过财富的政治性积累,已经造成了一个土地权贵阶层,他们占有了土地,然而这种不稳定的特权贵族既无封建的也无资产阶级的印记,他们仅汲汲于官场,进行纯政治性的冒险投机……一种内部朋比为奸、结党营私的资本主义盛行起来了"[①]。韦伯认为,与氏族观念紧密联结的世袭国家的结构,"根源于中国式伦理的观念态度和官僚阶层及仕途追求者的特质"[②]。韦伯将儒教视为一种"凡俗人的内在入世的德性",所谓"入世",即"适应这个世界的秩序要求和习俗规定",最终是适应"一个巨大的政治准则礼法和社会礼仪秩序"。在此种伦理目标下,人们所受到的灌输和教诲是"不服从比缺乏思想更糟糕"。在此种"官僚政治"下,"如果没有有影响力的地位,无论品行如何,一个人也终将无所成就。因此,'在上者'应求的是位,而不是利"。此种特质"适应于官本位的自我保护利益"[③]。

从上述各代表人物的观点可以看到,科学管理思想主要具有以下三方面的特点:一是管理的研究重点是如何提高效率。由于当时所处的环境,企业迫切需要提高劳动生产率,因此,寻找进一步提高机器效率和改进生产中协调配合的途径,便成为当时管理研究的重点。二是主张用科学管理来代替单纯的经验管理。这一阶段在传统的经验管理所积累的经验基础上,管理向标准化、科学化发展,在企业管理的操作规程、劳动定额、生产组织、作业计划和成本核算等方面,形成了一系列科学管

---

① WEBER. The religion of China [M]. New York: Collier and Macmillan, 1964: 85-86.
② WEBER. The religion of China [M]. New York: Collier and Macmillan, 1964: 104.
③ WEBER. The religion of China [M]. New York: Collier and Macmillan, 1964: 152, 161, 143.

理的原理和原则,为现代管理思想的发展奠定了科学基础。三是主张管理专业化和职业化。到1911年,美国已有30所工商管理学院,社会上也出现了一批受过专门训练的经营管理专家,管理者作为一个独立的阶层为社会所承认。

在对科学管理的探索中,除了泰罗、法约尔和韦伯外,影响较大的还有以下诸学派:一是社会系统学派。巴纳德(C. I. Barnard)认为,组织是一个复杂的社会系统,因而主张用系统理论和社会学的观点来分析和研究组织管理的问题。二是决策理论学派。西蒙(H. A. Simon)提出了具有"有限理性"的人,即基于"令人满意"而不是"最优"方案的决策模型,借助于心理学的研究成果,对决策过程进行了科学的分析,认为管理就是决策。三是管理科学学派。该学派以运筹学为基础,认为管理就是制定和运用数学模型与程序的系统,用数学符号和公式来表示计划、组织、控制和决策等合乎逻辑的程序,并求出最优解,以达到组织的目标。它要求使用现代科学技术对管理进行整体性、系统性和全面性的研究。四是管理过程学派。孔茨等把管理看作是在组织团体中通过他人或同他人一起完成工作的过程,而管理过程同管理的计划、组织、人事、领导和控制的职能是分不开的,并将此作为其理论的核心结构。五是系统管理学派。卡斯特(F. E. Kast)等人把一般系统论应用于工商企业管理,系统地阐述了系统观点、系统分析与系统管理的关系,全面分析和研究企业及其他组织的管理活动和各项管理职能,重视对组织结构和系统模型的分析[1]。

二、行为管理学派

科学管理思想通常把人看作生产的机器,因此,他们把精力集中在寻找最有效地运用这些机器的方法上。相反,行为管理思想则把人看作生产活动的主体,注重分析影响组织中个人行为的各种因素,强调管理的重点是理解人的行为。行为管理思想之所以产生,是因为科学管理思

---

[1] 魏文斌. 西方管理学流派的重新划分[J]. 国外社会科学,2011(3):119-124.

想尽管在提高劳动生产率方面取得了显著的成绩，但由于它片面强调对工人进行严格的控制和动作的规范化，忽视了工人的社会需求和感情需求，从而引起了工人的不满和社会的责难①。人际关系理论开创了管理中重视人的因素的时代，是西方管理思想史上的一个里程碑。这一理论同时也开创了人力资源管理发展的新阶段，设置专门的培训主管、强调对员工的关心和理解，以及增强员工和管理者之间的沟通等人事管理的新方法被很多企业采用，人事管理的职能得到了极大的丰富。

行为管理学派代表人物是乔治·埃尔顿·梅奥（George Elton Mayo，1880—1949）。他是美国的一位著名的管理学家，原籍是澳大利亚，后迁居美国，他的理论是建立在霍桑实验基础上的。梅奥于1924—1932年在美国西方电气公司所属的霍桑工厂进行了长达九年的实验研究，试验的初衷是想通过改变工作条件和环境，找出提高生产率的途径。试验分四个阶段：第一阶段，照明实验；第二阶段，福利实验；第三阶段，全公司开展对工人的访谈活动；第四阶段，群体实验，进行非正式组织的研究。实验结果发现，生产率不仅同物质实体条件有关，而且同工人的心理、态度、动机，同群体中的人际关系以及领导者与被领导者的关系密切相关。霍桑实验引发了对科学管理思想的反思，将员工视为"经济人"的假设受到了现实的挑战。因此，梅奥在1933年出版的《工业文明中的人的问题》一书中，提出了人际关系在提高劳动生产率中的重要性，揭示了对人性的尊重、人的需要的满足、人与人的相互作用以及归属意识等对工作绩效的影响。人群关系理论的重点有三：第一，人不是单纯的经济人和社会人，而主要是社会人。第二，企业中除了存在正式组织外，还存在着大量的非正式组织。正式组织和非正式组织都对企业的发展起到重要的作用。第三，在决定劳动生产率的诸要素当中，居于首要地位的是工人的满意度。工人对他的环境、条件是否满意，是促进劳动生产率提升的第一位的因素。可见，梅奥的人群关系理论已经突破了泰罗等人的"经济人假设"理论分析框架，工人并

---

① 余敬，刁凤琴，张琦. 管理学 [M]. 3版. 武汉：中国地质大学出版社，2016：41.

不是把金钱当作激发积极性的唯一动力的"经济人",而是在物质以外还有社会的和心理的需求的"社会人"。因此,新型的管理者要在正式组织的经济需求和非正式组织的社会需求之间保持平衡。

行为管理学派还包含个体、团体、组织行为学派。其中,个体行为学派的起点是马斯洛(A. H. Maslow)提出的需要层次理论,经过赫茨伯格(Herzberg)、弗罗姆(V. H. Vroom)等人的发展,个体行为学派认为人的积极性和受激励的程度取决于需要的满足程度,因而他们着重研究人的各种需要,以及满足何种需要将导致最大的激励等。麦格雷戈(McGregor)则对人性假设理论进行了总结,认为Y理论能使组织成员在努力实现组织目标的同时,最好地实现个人目标。库尔特·卢因(Kurt Lewin)最早提出团体动力学理论,认为团体中各个成员的活动、相互影响和情绪综合构成了团体行为,而团体的一致性如共同目标、团体规范、共同的兴趣爱好等就会产生团体动力。组织行为是行为科学研究的最高层次的行为,其核心问题是如何进行领导,促进组织发展,而组织领导水平的高低在一定程度上又取决于领导方式。自斯托格第(Stogdill)和沙特尔(Shartle)提出领导行为四分图理论以来,管理学者对此进行了多方面的研究,出现了管理方格理论、经理角色理论、企业领导理论、组织发展理论等理论[①]。

正是行为管理学派确立了人在管理中的主导地位,不再将人仅仅视为获取利润的一种生产要素,而是把人看作宝贵的资源,强调从人的作用、需求、动机、相互关系和社会环境等方面研究其对管理活动及其结果的影响,研究个人与个人、个人与群体及群体与群体之间的关系,以创造一个良好的工作环境,使人的主观能动性得到充分发挥。因此,就其思想渊源而言,行为科学管理方式是人类自身对其本质认识的某种结果,是人文主义原则在管理活动中最直接的反映。

---

① 魏文斌. 西方管理学流派的重新划分[J]. 国外社会科学,2011(3):119-124.

三、文化管理学派

随着现代科学技术的迅猛发展,作为人类文化最高成就的知识亦不断"爆炸",特别是在第二次世界大战结束以后,"知识被应用于知识本身",引发了管理革命。由于知识文化是人类文化发展的最高阶段,因而在现代管理活动中,对文化管理的探索将促使管理学理论向纵深方向发展。这种探索由"现代管理之父"德鲁克(Drucker)开始。德鲁克认为,在当今社会,知识已经成为"最重要的资源,而不是某种资源"[①]。文化管理的核心是利用价值观这个"无形之手"进行管理,而价值观又主要体现为战略观、变革观、创新观、知识观等观念,相应地出现了战略管理、变革管理、创新管理、知识管理等新的管理学派,为组织的发展注入了知识文化的力量。

在对文化管理的探索中,影响较大的学派有:(1)管理实践学派。该学派以德鲁克为杰出代表,主张管理理论不应是理性的推理或分析,而必须从特定的管理实践和管理文化出发,通过研究管理中成功和失败的各种案例,总结并概括出理论性的管理原理与方法,然后传授给管理人员或向经理提供实际建议,从而使他们学会进行有效管理。(2)战略管理学派。该学派自20世纪60年代形成以来,就一直居于管理学的前沿地位,吸引管理学家们广泛进行探讨。就其发展历程而言,主要有战略规划学派、环境适应学派、竞争战略学派、资源基础论与核心能力学派。(3)变革管理学派。变革管理源于权变管理学派,该学派认为,在管理中要根据组织所处的内外环境、条件的变化而随机应变,没有一成不变、普遍适用的最好的管理理论与管理方法。其后出现了创新管理理论、企业再造理论等。(4)组织文化学派。自20世纪80年代初以来,西方管理学界掀起了研究组织文化的热潮,他们向传统的纯理性主义管理理论提出了挑战,把管理的重点转向软性管理,强调管理中的文化因素,倡导文化管理。其流派主要有企业文化学派、组织文化模型学派、

---

① 德鲁克. 后资本主义社会 [M]. 张星岩, 译. 上海: 上海译文出版社, 1998: 48.

文化适宜学派及跨文化管理学派。这些学派的出现，标志着管理理论的研究向更深层的文化层面发展。(5) 知识管理学派。该学派的兴起是与信息社会和新经济的发展密切相关的，其出发点是将知识视为企业最重要的战略资源和最核心的无形资产，通过将隐性知识沉积在制度及操作层面，创造有利于隐性知识传递的环境条件，实现知识共享，从而最大限度地掌握和利用知识。对知识型组织而言，应以动态的方式应对复杂、变动的环境，其最重要的资本将不再是传统的物质资本（包括货币资本），而是知识和智力资本。因而围绕智力资本的运营进行的知识管理，包括知识的生产、创新、传递、利用和保护，就成为组织在价值提升过程中的一个关键问题。

第三节 中国现代人力资源开发与管理的指导思想

马克思主义深刻揭示了自然界、人类社会、人类思维发展的普遍规律，为人类社会发展进步指明了方向，也为中国现代人力资源开发与管理提供了指导思想。这一指导思想具体反映在马克思与恩格斯、毛泽东、邓小平、习近平等领导者的人才观上。

一、马克思、恩格斯的人才观

马克思、恩格斯的许多著作中对人才问题进行了深刻精辟的阐述，形成了完整、科学的人才思想体系，对我们开展好人才工作仍具有重要的借鉴价值，对当前我国推进人才强国战略和实施创新驱动发展战略具有十分重要的现实启示价值。

（一）马克思、恩格斯人才观的逻辑前提

马克思主义经典作家的人性论既是马克思主义的重要组成部分，也是开发人力资源、促进人的发展和最终实现人的解放的重要的指导思想。马克思主义经典作家关于人性的思想主要体现在对人的一般属性、本质属性和主体性的认识上。

1. 马克思、恩格斯关于人性论的主要观点

马克思、恩格斯认为，人是一个整体，人性实质上是人在其活动过程中作为整体所表现出来的与其他动物所不同的特性。这种特性主要指人在同自然、社会和自己本身三种关系中，作为自然存在物、社会存在物和有意识的存在物所表现出的自然属性、社会属性和精神属性。

首先，人具有自然属性。马克思、恩格斯从以下三个方面阐述了人的自然属性：第一，人属于自然界。马克思说："人直接地是自然存在物……而且作为有生命的自然存在物"，"任何人类历史的第一个前提无疑是有生命的个人的存在"。恩格斯也说："我们连同我们的肉、血和大脑都是属于自然界，存在于自然界的。""人来源于动物界这一事实已经决定人永远不能完全摆脱兽性，所以问题永远只能在于摆脱得多些或少些。"恩格斯在这里讲的"兽性"，就是指人的自然属性。第二，人依赖于自然界。人来源于自然这一事实，决定了人永远不能割断自身同自然的联系。马克思认为植物、动物、空气、阳光等这些自然物都是人的意识的一部分，也是人的生活和人的活动的一部分。第三，人统治自然界。马克思和恩格斯认为，人一方面依赖着自然界，另一方面又统治着自然界，"我们对自然界的整个统治，是在于我们比其他一切动物强，能够认识和正确运用自然规律"。

其次，人具有社会属性。马克思、恩格斯认为，人不仅具有自然属性，更重要的是人是社会存在物，具有社会属性。这种社会属性主要表现在：第一，人的生存具有社会性。马克思说，人是最名副其实的社会动物，不仅是一种合群的动物，而且是只有在社会中才能独立的动物①。第二，人的需要具有社会性。人除了具有生存、生理需要外，还

---

① 中共中央马克思恩格斯列宁斯大林著作编译局. 马克思恩格斯全集：第十二卷 [M]. 北京：人民出版社，1962：734.

具有诸如安全、交往、自尊等多种来自社会的需要。马克思、恩格斯指出:"我们的需要和享受是由社会产生的;因此,我们在衡量需要和享受时是以社会为尺度。"第三,人的活动具有社会性。马克思认为:"孤立的一个人在社会之外进行生产——这是罕见的事。"① 第四,人的发展具有社会性。人在社会中发展,不同的社会发展水平对人的发展提出不同的要求,提供不同的条件。马克思认为:"工厂手工业分工"必然造成人的"畸形发展";只有在高度发展的共产主义社会,才能实现人的全面发展。

再次,人具有精神属性。马克思、恩格斯认为,人既是自然界的一部分和社会化动物,还是"有意识的类存在物"。即人不仅有自然属性和社会属性,还具有精神属性。一是表现在人有意识,有理性,有思维。人的意识性是人区别于一般动物的重要特征之一。动物没有"我",动物的活动是一种自然活动。动物和它的生命活动是直接同一的。而"人"则使自己的生命活动本身变成自己的意志和意识的对象。他的生命活动是有意识的,有意识的生命活动把人同动物的生命活动直接区别开来。二是表现在人有情感,有意志。情感是人作为主体对客体是否符合自己需要的某种心理反应、内部体验,是人的行为不可缺少的因素。正像恩格斯所说,社会历史领域内进行活动的全是"凭激情行动"的人。列宁也认为:"没有'人的感情',就从来没有也不可能有人对于真理的追求。"意识同样具有调节认识和情感、支配行动的巨大作用。马克思认为在一切活动中,尤其是在那些充满艰险和困难的活动中,"需要有作为意志力表现出来的有目的意志"。列宁更是高度地评价:在解决历史重大任务的各种历史因素中,"工人阶级的决心,它实现自己'宁死不屈'口号的坚决意志,不但是历史的因素,而且是决定一切、战胜一切的因素"②。人的精神属性表明,人是一种有理想、有信念、

---

① 中共中央马克思恩格斯列宁斯大林著作编译局. 马克思恩格斯全集:第十二卷[M]. 北京:人民出版社,1962:734.
② 中共中央马克思恩格斯列宁斯大林著作编译局. 列宁选集:第四卷[M]. 北京:人民出版社,1972:167.

有情感、有意志的存在物，而这些都是人力资源开发、管理的非常重要的因素。

2. 马克思、恩格斯关于人的本质属性的认识

相对于一般属性而言，本质属性是指事物的根本性质或事物存在和发展的内在根据。人的本质属性就是人区别于动物的人的类特性及形成这种特性的根据。马克思恩格斯认为人的类特性是劳动。马克思讲："一当人们自己开始生产他们所必需的生活资料的时候（这一步是由他们的肉体组织所决定的），他们就开始把自己和动物区别开来。"① 恩格斯在《劳动在从猿到人转变过程中的作用》一文中，特别强调了劳动对于人和动物的族类差异的决定意义。他把劳动看作"整个人类生活的第一个基本条件"，他说："人类社会区别于猿群的特征在我们看来又是什么呢？是劳动。"他们认为劳动是人的类特性，主要有四个理由：第一，劳动是人产生的根源。历史告诉我们，人来自于动物。人是如何从动物进化而来的呢？是由于劳动。恩格斯指出，劳动对于人类形成的作用达到这样的程度，以致我们在某种意义上不得不说，劳动创造了人本身。他写道："首先是劳动，然后是语言和劳动一起，成了两个最主要的推动力，在它们的影响下，猿的脑髓就逐渐地变成人的脑髓。"第二，劳动是人生存的基础。马克思指出，对于一个民族来说，劳动不说停止一年，就是停止一个星期，其生存也难以为继，没有劳动，人便无法存在。第三，劳动是人发展的动力。人在劳动中，不仅改造客观世界，而且同时改造自身。马克思不止一次地说过，人在改变外部世界的同时，也改变着自己的本性。第四，劳动是人自我表现与肯定的形式。马克思认为，劳动是人的根本的存在方式，人是在劳动中而且也只有在劳动中才能"能动地表现自己"。离开劳动过程，人无以表现自己的主体性；离开劳动产品，人无法确证自己的本质力量；离开劳动，人无法肯定自己的主体地位。马克思、恩格斯一方面承认人的自然属性、社会属性与

---

① 中共中央马克思恩格斯列宁斯大林著作编译局. 马克思恩格斯选集：第1卷 [M]. 北京：人民出版社，1972：24-25.

精神属性，另一方面又指出人的本质的属性是劳动。正因为有了劳动，才能使人的自然属性在劳动过程中得到相应的改造，使人的社会属性在劳动中得以产生和发展，使人的精神属性在劳动中得以形成和升华。总之，劳动是形成人的特性的客观基础和内在依据。

3. 马克思、恩格斯关于人的主体性的认识

古今许多学者都提出"人为万物之灵"的观点，但并未能彻底地作出解释。马克思、恩格斯关于人的主体性的论述对此作了最好的回答。他们关于人的主体性的论述很多，但概括起来主要指人作为活动主体在对客体作用的过程中所表现出来的能动性、自主性和自为性。

首先，人的主体性是指人作为活动主体的能动性。马克思说，人不同于活动对象，在于人是"能动的自然存在物"。在马克思看来，主体能动性包含多方面的含义。第一是指主体对于主客体关系的自觉性。马克思指出，人的"有意识的生命活动把人同动物的生命活动直接区别开来"。他又指出，人"是有意识的存在物，也就是说，他自己的生活对他是对象。仅仅由于这一点，他的活动才是自由的活动"。第二是指主体活动的选择性。马克思早在青年时代就写过《青年在选择职业时的考虑》，认为"选择是人比其他生物远为优越的地方，但是这同时也是可能毁灭人的一生、破坏他的一切计划并使他陷于不幸的行为。因此，认真地考虑这种选择——这无疑是开始走上生活道路而又不愿拿自己最重要的事业去碰运气的青年的首要责任"。第三是指主体活动的创造性。马克思说，"劳动是积极的、创造性的活动"，主体是"从全部才能的自由发展中产生的创造性的生活表现"。列宁认为，人的意识不仅反映世界，而且创造世界。

其次，人的主体性是指人作为活动主体的自主性。如果说主体的能动性主要表现为主体的能力，那么主体的自主性则主要表现为主体的权利，也就是他既有能力又有权利"作为支配一切自然力的那种活动出现在生产过程中"。马克思精辟地分析了"在奴隶劳动、徭役劳动、雇佣劳动这样一些劳动的历史形式下，劳动始终是令人厌恶的事情，始终表现为外在的强制劳动"。对于劳动者来说，这种强制劳动之所以"令人

生厌",根本原因就在于强制劳动中的劳动者和生产资料相分离,劳动者不具有对生产力和劳动者自身劳动能力的支配权和控制权,由此形成异化劳动。而异化劳动的极点就是自主劳动的起点。马克思、恩格斯进一步指出,自主劳动的自主性特征,其一表现在主体对生产力、生产关系的占有和支配上,即"许多生产工具应当受每一个个人支配,而财产则受所有的个人支配"。其二表现在劳动者对于自身劳动力的占有和支配上。劳动主体对生产力和生产关系的占有必然带来对于自己的全面本质的占有。马克思说,在自主劳动中,"人以一种全面的方式,也就是说,作为一个完整的人,占有自己的全面的本质"。这种占有的结果就是"个人本身的才能的一定总和的发挥",就是"摆脱了他的个人局限,并发挥出他的种属能力"。其三表现为主体在与自然、社会和自己本身的关系中享有自由。正是在这个意义上,恩格斯指出,随着科学技术的发展和公有制代替私有制,"人终于成为自己的社会结合的主人,从而也就成为自然界的主人,成为自身的主人——自由的人"。"自由的人"也就是自主的人,自由度的大小和自主性的大小是一致的。

再次,人的主体性是指人作为活动主体的自为性。主体自为性是主体自主性的逻辑延伸。自主是自为的前提,只有自主的人才可能是自为的人;自为是自主的目的,自主是为了达到和实现自为的目的。所谓"自为",简单地说就是"为自"。不过这里的"自"并不仅仅指个人,也可以是集体、社会、国家乃至整个人类。马克思说,"个人总是并且也不可能不是从自己本身出发的"。个人是这样,集体、社会、人类无一不是这样。因此,马克思又指出:"凡是有某种关系存在的地方,这种关系都是为我而存在的。"主体的自为性贯穿于主体活动的始终。自为性首先表现在活动过程的目的性上。人的活动都是追求某种预期的,他的全部努力都是为了实现这个目的;其次表现在活动过程的结果上,亦即劳动的产品上,自由占有劳动产品,实际满足劳动需要,这是自为劳动的根本特征。

马克思、恩格斯关于主体的能动性、自主性和自为性的论述是相互联系着的。能动性侧重于主体能力,表现为主体活动的自觉选择和创造；自主性侧重于主体权利，表现为主体对活动诸因素的占有和支配；自为性侧重于主体目的，表现为主体活动的内在尺度和根据。只有三者的结合和统一，才是完整的主体和真正的主体性。

4. 从马克思、恩格斯的人性论中得到的启示

全面认识人的基本属性，是有效实施人力资源开发与管理的必要前提。马克思、恩格斯的人性论告诉我们，人的自然属性、社会属性与精神属性是相互联系、相互作用的有机整体。在现代人力资源开发与管理中，不可顾此失彼。首先，应考虑人的自然属性，关心人体健康，满足其必要的生理需要与物质生活需要；其次，要充分认识人的社会属性，要深入研究、合理引导和努力满足人们符合时代要求的社会需要；再次，要特别注重人的精神属性，要重视对人的理想、信念、价值观和道德观的教育，激发人自身潜在的巨大的精神力量，使其进而转化为巨大的物质力量。

充分认识劳动是人的本质属性，提高劳动质量、改革劳动管理是有效实施人力资源开发与管理的重要途径。要重视人的本质属性和遵循人的成长规律，通过优化劳动来加强人力资源开发与管理。例如全面培养人劳动需要的知识技能，提供充分的劳动机会，不断改革劳动制度，改善劳动条件，丰富劳动内容，扩大劳动对象，变化劳动形式，使人的智慧与才能在创造性的劳动中得到充分开发与合理利用。深刻认识人的主体性，尊重人的主体地位，是我国现代人力资源开发与管理的价值取向。我国人力资源开发与管理的主要目标就是要充分调动人的积极性，培养人的创造性，而核心就是要尊重人的主体性，使人逐步实现自我选择、自由发展和自主劳动。

(二) 马克思、恩格斯人才观的核心要义与当代启示

1. 马克思、恩格斯人才观的核心要义

马克思、恩格斯从实践论的观点出发，提出了"实践成才"的著名论断，认为应该通过实践培养、检验和评判人才。同时，马克思、恩格斯提出了"人的全面发展"的理论，认为人才应实现"自由而全面的发展"。"实践成才"和"人的全面发展"两个理论，成为马克思和恩格

斯人才观的核心要义。

2. 马克思、恩格斯人才观的当代启示

首先，要着力强化党管人才的原则。人才是促进生产力发展的关键力量，人才掌握在谁的手中也就显得至关重要。中国共产党作为执政党，代表的是广大人民群众的根本利益，我们党执政的目的就是为了人民的利益得到更好的实现。坚持党管干部和党管人才，能够让人才发挥其应有作用，最终通过人才作用的发挥实现人民利益。其次，着力加强人才队伍建设。开展人才工作的核心在于培养人才，也就是加强人才队伍建设。按照马克思、恩格斯人才观的主张，加强人才队伍建设对更好地促进生产力的发展必然大有裨益。人才是生产的要素，但不同层次的人才对促进生产力发展的作用不尽相同，通常而言，高层次的人才比其他中层次和低层次人才在促进社会生产力发展方面的作用要更大。因此，我们在当前实施人才强国战略的过程中，要注重加强培养、引进高层次的人才，为高层次人才提供更好的工作和生活条件。再次，要着力优化人才发展环境。按照马克思主义的观点，在一定的程度上而言，人才环境实际上代表了发展的环境，国与国之间、地区与地区之间、行业与行业之间、单位与单位之间的竞争归根到底还是人才的竞争。一国经济社会发达程度即便很高，但如果缺乏必要的人才支撑，终究是不可持续的。最后，着力创新人才培养使用的体制机制。要将我国建设成为富强大国，要实现中华民族伟大复兴的中国梦，首先必须将我国建设成为人才强国，着力创新人才培养使用的体制机制。在此过程中，要坚持教育为本、教育优先战略不动摇，贯彻落实好马克思、恩格斯人才观中"实践成才"的主张，坚持培养人才和使用人才并重，要通过具体的工作实践对人才进行检验、培养、锻炼[①]。

二、毛泽东的人才观

中国共产党和新中国的缔造者、一代伟人毛泽东在长期的斗争实践

---

① 吴蓉. 马克思恩格斯人才观的逻辑体系 [J]. 人民论坛，2017（8）：110-111.

中,十分重视人才的培养与干部的选拔。在新中国成立前夕,就提出了"人是第一个可宝贵"的思想,20世纪50年代又第一次提出了"人力资源"的概念。总结、吸收毛泽东合理的人力资源思想,对于提高我们的认识和构建具有中国特色的人力资源开发与管理的理论体系是十分有意义的。毛泽东的人力资源思想主要有以下几个方面:

(一)人是第一个可宝贵的

毛泽东高度评价了人在改造世界中的巨大作用与首要地位。新中国成立前夕,他就明确指出:"世间一切事物中,人是第一个可宝贵的。在共产党领导下,只要有了人,什么人间奇迹也可以造出来。"新中国成立后,在社会主义建设的实践中,他看到了人民群众中"蕴藏了一种极大的社会主义积极性",认为尽管面临着许多困难,只要有了他们,"任何人间的困难总是可以解决的"。他还充分肯定了人民群众的聪明智慧,1958年在给丹东市518拖拉机配件厂的题词中写道:"卑贱者最聪明,高贵者最愚蠢。"

(二)崇教育以培国本

早在20世纪20年代之初,毛泽东就鲜明地提出"我国今日要务,莫急于图强,而图强根本,莫要于教育"的观点,并向全社会呼吁"崇教育以培国本"。在战争年代,他主张"用文化教育工作,提高群众的政治和文化水平";在经济建设时期,他提出要着重抓经济建设,抓文化教育。为了培养好年青一代,毛泽东提出:"我们的教育方针,应该使受教育者在德育、智育、体育几方面都得到发展,成为有社会主义觉悟的有文化的劳动者。"可见,把教育育人摆在国之"根本"的地位,是毛泽东的一贯思想。

(三)干部是决定的因素

毛泽东认为,"中国共产党是在一个几万万人的大民族中领导伟大革命斗争的党,没有多数才德兼备的领导干部,是不能完成其历史任务的",提出"政治路线确定之后,干部就是决定的因素"。因此,他高度重视对干部的培养、选择和爱护。他还详尽地阐述了爱护人才、爱护干部的方法："第一，指导他们。这就是让他们放手工作，使他们敢于负责；同时，又适时地给以指示，使他们能在党的政治路线下发挥其创造性。第二，提高他们。这就是给以学习的机会，教育他们，使他们在理论上在工作能力上提高一步。第三，检查他们的工作，帮助他们总结经验，发扬成绩，纠正错误。有委托而无检查，及至犯了严重的错误，方才加以注意，不是爱护干部的办法。第四，对于犯错误的干部，一般地应采取说服的方法，帮助他们改正错误。只有对犯了严重错误而又不接受指导的人们，才应当采取斗争的方法……第五，照顾他们的困难。干部有疾病、生活、家庭等项困难问题者，必须在可能限度内用心给以照顾。"[1]

（四）任人唯贤的干部路线

在人才标准、干部路线方面，毛泽东指出，"在这个使用干部的问题上，我们民族历史中从来就有两个对立的路线：一个是'任人唯贤'的路线，一个是'任人唯亲'的路线。前者是正派的路线，后者是不正派的路线。"共产党的干部政策，应是以能否坚决地执行党的路线，服从党的纪律，和群众有密切的联系，有独立的工作能力，积极肯干，不谋私利为标准，这就是任人唯贤的路线。在新中国成立后，毛泽东同志就"贤"的标准，明确提出了"又红又专"的要求。1958年，他在《工作方法六十条（草案）》中指出："政治和经济的统一，政治和技术的统一，这是毫无疑义的，年年如此，永远如此。这就是又红又专。"为了实现又红又专，他强调："不论是知识分子，还是青年学生，都应该努力学习。除了学习专业之外，在思想上要有所进步，政治上也要有所进步，这就需要学习马克思主义，学习时事政治。没有正确的政治观点，就等于没有灵魂。"

（五）革命需要知识分子

毛泽东历来重视知识分子的作用。在民主革命时期，他一再强调，

---

[1] 毛泽东. 毛泽东选集：第二卷 [M]. 北京：人民出版社，1991：527-528.

"没有知识分子的参加,革命的胜利是不可能的",因此"全党同志必须认识,对于知识分子的正确的政策,是革命胜利的重要条件之一"。新中国成立后,毛泽东仍然强调要团结、信任知识分子。在1956年1月召开的知识分子问题会议上,他讲道:没有知识分子是不行的,单靠老粗是不行的,中国应该有大批的知识分子。他号召"人人都要努力学习。有条件的,要努力学技术,学业务,学理论,造成工人阶级知识分子的新部队"。他认为没有宏大的工人阶级知识分子新部队,工人阶级的革命事业是不会充分巩固的。他指出,对"凡是真正愿意为社会主义事业服务的知识分子,我们都应当给予信任,从根本上改善同他们的关系,帮助他们解决各种必须解决的问题,使他们得以积极地发挥他们的才能"。他严厉批评道:"我们有许多同志不善于团结知识分子,用生硬的态度对待他们,不尊重他们的劳动,在科学文化工作中不适当地干预那些不应当干预的事务。所有这些缺点必须加以克服。"

(六)妇女是半边天

在传统的中国社会,妇女的社会作用不被重视,毛泽东却指出:"中国的妇女是一种伟大的人力资源,必须发掘这种资源,为了建设一个伟大的社会主义国家而奋斗。"但是,应有一个前提:必须考虑妇女劳动者的切身利益。他说:"要发动妇女参加劳动,必须实行男女同工同酬的原则。"

(七)人民群众有着无限的创造力

毛泽东认为,人民群众蕴藏着可以开发的巨大的创造性潜能。早在1943年,毛泽东就指出,"三个臭皮匠,合成一个诸葛亮",这就是说,群众有伟大的创造力。中国人民中间,实在有成千上万的"诸葛亮",每个乡村,每个市镇,都有那里的"诸葛亮"。我们应该走到群众中间去,向群众学习。在社会主义建设时期,毛泽东再次指出:"人民群众有无限的创造力。他们可以组织起来,向一切可以发挥自己力量的地方和部门进军,向生产的深度和广度进军,替自己创造日益增多的福利事业。"他倡导广大青年学生和知识分子向工农学习,向实践学习,走与工农相结合的道路。

（八）公私兼顾，调动人的积极性

没有国家与集体的利益，社会不能进步；没有个人的利益，劳动者的积极性不能调动。因此，毛泽东讲"不能只顾一头，必须兼顾国家、集体和个人三个方面"，这就是"公私兼顾"。做好公私兼顾，就是要"在发展生产的基础上，改善工人和劳动人民的生活"；我们的重点必须放在发展生产上，但发展生产和改善人民生活二者必须兼顾。"福利不可不谋"，他指出，"不顾人民生活是不好的"，"我们也历来提倡关心群众生活，反对不关心群众痛痒的官僚主义。随着整个国民经济的发展，工资也需要适当调整"。

三、邓小平的人才观

邓小平同志在领导中国人民探索建设有中国特色社会主义的过程中，从政治家、思想家的角度思考了人才在社会发展、经济建设与国际竞争中的作用和人才的地位、培养、选择与任用等一系列理论与实际问题。邓小平的人才观是我国新时期人力资源开发与管理的重要指导思想。

（一）国力取决于人力资源优势

一个国家发展道路的选择离不开对国情的准确把握。我国的基本国情就是人口多，底子薄，人均自然资源和资本短缺。在激烈的国际竞争中，要在自然资源和资本方面形成发展优势，几乎是不可能的。那么我国的社会经济发展究竟有无优势呢？这是一个关系我国社会经济长远发展的基本信念和战略规划的重大问题。邓小平指出："我们国家，国力的强弱，经济发展后劲的大小，越来越取决于劳动者的素质，取决于知识分子的数量和质量。一个十亿人口的大国，教育搞上去了，人才资源的巨大优势是任何国家比不了的。有了人才优势，再加上先进的社会主义制度，我们的目标就有把握达到。"我国实行改革开放以来，经济、社会各方面发展取得了前所未有的成绩，目前正处于实现两个具有全局意义的根本性转变时期。邓小平关于国力强盛取决于人力资源优势与社会制度优越性的分析，对于我们制定发展战略、加快人力资源开发，对于我们抓住机遇、迎接挑战都具有十分重要的指导意义。

(二) 发挥人力资源优势不抓教育不行

邓小平认为，为了适应国际竞争和现代化建设对人才的需求，必须"要有一支浩浩荡荡的工人阶级的又红又专的科学技术大军，要有一大批世界第一流的科学家、工程技术专家"；必须"发展科学技术"，而"科学技术人才的培养，基础在教育"，"发展科学技术，不抓教育不行"。因此，他要求全党务必把教育摆在发展战略的地位，把教育工作认真抓起来，"各级领导要像抓好经济工作那样抓好教育工作"。他严肃指出："忽视教育的领导者，是缺乏远见的、不成熟的领导者，就领导不了现代化建设。"① 为了优先发展教育，他提出："我们要千方百计，在别的方面忍耐一些，甚至于牺牲一点速度，把教育问题解决好。"②邓小平优先发展教育的思想得到了全党的认可，党的十二大把教育和科学技术列为现代化建设的战略重点之一，党的十三大提出"百年大计，教育为本"，党的十四大强调"必须把教育摆在优先发展的战略地位……这是实现我国现代化的根本大计"。教育日益成为我国开发人力资源的重要途径。

(三) 事业成败关键在人

随着现代科学技术的进步与社会经济的发展，人才在生产要素中的地位日益提高，人力资源开发在经济社会发展中的作用大大加强。邓小平同志指出：同样数量的劳动力，在同样的劳动时间内，可以生产出比过去多几十倍几百倍的产品。社会生产力有这样巨大的发展，劳动生产率有这样巨大的提高，靠的是什么？最主要的是靠科学的力量、技术的力量。进而，他提出了"科学技术是第一生产力"的著名论断。他说："现代科学技术的发展，使科学与生产的关系越来越密切了。科学技术

---

① 邓小平. 邓小平文选：第三卷 [M]. 北京：人民出版社，1993：121.
② 邓小平. 邓小平文选：第三卷 [M]. 北京：人民出版社，1993：275.

作为生产力，越来越显示出巨大的作用。"肯定科学技术的重要作用，也就是肯定了人力资源的支撑作用，因为作为生产力中最活跃的因素的"人"，是指能够应用一定的科学知识、生产经验和劳动技能来使用生产工具、实现物质资料生产的人。邓小平讲："今天，由于现代科学技术的日新月异，生产设备的更新，生产工艺的变革，都非常迅速。许多产品，往往不要几年的时间就有新一代的产品来代替。劳动者只有具备较高的科学文化水平，丰富的生产经验，先进的劳动技能，才能在现代化的生产中发挥更大的作用。"可见掌握了一定科学技术知识的"人"，才是科学技术的载体。"科学技术是第一生产力"的观点为"人力资源是第一资源"的结论提供了科学的基础。

（四）尊重知识、尊重人才

十年"文革"后，我国百废待兴，邓小平讲："现在我们国家面临的一个严重问题，不是四个现代化的路线、方针不对，而是缺乏一大批实现这个路线、方针的人才。道理很简单，任何事情都是人干的，没有大批的人才，我们的事业就不能成功。"[1] 他特别指出："一定要在党内造成一种空气：尊重知识、尊重人才。要反对不尊重知识分子的错误思想。"[2] 此后，他还多次讲道："要珍视劳动，珍视人才，人才难得呀！要发挥知识分子的专长"[3]，"改革经济体制，最重要的、我最关心的，是人才。改革科技体制，我最关心的，还是人才"[4]。他称赞教师是崇高的革命的劳动者，称赞他们"为民族、为国家、为无产阶级立了很大功劳"[5]。邓小平十分关心知识分子的工作和生活，主张切切实实地帮助知识分子解决一些具体问题，要使他们感到有希望，"要把'文化大革命'时的'老九'提到第一"[6]。他提出要奖励有贡献的知识分子。

---

[1] 邓小平. 邓小平文选：第二卷 [M]. 北京：人民出版社，1994：220-221.
[2] 邓小平. 邓小平文选：第二卷 [M]. 北京：人民出版社，1994：41.
[3] 邓小平. 邓小平文选：第二卷 [M]. 北京：人民出版社，1994：50.
[4] 邓小平. 邓小平文选：第三卷 [M]. 北京：人民出版社，1993：108.
[5] 邓小平. 邓小平文选：第二卷 [M]. 北京：人民出版社，1994：109.
[6] 邓小平. 邓小平文选：第三卷 [M]. 北京：人民出版社，1994：275.

他说："我们实行精神鼓励为主、物质鼓励为辅的方针。颁发奖牌、奖状是精神鼓励，是一种政治上的荣誉。这是必要的。但物质鼓励不可缺少。"邓小平两个"尊重"的观点营造了大力开发人力资源的良好的社会氛围，奠定了大胆培养、选拔、任用人才的思想基础。

（五）"四有"的人才标准

为了使教育的发展适应时代的要求，邓小平在给景山学校的题词中写道："教育要面向现代化、面向世界、面向未来。"同时，他提出教育的目标是培养"四有"新人。他说："建设社会主义的精神文明，最根本的是要使广大人民有共产主义的理想，有道德，有文化，守纪律。"这四条是一个有机的整体，而每一条都有其具体的层次与内容。有理想，就是坚信共产主义，不能"作资本主义腐朽思想的俘虏"；有道德，就是要"大公无私，公而忘私"，善于"尊重人、关心人、爱护人、帮助人"；有文化，就是能够"向科学技术现代化进军"；有纪律，就是要遵守党纪国法，"遵守公共秩序"等。邓小平提出"四有"标准，既是各级各类学校培养学生的目标，也是整个社会进行人力资源开发的标准。

（六）任人唯贤，唯才是举

在人才选择的标准上，邓小平提出了"四化"的具体标准。他说："要在坚持社会主义道路的前提下，使我们的干部队伍年轻化、知识化、专业化，并且要逐步制定完善的干部制度来加以保证。提出年轻化、知识化、专业化这三个条件，当然首先是要革命化，所以说要以坚持社会主义道路为前提。"[①] 邓小平还多次强调干部"四化"标准，并作了具体阐释。关于"革命化"，也就是指干部的"德"，最主要的就是要坚持社会主义道路和党的领导；另一条是讲党性，不搞派性。"年轻化"是指干部队伍的年龄结构要合理，要加大精力充沛的年轻干部在干部队伍中的比例，以便使整个领导机构充满活力。他说，"……善于发现、提

---

① 邓小平. 邓小平文选：第二卷 [M]. 北京：人民出版社，1994：361.

拔以至大胆破格提拔中青年优秀干部。这是国家现代化建设事业客观存在的迫切需要"。"知识化""专业化"是对干部的工作能力、文化、业务水平的基本要求。他不止一次地呼吁，领导干部要懂业务，不能外行领导内行。邓小平认为干部"四化"标准是相互联系的，其中领导干部的真才实学不容忽视，否则就会成为空头政治家，但"革命化"是前提，没有这个前提就会迷失方向。邓小平强调，只有按"四化"标准才能真正选贤任能。他说："选人要选好，要选贤任能。……贤就是德，能无非是专业化、知识化，有实际经验，身体能够顶得住。"① 邓小平的"四化"标准与我们党一贯坚持的"德才兼备"标准，在精神上是一致的，但在具体内容上，更具有社会主义建设时期的时代特征。

（七）大胆使用，严格管理

人力资源开发与管理的最终目的在于提高人才的使用效益。邓小平认为，人才，只有大胆使用，才能培养出来，才能把作用发挥好。他早在1956年9月《关于修改党的章程的报告》中就指出："为了适应党和人民的事业的突飞猛进的发展，党的重要任务之一，就是要大量地培养和提拔新的干部，帮助他们熟悉工作，帮助他们同老干部建立团结一致、互相学习的同志关系。党必须特别注意培养精通生产技术和其他各种专门业务知识的干部，因为这是建设社会主义的基本力量。"② 在现代化建设急需人才之际，他又反复强调："我们要破格选拔人才，不要按老规矩办事，要想到这是百年大计。"③ 他认为，只有把大批的年轻人才选拔上来，我们党的事业才有希望。他认为"论资排辈是一种习惯势力，是一种落后的习惯势力"④。他主张各级党委和组织部门，要解放思想，克服重重障碍，打破老框框，勇于改革不合时宜的组织制度、人事制度，大力培养、发现和破格使用优秀人才，坚决同一切压制和摧

---

① 邓小平. 邓小平文选：第二卷 [M]. 北京：人民出版社，1994：400.
② 邓小平. 邓小平文选：第一卷 [M]. 北京：人民出版社，1994：251.
③ 邓小平. 邓小平文选：第二卷 [M]. 北京：人民出版社，1994：225.
④ 邓小平. 邓小平文选：第二卷 [M]. 北京：人民出版社，1994：225.

残人才的现象作斗争。

在提出大胆使用、破格选拔人才的同时,邓小平也提出了对干部要严格管理。首先,是要经常过好党的生活。他指出:"为了保持党在马克思列宁主义基础上的团结和统一,为了及时地帮助同志克服缺点,纠正错误,必须大大发展党内的批评和自我批评。鼓励和支持由下而上的批评,禁止压制批评的行为,对于发展批评有决定的意义。"[①] 其次,要加强对干部的管理和监督。他认为:"要把管理和监督干部的经常工作好好地建立起来,把监察工作好好地加强起来,把干部的鉴定制度恢复起来,这样做极有好处。"[②] 他还提出监督干部要重视干部制度改革,因为"制度好可以使坏人无法任意横行,制度不好可以使好人无法充分做好事,甚至会走向反面"[③]。在邓小平的这一思想指导下,我国干部人事制度进行了重大改革,大胆使用、破格选拔、严格管理的选用干部原则的贯彻,促进了我国大批优秀干部与专业人才的脱颖而出。

邓小平的人才思想十分丰富,这些思想既是对马克思主义人性论与毛泽东人才思想的继承发展,也是对当今的国际环境与时代特征做出的科学总结与前瞻性研究。邓小平"以人为本"的人才理念,两个"尊重"的人才观点,"四有""四化"的人才标准,"教育优先"的育人观念,任人唯贤的用人原则等人才思想,对于指导我国现代的人力资源开发,造就千千万万社会主义的建设者和接班人,对于提高我国人力资源管理的总体水平,都具有很强的指导意义。

四、习近平的人才观

党的十八大以来,习近平站在党和国家事业发展全局的战略高度,高度重视人才和人才工作,围绕重视人才、培养人才、吸引人才、识别人才、使用人才、管理人才发表了系列重要讲话,提出了系列新思想、

---

① 邓小平. 邓小平文选:第一卷[M]. 北京:人民出版社,1994:240.
② 邓小平. 邓小平文选:第一卷[M]. 北京:人民出版社,1994:331.
③ 邓小平. 邓小平文选:第二卷[M]. 北京:人民出版社,1994:333.

新观点与新要求,形成了体系完整、内容丰富的人才观,极大丰富了中国特色社会主义人才理论内涵,为新时代我国由"人才大国"迈向"人才强国"提供了顶层设计和理论指导。

(一) 重视人才:强化资源意识,树立科学观念

从世界范围看,人才是全球最有竞争力的可持续发展资源,实现党的十八大确定的各项任务,关键在党,关键在人。习近平指出,要牢固树立人才是第一资源的意识,把一切管理的着眼点定位在服务于人力资源效益最大化上,把管理的落脚点定位在让人力资源释放最大能量上。

1. 千秋基业,人才为先

习近平深知人才是关系党和国家事业兴衰的关键,他认为:"'致天下之治者在人才。'人才是衡量一个国家综合国力的重要指标。没有一支宏大的高素质人才队伍,全面建成小康社会的奋斗目标和中华民族伟大复兴的中国梦就难以顺利实现"[1];"办好中国的事情,关键在党,关键在人,关键在人才"[2]。这体现了他对人才工作的科学认识,肯定了人才资源在实现中国梦的进程和在激烈国际竞争中的重要作用。他说:"千秋基业,人才为先。实现中华民族伟大复兴,人才越多越好,本事越大越好。我国是一个人力资源大国,也是一个智力资源大国,我国13亿多人大脑中蕴藏的智慧资源是最可宝贵的。"[3] 我国要建设世界科技强国,关键是要建设一支规模宏大、结构合理、素质优良的创新人才队伍,激发各类人才创新活力和潜力[4]。这反映了他对进一步发挥人才在执政兴国战略中的智力价值提出了更高期望。

---

[1] 习近平在欧美同学会成立100周年庆祝大会上的讲话 [N]. 人民日报,2013-10-22 (2).

[2] 习近平就深化人才发展体制机制改革作出重要指示 [EB/OL]. (2016-05-06)[2016-05-06].http://www.xinhuanet.com//politics/2016/05/06/c_1118820251.htm.

[3] 习近平在中国科学院第十七次院士大会、中国工程院第十二次院士大会上的讲话 [N]. 中国青年报,2014-06-10 (3).

[4] 习近平. 为建设世界科技强国而奋斗:在全国科技创新大会、两院院士大会、中国科协第九次全国代表大会上的讲话 [EB/OL]. (2016-05-30)[2016-05-31].http://www.xinhuanet.com/politics/2016-05/31/c_1118965169.htm.

2. 强化人才资源是第一资源的意识

当前,全球范围内新一轮科技革命和产业变革蓬勃兴起,世界各国都在抢抓机遇,国际人才争夺日趋白热化。习近平综观国际大势,认为当今时代的中国比历史上任何时期都更加渴求人才,因此多次强调"要树立强烈的人才意识,寻觅人才求贤若渴,发现人才如获至宝,举荐人才不拘一格,使用人才各尽其能"①,从而揭示了中国开启伟大征程存在人才供给不足的矛盾,也彰显出其求贤若渴的强烈愿望。他站在执政兴国的高度,要求牢固确立人才是第一资源的思想。他认为,中国是世界上最大的发展中国家,要发展,就必须充分发挥科学技术作为第一生产力的作用。"中国拥有4200多万人的工程科技人才队伍,这是中国开创未来最宝贵的资源"②,"要加快实施人才强国战略,确立人才引领发展的战略地位,努力建设一支矢志爱国奉献、勇于创新创造的优秀人才队伍"③。习近平以广阔的视野透视人才的重要性,以长远的思维谋划人才事业发展,展现出高度的政治自觉和深远的战略考量。

3. 牢固树立科学的人才观

随着我国经济发展进入新常态,人才结构失衡、创新能力不强、管理体制不顺等问题也越发突出。习近平认为只有牢固树立科学的人才观,把握唯才是举、人尽其用的选人指向,才能把人才工作推向深入,才能在选人用人上开拓一个崭新的局面,因此他在多个场合指出要树立正确人才观,培育和践行社会主义核心价值观,着力提高人才培养质量,营造人人皆可成才、人人尽展其才的良好环境,努力培养数以亿计的高素质劳动者和技术技能人才。"要按照人才成长规律改进人才培养

---

① 着力培养和选拔党和人民需要的好干部 [EB/OL]. (2013-06-28)[2015-07-21]. http://cpc.people.com.cn/xuexi/n/2015/0721/c397563-27338743.html.

② 习近平: 让工程科技造福人类、创造未来 [EB/OL]. (2014-06-03)[2014-06-03]. http://www.gov.cn/xinwen/2014-06/03/content_2692596.htm.

③ 习近平: 切实贯彻落实新时代党的组织路线 全党努力把党建设得更加坚强有力 [EB/OL]. (2018-07-03)[2018-07-04]. http://www.gov.cn/xinwen/2018/07/04/content_5303550.htm.

机制,'顺木之天,以致其性',避免急功近利、拔苗助长。"① 只有在科学的人才观的指导下,进行系统性、持续性、有针对性的人才资源能力建设,才能将我国的"人口红利"转变为"人才红利"。

习近平所强调的"千秋基业,人才为先"和人才资源就是第一资源的思想,就是要提高全党全社会对人才重要性的认识,就是要求各级领导从执政兴国的高度,牢固确立人才是第一资源、第一资本、第一推动力的思想,在人才发展理念上,加快从物力资本优先积累向人才资本优先积累的转变。加强人才工作要把人才发展同推进社会主义现代化建设、破解改革开放难题、实现中华民族伟大复兴紧密结合起来。因此,高校要在这一思想指导下,科学制定人才开发工作的目标任务,以及合理的人才工作政策,努力把人才优势转化为发展优势,把人才资源转化为发展资源,把人才工作成果转化为发展成果,成为实现中华民族伟大复兴的有力推手。

(二)培养人才:遵循教育规律,培养创新人才

当今世界综合国力的竞争,说到底是人才的竞争,人才越来越成为推动经济社会发展的战略性资源,教育的基础性、先导性、全局性地位和作用更加突显。习近平指出,"两个一百年"奋斗目标的实现、中华民族伟大复兴中国梦的实现,归根到底要靠人才、靠教育。

1. 重视教育的作用

习近平认为:教育是民族振兴、社会进步的重要基石,是国之大计、党之大计,是功在当代、利在千秋的德政工程;教育对提高人民综合素质、促进人的全面发展、增强中华民族创新创造活力、实现中华民族伟大复兴具有决定性意义②。习近平强调,建设教育强国是中华民族伟大复兴的基础工程,中国将坚定实施科教兴国战略,始终把教育摆在

---

① 中共中央文献研究室.习近平关于科技创新论述摘编[M].北京:中央文献出版社,2016:118.
② 习近平在全国教育大会上的讲话[EB/OL].(2018-09-10)[2018-09-10].http://news.cnr.cn/native/gd/20180910/t20180910_524356347.shtml.

优先发展的战略位置。要坚持把优先发展教育事业作为推动党和国家各项事业发展的重要先手棋，不断使教育同党和国家事业发展的要求相适应、同人民群众的期待相契合、同我国的综合国力和国际地位相匹配①。习近平指出，建设创新型国家，科技是关键，人才是核心，教育是基础。教育得到重视，人才方能如井喷涌现；人类社会需要通过教育不断培养社会需要的人才，需要通过教育来传授已知、更新旧知、开掘新知、探索未知，从而使人们能够更好认识世界和改造世界、更好创造人类的美好未来②。围绕如何把教育搞上去，习近平作出了一系列重要指示，如大力发展乡村教育、建设中国特色职业教育体系，落实并深化考试招生制度改革和教育教学改革等，对专业领域人才的培养，也提出了具体的目标要求。

2. 教育的根本任务是育人

习近平指出，我国是中国共产党领导的社会主义国家，这就决定了我们的教育必须把培养社会主义建设者和接班人作为根本任务，培养一代又一代拥护中国共产党领导和我国社会主义制度、立志为中国特色社会主义奋斗终身的有用人才。这是教育工作的根本任务，也是教育现代化的方向目标。要努力构建德智体美劳全面培养的教育体系，形成更高水平的人才培养体系。他强调，育人要在坚定理想信念上下功夫，教育引导学生树立共产主义远大理想和中国特色社会主义共同理想；要在厚植爱国主义情怀上下功夫，让爱国主义精神在学生心中牢牢扎根；要在加强品德修养上下功夫，教育引导学生培育和践行社会主义核心价值观；要在增长知识见识上下功夫，教育引导学生珍惜学习时光，心无旁骛求知问学；要在培养奋斗精神上下功夫，教育引导学生树立高远志向、乐观向上的人生态度；要在增强综合素质上下功夫，教育引导学生

---

① 习近平在全国教育大会上的讲话［EB/OL］.（2018-09-10）［2018-09-10］.http://news.cnr.cn/native/gd/20180910/t20180910_524356347.shtml.

② 习近平致清华大学苏世民学者项目启动的贺信［EB/OL］.（2013-04-21）［2013-04-22］.http://cpc.people.com.cn/n/2013/0422/c64094-21222426.html.

培养综合能力①。

3. 注重培育创新人才

人才竞争是综合国力竞争的核心，谁能培养和吸引更多创新型人才，谁就能在竞争中占据优势。目前我国创新型科技人才结构性矛盾比较突出，人才大国还没有成为人才强国，创新型国家的建设与目标还未实现。习近平强调，知识就是力量，人才就是未来。要积极投身实施创新驱动发展战略，着重培养创新型、复合型、应用型人才。我国要在科技创新方面走在世界前列，必须大力培养造就规模宏大、结构合理、素质优良的创新型科技人才②。千军易得，一将难求。要把人才资源开发放在科技创新最优先的位置，改革人才培养、引进、使用等机制，努力造就一批世界水平的科学家、科技领军人才、工程师和高水平创新团队，注重培养一线创新人才和青年科技人才③。

4. 加强干部的培养引领

干部队伍是执政党的人格化体现，干部的口碑直接关系着人民群众对执政党的评价和好恶。习近平认为，贯彻新时代党的组织路线，建设忠诚干净担当的高素质干部队伍是关键，重点是要做好干部培育、选拔、管理、使用工作④。他指出，"成长为一个好干部，一靠自身努力，二靠组织培养"，干部的党性修养、思想觉悟、道德水平不会随着党龄的积累而自然提高，也不会随着职务的升迁而自然提高，而需要终生努力。成为好干部，就要不断改造主观世界、加强党性修养、加强品格陶冶。要时刻用党章、用共产党员标准要求自己，要有"与人不求备，检身若不及"的精神，时刻自重自省自警自励，努力做到"心不动于微利

---

① 习近平在全国教育大会上的讲话 [EB/OL]. (2018-09-10)[2018-09-10]. http://news.cnr.cn/native/gd/20180910/t20180910_524356347.shtml.

② 习近平. 在中国科学院第十七次院士大会、中国工程院第十二次院士大会上的讲话 [N]. 中国青年报，2014-06-10 (3).

③ 习近平. 在中国科学院第十七次院士大会、中国工程院第十二次院士大会上的讲话 [N]. 中国青年报，2014-06-10 (3).

④ 习近平：切实贯彻落实新时代党的组织路线 全党努力把党建设得更加坚强有力 [EB/OL]. (2018-07-04)[2018-07-04]. http://www.gov.cn/xinwen/2018/07/04/content_5303550.htm.

之诱,目不眩于五色之惑"。培养干部,要抓好党性教育这个核心,抓好道德建设这个基础,加强宗旨意识、公仆意识教育。要强化干部实践锻炼,积极为干部锻炼成长搭建平台。要加强对干部经常性的管理监督,形成对干部的严格约束。对干部经常开展同志式的谈心谈话,既要指出缺点不足,又要给予鞭策鼓励。要建立源头培养、跟踪培养、全程培养的素质培养体系,建立日常考核、分类考核、近距离考核的知事识人体系,建立以德为先、任人唯贤、人事相宜的选拔任用体系,建立管思想、管工作、管作风、管纪律的从严管理体系,建立崇尚实干、带动担当、加油鼓劲的正向激励体系[①]。

5. 创新育人环境

人才发展环境已经成为影响人才发展的关键要素。习近平认为,科技人才培育和成长有其规律,要大兴识才爱才敬才用才之风,为科技人才发展提供良好环境,在创新实践中发现人才、在创新活动中培育人才[②]。提高人才培养质量,努力形成有利于创新人才成长的育人环境。他强调,人民教师无上光荣,每个教师都要珍惜这份光荣,爱惜这份职业,严格要求自己,不断完善自己。做老师就要执着于教书育人,有热爱教育的定力、淡泊名利的坚守。要不断提高教师待遇,让广大教师安心从教、热心从教。对教师队伍中存在的问题,要坚决依法依纪予以严惩。他指出,要深化教育体制改革,健全立德树人落实机制,扭转不科学的教育评价导向,坚决克服唯分数、唯升学、唯文凭、唯论文、唯帽子的顽瘴痼疾,从根本上解决教育评价指挥棒问题。要调整优化高校区域布局、学科结构、专业设置,建立健全学科专业动态调整机制,加快一流大学和一流学科建设,推进产学研协同创新,同世界一流资源开展

---

① 习近平:切实贯彻落实新时代党的组织路线 全党努力把党建设得更加坚强有力[EB/OL].(2018-07-03)[2018-07-04].http://www.gov.cn/xinwen/2018/07/04/content_5303550.htm.

② 全国科技创新大会 两院院士大会 中国科协第九次全国代表大会在京召开[EB/OL].(2016-05-30)[2016-05-30].http://www.gov.cn/xinwen/2016-05/30/content_5078085.htm#1.

高水平合作办学①。

习近平有关培养人才的思想,为高校人力资源开发与管理中的人才培养指明了方向。人才的培养和集聚需要一个长期的、内生的、能自我维持的制度体系来支撑。要尊重人才成长周期规律和科研成果产出周期规律,为人才的脱颖而出、发挥才干制定科学的政策和制度,创造良好的条件和环境,使他们能干事、干成事、干大事。允许人才在创新和工作中出现差错,要理解和包容人才,使人才在工作中没有包袱、没有顾虑。要进一步深化改革,创新体制机制,加大教育投入,改变人才培养教育的弱项和短板,走出具有中国特色的创新型人才培养之路。要大力倡导通识教育和职业技能教育,从根本上改变当前国内大学中存在的"重视知识传授、缺乏师生互动、忽视创造力培养和职业技能培养"的僵化教学模式。只有心系人才个人发展、重视优化人才发展环境、创新人才培养模式,才有助于推动我国转变为人才资源大国,从而引领科教兴国战略实施的前进方向。

(三)吸引人才:遵循流动规律,广纳天下英才

古往今来,人才都是富国之本、兴邦大计。习近平多次强调,要把我们的事业发展好,就要聚天下英才而用之。要干一番大事业,就要有这种眼界、这种魄力、这种气度。这些论述极大地丰富与发展了中国化马克思主义人才理论的内涵,彰显了广纳天下才士、不拘一格用人的博大胸襟。

1. 不拘一格、慧眼识才

习近平提出"要不拘一格、慧眼识才"②,也就是考虑到实际工作中,人才个体之间在具体能力素质及特长偏向上的差异性、多样性,人才使用需要运用辩证思维,区别对待。从工作实际出发,以事择人,把

---

① 习近平在全国教育大会上的讲话 [EB/OL]. (2018-09-10)[2018-09-10]. http://news.cnr.cn/native/gd/20180910/t20180910_524356347.shtml.
② 习近平在会见嫦娥三号任务参研参试人员代表时的讲话 [N]. 人民日报,2014-01-07(1).

立场坚定、业务精良、素质过硬的人才选出来、用起来。不囿于地域之见,不搞论资排辈、平衡照顾,真正做到"用当其时,知人善任,人尽其才"。通过全面考察、慧眼识才,重点褒奖贡献突出的干部,支持一身正气的干部,鼓励老实干事的干部,鞭策相形见绌的干部,教育跟风行事的干部,约束投机钻营的干部,惩处贪污腐败的干部,进一步提高选人用人水平。实践表明,坚持"不拘一格、慧眼识才"的用人观,才能尊重人才的个性差异,遵循人才的成长规律,将大批人才的心思、智慧和力量凝聚到为党和人民建功立业上来。

2. 鼓励留学人员回国

海外留学人才是中华民族的宝贵财富。习近平指出,党和国家历来高度重视广大出国和归国留学人员,党和国家将按照支持留学、鼓励回国、来去自由、发挥作用的方针,把做好留学人员工作作为实施科教兴国战略和人才强国战略的重要任务,以更大力度推进"千人计划""万人计划",千方百计创造条件使留学人员回到祖国有用武之地,留在国外有报国之门。我们热诚欢迎更多留学人员回国工作、为国服务[①]。他说,在亿万中国人民前行的伟大征程上,广大留学人员创新正当其时、圆梦适得其势。人才价值的第一位是为祖国和人民贡献自己的聪明才智,这就要求人才必须要有深深的人民情怀和国家意识。广大留学人员要把爱国之情、强国之志、报国之行统一起来,把自己的梦想融入人民实现中国梦的壮阔奋斗之中,把自己的名字写在中华民族伟大复兴的光辉史册之上[②]。这一系列新的人才观点和思维,成为当前我国人才工作的共识。随着更加开放的国际人才政策的加快推进,具有国际竞争力的人才制度优势将逐步确立并得到发挥。

3. 广纳天下英才

随着全球经济一体化进程的加快,人才的全球流动会更加频繁,人才集聚也将迈入新的阶段。因此,在夯实培育创新人才教育基础的同

---

① 习近平在欧美同学会成立 100 周年庆祝大会上的讲话 [N]. 人民日报, 2013-10-22 (2).
② 习近平在欧美同学会成立 100 周年庆祝大会上的讲话 [N]. 人民日报, 2013-10-22 (2).

时，我们还要千方百计吸引海外英才，放眼全世界，延揽国际人才。不拒众流，方为江海。在经济全球化、信息社会化的背景下，必须开放国门、广纳贤才。一个国家对外开放，必须首先推进人的对外开放，特别是人才的对外开放。因此习近平指出，要积极引进海外优秀人才，制订更加积极的国际人才引进计划，吸引更多海外创新人才到我国工作。要实行更加开放的人才政策，不唯地域引进人才，不求所有开发人才，不拘一格用好人才，在大力培养国内创新人才的同时，更加积极主动地引进国外人才特别是高层次人才，热忱欢迎外国专家和优秀人才以各种方式参与中国式现代化建设①。要实行更加积极、更加开放、更加有效的人才引进政策，集四海之气，借八方之力，聚天下英才而用之。要着眼"高精尖缺"、坚持需求导向，用好全球创新资源，精准引进急需紧缺人才②。这一系列论述展现出习近平求贤若渴、胸怀天下的宏伟气度。他进一步强调，要遵循国际人才流动规律，更好发挥企业、高校、科研机构等用人单位的主体作用，使外国人才的专长和中国发展的需要紧密契合，为外国专家实施才能、实现事业梦想提供更加广阔的舞台③。其"不求所有，但求所用"的观念，以及在引进人才的基础上最大限度地发挥人才价值，更是体现出一种鲜明的问题意识，与更加全面、更深层次、更宽领域的人才开放观。

4. 筑巢引凤拴心留人

人才环境是指造就人才、吸纳人才、充分发挥人才作用的各种物质条件和精神条件的总和。习近平从新时代人才发展的战略高度，提出了要为人才聚集创造良好的政策环境、法治环境、舆论环境和工作环境，破除制约人才聚集的政策瓶颈和体制障碍，切实保护知识产权，在吸纳

---

① 习近平在同外国专家座谈时强调：不拒众流方为江海 中国永做学习大国 [N]. 中国青年报，2014-05-24（2）.

② 习近平：切实贯彻落实新时代党的组织路线 全党努力把党建设得更加坚强有力 [EB/OL]. （2018-07-03）[2018-07-04]. http://www.gov.cn/xinwen/2018/07/04/content_5303550.htm.

③ 中共中央文献研究室. 习近平关于科技创新论述摘编 [M]. 北京：中史文献出版社，2016：116.

和融合中推进人才协同创新；强调要筑巢引凤，拴心留人，为来华外国专家在出入境、文化融入以及工作平台等方面提供完善便利的政策和服务，对做出突出贡献的外国人才给予表彰奖励，从而形成国外人才"来得了、待得住、用得好、流得动"的良好局面[①]。

习近平有关吸引人才的思想，为我们在新时期高校人力资源开发与管理中做到遵循人才的成长规律，尊重个性、不拘一格、知人善任，创造良好的用人环境；遵循国际人才流动规律、开创引进国外优质人才新局面指明了新方向。人力资本作为经济增长的第一推动力，是世界各国竞相争夺的优质资源。在这个过程中，我们必须放眼世界，择天下英才而用之，抢得先机，把握主动，坚持贯彻"支持留学、鼓励回国、来去自由、发挥作用"的方针，通过不断创新和完善人才引进政策体系，更加积极主动地引进我们所需的国外人才，切实保护知识产权、保障人才合法权益、健全海外人才公共服务体系、发挥用人单位主体作用等，以开放思维探索引人聚人新路径，打造人才竞争国际比较优势。

(四) 识别人才：坚持选贤任能，做到多维识才

天下之治在人才，为政之要在得人，得人之基在识人。在识人的问题上，习近平特别重视识人的标准和识人的方法。

1. 选贤任能，以德为先

在识人的标准上，习近平强调要"德才兼备、以德为先"[②]，坚持好干部标准，把政治标准放在第一位，坚持五湖四海、任人唯贤，广开进贤之路，坚持事业为上，以事择人、人岗相适。假如一个人德行有问题，小则影响单位，大则祸国殃民。德行作为人才判断的一个重要标准，不可不察。他认为用人坚持德才兼备的原则，不仅能够为各类人才干事创业和实现价值提供机会和条件，使他们的创新智慧得到迸发，还能形成良好的用人风气。习近平深知在革命、建设、改革各个历史时

---

① 韩萌. 论习近平的新时代人才观 [J]. 山东师范大学学报 (社会科学版), 2020 (3): 82-89.

② 习近平. 习近平谈治国理政 [M]. 北京：外文出版社, 2014: 418.

期，有无数共产党员为了党和人民事业英勇牺牲了，支撑他们的就是"革命理想高于天"的精神力量。他认为对当今"好干部"的要求，第一就是要有坚定的理想信念。如果理想信念不坚定，不相信马克思主义，不相信中国特色社会主义，政治上不合格，经不起风浪，这样的干部能耐再大也不是我们党需要的好干部。只有理想信念坚定，干部才能在大是大非面前旗帜鲜明，在风浪考验面前无所畏惧，在各种诱惑面前立场坚定，在关键时刻靠得住、信得过、能放心①。第一是要有强烈的爱国情怀。他在中国科学院考察时强调："具有强烈的爱国情怀，是对我国科技人员第一位的要求。"他说"科学没有国界，科学家有祖国"②，"不论留学人员身在何处，都要始终把祖国和人民放在心里"③。他要求广大科技人员要牢固树立创新科技、服务国家、造福人民的思想，把科技成果应用在实现国家现代化的伟大事业中，把人生理想融入为实现中华民族伟大复兴的中国梦的奋斗中④。第二是要有担当的胸怀与勇气。习近平多次讲到有多大担当才能干多大事业，他认为担当就是责任，担当大小体现胸怀、勇气、格调。他要求，面对大是大非敢于亮剑，面对矛盾敢于迎难而上，面对危机敢于挺身而出，面对失误敢于承担责任，面对歪风邪气敢于坚决斗争。好干部必须有责任重于泰山的意识，坚持党的原则第一、党的事业第一、人民利益第一，敢于旗帜鲜明，敢于较真碰硬，对工作任劳任怨、尽心竭力、善始善终、善作善成⑤。当下，中国的"四个全面"战略布局，太需要各方面人才发挥敢想、敢做、敢当的担当精神，太需要人才勇做时代的"劲草""真金"。

---

① 着力培养和选拔党和人民需要的好干部 [EB/OL]. (2013-06-28)[2015-07-21]. http://cpc.people.com.cn/xuexi/n/2015/0721/c397563-27338743.html.
② 习近平：深化科技体制改革 增强科技创新活力 [EB/OL]. (2013-07-17)[2013-07-17]. http://www.gov.cn/ldhd/2013-07/17/content_2449985.htm.
③ 习近平在欧美同学会成立100周年庆祝大会上的讲话 [N]. 人民日报，2013-10-22 (2).
④ 习近平：深化科技体制改革 增强科技创新活力 [EB/OL]. (2013-07-17)[2013-07-17]. http://www.gov.cn/ldhd/2013-07/17/content_2449985.htm.
⑤ 着力培养和选拔党和人民需要的好干部 [EB/OL]. (2013-06-28)[2015-07-21]. http://cpc.people.com.cn/xuexi/n/2015/0721/c397563-27338743.html.

2. 多维识才，全面评价

如何科学地"识才"？习近平强调四点：一是要"兼听、兼采"。习近平说："一双'眼睛'受视角和景深的影响，毕竟有一定的局限性，难免出现一些偏颇。而多双'眼睛'则能多视角、多侧面、多层次地了解一个干部，可以尽量避免'失真'。"① "对干部的认识不能停留在感觉和印象上，必须健全考察机制和办法，多渠道、多层次、多侧面深入了解。"二是要细致观察。习近平强调"观察干部对重大问题的思考，看其见识见解；观察干部对群众的感情，看其品质情怀；观察干部对待名利的态度，看其境界格局；观察干部处理复杂问题的过程和结果，看其能力水平"②。他指出："一些政治上的两面人，装得很正，藏得很深，有很强的隐蔽性和迷惑性，但并非无迹可寻。只要我们多用心多留心，多角度多方位探察，总能把他们识别出来。"③ 三是在实践中考察。习近平提出，要多到基层干部群众中、多在乡语口碑中了解干部，既要在"大事"上看德，又要在"小节"中察德④。在创新活动中发现人才、培育人才，并在具体的工作实践和创业实绩中考察人才、认识人才。要"马上就办，真抓实干"，"贵在落实，崇尚实干"。四是要多维评价。评价标准是人才评价的核心，他指出，"要坚持全面、历史、辩证地看干部，注重一贯表现和全部工作……既看发展又看基础，既看显绩又看潜绩"⑤；针对当前人才评价机制中存在的分类评价不足、评价标准单一、评价手段趋同、评价社会化程度不高、唯论文论英雄等突出问题，习近平提出："要创新人才评价机制，建立健全以创新能力、质量、贡献为导向的科技人才评价体系……改变片面将论文、专利、资金

---

① 习近平. 之江新语 [M]. 杭州：浙江人民出版社，2007：24.
② 习近平. 习近平谈治国理政 [M]. 北京：外文出版社，2014：418-419.
③ 习近平. 努力造就一支忠诚干净担当的高素质干部队伍 [J]. 求是，2019（2）：4-10.
④ 着力培养和选拔党和人民需要的好干部 [EB/OL]. (2013-06-28)[2015-07-21]. http://cpc.people.com.cn/xuexi/n/2015/0721/c397563-27338743.html.
⑤ 着力培养和选拔党和人民需要的好干部 [EB/OL]. (2013-06-28)[2015-07-21]. http://cpc.people.com.cn/xuexi/n/2015/0721/c397563-27338743.html.

数量作为人才评价标准的做法。"[①]

习近平有关识别人才的思想，不仅为新时期高校的干部选拔任用制定了有效依据，而且为各类人才的选用明确了具体导向，是建设高素质执政骨干干部队伍的关键，是时代发展的要求，是提高选人用人公信度的需要。德，是做人之本、为官之魂。教师工作的"示范性"和学生所特有的"向师性"，使教师在学生心目中占有十分重要的位置，立德树人是教育的根本任务，为师者必须以德为先；才，是做人、生存的条件和手段，是高校教师及领导干部履行职责所必须具备的才华和能力。如果说能力是一种内在因素，那么实绩就是德才素质这种内在因素的外在体现，也是将自身能力、主观努力外化于客观实践、实际工作的一种结果反映。判断一个人的德才，归根到底要看其在工作中的行动、表现和实绩，并以此作为选拔任用的重要依据。因此，高校组织部门要知人善任，坚持重德才、重实践、重潜力，有效整合各种考核资源，灵活运用多种考察方式，在教师资格准入、招聘考核、职称评聘、推优评先、表彰奖励等一切环节，综合考虑人的德才素质、成长环境、工作实绩、人岗匹配程度。

（五）使用人才：明确用才导向，营造良好氛围

正确的用人导向、合理的用人原则，既是促进人才工作顺利发展、人才队伍科学合理的基本要求，也是构建风清气正的政治生态的必备条件。在用人问题上，习近平的主要观点如下：

1. 明确用才导向

习近平说"用什么人、用在什么岗位，一定要从工作需要出发，以事择人，不能简单把职位作为奖励干部的手段"[②]。他强调："选人用人是领导工作的重要内容……要'近君子，远小人'，坚持原则，严格标准，不搞感情用事，摒弃个人好恶的影响，摆脱亲疏远近的干扰，树立

[①] 习近平. 在中国科学院第十九次院士大会、中国工程院第十四次院士大会上的讲话 [M]. 北京：人民出版社，2018：19.

[②] 习近平. 习近平谈治国理政 [M]. 北京：外文出版社，2014：419.

正确的用人导向。"① 他指出各级党委及组织部门要"坚持正确用人导向，坚持德才兼备、以德为先，努力做到选贤任能、用当其时，知人善任、人尽其才"②。他认为新时代要坚持注重品行、科学发展、崇尚实干、重视基层、鼓励创新、群众认可的用人导向。习近平强调，高效使用人才，要树立开放、开明、开拓的用人观，不搞论资排辈和求全责备。由于种种原因，我们选拔人才的视野太窄，范围太小，老觉得人才难选，自己把自己束缚住了。要解决这个问题，就必须坚决肃清"左"的思想影响，摆脱"论资排辈"的封建观念和"人要完人"等形而上学观点的束缚③。他要求领导干部要脱身冗务，着眼于基层，着眼于实际④。

2. 放手使用优秀青年人才

优秀青年人才是各行各业的中坚力量。习近平认为时代要发展，必须要"放手使用优秀青年人才，为他们奋勇创新、脱颖而出提供舞台"⑤。他强调在政治多极化和经济全球化的今天，人才在为经济社会发展创造价值的同时，政府和社会各界理应成为人才的坚强后盾。统筹、协调和保护好各类人才，包括存量人才和增量人才、不同地区人才和不同领域人才、国外人才和国内人才、体制内人才和体制外人才等，做到"用事业凝聚人才，用实践造就人才，用机制激励人才，用法制保障人才，形成创新人才辈出的局面"⑥。对于已经发现的创新人才，要勇于打破条条框框，在工作、学习、科研、生活上尽可能地提供帮助，真正做到在珍惜、爱护人才的同时，信任人才并放手使用人才，保护他们"初生牛犊不怕虎"的创新精神。

---

① 习近平. 之江新语 [M]. 杭州：浙江人民出版社，2007：24.
② 习近平. 习近平谈治国理政：第1卷 [M]. 北京：外文出版社，2018：418.
③ 习近平. 知之深 爱之切 [M]. 石家庄：河北人民出版社，2015：46.
④ 习近平. 知之深 爱之切 [M]. 石家庄：河北人民出版社，2015：152.
⑤ 习近平在会见嫦娥三号任务参研参试人员代表时的讲话 [N]. 人民日报，2014-01-07(1).
⑥ 习近平. 干在实处 走在前列：推进浙江新发展的思考与实践 [M]. 北京：中共中央党校出版社，2006：132.

3. 营造良好用人环境

用人环境包括政治生态和社会生态，前者影响从政环境，后者影响生活环境。这两个环境相互关联，彼此互动，都会影响到育才、成才和用才。习近平指出，"环境好，则人才聚、事业兴；环境不好，则人才散、事业衰"[①]，要最大限度调动科技人才创新积极性，尊重科技人才创新自主权，大力营造勇于创新、鼓励成功、宽容失败的社会氛围[②]。他认为，既要为人才发挥作用创造敬才重才的社会环境、识才用才的工作环境，也要为人才提供引才聚才的政策环境、优才留才的生活环境，还要为人才提供宽容探索、宽容试错的政治环境，真正营造出全社会爱才、惜才、尊才、护才、用才的浓厚氛围，切实养成识才的眼光、爱才的品质、敬才的风范、育才的本领、用才的胆识。唯有如此才能为千千万万的人才创造施展才华的沃土。要通过党政、法律、经济、舆论、情感等途径创设良好的人才生态环境，对人才及其成果予以扶持和维护，使其合法权益免受侵害。

4. 建设网络强国，汇聚人才资源

信息化为中华民族带来了千载难逢的机遇，要抓住这一历史机遇，必须要建设网络强国，把人才资源汇聚起来，建设一支政治强、业务精、作风好的强大队伍。习近平认为，网络空间的竞争，归根结底是人才竞争。建设网络强国，没有一支优秀的人才队伍，没有人才创造力迸发、活力涌流，是难以成功的。念好了人才经，才能事半功倍。他指出，企业家、专家学者、科技人员要有国家担当、社会责任，为促进国家网信事业发展多贡献自己的智慧和力量。互联网主要是年轻人的事业，要不拘一格降人才。要解放思想，慧眼识才，爱才惜才。要建立适应网信特点的人才评价机制，以实际能力为衡量标准，不唯学历，不唯论文，不唯资历，突出专业性、创新性、实用性。探索网信领域科研成

---

① 习近平. 在欧美同学会成立 100 周年庆祝大会上的讲话 [N]. 人民日报，2013-10-22 (2).
② 习近平：深化科技体制改革 增强科技创新活力 [EB/OL]. (2013-07-17)[2013-07-17]. http://www.gov.cn/ldhd/2013-07/17/content_2449985.htm.

果、知识产权归属、利益分配机制,在人才入股、技术入股以及税收方面制定专门政策。在人才流动上要打破体制界限,让人才能够在政府、企业、智库间实现有序顺畅流动①。

5. 建立灵活的人才激励机制

习近平一直坚持,既要善用人才之长又要善避人才之短,给人才提供尽可能好的机会与平台,更要提供增强其素质与能量的思想引领和精神关怀,让各类人才的聪明才智得以释放。特别是在互联网领域,有不少是怪才、奇才,他们往往不走寻常路,有很多奇思妙想。如何使这些"怪才"在百舸争流、改革创新中一展所长?从本质上说,科学发现是有规律的,要容忍在科学问题上的不同见解。不要以出成果的名义干涉科学家的研究,不要动辄用行政化的"参公管理"约束科学家。因此"对待特殊人才要有特殊政策……不要都用一把尺子衡量"②。现阶段我国人才激励机制的主要措施集中在薪酬激励、参与激励、目标激励、晋升激励、绩效考评和培训激励等几个方面,让人才在创新成果运用中有份额、有股权的制度机制还不健全,以效益体现价值,以财富回报才智的制度设计还不完善。他强调:要加强知识产权保护,积极实行以增加知识价值为导向的分配政策,包括提高科研人员成果转化收益分享比例,探索对创新人才实行股权、期权、分红等激励措施,让他们各得其所③。

习近平关于"人人皆可成才、人人尽展其才"的人才使用思想,是马克思主义人才观的重要发展,集中体现了习近平人才思想的精髓,鲜明阐述了用人导向的重要性,为高校人力资源开发与管理工作指明了方向。高校要客观选拔人才、优化配置人才,发挥人才所长,尽可能地挖

---

① 习近平. 在网络安全和信息化工作座谈会上的讲话 [EB/OL]. (2016-04-19)[2016-04-25]. http://www.xinhuanet.com/politics/2016-04/25/c_1118731175.htm.

② 习近平. 在网络安全和信息化工作座谈会上的讲话 [EB/OL]. (2016-04-19)[2016-04-25]. http://www.xinhuanet.com/politics/2016-04/25/c_1118731175.htm.

③ 全国科技创新大会 两院院士大会 中国科协第九次全国代表大会在京召开 [EB/OL]. (2016-05-30)[2016-05-30]. http://www.gov.cn/xinwen/2016-05/30/content_5078085.htm#1.

掘人的潜力，扬长避短或者扬长补短，从而激发其创造性与积极性；要海纳百川，打破地域格局、出身门第、论资排辈等因素约束，把最好的资源凝聚起来，发挥各类人才的智慧，做到合理规划使用，实现人尽其用、人尽其值；要重视青年人才培养，完善和优化青年人才培养开发机制，大胆提拔和放手使用青年人才；形成能者上、庸者下、劣者淘汰的选人用人导向，营造风清气正的用人环境。

（六）管理人才：坚持党管人才，改进体制机制

人才工作的根本职能是为党和国家的事业选人、用人，在习近平的系列重要讲话中，反复强调要坚持党管人才原则，最大限度地把各方面人才凝聚到党和国家事业中来，并为此要进行体制机制改革。

1. 坚持党管人才的原则

习近平在《中央人才工作协调小组关于2013年工作情况的报告》中作出了"择天下英才而用之，关键是要坚持党管人才原则"的重要批示，这一原则正是中国共产党把握执政规律、遵循选才用才规律的体现[①]。国际安全形势的多变性、政治利益的交织性与人才竞争的日趋激烈的国际形势，要求我们在人才资源的管理上，必须坚持与巩固党的领导地位，从全局加强对人才资源的统筹规划，提升我国人才资源在国际格局中的竞争力，确保我国人才安全，积极稳妥地向人才强国迈进。习近平强调，我们党历来高度重视选贤任能，始终把选人用人作为关系党和人民事业的关键性、根本性问题来抓。各级党委及组织部门要坚持党管干部原则，坚持正确用人导向，坚持德才兼备、以德为先，努力做到选贤任能、用当其时，知人善任、人尽其才，把好干部及时发现出来、合理使用起来[②]，坚持和完善党管人才的原则，要切实改进党管人才的方法，着力完善人才的发展机制，用好用活人才，建立更为灵活的人才

---

① 卢黎歌，李英豪，岳潇. 习近平人才思想及其价值意蕴研究[J]思想教育研究，2018（1）：37-41.

② 着力培养和选拔党和人民需要的好干部[EB/OL]. (2013-06-28)[2015-07-21]. http://cpc.people.com.cn/xuexi/n/2015/0721/c397563-27338743.html.

管理机制，打通人才流动、使用、发挥作用中的体制机制障碍。这充分说明，党管人才不是简单地把人才管起来、统起来，也不是用各种条条框框去限制人才。最大限度地发挥党管人才工作的杠杆效应和辐射作用，鼓励人才创新，释放人才最大效能，实现人才最大价值，是党管人才的目标和方向。党管人才原则具有社会主义的制度优势，是党的组织制度的重要组成部分，是人才工作沿着正确方向前进的根本保证。

2. 构建具有全球竞争力的人才制度体系

为了保证建立一支规模宏大的高素质人才队伍，习近平提出要在体制机制上做出重大改革，围绕社会集中关注的突出问题推进改革，在人才培养开发、评价发现、选拔任用、流动配置、激励保障机制等方面大胆创新。他强调，要深化人才发展体制改革，加快形成有利于知识分子干事创业的体制机制，放手让广大知识分子把才华和能量充分释放出来[①]。着力破除各种束缚人才发展的体制机制障碍和壁垒，突破利益固化的藩篱，探索建立人才"绿卡"，加快构建具有全球竞争力的人才制度体系。向用人主体放权，为人才松绑，让人才创新创造活力充分迸发[②]；要从提高治理体系与治理能力现代化的高度谋划人才工作，尊重人才成长规律，建立更加灵活、更加开放、更加实效的人才新体制机制，为人才脱颖而出释放出制度机制最大的牵引性动能；要坚持竞争激励和崇尚合作相结合，促进人才资源合理有序流动，广泛吸引海外优秀专家学者为我国科技创新事业服务[③]。这些观念展现出其冲破传统思想和利益固化的束缚、向顽症痼疾开刀的坚定意志和强大决心。

3. 遏制用人上的不正之风

坚决防止和纠正选用人上的不正之风，这是党中央的一贯要求。习

---

① 习近平. 在知识分子、劳动模范、青年代表座谈会上的讲话[M]. 北京：人民出版社，2016：6.

② 习近平就深化人才发展体制机制改革作出重要指示[EB/OL].（2016-05-06）[2016-05-06].http://www.xinhuanet.com/politics/2016/05/06/c_1118820251.htm.

③ 习近平. 在中国科学院第十七次院士大会、中国工程院第十二次院士大会上的讲话[N]. 光明日报，2014-06-10（2）.

近平指出："有一种现象很值得注意，就是在一个地方、一个单位、一个干部好不好，群众有公论，实践有比较，领导心里也明白，但在具体用人时，结果却与事业需要和群众期盼大相径庭。这其中作祟的，是一些领导干部的私心杂念，是人们议论的'关系网'、'潜规则'。正是这些不健康的因素起作用，任人唯贤被丢在一边了，任人唯亲、任人唯利等问题发生了。"① 针对多起由于动机不纯、考察不严、识人不准而出现的干部"带病提拔"问题，他多次要求各级党委和组织部门深刻反思、深入整改。他严肃指出："我们要采取有效措施，遏制住选人用人上的不正之风，做到善则赏之、过则匡之、患则救之、失则革之，把政治生态搞清明。"② 这是党的一贯要求，反映了广大人民群众的热切期盼，也是深化干部人事制度改革、推进党的建设制度改革的重要内容。

中国共产党的执政地位与政治使命，决定了其在发展中国特色社会主义事业中肩负无可替代的政治使命与领导责任。习近平的党管人才思想，为高校人才资源开发与人才管理指明了方向，集中体现在人才管理的战略层面上，主要是宏观管理、政策制定、统筹协调、搞好服务，重点是要做好制定政策、整合力量、营造环境的工作，为人才成长和发挥作用提供有力的支持和优良的服务。只有基于党管人才这一原则，发挥各级党委领导核心作用，落实党和人才的政治责任，集中加强党对人才工作的统一指导，方能有利于破解人才工作中的短板，整合多方人才资源，形成人才资源合力，提高人才工作水平。

习近平以一种具有宏大视野和博大胸怀，统领我国人才事业发展和人才队伍建设，以重视人才、培养人才、吸引人才、识别人才、使用人才、管理人才为主体的新时代人才观，着眼全球视野，把握时代脉搏，深刻阐述了人才与人才工作使命，敏锐洞察了当前人才工作面临的机遇和挑战，明确提出了创新人才发展体制机制的改革目标，对高校人力资源开发与管理工作具有重大的指导意义和时代价值。只要我们始终以识

---

① 习近平. 习近平谈治国理政［M］. 北京：外文出版社，2014：420.
② 习近平. 努力造就一支忠诚干净担当的高素质干部队伍［J］. 求是，2019（2）：4-10.

才的慧眼、爱才的诚意、用才的胆识、容才的雅量、聚才的良方，把党内和党外、国内和国外等各方面优秀人才凝聚起来，形成"人人渴望成才、人人努力成才、人人皆可成才、人人尽展其才"的良好氛围，就一定能实现中华民族伟大复兴的中国梦。

第四节　现代人力资源开发与管理的基本原理

原理是在某一领域或某一学科中具有普遍意义的基本规律。科学原理是在大量的实践中总结和概括出来的，它对实践有重要的指导作用。基本原理反映基本规律。现代人力资源开发与管理的基本原理，是在总结古今中外人事管理实践经验基础上概括出来的，在现代人力资源开发与管理中具有普遍意义的基本规律。这些基本规律是：要素有用原理、系统优化原理、能级对应原理、互补增值原理、激励强化原理、反馈控制原理、弹性冗余原理与竞争协作原理。

一、要素有用原理

（一）人是最活跃的要素

任何系统都是由若干要素构成。构成人力资源系统最基本也是最核心的要素是人。人是最富有生机活力的要素。这是因为人有生命、有思想、有情感、有目标、有追求、有主动性和创造性，在世界一切资源中，人是最宝贵的资源，是"万物之灵"。人是最丰富多彩的要素。人的社会性决定着人的共性，但每个人由于遗传、环境与教育的差异，更由于主观能动性的差异，形成了人的个性差异。正是这种千差万别、丰富多彩的个性，适应了纷繁复杂、千变万化的社会分工的要求。任何人的个性与素质都具有两面性。优点中隐含着缺点，否定中包含着肯定，任何人都有闪光的一面。正因为如此，古人才讲"天生我材必有用"，陈云同志也说过，"无一人不可用"。现实中也有大量事例可以证明：社会上没有无用之人，只有没有用好之人。

(二) 要素有用原理的主要内容

要素有用原理是指在人力系统中的各个要素，亦即每个人，尽管千差万别，各有长短，但都是有用的，关键在于能否因人制宜地为每个人提供发挥其聪明才智的条件与机会。要素有用原理包括下列主要内容：一是坚信人人有才。所谓"才"，是指人在认识、改造自然、社会与人自身的实践活动中所具有的知识、技能与才华，以及所能作出的贡献。任何一个生理、心理健康的人，都可以在社会中发挥作用。二是承认才各有异。"万物不齐，才有高下"，这是不以人的意志为转移的客观事实。受先天、后天等多种因素影响，以及由于每个人主观努力的程度不同，每个人在知识、能力、性格与理念等方面都存在着差异，因此，人才既有层次之分，也有类型之别。三是生才贵在适用。要使不同层次、不同类型的人才都能发挥出应有的作用，就必须针对每个人的特点，取长避短，合理任用。清人顾嗣协曾写道："骏马能历险，力田不如牛；坚车能载重，渡河不如舟；舍长以就短，智者难为谋；生才贵适用，幸勿多苛求。"

二、系统优化原理

(一)"系统"的类型与特征

系统是指由相互作用和相互依赖的若干个（两个以上）有区别的子系统组合而成，并具有特定功能和共同目的的有机集合体。系统有大小之分。一个企业、一个行业、一个部门乃至一个国家、整个地球，都可以分别看作一个系统。系统是由若干小系统（子系统或分系统）所构成，同时它又是更大系统的子系统。系统有类型之别。如按自然属性分类，可分为自然系统、人造系统和复合系统；按物质属性分类，可分为物质系统和概念系统；按社会属性分类，可分为社会系统、学问系统、计算机系统；按反馈属性分类，可分为开环系统和闭环系统；按系统与环境的关系分类，可分为开放系统和封闭系统。任何系统都具有集合性、相关性、目的性、适应性与整体性等共性，又有属于自身系统的鲜明的个性。

人力资源系统的特征可概括如下：一是关联性。主要表现在人与人之间的相互关联与相互影响；个体影响整体，如一个好领导可以挽救一个工厂；整体影响个人，如整体的氛围能极大地感染每个人；外部因素影响个体，进而左右系统中的彼此关联。二是目的性。人力资源系统因某一目的而组合，也可因某一目的而解散。三是社会性。主要表现在人力资源系统中每一个要素由于亲缘关系、历史关系而与社会其他系统紧密相连，社会中任何一个变动都将影响系统的运行，系统作为一个整体，与社会大系统休戚相关。四是多重归属性。人可以同时属于若干个系统，如人既可属于某企业、某公司、某学校等正式的人力资源系统，又可同时属于某一家庭、某一党派、某一学术团体，还可以属于某一业余组织或其他非正式群体。五是有序性。社会运行有序的根本原因在于人的行为有序。人的行为一般可考虑遵循长幼有序、性别有序、职位有序、能力有序、岗位有序、工作前后有序等。六是适应性。对环境的适应是系统赖以生存和发展的关键。人可适应的环境，包括自然环境与社会环境。人对环境的适应不是被动的，人在适应环境的同时也在改造环境。七是冗余性。人力资源的冗余性表现在：人的潜能开发不可能达到极限，人的潜能发挥必须留有余地，人的潜能必须受到重视和保护。

（二）系统优化原理的主要内容

系统优化原理是人力资源开发与管理中最重要的原理，因为人力资源系统的核心要素是人，管理者也是人，系统中的人既具有关联性、目的性与社会性，也具有复杂性、微妙性与可变性。系统优化原理是指在对人力资源的开发与管理中，系统经过组织、协调、运行、控制，使其整体功能获得最优绩效的过程。人力资源的系统优化原理包含下列具体内容：一是强调优化。系统的整体功能不是简单地等于部分功能之和。整体功能可能出现大于、等于或小于部分功能之和三种情况。二是注重协调。系统的整体功能必须达到最大，也就是在大于部分功能之和的各值中取其最优。系统的内部消耗必须达到最小。系统内耗的原因主要是系统人员因目的的分歧、利益的冲突而产生的相互摩擦与能力抵消。减少内耗主要应采取目标整合、利益协调等措施。三是提倡理解。系统内人员状态必须达到最佳。系统最佳状态表现在系统内人员身心健康、目标一致、奋发向上、关系和谐、充满欢乐。系统对外的竞争能力必须最强。系统对外的竞争力取决于系统对外部环境的适应力与系统内的凝聚力。四是反对内耗。根据系统优化原理,在人力资源开发与管理中,要提倡理解,注重协调,反对内耗。

三、能级对应原理

(一)"能"与"能级"界说

能即能量,原是物理学中的一个概念,现已用于人力资源开发与管理之中,泛指人的能力与才华等。在人力资源开发与管理中,所谓"能级"有两方面含义:一方面是指人的能级,也就是指一个人能力的大小。能级高的人就是办事能力强的人。当然,不同行业能级的标准是不一样的。另一方面是指管理中的能级,亦即管理职务中的级别高低。越高能级的管理赋予管理者的职责越多,权限越大,对管理者的思想、业务素质和管理能力的要求也越高。分级管理是科学管理的基础。

(二)能级对应原理的主要内容

能级对应原理是指在人力资源开发与管理中,应将人的能级与管理所要求的能级对应起来,也就是要根据人的能级高低将人安置在不同的职位上,赋予不同的责任、权力和利益。能级对应原理包含下列六个方面的主要内容:一是人与人之间具有能级差异,这种差异是可以测评的。二是管理的能级必须分序列、按层次设置,不同的级次有不同的规范与标准。三是人的能级与管理级次的相互对应程度标志着社会的进步与人才使用的合理程度。四是不同的管理能级应表现为不同的责任、权力与利益。要做到在其位,谋其政,行其权,尽其责,取其利,获其荣。而免其位,则失其职,弃其权,惩其误,受其罚。五是人的能级具有动态性、可变性与开放性。六是人的能级必须与其所处的管理级次动态对应。

能级对应原理揭示了人力资源开发的有效性、管理的科学性与人力资源组织结构的稳定性之间的关系，而管理级次分层合理，且能与人的能级实行动态对应，是实现组织结构稳定的重要保障。

四、互补增值原理

（一）"互补"与"增值"简释

"互补"在数学中，是指相加之和为180°的两个角之间的关系。这一概念引用到人力资源系统中，则是指系统中的每个人都并非十全十美，但人与人之间可以通过相互配合，实现取长补短。所谓"增值"是指通过互补可达到完美，形成整体优势，提高综合效益。

（二）互补增值原理的内容

互补增值原理是指在人力资源系统中，个体的多样性、差异性决定了个体之间在知识、能力、气质、性别、年龄等方面的互补性。通过互补可以充分发挥每个人的优势，避免每个人的劣势，使人力资源系统的整体功能达到最优。

互补增值原理的主要内容有六个方面：一是知识互补。每个人在知识的领域、深度和广度上都是不同的，不同知识结构互为补充，整体的知识结构就比较全面，比较深刻。此外，不同的知识结构考虑问题的角度与方法不同，容易引起思想的碰撞，从而获得最佳方案。二是气质互补。不同气质者之间可以互补，如胆汁质者情感强烈，黏液质者沉着冷静，他们相互补充，可以达到刚柔相济；多血质者反应迅速，抑郁质者思想深沉，二者互补，有助于将事情处理得更完善。三是能力互补。在企业的人力资源系统中，如果有的人善于创造，有的人善于转化，有的人擅于抓生产，有的人擅于搞销售，各种不同能力的互补就可以形成整体的能力优势，以促进系统有效地运行。四是性别互补。不同的性别有不同的长处，女性较细心、耐心，男性粗犷、坚强，男女互补，就能形成工作优势。另外，中国妇女能顶半边天，人数约为总数的一半，没有妇女参与工作，会遇到许多困难。五是年龄互补。老年人经验丰富、行事稳重，但精力有限；中年人精力充沛、行事果断，但负担过重；青年人敢于开拓、行动敏捷，但经验不足。不同年龄层次的人结合在一起，优势互补，就可把工作做得更好。六是关系互补。每个人都有自己特殊的社会关系，如果这些关系重合不多，具有较强的互补性，就可以形成集体的关系优势，增强对外部的适应性。

上述六种互补，能使整个人力资源系统达到扬长避短，完善和谐。运用互补增值原理还必须注意以下几点：第一，互补必须以共同的理想为基础。古语说："道不同，不相为谋"，如果彼此的追求背道而驰，那任何的互补都无济于事。第二，互补必须以良好的品质为前提。在注意知识、能力、气质、技能等互补时，尤其要注意合作者的道德品质。性格、气质可以各异且互补，但如果道德品质不好，相互攻击，彼此暗算，谈何互补！第三，互补必须以相互理解为纽带。互补的意义在于"增值"，因此要求合作者之间以诚相待，相互理解，相互沟通，劲才能往一处使。否则，貌合神离，冷眼旁观，甚至相互拆台，则无法达到增值效果。第四，互补必须以适当的流动为调节器。互补要允许人才的流动与重新组合，因为互补是对一种理想组合的追求，只有在动态中才能实现平衡。如果一组人才组合固定不变，则达不到理想的互补增值效果。

五、激励强化原理

（一）激励的类型与意义

从字义上理解，"激"是指"激发感情"，"励"是指"鼓动""劝勉"，"激励"则是激发、调动使之振奋。从管理的角度讲，"激励"主要是指管理者运用一定的刺激物（亦称"动力"或"手段"）激发起被管理者的工作积极性的职能活动。理解这一概念，应把握以下几点：激励的主体是管理者；激励的对象是被管理者；激励的直接目的是调动被管理者的积极性，最终目标是实现组织目标；激励必须利用一定的手段。

运用不同的标准，可以对激励进行不同的分类。根据激励对象的数量特点，可将激励分为个体激励与群体激励：前者以组织中的单个成员为激励对象；后者以组织中的多个成员为激励对象。根据激励动力的类型，可将激励分为物质动力、精神动力和信息动力。物质动力包括工资、奖金、保险、住房、医疗、卫生和其他一切劳动福利；精神动力包括友爱、表扬、奖励、职位、职称、信任、尊重等各种非物质的激励；信息动力包括大到国际、国家的形势，小到家庭、亲友等各方面的能使人愉快和增强信心的消息。根据激励力量的来源，可将激励分为内激励和外激励。前者指来源于工作活动本身给人带来的满足感、自我实现感；后者指来源于工作完成后得到的外部奖赏。根据激励的性质，可将激励分为正激励与负激励。前者指对符合组织目标的期望行为进行的激励；后者指对违背组织目标的非期望行为进行的惩罚。

激励的意义主要是通过调动人的积极性来提高工作绩效。实践证明，人的工作积极性与人的工作能力是影响工作绩效的两个最重要因素。

（二）激励强化原理的主要内容

激励强化原理是指在人力资源开发与管理中，管理者应利用各种激励手段，激活组织成员的进取心，激发组织成员的创新精神，调动组织成员的工作积极性，使他们充分施展自己的才华，为实现组织目标服务。激励强化原理包括下列主要内容：首先，激励是人力资源开发与管理主体的重要职能，其目的是为激发组织成员的工作积极性、创造性，尤其是为形成组织成员的主人翁精神提供系统动力；其次，系统动力既包括物质动力、精神动力和信息动力三大方面，也包括正激励与负激励两大类型；再次，激励手段必须综合运用才能获得最佳效果。综合运用激励手段的基本原则是：公平目标与效率目标结合，个体激励与群体激励结合，物质激励与精神激励结合，外激励与内激励结合，正激励与负激励结合。

六、反馈控制原理

(一)"反馈"与"控制"解析

"反馈"与"控制"都是现代控制论中的核心概念。控制论是研究动物(包括人类)和机器内部的控制和通信的一般规律的理论科学,是一门具有强大生命力的新兴学科,现已被广泛地引入到各行各业的管理之中。

在管理活动中,管理对象,亦称"被控系统"的发展有时会偏离预定的目标,出现一些意料之外的现象,这就是管理中的"失控"。所谓"控制",就是按照预定的目标和给定的条件,对被控系统发展的某一过程施加一定的影响,以防止失控的过程。控制实质上是一种决策。在管理活动中,遇到失控现象,决策者必须迅速做出判断,采取措施,并立即将对策施加于被控系统,使被控系统向着预定的目标发展。

反馈是实施控制的一个手段或措施。反馈亦称"回授",即把系统输出量的一部或全部经被控系统作用后反送到输入端,以增强或减弱系统的输入信号。按照作用的不同,反馈可分为正反馈和负反馈两类。如果从输出端反馈到输入端的信号是增强系统输入效应的,称为正反馈;若反馈信号是减弱系统输入信号的,称为负反馈。

反馈控制是指在管理活动中,决策者(管理者)根据反馈信息的偏差程度采取相应措施,使输出量与给定目标的偏差保持在允许的范围内。反馈控制的关键有三:一是信息灵敏,也就是必须有敏锐的感受器,能及时发现管理与客观实际之间的矛盾和变化的信息;二是分析准确,也就是必须有高效能的分析系统,以过滤和加工感受来的各种信息;三是调控有力,也就是必须把分析后得出的信息,及时化为管理者强有力的行动,使管理更符合实际,从而获得最佳的管理效益。

(二)反馈控制原理的主要内容

反馈控制原理是指利用信息反馈作用,对人力资源开发与管理活动进行协调和控制。其实质是建立灵敏、准确、有效的信息反馈机构和自我发展、自我调节、自我控制、自我适应的充满生机活力的管理体制。其中，信息反馈作用是指管理系统输出信息，经管理对象系统作用后返回再作用于输出信息，以实现对系统的调节与控制。信息反馈是联系因果的桥梁，是加强管理目标、管理活动与管理效果三者之间联系的纽带。反馈控制原理具体包括下列内容：首先，人力资源开发与管理是一个综合运动过程，它包括培养、选拔、配置、使用、管理等多个相互联结的环节，各个环节之间存在着因果关系。其次，人力资源开发与管理活动应有预定的目标，也就是要有衡量活动实际结果的标准。这个标准通常由被控系统的量在规划中应达到的目标而定，故一般称为预期目标。再次，建立灵敏、准确、有效的信息反馈机构，以反馈实际结果与预期目标之间的偏差的信息，并分析和说明实际情况偏离预期目标的程度及原因。最后，建立自我调控、高效运作的管理体制，能及时采取有效措施纠正偏差，防止失控。

七、弹性冗余原理

（一）"弹性"和"冗余"的释义

弹性，本意是指弹簧具有可以伸缩的性能。弹性有一定限度，即通常所讲的"弹性度"，超过了这个度，弹簧的弹性就会丧失。冗余即留有余地。凡事都应留有一定的余地，否则，就会没有退路。"弹性"一同借用于管理中是指管理工作需要保持一定的应变能力，具有一定的灵活性，随时适应客观事物可能发生的各种变化，有效地实现动态管理。

在管理中，根据运用弹性的范围，可将弹性分为局部弹性和整体弹性。局部弹性是指在管理的若干环节，尤其是关键环节保留足够的余地；整体弹性是整个管理系统和各个管理环节都具有弹性。根据运用弹性的目的和效果，可将弹性分为消极弹性与积极弹性。消极弹性是把留有余地当作"留一手"，如在管理中，把工作计划定得松一些，指标定得低一些，预算造得高一些，专业人才积压多一些等等；积极弹性则是遇事"多一手"，即注意充分发挥人的聪明才智，如事前调研多一些，方案定得活一些，让人的选择余地大一些。

(二) 弹性冗余原理的主要内容

弹性冗余原理是指在人力资源开发与管理中，必须充分考虑管理对象生理、心理的特殊性，以及内、外环境的多变性造成的管理对象的复杂性，在人力资源管理工作中要留有一定的余地，具有一定的灵活性。弹性冗余原理包括下列六个方面主要内容：一是必须考虑劳动者体质的强弱，使劳动强度具有弹性。劳动强度应有不同的档次，同时不同档次的劳动者应得到不同的报酬。但无论对于何种体质的劳动者，都不要让他做力不能及的事情，以保护劳动者的身心健康。二是必须考虑劳动者智力的差异，使劳动分工具有弹性。不同的脑力劳动需要有不同的智力投入，如科学研究、创造发明所需要的智力投入就比会计、出纳等工作高得多，因此，必须根据每个人的智力差异作不同安排。但任何一种智力劳动都须有适度的弹性，才能保持旺盛的精力和敏捷的思维。三是必须考虑劳动者年龄、性别的差异，使劳动时间有适度的弹性。老年人和妇女在劳动时间上应有较大的弹性，连续劳动的时间不要过长。那些连续劳动时间较长的工作，应由中、青年男性担任。但任何年龄段的人都应有必要的休息与休假时间。四是必须考虑劳动者性格、气质的差异，使工作定额有适度弹性。对性格、气质不同者在工作定额上可作不同要求，但对任何人，工作定额都要适度，如果尽了很大力量仍不能完成，就会造成心理压力，影响身心健康。五是必须考虑行业的差异，使工作负荷有弹性。室外劳动与室内劳动，坐姿劳动、立姿劳动与弯腰劳动，体力劳动与脑力劳动在体能的消耗上是不同的。体能消耗大的工作应适当缩短工时，减轻负荷，不能使人精神疲惫，失去对工作的信心。六是必须重视对积极弹性的研究，努力创造一个有利于促进劳动者身心健康、提高劳动效能的工作环境。要注意防止和克服管理中的消极弹性。

八、竞争协作原理

(一) 竞争与协作的辩证关系

古人讲"并逐曰竞，对辩曰争"，竞争就是指"相互争胜"。竞争是自然界与人类社会的普遍规律。竞争的结果是优胜劣汰,适者生存。人类社会的竞争既丰富多彩,又错综复杂,既有自然的竞争,又有人为的为发展而设计的竞争。从竞争的层次看,可以对竞争进行下列分类:从宏观的国家间的竞争来看,有政治竞争、军事竞争、经济竞争、科学技术竞争、外交竞争等;从中观的各企业、各部门之间的竞争来看,有资源竞争、市场竞争、新产品开发竞争、质量竞争、经济效益竞争、人才竞争等;从微观的个人与个人之间的竞争来看,有智力竞争、体力竞争、职位竞争、发展竞争等。从竞争的性质看,可将竞争分为对抗性竞争与非对抗性竞争两大类。竞争具有两重效应:一方面具有激励人才奋进,促进人才成长,形成系统活力,提高管理效益等积极效应;另一方面竞争也可能由于动机不良、目标不明或导向错误,造成系统内耗、相互欺诈甚至同类相残等消极效应。

协作是与竞争相对应的概念,其意是指不同的个体之间、群体之间,或个体与群体之间的相互协调配合。协作是由人的社会性、群体性决定的。协作是人类赖以生存的基础。协作的意义在于可以形成人类的"集体力"或整体优势,提高组织乃至社会的综合效益。协作机制要得到强化,必须具备三个条件,即协作各方在目标上具有一致性,在利益上具有互惠性,在条件上具有互补性。

可见,竞争与协作不是互相割裂、决然对立的,而是相反相成的矛盾统一体。在人类社会中,只有竞争与协作共存,在竞争中求协作,在协作中有竞争,以竞争促进合作,以合作刺激竞争,双翼腾飞,才能形成整体的增益效应。

(二)竞争协作原理的主要内容

竞争协作原理是指在人力资源开发与管理过程中,既要引进竞争机制,以激发组织成员的进取心,培养他们的创新精神和开拓能力,发挥其在促进人力资源开发与管理方面的积极作用,又要强化协作机制,以克服片面竞争造成的系统内耗等消极作用,最终达到全面提高人力资源综合效益的目的。竞争协作原理包括下列主要内容:一是竞争在人力资源的综合运动过程中普遍存在。竞争反映在个体之间有就学和就业竞争、考试选拔竞争、业绩考核竞争与职务升迁竞争等,这些竞争的核心是个人素质的竞争。竞争反映在组织之间有发展战略竞争、科研成果竞争、开发项目竞争与产品市场竞争等,其关键是组织所具有的人才实力的竞争。二是合理竞争有利于人力资源的开发与管理效益的提高。合理竞争对人才具有激励功能、导向功能、选择功能与优化配置功能,有利于为个人发展创造良好的环境,有利于组织形成奖勤罚懒、用人所长等新的用人机制,进而提高组织的整体实力。但是,不合理竞争也会带来压抑个人发展,造成组织内耗等严重危害。三是合理竞争就是竞争与协调共存的竞争。衡量竞争是否合理的主要标志是:①竞争以组织目标为导向。所有个人竞争的目标都应与组织整体目标相结合,竞争既能形成活力,提高效率,又不削弱群体的凝聚力。②竞争以利益相容为前提。当竞争引起人们在发展机会、福利待遇等方面较大的冲突时,能通过协商、修改方案,达到相互理解,实现利益相容。③竞争以公平、适度为准则。公平就是严格按竞争规则办事,机会均等,一视同仁,不偏不倚。适度就是提倡竞争,但不过度,留有余地,适可而止。内部竞争,分出优劣即可,不可穷追猛打,防止良性竞争转化为恶性竞争。

第四章 高校人力资源开发与目标管理的理论支撑

实施高校人力资源开发与目标管理并对其进行研究必须建立在一定的理论依据上。人力资本理论、科学管理理论、个体行为理论、团队管理理论与竞争战略理论等五大理论，共同构成高校人力资源开发与目标管理的理论支撑。

第一节 人力资本理论

一、人力资本理论的基本观点

（一）早期人力资本理论

1. 古典经济学中人力资本思想的萌芽

人力资源的思想最早是由古典政治经济学家提出来的，古典政治经济学家的鼻祖威廉·配第首先提出了劳动创造价值的观点。他提出了"土地是财富之母，劳动是财富之父"的著名论断，并对劳动在生产过程中的作用给予了很高的评价。特别是他还看到了由于人的素质不同，劳动能力也有所不同。他认为，一个人，由于他的技艺，能够做许多没有本领的人所不能做的工作。威廉·配第基本勾画出了一条明确的线索，即素质不同，劳动能力就不同；而劳动能力不同，则创造的价值也有差异。

亚当·斯密继承和发展了劳动创造价值的理论,他进一步肯定了劳动在各种资源中的特殊地位。同时,明确提出了劳动技巧的熟练程度和判断能力的强弱必然要制约人的劳动能力与水平,而技巧的熟练程度是需要经过教育培训才能获得的,教育培训又需要花费时间和付出学费。因而,人获得的技巧与才能是可以得到补偿,并获取利润的。亚当·斯密在《国民财富的性质和原因的研究》一书中曾这样写道:"学习一种才能,须进学校才能学到,所费不少,这样花费去的资本,好像已经实现并且固定在学习者身上。这些才能,对于他个人自然是财富的一部分,对于他所属的社会,也是财富的一部分。学习的时候,固然要花费一笔费用,但这种费用可以得到补偿,赚取利润。"亚当·斯密的观点可以说是最早关于人力投资的思想萌芽,至今仍有重要的学术价值和实践意义。

李嘉图进一步发展了劳动创造价值的理论。他认为,自然资源如矿产、阳光、空气、气压,以及作为生产产品的机器,尽管都可以增加商品的使用价值,但却不能增加商品的价值,只有劳动才能使商品的价值增值。李嘉图还非常明确地强调了人的劳动是创造价值以及使使用价值增值的源泉,比较细致地分析了人们的复杂劳动和简单劳动的差别,用宝石匠一天的劳动与普通劳动者一天的劳动价值差异,论述了复杂劳动可以创造更高的价值。实际上,简单劳动与复杂劳动本质上反映的是人们在个人才能上的差异,实质是有关人力资源方面的问题。

法国经济学家萨伊的经济学体系,尽管曾经受到过马克思的严厉批评,但他的某些观点却是人力资源管理的重要思想基础。他认为,科学知识是生产力的一部分,人们花费在教育与培训上的费用总和成为"累积资本",这些受过教育与培训的人的工作报酬,不仅包括劳动的一般工资,而且还应包括培训时所垫付的资本的利息。为什么如此支付劳动报酬?就是因为"教育是资本",这种资本应当生产与一般劳动报酬没有什么关系的利息。萨伊的观点对人力资源管理理论的形成具有重要作用。

马歇尔作为古典政治经济学的集大成者,他在经济理论中正式提出人的能力因素,认为"生产的发动机是两样东西:一个是知识,一个是组织,而不是土地和种子"。他在《经济学原理》一书中,考察生产因素时,与以前的经济学家不同之处在于除土地、劳动、资本三因素外,他还提出了人的健康程度和产业训练问题,即把人的能力因素同人的健康程度、产业训练联系起来。他说:"我们必须考察人的体力的、精神的、道德的健康及其程度所依存的各种条件。唯有这些,才是劳动生产率的基础。物质财富的生产是依存于劳动生产率的。而另一方面,物质财富,重要的在于通过很好地利用此财富提高人力的、体力的、精神的、道德的健康和程度。"后来他的《国民教育投资论》对人力资本理论的形成产生了相当大的影响。

2. 马克思的人力资源理论

尽管马克思没有专门研究和论述人力资源管理的问题,但是他的许多理论观点却是研究人力资源管理的指导思想。马克思的主要理论观点有以下几个方面:

(1) 继承和发展了古典政治经济学关于劳动创造价值的理论

马克思最早提出和研究了生产过程中人的主导地位与作用的问题,即人的劳动不同于其他任何形式的生产要素,劳动是创造社会财富的主要源泉。他认为,商品都具有价值和使用价值,但它们都是劳动的产物。事实上,人类的具体劳动产生商品的使用价值,抽象劳动则形成商品的价值,就是因为人的劳动是最能动的要素,它能够使用物质资料改造客观对象,满足人的需要。在此基础上,马克思又进一步提出,近代社会中表现出来的资本资源、自然资源高于人力资源,甚至奴役、控制人本身的现象,是一种"异化",是对经济活动中主、客体关系的扭曲和颠倒。人力资源在经济活动中的决定作用,在这里被马克思主义学说充分肯定。

(2) 论述了复杂劳动比简单劳动可以创造更多的社会财富

马克思认为,复杂劳动之所以可以创造更多的社会财富,或者说能够创造更多的价值,主要是由于复杂劳动的能力是通过教育与培训而获得的。马克思在《资本论》中论证复杂劳动"是这样一种劳动力的表现,这种劳动力比普通劳动力需要较高的教育费用,它的生产要花费较多的劳动时间,因而它具有较高的价值"。因此,马克思认为"比较复杂的劳动只是自乘的或不如说是多倍的简单劳动","少量的复杂劳动等于多量的简单劳动"。在此基础上,马克思把科学和教育看作生产力,因为科学技术和教育可以提高人的智力和技巧。马克思进一步深刻指出,生产力的发展归根结底来源于三个方面的动力:一是来源于社会性质,二是来源于社会内部的分工,三是来源于智力劳动,特别是自然科学的发展。

(3) 提出了劳动力的价值构成理论

马克思认为,劳动力的价值就是生产和再生产劳动力所耗费的生活资料的价值,其中包括劳动者恢复体力和智力所必需的生活资料,维持家庭及子女生活所必需的生活资料,以及教育和培训劳动者所必需的生活资料的价值。因而,教育培训是提高劳动者劳动能力的基本途径,而要进行教育与培训,就必然要有人力和物力的耗费,这种耗费又是构成劳动力价值的重要部分。正如马克思所论述的:"要改变一般人的本性,使他获得一定劳动的技能和技巧,成为发达的和专门的劳动力,就要有一定的教育和训练,而这就要花费或多或少的商品等价物。"[①] 马克思又指出:"劳动力的教育费随着劳动力性质的复杂程度而不同。"马克思进而将劳动划分为生产性劳动与非生产性劳动,但这些劳动都是构成劳动力价值的来源。这里讲的生产性劳动必然要创造价值;非生产性劳动主要是指劳动者受教育、培训以及保持劳动能力的那部分劳动,这部分劳动的费用应纳入劳动能力的生产费用和再生产费用,同样是构成劳动力价值的重要因素。

(4) 明确了教育在劳动力再生产中的重要地位

马克思指出,"从直接生产过程的观点来考察,充分发展的个人是

---

① 中共中央马克思恩格斯列宁斯大林著作编译局. 马克思恩格斯选集:第二卷 [M]. 北京:人民出版社,1995:174.

固定资本"。教育劳动是一种"直接把劳动能力本身生产、训练、发展、维持、再生产出来的劳动"①。教育作为劳动力再生产的必要条件，对劳动力再生产的作用，主要表现在使劳动力素质得到提高和发展，使其劳动形态得到改变，使普通的体力劳动者成为具有专门科学知识的脑力劳动者，使不熟练的简单劳动者成为熟练的复杂劳动者。所以，马克思认为，随着科学技术的提高，跨国企业的兴起，劳动的社会化和国际化程度越来越高，对劳动者的智力要求也越来越高，因此教育在社会再生产中的地位会越来越重要。

（二）现代人力资本理论

现代人力资本理论产生于20世纪50年代末期，一大批经济学家在前人研究的基础上，全身心地投入人力资本理论的研究，最终创立了人力资本理论。

1. 舒尔茨的人力资本理论

西奥多·舒尔茨是美国芝加哥大学的教授。他在一系列研究人力资本的著作和论文中，较为全面地论述了人力资本投资、人力资本投资与经济增长的关系、教育的作用、人才的有效配置以及人力资源迁徙、劳动者的健康等问题。据不完全统计，他的著作多达20余部，各类文章有200多篇。他在1960年出任美国经济学会会长时发表的就职演说《人力资本投资》，给学术界留下了极其深刻的印象，为推动这一领域的研究做出了巨大贡献，他本人亦因此获得1979年的诺贝尔经济学奖，成为西方经济学界公认的"人力资本理论之父"。

舒尔茨是从探索经济增长和社会丰裕的秘密而逐步踏上研究人力资本的道路的。他认为，单纯从自然资源、实物资本和劳动力的角度，不能解释生产力提高的全部原因，因为第二次世界大战后的统计数字表明，国民收入的增长一直比物质资本投入的增长快得多。一些在战争中实物资本遭到巨大破坏的国家，如联邦德国、日本等，都奇迹般地迅速

---

① 中共中央马克思恩格斯列宁斯大林著作编译局. 马克思恩格斯全集：第二十六卷［M］. 北京：人民出版社，1972：164.

恢复和发展起来；另一些资源条件很差的国家或地区如丹麦、瑞士和亚洲"四小龙"等，也同样在经济起飞方面取得很大成功。舒尔茨认为，这些现象说明，除了我们已知的要素外，一定还有重要的生产要素被"遗漏"掉了，这个要素就是人力资本。人力资本是与物质资本相对的一种资本形式。人力能够带来经济增长，但也要有相应的资本投资。对人力进行投资的结果，就形成了人的知识和技能，正是这种人的知识与技能，才产生了促进经济增长的重要力量，从而形成人力资本。而未经投资的人力资源，不能形成人力资本。因此，所谓人力资本，就是体现在劳动者身上的，以劳动者的知识与技能表现出来的资本。舒尔茨人力资本理论的主要内容有以下四个方面：

一是人力资本在经济增长中的重要作用。舒尔获认为，在经济增长中，人力资本的作用大于物质资本的作用。他指出："空间、能源和耕地并不能决定人类的前途。人类的前途将由人类的才智的进化来决定。"并认为，当代降低人口数量而提高人口质量的趋势表明，"质量和数量是可以互相替代的。降低对数量的要求就是赞成少生育和优育儿童。这种要求提高人口质量的运动有利于解决人口问题"。舒尔茨认为，现代化生产条件下，当代劳动生产率的提高，正是人力资本大幅度增长的结果。"知识和技能大半是投资的产物，而这种产物加上其他人力投资，便是技术先进国家的生产力方面占优势的主要原因。"战后，发达国家人力资本以比物质资本快得多的速度在增长，因而国民收入比物质资源增长的速度快得多，劳动者的实际收入明显增加，这正反映了人力资本投资的收益。舒尔茨指出："没有对人的大量投资，就不能享受现代化农业的硕果，也不能拥有现代化工业的富裕，我们经济中最突出的特征就是人力资本的形成问题。"因此，舒尔茨强调，应当有一个"完整的"资本概念，即包括人力资本和非人力资本，而不应过分看重物质资本的作用。

二是人力资本的核心是提高人口质量，教育投资是人力投资的主要部分。舒尔茨认为，人力资本包括人口数量和质量，而提高人口质量更为重要。对于个体事业单位来说，人力资本的核心就是提高职工素质问题，而教育是提高人力资本最基本、最主要的手段，因此也可以把人力投资视为教育投资问题。他指出："教育远不是一种消费活动。相反，政府和私人有意识地进行投资，为的是获得一种具有生产能力的潜力，它蕴藏在人体内，会在将来做出贡献。"舒尔茨还认为，教育投资对提高人力资源的素质来说，不仅仅限于经济方面，它还会带来长期的满足。舒尔茨说："教育投资的消费部分之实质是耐用性的，甚至比物质的耐用消费更加耐用，归因于教育投资的持久耐用消费部分是未来满足的源泉，然而这些满足却无法包含在对个人收入的衡量和对国民收入的衡量范围中。"

三是教育投资应以市场供求关系为依据，以人力价格的浮动为衡量符号。舒尔茨认为，我们正处在一个复杂多变的动态世界，一个国家企图制定一个一劳永逸的人力规划，然后按计划去办，这是脱离现实的。办法只有一个，"有需求就有供应"，那就是由市场供求调节，对各类学校的教育投资，只能根据市场的需求来调节。但是教育制度是由一连串的联合方程式组成的，改变一个变量，其余的变量都会有改变。故教育是随着经济在不均衡状态中发展，在适应和不适应中发展的。舒尔茨在提出上述理论的基础上，创立了人力资本投资收益的计算方法。所谓人力投资收益率，就是人力投资在国民收入增长额中所占的比率，其计算方法集中体现在两个公式上：①社会教育资本积累总额＝Σ（各级教育的毕业生的每人平均教育费用×社会上各级学历的就业人数）；②某级教育投资的年收益率＝（某级教育毕业生平均年收入－前一级毕业生平均年收入）÷某级教育人均费用。

四是摆脱一国贫困状况的关键是从事人力资本投资，提高人口质量。舒尔茨批评了以往的发展经济学家的"自然的土地观"和"社会经济观"，他指出："土地生产率的差异无法解释为什么在世界上某些长期以来便由人类定居的地方人们会十分贫穷。多少年来，居住在降雨稀少、土地生产率不高的德干高原和土地生产率很高的南印度之印度农民一直都很贫困。在非洲，无论是生活在撒哈拉大沙漠南部边境不毛之地上的人们，还是住在大峡谷那陡峭坡上稍稍肥沃一些的土地上的人们，或者是生长在尼罗河口及其冲积平原这类大粮仓上的人们,都有一个共同的特点,那就是:他们全都很贫穷。"① 他认为以往的发展经济学家对不发达国家的研究中,过高估计了自然资源的作用,而过低估计了人口质量因素作用,而后者恰恰是不发达国家走向发达的最重要的因素。他指出:"通过研究,我们发现了耕地的替代物,这是李嘉图没有预见到的。当家庭收入增加时,父母就可以选择少要一些孩子,用质量代替数量,马尔萨斯也不是没有预见到这一点。人类的未来并不取决于空间、能源和耕地,而将取决于人类智力开发。改进穷人的福利的关键因素不是空间、能源和耕地,而是提高人口质量,提高知识水平。"②

2. 其他代表人物的人力资本理论

人力资本理论的另一代表人物是另外一位诺贝尔经济学奖获得者、美国著名经济学家加里·贝克尔教授,他曾是经济自由主义的大本营——芝加哥大学的经济系主任,是芝加哥学派的主要代表人物之一。

贝克尔的人力资本理论研究成果集中反映在他自1960年以后发表的一系列著作中,其中最有代表性的是《生育率的经济分析》《人力资本》和《家庭论》。他的著作《人力资本》被西方学术界认为是"经济思想中人力资本投资革命"的起点。贝克尔的贡献突出表现在对人力资源的微观分析上。他对家庭生育行为的经济决策和"成本—效用"进行分析,提出孩子的直接成本和间接成本的概念、家庭时间价值和时间配置的概念、家庭中市场活动和非市场活动的概念,令人耳目一新。他在人力资本形成方面,在教育、培训和其他人力资本投资过程的研究方面取得的成果,也都具有开拓意义。追求效用最大化、市场均衡和稳定偏好是贝克尔理论的主线。

对人力资源要素作用进行计量分析的是美国经济学家爱德华·丹尼森。他的计算方法比舒尔茨更为严谨。20世纪60年代以后,丹尼森的人力资源计算方法在世界上得到广泛传播。他在人力资源经济分析方面

---

① 舒尔茨. 论人力资本投资 [M]. 吴珠华,等译. 北京:北京经济学院出版社,1990:42-43.
② 舒尔茨. 论人力资本投资 [M]. 吴珠华,等译. 北京:北京经济学院出版社,1990:42.

的主要贡献是，对用传统经济分析方法估算劳动和资本对国民收入增长所起的作用时，所产生的大量未被认识的，不能由劳动和资本投入解释的余数，做出了令人折服的定量分析和解释。其著名的研究成果为：通过精确的分解计算，论证出1929—1957年间美国的经济增长中，有23%的份额要归因于教育所导致的劳动力质量提高。在劳动力质量栏内，他的测算方法是，首先把教育和收入差别联系起来，并用参数0.6加以校正，得出各级受教育的收入系数，以此系数分别乘以基准年和下一年的各级受教育者人数。得出差额以后，用计算复利的公式算出这一差额在报告期内的年平均增长率，再乘以劳动产出弹性，得出教育对经济增长的贡献率。许多学者认为，从20世纪60年代开始至今的世界各国教育经费的激增，在相当程度上应归功于丹尼森及其大批追随者的努力。

二、人力资本理论在高校人力资源开发与管理中的理论价值

经济增长是指一国或地区在一定时间内所生产的商品和劳务总量的增加。在传统经济学中，经济增长是仅仅作为资本和劳务投入的因变量来出现的，技术进步仅仅作为经济增长的一个外生变量来发挥作用。然而随着社会、经济的发展，技术进步已不再仅仅是经济增长的外生变量，而是作为经济增长的一个内生变量来发挥作用。

技术进步从以下几个方面对经济增长发挥作用：一是生产要素质量的变化；二是知识进展；三是资源重新配置；四是规模经济；五是政策的影响；六是管理水平。其中，资源重新配置是指各种经济资源从效率较低的部门或企业流入效率较高的部门或企业。在这种资源转移的过程中，经济总体的效率会有所提高，从而社会的全要素生产率就会提高。规模经济是指由于生产规模的扩大，产量的增加，降低了成本，提高了效益。知识进展是综合型的，包括技术知识、管理知识的进展，以及由于采用了新的知识而产生的对资本设备的有效设计，包括国内新创造的知识和从国外引进的知识。现代经济学家普遍认为，知识进展是全要素生产率提高的一个最重要的因素，随着人类各种知识的增加，就可以更

有效地利用各种资源，从而使等量要素投入获得更多的产出，促进经济增长。技术进步在不增加要素投入的情况下，通过改变生产函数使增长曲线向右上方位移来实现预期经济增长，成为经济增长的主要动力。"科技是第一生产力"，但是科技进步对经济增长作用的发挥是以一国人力资本的大量积累为前提的。人力资本对经济增长的重要作用表现在以下几个方面：

首先，在现代社会，人力资本对经济增长的作用，远远大于物质资本的作用。美国著名经济学家丹尼森经过定量分析，得出美国1929—1957年之间经济增长中的23%要归因于教育的发展，并且认为这一比例仍将呈提高之势。

其次，现阶段，人力资本收益率远远高于物质资本收益率。因此，过去那种依靠单纯引入外来资金、大规模进行物质资本投资的外延型经济增长模式已进入了死胡同，人才和技术的竞争已成为综合国力较量的根本。

再次，技术进步要求人力资本和物质资本相配合。技术进步通常以物化的形式存在于机器设备身上，以人力资本的形式存在于经济参与者身上，两者必须相匹配。人力资本与非人力资本存储量之间的不平衡会出现怎样的结果，舒尔茨作了一个假设，他"设想某一经济体系拥有土地，以及可进行再生产的物质资本，包括如同美国现在所可能拥有的生产技术，但是它的运转却受到下列各种因素的约束：不可能有人取得任何职业经验；没有受过任何的学校教育；除了所居住地区的信息之外，谁也不拥有任何别的经济信息；每个人都受其所在环境的巨大约束；人们的平均寿命仅仅为40岁"。他的结论是："在这样的情况下，经济生产肯定会悲剧性地下跌。除非通过人力资本投资使人的能力显著地提高，低水平的产出必然会与极其僵硬的经济组织同时并存。"

三、人力资本理论对高校人力资源开发与管理的实践指导

（一）古典经济增长理论

如前所述，在经济学刚诞生之际，经济学家们考虑的生产要素只有

两个：土地与劳动。既然产出决定于土地和劳动者这两个要素，则经济增长的原因就在于投入使用的土地和劳动不断增加。

亚当·斯密和马尔萨斯都设想过一个土地私有权和资本积累尚未发生前的"原始状态"。在那样的状态下，资本不具重要性，土地是自由取得的，劳动是考虑的唯一因素。只要劳动投入量增长，土地使用量也会相应增长，从而产出量会同比率地增长。然而，人类所居住的这个星球的土地是有限的，一旦处女地被开垦净尽，新增加的劳动者就只能涌入现有的已开垦的土地。从此，土地就变成了稀缺的生产要素。随着人口的增长，当新的劳动者加在固定数量的土地之上时，每一个劳动者便只能有较少的土地与之发生作用，这时收益递减规律就会发生作用。生产率将不断下降，产出速度也将越来越慢，最后将进入一个静止状态。经济增长速度不断放慢，最后趋近于零。

在上述分析中，是假定只有土地与劳动两种生产要素，其中土地是固定不变的，劳动是经济增长的唯一因素。这种增长模式更接近于工业化以前的情况，而不适用于现代经济增长过程。在工业化的过程中，土地对经济增长的制约作用不断缩小，资本的增加对经济增长的作用越来越大，资本投入量的增长成为经济增长的一个重要因素。生产函数理论指出，经济的增长取决于资本和劳动增加（投入）的数量，而且，投入要素是相互依赖、按规模成比例增加的。

显然，增加劳动与资本的投入量可以使产出水平提高。但是，在经济增长的过程中，由于人口增长慢于资本的增长，资本与劳动的比例将不断提高，即发生资本深化，边际收益递减规律就会发生作用，新增单位资本投入所能增加的产出将越来越小，资本收益率不断下降。最后，人们将不愿进行任何储蓄和投资，资本投入量也将不再增加，经济增长又将进入一种静止状态。

古典经济学家对经济增长因素的分析往往导致悲观的结论：在边际收益递减规律的作用下，经济增长最终将达到极限而停止下来，造成经济衰退。加上其他因素，会形成资本主义的经济危机周期。长期以来的资本主义经济都是如此运行的，20世纪30年代，还出现了全球性的经济危机。可是在第二次世界大战以后,却出现了长期的持续增长的新趋势,1948—1984年间美国劳动生产率平均每年增长2.5%,经济学家称之为"神奇的持续增长",1984—1994年工业国家仍在继续增长,以至于哥伦比亚大学历史系教授艾伦·布林克利说:"经济有种公然无视预测的习惯。"

(二) 新经济增长理论

卢卡斯是第一个用内生技术进步解释持续增长率的。卢卡斯把原来被视为外生因素的技术进步转变成人力资本来研究,根据贝克尔的理论将人力资本内生化。卢卡斯建立了两个基本假设:其一,每一个家庭的儿童人力资本的投资都对社会人力资本平均水平有贡献,一般均衡的增长轨迹是每个家庭都预期达到社会平均人力资本将要达到的水平,并做出相应的私人投资决策;其二,人力资本的私人投资具有收益递增的特点,父母的人力资本水平越高,子女的人力资本生产的投入产出率就越高。基于这两个假设,卢卡斯证明:人力资本的增长率正比于人力资本生产过程中的投入产出率,社会平均的和私人的人力资本投资在最终产品生产中的边际产出率,反比于时间贴现率。

卢卡斯把外生技术进步因素转变为人力资本来研究,罗默则直接研究了知识积累的过程,他提出了四要素经济增长理论,其核心思想是把知识作为经济增长的更重要的因素。他认为:第一,知识能提高投资收益;第二,知识与投资存在良性循环关系,投资促进知识,知识促进投资。他将知识分解为两个可度量的因素,即人力资本(以受教育的年限来衡量)和新思想(用专利来衡量),加上原来的两个要素,即资本、非技术劳动,构成了新的经济增长的四要素。其中,知识因素最为重要,是推动经济增长的直接动力。罗默与卢卡斯建立了新的技术进步和人力资本的增长理论:一国的人力资本存量越多,人力资本的生产率越高,经济增长率就越高。一些国家人力资本的积累突破某一界限,社会总人力资本的增长就会达到一个"高水平均衡",这是目前发达国家的情况;而那些不发达国家由于人力资本生产过少,从而被锁在"低收入陷阱"之内。

新增长理论不仅强调从内生角度解释知识的积累过程,而且还强调一般知识与专业知识的区别。一般知识可以产生规模经济,专业知识可以产生要素的递增收益。专业化知识和一般知识相结合,不仅可以使知识、技术、人力资本自身产生递增收益,而且也可以使其他追加的生产要素如资本、劳动的收益递增。专业化知识的递增收益形成垄断利润,这一垄断利润又成为新产品开发与研究的资金来源,在这里,特殊的知识和专业化的人力资本是经济增长的主要因素,他们不仅自身具有收益递增的特点,而且使资本与劳动等生产要素的收益递增,从而产生了一个收益递增的增长模式。

第二节 科学管理理论

从20世纪初至1930年左右,管理从经验阶段步入科学阶段,这在管理思想发展史上有着划时代的意义。人力资源管理的一些基本职能在这一阶段初步形成,例如职位分析、招聘录用、员工培训等,同时,专门的人事管理部门在这一阶段也出现了,所有这些标志着人力资源管理理论的初步建立。

一、科学管理理论的基本观点

泰罗的科学管理理论的提出,是基于对"经济人"人性假设的认识,这是管理学理论对人性的最早的认识。泰罗认为,应该通过经济方面需求得到满足来调动员工的积极性。泰罗指出,员工方面的目标是:为他们的工作时间获得最大工资的普遍要求;企业主方面的目标是:为他们付出的工资收回最大的利益。正是这种"经济人"的认识使劳资双方有了合作的基础,而双方通过亲密无间的合作,把计划的职能与执行的职能分开,管理当局主要负责"科学"地制订和形成计划,而员工则负责贯彻和执行,这样就能提高工作效率,从而实现"劳资双方的共同繁荣"。科学管理是针对传统的管理提出来的,其中心问题是提高劳动生产率。围绕这一问题,泰罗提出科学管理的基本原理,并进一步提出一系列比较具体的管理制度、管理措施和方法。

（一）定量管理

设定专门机构或部门，通过试验和测量，确定员工"合理的工作量"，使贡献大小与工资高低挂钩。泰罗认为，科学管理不增加员工的工作量，同时能很好地消除"磨洋工"的工作态度，"是能使工人取得比现在高得多的效率的一种适当、正确的手段而已"[①]。

（二）差别工资

泰罗认为，以前的管理不能按劳取酬，无法提高效率。要"对同一种工作设有两个不同的工资率；对那些用最短的时间完成工作、质量高的员工，就按一个较高的工资率计算；对那些用时长、质量差的员工，则按一个较低的工资率计算"。

（三）标准化管理

泰罗认为，为使每个工作人员能确实达到规定的作业标准，并对工作成绩进行合理公正的评价，就要进行科学研究，统一标准，实行工具标准化、操作标准化、劳动动作标准化、劳动环境标准化等标准化管理。

（四）职能分工

为了明确划分管理者和被管理者之间的职责，发挥每个管理者的专长，实现组织管理的专门化，泰罗按照职能分工的原理，提出计划职能与执行职能分开的管理方法。

（五）例外管理

泰罗指出，规模较大的组织不能只依据职能原则来组织和管理，必须应用例外管理，即高级管理人员把一般的日常事务授权给下级管理人员去处理，而自己只保留对例外事项（重要事项）的决策权和监督权。

---

① 泰罗.科学管理原理[M].胡隆昶，冼子恩，曹丽顺，译.北京：中国社会科学出版社，1984：232.

二、科学管理理论在高校人力资源开发与管理中的理论价值

泰罗在科学管理理论中,始终强调管理双方的密切合作,从管理的精神实质而言,科学管理在组织或机构管理中是一次完全的思想革命,它把管理从经验上升到科学,既反映了经济全球化对组织管理改革的要求,又反过来对国家经济发展起着极大的推动作用。泰罗的科学管理理论以谋求最高效率为根本目的,通过确立科学的工作和管理方法,实现生产过程和管理过程的科学化,以达到提高生产率的目的。科学管理理论不仅可以应用到现代企业管理的伟大实践中,在高校管理中同样是适宜的。首先,从管理的普适性来说,管理是一种社会现象,是社会组织得以存在和发展的重要条件。企业与高校都是社会组织形式的一种,无论从理论还是实践上说,在企业中广泛适用的科学管理理论在高校管理中同样具有借鉴意义。其次,随着市场经济体制改革的深入,我国高等教育事业改革日益深入,在某些方面具有和企业相似的性质。"科学管理"中的部分管理理论和方法应用于高校管理是切实可行的。再次,高校管理的"人性化"需要科学管理的理性来弥补不足。学校效能是高校管理追求的目标,而管理目标的实现需要通过教师的直接劳动去实现。教师的专业特征、工作分工、能力大小、敬业精神、业绩贡献等都不同,因此,借鉴科学管理中的差别工资、职能分工等思想显得尤其重要。

科学管理的根本目的是通过确立科学的工作和管理方法来谋求最高的工作效率。通过对工作过程进行研究,确立标准科学的工作方法来代替经验做法,能提高高校人力资源管理的管理效率。实施科学管理的关键在于管理手段和管理方法的革新,用科学的管理理论代替传统的经验管理理论,这是谋求取得最高工作效率的重要手段。泰罗主张将管理和劳动分离,对员工精挑细选和培训,研究员工的性格、表现和能力,做到知人善任,人尽其才。这是高校管理中因人设岗、因职授权、因责定绩的理论基础。而差异工资制度利用竞争刺激员工,从物质和精神上奖励优秀员工,从而调动员工的工作积极性,提高效率,这也体现出高校

"人本管理"的思想。

泰罗开创性地提出劳资双方要在精神上和思想上来一个彻底变革，即要求劳资双方都要树立相互负责的观念，由对立变为合作，都应把注意力从盈余的分配转到增加盈余的数量上来，把"经济大饼"做大，使双方都受益。这一主张被称为"经济大饼原理"，为劳资关系开创了新局面，充分体现了其对冲突的管理能力，也透着和谐管理的思想，为高校人力资源管理营造良好的氛围提供了启迪。

三、科学管理理论对高校人力资源开发与管理的实践指导

泰罗对科学管理做了这样的定义：诸种要素不是个别要素的结合；科学不是单凭经验的方法；协调不是不和别人合作，不是个人主义；以最高的产量取代有限的产量；实现每个人最高的效率，实现最大的富裕。这一定义阐明了科学管理的核心是运用科学的管理方法以实现资源的有效配置，提高生产的效率，强调管理方法建立在观察和实验基础上，强调方法的有效性、最优化、可操作性和标准化，蕴含着一种技术理性的精神，具有清晰、严谨和确定性的特点，在高校管理中具有直接的指导意义。

（一）量化管理是高校人力资源管理的基础

质量互变规律告诉我们，事物的发展是从量变开始的，当量变达到一定程度就会发生质变，量变是质变的必要准备，质变是量变的必然结果。高校要提高教学质量、科研质量、管理质量，必然要从量化工作开始，在科学分析的基础上，对目标进行分解量化，进而产生量化指标。

（二）差别工资是高校人力资源管理的动力

差别工资制度是解决高校"大锅饭"问题的基本手段。无论过去高校实行的"铁饭碗"人事制度，还是今天的聘任制度，高校教师职业都是相对稳定的。这会导致部分素质不高、缺乏自律的教师工作懒散，人浮于事，责任心不强，不思进取，工作效率低下。因此，高校要实行目标管理，通过绩效考核，对工作表现突出、有重要贡献的教职工给予物

质和精神上的奖励。例如提高工资和福利待遇、提供培训机会和优先的晋升机会、提供更好的工作环境等，这既是对优秀教职工的激励，也是对后进教职工的鞭策。

（三）标准化管理是高校人力资源管理的保障

标准化管理是高校考核公平、公正的关键，高校管理要通过制定科学的考核标准，对目标要达到的数量、质量、时效进行规定。高校管理有别于简单意义的行政管理工作，它的工作性质兼有管理性、学术性、研究性和服务性，这决定了工作成果的显现和业绩的评价标准应有自身特色和方式。考核标准的制定要按照定性与定量相结合的原则，根据目标属性，该定性就定性，该定量就定量，确保考评标准的科学有效。

（四）职能分工是高校人力资源管理的条件

高校工作的中心是培养人才，教学质量是学校的生命线。而高质量人才的培养又需要高素质、高水平、专业化的教师。泰罗科学理论中主张对员工要精挑细选，并做好岗前培训，了解每个工人的性格、表现和能力，再将其安排到合适的工作岗位上。这一工作思路为高校教师的考核聘任提供了借鉴。学校要通过岗前培训，岗位考核，把那些具有不同业绩、不同才能的人安排到不同岗位上来，充分发挥才能，做到知人善任，人尽其才，为教师的个人发展提供良好的环境和更广阔的天空。

（五）合理授权是高校人力资源管理的手段

传统的科层管理模式容易导致学校领导独断专行，大大伤害了基层管理者和教职员工参与决策的积极性，目标的制定不能代表大多数人的意见，在实施时就会遭遇下级的抵制。通过合理授权，让基层管理者和教职员工参与目标制定，并拥有执行权，广泛征集意见，使目标的制定科学化、民主化、最优化，不仅能调动教师的主动性和积极性，而且能使基层管理者和广大教职员工勇于承担责任，减少目标实施过程中的障碍。

第三节 个体行为理论

个体是构成组织的最小单元,既是组织管理活动的具体执行者,也是影响管理过程和管理结果的关键。个体行为理论正是在人际关系理论研究的基础上,进一步研究人类行为产生的原因及人的行为动机和发展变化的规律,探寻人的动机、调动人的积极性的激励因素,以求从中找到有效的管理方式。因此,可以说它体现了人本管理的思想,是高校人力资源管理的核心内容[①]。

在组织管理中,必须懂得如何采取有效的方法让每个员工都能够积极地、有创造性地、全心全意地为组织工作。要做到这一点,管理者就必须了解对个体工作激励的相关理论、方法和技艺。一般而言,激励需要了解人的需要,考虑人的动机,关注人的态度,满足人的期望,遵循公平法则。所以个体行为理论应包括需要层次理论、双因素激励理论、成就动机理论、期望激励理论、公平激励理论和人性假设理论。

一、个体行为理论的基本观点

(一)马斯洛的需要层次理论的基本观点

心理学家马斯洛于1943年在《人类动机理论》一文中提出了需要层次理论。其构成依据三个基本假设:其一,人要生存,他的需要能够影响他的行为。只有未满足的需要能够影响他的行为,满足了的需要不能充当激励工具。其二,人的需要按重要性和层次排成一定的次序,从基本的需要到复杂的需要。其三,当人的某一级需要得到最低限度满足后,才会追求高一级的需要,如此逐级上升,成为推动继续努力的内在动力。在此假设前提下,该理论提出需要的五个层次:一是生理需要。这是人维持生存的基本需要,也是需要层次的基础。二是安全需要。即保护自己免受生理和心理伤害的需要,包括避免人身危险、疾病、失业

---

① 魏文斌. 现代西方管理学理论 [M]. 上海:上海人民出版社,2004:137.

和其他各式各样的危险。三是爱和归属的需要。包括爱、友谊、归属和接纳等方面的需求。四是尊重需要。内部尊重因素包括自尊、自主和成就感；外部尊重包括地位、认可和关注等。五是自我实现的需要。自我实现的需要是一种追求个人极限的内驱力，是最大限度地发挥自己潜能的需要。这五个层次的需要依次递增，即当人们满足了某种需要后，就会追求更高层次的需要。

（二）激励理论的基本观点

在高校人力资源管理中，管理客体有保健因素和激励因素的需要，这是进行激励的前提。由于管理客体的工作的独特性，对成功的追求格外强烈，从而为激励提供了动力机制。对于成功的评价是以业绩为主的，所以每一个管理客体都期望业绩优秀，期望在公平的评价中受到奖励而不是惩罚。根据高校管理客体的需要和动机，以及满足需要、激发动机的多样性形成的激励理论主要有双因素激励理论、成就动机理论、期望激励理论和公平激励理论。

1. 赫茨伯格的双因素激励理论的基本观点

双因素激励理论是美国心理学家赫茨伯格（Fredrick Herzberg）于1959年提出来的，全名叫"激励—保健因素理论"。双因素激励理论是针对满足的目标而言的。传统理论认为，满意的对立面是不满意，而双因素激励理论认为，满意的对立面是没有满意，不满意的对立面是没有不满意。因此，影响职工工作积极性的因素可分为两类：保健因素和激励因素。这两种因素是彼此独立的并且以不同的方式影响人们的工作行为。所谓保健因素，就是那些造成职工不满的因素，它们的改善能够解除职工的不满，但不能使职工感到满意并激发起职工的积极性；主要有组织政策、行政管理、工资发放、劳动保护、工作监督以及各种人事关系处理等。所谓激励因素，就是那些能使职工感到满意的因素，唯有它们的改善才能让职工感到满意，给职工以较高的激励，调动其积极性，提高劳动生产效率；主要有工作表现机会、工作本身的乐趣、工作上的成就感、对未来发展的期望、职务上的责任感等。双因素激励理论的核心内容可以归纳为以下三点：一是把保健、激励两个因素独立分开；二是强调要在保健因素得到满足的基础上，再应用激励因素方面的措施；三是认为只有激励因素才能调动人的积极性，而保健因素只能消除人对工作的不满，应重视用激励的方法去激发人的积极性。

2. 麦克利兰的成就动机理论的基本观点

戴维·麦克利兰（David C. McClelland）对人的需要和动机进行研究，提出了著名的"三种需要理论"。该理论认为个体在工作情境中有三种重要的动机或需要：成就需要，即争取成功希望做得最好的需要；权力需要，即影响或控制他人且不受他人控制的需要；亲和需要，即建立友好亲密的人际关系的需要。麦克利兰认为，具有强烈成就需要的人渴望将事情做得更为完美，提高工作效率，获得更大的成功，他们追求的是在争取成功的过程中克服困难、解决难题、努力奋斗的乐趣以及成功之后的个人成就感，他们并不看重成功所带来的物质奖励。他们喜欢设立具有适度挑战性的目标，不喜欢凭运气获得的成功，不喜欢接受那些在他们看来特别容易或特别困难的工作任务。权力欲望较高的人喜欢支配、影响他人，喜欢对别人"发号施令"，注重争取地位和影响力。他们喜欢具有竞争性和能体现较高地位的场合或情境，他们也会追求出色的成绩，但他们这样做并不像具有高成就需要的人那样是为了个人的成就感，而是为了获得地位和权力，或与自己已具有的权力和地位相称。高亲和需要者更倾向于与他人进行交往，至少是为他人着想，这种交往会给他带来愉快。高亲和需要者渴望友谊，喜欢合作而不是竞争的工作环境，希望彼此之间的沟通与理解，他们对环境中的人际关系更为敏感。

3. 劳勒和波特的期望激励理论的基本观点

美国行为科学家爱德华·劳勒和莱曼·波特于1968年在《管理态度和成绩》一书中提出了一种期望激励理论。这个模式的特点是：第一，"激励"导致一个人是否努力及其努力的程度。第二，工作的实际绩效取决于能力的大小、努力程度以及对所需完成任务理解的深度。具体地讲，"角色"概念就是一个人对自己扮演的角色认识是否明确，是否将自己的努力指向正确的方向，抓住了自己的主要职责或任务。第三，奖励要以绩效为前提，不是先有奖励后有绩效，而是必须先完成组织任务才能导致精神的、物质的奖励。当职工看到他们的奖励与成绩关联性很差时，奖励将不能成为提高绩效的刺激物。第四，奖惩措施是否会产生满意，取决于被激励者认为获得的报酬是否公正。如果他认为符合公平原则，当然会感到满意，否则就会感到不满。1967年，劳勒和波特还在他们合作的《成绩对工作满足的影响》一文中提出了成绩对满足影响的一种理论模式。这种模式的具体内容是：一个人在做出了成绩后，可得到两类报酬，一是外在报酬，包括工资、地位、提升、安全感等；二是内在报酬，即一个人由于工作成绩良好而给予自己的报酬。

4. 亚当斯的公平激励理论的基本观点

公平激励理论又称社会比较理论，它是美国行为科学家亚当斯（J. S. Adams）在《工人关于工资不公平的内心冲突同其生产率的关系》等著作中提出来的一种理论。该理论侧重于研究工资报酬分配的合理性、公平性及其对职工生产积极性的影响。公平激励理论的基本观点是：当一个人做出了成绩并取得了报酬以后，他不仅关心自己所得报酬的绝对量，而且关心自己所得报酬的相对量。因此，他要进行种种比较来确定自己所获报酬是否合理，比较的结果将直接影响其今后工作的积极性。一种比较称为横向比较，即将自己获得的"报偿"（包括金钱、工作安排以及获得的赏识等）与自己的"投入"（包括教育程度、所做努力、用于工作的时间、精力等）的比值与组织内其他人做社会比较，只有相等时他才认为公平。除了横向比较之外，人们也经常做纵向比较，即把自己目前投入的努力与目前所获得报偿的比值，同自己过去投入的努力与过去所获报偿的比值进行比较，只有相等时他才认为公平。

（三）人性假设理论的基本观点

美国行为科学家道格拉斯·麦格雷戈认为，有关人的性质和人的行为的假设对于决定管理人员的工作方式来讲是极为重要的。各种管理人员以他们对人的性质的假设为依据，可用不同的方式来组织、控制和激励人们。基于这种思想，麦格雷戈在《企业的人性面》（1957）一书中提出了"X理论"，它是对西方传统人性假设——理性经济人的概括。

理性经济人理论认为，人的一切行为是为了最大限度地满足自己的私利，打算做的一切是为了尽力扩大他们在未来将获得的利益。该理论认为，一般人天性厌恶、回避工作，对大多数人必须运用强迫、控制、督促及惩罚，才能驱使他们努力于组织目标的达成。麦克雷戈认为，X理论是将人类病态行为误为常态，倒果为因，因而提出与之相对的"Y理论"。这种理论将人定位在"社会人"假设上，认为人是复杂社会系统的成员，他不仅追求经济方面的满足，而且还需要友谊、安定和归属感。因此建立良好的人际关系，从社会、心理方面来激励人们的"士气"比单纯的经济刺激更为重要。麦克雷戈认为，一般人的天性并非好逸恶劳，人对于工作的喜恶与其需要有关，外在的控制和惩罚不是唯一使人朝向组织目标而努力的方法，人对自己所承诺的目标可以作自我控制与努力。在适当条件下，人是能主动担负责任的，大多数人都具有相当的想象力、创造力，但是，由于外界的原因，人们的这种能力只是部分地得到发挥。Y理论从根本上改变了人们对组织中人的看法，为个人目标和组织目标的冲突提供了化解的思路，也正是在这个意义上，麦格雷戈把Y理论称为"个人目标与组织目标融合"的理论。

经过X理论、Y理论发展之后，1970年，美国管理学家约翰·莫尔斯（John J. Morse）和杰伊·洛希在"复杂人"假设的基础上，提出"超Y理论"。这种理论具有调和性、折中性特征，认为以往的人性假设是不同历史时代的产物，只适合一定的时代和一定的人。人的动机是复杂的，不同的条件动机亦不同，不同的人对管理方式的要求不同，管理的方式要由工作性质、成员素质来决定。中国古代的告子曾提出过"性无善无恶论"，认为人性是一张纯洁无瑕的白纸，其或善或恶的分化完全取决于人的后天行为，"性犹湍水，决诸东方则东流，决诸西方则西流"，因此，"性无善无不善"。人性是复杂性的，绝不可简单地用性善或性恶来解释，也不能只用X理论（经济人）或Y理论（社会人）来解释。

人性假设理论的主要内容有六个方面：一是一般人并非天性就厌恶工作。在工作中消耗体力和智力就像游戏和休息一样是很自然的。那些可以加以控制的工作条件，既可以成为人们的满意之源，也可能成为惩罚之源。二是外部控制和惩罚的威胁并不是促使人们为实现组织的目标而努力的唯一方法。人们在对自己目标负有责任的工作中，能够实现自我管理和自我控制。三是人对目标负有的责任是与成绩联系在一起的报酬的函数。其中最重要的是报酬，例如自我意识和自我实现的需要，都是努力实现组织目标的直接产物。四是一般人在适当条件下，不仅能学会接受职责，而且能学会主动承担职责。逃避责任、缺乏进取心和强调安全感，通常是经验的结果，而不是人的天性。五是在解决组织问题方面，大多数人而非少数人都具有发挥较高的想象力、独创性和创造力的能力。六是在现代工业生活的条件下，一般人的智慧只是部分地得到了发挥。

二、个体行为理论在高校人力资源开发与管理中的理论价值

（一）马斯洛的需要层次理论在高校人力资源管理中的重要价值

高校人力资源管理的客体主要是高校教师。高校教师作为社会人，具有一般人所具有的一般需要。但由于高校教师的职业特点与众不同，又决定了高校教师需要的特殊性。

1. 改善工作生活环境的需要

生理的需要是人类最原始、最基本的需要。古人云："仓廪实而知礼节，衣食足而知荣辱。"马克思也曾经说过："为了生活，首先就需要衣、食、住以及其他东西。"高校教师除了具有一般人所共有的需要特点外，由于其工作本身的特点、文化教育程度及思想觉悟和自我意识的发展，他们的需要具有特殊性。高校教师的生活需要、安全需要与工作需要往往是结合在一起的，他们不用坐班，学习、备课、写作、部分科研工作，甚至辅导学生、给研究生上课都是在家里完成的，生活需要不仅是生活的需要，也是工作的需要。

2. 社交的需要

在生理和安全的需要得到满足后，社交需要就成为高校教师的强烈动机，即教师希望和同事们、朋友们保持友谊，希望融入学术圈，希望

得到信任和友爱，希望得到爱情，依恋于热情欢迎自己的团体或个人。

3. 较强的自尊和被人尊重的需要

当基本的需要得到满足后，高校教师就会希望自己的工作和成就得到他人的承认和应有的评价，以及相应的地位、名誉，获得别人对自己的尊重，即满足自尊的需要。从社会和尊重的层次上来分析，高校教师的工作对象是人而不是物，高校教师的劳动不同于一般的脑力劳动，高等学校教师面对的受教育者在一定程度上都有自己的世界观、人生观，有自己的评价标准。他们必须通过不断学习来丰富自己的学识，通过不断加强修养来做到"为人师表"，他们的工作是艰苦而复杂的，因而更希望赢得学生、社会的尊重。

4. 强烈的成就需要

高校教师大多数都有强烈的创造欲望与成就需要，多出人才、多出成果是他们的普遍愿望，因为他们对社会贡献的大小，能否得到社会的尊重和信赖，主要取于他们能否创造出有价值的科研成果和取得突出的工作成就。

5. 自我价值实现的需要

如果上述条件都能得到一定的满足，最后就是自我价值实现的需要，即希望完成与自己能力相称的一切事情，使自己的能力得到充分的发挥，以实现自己的抱负和理想，成为个人和社会所期望的人物。

(二) 激励理论在高校人力资源管理中的重要价值

1. 赫茨伯格的双因素激励理论在高校人力资源管理中的重要价值

从个体而言，高校人力资源管理的对象主要是教师，他们是学校办学的主体力量，是学校改革、建设和发展的主力军，在高校人力资源管理中占有极其重要的地位。教师有着与一般人相同的个体需要，主要包括物质需要和精神需要。物质需要即赫茨伯格的保健因素，精神需要即激励因素。高校教师工作的特殊性决定了双因素激励理论在高校管理中的适用性。首先，教师工作的繁重性离不开保健因素。随着高等学校功能和使命的变化，以及高校教学工作本身的要求和标准的提高，教师不仅需要具备广博高深的学科专业知识，还要承担和进行一定的学术科研活动；教师不仅要教好书，还要育好人。要做到或达到这些要求，学校必须给予教师物质保障。其次，高校教师工作的特殊性离不开激励因素。高校教师在高等教育事业发展中的关键作用，既表现在教学、科研和学科建设上，又体现在教书育人上；既要传授知识，又要关注学生思想品德等各方面的成长；既是知识传播的主体，又是知识创新的主体。只有充分调动教师的积极性、主动性和创造性，才能使他们做好教书育人工作。

2. 麦克利兰的成就动机理论在高校人力资源管理中的重要价值

目标与动机是既有联系又相互区别的两个概念。高校教职员工的行为都是由动机引起的，并且都是指向一定目标的。能引起教职员工去从事某种活动，指引活动去满足一定需要的愿望或意志，称为这种活动的动机。这种动机是由教职员工的目标所引起的内在驱动力，是教职员工活动的推动者，对他们的活动起着激励作用，并把活动引向一定的、满足其需要的具体目标。动机是比目标更为内在、更为隐蔽、更为直接推动人去行动的因素。目标与动机有时是一致的，有时又是不一致的。动机对教职员工的行为起着引发、加强、推动和导向的作用，它驱使一个人的行为趋向预定的目标。

高校人力资源管理的主要对象是教师，他们大多数有较高的文化素养，他们的目标在于追求事业上的成功和追求自我价值的实现，他们在成就上的需要通常不表现为追求惊天动地的业绩，而在于获得日常工作中的愿望实现感、任务完成感、专业成果感和探讨新事物的创造感。基于这样的目标，其动机首先表现为对工作任劳任怨、尽责尽力。其次表现为对教育成果的追求。他们用自己的心血培养年青一代使之为祖国、为人民有所贡献。因此，在教育与教学的途径、方法等的设计与选择上，他们大多倾注智慧，力求创新和取得良好的成果。同时，他们留意总结自身的教育、教学经验，在自己专攻的学科领域内，著书立说，以满足更广泛、更久远的成就需要。

3. 劳勒和波特的期望激励理论在高校人力资源管理中的重要价值

从心理学角度分析，人对目标的期望就是人所追求的目标的性质，而人对目标的抱负水平即是期望值的高低。高校教师做工作期望得到报酬，各人的理想不同，他们期望得到不同的报酬才感到满足。同时，不同的教师对目标可能有完全不同的观点，对所指目标的性质也完全有着根本不同的理解。因此，一个人的努力虽然是受着他的目标也就是期望所决定的，但是不同的人所期望的目标的性质是不同的。一个人通过努力可以取得某种成就，根据这些成就可取得报酬，但报酬分为两种，一种是物质的，另一种是精神的。不同的教师需要的报酬是不同的。有些教师"一切向钱看"，有的教师更重视精神上的报酬，即劳动成果得到集体和社会的承认。对于个人的目标给予认可后，其目标有了结果，而这种结果以物质报酬和精神报酬两种形式反映。从心理学上分析，取得结果被承认后反馈于劳动者，使其产生积极的情绪，而激励个人持续不断地，以更高的热情进行工作，其结果形成一个正反馈的连锁反应，产生循环，使两终端互为能量补充。应该注意的是，期望不仅与个人因素有关，而且也会受到社会因素的影响。一个人对他的报酬的期望不能脱离当时的生产水平与周围同事的水平，也就是说，人对报酬的期望不完全决定于他的个性，同时更受到社会的制约。因而，树立目标，激发管理客体的期望心理，调动积极性，我们不仅要了解管理客体的期望，还可根据管理客体的期望，适时地树立起有一定价值的目标。高校人力资源管理的客体有内在期望与外在期望。从内在期望而言，主要表现为事业心，即精神期望。这种期望表现为在工作上取得一定的成就，求得精神生活的丰富和充实，取得社会的承认。报酬多少，主要标志着一个人在社会上的成绩和贡献大小，是社会对个人的评价。贡献大、评价高、报酬多，就会产生种良好的心理趋向，更加努力向上；贡献小、评价低，报酬也较少，也会因之起刺激的作用，从而奋发向上，振作精神。

4. 亚当斯的公平激励理论在高校人力资源管理中的重要价值

从公平观的角度而言，在当前高校人力资源管理实践中，"人人都希望公平"。公平是相比较而存在的，不同的管理客体通过不同的比较方式，有着不同的公平观。一是客观公平与主观公平。客观公平是指客观实际上存在的公平，主观公平是一种主观感觉上的公平。在当前高校管理中，二者的协调统一是众望所归，即要求学校领导在下达指标、进行考核时，一方面在客观上确实做到公平合理，对下属不偏倚，不厚此薄彼；另一方面又必须使下属在主观上真正感到并承认这种公平。二是纵向公平与横向公平。纵向公平是指各级领导和教师之间在目标制定、考核标准下达、结果反馈等程序上进行情感上的平等沟通，政治经济利益上的公平分享。横向公平主要指领导者之间、教师之间在考核评优、考核晋升提级、考核奖惩等方面公平处理，相安无事，处于一种平衡状态。但纵向公平常产生论资排辈，横向公平易产生平均主义，这又是大家所顾忌的。三是合理公平与合情公平。合理公平是依据制度进行考核、奖惩，是一种制度公平。高校目标管理的客体都希望考核与奖惩有科学稳定的标准和规范。"朝令夕改""说话不算数"都使教师产生不公平感。合情公平是指高校管理活动中对非常规性的特殊问题的特殊处理。例如，对遭受天灾人祸而陷入困境的教师降低考核标准或延迟考核。合理公平是刚性的，合情公平是柔性的，二者的统一就是原则性和灵活性的统一与体现，这是高校目标管理中众多教师所希望的。

（三）人性假设理论在高校人力资源管理中的重要价值

高校人力资源管理作为一种专业管理，其管理理念是建立在一定的人性假设基础之上的，并随着人性假设理论的发展而发展。无论是性善论、性恶论，还是 X 理论、Y 理论、超 Y 理论，它们之间总存在着对应关系。每一个人的现实人性实质上就是他心理活动的种种表现，是以他的先天遗传素质为基础，通过后天社会生活和个人努力而形成的稳定的心理倾向和个性特征。这种现实人性有其发展基础、发展条件和发展过程，体现在人是具有自然性、社会性和主体性的动物。人的自然性是人性的发展基础，表现为人类衣、食、住、行等得以生存繁衍的遗传素质及各种欲望。人的社会性是人性发展的条件。人是社会的人，任何人都处于一定的社会关系之中，没有人就不成其为社会，而没有社会，人就难以生存和发展。人的社会性是人的共同性和差别性的统一。人的主体性反映了个体将自己本身的生活及生命活动当作意识的对象，通过"自觉"和"自知"，达到"自动"和"自控"的特性。人所特有的自觉、自知和自动、自控性,即人的主体性,从根本上将人和动物区分开来。人的自然性、社会性及主体性在一定意义上具有依次递进的性质。人性假设虽然不直接是高校目标管理活动本身,但这是一切管理展开的基础,而任何管理实践总是在一定理论指导下活动的。

三、个体行为理论对高校人力资源开发与管理的实践指导

(一) 马斯洛的需要层次理论对高校人力资源管理的实践指导

马斯洛的需要层次理论认为,需要是人类内在的、天生的、下意识存在的,而且是按先后顺序发展的,满足了的需要就不再是激励因素。这一理论以人的需要为起点,关注目的性的、目标指向的行为,认为个体的目标是围绕着总体目标追求而组织起来的,契合了高校教师需要的特点,为实现高校人力资源管理中的需要激励奠定了基础。一是要根据需要制定目标。目标的制定要尽可能地同高校教师的各种需要有机结合起来,让教师参与目标的制定,把教师的需要融合、贯穿在目标之中,使教师的个人需要与学校的需要紧密相连。这样可以增强学校的凝聚力,使上下一心,共同实现目标。二是目标的设置要有科学性。目标要难度适宜,最佳的目标应该是乍一看似乎很难,但是稍加努力就可能达到的目标。目标应该是既有可行性,又有挑战性。目标若没有挑战性,就没有激励作用。三是目标的设置要明确、具体、有层次。要有远期的奋斗目标,又有近期的每年目标;既有学校的目标,又有各个院系、部门和教师的目标,尽可能地考虑到不同教师的认同感,有针对性地激励教师通过自我努力取得成就,满足自身需要。

(二) 激励理论对高校人力资源管理的实践指导

1. 高校人力资源管理中的双因素激励

高校人力资源管理是一种颇具特色的人力资源管理活动,借鉴双因素理论,增强高校人才的心理归属感,围绕相关需要做好管理工作,是高校实现人才强校的重要途径。首先要加大投入。维持基本的生活是人的第一需要,也是最基本、最重要的需要。高校要通过目标管理提高教

学质量、科研成果，就要为教师提供必要的生活条件，也就是"保健因素"，才能使教师"安居"。但提供必需的生活条件不是唯一因素，要使教师能够施展自己的才华，在教学科研工作中发挥其应有的作用，还要重视提升他们的成就感，强化工作本身的激励作用，强调在"保健因素"达到一定程度时，要着重发挥工作本身的激励作用，也就是要重视"激励因素"，使教师在安居的同时，还要使其乐业。

2. 高校人力资源管理中的成就动机激励

人的积极性来源于动机，而动机来源于人的需要。高校教师具有强烈的成功需要，而成功在不同人的眼中其定义是不同的。有人认为获得晋升是成功，有人认为得到尊重是成功，有人认为参与管理是成功，有人认为自我价值得到实现是成功，等等。因而在高校人力资源管理中，对实现了的目标，要采取以下激励措施：一是激励手段多元化，如物质激励、价值激励、培训激励、尊重激励、参与管理激励等，使每个教师的需要都有机会获得满足。例如，有的教师有强烈的权力需要，当他在实现目标上取得重大成果时，给其提供晋升的机会对他就具有巨大的激发力量；有的教师有参与管理的需要，当他在实现目标上取得成功时，给其参与学校管理的机会，对他就具有巨大的激发力量。二是激励手段动态化。即对同一名教师根据其需要的变化，对其激励的措施和方法要发生变化。不同时期同一个人的动机也是有变化的。目标满足人的动机的价值越大，就越有激发力量。要激发所有人的力量，必须实现激励手段的多样化和动态化。

3. 高校人力资源管理中的期望激励

一般来说，高校人力资源管理中的目标价值定位蕴含了行为的预期，且这种预期是以目标实现的可能性来调节管理客体的工作态度和工作行为的。在确立高校目标的过程中，要从实际情况出发并兼顾工作的方方面面。例如，在社会主义初级阶段，教师物质生活水平还不算高的情况下，必须把物质激励作为一种重要的方法和手段，特别是教师关心的住房、工资、奖金、福利等期望。一定要按照教师的贡献大小，实行大功大奖，小功小奖，真正体现按劳分配原则，打破过去分配中一直存在的平均主义。当然确立目标,激发期望心理的引导行为是一项细致的工作。需要指出的是:目标过高,令人望而生畏;目标过低,轻而易举就能实现,都不能激发人的积极性。此外,还有一个目标价值问题。没有满足人们精神和物质生活需要价值的目标,同样不能调动教师的积极性。另外,确定的目标要容纳教师个人的正确合理的目标,不要以为设置了激励目标、采取了激励手段,就一定能获得所需的行动和努力,并能使员工满意。要形成激励—努力—绩效—奖励—满足,并通过满足回馈努力这样的良性循环,取决于目标内容、考核制度、组织分工、目标导向行动的设置、考核水平、领导作风及个人心理期望等多种综合性因素。

4. 高校人力资源管理中的公平激励

高校人力资源管理要关注公平,强调按贡献分配的原则,打破论资排辈、轮流坐庄的恶性循环。在根据考核结果进行选拔、任用、奖惩的过程中,学校应客观地评价每位教师的成绩,减少因分配不公而引起人心涣散、消极对立等不良后果。高校管理者应该明白,影响激励效果的不仅有报酬的绝对值,还有报酬的相对值。激励时应力求公平,使等式在客观上成立,尽管有主观判断的误差,也不致造成严重的不公平感。公平理论着眼于分配公平,即个人之间可见的报酬的数量和分配公平。但由于受多种因素制约,事实上要做到最终分配结果的绝对公平是不可能的。在激励过程中应注意对被激励者公平心理的引导,使其树立正确的公平观:一是要认识到绝对的公平是不存在的;二是不要盲目攀比;三是不唯报酬,尽管劳动的目的是为了获取一定报酬,但过分强调报酬必然导致人们为追求物质利益最大化而忽视奉献精神,因而是在公平问题上造成恶性循环的主要杀手。高校在制定分配政策时应尽可能地考虑过程公开化、民主化,增加程序公平感。

(三)人性假设理论对高校人力资源管理的实践指导

人性假设理论在高校人力资源管理中的实践意义在于:第一,为大胆授权和分权管理提供思路,有助于改善传统管理中包得过多、统得过死的弊端,使组织成员自由指挥自己的活动、承担责任,创造良好的组织氛围，充分激发人的智慧潜能，更好地为实现组织目标和个人目标而努力。第二，扩大工作范围。以人性假设为基础的目标管理主要在于鼓励基层人员勇于承担责任，并为他们提供满足社会需要和自我需要的机会，为高校管理实行民主集中制奠定了基础。第三，参与咨询管理。实行这一措施的目的在于鼓励教职员工把创造性力量投向组织目标，使他们在涉及自身的事务上有某些决策权，给予教职员工更多的自主权和参与权，同样是为他们实现需要和自我需要创造条件。第四，实绩评价。不仅要有学校领导评价、单位主管评价、同行评议，还应包括自我评价，教职员工可以对照自己确定的目标进行评价，从而鼓励个人在实现学校目标过程中主动承担更多的责任。

第四节 团队管理理论

团队就是由少数有互补技能，愿意为了共同的目的、业绩目标和方法而相互承担责任的人们组成的群体。斯蒂芬·罗宾斯认为，所有的团队都是群体，但只有正式群体才能是团队。正式群体分为命令群体、交叉功能团队、自我管理团队和任务小组。团队管理是提高整体效益的根本。斯蒂芬·罗宾斯（1994）认为，高效团队应具有以下八个基本特征：明确的目标、相关的技能、相互间的信任、共同的诺言、良好的沟通、谈判的技能、合适的领导、内部与外部的支持。

一、团队管理理论的基本观点

团队管理理论的基本观点主要表现在以下八个方面：第一，采用团队管理既是个人的需要，也是组织的需要。个人加入团队主要是为了获得安全、地位、自尊、归属、权力及实现目标。组织采用团队主要是创造团结精神，使高层管理者集中精力进行战略性思考；提高决策速度，增强组织的民主气氛；激发员工创新，提升业绩。第二，维持一个团队有效运转必须具备四个相互关联的条件：团队内必须充满活力；团队内必须有一套为达到目标而设置的控制系统；团队必须拥有完成任务所需的专业知识，包括技术专业知识、运作方法的知识以及政治知识；团队必须要有一定的影响能力。第三，团队的领导有两种类型：一是先锋型，通过身体力行灌输给团队成员同样的品质；二是赤字型，根据薄弱环节进行补差。第四，团队管理需要适度的授权，团队管理的主旨就是委托与放权。第五，社会认同和社会表现决定团队工作能否取得成功。第六，尊重是团队管理成功的关键。第七，团队管理的有效运作需要成员间的技能互补、角色分工。第八，团队的创新精神需要有一个培养的过程。

二、团队管理理论在高校人力资源开发与管理中的理论价值

自20世纪90年代以来，信息和知识在高校管理中所起的作用越来越大，高校组织外部环境风云变幻和内部条件日趋复杂，团队管理也成为高校管理理论的研究热点。客观地说，团队正在高校管理方面发挥着80年代流行的组织文化所无法具备的功能和无法比拟的作用，并把组织文化理论朝纵深方向推进了一大步。

（一）院（系）领导班子团队

高校教学院（系）是承担教学、科研工作的主体，是人才质量培养的实践者，教学院（系）中的教学组织目标、教学质量目标、教学基本建设目标、人才培养目标等工作都需要领导班子进行管理决策。高等院校教学院（系）的领导班子的正确决策，是加强教学院（系）各项工作的领导、确保实现各项工作目标的关键，因此，开发教学院（系）领导班子团队的潜能，提升领导班子团队管理的水平，对提高教学质量具有重要的现实意义。

（二）教学管理团队

在高校目标管理中，教学目标是重中之重。但是，没有科学、先进的教学管理理念指导教育教学实践，就会出现无序的管理、盲目的管理、低效的管理甚至僵死的管理，就难以形成生动活泼、富有成效的教育教学局面。建立一支和谐的教学管理团队，是硬管理与软管理、科学

管理与人性化管理的整合，更是对人才的尊重和重视，是以人为本的表现。和谐的教学管理团队有助于高校全面、高效、低成本地提高教学质量，从而进一步提高毕业生的就业率，从整体上提升高校的地位和竞争力；有助于高校吸引更多的精英，从而有利于教学质量的进一步提高，也会推动教学质量管理的进一步革新。

（三）科研团队

高校科研团队建设是发挥高校人才和学科的集成优势，加强学科建设，增强学术实力的根本措施，也是促进科学研究、学科建设与人才培养有机统一的有效手段和组织形式。高校科研团队建设的目的就是集合我国科技经济和社会发展的需求，针对国际科技前沿领域、集成和发挥高层次创造性人才群体优势来提出和解决问题，不仅要提高承担重大项目的能力，出更多的原创性科研成果，更要注重学科建设和人才培养，发挥集成优势，提升学科建设水平、支撑学科建设发展。在高校管理中，建立科研团队已是大势所趋。

三、团队管理理论对高校人力资源开发与管理的实践指导

（一）依据组织结构选择团队

高校管理究竟采用哪种团队模式，与组织内部成员构成紧密相关。上述团队管理的先锋型模式和赤字型模式分别基于特定的人性假设。先锋型管理模式认为下属缺乏积极性、创造性和主动性，不愿或不敢承担责任，需要领导为其提供相应的方法指导；赤字型管理模式认为下属具有非常强烈的创造欲和成就欲，勇于或敢于承担责任，接受挑战性任务。在高校组织结构的扁平化、知识更新的加速化倾向日益凸显的信息化时代，赤字型管理应当成为一种首选模式，注重去培养下属，鼓励和支持下属承担更为艰巨的任务。

（二）依据组织规模激活团队

管理大师艾柯卡曾经说过："一个经理人能够有效地激励他人，便是很大的成绩，要使一个组织有活力有生气，激励就是一切。你也许可

以干两个人的话,可你成为不了两个人,你必须全力以赴,去激励另一个人,也让他激励手下的人。"对于规模较大的高校,更应当倡导、支持和利用团队管理来实现高校总目标。一个积极的、运转灵活的团队不但能使学校领导非常清楚地了解自己的目标体系,而且还会积极主动地与组织的其他部分保持友好的交往关系,使组织成员了解自己的目标以及学校的总目标。一般而言,以任务为导向的团队,往往易于接受新的工作方式,此时,倘若高校主管人员还能做到与这样的团队进行必要协商的话,团队成员为实现组织目标的积极性会得到充分展现。

(三)依据组织文化经营团队

组织文化是团队管理有效运行的一个关键因素。高效率团队一个很大特点是信任,即团队成员必须彼此相信各自的正直、个性特点、工作能力,相信彼此都是为了同一个目标而工作,这种信任在高校科研团队管理或联合攻关中尤为重要。但事实上,信任往往是脆弱的,它需要在理解的基础上,经过长时间才能建立起来。因为来自不同院系、不同学科、不同专业的教师很难在短时间内建立起理解。而管理者对团队成员的信任,主要表现为目标实施过程中管理的透明度和公开性,包括决策过程中所体现的高度公正、目标管理过程中所体现的共同参与以及各层次个人能力的不断提高等。基于这两种信任,在推行高校目标管理时,管理者必须致力于创造一种支持团队建设的、开放性的组织文化。这种文化既能支持团队成员积极开发自身潜能,建立一种勇于承担风险的自信心,又能接受来自基层对上级管理者制定的战略目标、管理模式的种种质疑,容许团队成员工作中的失败,从而达到团队成员创造性潜能的最大释放。

第五节 竞争战略理论

战略管理作为一门新兴学科诞生于 20 世纪 60 年代。美国管理学家钱德勒出版的《战略与结构》一书,首开组织战略问题研究之先河。由此,钱德勒被认为是研究环境、战略、结构之间关系的第一位管理学家,也是经典战略管理理论的主要代表人物。这一理论问世之后就成为世界尤其是工商界学术研究的前沿,极大地推动了管理理论的发展与创新,形成了名家辈出、学派继起的壮观之势。从理论演变的时序上看,它大致可以分为经典战略管理理论、竞争战略理论和核心竞争力理论。20世纪80年代,在战略管理理论中处于主流地位的是竞争战略理论,该理论也被称为定位学派。其创立者和代表人物首推美国当代著名管理学家、哈佛大学商学院的迈克尔·波特(Michael E. Porter),其主要贡献是在产业经济学与管理学之间架起了一座桥梁。

一、竞争战略理论的基本观点

为弥补经典战略管理理论缺乏对组织竞争环境进行分析的不足,美国战略管理学家迈克尔·波特将组织理论中结构—行为—绩效的分析模式引入战略管理理论研究之中,提出以产业(市场)结构分析为基础的竞争战略管理理论。竞争战略是一种管理思想,这种战略思想体现于五方面。

(一)行业结构分析

波特指出,行业结构分析是确立竞争战略的基石,理解行业结构永远是战略分析的起点。波特在分析行业环境中的行业结构和竞争组织的基础上,构建了一个制定竞争战略的模型,剖析了决定行业因潜在利润而带来吸引力的五种竞争力量:进入威胁、替代威胁、买方砍价能力、供方讨价还价能力和现有竞争对手的竞争,这就是著名的"五力模型"。

(二)基本竞争战略

为了成功地对付五种竞争作用力,波特提出了三种赢得成功的基本战略,即总成本领先战略、标新立异战略和目标集聚战略。在战略选择上,波特强调指出:"保持采用其中一种战略作为首要目标对赢得成功通常是十分必要的。"

(三)价值链理论

价值链是波特分析竞争优势所创造的重要分析工具。三种通用战略是确定组织竞争优势的方向，价值链则是从战术角度分析组织如何成功地实现竞争定位和竞争优势战略的操作工具。波特认为，每一个组织都是各种活动的集合，所有这些活动都可以用价值链表示出来。

（四）国家竞争优势理论

波特认为，组织可以将自己的竞争优势建立在两个不同的层次上。低层次的竞争优势是一种"低成本竞争优势"，而高层次的竞争优势则是一种"产品差异型竞争优势"。投资和创新是创造高层次竞争优势的至关重要的条件，基于此的"钻石体系"模型是国家竞争优势理论的基础。"钻石体系"包括四种主要因素：生产要素；需求条件；相关产业和支持性产业的表现；组织战略、组织结构和竞争对手。

（五）核心竞争力理论

进入20世纪80年代，愈加复杂的竞争环境使企业不得不把注意力从对外部环境的关注转向对内在力量的关注，借助于信息技术的发展，注重对自身独特的资源（尤其是知识技术）的积累和整合，以形成特有的竞争力，即核心竞争力。这样就形成了以资源、知识为基础的核心竞争力理论为主要理论支撑的新的战略管理理论。该理论认为，战略管理的关键在于培养和发展组织的核心竞争力。所谓核心竞争力，就是组织中积累的资源，特别是关于如何协调不同的生产技能和有机结合多种技术的学识。

基于战略管理理念的大学核心竞争力思想，就是把战略管理置于大学形成竞争力优势的核心地位。通过战略管理，使大学的核心竞争力中那些最为关键的、最能使大学获取和保持竞争优势的强势要素组合得到可持续发展。一般而言，用户价值性、独特性、能力难模仿性或资源专有性、能力延展性或资源可转移性、持久性应当成为大学核心竞争力所应具备的基本特征，这些特征应成为形成和培养核心竞争力要素的战略管理的基本依据。

二、竞争战略理论在高校人力资源开发与管理中的理论价值

随着高等教育国际化、大众化的发展和高校办学规模的扩大，高校

之间在学科品牌、就业率、专业建设、学科建设等方面的竞争日趋激烈。在这种高校发展与竞争环境中，为了取得高校的生存和发展，扩大各高校在国内外的学术地位与社会影响，各高校纷纷重视竞争战略的研究，以求从战略的高度适应新形势下高等教育发展的战略要求。从这种意义上说，在高校管理中引入竞争战略管理思想，是顺应历史发展的潮流，实现高校内涵发展与外延发展并进的需要。

(一) 有利于整合资源要素

从战略管理角度看，高校所具有的资源是指高校所拥有的一切可以用来增强竞争力的资产，可以是人力的、财力的、物质的、组织形式的、有形或无形资产等。高校除了拥有和利用内部资源外，还可以通过加大向社会开放的力度，挖掘和吸引外部资源，从而构成高校资源的新来源。如一些高校通过与社会合作办学、合作开发科研项目的途径，扩大了资源实力。为此，从战略上讲，高校资源从来源上可以分为内部资源和外部资源。其中内部资源主要包含师资力量、学科整体水平与优势学科、教学设施与设备、科研设施与设备、财政投入、校园文化、学校声誉、历史传统、知识产权、科研成果等10项要素。外部资源主要包含高校所处的地理位置、所在地区经济科技政治地位、自然环境、文化环境、政策制度、校友队伍、战略联盟、科技与教育中介组织、合作企业、以政府部门为代表的其他外部利益相关群体如中央和地方政府、教育行政部门、社会公众、其他高校等10项要素。

(二) 有利于开发能力要素

高校能力可以分为技术能力和支撑能力。其中技术能力是指大学要承担三大社会功能所必须具备的基本能力，包括教育教学理念、本专科生培养能力、研究生培养能力、教学组织与体制、教学人员素质、科研组织与体制、科研人员素质、科研综合能力、科技成果转化能力、社会服务与合作能力等10项要素。支撑能力是指大学高效率地、高效益地协调、利用各种资源并在大学竞争中发挥作用的基本技能。这种能力来自高校这种社会复杂组织的内部，它不存在于高校中的任何一个人员身上，而是体现在高校内个人之间、组织之间相互作用、相互配合产生的综合技能中，它包括办学理念、管理体制与运行机制、创新能力、资源整合能力、开放能力、内部资源协调能力、外部资源协调能力、学习能力、适应能力、人力资源管理能力等 10 项要素。

三、竞争战略理论对高校人力资源开发与管理的实践指导

波特的竞争战略理论独树一帜，其影响是广泛而深远的，其突出贡献是将组织战略理论动态化，突出了在战略制定中的决定作用。这一理论在高校人力资源管理中的实践意义在于：第一，有利于高等教育国际化。全球化及其所带来的挑战和希望成为国际生活中占主导地位的一个事实，必将深刻地冲击和影响中国的政治、经济、文化和社会生活，也必将对我国高等教育产生重大的影响。从竞争战略的角度研究高校人力资源管理，有助于提升高校的竞争能力，加强国际文化与教育相互理解、交流与合作。第二，有利于高等教育与市场机制对接。随着社会主义市场经济体制的确立，高等教育市场化成为发展必然趋势，而市场运作遵循竞争法则，追求卓越成为高校发展的目标，在高校目标管理中引入市场竞争机制，可以刺激消费，扩大内需，缓解就业压力，提高教育质量。

从战略管理角度思考，如何进行人力资源管理以创造一所大学可持续的竞争力呢？如前所述，大学核心竞争力要素就是构成大学竞争力要素中的那些关键的、强势的要素，即用户价值性、独特性、能力难模仿性或资源专有性、能力延展性或资源可转移性、持久性等核心竞争力要素。基于战略管理视角，对这些要素进行战略目标管理以发挥"关键的、强势的"要素作用，是大学实现战略目标管理理念、提高核心竞争力的重要环节。无论何种管理，都是与时限问题紧密联系在一起的，战略管理也必然要以时限为依据。高校管理中的目标有短期目标、中期目标和长期目标，战略管理从时限上分为短期、中期和长期发展规划。高校短期发展规划是高校为应对短期内周边环境与内部发展状况的双重挑战，通过高校成员的共同努力，在系统诊断学校已有条件和发展潜力的

基础上，确立人力资源短期内发展目标、优先发展项目进而制订出的一个行动计划，时限往往为五年以下；中期发展规划主要将发展战略目标加以细化，从教学、科研、社会服务等方面确定学校的优先发展目标，时限往往为五至十年。规划内容主要是通过分析发展要素，找准制约学校发展的瓶颈，选准学校发展的重点、关键和突破口，确立学校优先发展的人力资源目标及需要完成的主要任务、管理方法革新、监控和评价机制建立、管理体制和管理制度的创新、教育理念重构、国际化进程与学校产业发展、校区协调发展等；长期规划主要侧重于战略构想，指明学校的发展方向，是对未来一定时期学校事业发展前景所做出的规划，时限往往为十年以上。学校通过对自身资源进行全方位的梳理，明确学校的优势和特色以及在同行中所处的位置，在此基础上明确学校发展目标，明晰学校的性质、类型和水平，制定人力资源发展目标、发展方向、发展道路、战略构想等。

中篇

高校人力资源开发研究

第五章　高校人力资源的战略规划

高校是为社会培养人才的高地，不仅要为经济社会高质量发展提供智力和人力支撑，也要为自身高质量发展提供核心竞争力。做好高校人力资源的战略规划，是充分利用高校人力资源开发好社会人力资源的一项重要措施。本章主要研究高校人力资源战略规划的内涵与意义、依据和方法、现状与问题，以及新时期高校人力资源规划的新目标与新要求。

第一节　高校人力资源战略规划的内涵与意义

一、高校人力资源战略规划的内涵

高校人力资源是围绕高校教育改革发展目标的实现而动用的一切校内外人力的总和。其中校内人力资源主要有教学科研人员、行政教辅人员、后勤服务人员、离退休教职工和在校学生；校外人力资源主要有政府机关、社会团体、慈善机构和社会民间人士等[1]。优秀的人力资源是高校实现高质量发展的基础，是高校获取竞争优势的第一资源。

高校战略管理是着眼于高校实际和未来发展的前瞻性管理。从开发人力资源的角度出发，高校战略管理是从内外部环境的视角识别威胁和

---

[1] 降富楼.创新驱动发展战略下高校人力资源管理对策研究[J].国家教育行政学院学报，2016（8）：40-43.

机遇、问题和挑战，是站在整个学校全局的高度来提高效率，并且根据内外部环境的不断变化来调整战略思想、战略目标、发展策略的管理方式。高校战略规划是在高校战略管理思想指导下设定的实践计划。

高校人力资源战略规划是指高校为实现自身发展和达到既定目标，从高校的整体战略规划和目标出发，根据内外部环境和条件的变化，科学有效地预测未来人力资源的供给和需求状况，制定相应的政策和措施，使高校能够有效实现人力资源充分开发、优化配置、有效激励与合理使用的过程，其目的是达成人力资源供需平衡与高效利用，以此保障发展的需要和目标实现的规划。高校人力资源战略规划是高校整体战略规划的重要构成部分，是指导高校各项人力资源管理工作有序开展与进行的依据。

在当前经济社会高速发展的背景下，人才流动、政策因素、社会劳动力市场供给的情况都发生着巨大的变化，面对这些可预测或不可预测的影响因素，高校制定合理、完备的人力资源战略规划，是充分利用高校人力资源的重要措施。高校在确定招生计划、招聘计划、教学改革计划、人才培养计划等的背景下，对本校人力资源进行合理部署，并及时对未来三年、五年甚至十年的教育大环境进行预测，使高校能够充分利用当前的师资队伍完成教育升级、战略实现等。总的来说，高校人力资源规划是指高校为达到教育体制改进、完善，为达到既定目标，对未来师资队伍的供给进行科学的预测，设定一定的体系和方案，确保本校能够完成战略目标的一系列手段。

高校人力资源战略规划可以分为两个层次：一是总体规划，是指高校为对现有（包括有可能开发的）各种人力、物力资源进行有序有效的开发和利用而设定的总体计划和安排，主要由学校设定；二是具体计划，指为保证总体规划的实现而制定的各方面的计划，如教师招聘、教师培训、教师开发、教师配置，以及招生、教学、科研、管理、后勤等方面的人力资源计划，主要由各行政部门及二级学院与学校协商制订。

二、高校人力资源战略规划的特征

高校人力资源战略规划具有下列特征：

一是目标的战略性。高校人力资源战略规划服务于高校整体的发展战略，是为了保证实现高校的战略发展目标而实施的一系列行动方案之一，是高校整体发展战略规划的重要组成部分。它要以高校整体的发展战略目标为依据，随高校和国家整体的战略目标而变化，表现出战略性特征。

二是制定的前瞻性。高校人力资源战略规划建立在对高校人力资源需求的分析和预测基础上，通过对高校在过去和未来教育、教学、科研、运营管理的纵向分析和对当下教育资源和环境现状的横向考察，找到高校人力资源供给和需求发展变化的相应规律，从而科学系统地制定相应政策和措施，以保证高校在不同时间和不同岗位上获得所需人才，并使高校与教职工的长期利益得到充分满足[①]。可以说，制定前瞻性的规划是现代高校人力资源开发与管理的逻辑起点。

三是观照的综合性。高校人力资源战略规划是将组织发展战略系统地融入职务编制、人员配置、教育培训、薪金分配、职业发展等人力资源管理的方方面面，同时汇集各学院和部门的人力资源需求和意见，制定出行之有效的战略规划，从而整合协调高校及各部门、学校各种因素和资源的过程，是一种全面而长远的组织计划安排。

四是实施的动态性。高校的内外部环境在不断变化，这种变化意味着高校对人力资源供需的动态变化，高校人力资源战略规划的实施必须服从于高校内外环境变化的需要，同时需要及时适应高校内外环境变化而做出相应反应，不会一成不变。因此，在制定规划或者实行规划的过程中，会留有一定的变动空间，以适应有可能发生的内外环境变化。

五是结果的多赢性。高校人力资源战略规划要达到的是人力资源供

---

① 邢周凌，周文斌. 基于高校战略的人力资源规划研究[J]. 现代教育科学，2008（4）：109-111.

给从数量、质量、结构上都满足实际需求,使组织能够高效地达成目标。它通过最大限度地开发利用组织人力资源,为员工的自我发展创造良好的条件,同时充分发挥每个员工的积极性、主动性和创造性,有效地激励教职工提高专业能力和素质,从而达到"人尽其才,才尽其用"的目的,以实现人力资源的最佳配置和动态平衡,完成高校的战略目标,并在实现组织目标的同时实现个人的自我价值。因此,高校人力资源战略规划对于员工和高校来说是互相受益的。

三、制定高校人力资源战略规划的意义

(一)有利于高校发展战略规划的制定和完善

人力资源规划是高校发展战略的重要组成部分,同时也是实现组织战略目标的重要保证。高校对人员的需求量、供给量、职务、人数以及教学任务的调整,都需要通过人力预测规划来实现,而人力资源规划则为高校的整体规划和各项调整提供了准确的信息和依据。因此,人力资源规划既要对高校的人力资源现状进行分析,又要预测其发展变化趋势,对高校人力资源管理的各项活动进行动态调整。这样有助于高校以发展的视角制定和完善组织的战略目标,从而增强组织的生存和发展能力,提高组织的核心竞争力[①]。

(二)有利于增强高校对内外环境的适应性

影响高校生存和发展的内外部环境因素总是处在不断地变化之中,因而要求高校在各方面不断做出相应的变化,这样就会直接或间接地影响组织人员队伍的构成;同时,内外部环境的变化要求组织内部进行各种变革,也必然导致高校对人员结构进行相应调整。为了克服环境变化对组织带来的消极影响,人力资源规划必须要前瞻性考虑招聘、培训和教职工的发展政策。在某种意义上说,人力资源规划就是要预见内外环境变化将要对高校人力资源产生的影响与变化,并且及早进行准备,这

---

① 杨喜梅,范皓. 人力资源管理理论与实务 [M]. 天津:天津大学出版社,2018:75.

(三) 有利于确保高校发展对人力资源的需求

人力资源规划是在对高校人力资源状况的全面分析和评价的基础上进行的，内外部环境的变化往往会引起人员数量和结构的变化，而由于人力资源的特殊性质，这些变化造成的影响往往会有一定的时滞。因此，为了保证高校人员供需稳定，人力资源部门必须持续地分析组织人力资源的需求和供给之间的差距，并制定必要的人力资源获取、利用、保持和开发策略，从而确保高校在内外部环境变化以及发展过程中对人力资源的需求得到满足[2]。

(四) 有利于实现人力资源配置最优化

高校的自身发展需要大量的人力、物力和财力资源的投入，无论是学校规模的扩张还是招生数量的增加，以及人才培养能力的发展，都必须借助一系列资源。许多高校的建设资金是由国家进行财政、经济上的投资与补偿，从这个角度来看，高校进行科学有效的人力资源规划有助于高校合理地利用各项扶持资金，使高校教职工有效开展相关的教育工作以及科研工作，能够提供高效的运行方案，协调高校组织内部资源的合理配置，使组织的工作效力达到最大化水平[3]。

(五) 有利于促进高校人力资源管理活动的开展

人力资源规划是高校发展规划的重要组成部分，也是开展各项人力资源管理工作的依据，对促进人力资源管理活动的开展、统一和协调各项人力资源管理职能起到重要作用[4]。加强高校人力资源规划，可以通过分析现有人力资源状况，找出现存的阻碍人力资源发展的主要矛盾和

---

[1] 胡欣. 招聘与录用 [M]. 上海：同济大学出版社，2018：27.
[2] 董克用，李超平. 人力资源管理概论 [M]. 5 版. 北京：中国人民大学出版社，2019：153.
[3] 李佳. 战略人力资源管理视域下的高校教师队伍建构 [J]. 黑龙江高教研究，2014 (8)：87-89.
[4] 杨喜梅，范皓. 人力资源管理理论与实务 [M]. 天津：天津大学出版社，2018：75.

问题，并制定相应的措施，更好地发挥规划的指导作用，进一步提高人力资源管理水平。

（六）有利于控制人力资源成本和提高使用效率

人力资源规划有助于检查和测算出人力资源规划方案的实施成本及其带来的效益，能够预测组织中潜在的人员过剩或不足，将教职工的数量、质量和结构控制在合理的范围内。通过人力资源规划预测高校人员的变化，调整高校的人员结构，做到适人适位。同时，通过培训考核等活动的开展进行人员的开发和调配，使人员配备不断达到优化组合，让教职工最大限度地发挥自己的才能和作用，提高教职工的工作效率，从而最大限度地削减经费、降低成本，创造最佳效益，提高竞争优势，这是高校持续发展不可缺少的环节。

（七）有利于调动教职员工的积极性和创造性

人力资源规划既要面对学校的整体规划，也要考虑教职工个体的规划。因此，人力资源规划在制定和实施过程中，既要以实现高校战略目标为中心，也要遵循"以人为本"的理念，充分考虑教职工的发展问题，满足教职工的个人需求（包括物质需求和精神需求），这样才能激发教职工持久的积极性，并保持对教学和科研的热情。教职工在人力资源规划的指导下，能更好地明确自身目标和定位，进而将个人需求和学校发展联系起来，在工作中获得教书育人的成就感。

第二节　高校人力资源战略规划的方法和程序

一、高校人力资源战略规划的依据

（一）高校发展的时代背景

时代背景就是在特定历史情况下形成的政治、经济、文化、外交等各方面的特定形势。高校发展必须与社会发展相适应，在不同的时代背景下，社会各行各业对人才的要求逐渐提高，对优秀人才的需求量不断增大,这就要求我国高校在新的形势下对人才培养的计划进行调整与改变。这种调整与改变后的计划就是制定高校人力资源战略规划的重要依据。

(二) 高校发展的内外环境

相对于时代背景而言,高校内外环境是从中观和微观层面来讲的。内部环境包括高校自身发展整体战略、人力资源、组织管理状况等;外部环境主要包括所在区域的经济发展水平、地域文化特色等。一所高校所处的内外环境对高校发展的影响是多方面的,也是制定高校人力资源战略规划需要考虑的重要因素。

(三) 高校自身的特色定位

高校的办学特色是指高校在一定办学思想指导下和长期办学实践中逐步形成的独特的、优质的、富有开创性的个性风貌。办学特色主要反映在目标特色、学科特色、专业特色、文化特色、模式特色、环境特色、校长特色、教师特色与学生特色等方面。在多元化的现代社会里,特色化办学是高等教育改革与发展的重要趋势,因为有特色就有发展,有特色就有实力。这种实力来自各种特色所形成的合力:目标有特色可产生导向力,专业有特色可产生生长力,模式有特色可产生发展力,环境有特色可产生吸引力,教师有特色可产生影响力,学生有特色可产生竞争力。总之,学校有特色才能提高办学的效力,形成办学的活力,进而使学校产生强大的生命力。从特色发展的角度来讲,高校人力资源战略规划必须体现高校自身的特色定位。

(四) 高校发展的战略规划

高校发展战略规划是每所高校立足于现实对未来发展的方向与目标等做出的系统性、整体性设计,是一种带全局性的总体发展规划,它包括战略指导思想、战略目标、战略阶段、战略重点和战略措施等五个方面的内容。战略规划对高校的发展具有引领、动员、凝聚与规范等作用①。要实现高等教育高质量发展战略,高校人力资源战略规划必须服务于高校战略规划。

二、高校人力资源战略规划的方法

(一)综合分析影响高校人力资源战略规划的各种因素

做好高校人力资源战略规划,首先要对影响高校人力资源战略规划的时代背景进行综合分析。时代背景包括国际背景与国内背景。当前正处于国际形势大变动、中国社会大转型的历史时期。从国际形势看,高等教育改革发展正面临着经济全球化、政治多极化、社会信息化与文化多元化趋势的影响,国家间的科技与人才竞争日趋激烈。从国内形势看,我国正处于现代化建设的新阶段、体制转轨的攻坚阶段、社会矛盾的多发时期。综合判断国际国内形势,我国各级各类高校的改革发展既面临着各种机遇,如知识经济化、经济知识化的迫切要求,使大学教育的地位迅速提升;科学技术经济一体化的趋势使大学教育的功能不断扩张;全球化趋势使大学教育的市场有了较大拓展;综合化与信息化趋势使大学教育的效率极大提高;产业化与社会化趋势使大学环境得到不断优化。社会大变革也给高校发展提出了一系列严峻的挑战,如科技与经济的发展、产业结构与就业结构的变化、全球化趋势的增强与国际竞争的加剧对大学的培养目标、专业结构、培养模式等都提出了新要求;全面建成小康社会目标的提出,要求大学对自己的历史使命与社会功能进行重新定位;信息的共享与网络传输的自由,暴露了传统大学教育中存在的许多薄弱环节;体制转轨与社会转型过程中出现的价值取向多元化、社会分化加剧等也使大学教育面临着许多值得研究的新问题。首先要对影响高校人力资源战略规划的时代背景进行综合分析。其次要对影响高校人力资源战略规划的各种环境因素进行分析。高校环境因素包括社区环境、经济环境、政策环境、文化环境等。高校作为储存、传播、运用知识的"知识库",培养高素质专门人才的"培养所",新知识、新

---

① 别敦荣. 高校发展战略规划的理论与实践 [J]. 现代教育管理,2015 (5):1-9.

技术、新思想的"辐射源",知识物化、科技转化的"孵化器",在推动国家和地方发展中承担的功能与职责是不尽相同。高校,尤其是行业高校和地方高校在人力资源的开发、引进和培养的目标与模式上,必须有自己的特色。只有突出特色,确定不同的人才培养目标,构建不同的专业结构,培养不同的师资队伍,创造不同的人才培养模式,才能做到因地因时、因情制宜地合理发展。

(二) 紧密围绕高校发展的战略规划制定人力资源战略规划

高校发展战略规划所要关注和着力解决的主要是事关高校发展的几个问题:一是全局性问题,即影响高校整体发展的问题;二是长远性问题,即不仅影响高校现在,更影响高校未来发展的问题;三是关键性问题,即那些制约高校发展的瓶颈问题。高校发展战略规划要突出高校如何实现人才培养、科学研究和社会服务三大职能,而高校又具有结构复杂、目标多元的组织特性,高校发展战略规划的目标和任务需要融入到各个相应的组织部门、职能机构的种种活动中才能最终落实和完成。高校人力资源战略规划主要涉及高校人力资源管理部门和各个二级管理单位,关注的主要是人力资源在本部门、本系统的充分开发、优化配置、合理使用与科学管理上的问题。高校发展战略规划与高校人力资源战略规划是整体与部分的关系。高校人力资源规划的根本目的是支持与服务学校的整体发展战略,制定合理的人力资源战略规划是实现高校整体战略的重要保障。因此,在制定高校人力资源战略规划之前,必须要认真研究高校整体发展战略,明确学校的办学宗旨、办学理念、办学特色,以及学校的发展目标和愿景,研究在人力资源战略规划中通过哪些途径来实现学校整体的发展战略目标。

(三) 有效利用高校人力资源需求和供给预测数据

制定学校人力资源战略规划,必须首先做好和有效利用学校人力资源需求和供给预测。因此,对人力资源战略规划中的人员需求与供给预测方法的研究就显得尤其重要。

高校人力资源需求预测通常有四个步骤,即对现实人力资源需求分析、对未来人力资源需求预测、对未来人力资源流失预测、对高校整体人力资源需求预测。高校人力资源需求预测的方法可分为定性预测法和定量预测法两大类。定性预测法是指预测人员运用自身的智慧、经验和直觉进行预测和判断的预测方法。定量预测法是指运用数学模型进行预测的预测方法[①]。常见的定性预测法有主观判断法、德尔菲法、成本分析法、趋势分析法等。

高校人力资源供给预测的主要方法有两种，即内部因素预测和外部因素预测。内部因素预测是对高校内部人力资源供给总量及质量变化情况的预测，包括内部员工的晋升、离职及退休等都可造成教职员工数量和结构的变化。高校内部的培训投入、培训质量、选拔策略、激励措施等直接影响着高校员工质量变化的分析。内部因素预测是高校人力资源供给预测的基础。由于高校的职位空缺不可能全部由内部供给解决，高校内的人员基于不同的原因退出工作岗位也是不可避免的，这就需要高校不断从外部补充人员。外部因素预测是对高校外部人力资源供给的可能与变化情况的预测。常见的人力资源供给预测模型主要有人员接替计划模型、马尔可夫（转换矩阵）模型、人员技能清单、岗位接替方法等。

在做好人力资源供需两方面预测的基础上，还必须做好人力资源的供求平衡分析。这是做好高校人力资源战略规划工作的核心与目的所在。高校人力资源的综合平衡主要从三个方面来进行：一是人力资源的供给与人力需求的平衡。高校人力资源供给与需求的不平衡有三种类型，即人力资源不足、人力资源过剩和两者兼有的结构性失衡。人力资源的供给不足主要表现在高校的学生规模扩张和新专业领域的开拓时期，因而需要增加新的人员补充，补充的途径有外部招聘、内部晋升、人员接任、技术培训等。同时高校人员净补充阶段也是人力资源结构调整的最好时机。高校在原有的经营领域中也可能出现人力资源不足，比如人员的大量流失，这是一种不正常的现象，表明高校的人力资源管理

---

① 胡欣. 招聘与录用[M]. 上海：同济大学出版社，2018：35.

政策出现了重大问题。结构性失衡是高校人力资源供需中较为普遍的一种现象，在高校的稳定发展状态中表现得尤为突出。平衡的办法一般有技术培训计划、人员猎头计划、晋升和外部补充计划。其中外部补充主要是为了抵消退休和流失人员空缺。二是各项专项人力资源计划间的平衡。高校的人力资源规划包括人员补充计划、培训计划、使用计划、晋升计划、薪资计划等，这些专项人力资源计划之间有着密切的内在联系。因此，在人力资源规划中必须充分注意它们之间的平衡与协调。如通过人员培训计划，使受训人员的素质与技能得到提高后，必须与人员使用计划衔接，将他们安置到适当的岗位。人员的晋升与调整使用后，因其承担的责任和所发挥的作用与以前不一样，必须配合相应的薪资调整。唯有如此，高校的人员才能保持完成各项任务的积极性，各专项人力资源计划才能得以实现。三是组织需要与个人需要的平衡。组织的需要和组织成员的个人需要是不尽相同的，解决这对矛盾的方法主要是方向引导、教育动员、做思想工作等。

（四）构建运用高校人力资源规划信息系统

做好高校人力资源战略规划还必须构建和运用好人力资源规划的信息系统。随着科学技术的发展与大数据时代的到来，为了提高人力资源的开发使用效率，许多组织，包括高校都会利用计算机技术、网络技术来建立各种现代大数据信息管理系统。人力资源规划信息系统就是高校对人力资源方面的信息进行收集、加工、存储和利用的一个信息系统。

构建高校人力资源规划信息系统既是制定高校人力资源战略规划的一项基础性工作，也能为高校领导者和人力资源管理部门平时的分析与决策提供许多必不可少的信息，使高校人力资源管理更加科学化。这种作用主要有：一是能为人力资源规划建立人事档案，通过这个档案既可以了解当前高校人力资源的状况，又可以预测未来的人力资源需求状况，这两种信息都是做好高校人力资源战略规划的基础。二是能为高校领导者和主管机关进行有关人力资源的决策时提供各种报告和资料。领导者在进行人力资源方面的决策时，往往需要大量的相关资料，如用于日常管理的工作性报告，包括岗位空缺情况、新员工招聘情况、辞退情况、退休情况、提升情况和工资情况等。学校主管机关在分析本校人力资源情况及进行相关研究时，也有赖于资源规划信息系统提供相关数据。总之，构建人力资源规划信息系统，是做好人力资源战略规划和进行人力资源管理的一项基础性工作，它可为决策者提供许多必不可少的决策信息，使管理和决策更加科学化。

高校人力资源规划信息系统的构建原则：一是简洁性原则。人力资源规划信息系统只需能达到既定的目的，产生需要的结果就行。结构简洁化可以使处理过程缩短并使数据和信息采集、处理和传输的费用减少，人力资源信息管理人员也能够比较容易地掌握系统的各项功能。这样，系统比较容易被采纳，工作人员间的配合也易搞好。二是灵活性原则。人力资源规划信息系统应具有足够的灵活性，以便在条件变化以后仍然能提供详尽的、具有现实意义的有关信息。在此基础上设计出来的系统能适应最新的情况，且能随时为人力资源管理部门进行有效管理提供所需的重要信息。三是统一性原则。统一性便于人力资源规划信息系统共同进行数据采集，便于它同别的系统联系。系统的输入和输出形式、数据传递的语言等都要注意统一性。四是可靠性原则。可靠性能使人力资源信息系统赢得用户的信任并使之乐于采用。信息系统只有可靠，才对人力资源管理有用。五是经济性原则。如果人力资源规划信息系统的投资和运行费用得不到相应补偿，那么这种系统就失去了存在的理由。因此，系统设计必须建立在能给组织带来相应的利益的基础之上。

高校人力资源规划信息系统构建是一个复杂的过程，一般要经过五个阶段：一是系统建立准备阶段，包括人力资源系统现状分析，建立信息系统的目标、功能、所需资源分析，以及信息系统的建立方法、限制条件分析等；二是系统分析阶段，包括系统调查、需求分析、系统逻辑设计等过程，在对人力资源的现状进行分析的基础上，找出存在的问题，为系统逻辑设计提供依据；三是系统设计阶段，即根据新系统的逻辑模型，以及选定的计算机系统配置，构造出人力资源的人事档案、工资福利等信息进行数据库设计以及处理功能、代码、输入/输出等，设计出新系统的物理模型；四是系统实施阶段，即将系统设计的结果转换成计算机系统中可运行的信息系统,并进行设计与调试、系统调试、人员培训、系统转换等工作;五是系统评价与维护阶段,即系统转换并投入正式运行时应进行一次评价,对系统的工作质量和效益情况进行评判,看其是否达到系统设计阶段提出的目标。

三、高校人力资源战略规划的程序

为了有效地实现高校战略目标,人力资源战略规划必须按照一定的程序进行,通常包括调查分析、预测供需、制定规划、实施与评估四个阶段,如图5-1所示。

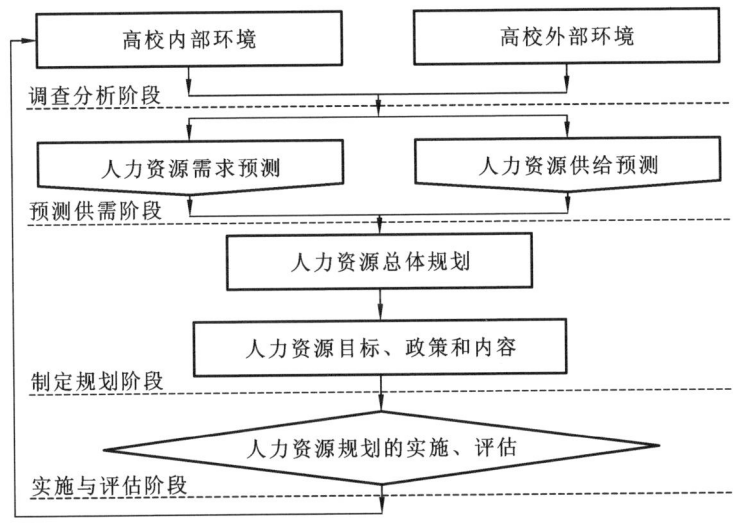

图 5-1　高校人力资源战略规划流程图

(一)调查分析阶段

调查分析阶段是准备阶段,主要工作是收集信息。信息的质量直接决定规划的质量,因此需要认真地调查、收集有关信息,对学校内外部环境进行综合调查、评价和预测,包括现状分析、预测分析、战略愿景、战略目标、战略重点、战略规划和保障措施等,为后续工作做好必要的资料准备。

首先,要进行高校内部环境分析,主要包括整体战略、组织管理、人力资源现状和整体状况等。整体战略是高校宏观方面的计划,对高校内的所有运营活动都有指导作用。组织管理主要包括高校现有的组织结构、管理制度、管理风格、学校氛围、薪酬方案、高校文化等。人力资源现状主要包括人力资源数量、素质、年龄、工作类别、岗位等,同时涉及教职工价值观、员工潜能等。整体状况主要包括学校创造或维持竞争优势的各种能力,学校的特色、优势,存在的不足和劣势,包括办学规模、办学条件、学科及专业设置、科研水平、教育质量、学校的知名度与形象等。通过对内部环境的整体分析利用,可以清楚地了解自己的相对优势,制定出更加符合自身特点的人力资源战略规划,从而为高校发展与对外竞争建立坚实的内部支撑。

其次,要进行高校外部环境分析,主要包括政治、经济、技术、社会文化等因素。同时,要留意其他高校在学科建设、机构设置、招生就业政策等方面的重大调整,时刻关注党和国家以及教育部门的相关政策,以便根据环境的变化及时采取应对措施。进行外部环境的分析,需要建立科学有效的人力资源信息系统,随时更新修正,为人力资源战略规划的制定和实施服务。

(二)预测供需阶段

这一阶段的主要任务是在充分掌握相关信息的基础上使用有效的预测方法,对高校未来某一时期的人力资源供给和需求做出预测,这是制定各种人力资源政策、计划和方案的基础,在人力资源规划中处于核心地位;在预测完成之后,要对供求数据进行比较,从而采取有效的平衡措施。

1. 高校人力资源需求预测

高校人力资源需求预测是指根据高校的发展规划和高校的内外部环境,选择合适的预测方法,对高校人力资源需求的数量、质量和结构进行预测,包括短期预测和长期预测、总量预测和各个岗位需求预测。人力资源需求预测的典型步骤包括:一是进行现实人力资源预测;二是进行未来的人力资源预测;三是进行未来的人力资源流失预测;四是得出人力资源需求预测结果[①]。

2. 高校人力资源供给预测

高校人力资源供给预测是指为了满足高校未来对人力资源的需求，根据高校的内部条件和外部环境，选择合适的预测方法，对高校未来从内部和外部可获得的人力资源的数量和质量进行预测，包括组织内部人力资源供给预测和组织外部人力资源供给预测。组织内部人力资源供给预测即内部拥有量预测，也就是根据现有人力资源及未来变动情况，规划时间点上的人员拥有量；组织外部人力资源供给预测即预测各规划时间点上的各类人员的可供数量。人力资源供给预测的典型步骤主要包括三个阶段：一是进行内部人力资源供给预测；二是进行外部人力资源供给预测；三是将高校内部人力资源供给预测数据和高校外部人力资源供给预测数据汇总，得出高校人力资源供给总体数据[②]。

3. 确定人力资源净需求

在对人力资源未来的需求与供给进行预测的基础上，将高校人力资源需求的预测数与在同时期内高校本身可供给的人力资源预测数进行对比分析，从比较分析中测算出各类人员的净需求数。这里所说的净需求既包括人员数量，又包括人员的质量、结构，即既要确定需要多少人，又要确定需要什么人，把数量和质量对应起来[③]。这样才能够使人力资源的补充和需求达到一定的平衡，从而减少由于人力资源过剩而造成的浪费和人力资源不足造成的制约。同时可以有针对性地进行人员招聘或培训，也为高校制定有关人力资源政策和措施提供依据。

（三）制定规划阶段

人力资源规划的制定是高校人力资源战略规划程序的实质性阶段，其内容主要包括总体规划和业务规划。人力资源总体规划的制定一般包括：与高校有关的人力资源规划目标任务的说明；有关人力资源管理的

[①] 胡欣. 招聘与录用 [M]. 上海：同济大学出版社，2018：31.
[②] 胡欣. 招聘与录用 [M]. 上海：同济大学出版社，2018：32.
[③] 胡欣. 招聘与录用 [M]. 上海：同济大学出版社，2018：32.

各项政策及有关说明；内部人力资源的供给与需求预测；外部人力资源情况与预测；人力资源净需求等。制定高校人力资源整体规划时，需要注意与高校的发展战略目标和总体发展规划相协调，注意与业务规划之间的协调，注意与教师个人发展之间的协调融合。每一项人力资源业务规划都包括目标、任务、政策、步骤和预算等要素，要使人力资源规划成为指导高校高质量发展的实用性依据，业务规划就要具体、详细，具有可操作性[1]。

（四）实施与评估阶段

人力资源规划的价值在于实施，在实施过程中需要进行定期或不定期的评估。

1. 人力资源规划的实施

人力资源规划的实施是一个动态的过程，包括对规划的审核、执行、控制和反馈等步骤。审核是指对人力资源规划的质量、水平和可行性进行的评价工作，是制定规划不可或缺的环节。执行是指逐项落实规划的内容和要求。控制是指为了保证规划内容的顺利实施，在必要时对规划本身进行必要的调整和修正，以改进和推动人力资源管理工作。反馈是指规划的实施情况和结果要及时地反馈到相关的人员和部门。

2. 人力资源规划的评估

在实施人力资源规划的同时，要进行定期与不定期的评估。人力资源规划的评估包含两层含义：一是指在实施过程中，要随时根据内外部环境的变化来修正供给和需求的预测结果，并对平衡供需的措施做出调整；二是指要对预测的结果以及制定的措施进行评估，对预测的准确性和措施的有效性做出衡量，找出其中存在的问题以及有益的经验，为以后的规划制定提供借鉴和帮助[2]。同时在评估的过程中，要注意征求院系、部门以及相关人员的意见，保证评估结果的及时、客观、公正和准确。

---

[1] 胡欣. 招聘与录用[M]. 上海：同济大学出版社，2018：33.
[2] 胡欣. 招聘与录用[M]. 上海：同济大学出版社，2018：34.

第三节 高校人力资源战略规划的现状与问题

了解高校人力资源规划的现状，能够认识到当下高校在制定和执行规划中普遍存在的问题，然后依据问题提出相应的对策，使高校的人力资源管理活动有效规避存在的问题，从而提升人力资源管理的综合水平，进而提升高校的整体管理能力，实现可持续的高质量发展，以及更好地实现规划目标。

一、高校人力资源战略规划的现状

（一）规划制定遵循程序

为了有效实现组织规划目标，人力资源规划的制定都遵循着既定的程序，主要包括调查分析阶段、预测供需阶段、制定规划阶段、实施与评估阶段。第一，在调查分析阶段，高校通常会进行组织外部环境分析和组织内部环境分析，组织外部环境分析中最重要的因素是劳动力市场、行业发展状况、政府的政策和职业价值观，组织内部环境分析主要涉及运营战略、组织管理和组织的人力资源现状等；第二，在预测供需阶段，则会进行人力资源需求预测和供给预测，从而确定人力资源净需求；第三，在制定规划阶段，则主要制定人力资源管理目标、人力资源管理政策和人力资源规划内容；第四，在实施与评估阶段，则会进行定期或不定期的评估。当前多数高校在制定人力资源规划时都会严格按照上述程序进行，因此能有效保证规划的科学性和实用性，对于促进高校管理能力提升起到了积极作用。但是严格按照程序进行，也可能使规划程序固定化，相关的规划理论难以得到更新和进一步发展。

（二）规划创新难有成效

随着知识经济时代的快速发展变化，各高校也在积极变革管理方式和体制机制，努力紧跟时代步伐，适应新时代变化需要。但是高校在改进人力资源管理体制时却往往难有成效，一方面是因为精通高校人力资源开发与管理方面的人才较少，另一方面是因为业务规划框架改进跟不上业务内容变化，因此在制定和改进制度时尚缺乏开拓能力。例如在人力资源规划中的总体规划和业务规划方面，总体规划的内容往往会同以往有较大变化，因此会更有利于规划形式的创新；而业务规划则包含了人员补充规划、人员配置规划、人员晋升规划、人员培训开发规划、员工关系规划、退休解聘规划等，在内容和形式上更为细致繁杂，而且业务规划框架难以改变，因此在制定业务规划时往往沿用旧有规划框架，只进行相应的内容更新，所以业务规划的框架改进就会更为困难。

（三）人才发展规划失序

从宏观上看，当前中国正从高速发展转向高质量发展，经济社会发展取得了举世瞩目的成就，但因此也受到了国外的人才技术打压，国际大环境发生了一定变化。国家进一步意识到了独立自主和自力更生的重要性，加大了对人才技术的投入。从微观上看，由于扩招、"双一流"建设等诸多因素的影响，很多学校在人力资源的发展思路上体现出了很大的盲目性，或者是某些专业因为大环境变化产生需求而匆忙发展此类方向的教师，在此过程中缺乏科学、长远的发展规划。这也就造成了人员选择的不确定性以及当外部需求变化时，人员需求再次面临人力资源缺失的矛盾。人力资源管理制度不完善也是造成高校人力资源规划不完善的原因，目前，从计划体制模式下走来的大多数高校，在人才发展规划上缺乏校本结合和长期规划的思维。而我国大部分的"双一流"建设高校都是国家教育部的直属高校，公办高校和私立高校也受到省教育厅的领导，因此在制定高校发展规划时，更多地受到国家及教育部"五年发展规划"的影响，更加重视杰出人才和拔尖人才的发展规划，"唯帽子"的情结挥之不去。高校人力资源规划在此过程中也制定了相应的政策和措施，以适应高校人力资源发展规划对人才的相应需求，从而使人力资源供给和需求达到平衡。但由于对人才的迫切需求，有部分高校对学校的资源基础和学科平台能否支撑人才的持续发展考虑不足，将注意力和办学资源过度集中于"挖人"和"抢人"上[①],形成了"重引进、轻培育"的现象,人力资源规划也被动受到影响,对人才的发展规划缺乏长远认识。

(四)师生配置规划失衡

在人力资源人员配置规划中,目前仍有许多高校存在生师比例失调的情况。通常来说,高校的教职工总量由在校生规模决定,而生师比例则是衡量高校人力资源总量是否合理的重要指标。根据教育部 2015—2020 年全国教育事业发展统计公报,由于我国近些年来大力发展高等教育,重视人才培养和科技创新,因此各大高校加大了扩招力度,生师比例也逐渐提高(见表 5-1)。

表 5-1　2015—2020 年我国普通高校生师比

年份	2015	2016	2017	2018	2019	2020
生师比	17.73∶1	17.07∶1	17.52∶1	17.56∶1	17.95∶1	18.37∶1

此外,教师数量的增长跟不上学生数量的增长,两者年平均增长率差距拉大[②]。同时,由于各大高校对高端人才的争夺,因此有时会出现人才与教师比例严重失调、非科研人员比例过大而科研人员比例过小的局面。由此可见,受教育环境的影响,在进行人员配置的过程中人力资源规划容易受到高层和政策的影响,以至于在进行人员配置规划时更为困难。

二、高校人力资源战略规划的问题

(一)缺乏理性的长期规划

当前高校人力资源管理部门对高校自身办学定位和发展特色认识不

---

① 刘强,赵祥辉."双一流"建设背景下高校人才流动失序及其有效治理[J].当代教育论坛,2019(3):40-49.
② 参见教育部发布的 2015—2020 年全国教育事业发展统计公报。

足,并且受到人才扩招等诸多因素的影响,致使不少学校在人力资源管理的发展思路上出现了很大的盲目性和随意性。同时,某些学科专业因为教育环境的变化产生人才需求供不应求的情况,导致这些专业降低要求招聘此类方向的教师,在此过程中往往缺乏科学、长远的规划。这也造成了人才培养的盲目性,当外部需求发生变化时,人才需求容易出现结构性失衡的矛盾。高校人力资源管理工作影响高校的教学水平、人力资源利用率以及成本的消耗情况,因此要重视高校人力资源规划工作[1]。诸多高校采取应付式的人力资源规划,在实际操作过程中不能发挥出规划的应有作用,这也是"规划成为鬼话"的根源。

(二)缺少规划理论的支撑

我国人力资源理论相较于国外发展较晚,改革开放后,市场经济的快速发展也带动了人力资源的发展,涌现了一批优秀的人力资源管理专业人才。这些专业人才都是伴随着市场经济的快速发展产生的,对企业和国家事业单位的人力资源都深有研究,但是高校的人力资源管理有其特殊性,与企业组织结构不同的是,它涉及教学、科研、后勤等多个部门,因此高校人力资源管理的主要目标是推动高校各部门的协调发展,扩大高校的招生规模,提高学校竞争力[2]。长期以来,高校领域的人力资源理论研究较少,也缺少人力资源规划的专门程序和技术来落实人力资源规划。由于高校与企业运行方式和管理模式方面的差异,如果没有系统人力资源规划落实程序和技术,直接运用适用于企业的人力资源规划理论,就会使人力资源规划的落实遇到更多的困难。缺少高校人力资源管理理论和技术支撑,高校人力资源规划落实就是空中楼阁。同样地,没有高校人力资源理论,就没有科学制定和落实规划方面的人才,人力资源发展规划便是无源之水。在建设人力资源强国的过程中,虽然高校人力资源开发与管理得到一定程度的重视,但不少高校的人力资源

---

[1] 周健. 高校人力资源管理现状及应对举措 [J]. 人才资源开发, 2021 (19): 39-40.
[2] 秦肖肖,吴佳珍. 高校人力资源管理存在问题及解决对策 [J]. 人才资源开发, 2021 (11): 37-39.

管理理念和制度没有紧跟时代发展步伐，大部分高校仍受到一些传统落后的行政管理理念的影响，管理模式出现僵化局面。在日常管理活动中，主要以领导为中心开展工作，往往会偏离人力资源规划目标，规划的制定者的自主选择性和创新性也会受到相应的制约[①]。更为甚者，一些高校人力资源管理体制依旧采用计划经济时期的人事管理制度，通过行政方式或权力垄断对资源进行配置，这在学校管理中时有发生[②]。因此，从计划体制模式下走来的大多数高校，在人力资源管理规划方面容易受到旧有管理理念和制度的影响，不能及时地融入最新的规划理论，故而所制定出来的人力资源规划也缺乏先进的人力资源理论支撑。

（三）规划与管理实际冲突

一般来说，人力资源规划有助于其他各项人力资源管理工作的开展。当下大多数高校的人事管理仍然主要以人事制度为前提，与各院系的管理方式相结合，制订出人员配置方案。从提高管理质量的角度来讲，规划方案的实施不仅要考虑人事制度，还需要考虑到管理现状和基础，比如教师的职业晋升规划。从高校人力资源管理的实际来看，高校在落实规划过程中是依照科研项目、教师职称、教师发展潜能来界定人力的，其弊端是显而易见的。事实上，一个青年教师尚可按照职业晋升规划一步一步实施，而已有职称的人员却需要解决规划与管理实际冲突的矛盾。还有部分行政或管理岗位人员拥有教学热情，拥有较高的学历与教学经验，却不能从事教学工作，不能够进入课堂直接地接触学生，发挥不出自己的职业能力。这也是人力资源规划与管理实际冲突的表现。许多高校都意识到这一问题的存在，并积极地进行高校管理体制的改革与创新，尽可能地解决现有问题，以期望合理兼顾教职工意愿，从而推动高校师资队伍的建设，有效施行人才可持续发展战略。但管理方法、人事制度的落后，使各项工作的开展遇到了重重困难。依赖旧的体

---

① 赵玉萍，李晶晶，于锐强. 高校人力资源管理问题及对策[J]. 人力资源，2021（12）：34-35.

② 刘明霞. 新时代成人高校人力资源管理途径[J]. 人力资源开发，2021（18）：32-33.

制机制占有资源，会局限于现实情况而使规划缺乏科学性和先进性，也会影响高校的教学科研和管理服务效能的提升①。

（四）规划缺乏沟通与协作

大多数高校各部门的管理岗位由非人力资源管理专业的人员担任，他们缺乏系统的人力资源管理理论素养，因此会不约而同地认为人力资源规划是人力资源部一个部门的事。这种观念的长期存在阻碍了人力资源规划的制定，无形中增大了人力资源管理部门的工作难度。规划理念的认知差异，降低了各部门、院系的积极参与度。而有些人力资源部员工也习惯于凭过往数据和历史经验便独自草草地制定出人力资源规划，使规划缺乏论证和可执行性，不利于规划的具体实施②。人力资源管理实践表明，与其他管理单位的沟通协作是制定人力资源规划的必要步骤，人力资源战略规划必须与其他人力资源管理体系相互配合、实现互动③。缺乏沟通与协作的规划方案将无法保障其可行性和整体性，最终规划施行的效果也会大打折扣。

（五）规划缺乏战略前瞻性

通常情况下，战略是随着环境的改变需要动态调整的，高校的战略也会随着教育环境的变化而做出相应改变。人力资源规划作为战略规划的一部分，也应该做出相应调整变动以适应学校的整体战略。在高校管理实践中，往往由于决策时滞、体制时滞、执行时滞等因素的制约，不能根据环境变化及时调整人力资源规划，因此这样的人力资源规划就会缺乏前瞻性、方向性和预见性，从而出现人力资源管理的僵化与失调，妨碍高校的管理质量与效率的提高。高校人力资源规划之所以缺乏前瞻性，原因是多方面的。有研究发现，高校人力资源部门不够重视规划工作，局限于学校的日常事务管理，从而导致制定出来的人力资源规划往

---

① 万有林. 我国高校人力资源管理效能提升研究 [J]. 江苏高教，2020（9）：48-51.
② 王挺，冯馨培. 企业人力资源规划的策略研究 [J]. 技术与市场，2014（5）：251-252.
③ 张艳，倪金祥. 构建有效的人力资源战略规划体系 [J]. 中国人力资源开发，2008（12）：18-21.

往不能适应学校的长期发展战略①。此外，受传统管理模式的影响，高校在制定人力资源规划时欠缺灵活性，也会导致人力资源规划制定的短视。

第四节　新时代高校人力资源战略规划的目标与要求

一、新时代高校人力资源战略规划的新目标

（一）提高规划适应性和专业性

中国特色社会主义进入新时代，国家教育体制改革不断深入，高校外在的办学环境发生了一定变化，高校办学也产生了相应转变，因此高校在制定人力资源规划时，就出现了适应性和针对性的新要求。《中华人民共和国国民经济和社会发展第十四个五年规划和二〇三五年远景目标纲要》（以下简称《纲要》）指出，要建设高质量本科教育，推进部分普通本科高校向应用型转变。建立学科专业动态调整机制和特色发展引导机制，增强高校学科设置针对性，推进基础学科高层次人才培养模式改革，加快培养理工农医类专业紧缺人才②。在国家教育大环境变化的情况下，高校会相应地做出调整，这也使得高校人力资源规划要进一步提高适应性和专业性，以更好地实现高校战略目标，为高校进一步发展提供有力的人力资源支持。

（二）建设高素质专业化教师队伍

进入新时代，中国高等教育改革发展面临着新目标和新要求，要完成这些宏大的愿景，就需要有一批高素质专业化的教师队伍支撑，而高校人力资源规划则对建设高素质专业化教师队伍起到重要作用。《纲要》

---

① 陈霞. 民办高校人力资源管理现状及对策 [J]. 人力资源，2021（6）：144-145.
② 中华人民共和国国民经济和社会发展第十四个五年规划和二〇三五年远景目标纲要 [EB/OL]. (2021-03-13)[2022-04-08]. http://www.xinhuanet.com/fortunepro/2021/03/13/c_1127205564_14.htm.

提出，要建立高水平现代教师教育体系，加强师德师风建设，完善教师管理和发展政策体系，提升教师教书育人能力素质①。党的十九大报告也指出，要加强师德师风建设，培养高素质教师队伍，倡导全社会尊师重教②。因此，高校在进行人力资源规划时，需重视教师的专业培训和素质能力提升，并使之体现在规划的具体内容中。一支高素质专业化的教师队伍，对高校的发展和竞争具有重要作用。高校不仅要优化人才引育体系，也要科学合理使用人才，充分发挥好人才战略资源作用，提升高端人力优势，为自身发展提供有力的人力保障③。

（三）加快人力资源信息化建设

当下知识经济发展迅速，国家也对信息化社会建设提出了相关规划。《纲要》指出，要加强政务信息化建设快速迭代，增强政务信息系统快速部署能力和弹性扩展能力④。社会各行业加快信息化建设，努力适应时代发展要求，是数字化竞争的新趋势。人力资源管理朝信息化方向发展，符合时代发展的需求，需要用高效的管理方法实现人力资源管理信息化⑤。高校建立信息系统，能够为规划的制定提供可靠信息支持，提高规划的专业性和科学性，同时人力资源信息化使人们能够更加方便地处理人力资源管理问题，减少工作人员的工作量，提高工作效率。因此，人力资源规划信息化建设是各高校应该持续进行的工作，这

---

① 中华人民共和国国民经济和社会发展第十四个五年规划和二〇三五年远景目标纲要［EB/OL］.（2021-03-13）［2022-04-08］. http://www.xinhuanet.com/fortunepro/2021/03/13/c_1127205564_14.htm.

② 习近平：决胜全面建成小康社会 夺取新时代中国特色社会主义伟大胜利：在中国共产党第十九次全国代表大会上的报告［EB/OL］.（2017-10-27）［2022-04-08］. http://www.gov.cn/zhuanti/2017-10/27/content_5234876.htm.

③ 教育部等六部门关于加强新时代高校教师队伍建设改革的指导意见［EB/OL］.（2020-12-24）［2022-04-08］. http://www.moe.gov.cn/srcsite/A10/s7151/202101/t20210108_509152.html.

④ 中华人民共和国国民经济和社会发展第十四个五年规划和二〇三五年远景目标纲要［EB/OL］.（2021-03-13）［2022-04-08］. http://www.xinhuanet.com/politics/2021lh/2021-03/13/c_1127205564_6.htm.

⑤ 陈晓婧. 关于高校人力资源管理信息化的思考［J］. 中国管理信息化，2019，22（8）：224-225.

对适应时代发展具有重要作用,也是进一步扩大自身优势和提高竞争力的重要手段。

(四) 扩大学院人事规划自主权

当前一些高校为了进一步完善大学内部治理结构,加快推进中国特色现代大学制度建设,开始在深化校院两级管理体制改革方面积极探索,正在形成大学向院系放权的运行机制模式。在扩大自主权方面,学校在国家有关政策规定的基础上,可以根据自身的发展实际和学科特点,从以下三个方面扩大学院人事管理自主权:自主编制学院人力资源发展规划、自主制定学院教职工聘用及考核细则和自主制订学院教职工培训方案。通过提高院级的规划自主权,可以进一步提高人力资源规划的合理性和适应性,能够更好地反映院系实际情况,从而促进学校整体规划的落实,保障战略目标的实现。因此,高校要以理顺、优化校院两级权责关系为基础,深化学校内部管理运行模式改革,转变校级机关职能,落实学院办学主体地位,充分激发校院两级发展的内在动力,全面提高学校管理水平和办学效益[1]。这是新时期高校人力资源规划的新目标。

二、新时代高校人力资源战略规划的新要求

(一) 理性的人力资源规划

人力资源规划是组织根据自身的战略规划和发展目标,依据内外环境的变化预测组织未来发展需要,并采取相应举措进行调整管理的动态模式[2]。人力资源管理工作的开展需要依据长期规划的指导,因此,在制定规划时要保证科学性和长远性,既要体现高校当下的具体实际需要,也要反映未来时期的人力供需变化,同时规划要与高校整体发展规

---

[1] 教育部政策法规司. 高等教育领域"放管服"改革实践操作指南(第四期)[EB/OL]. (2019-04-28)[2022-04-08]. http://www.moe.gov.cn/s78/A02/gongzuo/fangguanfu/201904/t20190428_379807.html.

[2] 高锋. 如何做好企业人力资源管理规划工作[J]. 人力资源开发, 2020(11): 82-83.

划相呼应，为高校发展规划提供政策和措施支持，进而合理地配置人力资源，使战略规划能够满足在新时期下更具理性化，使之能更好地适应高校可持续发展的需要，从而进一步提升高校整体管理水平。

(二) 专业的人力资源规划

规划的制定越来越专业是一个发展趋势，美国加州高等教育规划的制定无论从机构，还是人员都体现出了专业化的特征。借鉴加州高等教育规划，我们必须重视规划专业人才的培养，未来必须要由高素质的专业人才来承担规划任务。由于规划理论发展滞后，规划实践不被重视等多种原因，我国高校规划专业化人才储备不够。解决这一问题主要有两条路径：一是要求新进人员具有规划所涉及的相关学科领域背景，二是要加强培训，提高现有队伍的规划素质。只有双管齐下，在未来的几年里，高校规划部门的人才储备情况才会有所改善。重视规划人才的培养，适时地开展相关培训，及时输入最新的人力资源管理理论知识，能够使学校的规划理论及时适应时代发展和需要，从而更好地指导人力资源工作的开展。

作为人力资源管理人员，必须要有扎实的专业知识，但是仅仅了解专业知识是不够的。因为高校的人力资源管理者的管理、服务对象是拥有不同专业知识的教师群体，所以他们的思维方式和行为习惯也会不同[1]。因此就需要通过学习来了解其他专业的相关知识，这样既能增进自身认识，也能够在制定人力资源规划时更有针对性，从而促进管理工作的开展，提升人力资源管理水平。

(三) 互益的人力资源规划

高校人力资源规划的制定要体现出教师群体的意愿，为教师的职业发展提供更多的选择，使有不同兴趣和需求的教师能够从事自己喜欢的工作。得到合理规划配置的教师工作热情能够得到有效提高，并且能够参考人力资源规划确立或改进自己的职业生涯规划，进一步提高自己和

---

[1] 万有林. 我国高校人力资源管理效能提升研究 [J]. 江苏高教，2020 (9)：48-51.

学校的认可度，而人力资源管理的相应工作开展起来也更容易。因此，得到高校员工拥护支持的人力资源规划，能够促进人力资源规划的实施，而体现高校教师群体意志的规划也能够促进教师个人职业生涯规划的发展。同时，要将管理人员和教师人员区别开来，不应使学校的教学和科研有过度的行政化倾向，以便让教师能够更好地投入到教学和科研工作中。

（四）匹配的人力资源规划

人力资源规划的实质是实现组织人力资源供给和需求的平衡，是在预测组织未来的任务和环境的要求以及为完成这些任务和满足这些要求而提供相应人员的动态计划。因此，高校的人力资源规划要在高校发展战略和运营规划下制定，并且与实际的管理需求相呼应，努力做到高校人才数量合适、质量合格、结构合理。同时规划要体现出动态性，能够根据实际管理需要做出相应调整，从而实现高校人力资源供给和需求的平衡。此外，人力资源规划的制定要突破旧有管理体制的束缚，汲取行业先进的管理经验，因地制宜地将其融入高校的人力资源规划中，这样能够有效地改善旧有管理体制，使高校人力资源管理获得更好的发展。在制定战略规划时，要结合学校实际，根据内外部环境的需要，以新发展理念为指导找准定位并各安其位，在科学定位的基础上明确高校的战略愿景，不盲目求大求全，而是坚持"有所为，有所不为"，发展优势学科与特色学科，形成具有特色的校园文化和育人环境，最终形成学校的办学特色，增强学校可持续的核心竞争力。在配套措施方面也要明确具体，要使规划的各项内容能够和高校规划密切匹配，以确保在人力资源规划实施过程中能够达到最好的效果，促进学校的可持续发展。

（五）协商的人力资源规划

人力资源规划的制定需要跨部门共同沟通与协作，要有组织高层和人力资源部门等主要负责人参与[①]。有效沟通和协作的人力资源规划能

---

① 张艳，倪金祥. 构建有效的人力资源战略规划体系[J]. 中国人力资源开发，2008（12）：18-21.

够凝聚人力资源部门和其他部门的共识，使高校人力资源规划在具体实施时各部门都能够全力以赴。协商过程能够加深各部门之间的了解，破除"人力资源规划由人力资源部门单独制定"的传统观念，有助于高校人力资源规划的具体执行和管理活动的开展。合理的协商能够发现和改进规划的不足之处，协调好各部门和各专业之间的关系，争取到最大的支持，为人力资源规划的实施和落实建立良好的基础。规划的制定要严格按照流程进行，保证民主科学，同时使广大教职工能够参与进来，体现规划的协商性，从而减少规划实施过程中的阻力，有利于规划目标的实现。因此，制定规划前充分协商能够使规划更加规范合理，这也是新时期高校应该重视和注意的问题。

（六）前瞻的人力资源规划

在知识经济快速发展的新时代，高校发展更加强调发挥规划的前瞻性，这也是新时期高校人力资源规划的新要求。所谓前瞻人力资源规划，就是基于组织的核心竞争力，能够根据内外环境的不断变化，及时评估并调整组织的人力资源规划，满足因内外环境变化而导致的人才需求[1]。高校的办学环境容易受国家政策的影响，因此高校发展战略也会根据政策变化做出相应调整，此时高校人力资源规划也要及时做出相应调整。高校人力资源部门要重视部门工作的前瞻性，时刻关注变化着的办学环境，能够在内外环境变化时灵活地做出相应调整，才能使规划正确地指导人力资源管理活动。前瞻的人力资源规划要求在制定之时，保留一定的弹性，以便在有实际需要时能够及时调整规划内容，以更好地实现人力资源供给和需求的平衡。

要使高校人力资源规划发挥出应有的前瞻性作用，就需要利用好大数据这一高效工具进行人力资源规划。数据信息可以为人力资源规划的调整提供足够的依据，从而使高校的人力资源供给和需求保持相对平衡。在大数据的支持下，高校招聘和人事安排的效率可以得到一定程度的提高，在分析、反馈和评估等各个方面都会有一定程度的提高。高校

---

[1] 邵永富. 浅析企业人力资源规划存在的问题及对策 [J]. 经济师，2017（6）：247-248.

教师的招聘和分配可以通过大数据应用来摆脱盲目性，同时可以有效防止部分人员通过权力谋取私利，避免人为因素造成的不公平问题，减少优秀人才流失。要结合学院发展规划和招生规模，及时调研掌握单位内师资队伍现有状况和教师发展期待，完善师资供需平衡方案，实现方案合理、成本可控，积极做好提升绩效管理能力、完善人才培养机制和建立相应培训体系等重点工作，尽量使战略规划实现精益化，做到既有超前规划，又能满足实际需要，留有发展空间，赋予战略规划前瞻性，紧跟时代步伐[1]。

---

[1] 刘长志.民办高校人力资源战略规划研究：以四川希望教育集团旗下的两所院校为例[J].开封教育学院学报，2018，38（8）：134-135.

第六章　高校人力资源的充分开发

人力资源是高校的第一资源。不同高校综合实力的差距，在一定意义上表现为人力资源的质和量的差距。一所高校之所以成为一流，最根本的是拥有一流的人力资源。高校人力资源的开发和利用，是建立在知识动态系统之中的，也就是说高校把知识分子——人作为资本来运作，是知识生产力的运作过程，它包括人力资源的有效利用、人力资源的存量、知识积累程度等方面的人力资源综合因素。高校人力资源充分开发就是运用最有效的方法和手段，充分发掘其潜能，全面提高其素质，充分发挥其使用效益，从而达到人尽其才、才尽其用的效果。本章主要探讨高校人力资源充分开发的内涵、目标，以及充分开发的方式与值得研究的问题。

第一节　高校人力资源充分开发的内涵

高校人力资源充分开发是一个内涵丰富的概念，主要包括开发战略、开发对象、开发主体、开发环节四个层面。

一、从开发战略上讲，是一种整体性开发

高校人力资源开发必须注重整体性。高校作为一种特殊的社会组织形式，是一个由事业单位和教学单位组成的机构，人员类型很多，既有从事教学科研的教师，也有从事行政管理的人员，还有大量的后勤服务人员。就整体而言，他们在年龄、学历、知识等方面都存在着不小的差

异。一方面，在高校中进行学术研究需要一定的自主的权利；另一方面，为了学校整体的管理又要采取比较严格的行政化的管理方式。因此，在高校中进行人力资源开发，必须注重整体性。

高校人力资源具有整体性开发的优势。首先，高校本身就是培养高等人才的地方，在增强高校自身价值的过程中，在培养人才、合理配置人才等方面具有较大的优势，并且高校自身就具有一定的学习氛围，身处其中不难产生学习的主观愿望；其次，高校的教育环境决定了其硬件条件的优越，例如有先进的教学设备、实验室，并且教职工的自身素质也很高，在进行学习型组织的现代管理观念的改革过程中，高校教师对一些先进的理念及观点的接受度相对较高；最后，根据相关的政策与环境的变化，高校近几年来一直致力于体制改革，在多个方面都尝试着创新与变革，人员分布、薪酬分配等方面的改革发展态势良好，这对人力资源开发的力度和质量的提高都有着积极的影响。

高校人力资源的整体性开发反映在高校工作的各个方面。高校工作包括教学工作、学术科研、行政管理、后勤服务等方面，但做好各项工作都要建立在人力资源开发合理运行的基础上，人力资源开发的程度决定着高校教学工作与科学研究质量提高的程度，决定着行政管理与后勤服务效能提升的程度。因此，在高校的各项工作中必须以人力资源开发为前提，做到统筹兼顾，实现协调发展。

高校人力资源的整体性开发反映在人才的引进与聘用、开发与培训、配置与使用、管理与激励等多个环节上，实现高校人力资源的整体性开发必须抓好每一个环节的工作。其一，在引进与聘用上，要严把"进口关"，通过提高引进人才学历门槛和丰富人才结构来提高自身人力资源队伍的整体水平；在聘用上要遵循教师法和《关于深化高等学校人事制度改革的实施意见》等文件中规定的"按需设岗、公开招聘、平等竞争、择优聘任、严格考核、聘约管理"的原则，严格聘任制的有关规定，实现人才聘用的公开、公正和公平。其二，在开发与培训上，要从战略高度认识人力资源开发与培训的意义，明确培训的目标就是努力选拔和培养出一支有理想信念、有道德情操、有扎实学识、有仁爱之心的

"四有"好教师队伍；要制订切实可行的培训计划，确保每个人都能定期保质保量地接受培训，如青年教师岗前培训活动，各项专职或专题培训以及国内外访问学者、学科带头人的高级研讨班等；同时要注意人力资源开发与培训的方法和效率，既要全员参与，又要分类进行，培训应以中青年教师为主要对象，以高层次培训为落地点，着眼于更新知识和增强素质，致力于提高教师教学科研能力、行政人员管理能力和后勤人员服务能力，从而推动学科和学校的发展。其三，在配置与使用上，要注重配置的合理性、结构的合理性，要以教师群体为主，发展教师潜在的教学和科研能力，在相关的学习型组织理论的指导下，教师的学习能力会得到不断提高，在个人学习的过程中保证全面、和谐、持久的发展，使得高校的可持续发展能力增强；要促进个人开发向注重团队开发转移，通过目标引导、自愿结合、整体搭配的方式构建各种团队，促进团队合作学习、共同探讨学术问题、钻研科技难题，以增强高校的凝聚力、应变力和创新力。其四，在管理与激励上，要强化战略性管理。在管理思想上，坚持"以人为本"，视人力资源为最宝贵的财富，以充分调动人的积极性和创造性、实现人的最大价值为管理的最终目标；在管理内容上，围绕获取组织战略竞争优势进行目标管理，而不是整日忙于记录数据、整理资料或制定规则；在管理策略上，注重员工的自我管理，以有利于员工的全面发展和工作满意度的提高；在管理模式上，重视民主化管理，公开网络信息，广辟沟通渠道，鼓励员工共同参与、平等对话；在管理手段上，将系统化科学方法和人性化管理方式相结合，实现对人力资源的科学预测、公正评估与合理任用。此外，要重视科学、有效的绩效管理，即通过明确考核目标，建立科学合理、切实可行的考核标准，严格考核监督和公正考核结果来完善绩效考评机制；通过调整工资结构、建立公平合理的薪酬分配制度以及实行多样化的奖惩方式来重塑有效的激励机制，激励高校职工不断优化自身素质、激发创新欲望、激励自主精神、激活创造潜能、聚集知识优势，充分提高高校人力资源的主观能动性，使其发挥作为第一资源的巨大作用。

二、从开发对象上讲，是一种全员性开发

对人力资源的管理必须树立以人为本的思想，同时也要考虑到学校的整体利益和办学目标的实现。一般来说，高校人力资源管理的主要对象是学术人员、教研人员、行政管理人员和一般服务人员，这四部分是高校人力资本的核心。高校人力资源主要包括教研类人力资源、管理类人力资源和服务类人力资源，因此，从开发对象上来讲，就是根据教研、管理与服务的分类进行全员开发。

（一）教研型人力资源充分开发

高校教研型人力资源是指从事高校教学、科研工作的人员，是高校人力资源中具有较高素质的重要部分。高校是传播高深知识、为社会培养高层次人才的基地，其核心任务必然是教学和科研。教研型人力资源能否得到充分开发对高校的生存和发展起着至关重要的作用。

教研型人力资源开发的目标是调动每个教学、科研人员在教学、科研上的主动性、积极性与创造性，并在教学、科研上取得最佳成绩。开发教研型人力资源，首先是确立以学为尊的理念。现代高校承担着培养人才、发展科学和服务社会三大职能，而这三大职能都与"学"密切联系，即培养人才要以教学为中心，科研要以学者为依托，社会服务也需要以学术研究及成果转化为基础。以学为尊的理念就是要重视教学、崇尚学术、尊重学者、突出学科建设。其次是营造以学为尊的氛围，也就是要尊重高校教学、科研人员的职业特点。他们多具有较强的学术使命感和独立的人格意识，是大学精神的主要体现者，特殊的职业塑造了他们较强的自尊心、责任心与事业心，同时也使他们的劳动具有较强的复杂性、示范性与创造性，因此要通过目标引导和政策激励，使他们获得尊重感、归属感、成就感和发展的机会。最后是创造以学为尊的条件，即加强教学科研的基本建设，落实教学科研的主体地位，健全各种激励教学科研人员的分配制度。

（二）管理型人力资源充分开发

人力资源管理是指一个组织为最终实现组织发展目标，运用现代管理方法，获取、使用、开发、保持（选用育留）人力资源所进行的计划、组织、指挥、控制和协调等一系列活动。人力资源管理经历了三个发展阶段，即从传统型人事管理阶段到现代型人力资源管理阶段，再进入战略型人力资源管理阶段。高校对管理型人力资源充分开发，必须围绕高校的战略目标的实施而进行开发，这一开发的目标主要体现在以下几方面：一是人力资源管理者要适应以人才为主导的知识经济环境，高校管理者要充分认识和高度尊重知识创新人才对高校发展的重要贡献与价值，要尊重他们的选择权和自主权，尽力为他们提供合理支撑与诚心服务，以赢得他们的满意与忠诚。二是人力资源管理者要重视提升高校核心竞争力。高校核心竞争力是以核心资源和核心能力为轴心，通过有效的战略决策、系统控制、组织管理、教学科研、校园文化等方式对高校的各类资源进行优化配置与整合而形成的，能使高校获得独具的、持续保持竞争优势和提升继续发展潜能的竞争力。三是人力资源管理者必须转变管理职能，也就是要从幕后走到台前，参与组织的战略性决策，担负起组织重构、建立学习型组织和推动企业变革、打造组织核心竞争力等责任，逐渐从行政性、操作性事务中解放出来。四是人力资源管理者必须改变管理策略，通过对人才的分层管理形成包括组织的核心层、中坚层、骨干层的"价值创造梯次型"员工队伍，通过有效的价值评价机制，实现公平而具有竞争力的价值分配与投资机制，以此激励人才、培养人才、留住人才。五是人力资源管理者必须创新管理模式，也就是组织要重视与员工一起建立共同愿景，在学校与个人发展目标上达成共识，在推动学校战略实施的同时，鼓励员工自我发展与自我管理，实现组织与个人双赢的目标。

（三）服务型人力资源充分开发

高校后勤是高校教学、科研和社会服务职能有效发挥的重要保障和坚实基础；高校后勤服务人员是高校人力资源的重要组成部分。由于高校的发展与管理体制的转变,充分开发服务型人力资源更显重要和迫切。充分开发服务型人力资源需要注重以下几方面:一是更新理念。在后勤人力资源的管理与开发中,肯定后勤人力资源在高校中的地位,坚持"以人为本"的管理理念,强化"服务型人力资源"的开发意识,重视服务型人力资源的潜能发掘,为每个后勤人员提供相应的发展平台。二是**转换机制**。主要是通过改革用人机制、强化激励机制及构建新型柔性激励机制三方面入手。改革用人机制就是要从合理定编、科学定岗入手,使高校后勤人力资源管理实现由"身份管理"向"岗位管理"转变,从"因人设岗,人浮于事"向"因事设岗,量才用人"转变,做到就事择人,就能授职,使高校后勤实体内部人事相宜,做到事得其人,人尽其才;强化激励机制就是要针对不同岗位不同资历的特点设计科学的薪酬体系,针对不同职位提供有吸引力的职位薪酬,采取灵活多样的分配形成,使分配合理拉开差距,同时满足不同人员的需要,通过全面绩效考核管理发挥绩效管理的业绩提升导向作用,既提升一般员工的绩效表现,又促进高素质员工更加充分地发挥自身能力;构建柔性激励机制就是针对人的需要所具有的多样性、多层次性、差异性和可变性等特征,在注重薪酬激励的同时,运用荣誉激励、信任激励等方式,满足员工的自尊和自我实现的价值,激发更旺盛的工作热情,争取更大的发展机会。三是创新文化。高校后勤服务系统要以"三服务,两育人"为核心价值取向,创新高校后勤组织文化,健全培训制度,鼓励全员学习,努力营造尊重知识、尊重人才、积极向上、团结一致的后勤组织文化氛围,从整体上提升高校后勤服务的竞争力。

三、从开发主体上讲,是一种全方位开发

(一) 学校主体

对学校而言,其所扮演的开发主体角色往往过于沉重,即承受了不应承受之重。造成这一局面的主要原因是在人力资源开发这一贯穿个体生命周期全程的活动中,存在着其他主体缺位、错位和越位的多重现实。正是在这种现实中,学生成了学校教育中的配角,家庭将学生送到

学校接受教育后就万事大吉，企业坐等享用合格劳动力，以致人力资源开发的责任几乎全部加在了学校的头上，使其主体地位长期处于错位状态。事实上，各级各类学校不过是履行相应学校教育阶段或教育类型主体责任的人力资源开发主体之一而已。学校的主体责任就是顺应或适度超前于当下社会经济文化发展的趋势，正确认识所负责的教育对象的阶段（类型）特征，尊重受教育者的发展需要，遵循教育和人才成长规律，为学生创设一个能激发各自潜能的环境，搭建一个向上跃升的平台。

（二）院系主体

院系作为人力资源开发主体的地位似乎是不言而喻的。在高等学校里，院系在教师管理和学生培养方面扮演着极为重要的角色，在人力资源开发方面承担着主要职责与任务。高校人力资源开发与管理是一项系统工程，包括人力资源规划、人力资源配置、人力资源培训、人力资源评价等内容。这项系统工程的实施广泛涉及教师管理、学生培养等内容，需要强有力的中层组织来"上串下联"。院系作为一个中层组织，是联结学校管理层和教师、学生的"腰"，既具体负责教师的考核、聘任、评价和培训等工作，又负责学生的入学、培养和就业等工作。因此，充分发挥院系的主体职能，是提升高校人力资源开发与管理水平的关键之举。

（三）教研室主体

教研室是高校中直接组织和管理教学、科研工作，并承担师资队伍建设、人才培养、学科建设、专业建设和课程建设等重要任务的基层学术单位。目前在我国高校中，一般一个专业或一个学科组成一个教研室，一个教研室的教师来自同一个专业、同一个学科群体，因而关注的专业兴趣、探讨的学术问题、涉足的科研领域都是相同或相近的。教研室可以充分利用自身的优势，全面提高教师的整体素质，在年龄、学缘、学历、专业、职称等多方面优化队伍结构。合理制订每位教师的个人发展计划，对新进教师加强教学能力、教学方法等专业技能培训，通过专业或学科带头人的带领和指导，提升学术研究能力。此外，还可以在师资队伍建设中引入竞争机制和退出机制，增强教师的责任感。

（四）团队主体

团队是指一定的有互补技能、愿意为了共同目标而相互协作的个体所组成的正式群体。团队与群体不同，所有的团队都是群体，但只有正式群体才是团队。以任务为导向，拥有共同的行为目标和有效的交流与合作，构成团队的本质特征。在知识迅猛发展的今天，高校教师的专业发展仅凭教师个人的学习和探索是远远不够的，还需要通过团队学习实现教师的知识交流和共享，促进教师的专业成长。一方面，青年教师的成长，需要有经验的老教师"传、帮、带"；另一方面，老教师也需要在与青年教师的知识共享中更新观念和知识。建立优秀的教学团队，通过教师之间的相互启发、补充和激励，不仅可以产生更高的个人效能，而且还有利于团队成员间形成更积极的人际关系，创造一种充满生机和活力的工作环境。

（五）个人主体

在全面人力资源开发的视野下，个体不仅仅是在扮演着被开发者（客体）的角色，人力资源主观能动性的特征决定了个体具有主客体的双重性，这是人力资源开发区别于其他资源开发的重要特点。因此，无论是学校教育还是企业的员工培训，无论是普通教育还是职业教育，只有当作为开发客体的个体接受并配合开发主体的开发活动时，开发的目的才有可能实现，任何无法有效激发被开发者学习动机甚至是违背开发者意愿的强制性开发，效果一定事倍功半。只有确认个体在人力资源开发中的主体地位，承认他（她）的开发权利，激发他（她）的开发动机，让个体成为学习的主人即真正的自我开发者时，学校教育中学生自主学习动机不强和企业培训中员工热情不高的现象才会得到一定程度的改善。

四、从开发环节上讲，是一种全程性开发

（一）从预测规划到合理招聘

对于高校来说，人力资源预测与规划可以全面了解组织内某个特定职务的工作内容和职务规范，根据工作性质和责任来判定人员的任职资格，确定员工为什么要做这项工作，怎么做好这份工作，以及做好这项工作需要哪些知识技能，这样就能确定该职位所需要的职员应具备怎样的条件，招聘时直接按照标准来招人，简化了招聘环节，降低了招聘成本。同时人力资源预测与规划提升了人员的专业化标准，优化了整个组织结构，设计一套适合学校的组织结构，根据变化的情况进行再设计，对组织结构和体制进行调整和改革。

只有做好人力资源规划与预测工作才能招到合适的教职人员或研究人员，针对不同的职位需求招聘不同的教职员工，提高招聘人员的质量水平。可以对一些实际问题做出判断，对求职者过去的成长和进步情况有所了解，了解求职者的工作经历和工作业绩，判断求职者适不适合该职位，这样才能招聘到能力与职位相匹配的职员，提升高校的科研水平和教育能力，从而提高高校的整体质量水平和教育地位，促进学校的快速发展和提升。

（二）从岗前培训到在岗培训

开展高校各类人员的培训工作是实现高校教育、科研、服务质量提升目标的重要前提，是保障高校各类人员自我发展成长的直接体现，是实现各类人员相互协调、共同发展、多面突破的助力因素。加强高校人力资源开发必须重视培训工作。随着教育信息化的飞速发展、高校教育培养体制和管理体制改革的不断深化，传统的高校培训工作因受培训内容、学时、形式等的局限，已面临多重挑战。新形势下高校人力资源开发，既要重视岗前培训，也要重视在岗培训。

高校各类人员的培训在目标、内容和方式上既有共性也有差异。从高校教师的岗前培训来看，在培训内容上，要以教师素养获得作为基础

性的目标,转变以往过度重视理论知识讲授、忽略实践的倾向,要让培训内容不断充实和丰富,要重视理论引导的全面性,以促进高校新教师在教学素养、科研素养、管理素养、学科专业素养、社交素养及媒介素养方面的提升。在培训形式上,重视将新兴教学技术、教学手段、学习工具融入培训中。从在岗培训看,可以采取结构化与非结构化相结合的方法进行,要充分运用各种短期培训班、系列讲座、各类培训中心以及各种自学考试等形式,不断提高在岗人员的素质。

(三)从内部挖潜到外部引进

充分开发高校人力资源,首先要重视内部挖潜。内部挖潜的核心是真正确立以人为中心的理念,通过各种方式最大限度地提高员工的主观能动性和创造性。高校内部挖潜的目的就是要通过人力资源的充分开发,使之成功转化为学校的人力资本。为此,一是要通过制定有竞争力的薪酬标准和晋升机制,营造积极向上、团结协作、平等互信、公正公平的校园文化和工作环境,建立领导与员工之间的平等的伙伴关系与密切的反馈机制,提供适宜的福利保障等途径,使学校内部人力资源得到有效激励;二是管理者要尊重人才成长的规律,做到知人善用、适时起用、因势活用,使内部人力资源得到有效配置;三是管理者要努力创造和谐、宽容的环境,鼓励员工自我发现、自我表现、自我欣赏、自我推荐,发展他们的兴趣爱好,选择自己喜欢或适合的岗位,使之表现出更加积极的工作态度,不断提高自己的工作效率,努力实现自我价值,最大限度发挥个人潜能,使内部人力资源实现有效增值。在重视内部挖潜的同时,也要重视外部引进。高校人力资源的外部引进是高等教育国际化和市场化发展以及高校规模急剧扩张、高校之间竞争日趋激烈的形势下的必然要求。外部引进必须适应地区的经济社会发展水平,要与高校发展目标和政策条件相匹配,要重在加强优势学科、新兴学科以及关键技术和高新技术领域的专业技术岗位,还要考虑高校教师易进难出的特点,引进人才应当谨慎实施,以确保人才引进的精准有效。要按照学校发展规划对各学科和各领域人才需求进行合理规划和资源配置,力求政策目标与学校发展相适应、政策手段与学校条件相适应、政策对象与学校需求相匹配，不能为了引进而引进，或者仅仅为了学校虚名提出过高的人才引进标准等，或发生因人设岗、追求人才高消费等现象，否则会因不能兑现承诺导致资源流失和浪费。

第二节　高校人力资源充分开发的目标

一、高校人力资源充分开发的总体目标

（一）保持高校人力资源的适量

高校发展必须开发四种战略资源：人力资源、物力资源、财力资源和信息资源。其中，人力资源是主体性的资源，只有人力资源才能支配其他三种资源，使其产生效益和效率，保持高校人力资源的适量是提高学校核心竞争力的关键所在。因此，高校人力资源开发首先要保持人力资源数量的适度。高校人力资源的数量适度，主要反映在能够达到和保持根据时代发展与学校自身发展的需要确定的高校教学科研人员（教师）、职工（包括行政、教辅、工勤人员）和学生（包括本科生、硕士生和博士生）三者间的比例关系：一是生师比，即学生与教师的比例关系；二是生职比，即学生与职工的比例关系；三是师职比，即教师与职工的比例关系。

（二）争取高校人力资源的优质

人力资源质量是指人力资源在质上的规定性，具体反映在构成人力资源总量的个体素质与整体素质上。其中，素质结构主要包括思想道德素质、文化科学素质、专业素质和身心素质。开发高校人力资源，目的就是提高教职员工的整体素质、提升人力资源的使用效率、推进高校组织的改革创新。高校人力资源的质量具体体现在教学科研人员、行政管理人员、教辅和工勤人员等的实际表现中，必须通过对不同类型人力资源的实绩考核反映出来。对不同类型人员的考核应该构建不同的考核指标体系与权重体系。如对教学科研人员，应该将能力素质考核、过程考

核、结果考核相结合，兼顾教学实绩与科学研究实绩进行评价；对管理干部考核应从岗位业绩、工作表现、群众认可和自身建设等方面建立考核指标体系与权重体系。

(三) 优化高校人力资源的结构

高校人力资源结构可分为"硬结构"和"软结构"。"硬结构"指教职员工的年龄、学历、职称、专业知识、学缘等结构。其中，年龄结构指教职员工在各个年龄段分布的组合；学历结构指教职员工具有的不同层次的学历构成；职称结构指教职员工所具有的高级、中级、初级专业技术职称的组合；专业结构指教职工中所具有的专业类别的组合；学缘结构指教职员工完成某一级学历（学位）教育的毕业高校、所学专业等在类型、层次、分布等方面的构成情况。"软结构"是指高校教职员工的知识、能力、素质结构。随着社会与高等教育的发展，许多高校的人力资源结构得到了一定程度的优化，但仍然存在年龄结构偏轻、学历结构偏低、专业结构失当、学缘结构不优等问题，从而阻碍了高校的发展。优化高校人力资源结构是指"硬结构"和"软结构"的同时优化。这种优化是改善办学条件、创新教学模式、引进和留住更多优秀人才、提高工作效能、实现教育教学工作稳定发展的重要前提，是促进高校从传统的注重规模建设向注重效率的内涵建设转变的必要措施。优化高校人力资源结构，必须在人本理念指导下充分认识到人才资源的重要性，制定符合本校校情的人力资源规划和优化的人力资源结构目标，创新人才引进、招聘、选用和留住优秀人才的机制；还要通过改善办学条件，营造重视尊重知识、尊重人才的氛围，重视满足教职员工的合理需求，积极对科研人员和骨干教师进行培训，为骨干教师提供学习和进修平台，鼓励骨干教师出国进修、参与教育项目等，促进教职员工为适应工作需要而实现自身发展，进而实现学校整体的人力资源结构优化。

二、高校人力资源充分开发的具体目标

(一) 发掘人的潜能

人的潜能是指蕴藏在人体内尚未被释放出来的各类型的能力或能

量。潜能开发是社会人才开发的起点，也是个体人才开发的重要内容。人体潜能按其性质分为生理潜能、智力潜能和人格潜能。生理潜能即人的体能，是人类开发最早、最多的潜能。智力潜能包括人们潜在的观察力、记忆力、想象力、思维力、注意力以及智力潜能的高级形态——创造潜能。创造潜能是智力潜能的核心。人格潜能包括人在精神、心理、道德、意志等方面潜存的能力。

人的潜能具有下列特性：一是隐蔽性与中立性。人的潜能的存在只表明了各种能力展现的可能性，还必须通过专门的学习、训练等活动才会以实际能力的形式表现出来。常态下人的潜能隐埋在人体中，往往不易为人所知。这常常给人造成一种错觉：有人天生聪明而有人天生愚笨。如此就会使得"聪明人"自我满足而不求进取，"愚笨人"安于现状而不思奋发。这样的观念反过来阻碍了人的潜能的充分发挥。造成人的潜能隐蔽性的原因主要是先天自然遗传因素、后天的社会文化因素和人类的自身适应因素，这些因素对人的影响是内隐或潜移默化的，只有通过开发才能转化为直接指向人的活动目的的实际能力。人的潜能本身是以价值中立的方式而存在，因开发主体的动机与目标不同，人的潜能既可以被进步者用来造福人类，推动社会发展，也可以被反动者用来危害人类，阻碍社会发展。二是有限性与无限性。从具体的个人而言，人的潜能开发是有一定限度的；从人类历史发展的趋势而言，人本身作为自然物存在一天，人的潜能就存在一天，人的潜能在人类社会的发展过程中外化的程度不断提高，或者说人的生存能力不断提高，人类社会反过来借此获得了无限延续的动力，人的潜能无限性是就人类整体的发展而言的。

高校人力资源潜能开发的目标就是通过教育的、政策的、活动的、环境的途径，将每个人身上固有的内在潜能变成现实的可见的能力，特别是要唤醒人的生命感、使命感和价值感，将人的创造力与精神力诱导出来。

（二）增强人的主体性

人的主体性是有着丰富内涵的概念。首先是指人作为活动主体的能动性,所谓能动性又包含着主体对主客体关系认识的自觉性、主体对活动的选择性与主体劳动的创造性等含义;其次是指人作为活动主体的对展现自身能力与获得主体权利的自主性;最后是指人作为活动主体的自为性,这种自为性贯穿于主体活动的始终,支配着人对各种活动的选择和创造。主体性也就是人在实践中表现出来的自主选择、自由支配的能力。

人是高校这个特殊的社会组织中主体性最强、最具有自由意志、最具有能动性与创造性的要素。高校人力资源的主体性存在状态,是决定高校组织效能的根本要素。在实现中华民族伟大复兴中国梦的征途中,在实现科教兴国、人才强校的追求中,深刻认识人的主体性的价值,努力增强人的主体性,是高校人力资源开发的主要目标。

在高校人力资源开发中增强人的主体性,首先要深刻认识人的主体性的价值,切实尊重人的主体地位,使人逐步达到自我选择、自由发展和自主劳动的境界,这是高校人力资源开发与管理发展的目标取向。前提是真正确立"以人为本"的治校理念,也就是学校发展要以人为基础,以人为中心,以人为动力,以人为目的,一切为了人,一切依靠人。核心是构建和营造尊重人、理解人、关心人的管理制度与校园氛围,在校内切实做到四个"尊重",即尊重知识、尊重劳动、尊重人才、尊重创造,以增强教职员工的主人翁感;要通过思想教育和开展交心谈心活动,以增进相互之间的理解,做到思想通,感情通,关系顺,人心顺,以充分调动教职员工的工作积极性、主动性和创造性;要提倡相互支持,学校虽有分工但要努力做到相互配合,工作中也可能发生分歧但要努力做到相互理解。

(三)提高人的使用价值

价值工程理论中的"大、高、低"原则是指功能越高,成本越低,价值越大。靠自己的属性来满足人们的某种需要的物,其根本的特性在于其有用性,即使用价值。从有用性入手,马克思在《资本论》中区分了有用性的三种不同含义:一是自然物的有用性,如空气、天然草地、野生林等,这些物的有用性与人的劳动无关;二是用来直接满足自身需要的劳动产品的有用性，如恩格斯所强调的中世纪农民为封建主生产作为代役租的粮食等；三是用来交换的劳动产品，即商品的使用价值。"要生产商品，他不仅要生产使用价值，而且要为别人生产使用价值，即生产社会的使用价值。"当马克思说使用价值处于政治经济学的范围之外时，主要指的是前两种使用价值，对于第三种使用价值来说，它恰恰是政治经济学批判所要讨论的问题。第三种意义上的使用价值与交换价值一起，构成了商品的二重性，并成为交换价值的物质载体。这正是在一定的经济关系中使用价值的特殊地位①。高校人力资源开发的具体目标之一就是要提高人的使用价值，其主要措施有三：一是重视人的机会成本，追求最佳的人力资源个体使用效率；二是研究人的边际效用，追求最大的人力资源群体使用效益；三是改革用人机制，追求人力资源整体的最佳效益。

第三节　高校人力资源充分开发的方式

充分开发高校人力资源有多种方式，这里着重讨论教育开发、配置开发、使用开发与环境开发。

一、教育开发

教育开发是通过有计划地利用学习、教育、培训等活动对高校人力资源进行利用、塑造、改造，以开发教职员工的潜能、增强教职员工的主体性。教育开发的内涵丰富，下面仅从开发的主体、开发的对象与开发的内容，阐明教育开发在方式上要注重三个结合。

一是学校开发、社会开发与自我开发相结合。学校开发是第一主体，高校要有计划、有组织地开展一系列员工教育、培训活动来促进员工个人发展与素质提升。社会开发是充分利用社会的各种力量，包括培训人才、借用人才、引进人才等。社会开发具有目标明、形式活、花钱

---

① 仰海峰. 使用价值：一个被忽视的哲学范畴 [J]. 山东社会科学, 2016 (2)：63-77.

少、见效快、收益大等特点。自我开发不仅是不断提升自我素质、实现自我发展的基础，也是提高高校人力资源整体质量、激发高校人力资源活力、优化高校人力资源结构的前提。实现自我开发，首先需要有充分认识开发自身潜能的价值和努力挖掘自身潜能的决心，然后还要有坚定的信念、勤奋的精神、顽强的意志和正确的方法。

二是教研人员开发、管理人员开发与服务人员开发相结合。教学科研人员是实现高校目标的主体，对高校的生存和发展起着至关重要的作用。高校必须根据其特点对其进行有效的开发，使他们获得归属感、成就感和发展的机会，从而使高校在高水平的师资储备、人才培养、学术成就、科学技术创造力和社会影响力等方面获得竞争优势。管理人员是维持高校正常运行的关键，是高校人力资源不可或缺的组成部分。由于他们从事科层性的管理工作，需要他们具备严格的规范性、较强的纪律性和管理的科学性，高校应充分考虑这些工作特点的需要对他们进行开发。服务人员包括教辅人员与后勤服务人员两大类，他们是高校有序发展的保障。教辅人员的工作性质决定其具有责任重大、工作任务烦琐的特征，同时也易导致其精神压力大，流动频繁。高校要获得有序发展，人力资源开发中需要对他们予以特别关注。后勤服务人员与师生的学习和生活息息相关，没有他们的优质服务就难以保障高校教学和科研工作的高效运作。为保障高校的高效运作和健康发展，必须通过高校人力资源开发来促进高校后勤服务队伍建设。

三是文化素质开发、技能素质开发与精神素质开发相结合。文化素质是指高校教职员工掌握新的文化科技知识及运用这些知识解决实际问题的能力状况。随着社会、经济、文化与科技的迅猛发展，知识更新速度加快，每个教职员工只有努力学习新知识，掌握新的科学技术，才能适应时代和教育发展的要求。文化素质是影响高校人力资源质量最活跃的因素。技能素质包括外显技能素质与内隐技能素质。外显技能素质是指高校教职员工在学习活动或生产劳动中所表现出来的可见的动作方式，如书写、微机操作、生产工具操作等；内隐技能素质是指人借助于内部言语在头脑中进行认知活动的方式，如进行数学运算、文章构思、创造想象等。社会经济越发展，科学技术越现代化，对教职员工的技能素质要求越高。技能素质是决定高校人力资源质量的重要因素。精神素质指高校教职员工的思想素质与心理素质。思想素质主要包括教职员工的人生追求、价值取向、政治态度、敬业精神等；心理素质主要指教职员工的心理发展水平，反映在认知的全面性、情感的稳定性、意志的坚定性、个性的独特性与人格的完整性等方面。精神素质反映着教职员工在对待事业、劳动、集体、他人等方面的态度。上述素质是相互联系、相互作用的有机整体，文化素质是基础，技能素质是核心，精神素质是灵魂。在高校人力资源的开发中，应坚持三方面素质的统一性与协调性的观点，同时注重上述素质的培养与提高。

二、配置开发

高校发展离不开人力、财力、物力和信息等多种多样的资源，高校人力资源是高校统筹支配其他各项资源的基础，是促进高校发展的主体。优化高校人力资源配置是促进高校发展的一项核心工作，是对人力资源进行综合性开发的重要途径，是调动教职工的积极性、开发教职工的创造性的重要举措。由于受到诸多因素的影响，高校人力资源配置仍然存在配置理念落后、配置方法不当、配置比例失调、配置机制滞后、配置效率不高等问题，导致了人力资源的严重浪费，影响了高校办学效率的提高与竞争力的提升。

对高校人力资源进行配置开发，首先需要运用科学的配置理论。厉以宁先生提出资源配置的两个层次的理论，即宏观层次的资源配置理论可以指导高校之间的资源配置，微观层次的资源配置理论可以指导高校内部的资源配置。此外，还有机会成本理论、测评矩阵理论等。在正确理论指导下还需要坚持科学的配置原则，如坚持最低岗位数量原则、能级对应原则，以及优势定位原则等。其次要坚持以人为本的配置理念。高校的各级管理人员必须改变传统的人力资源配置思想，树立以人为本、以岗选人、关注共性、尊重个性、尊重意愿等先进配置理念，重视人的力量和作用。再次要完善合理配置体系，包括完善合理的结构体系，重置教学人员、科研人员、服务人员和管理人员的结构。合理的培养体系，对于教学和科研人员应该着重培养其专业素质和教学能力，多多创造进修机会；对于管理人员应当不断提升其领导能力和综合素质，提升其市场领导的能力；对于服务人员，应适时地给予培训，培养服务意识，并建立考核制度，以此提升服务的质量。合理的评价体系，并积极建立激励评价机制，激发教学人员的进取心。最后要构建健全的配置机制，包括结合校情制定的人力资源配置机制、物质激励和精神激励相结合的人力资源激励机制、制度约束与道德约束相结合的人力资源约束机制等。

三、使用开发

高校是高优质性、高创造性与难替代性的人力资源宝库。要使这种高素质的人力资源发挥出应有的作用，必须对宝库中的资源实现合理使用。高校人力资源的合理使用就是因人、因时、因地、因情制宜地安排好每一个高校教职员工，同时保障必要的工作条件、营造良好的工作氛围，让每个人在各自的岗位上充分释放潜能，保持工作的积极性、主动性和创造性，从而获得高校人力资源的最高使用效益。

对高校人力资源进行使用开发，首先需要确立先进的用人理念，制定适合校情的用人政策。高校各级领导者要善于学习和吸收古今宝贵的用人思想，如从古代的"为政之要、惟在得人"，不拘一格、慧眼识才、选贤任能、量才而用的思想，到毛泽东的政治路线确定之后，干部就是决定的因素，要高度重视对干部的培养、选择和爱护的思想，再到习近平的坚持注重品行、科学发展、崇尚实干、重视基层、鼓励创新、群众认可的用人导向，要努力营造引才聚才的政策环境、优才留才的生活环境，还要为人才提供宽容探索、宽容试错的政治环境，做到用事业凝聚人才，用实践造就人才，用机制激励人才，用法制保障人才等思想中形成符合时代要求和适合校情的用人理念，以指导学校制定适宜的用人政策，营造良好的用人环境。其次是健全用人机制，严把合理用人的关口。高校在人力资源使用上，需要在不断健全正确的导向机制、公平的竞争机制、民主的选拔机制、完善的考评机制与合理的流动机制基础上，把握好合理用人的关键环节。一是在人才的引进上，高校首先要严把"进口关"，通过提高引进人才学历门槛和丰富人才结构（如招收优秀的毕业研究生或博士生、引进优秀的海外留学生和公开招聘高水平的教师）来提高自身人力资源队伍的整体水平；二是在人才的聘用上，高校要遵循教师法和《关于深化高等学校人事制度改革的实施意见》等文件中规定的"按需设岗、公开招聘、平等竞争、择优聘任、严格考核、聘约管理"的原则，严格聘任制的有关规定，实现人才聘用的公开、公正和公平；三是在人才的选择上，高校要根据不同岗位、不同学科的特点，对应聘者的学历、毕业院校、学术水平、创新能力以及管理能力等提出不同的要求，通过合理的人才选择来优化师资队伍的学历、职称和学科结构，增强高校储备人才的力量。此外，高校还可以通过加强校际合作、互聘教师、增设访问学者、共享教师教育资源、加强产学研合作等方式，聘请各友好院校、企业或科研机构人员担任兼、专职教师，为促进高校师资结构的调整以及不同高校、不同产业资源的整合与利用，努力把优秀、适用的人才引入高校，不断加强高校的三支队伍建设，不断增强高校人才储备的力量。

四、环境开发

环境分析分为内部环境和外部环境两个方面。内部环境包括高校现有人力资源状况、高校总体发展战略实施状况、学校学科建设与发展状况、高校资本实力与经营状况以及校园文化建设状况等。外部环境包括特定时期的国际环境和国内的大政方针与法律环境、经济发展与人才市场变化环境、科学技术与社会文化发展环境等。高校的内外环境在很大程度上决定着高校的建设与发展，对高校人力资源开发也产生着极大影响。所谓人力资源的环境开发，就是指充分利用外部环境的影响和加强高校的内部环境建设来促进高校人力资源开发。随着我国高等教育的发展与管理体制改革的深入，高校人力资源开发在注重利用环境因素上取得了不少成绩，如通过学习借鉴国外经验，逐步形成和确立适应我国情况和各校校情的人力资源开发与管理理念和方法；不少高校领导开始把更多的精力放在了人才培养和使用上，在人力资源管理中引入了竞争激励机制，注重从教学、科研等多方面提高人力资源效率，在进行精神激励的同时重视物质激励的作用，待遇向高层次人才倾斜，给优秀人才提供更多机会和空间等来施展才华。但是在利用环境促进高校人力资源开发中，仍存在着对外部环境研究不够，导致人力资源开发理念落后、管理体制改革相对滞后等问题；内部环境建设乏力，存在重硬环境建设、轻软环境建设，重理念构建、轻制度创新，重刚性制度的构建、轻柔性氛围的营造等偏颇。

  立足环境开发与建设来促进高校人力资源开发，一方面要针对国际形势变化与国内的政治、经济、文化与外交形势的变化对高校发展及人力资源开发产生的双重影响，抓住有利于促进人力资源开发的各种机遇，减少各种不利因素对人力资源开发的冲击；另一方面要努力建设一种能够激发创新欲望、激励自主精神、激活创造潜能、聚集知识优势，充分提高高校人力资源的主观能动性的和谐的校园内环境。高校人力资源结构复杂，目标多元。和谐是一种目标追求，"和"即和衷共济，"谐"即多元统一。和谐校园环境的标准是：和而不同的价值取向、和谐发展的目标定位、和合相应的制度体系、和谐有序的调适机制、和睦相处的人际关系、和雅共生的文化互动、和美交融的校园环境与和实生辉的办学特色。从高校人力资源开发的角度讲，建设和谐校园环境，就是要坚持个人与学校共同发展的价值取向，确立特色鲜明与统筹兼顾的目标定位，即注重突出人在学校发展的主体地位，要以调动人的积极性、主体性和创造性为主要目的；要建立刚柔相济与法德并重的制度体系，营造内和外顺与软硬结合的环境文化，将严格的管理制度与宽松的管理氛围结合起来，让所有制度显示出关心人、激励人的导向，使管理人性化、弹性化。

第四节 高校人力资源充分开发的相关理论

前面已从宏观视角阐述了人力资本理论、科学管理理论、个体行为理论、团队管理理论与竞争战略理论在高校人力资源开发与目标管理的理论支撑价值。从微观视角看，多门学科的理论对高校人力资源开发具有理论与实践指导价值，如体育学与人的体能开发及人的健康保护、生理学与人的身体机能改善及劳动效率提高、脑科学与人的意识活动及大脑潜能开发等。本节着重探讨教育学、心理学与创造学对高校人力资源开发的指导价值。

一、教育学与高校人力资源充分开发

教育是人类社会一种自觉的有目的促进人的发展的活动。教育学是研究教育现象、解决教育问题、揭示教育一般规律的科学。教育具有促进人力资源充分开发的作用。教育是传承知识、培养人才和发展科学技术的基地，教育是人力资源开发的前提条件，在现代化建设中具有先导性、全局性作用，必须摆在优先发展的战略地位。全面贯彻党的教育方针，坚持教育为社会主义现代化建设服务，为人民服务，与生产劳动和社会实践相结合，培养德智体美劳全面发展的社会主义建设者和接班人。各级各类学校是实施教育活动的专门机构，共同承担着开发人力资源，为社会发展需要造就数以亿计的高素质劳动者、数以千计的专门人才和一大批拔尖创新人才的历史使命。高校人力资源开发成功与否直接影响到高校目标的实现。高校开发人力资源，重在建设一支高素质的教研、管理与服务人员的队伍，抢占人才培养、科学研究与社会服务的制高点，抓住与国际教育接轨的机会。实现高校人力资源有效开发能够调动广大教师的积极性，让教职员工在一种宽松、愉快的工作环境下，充分发挥自己的才智，为学校的发展出谋划策，促进高校健康、协调、持续发展。

教育学理论在促进高校人力资源开发中具有理论与实践指导的双重

价值。为发挥教育学理论在促进高校人力资源开发中的作用，首先要重视通过教育理念创新，引导高校人力资源开发。一是要确立以人为本、实施全人教育理念。提高民族素质，促进人的全面发展是我国全面实现小康社会的根本目标之一。教育作为促进人的全面发展的主要途径，需要以人为本，培养全面发展、具有独立意识和独立人格的人。二是要确立面向市场、注重人力开发的理念。随着社会改革的深入，高校也逐步面向市场，高校之间的竞争日趋激烈，高校将必须把更多的注意力放在人力资源开发上，包括怎样培养人才、稳定人才、吸引人才。三是要确立鼓励竞争、强化激励的教育理念。在这种理念支配下逐步完善在人力资源开发与管理中的竞争机制，如在用人上实行公平公正公开的竞聘上岗原则，使那些业务能力强的教师竞聘到关键岗位；在职称评审上引入竞争机制，打破了过去论资排辈等潜规则；在各类分配和激励上，确立优劳优酬的分配原则，在注重精神激励的同时重视物质激励，在津贴分配、住房等待遇方面向高层次人才倾斜。同时要重视教育制度创新，促进高校人力资源开发。教育制度是为了满足人们向年轻一代传递文化科学知识、共同价值与规范的需要，逐步建立起来的一套规范体系。高等教育制度规范着高校人力资源开发的方向、目标与过程，制约着高校人力资源开发的过程与效果。当前亟待创新的大学制度主要是：创新校长选拔制度，为大学发展和高校人力资源开发提供有效保障；创新教师评聘制度，为大师汇聚和高校人力资源开发创造良好环境；创新大学组织制度，为开发高校人力资源提供学科基础和开展活动的有利条件；创新大学管理制度，为学术繁荣和高校人力资源开发构筑坚实平台；创新人才培养制度，为高校人力资源开发，尤其是激发创新欲望、开发创新潜能铺平道路。

二、心理学与高校人力资源充分开发

心理学是一门研究人类心理现象及其影响下的精神功能和行为活动的科学。心理学对高校人力资源开发既具有理论指导价值，更具有实践应用价值。心理学在高校人力资源开发中的双重价值突出反映在以下方面。

(一) 气质类型与量才录用

气质是指人的心理活动的动力特点。即人在进行心理活动时或是在行为方式上,表现于情感和活动发生的速度、强度、稳定性、灵活性等动态性质方面的心理特征。心理学用以区分气质类型的心理指标有六项:感受性、耐受性、反应的敏捷性、可塑性、情绪的兴奋性、外倾性与内倾性。据此有心理学家将人的气质类型分为多血质、黏液质、胆汁质与抑郁质。要认识气质类型对指导高校人力资源开发和管理具有重要意义。尽管气质无好坏之分,且每种气质都有积极和消极两个方面,但对特定的岗位来说却有气质是否合适的问题,了解每个教职员工的气质类型,有利于有针对性进行人力资源开发;了解气质差异三原则,即气质绝对原则、气质互补原则与气质发展原则,有利于指导高校人力资源的合理选用。了解人的气质差异还有利于人力资源管理者掌握思想政治工作的主动权,针对不同气质类型的人,采取切合实际的教育方法,取得最佳的教育效果。

(二) 能力结构与干部配备

能力就是指人们成功地完成某种活动而在主观上所必须具备的个性心理特征。它直接影响着活动的效率,关系到能否保证活动的顺利完成。人的能力是多方面,每个人都有自己的能力结构。客观分析人的能力结构,科学地进行能力测量、合理设计能力培养计划,能有效地促进高校人力资源充分开发。研究能力结构对于高校人力资源中的干部配备更有多重指导价值:一是在干部配备中要考虑能力阈限原则。能力阈限是指人从事某一种工作所需要的最起码的能力水平,如果一个人不具备从事某种工作的起码能力,就不能保持人岗的合理配置与协调,他会干得很吃力,而且工作也做不好,不仅给个人造成心理压力,使之丧失信心,也会影响事业,因此绝不能小材大用。二是在干部配备中要考虑能力适配原则,也就是在选用人才时要根据选拔对象的素质优势和能力所长安排工作、确定岗位,使其扬长避短、各尽所能,提高效能。三是干部配备中要考虑能力互补原则,也就是要选配具有不同能力的人相互搭配，实现群体的优化组合。四是干部配备中要考虑能力时效原则。研究表明，人才的创造力与年龄具有统计性相关规律。这就要求用人者一定要掌握人才的成长最佳年龄，注意起用人才的时效，实行"重点资助最佳年龄区的人才"的政策，克服论资排辈的恶习，这样就能提高人才使用效益，实现对高校人力资源的充分开发。

（三）性格差异与人力配置

性格是一个人在现实稳定态度和习惯化了的行为方式中所表现出来的个性心理特征。它是一个人的心理面貌的本质属性的独特结合，是人与人之间相互区别的主要方面。性格与个体的态度和行为方式关系密切，性格是个体稳定的心理特征，性格反映出一个人的道德品质及世界观，它在个性中具有核心意义。人的性格体现在道德特征、理智特征、情绪特征与意志特征四个方面，由此决定着人的性格差异。了解人的性格差异，把握其变化规律，并预测其行为，在高校人力资源开发与管理中有着重大的意义，如有利于实现人力资源开发的针对性，有利于提高人力资源管理的效能性，有利于促进人力资源的自我开发与自我完善等。了解人的性格差异特别有利于做好高校人力资源的配置工作。由于具有不同性格的人的行为方式不同，他们所适宜从事的工作也不一样，从事同一工作所获得的效益也有很大差别。一般来说，意志坚强、有坚定信念、积极向上、活泼外向、善于独立思考和解决问题的人，适合于从事管理岗位，独立地负责一个部门的工作，或从事外事接待、公共关系方面的业务；而性格内向、做事深思熟虑、办事谨慎、自我控制能力强的人适合当参谋人员，或从事研究、产品开发、内部管理工作；至于独立性差、易受暗示、遇事无主见的顺从型的人员则适合于从事一般的具体工作。

（四）知觉规律与人事考核

知觉是人脑对直接作用于感觉器官的客观事物各种属性、各个部分及其相互关系的整体反映。它以感觉为基础，是人脑对感觉信息选择、组织和解释的过程。知觉具有理解性、选择性、整体性与恒常性等特征。这些特征的形成既受到人的主观因素和以往经验的影响，同时也受到刺激物本身特点的影响。知觉分为自我知觉与社会知觉。研究表明，人的自我知觉不是在任何情况下总是正确的，故真正做到"有自知之明"并非易事。在现实生活中，人们往往由于受到主客观条件的限制而不能全面地看待问题，尤其是看待别人时，往往受到各种偏见的影响而造成社会知觉的歪曲，对别人的行为做出错误的归因判断，这就是知觉偏差。掌握社会知觉过程中产生的五种心理效应，对于做好高校人力资源的开发与管理工作具有重要的意义。一是首因效应，即一个人在同他人初次接触时所形成的最初印象；二是近因效应，指最近的印象对人的认知具有重要的影响；三是晕轮效应，即在知觉过程中将某一突出印象扩大成为整体行为特征的认知活动，它是一种"以偏概全"的评价倾向；四是定势效应，也称刻板印象，指社会上对于某一类事或人产生的一种比较固定、概括和笼统的看法；五是投射效应，即生活中"以己度人"的现象。在高校人力资源的开发与管理中，应该懂得五种效应的客观存在，正确利用这些效应的积极影响，预防和克服各种效应的消极影响，要从全面、客观、变化发展中考察被知觉对象，最终获得正确的人际知觉。

（五）情绪管理与组织氛围

情绪是指人有喜、怒、哀、乐、惧等心理体验，是人对客观事物的态度的一种反映。情绪管理是指通过研究个体和群体，对自身情绪和他人情绪的认识、协调、引导、互动和控制，充分挖掘和培植个体和群体的情绪智商，培养驾驭情绪的能力，从而确保个体和群体保持良好的情绪状态，并由此产生良好的管理效果。情绪管理的内容主要有五个方面，即情绪的自我觉察能力、情绪的自我调控能力、情绪的自我激励能力、对他人情绪的识别能力与处理人际关系的能力。在高校人力资源的开发与管理中，情绪管理可以广泛应用在组织氛围的营造中：一是在招聘、录用环节注重应聘者的情绪管理能力；二是注重把行业特点、工作的物理条件和员工个人能力相匹配，使员工在一个舒适的环境中发挥自己的最大潜能；三是把提高教职员工的情绪管理能力列入人力资源管理的培训内,培养他们观察情绪、正确对待情感波动、学会战胜压力和焦虑、学会积极交往、学会分享喜悦、学会相互信任、相互激励等;四是加强对员工的人文关怀,努力为教职员工创造一个宽松的工作环境和愉快情感氛围;五是加强校园文化建设,使学校有一个能激励教职员工为之奋斗的目标愿景,一种被教职员工认同的价值观和追求的精神。

(六)意志培养与效能开发

意志是自觉地确定目的,并根据目的来支配、调节自己的行动,克服各种困难,从而实现目的的心理活动。一个意志明确而又坚强的人,主要具有如下几方面的基本品质:一是自觉性,即对于自己的行动目的的正确性和重要性有充分的认识;二是果断性,即一个人善于明辨是非,适时作出决定并执行决定;三是坚持性,包括充沛的精力和坚韧的毅力;四是自制性,指一个人能够在意志行动中善于控制自己的情绪、约束自己的言行。为提高高校人力资源的开发的效能,要特别注重意志培养。首先要重视通过教育开发来培养意志力,如通过人生观和理想教育等强化正确的动机激发毅力;通过培养内在的稳定兴趣激发毅力;通过从小事做起锻炼出大毅力;通过由易入难的方法在增强信心中锻炼毅力等。其次要重视加强挫折管理来培养意志力。挫折管理的主要内容是:管理者应及时了解并排除造成挫折的根源,进行合理的归因分析;管理者对受挫折的教职员工员宽容相待,并适当采取心理疏导,使其恢复理智状态,达到心理平衡;管理者应有针对性地对待受挫折的教职员工,如创造良好的学习条件,帮助员工发展,或者采取相应措施对其做出补偿等。挫折管理有利于提高管理者的工作预见性,从而有效地防止一些恶性事件的发生;有益于管理者帮助下属矫正其异常行为,提高心理成熟度;有利于提高教职员工工作的积极性、主动性,增强员工归属感,提高员工绩效乃至组织绩效。

三、创造学与高校人力资源充分开发

创造学是研究人类的创造能力,创造发明的过程、方法及其规律的新兴学科。它涉及哲学、思维科学、脑科学、心理学、逻辑学、行为科学、教育学、未来学和科学技术史等学科，是一门综合性很强的学科。创造学以创造发明为研究对象，是对人类创造发明的思维和实践经验的总结。创造学注重成功创造的原理分析、创造力开发与创造性人才培养。创造学的研究对充分开发高校人力资源有多方面的指导价值。

其一是揭示了创造力的本质与构成。创造学研究的主要目的就是开发人的创造力。创造力是人类特有的产生新思想、发现和创造新事物的一种综合性能力，也是成功地完成某种创造性活动所必需的心理品质。创造力形成有赖于最佳的智能结构：包括宽厚的基础知识，除应具有一般基础知识以及本专业的基础知识和专业知识外，还应具备与本专业相邻学科的基础知识；熟练的基本技能，如具有善于利用各种知识、信息、技术情报，掌握各种基本的实验手段以及调查、测量和数据统计分析，以及高层次的统筹协调等技能；扎实地掌握和运用马克思主义的基本知识、基本观点和基本方法指导创造性活动，敢于发现、善于研究、富于创新的能力。创造力是一系列连续的复杂的高水平的心理活动，它要求人的全部体力和智力的高度紧张，以及创造性思维在最高水平上进行。一个人能否形成创造力有赖于五种精神，即造福于人类的精神；敢想、敢干、敢于实践的精神；达不到目的誓不罢休、百折不挠的精神；善于发现问题、敢于创新的精神；坚持不懈、虚心好学的精神。创造学认为创新是人的本质属性，创造力是人们与生俱来的能力，每个人都有创造的可能，并不只是科学家才具有创造力。创造学提出创造力要通过教育培训开发激励和实践来培养。

其二是总结了成功创造的十大原理：一是综合原理。强调创造是在分析各个构成要素基本性质的基础上，综合其可取的部分而形成的具有整体优化特点的创新过程。二是组合原理。指出创新是对多种学说、技术、产品的一部分或全部进行适当叠加和组合而形成新学说、新技术、新产品的过程。三是分离原理。指出创新是把某一创新对象进行科学的分解和离散，使主要问题从复杂现象中暴露出来，从而理清创造者的思路的过程。四是还原原理。指出在创新过程中，要能回到设计对象的起点，抓住问题的原点，将最主要的功能抽取出来并集中精力研究其实现的手段和方法，以取得创新的最佳成果。五是移植原理。即把一个研究对象的概念、原理和方法运用于另一个研究对象并取得创新成果，也就是借用已有的创新成果进行创新目标的再创造。六是换元原理。是指创造者在创新过程中采用替换或代换的思想或手法，使创新活动内容不断展开、研究不断深入的原理。七是迂回原理。就是在遇到许多暂时无法解决的问题时，不要钻牛角尖、走死胡同，而是要开动脑筋、另辟蹊径。八是逆反原理。就是要打破头脑中常规思维模式的束缚，对已有的理论方法、科学技术、产品实物持怀疑态度，从相反的思维方向去分析和思索，去探求新的发明创造。九是强化原理。就是对创新对象进行精炼、压缩或聚焦，以获得创新的成果。十是群体原理。就是需要创造者们能够摆脱狭窄的专业知识范围的束缚，依靠群体智慧的力量、依靠科学技术的交叉渗透，使创新活动从个体劳动的圈子中解放出来，焕发出更大的活力。

其三是强调了高校的重要使命就是培养创新性人才。培养创新型人才是中国面向知识经济时代、提高国家创新能力、参与经济全球化进程的内在要求，是实施科教兴国、实现中华民族伟大复兴的突破口，同时也是时代赋予高校的重要使命。随着社会的发展与高等教育改革的深化，我国高校在创新型人才培养上已取得一定的成效与经验，但由于高校管理行政化倾向不利于形成尊重人才的氛围、急功近利培养人才理念违背创新人才的培养规律、唯书唯分的人才选拔机制阻碍了优秀人才的脱颖而出，所以要实现高校人力资源的充分开发，高校必须采取下列新措施加强创新培养：一是要根据培养创新型人才的要求，整体思考设计学院、系、研究中心、研究院所等学术组织的目标定位、功能划分与资源配置，鼓励探索新的教学科研组织模式，建立有利于学科交叉、融合和汇聚的科研体制，形成有利于增强自主创新能力和提高创新人才培养质量的基层学术组织结构；二是要根据创新性人才培养特点，进一步规范大学各项工作与各个岗位的考核评价工作，要引导教师热爱教学、潜心基础研究，要强化竞争激励机制，鼓励尖端科技成果，要深化分配制度改革，加大对优秀拔尖人才的分配倾斜力度，努力营造人才辈出、人尽其才的良好制度环境；三是要为促进创新性人才培养加强大学的文化建设，即大力弘扬追求真理、培养人才、繁荣科技、服务社会的大学精神，倡导勤奋学习、勇于创新、潜心研究、严谨治学的良好校风，建设百花齐放、百家争鸣、鼓励创新、宽容失败的创新文化；四是要结合专业特色，构建普适型创新教育与精英型创新实践训练相结合的创新人才培养体系，对大学生进行有层次的创新教育，确保创新教育的连续性、系统性。

第七章 高校人力资源的优化配置

人力资源配置是人力资源开发的关键环节,是人力资源管理中的一项重要工作。进行高校人力资源的优化配置,目的在于保障高校人力资源的质量、优化高校人力资源的结构、提高高校人力资源的使用效率,最终使高校的核心竞争力得到提升。本章从介绍人力资源优化配置的一般理论入手,分析高校人力资源优化配置的现状与问题,进而提出新时期优化高校人力资源配置的思路与对策,同时对我国当前高校的"双肩挑"岗位设置问题进行了专门研究。

第一节 人力资源优化配置的一般理论

进行高校人力资源的优化配置必须首先了解人力资源优化配置的一般理论。

一、人力资源优化配置的含义

"人力资源配置"是将已经开发的人力资源分配或安置到社会经济体系中的各个部门、地区、行业和职业劳动岗位中去,使之同其他的人力与物力资源相结合,形成现实的社会经济运动的过程。

何谓"优化"?从广义的层次讲,优化就是根据需要与可能,系统定量地确定出最优目标,并运用科学的手段与方法,将整个系统逐级分成不同的等级与层次结构,在动态中协调整体与部分的关系,使部分的目标服从于整体的最佳目标,以尽可能地达到系统整体的高效与完善;

从狭义的层次上讲，优化就是从众多可供选择的方案中选出最佳方案的途径与方法，以使系统获得最优的效果。

优化人力资源配置的核心是安排好人并发挥每个人的最大优势。德鲁克在《管理的实践》一书中指出，人力资源是所有经济资源中，使用效率最低的资源。企业能否提高经营绩效，完全要看能否促使员工提高绩效。为此，首先应充分重视人员整体质量，对人员数量进行合理控制，以利于更好地开展人力资源管理工作；其次应合理控制管理人员比例，并强化职责、做好分工工作；再次应合理调整机构设置，重点强化控制生产过程和现场技术的管理工作；最后应制定比较完善的新员工管理制度，开展系统性的员工技能培训活动，合理配置新员工[①]。

我国学者也从不同视角界定了人力资源优化配置。有人从人岗匹配的角度，将人力资源优化配置解释为企业与员工对彼此和岗位进行深入了解，再进行人岗匹配，将最合适的人安排到最合适的岗位[②]；有人从提高效率的角度，将人力资源优化配置解释为企业为提高员工的工作效率，实现人力资源的最大化利用，通过科学、合理和有效的手段对自身的人力资源进行配置[③]；有人从目标达成的角度，将人力资源优化配置解释为企业根据内外环境的变化以及企业的战略发展目标，站在企业整体的超前和量化的角度制定的人力资源开发规划，并运用有效手段将企业的商业目标与人力资源管理相结合，实现企业人力资源的最优化配置目标，最终实现企业的战略发展目标[④]；有人从科学管理的角度，将人力资源优化配置解释为通过科学、合理的方法，对企业自身的人力资源进行优化配置，为企业提高工作效率，实现人力资源的最大作用[⑤]。上述观点的出发点不同，但其中有一些基本共识。由此可以界定所谓"优

---

① 张琳. 进行人力资源战略分析，优化人力资源配置 [J]. 市场观察，2020（12）：68.
② 桂宏新，唐运舒，唐峰. 基于双向选择理论的人力资源优化配置研究：合肥联通的创新实践 [J]. 管理学家，2011（5）：29-38.
③ 哲博. 人力资源配置工作方案研究 [J]. 价值工程，2016（25）：11-13.
④ 藏炜怡. 我国国有企业人力资源优化配置研究 [J]. 人力资源，2016（14）：106-108.
⑤ 王彦强，张立刚，李晓，等. 企业深化人力资源优化配置措施探讨 [J]. 人才资源开发，2018（1）：63-64.

化人力资源配置",就是将人力资源纳入社会经济发展的大系统之中,根据社会经济发展的总体目标,采取有效的调控措施,将人力资源分配到最适宜的部门、地区、行业或职业岗位上,尽可能实现与其他的人力、物力资源在属性匹配、数量组合、空间分布、时序衔接等方面的完美结合,以获得人力资源使用与社会经济发展的最佳效益。

二、人力资源优化配置的依据

(一)理论依据:人力资源是既具稀缺性又具时效性的资源

人力资源的稀缺性蕴含在社会进步之中。人力资源是质量和数量的统一。作为劳动力的人的多少,是人力资源数量的体现;而体现劳动者体质和智能的劳动者素质,则是人力资源质量的反映。一个国家和地区人力资源的丰富程度不仅要用数量来计算,更要用质量来衡量。这就是说,人力资源数量众多并不能说明人力资源丰富,人力资源质量高低才是决定人力资源是否丰富的关键因素。随着人类社会的发展,随着人类吹响了知识经济时代进军的号角,随着设备、技术、工艺等的现代化,今天高质量的人力资源将可能是明天低质量的人力资源,即人力资源质量的指标体系随着社会的发展是越来越高的,因此,把人力资源放在社会发展的动态进程中去考察,它永远是一种稀缺性资源。人力资源的形成、开发、使用都具有时间的制约性。从个体的角度看,作为生物有机体的人,有其生命周期,作为人力资源的人,能够从事劳动的自然时间又被限定在其生命周期的中间一段,能够从事劳动的不同年龄段(青年、壮年、老年),其劳动能力也不尽相同。从社会的角度看,各年龄段人口的数量以及他们之间的关系,特别是"劳动人口与被抚养人口"的比例,会随着岁月的流逝而变化,存在着时效性问题。人力资源的时效性表明人力资源不是一个能无限积累的无穷大量,而是人力资源流量对人力资源存量的替代。此外,人力资源不是自然资源,获得人力资源是有成本的,它的产生、发展、积累需要投资主体投入一定的经济资源,而国民经济不允许把所用的经济资源都用于人力资本投资,这也决定了人力资源的相对稀缺性。

（二）内在依据：人力资源是既有主体性又有客体性的资源

人力资源的主体性反映在人不仅是自身体力、智力、知识技能的承载主体，而且具有选择、运用和调控这些潜能发挥作用的自主意识与能力。优化人力资源配置的目的，就是要创造条件使人能更好地发挥人的自主性，能充分地调动自身潜能，为社会经济发展做出最大贡献。人力资源的客体性，反映在人力资源运动过程的各个环节都要受到社会的调控与制约。人力资源配置作为人力资源运动过程中的重要环节，主要任务是社会通过合理的调配，实现人力资源之间，以及人力资源与物力资源之间的最佳结合。这种调配是一个不断调整、不断完善，也就是不断优化的过程。只有这样，才有可能使社会人力资源结构趋向合理，才有可能最大限度地实现人尽其才、才尽其用。相反，如果社会对人力资源的配置不合理，就会造成物力的浪费与人力的损耗。

（三）外在依据：人力资源是既可充分利用又可闲置浪费的资源

随着科学技术的发展与经济结构的变化，社会经济结构调整速度愈来愈快，对人力资源结构的依赖程度愈来愈高，人力资源结构只有超前进行调整，才能够适应社会经济结构发展变化的要求，才能发挥出人力资源的最大效益。然而，在现实中，社会经济结构变化的急剧性与人力资源结构调整的滞后性，必然导致人力资源的闲置浪费。导致闲置浪费的原因主要是存在着数量与结构两方面的失衡。人力资源配置的数量失衡是人力资源供求矛盾的反映。人力资源配置是通过对人力资源供求关系的不断调节来实现的。人力资源的供给是指一定时期内社会具有劳动能力的人的总和，它主要取决于劳动力人口增长的速度、经济发展程度与人们对就业的追求程度等因素。人力资源需求是指一定时期内社会经济活动所能提供的就业岗位总数，它主要取决于科技进步、经济结构与生产资料增长的速度等因素。如果在社会劳动力人口增长速度过快，或社会经济发展水平低，劳动仍然被人们视为谋生的手段的情况下，只要有劳动能力的人都希望找到工作岗位，就会出现人力资源供给过旺。如果这一时期科技发展水平偏低，生产资料增长速度偏慢，社会对劳动力的吸纳能力有限，就会出现人力资源供过于求的矛盾。人力资源配置的结构失衡，主要表现在以下方面：层次结构失衡，低层次人力资源大量剩余，高层次人力资源却供不应求；行业结构失衡，主要表现在第一产业占用劳动力过多，而从事第三产业的劳动力又太少；分布结构失衡，主要表现在在一些经济发达、资源开发利用较充分的地区，人力资源数量密度大，而在一些资源未能充分开发、经济落后的地区，却人烟稀少。从微观上看，这种失衡主要表现在组织或企业内部的学历结构失衡、年龄结构失衡与专业结构失衡等方面。

三、人力资源优化配置的内容

从内容上讲，人力资源配置可分为地区配置、部门（行业）配置与职业配置。

（一）地区配置

人力资源的地区配置，是以一个地区人口和人力资源现状为基础，以该地区的物质资源与经济发展规划为依据，通过地区间的人口和劳动力迁移以及不同地区的人口政策、劳动力政策的调节予以实现的配置。人力资源的地区配置必须有利于各地区经济发展，必须有利于充分发挥各地区经济资源优势。就我国现实情况来看，占我国国土面积60%的大西北地区，虽然蕴藏着丰富的物质资源，具有长期发展的潜在优势，是我国21世纪经济发展战略的重点区域。但是，大西北地区人口只占全国总人口的10%左右，人力资源尤其是高层次的人力资源非常匮乏，科学文化比较落后，不能适应未来时期快速发展的要求。目前，开发大西北的号角已经吹响。鉴于人力资源是大西北经济发展最亟需的重要资源，为此必须从战略的高度出发，根据需要与可能，采取行之有效的政策与措施，通过人力资源的地区配置来缓解乃至解决大西北地区的人力资源紧缺问题。

（二）部门（行业）配置

人力资源的部门（行业）配置，是以发展重点行业为主要目标，根据部门（行业）的内在联系进行综合平衡后而予以确定的配置。一般来说，一个部门（行业）的兴起与发展，必然伴随着大量的资金和劳动力的投入，并且新兴的部门（行业）往往比传统的部门（行业）的人均资金占有量要高得多。因此，这些部门（行业）需要投入较多的资金和配置较高素质的人力资源。对于那些生产工艺简单，甚至以手工为主的部门（行业），单位劳动力所伴随的资金投入就会少得多。也就是说，这类部门（行业）在同量资金投入的条件下，能够安置较多的劳动力。就我国现实情况而言，一方面是人力资源数量多，但质量较差；另一方面是资金紧缺，但资金利用率不高。因此，人力资源的部门（行业）配置应该从我国国情出发，选择适宜的产业结构与技术结构，使人力资源的部门（行业）配置能获得最佳效益。

（三）职业配置

人力资源的职业配置，是以人力资源质的规定性和职业岗位需求的合理性为依据予以确定的配置。从人力资源的质的规定性来看，其差别主要在两个方面：一是水平等级方面的差别；二是职业种类方面的差别。对人力资源进行职业配置时，首先必须从水平等级与职业类别两方面加以区别，然后根据各种职业岗位需求分别投入适合该水平等级和职业类别的人力资源，从而实现人力资源与职业岗位之间的最优匹配。同时，还要考虑在可能条件下的职业替代，以此来弥补某种职业的供不应求现象。一般来说，要实现人力资源职业合理配置，其根本办法在于科学地预测职业需求，并在此基础上，合理安排各级各类教育规划，适时、适量地培养出各类劳动力，以满足各种职业岗位的需求。

四、人力资源优化配置的模式

从模式上讲，人力资源配置可分为"行政配置"模式、"市场配置"模式与"混合配置"模式

（一）"行政配置"模式

"行政配置"模式的主要特点是人力资源的配置基本上受制于行政

机制的调控，排斥价格机制等经济手段的作用。在我国传统的计划经济体制下，政府对人力资源的配置就属于典型的行政配置。在这种模式中，所有资源（包括人力资源和物质资源）的利用，均由计划部门决定，劳动力就业完全依赖于行政配置机制来安排，国有企业的用人数量和用工规模完全受控于政府有关部门，劳动力的价格水平由政府根据全国统一的工资标准集中制定，企业没有任何用人决策权，单个劳动者也没有任何工作选择权，劳动力不能在企业之间和地区之间自由流动，人力资源呈现刚性配置。因此，在行政配置模式中，劳动力只能被动地接受政府的安排，没有必要进行成本收益分析进而全面审视自己以选择更适于自己发挥专长的单位和岗位；没有必要按照企业的人才标准来发展自己，从而符合企业要求进而有利于自己就业。结果是活的人力资源变成死的资源，低效率在企业泛滥成灾。

(二)"市场配置"模式

"市场配置"模式的主要特点是人力资源配置基本上只受制于价格机制等经济手段的调控，而排斥行政机制的作用。"市场配置"型模式运作的前提条件是人力资源供求双方分别是理性的自由人和独立经营的经济主体。在这种模式中，劳动力能否找到职业，找到什么样的职业，雇主能否找到雇员，找到什么样的雇员，是劳动力市场供求双方自由交易的结果。在"市场配置"模式中，企业竞相用高工资吸引紧缺人才，并营造良好的工作氛围促进员工对企业忠诚，进而提高员工工作的努力程度；劳动者则会根据市场和企业的需要，不断地提高自己，以选择能更好地发挥自己专长的单位和岗位。需要指出的是，市场配置人力资源并不是说政府调控不起任何作用。事实上，政府依然发挥着作用，只是不再强行规定人力资源需求方必须承担就业安置任务和利用行政命令干扰需求方合法的经济行为。政府调控经济不再是运用行政手段，而更多的是运用经济手段间接地发挥着作用，从而起到调控人力资源市场运作的功效。政府还可以在人力资源供求双方的组织间发挥协调和桥梁作用，制定各种劳动保护法和最低工资制度，以减少双方的剧烈冲突。

(三)"混合配置"模式

"混合配置"模式的主要特点是资源配置受制于市场机制和行政机制的双重调控作用。从理论上分析，市场机制和行政机制都各有优缺点，因而将两种机制联合作用于人力资源市场，可发挥二者的互补效应。然而，在实际运作过程中，很难寻找到行政机制与市场机制的最佳联接方式。在我国，曾推行过"双轨制"模式，最初的目的是运用市场机制弥补行政机制的不足，然而实际运作的结果却与预期存在一段距离。但是，从另一个层面透视，正是由于在"双轨制"的运作过程中，市场机制发挥着比行政机制更有效率的配置作用，促使人们开阔视野和重塑观念，重新审视传统体制，彻底冲破计划经济体制壁垒，走向社会主义市场经济体制。

五、人力资源优化配置的原则

实现人力资源优化配置，当遵行以下原则。

(一)充分就业原则

充分就业，既是一个重要的经济目标，又是一个重要的社会目标。可以说，这是当今世界不同经济体制、不同经济水平的国家所共同追求的目标。这里，我们仅从经济学的角度进行分析。从经济学的一般原理出发，充分就业应当是指人力资源供给基本上能够被需求吸收，即有劳动能力而又有就业要求的经济活动人口基本上都能够获得社会劳动岗位。但需明确的是，由于经济运动的复杂性，充分就业并不等于经济活动人口完全就业。

(二)合理使用原则

从经济学的一般意义上说，人力资源的合理使用是指人力资源投入有最高的产出率。推而广之，人力资源的合理使用应当包括在经济布局上的合理投向及配置，以及更为广泛的社会方面的内容。如：生产效率与分配平等、经济产出与社会安定、社会劳动与家务劳动等诸种关系的协调。不过，一般来说，经济效益是显性的、直接的，社会效益则是隐性的、非直接的。因此，对人力资源使用的"合理"性，必须正确理解、全面掌握，使其在运用中产生最大的经济和社会效益。

(三) 优化结构原则

人力资源配置要合理调节各地区、各部门和各行业的人力资源存量，并将人力资源增量投入到不同的方向，以便形成一种优化的人力资源使用结构。在结构优化条件下，人力资源的投放合理与否，其标志在于：一是要适应全社会经济发展水平的要求；二是要能够满足国民经济重点建设的需要；三是要能够取得较大的经济效益；四是要能使国民经济各部门在较长时间内保持协调。

(四) 提高效率原则

经济学中的一项重要原则就是提高效率。由于人力资源在经济运行中具有特殊地位，因此，提高人力资源使用效率就尤为重要。人力资源使用效率，从总体上说，可以分为"有效劳动"和"无效劳动"两大类。前者是指人力资源投入取得了经济效益，后者是指人力资源投入未取得经济效益。具体来分析，有效劳动又可以分为高效劳动和低效劳动两类，前者是指产出大大高于投入，后者是指产出在一定程度上大于投入；无效劳动亦可分为零效劳动和负效劳动两类，前者是指产出等于投入，没有取得效益，等于做了"无用功"，后者是指产出小于投入，其效益为负数，即为资源浪费。高效劳动是人力资源得到充分利用的表现，低效劳动尤其是零效劳动和负效劳动则是人力资源利用不充分的表现。人力资源配置就是分析研究人力资源利用不充分的原因，并采取相应的措施，使其逐步向高效劳动转化。具体做法还得从日常工作，如人力资源的六大模块——人力资源规划、招聘、培训与开发、绩效管理、薪酬与福利、劳动关系入手。首先得先将日常事务工作做好，不能只停留在工作表面，需深入。日常工作做好了，才能再进行优化工作。所有工作都是一环套一环的，每个环节做好了，工作才能顺利进行下去。

六、衡量人力资源配置是否优化的标志

优化人力资源配置的目的是做到人尽其才、才尽其用、人事相宜，

最大限度地发挥人力资源的作用。人力资源配置优化离不开以下四方面的分析：一是总量分析，即配置前要分析判断组织人力资源总量情况，辨清人力资源的富余或欠缺状态，以便较好地实现人力资源的优化合理配置，保持人力资源配置的供需平衡。二是结构分析，即配置前要对组织的员工进行分类，明晰不同员工的知识、技能、特点、专长，使员工与工作结构相匹配。三是质量分析，即配置前要对组织员工在个人知识、技能、实践经验等方面存在的差异性进行研究，要结合实际工作岗位进行人员配置，使员工与工作质量配置相契合，实现适才适用。四是效能分析，即组织要通过适当增减工作岗位的方式进行配置，使员工个体承受能力与工作量相匹配，使员工保持合理的压力和动力，达到最佳的效果。基于上述分析，衡量人力资源配置优化的标志有四：

（一）适应性

优化人力资源配置，在宏观上要与自然资源的深度开发以及物质资源的多次利用相适应，与社会结构的变化以及结构的调整方向相适应，与人力资源自身的地域、行业分布及结构合理化要求相适应；在微观上要与组织发展的中、长期目标相适应，与组织内部的人员结构优化相适应，与每个员工的能力结构、个性特长发展相适应。

（二）动态性

人力资源配置要适应国家、地区社会经济发展的新格局和组织发展的新目标，就必须使其经常处于一种动态过程之中。无论是社会经济的发展，还是组织目标的选择都是动态的过程，人力资源的配置也不可能一成不变，而应该是一个充满活力的不断自我调整与自我优化的过程。

（三）竞争性

优化的人力资源配置是以公平、公开的竞争为前提的。因为无论是计划配置，还是市场配置，都存在着对人的选择问题，在公平竞争的条件下，每个人都可以通过自己的努力获得与其能力相适应的职业岗位的机会。这种配置具有鼓励强者、激发弱者、淘汰不求上进者、调动全体劳动者的积极性与创造性等社会功能。

（四）效能性

优化的人力资源配置能较好地实现人与物，以及人与人的结合，形成最佳的人事匹配与最和谐的人际关系。这样，不仅可以最大限度地实现人尽其才、物尽其用，而且有利于形成群体优势，极大地提高人力资源的使用效能。

第二节　高校人力资源优化配置的现状与问题

从宏观层面讲，高校人力资源优化配置是指将高校的人力资源纳入整个社会经济发展的大系统之中，根据社会经济发展的总体目标，采取有效的调控措施，将人力资源分配到最适宜的部门、地区、行业或职业岗位上，尽可能实现与其他的人力、物力资源在属性匹配、数量组合、空间分布、时序衔接等方面的完美结合，以获得人力资源使用与社会经济发展的最佳效益。从微观层面讲，高校人力资源优化配置是指在充分开发高校人力资源的前提下，通过创造良好的内外环境，通过一定的途径，使人与物、人与环境、人与岗位尽可能完美结合，最大限度地降低人力资源成本，提高人力资源效率，以最好地实现高校的人才培养、科学研究、社会服务、文化传承创新与国际教育合作等功能。

一、我国高校人力资源优化配置的现状

从宏观的角度看，我国高校人力资源优化配置已具备较好的条件：第一，国家出台了部分人力资源发展战略，以指导社会对人力的资本投资，进而调节人力资源在市场上的供需关系。第二，国家采取适度的倾斜政策，对于特殊地区、特殊行业，政府从宏观方面提供一定的政策支持，以便吸引人才。2013年我国提出"中西部高校振兴计划"，强调丝绸之路经济带建设离不开人才和智力支持，离不开中西部高等院校的精诚奋斗；通过对不同地区高等院校之间收入分配的调节，缩小地区间收入分配差距，以促进人力资源的优化配置。第三，根据我国实行社会主义市场经济体制的国情，对于市场监管和行政配置方面，坚持两者相结

合,在高校人力资源遵循市场规律的同时,保证政府的法治监督,管理模式上逐渐向混合模式转变。从微观的角度看,高校依据国家出台的一系列政策,在人力资源优化配置上采取了一些有效措施,使高校人力资源配置初见成效。如近几年出台的"创新团队发展计划""新世纪优秀人才计划"相互整合,构成高校优秀拔尖人才培养支持体系,将"组建并引领创新团队发展"作为特聘教授的岗位职责,发挥长江学者作为领军人才和突击队长的作用,不断推进人事制度的改革与创新,进一步带动高校用人和分配制度改革,激发高校人才队伍活力,为干事创业者提供舞台[①]。这些政策推动了高校对人力资源优化配置的探索,使配置模式更灵活,优化配置的成效更明显。

(一)在总量配置上,存量丰富、增量巨大

随着整个社会经济发展和高校各项改革的进一步深化,高校人力资源配置的优化主要表现为数量增加和质量优化。一方面,高校人才的数量特别是高层次人才数量大幅度增加,大批博士、博士后充实到教师队伍中来,相当数量的优秀国外留学回国人员到高校任教,还有很多学校聘请了外籍教师。另一方面是高校人力资源配置状况有了大幅度改善,通过内部竞争上岗机制、教师分类管理和教员岗位聘用制以及双向选择等制度,使各种人才都配置到合适的岗位上。据相关材料显示:我国教师队伍结构不断优化,整体素质进一步提高,2020年具有研究生学历的教师共有36.6万人,占教师总数的37%,具有博士学位的教师占比三年间由25.93%提升至27.99%。同时,教师职称结构趋于合理,有正、副高级专业技术职称教师67.82万人,占教师总数的37%,比2005年增长了3.1个百分点;高校教师队伍中有中国科学院院士296人、中国工程院院士257人,分别占全国总数的41.9%和36.6%[②]。研究生招生110.66万人,比上年增加19.00万人,增长20.74%。其中,

---

① 管培俊. 新论高校人事改革的方向和推进策略[J]. 北京大学教育评论,2015(1):185.
② 教育部. 2020年全国教育事业发展统计公报[EB/OL]. (2021-08-27)[2022-04-20]. http://wap.moe.gov.cn/jyb_sjzl/sjzl_fztjgb/202108/t20210827_555004.html.

博士生 11.60 万人，硕士生 99.05 万人。在学研究生 313.96 万人，比上年增加 27.59 万人，增长 9.63%[①]。

（二）在结构配置上，师资结构不断优化

为进一步加大引进高层次人才的力度，不少学校提出以"千万经费、百套住房"的人才引进政策，以此吸引高层次人才；给政策、出经费，鼓励教师到海外研修，培养教师国际化视野，选派教师到世界著名高校研修。一些学校制定了教师去企业挂职锻炼的实施办法，规定 45 岁以下的青年教师三年内必须到企业进行挂职锻炼，大大提升了"双师型"师资队伍建设水平。广大教师帮助企业解决实际问题的过程中，既明确了教学内容的侧重点，又可以把实际了解到的许多鲜活案例，应用到教学实践过程中，较好地提高了教学针对性和学生实践动手能力。加强产学研合作，加快成果转化，是学校服务地方经济社会发展的重要支撑，是提高师资队伍的重要手段。近年来，各高校积极推进"挂县强农富民工程""科技专家团队进企业"行动，选派优秀教师，走进企业、厂矿、农村、社区、政府挂职锻炼，在为地方经济社会发展提供全方位的科技服务的同时，教师的科研项目更接地气，科研水平也得到了提高。学历水平的高低是衡量教师学识是否渊博的一个标志，同时学历结构能反映师资队伍整体素质，因而教师队伍中获得博士学位比例的高低，在一定程度上可以反映高校的师资力量雄厚与否，进而衡量高校师资结构是否得到优化。"C9 联盟"高校是代表我国首批冲刺世界一流大学和一流学科的重点高校。根据"C9 联盟"高校《2015 年本科教学质量报告》和"C9 联盟"高校官方网站上的数据显示，这些重点高校中，教师博士学位拥有率均远高于 50%，高校中教师博士学位拥有率最低的是西安交通大学，比例为 69.8%，其他院校教师博士学位拥有率均在 70% 以上，平均博士学位拥有比例为 80.04%。报告中还显示了"C9联盟"高校以 35 岁至 45 岁之间的青年教师为主，所占比例都在 50%

---

① 教育部. 2020 年全国教育事业发展统计公报［EB/OL］.（2021-08-27）［2022-04-20］. http://wap.moe.gov.cn/jyb_sjzl/sjzl_fztjgb/202108/t20210827_555004.html.

以上；46 岁至 55 岁之间的教师所占比例较小，所占比大约为 33%。有相关研究表明，46 岁至 55 岁年龄段是教师出成果的最佳时期，此年龄段的教师经过长期的教学和科研工作的锤炼，积累了丰富的经验，且知识储备趋于完善，智力结构处于最佳状态，工作效率高，效果好[①]。从这些数据和政策可以看出，不管是地方高校还是重点高校，在结构配置上，师资结构在不断优化。

（三）在质量配置上，科技人才力量增强

创新是引领发展的第一动力，是建设现代化经济体系的战略支撑。按照国家的战略部署和要求，我国创新驱动发展战略"三步走"的目标是：2020 年进入创新型国家行列，2030 年跻身创新型国家前列，2050 年建成世界科技创新强国。科技创新人才是创新发展的核心，高校科技创新人才是高校核心竞争力的构成要素，也是实现组织核心战略的保障。建设创新型科技强国，必须要有创新型的科技人才，高校担负着人才培养、科研创新、成果转化的重要责任。人与事的质量配置要求人的专业知识和技能水平与岗位上"事"高度匹配，在这一背景条件下，高校在科技创新人才的配置上采取的措施包括以下几个方面：一是顺应"新时代"发展要求，建设优势学科、突出办学特色；二是优化人才结构，实现教师全面发展；三是肩负历史使命，培养新时代优秀人才；四是承担社会责任，塑造良好的社会形象，为地区经济发展服务[②]。根据《2017 年高等学校科技统计资料汇编》显示，全国共有高等教育院校 1805 所，高校科技人才总量约为 102.74 万人。以北京地区为例，各类高校的科技人才总量约为 7.57 万人，其中 30 岁以下的 1.0876 万人，31～35 岁的 1.3826 万人，36～40 岁的 1.3398 万人。即北京地区高校科技人才中 40 岁及以下的青年科技人才约为 3.81 万人，约占总人数的

---

① 王利爽，阳荣威. "双一流"建设背景下 "C9 联盟"高校师资队伍及结构调查研究［J］. 管理方圆，2017（9）：32-37.

② 王炜，王学慧，刘西涛. 高校科技创新人才激励管理的探求：以组织核心战略为视角［J］. 中国高校科技，2021（8）：16-21.

54.14%。北京地区高校的科技人才约为 3.28 万人，其中 40 岁以下青年科技人才为 1.6649 万人，约占北京地区各类高校的青年科技人才总量的 43.70%，占地方高校科技人才总数的 54.14%[①]。而重点高校对于科技人才更是求贤若渴，以天津的重点高校为例，天津的"985 工程"和"211 工程"院校拥有全市 93% 的高端科技人才[②]。

(四) 在效率配置上，公平竞争效率提高

实现高校人力资源优化配置必须首先明晰教育公平与教育效率两个核心概念。教育公平是指每个人在适龄阶段享有教育权利和教育机会上的平等，包括教育起点的公平、教育过程的公平与教育结果上的公平。效率本是经济学中的概念，是指以一定的投入，获得最大的产出。高等教育公平，同样包括教育起点公平，具体反映在地区间的高校数量、招生录取情况和毛入学率等；教育过程公平，具体反映在地区间的高校经费投入情况、师资结构等；教育结果公平，具体反映在地区间的高校毕业生的数量和质量等。高等教育效率是指在保证教育公平的前提下，对教育资源的有效配置和使用。这种兼顾公平与效率的思想也指导了近年来我国高校人力资源的优化配置，并取得一定成效。高等教育作为准公共产品，在追求学校整体效率最大化的同时，也肩负着促进社会公平和社会和谐的使命。"985 工程"和"211 工程"的实施不仅提升了两大工程建设中的高校水平和实力，同时不少地方政府为弥补一流水平高校和非一流水平高校数量与质量上的差距，启动了"高水平大学建设"工程。如 2014 年福建省启动高水平大学建设，福州大学、福建师范大学、福建农林大学入选，省财政每年投入 2.8 亿元支持三校高水平大学建设；同年，安徽省启动"地方高水平大学建设方案"，纳入的高校达 14 所，是各省高水平大学建设计划包含高校数最多的省份；2015 年广东

---

① 霍丽霞，王阳，王万鹏. 地方高校青年科技人才发展政策分析：以北京为例 [J]. 中国高校科技, 2019 (8): 18-21.

② 张伟，徐广宇. 高校顶尖青年人才的分布特征与集聚策略：基于国家级顶尖青年人才计划项目的比较分析 [J]. 教育制度研究, 2016 (8): 17-22.

省实施高水平大学计划,计划用5～10年时间建成若干所具有较高水平和影响力的大学,培育一批在全国乃至全世界占有一席之地的特色重点学科;同年,浙江省公布第一批重点建设高校名单,加大财政投入,由省财政设立专项资金支持建设;江西省在教育与社会发展智库成立暨第一次专家咨询会议上,也提出要重点建设若干所"有特色高水平大学"。这些地方实施高水平大学建设计划,实际上是弥补了"211工程"只局限一所省属大学的不足,是兼顾公平与效率的配置,对增加优质高等教育资源、提升这些高校的办学实力和水平具有重要的作用[1]。

二、我国高校人力资源优化配置中存在的问题

在高等教育逐渐普及化、大众化的今天,高校要转变理念,不论是正规学校教育还是学校里存在的多种非正规形式教育,都应该是"有质量"的教育。这里的质量不是传统的精英化的学术质量,而是多样化质量。多样化质量要求必须把这种理念的改变落实到制度的转变中,尤其是落实到人力资源配置上。然而高校目前人力资源配置存在的问题也很明显,主要有以下四个方面。

(一) 总量失衡,结构失调

随着高等教育的发展,学校将主要注意力放在解决高等教育规模扩张所带来的硬件和软件不足问题上,其重点之一就是解决教师数量在总量上表现失衡的问题,而伴随高等教育的大规模扩招带来的教师结构问题成为不可回避的问题[2]。

1. 生师比过高带来的人力资源匮乏

合理的生师比是高校人力资源配置合理的重要标志。从国外看,QS世界大学排名等排行榜将生师比作为重要的教育质量衡量指标;我国教育部发布的《普通高等学校本科教育教学审核评估指标体系(试

---

[1] 刘海峰. 一流大学建设中的公平与效率问题 [J]. 探索与争鸣, 2016 (7): 19-21.
[2] 蔡文伯, 任格格. 普通高校专任教师队伍结构对教育发展影响的计量分析: 基于1992—2013年的时间序列数据 [J]. 师资管理, 2017 (4): 58-63.

行）》中，对生师比做了明确规定，其中，综合、师范、民族院校，工科、农林院校和语文、财经、政法院校≤18∶1，医学院校≤16∶1，体育、艺术院校≤11∶1。但自国家实施高校扩招政策以来，我国全日制在读大学生数量增长迅猛，虽然与之相应的专任教师的数量也大幅增长，然而仍然跟不上学生数量增长的速度，这必然导致高校生师比升高。生师比的升高，虽然会提高办学规模和办学效益，但是却难以保证教学质量[1]。尽管从教育效率来看，生师比越高表明教师资源利用效率高，但必须把握一定的度。从教育质量看，生师比过高说明教育资源的稀释。教育资源的有效配置必须达到质量与效益共同发展的要求。同时，在招聘上，高校由于受到教育经费的限制，会减少人才引进工作的资金投入，而人才也会因为待遇等因素影响，不愿前来应聘。

2. 学科带头人、骨干教师缺口较大

"双一流"建设的目的在于集中有限资源发展顶尖学科，打造学科高地以满足国家重大战略需求[2]。除了经济投入，建设一流学科必然需要一流的学科带头人、骨干教师，使人才汇集在同一平台，集中力量攻坚高精尖领域。从这一意义上看，双一流建设目标的达成，需要优势平台和高层次人才的同频共振，借助平台吸引人才，依靠人才发展平台，从而产出世界一流成果、建成世界一流学科。在这一背景下，部分地方高校，尤其是经济发达地区高校在招聘中采取"土豪策略"，通过高额年薪、天价安家费等优厚的物质报酬，将高层次人才吸引过去[3]。高校招聘中抢夺学科带头人和骨干教师愈演愈烈，一般教师成长为学科带头人和骨干教师的人才梯队未形成，导致人才配置缺口。有报道称，浙江工业大学在2017年面向海内外招聘150名高层次人才，符合条件的给

---

[1] 王利爽，阳荣威. "双一流"建设背景下"C9联盟"高校师资队伍及结构调查研究[J]. 管理方圆，2017（9）：32-37.

[2] 高校领导谈"挖人大战"：负和博弈 哪有赢家？[EB/OL].（2017-03-31）[2022-05-18]. http://www.cankaoxiaoxi.com/china/20170331/1835476.shtml.

[3] 孙涛. 困境与出路："双一流"建设视域下的高校教师流动[J]. 北京社会科学，2020（6）：37-45.

予70万元以上年薪，同时享受300万元～500万元的安家费；杭州电子科技大学对于高层次人才的争夺更是不遗余力，早在2013年就宣布，对于院士级别的人才，给予年薪300万元～500万元、安家费500万元以上，同时给予平台建设费和科研启动费1000万元以上[①]。这一行为造成"削峰填谷"效应，不仅破坏了高校高层次教师队伍的人才梯度建设的生态平衡，还导致流出高校失去了学科高峰，流入高校的学科低谷也难填平。学科专业设置是高校学科建设的关键环节，既体现了高校办学的特色与定位，又规定了人才培养的类型与规格，因此，高校专业学科设置是否合理，决定着教育资源配置和利用是否能实现社会经济效益最大化。高校的学科专业中的一级学科、二级学科以及研究领域是根据学科地形和学科地势进行相应的资源调配的。目前的学科发展现状是东部地区高校占据绝对优势，而中西部地区发展相对滞后，从而严重制约了西部地区经济社会的高质量发展[②]。

3. 管理人员与专任教师比例失调

为推进"双一流"建设，需要培养一流人才、开展高水平科学研究以及提供杰出社会服务，完成这些需要强有力的人力资源做支撑。其中师资资源是核心，除生师规模外，大学人员配置一方面可通过生师比等指标来衡量，另一方面需要注重专任教师和管理人员的分配情况[③]。根据国家人事部《关于高等学校岗位设置管理的指导意见》规定，教师岗位一般不低于学校岗位总量的55%，管理岗位一般不超过学校岗位总量的20%。因此，高校设置管理人员与专任教师合理比例是优化人力资源配置的一个重要组成部分。然而，我国不少高校的管理人员与专任教师的比例失调。自大学扩招以来，专任教师规模增速较慢，未能跟上

---

① 中央发话了：发达地区不得片面高薪挖人！中西部高校"失血"有多严重[EB/OL].(2019-06-13)[2022-05-18]. https://baijiahao.baidu.com/s? id = 1636197316750525892&wfr = spider&for = pc.

② 解德渤，崔桐. 我国高校学科建设的制度意蕴、困境与创新[J]. 现代教育管理，2021(7)：54-61.

③ 陈文博，张珏. 大学生师规模、比例与学术产出的关系研究：基于58所教育部直属高校2007—2008年间的校际面板数据分析[J]. 湖南师范大学教育科学学报，2021(9)：111-112.

我国大学在校生规模的扩张速度,根据2020年《全国教育事业发展统计公报》可知,普通高校生师比为18.37∶1,但在高校教学质量评估体系中,国际常用的生师比为14∶1,若高于这一比例,办学效率可能会提高,办学质量却难以保证[①],这对于我国高等教育的高质量发展和办学水平的保障产生不利影响。管理人员同样对大学学术产出具有重要作用[②],但却未能得到普遍重视,而且2007—2018年间58所教育部直属高校中管理人员规模的增速为负值,低于专任教师年均增速(1.69%)。虽然这在一定程度上是大学理性选择的结果,但对于我国大学学术产出水平的提升和高等教育质量的保障产生了诸多阻碍[③]。

4. 具有管理思想与领导能力的研究型管理人才稀少

建设高水平、综合性的一流大学,是目前许多高校的长远发展目标,而要实现这一目标,需要与之相适应的高校管理人才作为后盾和保障。然而,由于对管理工作的重要性认识不够,为了提升专业教师队伍的素质建设投入大量经费,而对管理人才队伍的建设没有给予应有的重视,把管理工作视为"人人都能做,人人都会做"的一般事务性工作,同时,对其任用机制不够完善,缺少对管理人才队伍的培养,导致管理人员中具有管理思想和领导能力的研究型人才稀少[④]。例如有的科研管理人员认为"管理即是服务",在为高校科研工作者进行服务的工作中,有偏颇地使用管理岗位赋予的权力,打击了高校科研工作者的积极性,阻碍了高校科研的发展。而有的科研管理人员则认为"服务即是管理",未意识到良好的服务素质只是高校科研管理人员专业素质的一部分,忽略了管理的主动性、创新性和开拓性。这些现象从侧面展现了高校具有

---

① 马万华. 扩招后高等学校教学质量状况分析[J]. 高等教育研究,2002(5):69-74.

② 宗晓华,付呈祥. 我国研究型大学学科科研绩效及其影响因素:基于教育部直属高校相关数据的实证分析[J]. 高校教育管理,2019(5):26-35.

③ 陈文博,张珏. 大学生师规模、比例与学术产出的关系研究:基于58所教育部直属高校2007—2008年间的校际面板数据分析[J]. 湖南师范大学教育科学学报,2021(9):111-112.

④ 王军为,王志伟. 加强高校管理人才队伍建设的几点思考[J]. 中国人才,2007(7):56-57.

先进管理思想和领导能力的研究型管理人员稀缺[①]。

(二) 人岗配置，比例不当

高校的岗位根据其办学方向、工作性质、职责任务、人员结构等特点可分为管理、专任教师、工勤技能三种类型。近几年来，高校在对教师进行招聘的时候，大量引进博士，他们的年龄层次趋于年轻化，这就导致高校人力资源比例的失调，其中教学经验缺乏、科研能力薄弱的青年教师偏多，而高精尖人才和学科带头人以及骨干教师的数量偏少，管理层中缺乏管理思想和领导能力兼备的人才。有些高校中会出现专职教师数目过少，教师数量和行政人员数量不匹配等现象。整体看来，高校人力资源配置效率较低，突出表现在各层次和各岗位之间人员配置比例不协调。同时，高校高层领导较多，引进的管理人员大多属于外聘，稳定性不强，不了解学校发展的实际情况，致使各位领导安排各自的任务，给各基层工作单位造成不必要的困扰，常出现浪费人力、物力、财力的现象。另外，高校人事没有针对性地对后勤人员建立完善健全的激励体制以及人岗匹配机制，致使后勤人员严重超编，后勤部门机构臃肿，后勤人员文化水平较低、服务意识不强。

(三) 人才流动，无序严重

人才是高校发展的第一资源，直接关系到高校的学科建设水平与办学实力，关系到高校发展的质量、水平、层次与速度，也关系到高校的社会地位、影响与形象。当前，国内高校人才竞争进入"白热化"，无序"挖人"引发众多批评和反思。不少高校将引才工作的目光纷纷转向海外，但引才工作存在的问题也愈发凸显：地方高校引进人才效率低下，缺乏科学规划；重视引进人才但却轻用人才，用人机制落后；人才服务缺位，留住人才得不到保障等。

随着"双一流"建设的快速推进，许多高校不惜高薪高职"挖人"

[①] 魏海燕，郭宁生，郅艳. 高校科研管理人员素质模型构建探析 [J]. 科技管理研究，2012 (6)：134-135.

"抢人",导致高校人才流动陷入片面聚集的失序状态,人才竞争呈现严重的非理性态势,引发严重的"马太效应",使高校人才竞争陷入"零和博弈"和"负和博弈"的不利境地,这严重影响"双一流"大学的建设工作以及高校人力资源的利用[1]。有报道称,自20世纪80年代以来,兰州大学流失的高水平人才甚至可以再办一所同样水平的大学[2]。据不完全统计,近些年来兰州大学流失了6位两院院士,流入地为清华大学、南开大学、浙江大学等发达地区和沿海地区顶级高校;"而在兰州大学培养出的19名两院院士(不含只在校工作过的教师)中,目前仅有1人仍留在该校任教"[3]。身处东北老工业基地的吉林大学同样遭遇较为严重的人才流失危机,时任校长李元元曾提到,在过去一段时间里,吉林大学流失的人才完全可以再办一所"211工程"大学[4]。同时,近些年来,中国部分重点高校实施的非升即走制度也存在制度设计和实施的问题。目前"非升即走"在中国还是不完善的制度设计,表现为绝大部分高校都是"老人老办法,新人新办法",这意味着制度实施对象只针对新入校的年轻教师,而对于年长的教师没有约束力,由此导致制度自身的公信度不高[5]。

(四)人才引进,盲目跟风

当前,国内高校人才竞争进入"白热化",挖人缺乏前瞻性战略规划,引发众多批评和反思。高校除了自主培养人才,还会选择从外部高

---

[1] 刘强,赵祥辉."双一流"建设背景下高校人才流动失序及其有效治理[J].当代教育论坛,2019(3):291.
[2] 虽为百年名校,兰州大学却在经历人才流失的衰落[EB/OL].(2017-06-01)[2022-03-15].https://culture.ifeng.com/a/20170601/51190886_0.shtml.
[3] 中央发话了:发达地区不得片面高薪挖人!中西部高校"失血"有多严重[EB/OL].(2019-06-13)[2022-03-15].https://baijiahao.baidu.com/s?id=1636197316750525892&wfr=spider&for=pc.
[4] 吉大校长谈东北人才流失:老工业基地复苏引人才回流[EB/OL].(2016-11-25)[2022-03-15].https://news.jlu.edu.cn/info/1211/43760.htm.
[5] 孙涛.困境与出路:"双一流"建设视域下的高校教师流动[J].北京社会科学,2020(6):37-45.

校或科研院引进高层次人才。从整体上看，中国高等教育呈现出区域不均衡的发展格局，东部地区高校无论是在数量还是质量上都明显强于中西部地区，西部和东北高校更是人才流失的重灾区，高层次人才引进难、流出易是西部和东北高校人才工作面临的突出困境，这无疑进一步加剧了高等教育东强西弱的发展不平衡[①]。人才引进除了在地域出现不平衡问题，引才工作中存在的问题也愈发凸显：地方高校引进人才效率低下，缺乏科学规划；重视引进人才但却轻用人才，用人机制落后；人才服务缺位，留住人才得不到保障等[②]。主要体现在：一方面，地方高校对海外人才引进规划意识淡薄，人才引进的短期行为突出，为完成学位点申请、审核评估等指标突击引才现象严重，存在盲目性人才引进，特别是各学科及院系对人才引进认识不到位，缺乏人才引进自觉与科学规划，欠缺人才引进执力。另一方面，部分高校迫于发展压力，不顾自身发展实际，一味承诺以高薪、高职务、配备住房和科研实验室等配套条件，增强其在引才竞争中的吸引力，导致个别人才待遇在学校"鹤立鸡群"，如南方部分高校，院士年薪150万元，长江、杰青称号获得者的年薪也高达100万元，科研启动费更是动辄几千万元，团队甚至上亿元；更有甚者，高校间出现相互"挖墙脚"恶性竞争现象，造成高校人才工作一定程度的混乱[③]。同时，地方高校重引才而轻用才，对人才引进后续管理不到位，人才晋升机制僵化，人才考评机制不健全，导致引进人才不能充分发挥才能，得不到进一步发展，尤其是海外人才回国融入难、成长慢的问题也成为地方高校面临的普遍性问题，未能形成人才与学科可持续发展的良性机制。

---

① 孙涛.困境与出路："双一流"建设视域下的高校教师流动[J].北京社会科学，2020(6)：37-45.

② 李元栋，刘红梅.地方高校海外人才引进的问题及对策[J].教育理论与实践，2020(30)：10-12.

③ 刘红梅，袁家明，包平.高校非理性人才竞争现状与治理对策研究[J].江苏高教，2018(4)：42.

第三节　高校人力资源优化配置的原则与路径

高校人力资源配置主要是指在高校内部各部门之间或各高校、各行业之间进行人员的合理的安排、使用与调配，目的在于通过人力资源的优化配置，充分发挥人力资源在高校各个方面的作用。高校人力资源配置是对人力资源进行整体性开发的重要环节，是解决当前高校人力资源配置中诸多问题，激发人力资源创新活力的有效措施。高校人力资源的配置是相当复杂的过程，本节主要研究高校人力资源优化配置的意义、原则与路径。

一、高校人力资源优化配置的意义

（一）优化高校人力资源配置为高校健康发展奠定人力资源的坚实基础

高校是为国家建设培养高级专门人才的专门场所、是进行科学研究探求事物本质的学术机构、是代表社会先进文化引导和服务社会的重要力量。高校的持续健康发展离不开人力、财力、物力和信息等多种多样的资源。人力资源是高校统筹支配其他各项资源的基础，如为教学配备优秀的教研人员是为教学工作顺利开展的提供保障；为行政管理配备有能力的管理人员是为学校行政工作顺利开展奠定基础；为后勤部配备吃苦耐劳乐于奉献的后勤人员是为学校全面搞好后勤工作增添力量。因此，优化高校人力资源配置的每项工作都是为促进高校发展奠定基础。

（二）优化高校人力资源配置是对人力资源进行整体性开发的重要环节

高校作为一种构成复杂的特殊的社会组织，既有从事教学科研的教师，也有从事行政管理的人员，还有大量的教辅和后勤服务人员，各个部门、各项工作既相互独立、各有特色，又相互联系、彼此促进。对各类人员在年龄结构、知识水平、文化背景和专业素质上都有着不同的要求。优化高校人力资源配置目的在于提高各类人员的素质和提高各部门工作的效率，最大实现各类人才的价值，实际上是对高校人力资源进行最充分开发。

（三）优化高校人力资源配置是高校生存和发展的强烈呼唤

合理有效的人力资源配置体系是高校生存和发展的重要土壤。但由于诸多因素的影响，导致目前高校人力资源配置中问题甚多。一是配置理念落后，导致岗位设置不当。如坚持"把人当成成本"和受"因人设岗"等传统思想的影响，导致新学科与老学科、冷专业与热专业之间岗位设置出现矛盾。二是配置比例失调，导致人力资源浪费。如部分高校或存在教学教师过多科研教师偏少，或存在教学人员过多而管理人员较少，或存在教学人员偏少管理人员偏多等等配置失调现象，致使高校人力资源出现多种浪费。三是配置机制滞后，导致人力资源活力不足，如配置目标导向不明、配置评估体系单一、配置激励机制不活，导致部分教师的负担过重、部分教师的工作积极性不高、大量的管理人员和后勤人员处于不活跃状态。四是配置环境差异，导致人力资源流动无序。经济与政策环境具有地区差异和校际差异，如发达地区的高校具有灵活的人才政策和良好的人才工作环境，欠发达地区的待遇和政策则相对较差；同一地区不同层次、不同类型的高校间也存在经济待遇与政策环境的差异。这些都导致高校人力资源的逆向或无序流动，加剧了高校人力资源配置的不平衡，进而加剧了我国高等教育发展的不平衡。优化高校人力资源配置能够较好地解决上述配置问题，从而能够有效地促进我国高校的合理发展。

二、高校人力资源优化配置的原则

高校人力资源配置首先应该遵循一般人力资源配置的四大原则，即充分就业原则、合理使用原则、优化结构原则与提高效率原则，同时要结合高校实际遵循下列原则进行。

（一）能级对应原则

遵循能级对应原则目的在于做到个体素质与岗位要求相适应。在高校人力资源管理中,首先要掌握各级各类人员的年龄结构、知识结构、专业特长、职称等级等方面的基本信息,同时对于岗位设置与岗位职责也应有清晰的设定,在此基础上进行人力资源配置方案设计、方案实施及方案评估。在这个过程中,要充分了解和掌握每个员工的个体素质,将个体素质与岗位要求之间的关系进行充分的评价和判断,既要使人才的个人才能得以施展与发挥,同时也要考虑岗位要求,做到二者兼顾,实现统一,达到最优的配置。在条件允许下,可以进行人员与岗位的双向选择,尽可能实现人尽其才的配置目标,最大限度地调动员工的积极性和能动性。

(二)优势定位原则

我国古代强调慧眼识才、知人善任,选贤任能、量才而用,扬长避短,合理选用。优化高校人力资源配置核心在于不同岗位有利不同人员优势特长的发挥。这就需要在配置中坚持以人为本,从教职员工的角度出发,最大限度地发挥每个教职员工的优势特长,实现知人善任、优势定位。在高质高效完成高校人力资源配置的过程中,要特别注重通过岗位发现人才、培养人才、成就人才,造就人才;人力资源管理部门应注重对教职员工的考核和评价,通过考核和评价及时发现工作态度积极、专业技能强的人才,采用激励机制更大限度地调动其积极性,同时要重视在人力资源培训计划中针对这一类人员进行个性化的培训,通过对岗位与每个人优势的优化配置,真正实现组织与个人的双赢。

(三)动态调节原则

现代社会是一个学习型社会,高校更是一个学习型组织,学习成为个人、组织以及社会的迫切需要,高校每个教职员工的素质也应在不断地学习中提升。因此,高校人力资源配置应按照岗位需求的变化与教职员工素质的变化实现人力资源配置的动态调节,使教职员工与岗位在新的情况下达到新的契合。在这个过程中,人力资源部门应制定客观、公平、公正的人力资源考核和评价制度,通过定期的考核和评价对人员能力和岗位需求进行定期评估,并根据评估的结果及时进行动态的调整。

这个调整包括两个方面，一方面是对于能力突出的人员应当给予更具有挑战性的岗位，让他在新的平台上作出新的成就；另一方面对于不适合岗位的人员进行及时调整，避免因能力不适影响工作。动态调整应是一项长期工作，人力资源部门应建构人力资源动态调整的长效机制，努力做到知人善用、适时起用、因势活用，人尽其才，人岗适配，使内部人力资源得到有效配置。

(四) 内部为主原则

在高校人力资源配置中，必须正确处理好内部挖潜与外部引进的关系。首先要通过内部培养和挖掘人才，降低组织人力资源管理成本，提高组织内部人员的工作积极性和能动性，从而实现组织的工作质量和工作效率提升。同时，在组织内部调整能够培养复合型人才，为组织的不断发展和壮大提供内生动力。其次是适时适度地从外部引进人才。外部引进必须因情、因校、因人制宜地制定引进政策，要与高校发展目标和政策条件相匹配，要重在加强优势学科、新兴学科以及关键技术和高新技术领域的专业技术岗位，还要考虑高校教师易进难出的特点，为确保人才的引进精准有效，引进人才应当谨慎实施。

三、高校人力资源优化配置的路径

(一) 确立人本开放的配置理念

正确的治校理念是学校的灵魂。它支配着高校管理者的追求，激励着高校教职员工的行为，引导着高校的变革与发展。优化高校人力资源配置作为一项制约高校发展的大事，首先需要高校管理者确立"人本开放"的配置理念。"人本开放"的配置理念主要包括两方面：一是从校内配置讲，要改变传统的配置思想，树立"以人为本、以岗选人"的配置理念，高度重视每个教职员工的力量和作用，这不仅是高校事业发展的需要，更是教职工实现自身价值的需要。因此在高校人力资源的配置中，不仅要关注事业发展的需要，更要关注教职工实现自我的需要；不仅要重视高校人力资源的共性，更要重视每个人的个性，配置时要从了解人的需要、尊重人的意愿入手，以突显人的主观能动性为出发点，做好对每个教职员工的合理开发和配置。二是要充分认识到配置与开放密不可分，开放是高校人力资源优化配置的前提，因校制宜、适当从外部引进人才是必要的，也就是要按照可配置资源的服务范围以及空间联系，使资源的配置达到或接近帕累托最优状态，进而实现高校人力资源优化配置的目标。

（二）运用科学合理的配置方法

运用科学合理的配置方法才能真正实现充分挖掘人力资源潜能、改善人力资源结构、提升人力资源使用效率等目的。配置方法的运用，关键在科学合理，所谓"科学"就是符合规律，包括人力资源开发的水平取决于社会经济的发展水平、高校自身的发展水平与开发者自身的开发水平等；所谓"合理"就是因情、因时、因校、因人制宜，符合区域社会、高校自身与教职员工的实际。盲目而随意的人力资源配置，不但会导致人才资源的浪费，而且无法调动教职员工的积极性，最终会阻碍高校的发展。科学合理的配置方法应该用在需求与预测、培训与开发、绩效考核与评价等各环节。如高校生师比的确定，一般高校应该按照国家要求配置教师数量，但有些如职业型高校或社会力量办的高校，其师生比可以适当高于国家要求，而对以学历教育为重点的高校则可以采用国家标准；高校人力资源结构优化，更要因校制宜，用科学合理的配置方法来完善，不同高校应有不同的侧重，或重置教学人员、或重置科研人员、或重置管理人员。科学合理的配置方法也应该运用到每个人的培养上，如对于侧重于教学的人员，应着重培养其专业素质和教学能力；对于侧重于科研的人员，应着重培养其科研能力与创新精神；对于侧重于对管理的人员，应着重提升其领导能力和管理艺术；对于后勤服务人员，应着重培养其责任意识与服务精神。

（三）建立相互协调的配置制度

人力资源的配置制度的作用就是规范人力资源管理者的配置行为。从我国高校的人力资源管理工作来看，部分高校仍沿袭着陈旧的管理经验，没有制定切实可行的人力资源配置制度，导致高校的人力资源的配置出现一定的随意性。从长远看，优化人力资源的配置应重在建立全面协调的配置制度。优化人力资源的配置应该反映在引进与聘用、开发与培训、配置与使用、管理与激励等多个环节上，因此全面协调的人力资源的配置制度应是多方面且相互间协调互补的。如在引进与聘用制度上，应该严格遵照"按需设岗、公开招聘、平等竞争、择优聘任、严格考核、聘约管理"的原则，以聘任制和岗位目标为中心，建立相应的责任制度；在开发与培训制度上，要根据不同岗位的要求，建构三位一体的教职员工培训制度，包括入职培训、岗位培训与提升教育。不同的培训制度对培训主体、培训对象、培训目的、培训内容、培训时间，经费分担等都应有明确的规定；在配置与使用制度上，应基于人岗匹配的原则制定对教职员工的定期测评制度和适时的岗位轮动制度等；在管理制度上，要从传统的"学历为本"转向"以人为本"，以关注人的发展和自我实现为基础，创新人力资源管理制度，一切为实现高校的三大职能，重在调整学科、优化专业、提高素质、减少冗员、规范学校各级组织和教职员工个人的行为，提高人力资源使用效率。

（四）完善全面有效的配置机制

优化高校人力资源配置，从与高校自身发展及社会经济发展相适应的角度来看，就是将高校人力资源充分合理地运用到高校自身的各种活动与整个社会经济活之中，实现人力资源合理分布与充分就业，以促进高校发展和提高社会生产力水平。按照配置主体的不同，高校人力资源配置可采取以下三种机制：一是宏观配置机制，即政府通过对人力资源配置的宏观管理，实现高校人才供求总量的区域平衡。二是市场配置机制，通过经济杠杆或市场机制（供求机制、价格机制和竞争机制）调节高校人力资源的外部供求关系，实现个人与组织的有机配置。三是微观配置机制，即在高校内部实施人力资源配置，目的在于通过优化配置相关政策与管理措施，充分激发教职员工的工作热情，使其处于最佳的状态，提升人力资源整体的利用效率。在微观配置中，也应完善相应的内部配置机制，最主要的是完善激励与约束并存的机制。激励机制包括物质激励和精神激励：对于教职员工而言，物质激励是基础，对于工作突出者或者付出努力的人应给予一定的物质满足，使其产生更强的工作动力，同时要重视精神激励，使他们获得精神上的满足并产生成就感。但有效激励机制离不开必要的约束机制，二者相辅相成，激励机制能调动积极上进的工作热情，约束机制则能进行有序的调控。约束机制包含制度约束、道德约束、自我约束三个方面。

第四节　高校"双肩挑"岗位设置研究

"双肩挑"岗位设置是高校人力资源优化配置中的一个重要课题，兼具理论与实践双重价值。本节拟从分析高校"双肩挑"岗位设置的理论依据与实践价值入手，进而探究高校"双肩挑"面临的理论困惑与实践困扰，最后探讨高校"双肩挑"岗位应有的设置原则与管理方法。

一、高校"双肩挑"岗位设置的理论依据与实践价值

高校"双肩挑"岗位设置是一个由来已久的管理制度，具有很强的中国特色。1953年，清华大学校长蒋南翔首创"双肩挑"政治辅导员制度，旨在解决学生数量迅速增加，从事学生思想政治教育工作的干部数量严重不足的问题。当时的"双肩挑"就是让青年教师一肩挑思想政治工作，一肩挑业务学习[①]。现将高校管理人员队伍中既有行政职务又有专业技术职务的人员统称"双肩挑"人员。高校"双肩挑"岗位设置可分为狭义和广义的两种情况。从狭义上讲，双肩挑是指既受聘了教学科研系列专业技术职务，同时因为管理工作需要，受聘教学科研单位、校部机关、直属单位任处级及以上党政领导职务的教师；从广义上讲，还包含了部分校（院）级负责人，教务处、科研处、研究生处等管理部门的中层领导干部，以及各院系的中层管理干部中，一肩承担党政管理

---

① 江宇辉，冉锐，白本锋. 清华大学"双肩挑"政治辅导员制度的建设历程、成效与经验[J]. 北京教育（高教），2020（9）：24-27.

工作，另一肩承担教学科研工作的人员。从我国高校发展的历史经验和新时期高校建设的需要来看，"双肩挑"岗位设置是一种融合理论依据与实践价值的人力资源配置方式。

（一）高校"双肩挑"岗位设置的理论依据

1. 符合高等教育发展的基本规律

美国著名高等教育学家伯顿·R.克拉克（Burton R. Clark）在其名著《高等教育系统——学术组织的跨国研究》中指出，"知识材料是任何高等教育系统的目的和实质核心，高等教育系统中的核心成员单位仍是以学科为中心的"[①]。一般而言，教师的主要职责即为传道、授业、解惑，他们不会轻易放弃科研和专业学习，即使他晋升到有一定影响力的管理岗位。当两者产生冲突时，一个学术工作者一般会坚守学科而非单位，因为放弃专业领域远比离开管理岗位的成本要高很多[②]，学科对于学术工作者来说不仅是工作专业方向更是情感的慰藉，一旦选定就具有稳定性和持久性[③]。在高等教育领域，对于高深知识的探究更是需要坚守学科本身。虽然，学者们的理想是潜心科研教学，行政人员的理想是领导管理，但高等教育系统的高效运转又必须依托事业单位[④]，因此高校某些教师必须兼任教育者和管理者的双重角色[⑤]。高校的"双肩挑"人员既是某一学科领域的专家，熟悉学科的发展规律与方向，又处于学校的管理层，要处理各项非学术性工作[⑥]。随着高等教育转向高质

---

① 克拉克. 高等教育系统：学术组织的跨国研究 [M]. 王承绪，等译. 浙江：杭州大学出版社，1994：38.

② 克拉克. 高等教育系统：学术组织的跨国研究 [M]. 王承绪，等译. 浙江：杭州大学出版社，1994：35.

③ 安涛，李艺. 守正与超越：教育技术学的边界与跨界 [J]. 电化教育研究，2021（1）：29-34.

④ 克拉克. 高等教育系统：学术组织的跨国研究 [M]. 王承绪，等译. 浙江：杭州大学出版社，1994：36.

⑤ 王鹏，杨淑萍. 高校辅导员教师角色的嬗变、特质及实现 [J]. 教育理论与实践，2022（6）：53-57.

⑥ 李跃雪. 中小学"双肩挑"教师工作满意度研究 [J]. 教学与管理，2018（4）：31-33.

量发展阶段,"双肩挑"人员的整体素质是高校良好运行的重要保障,不断敦促"双肩挑"人员将学术修养与管理工作高效融合,这既与高等教育系统的本质规律相适应,又能充分发挥其学术影响力,有序提高高校管理效能[①]。

2. 符合高校人力资源充分开发的内在逻辑

人力资源具有可再生性,可以持续进行多次开发,每次的开发都能带来知识水平提高和各项能力的提升,它的价值也会逐步凸显。面对新形势,挖掘优质人才的潜能是时代背景下的必然要求。传统的人力资源管理模式难以满足高等教育高质量发展的需要,高校必须面向新高度调整人才管理模式。"双肩挑"岗位设置能有效促进高素质人力资源的形成,带动教师队伍配置趋于合理,能进一步挖掘优质人才,形成高质量的多元教师队伍[②]。对于高校来说,"双肩挑"岗位设置缓解了管理人才匮乏的危机,提高了教师队伍的综合素质;对于教师来说,"双肩挑"为其提供了更加多元化的工作机遇,有助于提升其成就感。

3. 符合不同时期高校发展的客观要求

高校"双肩挑"现象是我国高等教育发展的结构性产物,有其历史必然性。特别是改革开放、恢复高考之后,高校管理工作百废待兴,管理人才严重短缺,优秀的管理人员更是稀缺。鉴于此,国家于1980年颁布了《关于高等教育领导干部管理工作的通知》《关于加强高等学校领导班子建立的意见》[③],明确提出要将一大批从事科研教学的教师培养成管理人才,改善结构性人才短缺的困境,最终形成兼顾高校行政管理和科研教学的"双肩挑"模式。这类教师是出色的教研人员,同时也承担了校系级别主要领导的职务,能够有效提高高校的人才竞争力。1999年,党中央国务院作出扩大高等教育招生规模的决定,我国高等

---

① 王爱祥. 高等教育如何实现高质量发展 [J]. 中国高等教育,2021 (Z1):49-51.
② 郑卫东,许杰. 对高校"双肩挑"现象的重新审视:利益冲突的视角 [J]. 高等农业教育,2015 (2):54-57.
③ 戴羽. "双一流"大学建设中双肩挑模式变革路径的困境与突破 [J]. 黑龙江高教研究,2018 (10):9.

教育由此开启了由精英教育向大众教育的转型。生源急剧扩大和教育规模的扩张给教育系统运行带来了挑战，教育体制内部资源紧张窘境最大程度凸显。"双肩挑"模式能有效缓解这一矛盾，同时对激发教师的潜能具有重要作用。随着"双一流"建设方案的提出以及高质量发展理念渗透到教育领域，高校间的竞争渐趋激烈，这也使高校内部管理的问题暴露出来。要想妥善解决这些问题，必须激发"双肩挑"模式的新活力，培养出促进我国高等教育高质量发展的"双肩挑"干部[1]。

（二）高校"双肩挑"岗位设置的现实意义

1. 拓宽高校选才用才的视野

在高等教育发展初期，从专任教师中选拔一批优秀人才，既从事管理工作又兼任一定的教学科研工作，这一措施有效缓解了高校管理干部相对不足的矛盾。随着社会的发展，高等教育事业规模不断扩大，高校所面临的任务和挑战日益多元化、复杂化，对高校管理干部队伍的整体素质提出了更高要求。从专职管理干部队伍中选拔出来的管理人才难以满足高校事业发展的多元需求，因此从一线教师中选拔业务精湛者参与高校管理是高效保险的选择。一线优秀教师参与管理工作，将学术工作渗透到管理领域，能淡化行政与学术在管理领域的博弈，协调高等教育系统内部的矛盾。"双肩挑"岗位设置有效拓宽了高校干部队伍选人用人视野，对提高干部队伍整体素质有着积极作用。

2. 优化高校的干部队伍结构

社会学家 Robert Ezra Park 曾提出，每个人在生活中都有意或无意扮演着各种角色，个体从事的工作会深刻影响自我概念的形成[2]。在高校中，管理人员与专职教师都扮演着教师角色，但专职教师是教育活动中固定的"授业者"，管理人员更多地则是以"干部"身份而存在。教育活动是复杂多变的，这要求教师和管理者在工作中要随时切换角色，

---

[1] 甘纪华，唐瑶. 资源竞争视角下的高校"双肩挑"模式存废之争［J］. 黑龙江教育（高教研究与评估），2021（2）：6-8.

[2] 奚从清. 角色论［M］. 杭州：浙江大学出版社，2010：23-26.

因此单一的教师角色已经无法满足教育发展的现实需求。"双肩挑"教师不仅能传授知识、解疑答惑，也能在教育管理学生的过程中对学生的品德修养起到引导作用，更能完成各项管理任务。选拔这样一类复合型人才能够改善干部队伍的整体素质和知识结构，助力实现立德树人的根本任务。

3. 降低高校的管理与用人成本

大学中虽然有专职的管理人员，但大学内聚集了一大批高层次的知识分子，要对他们进行管理，仅仅拥有一些专业管理知识是显然不够的。随着高等教育竞争日益激烈，高校中高层次的管理人才短缺，单纯从专职的管理人员中选拔优秀的管理人才难以满足现实需要，因此需要开辟新的途径。在教师队伍中，就有一批学识高、品德好、能力强的复合型人才，能够弥补管理人才的缺口。对于潜心学术的教师来说，放弃教学科研工作一心从政是不现实的，"双肩挑"模式能协调二者的冲突，让专职教师也能兼顾管理工作，这样既弥补了学校高层管理人员的不足，也有效降低了管理干部的用人成本，是高效利用人力资源的不二之选。

4. 提高高校教学与管理质量

就目前的选任机制来看，"双肩挑"人员皆为高学历、高职称人员，普遍有较高的学术能力，能够较好地把握本专业最新学术动态。他们扎根于教学一线，懂得教育发展的规律，能够传达专任教师的话语。其基本角色定位是从事学术研究的专家学者，他们熟悉本学科的特点，长期的学术工作经历也使得他们更了解学术研究的规律。将这些学有专长的人员推上管理岗位，对吸引和凝聚学术资源非常有利。在学术团队的组建过程中，"双肩挑"人员有权依据团队的实际需要招揽人才；在项目和学位点申报过程中，多由既有行政职权又学有专长的"双肩挑"人员领衔，以增加成功的几率。"双肩挑"管理人员在学术资源的获取和分配过程中，可以有效避免外行领导内行的弊端，最大程度地发挥学术权力的效能。选拔他们从事管理工作，比专职管理人员具有相当的优势，能够有机融合教学科研和行政管理工作，不仅保障了教学和科研工作的顺利开展，也提高了管理工作的有效性和科学性①。

5. 克服高校中的行政腐败和官僚作风

从专业教师中选拔出来的管理干部，往往是高职称、高学历的佼佼者，他们在教学科研上已经取得了较大的成就，有丰富的专业知识和学科经验，熟知高等教育发展和学科建设的规律。这样的专业背景在从事管理工作方面具有优势，对于改善高校内部组织气氛、调和教师群体和行政管理系统之间的矛盾起到了一定的作用，可以很好地协调教学、科研和管理三者间的关系②。作为高校发展中流砥柱的"双肩挑"管理干部，在管理工作中充分发挥其学术优势，能够避免利益冲突，为高校的良性发展寻觅宽松境遇，有利于克服高校中的行政腐败和官僚作风。

6. 促进高校不同类型人员的个人发展

绝大部分"双肩挑"管理人员在教师队伍中属于出类拔萃的，是推动学校事业发展不可或缺的中流砥柱。高校遴选和培养"双肩挑"干部，能够有效激发他们成长的内生动力，使他们全身心投身科研与管理工作。双肩挑这条通道让有管理欲望的优秀教师走上管理岗位，一方面拓宽了教师的工作渠道，丰富了教师的工作内容，另一方面也为教师提供了更大的舞台，助其展现自己的管理能力。"双肩挑"不仅为学校专职管理队伍注入新鲜血液，也更好地促进了教师的全面发展。

二、高校"双肩挑"的现状与困扰分析

（一）高校"双肩挑"的发展状况

1. "双肩挑"制度随时代发展不断完善

双肩挑模式在高等教育发展的不同时期发挥着不同的作用，但是在时代发展的冲击下，双肩挑模式的转变是艰难且被动的。"文革"期间，

---

① 李姝婧，康秀云. 高校教师角色冲突：样态、成因、调适 [J]. 思想政治教育研究，2020 (2): 123-127.

② 聂铭静. 高校管理干部"双肩挑"模式的困境与出路 [J]. 湖北成人教育学院学报，2011 (9): 22-23.

发轫于清华大学的"双肩挑"曾一度中断,但高考制度恢复以后,清华大学随即开始恢复并逐步完善"双肩挑"制度,最终确立了"双肩挑"的人员选拔制度。在随后的发展中,清华大学更是将"双肩挑"制度确立为学校发展必须遵循的常规制度,2019年学校开始建立"双肩挑"人员培养体系,为"双肩挑"工作人员提供全方位的支持[①]。除此之外,在之前的"双肩挑"干部模范带头的作用下,不少本科生也都愿意担任辅导员,这从侧面说明了"双肩挑"人员的重要性,因为长时间和学生密切接触,可以明确地了解到学生们遇到了什么困难,能在培养社会主义接班人的过程中发挥巨大的作用[②]。2018年清华大学学生处对"双肩挑"的辅导员进行调查,结果为96.81%的辅导员认为"双肩挑"职务对自己有积极正面的影响,能够有效提高自我的工作能力。随着高等教育迈向高质量发展阶段,高校事业发展任务复杂繁重,校际校内教师之间竞争激烈,"双肩挑"干部因其双重身份能够更快适应岗位和环境,而"双肩挑"的经历无疑对这类人员以后的就业起到了很好的帮助作用。此外,"学者型"管理人员能有效提升高校干部队伍整体素质水平,更好完成"立德树人"的任务。

2."双肩挑"组成人员日益丰富

在高等学校,由于职位发展的需要和学校人员组织的特点,管理队伍中往往存在一定比例的"双肩挑"干部,即教科工作者兼任管理干部。随着时代发展,"双肩挑"的内涵不断丰富,现在中国大学的学术组织,如学位委员会、学术委员会、学报编辑委员会、教学指导委员会等,基本上是由"双肩挑"人员组成,不再局限于最初的政治辅导员。现今的"双肩挑"是指这样一类人员:他们在大学中既搞专业又当领导,在学术活动中他们以学者身份出现——往往是一些重点学科的带头人或者其他重要学术领域的骨干,而在行政活动中他们又以领导身份出

---

① 江宇辉,冉锐,白本锋.清华大学"双肩挑"政治辅导员制度的建设历程、成效与经验[J].北京教育(高教),2020(9):24-27.

② 江宇辉,冉锐,白本锋.清华大学"双肩挑"政治辅导员制度的建设历程、成效与经验[J].北京教育(高教),2020(9):24-27.

现，是典型的"两栖"人。

3."双肩挑"干部面临更大的工作挑战

与专职教师相比，学校对"双肩挑"人员减免了一定的工作量，但每学期仍需至少承担一门课的讲授，参与完成出卷、监考、阅卷等教育教学常规任务，才能保证岗位履职合格。面对两边多目标多层次的任务，青年"双肩挑"干部常常顾此失彼，难以兼顾所有工作，自我效能感逐渐下降[1]。对专职管理人员而言，大家都属于行政在编人员，他们本就狭窄的职业发展通道因"双肩挑"干部的"外部晋升"而更趋逼仄，挫伤了他们的积极性[2]。校内资源分配中出现的利益冲突，在青年"双肩挑"干部个人身上得以微观具象体现。这样的现实情况都易引起专职教师、专职管理人员以及"双肩挑"干部的心态失衡，这种隐形矛盾给青年"双肩挑"干部带来人际关系平衡的挑战[3]。同时，大部分高校并没有专门针对"双肩挑"干部的薪酬体系，"双肩挑"干部的基础性绩效工资执行国家、省、市的最新标准，按专业技术岗的职称等级每月发放。奖励性绩效工资则以行政部门的业绩考核为基础，按照绩效考核结果在年终进行分配发放。这样的绩效分配方式与"双肩挑"干部对工作付出的时间、精力及承担的责任相比，并不完全匹配。特别是缺乏针对青年"双肩挑"干部的精神激励，不利于其业务提升。青年"双肩挑"干部的工作激情无法被有效激发，久而久之会产生职业倦怠[4]。在大多数情况下，"双肩挑"的学术和行政双重角色使其工作时间和投入精力大于"单肩挑"。有学者调查发现，"双肩挑"教师大多处于中壮年，他们的抵抗力已开始下降，虽能应付日常的生活与工作压力，但感

---

[1] 陈曦. 高校青年"双肩挑"干部工作的现实困境、成因及对策 [J]. 贵阳学院学报（社会科学版），2021（8）：104-108.

[2] 王甫银，张敏，曹鑫. 高校"双肩挑"干部管理与岗位转换机制研究 [J]. 河北师范大学学报（教育科学版），2017（4）：106-110.

[3] 王甫银，张敏，曹鑫. 高校"双肩挑"干部管理与岗位转换机制研究 [J]. 河北师范大学学报（教育科学版），2017（4）：106-110.

[4] 陈曦. 高校青年"双肩挑"干部工作的现实困境、成因及对策 [J]. 贵阳学院学报（社会科学版），2021（8）：104-108.

到比较紧张。他们患病的种类也以老年病居多，表明身体机能的老化趋势明显[①]。

(二)"双肩挑"模式的现实困境

随着我国高等教育由大众化步入普及化发展的历史阶段，高校管理工作日益复杂、精细，"双肩挑"模式也面临新的时代课题。根据多所高校的巡视反馈意见，"双肩挑"干部问题集中体现在以下几个方面。

1. 准确的角色定位之困

高校"双肩挑"教师兼具双重身份，他们既是教学科研人员，又是行政管理人员。根据欧文·戈尔曼的角色理论，"双肩挑"教师在兼任两种角色时，会有意识地协调两种角色间的冲突，并在角色框架范围内明确自身对不同职务和职位的期望，尽可能作出得体的选择[②]。现实中，"双肩挑"教师往往会面临两难困境，其自身对角色的预期与角色本身的义务产生冲突，使得教师感到力不从心。在公众眼中，"双肩挑"教师既是教师群体中的佼佼者，能以满腔热情投身到学术研究中并且成果丰硕，又是学校管理中的枢纽，参与普通教师的职称评定、学术考核等重要工作。在多重任务叠加的现实背景下，"双肩挑"教师与普通教师的同僚关系变得更加复杂，导致他们疲于处理各种工作，极易产生职业倦怠情绪。此外，"双肩挑"的双重角色定位不清使得他们陷入身心紊乱的矛盾中，科研与行政的双重考核标准纷繁复杂，导致他们难以协调业务成长和管理发展的关系，加剧了学术力与行政力的冲突。

2. 合理的时间安排之困

一肩挑管理，一肩挑业务，在做好行政管理工作同时兼顾好教学科研工作，这是一种理想状态。在现实中，一个人在涉足两个不同领域时，不可避免地会面临时间分配的困境，有限的时间不可能同时兼顾两个领域。在实际工作中，很多"双肩挑"干部在管理工作和教学科研间

[①] 汪晨熙. 大学教师健康状况及其相关因素调查分析 [J]. 江苏卫生保健，2001（4）：14.
[②] 欧文斯. 教育组织行为学：适应型与学校改革 [M]. 北京：中国人民大学出版社，2007：105.

艰难抉择，他们常常处于疲于奔命的状态。当他们潜心于教学科研业务时，会造成管理工作的疏忽，进而导致管理效益欠佳、效率低下；当他们将重心倾斜到管理岗位时，一系列繁杂事务占据了大部分时间，使得其没有时间和精力去精进自己的科研能力，导致业务荒疏。如何合理分配时间，协调好管理工作和业务工作的关系，是"双肩挑"干部面临的一大难题[①]。

3. 岗位设置的匹配之困

由于高校的人力资源管理工作相对滞后，对于哪些岗位需要设置"双肩挑"干部，哪些岗位不必配备"双肩挑"干部没有明确规定，而是凭借学校高层领导的主观决策，这是不太科学的。这一方面影响了"双肩挑"干部的专业能力发挥，导致其专业素质的发展空间减小；另一方面缩减了管理职员本就狭窄的职业发展通道，导致有专业管理能力的人员流失[②]。同时，高校对"双肩挑"岗位的类别和数量没有进行一定限制，这将会导致"双肩挑"干部占教师总量比例过大且对其岗位职责不明确。

4. 科学的资源配置之困

"双肩挑"干部往往是所在学科、专业领域的专家，拥有一定的学术权力，在政策制定过程中扮演建言者的角色。同时，他们担任行政领导职务，拥有行政权力，是政策的制定者和执行者。他们在校内资源利益配置中，既是裁判员又是运动员，相较于其他教师更有能力为自己争取利益，造成在师资队伍、公用资源、科研项目、学术评议等多方面的资源抢夺现象[③]。例如，因自身感情、素质等原因，"双肩挑"干部既掌握教学科研分配的权力，又拥有更多获取学术资源的能力，导致他们与一线教师抢占学术资源、侵占教师权益现象频发，从而引发教师的不

---

① 阎光才. 象牙塔背后的阴影：高校教师职业压力及其对学术活力影响述评[J]. 高等教育研究，2018（4）：48-57.
② 宋晓欣，魏巍. 高校"双肩挑"干部激励机制研究[J]. 中国高等教育，2019（22）：27-29.
③ 王甫银，张敏，曹鑫. 高校"双肩挑"干部管理与岗位转换机制研究[J]. 河北师范大学学报（教育科学版），2017（4）：106-110.

满。部分"双肩挑"干部利用领导职务和专业技术职务方便,不仅为自己和团队获取大量学术资源,甚至出现学术垄断,通过权力寻租谋求利益,滋生学术腐败①。大学内的治理中,不同群体的利益不同甚至会互相冲突,这样会造成群体之间不信任、不团结的紧张局面,从而进一步影响到学校治理能力与教学能力,阻碍学校建设。

5. 有效的评价激励之困

担任"双肩挑"的干部要接受教学和管理的双重考核与评价,这势必会增加其工作压力。在接受双重考核与评价的同时,"双肩挑"教师并未获得双份津贴,大部分"双肩挑"干部仅能足额享受一个岗位津贴,而另一岗位只有少部分津贴或绩效奖励。这是由于高校缺乏明确的激励制度,"双肩挑"人员也没有专门的评价标准,多是从教学与科研等方面进行参考。评价结果对应着职位晋升,声望提升以及物质奖励。但是由于职务的特殊性,会发生高限效应,"双肩挑"干部本身应对两种工作,但是并没有获得双倍岗位津贴,激励效果随着职务等级的提高呈现出逐渐递减的趋势。这种不完善的奖励制度无法给予"双肩挑"人员足够的满足感,会导致"双肩挑"人员产生消极情绪,从而影响工作效率②。

(三)高校"双肩挑"引发的讨论

1. 高校年轻学者为何热衷于当官?

在中国大学学术组织运行中,行政干预时常发生,成为最大的"干扰源"。行政干预是多方面的,如权力部门的干扰、学术组织内部成员(如上面所说的"双肩挑"者)非学术化的思维方式和行为模式、社会文化中的"官本位"思想等。"双肩挑"意味着拥有两条利益渠道,连接着两条利益链——学术利益和行政利益,而双重角色的互补又可以获得一加一大于二的总效益:学术头衔为官衔增添"有学问"和"专家治校"的砝码,反过来官衔又能帮助学术头衔争取更多的资源。现实的案

---

① 黄红. 高校"双肩挑"干部退出机制的探索与实践[J]. 大学教育,2020(4):183-185.
② 宋晓欣,魏巍. 高校"双肩挑"干部激励机制研究[J]. 中国高等教育,2019(22):27-29.

例不断地强化着这种互惠互利的双重身份，使更多有成就的学者挤上了"双肩挑"的列车①。

2. 高校"学者从政"的利弊之争

有人认为高校"学者从政"存在一定的弊端。首先，"双肩挑"会造成角色超载。一个人既从事学术工作，又从事行政工作，往往会呈现出疲于应付的局面。学术研究工作需要研究人员全身心沉浸于其中，并且不是一蹴而就的，但是管理工作则需要不断"环顾四周"，这种矛盾的工作状态必然会让学者的研究进度延缓。而行政工作更多的是常规性事务管理，涉及的事务十分繁杂，工作人员置身于这种工作环境之中很难静心做学问。因此，当一个优秀的学者成为"双肩挑"干部后，在学术领域内很难取得更大的成就。其次，"双肩挑"人员既承担管理工作，又实际参与具体的教学与科研工作，当其作为管理者的时候，既参与乃至主导了校内资源分配制度的设计，又在具体分配过程中扮演裁量者的角色。在利益面前他们难免会做出有悖于公平正义之举的学术资源寻租行为，从而影响其他专职教学科研人员与"双肩挑"者个人的关系，进而引发对"双肩挑"模式本身的质疑②。再次，行政和学术是两种不同性质的领域，有着不同的要求，现实中很少有人能做到既能开展学术研究，同时又适合从事行政管理工作。学术活动要求工作人员静心沉思、不断探究、自由宽松，而行政工作则要求其工作人员善于交际，左右逢源，讲求效率。这两种差异性的要求对"双肩挑"人员无疑是巨大挑战，很少有人能在这两个方面同时做出成就。两个方面的工作都得做，最终只会两个方面的工作都不出色③。

同时，也有人认为高校"学者从政"有一定的优势。首先，学术研究的特殊性决定了专家型的高校管理者在凝聚和使用学术资源方面更具

---

① 王宾齐. 中国大学组织结构非学术化的新制度主义分析［J］. 国家教育行政学院学报，2010（11）：53-56.

② 甘纪华，唐瑶. 资源竞争视角下的高校"双肩挑"模式存废之争［J］. 黑龙江教育（高教研究与评估），2021（2）：6-8.

③ 查永军. 我国高校"双肩挑"现象的普遍化及改革研究［J］. 2011（3）：7-10.

效能。长期以来，外行领导内行是高校管理体制中颇受非议的一个问题。而就目前的选任机制来看，"双肩挑"人员皆为高学历、高职称人员，其基本角色定位是从事学术研究的专家学者，他们熟悉本学科的特点，长期的学术工作经历也使得他们更了解学术研究的规律。将这些学有专长的人员推上管理岗位，对吸引和凝聚学术资源非常有利。其次，学术权力的依附性决定了"双肩挑"管理模式具有弥合制度缺陷的合理性。从学术权力本位的视角来看，在行政主导的大学管理模式下，赋予学术管理者一定的行政职位和与其匹配的行政权力，对更好地调配和使用学术资源，也是非常必要的。再次，"双肩挑"模式符合作为理性人的高校教师提升需求层次的诉求。在一些高校内部，专家学者所获得的职业荣誉感远不及行政职位所带来的满足感。在这种社会观念之下，高校出于招揽和稳定人才资源的考虑，设置"双肩挑"岗位，可视为一种合理有效的激励机制。而对"双肩挑"人员来讲，在获得一定学术荣誉的同时，又因任职管理岗位而获得一定的行政职级职位和社会地位，对于激发他们的工作热情无疑也有一定作用。

3. "教学科研"与"行政管理"能兼顾吗？

对任何人而言，在一个领域更多的时间投入必然意味着在另一领域投入时间的减少。对"双肩挑"干部而言，他们同时承担着教学科研和行政管理的双重使命，往往陷入实现"公共期望"还是"自我期望"的矛盾中[①]。从兼顾原则来看，高校教师在行政与科研教学二者之间应该努力保持平衡，不应偏废，因而"双肩挑"模式对教师的责任和能力提出更高的要求。高校应该建立一套严格而明确的准入机制，提高申请门槛，并对"双肩挑"申请建立"观察期"制度，实行中长期、分阶段考核。提高准入标准、建立观察期和实行中长期考核的优点在于高校既可以为教师提供高效能的职业发展，也能为积极奋斗的教师提供弹性的职业尝试，避免教师因精力有限而无法兼任两重身份，进而对高校的行

---

① 沈徽青，程雁雷. 如何应对高校教师角色和期望的多样性 [J]. 中国大学教学，2006 (12): 32-33.

政、科研与教学产生一系列不良影响。同时，还应通过建立相关规章制度，将行政权力完全限制在一定的职责范围内，以防权力僭越，妨碍学术公平，其核心举措是建立完整详细的职责范围。尤其是在学术资源分配层面，确保专家团队在审核项目申请时屏蔽权力的干扰。在把握好以上原则的基础上，"搞科研"与"当官"应该是可以兼顾的。

三、高校"双肩挑"岗位的设置原则与管理方法

（一）高校"双肩挑"岗位的设置原则

1. 按需设岗的原则

国家对高校岗位设置实行岗位总量、结构比例和最高等级控制。为满足国家对高校岗位设置的管理要求，提高岗位设置的质量和效益，可以通过岗位类别、结构比例等指标明确"双肩挑"岗位的设置标准，在最利于"双肩挑"干部发挥优势的岗位上使用"双肩挑"干部。"双肩挑"干部的设立初衷仅限于校长、院长以及与教学和科研工作密切相关的岗位。而在学校机关层面，则应谨慎使用"双肩挑"干部，仅在研究生院、教务处、科研处等一些业务性强且与教学科研工作联系紧密的部门中才有必要设置"双肩挑"岗位。

除了岗位类别的限制外，还有必要对"双肩挑"干部的数量进行一定限制。一方面限制"双肩挑"干部占教师群体的比例上限，避免教学科研人员不思学术、一味谋求官职；另一方面限制"双肩挑"干部占中层干部的比例上限，避免管理职员的职业上升渠道被"双肩挑"干部过度挤占。此外，还应为"双肩挑"干部配置专职的行政副职，协助其处理日常行政事务的管理工作，将"双肩挑"干部从琐碎的事务性工作中解脱出来，集中力量做好关乎学校、学科发展的大事。

2. 目标导向原则

在高校人力资源开发与管理中，目标具有导向作用、激励作用、凝聚作用和评价作用，一般绩效考核注重评估员工在工作过程中的行为、努力程度和工作态度，而目标责任制以目标为导向，更注重评估员工的工作成果。目标管理的本质在于"知"，而非"行"；目标管理的验证不

在于"逻辑",而在于"成果";目标管理的唯一权威就是"成就"。从提高人力资源开发与管理的实效而言,目标责任制较一般绩效考核更具客观性、严格性和科学性。对"双肩挑"干部实行目标责任制是一种管理创新,但需要制定具体明确的任职目标。目标制定是以目标假设为前提的,制定切实可行的目标是实行目标责任制的基础。"双肩挑"干部岗位目标设置首先要注重层次性,在学校总体目标确定的情况下,将学校发展的宏观目标细化分解至各个部门单位,使之成为相关"双肩挑"干部的岗位目标。同时,为了防止"双肩挑"干部片面追求任期内的短期利益,还应注重岗位目标设置的时间性,为之设计中长期目标。此外,"双肩挑"干部的岗位目标设置要具有可考核性,既要以明确细化为原则,又要保持一定的目标弹性,使得岗位职责可以随着内外部条件的变化而作局部的、微小的调整和修正。

3. 择优配置原则

首先,"双肩挑"人员必须是领导班子成员,具有副教授以上职称,教学科研水平过硬,实行双重考核。其次,实行"双肩挑"须具备四个条件:看这个管理岗位是否需要专业技术背景;在符合国家规定的专业技术职务评聘条件的人员中选聘;看这个管理人员是否从事专业技术工作;看是否确实完成了专业技术岗位的职责任务。再次,对"双肩挑"干部实行目标责任制,需要建立定期检查和反馈制度,做好年度考核和任期考核,加强对目标运行过程的监控和管理。在检查过程中,要对"双肩挑"干部进行全方位评估,坚持考核结果与干部使用挂钩的基本原则,同时保证考核的准确性和公平性。对于考核不合格的"双肩挑"干部,应不再让其承担管理工作、耽误时间精力,而应让其专心从事教学科研工作。

(二)高校"双肩挑"岗位的管理方法

1. 重视"双肩挑"干部的培养计划

要提高"双肩挑"管理干部的履职效能,必须在最初的培养环节上下足功夫。一方面,加强后备力量的储备。在教学、科研队伍中选拔一批政治素质好、管理能力强、业务能力突出、群众普遍认可的优秀中青年骨干充实到管理干部后备力量中来,针对"双肩挑"管理干部的要求,有目的地加强培养,使其综合能力不断提高[①]。采取措施扶植年轻教师的成长,最终为"双肩挑"管理干部履职尽责奠定坚实的基础。另一方面,遵循人岗相适的原则,对"双肩挑"管理干部因材施教。通过对岗位作细致的分析,拟定明确的用人要求,建立新的教师培训体系。重点改善高校教师培养重职前而轻职后的情况,以制度为支撑带动高校教师队伍的发展。"双肩挑"教师的角色不是一成不变的,要根据高等教育发展的现实建立科学有效的教师培训体系,更好帮助教师实现角色的多样化,让学校管理与教研工作齐头并进。

2. 优化"双肩挑"干部的选拔方式

在高校管理干部队伍建设中创建竞争机制,有助于带动高校管理的发展。竞争能够促进高校的进步,通过培养管理干部的竞争意识,打破管理干部的阶级意识,形成高效率的管理方式,以此来提升管理干部的工作效率,并转变管理干部的惯性思维。同时,高校引进竞争机制,有助于改变"目标链"导致的不良现象,提升管理干部的积极性,为高校的管理带来新局面。同时,在对高校管理干部的管理中要实施人性化的管理,针对管理干部的工作性质发放奖金补贴,从而消除管理干部的消极心态,激发管理干部的工作积极性。在管理的过程中,高校领导要积极地支持管理干部的工作,从而增强管理干部的自信心,在遇到思想保守顽固的教师时,能采取有效的办法进行管理,提高管理效率,促进高校的教育不断进步。

3. 强化"双肩挑"干部的监督管理

"双肩挑"人员虽然兼职一系列管理岗位,但作为高校群体中的一员,其显性特征仍是教师和学者,教学和科研是其最重要的工作内容。因此,在设定"双肩挑"岗位的时候,必须考虑到这一特点,避免"双肩挑"人员的任职范围和工作内容无限制地泛化。教学、科研、学术评

---

① 郑立鹏,孙伦轩.行政兼职弱化了教学工作吗?:基于730位初中教师的倾向值匹配估计[J].当代教育科学,2020 (11):52-58.

估、职称评审等学术性强的岗位，可以采取"双肩挑"管理模式；而一些纯粹事务性的岗位，如财务、人事、基建、后勤等岗位，则不宜采用"双肩挑"管理模式。也就是说，"双肩挑"人员的职权范围应该被限制在教学科研事务以内，并将其与人事权、财政支配权等真正能够支配学术资源使用的工作内容有效分离，避免其身份的交叉重叠，从而限制其加重学术权力行政化与学术资本主义的倾向，避免干扰学术资源的正常分配[1]。将"双肩挑"模式制度化，更有利于制定科学合理的专门化选任、考核与评价的标准及体系。通过对"双肩挑"人员量身定制的管理体系，明确界定"双肩挑"人员职权的界限，可限制其资源寻租的空间和可能性。因此，制度化即意味着权职的明晰化和管理的规范化，也有利于"双肩挑"人员利用制度权威更好地开展工作以及高校其他教师利用制度权威对"双肩挑"人员进行监督和评价。在这种内外合力的作用下，"双肩挑"人员学术资源寻租的空间将被大大压缩。

4. 建立"双肩挑"干部的考评制度

"双肩挑"人员由于个人精力所限，在管理工作和学术工作间必有取舍侧重，所以仅考核"双肩挑"干部工作的一个方面或用同一套考核指标体系考核不同性质的两项工作内容，都是不全面的"一刀切"的考核方法，会使考核结果失真，有失公平公正。学院的高效运行要依靠行政管理职业化的支撑，应以职业化规则进行管理，招聘职业队伍，行政管理主体从事学院管理和服务工作，有自己的职业晋升通道，衡量标准不是学术，而是管理和服务水平[2]。因此，应厘清基层行政权力与学术权力的作用边界，着重考核行政绩效，以团队成果考评机制，替代学术

---

[1] 甘纪华，唐瑶. 资源竞争视角下的高校"双肩挑"模式存废之争［J］. 黑龙江教育（高教研究与评估），2021（2）：6-8.

[2] 钱颖一. 学院治理现代化：以清华大学经济管理学院为例［J］. 清华大学教育研究，2015，36（2）：1-6.

成就的单独考评机制，从而减轻学术考核的压力①。"双肩挑"群体应该在行政管理和学术管理的双重身份中找准外显角色和内隐角色②，理顺外显角色与内隐角色的辩证关系——学术权力指引行政权力、行政管理服务学术研究，将过去机械地执行命令的"唯上"模式转变为尊重学术研究、遵循学术规律、关心教学科研人员的人性化和精细化服务模式，在教师选配上，对不同类型的教师要根据不同的特点制订相应的考核办法。

5. 完善"双肩挑"干部的任免、流调制度

一方面，有必要加强"双肩挑"干部的任期管理，避免"双肩挑"干部利用其优势地位抢夺学术资源而忽略管理本职。事实上，国内一些高校已经在这方面做出有益尝试。2011年湖南大学新任校长赵跃宇上任后，不但承诺自己在任期内不申报课题、不带研究生，还要求湖南大学除教务处、科研处、研究生处等直接与教学科研相关的部门外，所有处室的负责人一律不得在8小时工作时间内兼任教授工作，要全身心做好管理服务工作③。北京师范大学校长董奇也在就职演说中承诺在担任校长期间一不申报新的科研课题，二不招新的研究生，三不申报任何教学科研奖，四不申报院士，用"整个的心"去做"整个的校长"。虽然短期内难以要求所有"双肩挑"干部都完全做到"四个不"，但也应对"双肩挑"干部从事教学科研的总量的要求适当减少，如"双肩挑"干部从事教学科研的时间每周工作日中安排不能超过半天，"双肩挑"干部每年申请的项目课题、取得的学术成果、兼任的学术职务等在一定范围内强制公开等，同时充分发挥纪委的监察作用，建立利益冲突风险评估机制，减少"双肩挑"干部与普通教职员工抢夺资源现象的发生。

---

① 余利川, 段鑫星. 行政与学术："双肩挑"院长角色冲突的扎根研究 [J]. 复旦教育论坛, 2018, 16 (1): 72-78.
② 董泽芳. 论教师的角色冲突与调适 [J]. 湖北社会科学, 2010 (1): 167-171.
③ 李伦娥. 湖南大学新任校长赵宇: 校长任内不报课题不带研究生 [N]. 中国教育报, 2011-11-29 (2).

另一方面,"双肩挑"干部在任期结束后往往要重新回归教学科研岗位,而任期内专注于管理事务使他们在某种程度上耽误了学术研究,面临着无项目、无学生的尴尬境地。因此,要理顺转换机制,参考美国大学给予离任领导以学术假的做法,给"双肩挑"干部一定的事业过渡期,帮助"双肩挑"干部实现"软着陆"。当教师的管理工作圆满完成之后,通过全部或部分补偿的休假给教师提供自我提高的机会,旨在帮助教师调整心态,尽快将精力集中到学术研究上,以便更好地为高校发展服务[1]。传统意义上的学术假需要一系列严格的评审程序,而对于"双肩挑"干部而言,应在学术假的申请条件、评审程序、薪酬待遇方面作特殊安排,通过降低连续工作的年限要求、优先安排"双肩挑"干部休假、适度延长休假时间、提高"双肩挑"干部休假期间的薪酬待遇等方式,帮助"双肩挑"干部舒缓因从事管理工作而产生的紧张疲惫的心理状态,使他们有充足的时间跟踪学科发展动态,尽快实现由管理干部向教师、学者的角色转换。

6. 健全"双肩挑"干部的激励机制

在不同时期,"双肩挑"干部对物质奖励有着不同的重视程度,尤其是年轻的"双肩挑"干部,他们对物质激励的重视程度较高,在物质激励方面应充分考虑其双重身份及双重的工作付出,根据其业绩给予相对应的回馈,以及双岗位的绩效奖励与部分的岗位津贴,以此来提升他们对工作的责任心与积极性。在精神激励方面要注重团体、组织、个人三部分激励相结合,对于表现优异、业绩突出的干部要进行表扬与宣传,这样可以提升教师的成就感,短期内激发员工的积极性,要做到短期激励与相对应的长期激励及物质奖励相结合,形成有效的激励措施,提升"双肩挑"干部的满足感以及工作积极性。同时,高校管理者要树立人本意识、人才意识,并且要注重教师的师德素养。管理者可以通过

---

[1] SIMA C M. The role and benefits of the sabbatical leave in faculty development and satisfaction [J]. New directions for institutional research, 2000 (105): 67.

构造良好的校园氛围，保障教师的学术权力，合理进行资源分配，定期下访收集基层意见或建议，投放意见收纳箱，落实好为师生办实事这一根本问题。要杜绝校内的官僚主义，当发现校内有人员发生违法违规等问题，要实行追责制度，对其进行查处，并将查处结果进行公示，对其他有犯错倾向的人员可以起到很好的警示作用。只有杜绝了种种不良问题，创建良好的学校氛围，才可以让"双肩挑"人员走得正、走得直、走得远。

第八章　高校人力资源的合理使用

人力资源是高校发展中最重要的资源，高校人力资源开发是对高校人力资源进行投入的过程，高校人力资源配置是对已有人力资源进行组合的过程，开发与配置的最终目的是合理使用。本章在分析高校人力资源合理使用的目的和意义、内容与方法、现状与原因的基础上，将着重探讨我国新时期高校人力资源合理使用的指导思想与操作策略。

第一节　高校人力资源合理使用的目的和意义

高校人力资源合理使用，目的是在有效激活高校内部人力资源的基础上，积极整合高校外部一切可利用的人力资源，同时做好相关资源的拓展工作，以形成高校的人才核心竞争力和发展竞争力。

一、高校人力资源合理使用的目的

合理使用高校人力资源，从根本上讲是为了实现人与岗、人与事的合理搭配，从而最好地实现高校组织的整体目标和每个员工的个人目标。首先，人力资源合理使用是一个不断调适的过程。高校的外部环境、内部条件及组织目标和任务，以及教职员工个人的素质与追求都是不断变化的，为了适应这些变化，对人力资源合理使用就不会是一劳永逸的。其次，人力资源合理使用是一个动态整合的过程。组织对每个教职员工的认识也需要一个过程，只有用其所长，避其所短，尽可能将每个人放在最合适的岗位上，实现人与事的最佳结合，才能形成最佳的人力资源使用效能，促进每个教职员工的充分发展。

高校人力资源合理使用的结果，从理论上讲要实现两个转化：一是将可能的生产力转化为现实的生产力。人力资源的充分开发能使人获得知识的增长、智力的提升、技能的增长、境界的扩大，但这时的人只是一种可能的生产力。要使这种可能的生产力转化为现实的生产力，必须通过合理使用，使其与一定的生产要素相结合并发挥效用，才能转换为能够促进社会经济发展的现实生产力。二是从精神转化为物质。人力资源中的知识、智力是精神的东西，思想、观念与个性等更是精神的东西。这些精神的东西，同样只有在使用中才能发挥作用，也就是要给具有这些精神的人提供相应的活动环境、条件或机遇，使精神能作用于一定的劳动对象，才能使之变成创造社会财富的巨大力量。

衡量高校人力资源的合理使用有三个标志：一是在量上达到合理的比例。人力资源的使用不同于物质资源的使用，后者的使用是一种自身能量的消耗与消失的过程，前者的使用则是一种消费的过程，即把内蕴的资源附加到劳动对象中去，这种消费不是使自身资源减少或消失，而是对自身资源的检验、补充和矫正，实质上是对人力资源的不断充实、提高与完善，使之在使用上达到一定量的过程。对于已经开发的人力资源，如果不使用或使用达不到一定量，就会造成人力资源浪费或陈旧老化。二是在质上达到应有的要求。人力资源的使用既是一个不断开发的过程，也是一个不断管理的过程。这个过程纷繁复杂，涉及对人力资源的计划、组织、安排与调整等多个环节，只有计划周密、组织有力、安排得当与调整适时，才能最大限度地实现组织分工的要求与每个员工的条件相协调、员工的素质与岗位要求相匹配、岗位的锻炼与员工的发展目标相一致。三是在结果上获得最大的效益。高校是高知识水平人员集中的单位，高校人力资源除具有很强的人本性、专业性、能动性、创造性特征外，还具有强逐利性和高流动性特征，只有在高校人力资源使用中时刻重视这些特征，将员工视为高校的宝贵财富，时时关心，处处尊重，才能使高校人力资源使用达到最佳的效果。

二、高校人力资源合理使用的特点

为合理使用高校人力资源，必须重视下列特点。

一是人本性。高校人力资源使用的目的是推动高校教育事业稳健发展，使用的主体是教职员工。只有在使用中时刻关注教职员工，才能制定出符合教职员工切实需求的管理规定。要时刻关注、关心他们，将他们视为高校人力资源中的重要资源和宝贵财富，在使用上既充分考虑每个员工不同的体力、智力与个性特征，使员工的素质与岗位要求相互协调，又要注意使在某一岗位工作的人员与其工作岗位相关的人员的关系相匹配；既要注意使高校分工与每个员工的现有条件相匹配，又要注意使配置与每个人未来的发展目标相一致；既要注意使配置与人际关系相匹配，又要注意通过配置实现企业的人力与物力、财力之间的相互匹配。

二是专业性。高校作为传播高深知识以及为社会培养高层次人才的重要教育基地，其核心任务就是教学与科研。奋斗在教学科研一线的教学科研人员是高校人力资源的主体，他们不仅具有较高的专业素养，而且具有较强的自尊心、责任心、事业心。在高校人力资源的使用与管理中，始终要尊重并凸显其专业性，并围绕教学科研这一中心工作展开。

三是全面性。高校人力资源的使用与管理工作，贯穿教师全部职业生涯，如招聘、培训、调岗、晋升等，涉及高校工作的方方面面。在高校人力资源的使用中，不仅要全面分析教职员工的专业素养，还要考虑方方面面的岗位需求，才能依据高校发展需求灵活配置人力资源，同时能依据高校各方面发展的需求适时做出优化调整，让每个人在适合自己的工作岗位上发光发热。

四是交叉性。高校人力资源的主体涉及文学、史学、法学、教育学、管理学、社会学等众多的人文学科和数学、物理、化学、生物等众多的自然学科的教师和管理者，高校人力资源的开发、配置与使用也必须考虑学科交叉性，适应多学科的特点，充分利用多学科的理论与方法，使高校人才使用更具实效性。

五是系统性。高校人力资源使用涉及开发、配置、管理的全过程，具备全面性、系统性的特点。为达到高校人力资源的合理使用，必须使与人力资源开发与管理相关的大学理念、规章制度、奖惩机制的构建与完善同时并进、协调发展，使高校人力资源使用更具有发展性、协调性、一致性与配合性。

六是能动性。高校人力资源的能动性表现在各个方面，但主要表现在工作的能动性和学习的能动性上。工作能动性的发挥表现在"出工"与"出力"两个维度；学习能动性的发挥表现在"被动"与"主动"两个维度。高校人力资源得到合理使用的标志就是每个教职员工能够努力工作、主动学习。

七是互惠性。人力资源的使用与管理犹如驱动大型机器的轴轮，高校是"大机器"，教师就是这台"大机器"上的"零部件"，零件发挥各自的价值，机器则向前运动。使教师在高校教师团队中找到归属感，其各项需求得以满足，围绕教师与高校之间的共同利益，优化人力资源配置，激发教师工作实践的主动性，就能助力高校教育事业稳健发展。

八是逐利性。逐利性是人的本能，它也反映在高校教职员工身上。要实现对高校人力资源的合理使用，需要对他们的逐利性本质进行科学的处理与正确的引导，找准教职员工个人同组织间的利益平衡点，将教职员工逐利动机转化为实现组织发展目标的原动力。

三、高校人力资源合理使用的意义

合理使用高校人力资源的意义可以从人才强国、人才强校与员工发展三个层面来分析。

（一）实施"人才强国"战略的强烈呼唤

加快建设人才强国是党和国家的一项重大战略决策。2003年，全国人才工作会议明确提出实施人才强国战略。2007年，党的十七大将人才强国战略与科教兴国战略、可持续发展战略确立为经济社会发展的三大国家战略并写进了党章。党的十八大以来，党中央把加快建设人才强国摆到更加突出的位置。习近平总书记多次作出重要指示，提出一系列新思想、新观点、新论断，为加快建设人才强国进一步指明了方向、提供了遵循。党的十九大报告指出，人才是实现民族振兴、赢得国际竞争主动的战略资源，强调要加快建设人才强国。

高校，特别是一批高水平研究型大学在建设人才强国和实现创新型国家的目标中肩负着重大使命，不仅要培养一大批优秀拔尖创新人才，而且要创造一批重大标志性科研成果，要在提高原始创新能力、集成创新能力和引进吸收再创新能力方面做出更大的贡献。这是高校发展和人才队伍建设的一次难得的重大历史机遇。加快创新型国家建设，催生一系列面向世界科技发展前沿、面向国家重大战略需求的先进成果，归根结底要靠人才。面对机遇和挑战，高校在促进人力资源合理使用中，必须准确把握国家人才队伍建设面临的新形势、新要求，深入研究推进人才强校战略的新途径与新方法。

（二）实现人才强校目标的迫切要求

人才强国战略的提出使我国高等教育进入改革与发展的重要机遇期。面对机遇和挑战，高校人力资源的开发、配置与使用必须树立和坚持人才强校的发展理念。

要实现人才强校目标，关键是建设高水平的教师队伍。在建设世界一流大学和高水平大学的进程中，大学要提高核心竞争力，要培养高素质的人才，建设自己的大学文化和大学精神，办出自己的鲜明特色，关键在于提高教师队伍的素质和创新能力。加强高等学校教师队伍建设是我国高等教育未来改革发展过程中十分关键、十分艰巨的任务。总结回顾近年来高校的人才工作，在充分肯定已经取得的经验和成绩的同时，我们更要重视存在的一些迫切需要解决的突出问题，针对高校人才工作面临的新形势、新机遇，创新教师队伍建设的思路，要按照用好现有人才、培养关键人才、引进急需人才、储备未来人才的要求，不断完善育才、用才、留才的用人机制，努力营造事业留人、感情留人、环境留人、待遇留人的良好氛围。要以求真务实的态度，找准对策，将高校教师资源的开发与使用向纵深推进。

实现人才强校目标，核心是培养造就一批高素质领军人才。人才强校离不开学科建设和学术创新,更离不开学术上的楷模和领军人物在学科建设和学术创新中所起的关键性作用。为了实现人才强校的目标,高校应该高度重视选拔和培养一大批高素质领军人才,在合理使用中极大地调动这些人才的积极性、主动性和创造性,让他们充分发挥聪明才智,勇于创新,大胆开拓,充分发挥出他们在学科建设上把握方向,在团队建设上发挥领军作用,在学术研究和交流中发挥核心作用。

（三）促进高校员工发展的有效途径

员工的个人发展通常包括个体、职业生涯和群体三个层面的发展:个体层面是通过教育、培训和自学等活动使员工的素质得以提高,及在各自领域的绩效得以提升;职业生涯层面是指对员工未来若干年的职业生涯发展进行规划,并激发员工的积极性,使他们能够获得成就感;群体层面体现为个体所在团队的整体发展,通过团队整体发展来影响和带动员工的个体发展与职业生涯发展。

合理使用高校人力资源首先是合理使用好每个员工。根据每个员工的能力类型和等级,将其安排到最能发挥其作用的职位上;结合每个员工自身的优势、劣势、兴趣及不同的职业发展要求,为每位教职员工制定合适的个人职业发展计划;针对不同岗位的职责要求,制定合理的培训和考核指标体系。这样可以有效激发员工的积极性、主动性和创造性,可以促进员工自觉充分地挖掘和发展自身的潜能,最好地实现个体发展。合理使用高校人力资源包括合理使用高校其他各种资源。先进的培训体系与适宜的工作环境可以使每个员工有意识、有目标地不断充实和更新知识和技能,发展好自己的职业生涯。合理使用高校人力资源包括有效加强教研室建设和团队建设。教研室建设可以充分利用自身的优势和发展定位,合理制订每位教师的个人发展与培养计划,通过专业或学科带头人的带领和指导,促进教师的个人发展;在团队建设中,通过团队学习可以实现教师的知识交流和共享,通过团队成员之间的相互启发、补充和激励,不仅能提高成员的个人效能,还能形成和谐的人际关系与愉快的工作环境。

第二节 高校人力资源合理使用的内容与方法

合理使用高校人力资源需要明确主要的内容和遵行相应的原则与方法。

一、高校人力资源合理使用的内容

人力资源是一个涵盖很广的概念，人才资源是其中少量的杰出的部分。在讨论高校人力资源合理使用时，往往会使用人才资源这一概念。

（一）加快人力资源的总量开发

没有一定数量的高校人力资源，即使有再多教育经费投入，也只能是资本的低效运作，甚至会导致闲置浪费，难以产生有效的经济和社会效益，推动社会生产力发展。高校承担着为我国现代化建设培养急需的高层次人才，要造就数以亿计的高素质劳动者、数以千万计的专门人才和一大批拔尖创新人才的重任。目前我国高校自身人才资源总量还不能很好地适应高等教育快速发展的需要。为建立一支规模适度、结构合理、素质较高的高校人才队伍，必须加快高校人力资源总量的开发。

（二）推进人力资源的结构优化

高校人才结构主要包括学科结构、智能结构、职称结构、年龄结构等。结构优化即根据高校人才自身特点和素质状况把其放到能充分发挥才能和智慧的平台上的过程。按照高水平一流大学建设的要求，根据高等学校的目标和定位要求，推进高校人才结构优化，优化高校人才配置，创建优秀的高校学术创新团队，促进高校人力资源的合理流动，发挥人才个体素质和人才资源队伍的整体功能。积极延揽海外优秀留学人员回国从事高校教书育人、科学研究、人才培养工作，进一步优化高校人力资源素质。

(三) 加强人力资源的能力建设

人力资源能力是指在一定范围内可以被组织运用并实现组织目标的个体的德能、技能、体能和智能等因素的总和,并在其现实社会活动中综合表现出来的主观条件和实际本领的总和。高校人力资源能力建设是从战略高度对人力资源开发的一种思考,它不仅注重人的一般能力的提升,更加重视人力资源潜在能力的挖掘与高层次创新能力的培养。高校人力资源能力建设是一个系统工程:一是刚入职的青年教师的基本能力建设,包括教学能力和通用能力两个方面。教学能力主要包括教学设计能力、教学语言表达能力、教学调控能力、现代化教育技术的运用能力与教学测评能力五个方面;通用能力主要包括认识能力、设计能力、信息能力、表达能力、组织能力、交流能力与创新能力等。二是为争做优秀教师而提升自我的能力建设,包括教研能力和通用能力两个方面。教研能力包括专通结合、大成智慧型学问,全面系统、精湛高超的教学技能,审时度势、独具慧眼的见识,出口成章、下笔成文的才华等;通用能力包括善于学习的能力、乐于沟通的能力、敢于竞争的能力与勇于创新的能力等。

(四) 促进人力资源的机制创新

人的才能的充分发挥必须依赖一定的机制,因此高校人力资源使用性开发要不断创新人才工作机制。要坚持科学发展的要求,遵循高校人才开发规律,坚持正确的高校人才工作改革取向,改革人才工作机制,使人才工作焕发出更大的活力,努力形成人才培养、引进和使用的新机制。要逐步形成管理人才重在教工认可、教学人才重在学生认可、科研人才重在社会认可的评价机制;合理借鉴国外经验,认真总结国内经验,进一步推行教师聘任制度改革;建立以业绩为重点,由品德、知识、能力等要素构成的各类人才评价考核指标体系。

(五) 优化人力资源的使用环境

人才的活力既取决于机制又离不开人才环境的优化,人才环境的好坏直接影响着高校人才能力的发挥。高校是汇聚高层次人才的沃土,因此促进人才资源使用的环境优化也是高校人力资源使用性开发的重要内容。要在全社会积极倡导尊重劳动、尊重知识、尊重人才、尊重创造，营造鼓励人才干事业、支持人才干成事业、帮助人才干大事业的良好社会环境，并赋以政策上的保证，为勇于攀登科学高峰的高校优秀人才营造积极的制度环境和学术环境，以达到增大高校人才总量、造就大批创造型人才的目的。

二、高校人力资源合理使用的原则

（一）人本原则

高校是社会高级人才最集中的地方，高校人力资源使用性开发的对象是活生生的人才群体，他们具有热爱祖国、振兴祖国的事业心，有才能，有远见，有开拓创新能力。人本原则要求人们关注人才的基本需要和实现自身价值的愿望和要求，创造人才发展环境和公平竞争环境，增强亲和力、凝聚力，体现出真切的人文关怀；真正形成事业留人、待遇留人、情感留人的文化氛围来吸引和稳定人才；采取多种形式培训人才，提高整体素质，为人才发挥才能创造人性化环境。

（二）系统原则

系统是诸要素的有序集合体。系统原则就是从系统观点出发，统观全局，把握人才结构，分析能级，跟踪变化，调节反馈，控制方向，实现目标。高校人力资源使用性开发也是由许多子系统组成的系统，具有整体性、集合性、层次性、功能性等诸多特点。高校也是一个复杂的系统。进行高校人力资源使用性开发，要从宏观上将高校人力资源使用性开发与经济社会发展需求统一协调起来，着眼于提高学术研究水平、促进科技创新能力、提高人才培养质量、增强社会服务功能；要更好地实现高校人才合理配置，从微观上激发人才的积极性和创造性，着眼于提高高校人才素质和能力，充分挖掘高校人才的智慧潜能，努力培养一批优秀拔尖人才。

(三) 动态原则

高校人力资源使用性开发本身是一个动态的过程，因此在高校人力资源使用性开发的过程中就要遵循动态原则。高校人才的能力是随开发利用的目的、开发利用的深度、政策措施和手段方法的引入、环境条件及自我控制意识而逐渐展示的。高校人才能力提升的过程中同样存在量变到质变的规律性，高校人力资源使用性开发必须遵循这一规律。这就要求不断地对高校人才进行投资和实施正确的策略，使人才能力和才华不断地提升与完善；同时在开发过程中，实施科学、可持续的开发利用方式，避免破坏式、毁灭式的开发利用。保持高校人力资源库处于活跃的更新和流动状态，既要通过积极措施吸纳有志于从事高校教学科研工作的优秀人才顺利进入高校，又要按照公正、科学、合法的淘汰机制使不适宜从事高校工作或自愿转岗、调换职业的人员离开高校；建立起完全与国际接轨的用人制度——终身岗位、合同岗位、非固定教研岗位相结合的岗位体系。

(四) 发展原则

发展原则是指高校人力资源使用性开发要着眼于各级各类人才的协调发展，强化分类指导、统筹协调；要在高校的改革与发展中实现人才发展，在人才发展中促进高校的改革与发展；要坚持以培养造就高层次人才为重点，带动和促进整个人才队伍建设，促进高中初等各层次人才的合理分布；在保证重点学科人才发展的同时，也要注重新兴学科、特色学科、交叉学科人才的发展。高校人力资源使用性开发既要对人才已显现的资源进行合理利用，又要对其潜在的资源（潜能）进行合理挖掘，亦即发展人才的整体能力。树立全面、协调、可持续的科学发展观，把学科发展、人才发展同学校发展联系在一起，积极依托高素质、有创新精神的人才的全面发展，建设在国际国内有影响的学科，真正推进高校各项改革与发展的工作。

(五) 能级原则

能级原则就是指根据人才的能力类型和等级，将其安排到最能发挥其作用的职位上，明确其责任，授予其职权，使人的才能与其工作相适应。高校人力资源使用性开发实际上就是人才能级的开发。掌握能级原则是做好高校人力资源使用性开发的基础，要按照科学的人才评价标准，认真分析不同人才所具备的才能素质，确认高校人力资源对应的人才能级，按其自身的能级恰当安排职位，给予不同的权、责、利，实现能级与职位适应，做到人得其职、职得其人、人职匹配、相得益彰，避免大材小用、浪费人才。如果出现了高校人才的能级与职位要求不相适应的情况，就应及时调整，寻求新的职位适应。

三、高校人力资源合理使用的方法

高校人力资源合理使用的主要方法是定编定员、职务分析、职务调配与职务升迁。

（一）定编定员

从广义上讲，定编是指一切法定社会组织和机构的设置、组织形式及其工作人员的数量、结构和职务的分配。从狭义上讲，定编是指组织机构内人员数量的定额和职务配置。定编应以组织的工作分析为基础来确定。定员就是在定编的前提下，确定人员的数量和质量的要求界限，定员以定编为基础。

定编定员是人力资源开发与管理的基础工作之一，它不仅要从数量上解决人力资源的配置，还要从质量上拟定人员的使用条件，从素质结构上实现人力资源的合理配备。

定编定员主要有五种方法：一是劳效定员法，就是按劳动定额、工作任务、出勤率计算定员的一种方法。这种方法适用于一切能够用劳动定额表现生产量的工种或岗位。这种定员方法的基础是定额，关键是合理确定劳动定额水平。二是设备定员法，就是根据完成一定的生产任务所必须开动的设备台数和班次，按照单位设备定员计算人数的方法。这种方法适用于操纵设备作业工种的定员，或有大量同类型设备并采用多设备看管的作业组。这种方法的关键取决于正确确定机器设备的数量和工人在同一时期内能够同时看管的机器设备的数量。三是岗位定员法，就是按工作岗位数、工作班次、劳动效率、出勤率等因素来计算定员的方法。四是比例定员法，就是按某类人员总数的比例计算某种人员的定员人数的方法。这种方法的关键在于被定员的某种人员的数量与某类人员总数之间的比例关系的确定。如老师与学生，直接生产人员与辅助生产人员等等，都存在着一定的比例关系。五是职责定员法，就是按组织机构的职责范围，以及机构内部的业务和工作岗位职责来确定定员的方法。这五种定员方法，可以根据组织内各部门以及各类人员的特点，灵活加以运用，或者把几种方法结合运用。在组织中通常以某种方法为主进行定员，同时采用其他方法进行补充。

定编定员应遵行四条原则：一是定员必须以实现组织目标为前提；二是定员必须以精简、高效、节约为目标；三是定员必须同新的劳动分工与协作关系相适应；四是要合理安排各类人员的比例关系。

（二）职务分析

职务分析就是全面了解每一项职务的管理活动，是对该项职务的工作内容和职务规范（任职资格）的描述和研究过程。职务分析与员工个性相关，不同的个性适应不同的职务。

员工个性是指在一定的社会条件和教育影响下形成的一个人的比较固定的特征，包括人的气质、性格和能力等。每个员工的个性都具有独特性、自主性、创造性与和谐性等特性。这些特性是相互联系的：独特性是个性发展的核心，自主性是个性发展的动力，创造性是个性发展的目标，和谐性是个性健康的标志。四个特性相互补充，缺一不可，共同构成个体完整的个性。个性发展是个人潜能不断开发、个性品质不断生成、个性特征不断增强与自我价值不断实现的过程。人的个性既是个体过去发展的积累与产物，又是个体今后进步发展的起点和动力。

高校组织与人事部门在工作中应充分考虑员工在气质、性格和能力上的个性差异，努力做好气质、性格和能力三方面的分析和测定。气质分析可以了解每个员工的气质类型。尽管气质类型不能决定人的性格，不能决定一个人能干什么，不能干什么，不能决定一个人的成就，但应看到，气质能决定一个人干什么比较容易胜任，干什么难以胜任。一些特殊的工作岗位，对人的气质特征会提出特殊要求，这时气质类型往往成为决定性因素，例如机要秘书、公关人员等。人的能力既存在量的差异，也存在质的差异。能力的分析和测定可以了解员工具备什么样的能力，以便安排适合他的能力的工作和任务，也为员工的培训和发展提供了方向。即知道工作所要求的能力，培训就能有针对性地进行。准确地测定能力是合理用人的前提。能力的测定主要有两大类方法：一是职前测定，主要判断和了解一个人的基本条件，如基本素质、基本技能、基本知识等；二是职后测定，评价和了解一个人的综合能力。在能力测定中，既要进行职前测定，又要进行职后测定。

（三）职务调配

职务调配是经组织决定而改变员工的工作岗位、职务、工作单位等人事变动活动的总称。职务调配的目的是求得人与事和人与人之间的协调配合，做到人适其位、人适其职。职务调配是组织内部的客观需要，因为在组织内部总会存在着人与事的不协调，这种不协调是长期存在的，具体表现为数量矛盾、质量矛盾以及结构矛盾。

职务调配是人力资源开发与管理中常用的调节手段。其主要作用如下：其一是实现组织目标的重要保证。任何一个组织要想实现组织目标，求得生存与发展，要有人力资源作保证。组织中的每一个岗位、每一个职务都调配有第一流的人员工作，组织才能真正得到发展。而组织所面临的内在环境和外在环境总是处在变化之中的，对人员的要求也在不断变化。因此，只有加强职务调配，才能适应这些变化，实现组织目标。其二是实现人尽其才的重要手段。每个员工各有所长，也各有所短，只有把他们放在最适合的岗位、职位上，才能扬长避短，充分发挥其积极性和创造性。而人与事的最佳配合并不是一成不变的，只有不断调配人员，才能发挥员工的才能，做到人尽其才。其三是改善组织气氛的重要措施。在组织的内部，由于各种原因会出现人与人之间关系不协调，相互之间关系难以处理好，这影响到组织目标的实现。在这种情况下，最好的方法之一就是通过个别人员的人事变动来解决。因此，它是改善组织气氛的重要措施之一。其四是激励员工的有效手段。职务调配有升调、平调和降调,调配的依据是工作能力和工作业绩。升调对当事人是一种内在激励,会使人产生较强的成就感;平调使当事人因工作和工作内容变动,产生新鲜感,接受新的挑战;降调会使当事人总结经验,变压力为动力,迎头赶上。

职务调配的基本原则有:一是因事设人原则。因事设人就是根据组织内部的职位或职务对人员素质、能力的需要,配备相适应的人去担任。这样,才能使人与事实现最佳组合。否则会导致组织内部机构臃肿,人浮于事,工作效率低下。二是用人所长原则。职务调配要考虑用其所长,避其所短,以达到人适其职。在调配中,要充分考虑员工的长处,不要过多地指责其短处,要利用员工长处为组织的工作发挥作用。三是优化组合原则。组织是一个团体,许多工作都必须由多个人共同完成。如果内部成员的结构不合理,哪怕都是一流的员工,也不可能发挥出整体最佳功能。因此,内部调配要充分考虑员工的情绪、气质、个性、能力等,形成一个充满活力、生机的组织整体。四是保证重点,兼顾一般原则。组织内部的职务调配,应保证第一线人员有充足的数量,而对二线人员如行政人员、服务人员进行严格限制,这样才能降低人力资源成本,提高组织的效益。

(四) 职务升迁

职务升迁是指员工的职务或级别提升,它是保持人与事科学结合的有效手段,也是克服"一任定终身",人与事脱节的有效手段。

影响员工职务升迁的因素较多,归纳起来主要有三方面:一是职务责任。职务、职权与责任是构成职位的三个要素,在任何一个职位中,三者缺一不可,有多大的职务,就具有多大的职权,就相应承担多大的责任。员工升迁就是将员工由原来的职位调到另一个承担更大责任的职位。在晋升之前,首先必须明确新职务的责任大小,只有弄清楚职务的责任大小,才能做到人尽其能,事得其人。一般来说,可以从职务规范书中找到各个职位应尽的责任。职务规范书是进行职务分析所形成的用文字描述职位的书面文件。它是员工职位晋升的主要依据之一。二是人员素质。人员素质主要表现在政治思想素质、知识素质、智力素质、心理素质和身体素质等五个方面。不同的职位对人的素质要求不同，但有些素质是最基本的，是担任任何职务都必须具备的。三是人员能力。能力是具有复杂结构的多种心理及行为特征的综合。任何职务都要求具有相应的能力，能力是员工职位升迁的最重要因素。人员能力主要表现为决策能力、人事能力、技术能力、自我发展能力和创新能力等五个方面。这五种能力是需求最广泛的能力，但每个职务对能力的种类和水平的要求各不相同。上述能力的存在形式并非是单一的，有时外显能力可以通过工作成绩反映出来，而潜在能力则要通过考察其心理素质和智力素质来做出判断。总之，通过对职务的分析，了解不同职务对人员的要求，再认识员工的素质能力，就能很好地对员工职务的升迁做出决定。

职务升迁具有如下意义：一是保持人与事的科学结合。用系统学的观点来看，人和事这两大系统是动态的开放型系统。一方面，随着事业的不断发展，各个职位对工作人员的任职资格要求不断提高，加剧了人与事之间的矛盾。另一方面，人的能力也非一成不变。首先，人的能力发展水平近似正态分布，在45岁之前，其能力不断提高，而后则可能停滞，甚至逐渐衰退；其次，通过教育及社会实践，人的能力会相应提高。人的能力的这种变化，会加剧人与事之间的矛盾。结果是人的能力可能与职务要求不符。因此，必须时常采用晋升的方式，促使人与事达到动态的科学配合。二是激励员工不断进取。激励的目的是使员工保持良好的竞争状态，在工作中更好地发挥积极性、主动性和创造性。激励可以通过奖励和惩罚等手段来实现，而职位晋升也不失为一种有效的激励手段。晋升可使员工得到荣誉、声望和权力，使其自尊和自我实现的需求得到满足。同时，晋升亦意味着获得更多的报酬和更高的待遇，从而鼓励员工积极工作，努力学习，不断提高自身的能力。可见，职务升迁是一种有效的激励手段。三是避免人才外流和吸收外部优秀人才。在一般情况下，如果一个单位有公平、合理、明确的晋升制度，就会对员工产生很大的向心力，这种向心力既有利于本单位的人才安心久任，也有利于把外部优秀人才吸收到本单位来，而这一点正是成功的员工职务晋升制度所不可少的条件。同时，合理的职务晋升制度也迫使那些安于现状、不思进取的员工不断提高自身素质和能力，使之与职务要求相吻合。

员工的职务升迁方式很多，可归纳为两大类：第一大类是根据晋升幅度来分，可以把晋升分为常规晋升和破格晋升。常规晋升，就是根据晋升线路和职位所要求的晋升条件，正常晋升、逐级晋升。破格晋升，就是当员工做出了十分突出的贡献或经考核确认其具有特殊才能时，可以不受其他因素的限制，越级晋升。第二大类是根据影响晋升的各种因素及侧重程度，晋升又可分为年资晋升、功绩晋升、考试晋升、综合晋升四种。年资晋升是以工作年限长短和资格的深浅作为晋升的主要依据，它是一种阶梯型晋升结构，服务满规定的年限，即可自动升级。年资晋升的优点是标准明确、简单易行，可以避免由于管理者个人的好恶或亲疏而产生的晋升不当现象；但缺点是它往往会造成不求有功、但求无过的消极心理。功绩晋升是以实际工作成绩的大小为晋升的主要依据。在这一晋升路径中，上升路线是连续的，只要员工的绩效考核结果是优秀的就可以晋升。另外，这种晋升的上升路径的长度不等，晋升速度有快有慢，因为晋升与否取决于考核结果，这一点不同于年资晋升。它的优点是便于选拔能力强者，能鼓励员工奋发向上，尤其是能避免埋没年轻有为的员工。总的来说，它优于年资晋升制。功绩晋升制的缺点是有些兢兢业业努力工作但能力较差的人很难获得晋升机会。为使功绩晋升制充分发挥其积极作用，必须运用合理的考核方法，从数量、质量、时间、效果等方面正确地评价员工的工作绩效和工作能力。考试晋升是指通过考试的手段，并根据考试成绩来晋升员工。其主要特点是允许越级晋升。晋升考试可采取笔试或口试，包括专题答辩、撰写论文、发表讲演等形式。考试的内容可以根据不同职位的要求分别加以拟定。这种晋升制度的优点是机会均等，可以促使员工努力学习、丰富知识，对年轻人较为有利；其缺点是考试成绩和员工的能力并不总是存在必然的联系，有时考试成绩好的不一定是工作能力强的人。综合晋升既不单凭年资，也不单凭考试成绩或工作成绩，而是兼顾多方面的条件，将它们同时视作晋升的依据，因而是一种比较合理的晋升制度。

　　员工职务升迁对单位和个人的发展都是十分重要的，必须遵循四条原则：一是德才兼备原则。德是指思想品德，才是指能力和才干。德和才两者都不可偏废。只有德，没有才，不能完成岗位工作；只有才，没有德，不能正确为组织工作。在政治运动频繁的时代，我们过分强调德的重要性，而在改革开放的初期有许多单位只强调才能的重要性，忽视了德的重要性。现在，越来越多的企业认识到德和才应同时具备的重要性，缺少其中任何一方面都是不正确的。二是阶梯晋升和破格晋升相结合的原则。阶梯晋升是按晋升路线逐级晋升，这种晋升可以避免盲目性，准确度较高，有利于激励大多数员工。破格晋升是指不按晋升路线逐级晋升，而是越级晋升，这种晋升可以使少数杰出人才脱颖而出，充分发挥非常之才、特殊之才的作用，并且可以增加对年轻员工的凝聚力。晋升时，两种晋升方式要结合使用。三是机会均等原则。企业要为每位员工设计一条职务升迁之路，让每位员工都有晋升的机会。只有这样，才能体现公平原则，才能充分发挥每一位员工的积极性和创造性。如果职位升迁只给个别员工，绝大多数员工都没有机会，势必会引起员工不满，影响员工积极性的发挥。因此，在企业中要发挥"赛马"机制，实行所有职务公开招聘、平等竞争，不强调资历和学历，必定取得良好的效果。四是严格考核原则。根据不同职务的职责要求和员工实际工作绩效进行严格考核，完成工作目标的，说明能胜任该职务的要求，可以继续留任，成绩突出的，可以升迁；达不到工作目标的，说明不能适应该职务要求，不得升迁，甚至要降职。没有考核就不可能真正了解员工的能力和职务要求相适应的程度。而考核往往不尽客观有效，会得出错误的结论，从而使职务升迁失去科学的依据。因此，必须进行严格而科学的考核，才能确定职务升迁与否。

第三节 我国高校人力资源合理使用的现状与原因

近年来,我国在高校人力资源的合理使用上已经取得一定的成绩,但由于多方面原因仍然存在诸多问题。

一、高校人力资源使用的现状

(一)按需设岗受到重视但精准匹配难以完成

聘用制在我国高校已经有很长的使用历程,从1986年《关于实行专业技术职务聘任制度的规定》中首次提出聘任制,到1993年发布的《中国教育改革和发展纲要》中进一步提出"编制""岗位"和"薪酬",高校在教育部政策的推动下,一步步地实现人事制度的改革;2017年《教育部等五部门关于深化高等教育领域简政放权放管结合优化服务改革的若干意见》中指出,高校根据其岗位设置方案和管理办法自主做好人员聘后管理,对总量内人员高校与其签订聘用合同[1]。如今高校人事制度在逐步改革,对岗位设置要求人岗精准匹配,做到定编、定岗、定责,对人员进行精简和精确使用,并且在我国高校实行聘任制,提出了"按需设岗",要求高校分别确认学术岗、科研岗的人员需求,这些岗位什么样资格的人可以胜任,做到对高校所需人员的精准分析。但是就目前而言,人们实际上对高校教师岗位的理解是模糊的,不少高校简单地把教授、副教授、讲师以及十三级岗位等级等同于岗位,将岗位资质与岗位混淆[2]。并且在国家政策确定"一人一岗""人岗匹配"的情况下,基于高校管理实况和高层人才短缺,许多高校的高层管理岗仍旧出现了"一人多岗"的情况。

---

[1] 晋兴雨,张英姿,于丽英.高校教师聘用制:政策演进与退出机制构建:基于A大学改革实践的分析[J].教育发展研究,2020(3):51-59.

[2] 阎才光.高校教师聘任制度改革的轨迹、问题与未来去向[J].中国高教研究,2019(10):1-19.

（二）合理流动势在必行但不对称流动趋势加剧

2017年我国正式提出建设世界一流大学和一流学科的目标后，在"双一流"建设的推动下，学术劳动力市场空前繁荣，"中心—外围"学术市场理论认为，学术市场也普遍存在着明显的中心和外围，处于学术系统外围的教师都有明显的从外围流入中心的趋势。我国高校教师流动基本符合该趋势[①]。在我国，高等教育受到经济、环境的影响，资源和机遇更少的地区对人才吸引度自然不如资源丰富、平台更大、机遇更多的发达地区。"非升即走、非走即转、非升即降"的竞争性政策使得教师流动呈现显著的加剧之势，高校和城市围绕人才的抢夺大战愈演愈烈，"恶性竞争""功利跳槽""削峰填谷"等各类问题也纷纷涌现，促进教师流动的科学化治理已然成为政策决策和学术研究亟待突破的新挑战[②]。同时在人才强国战略的催化下，在各大高校管理层的眼中，虽然培育人才是高校人才建设的根基，但是为解燃眉之急，加上各级院校都在冲击更高层次并力求达到高层次评估的水平，以获取更多的资源，一些高校不愿意承担培养人才的时间成本，从而造成人才成本的畸形化。例如：东部地区部分高校为国家级人才工程入选者的待遇明码标价，"四青人才"年薪70万元及以上，"四老人才"年薪高达100万元及以上[③]。

（三）队伍建设纳入规划但长远目标实现困难

我国高等学校大多都是近二十年来扩张发展的，少数高层次的高等院校存在的历史超过了百年，这一现象造成了我国高等院校在这二十年来飞速成长，但依旧在探索高校发展的目标和道路，也造成了一种摸着石头过河的现象，导致在摸索的过程中，一些高校对于未来的发展，并

[①] 鲁长风. 高校教师非正常流动的治理：挑战、困境和举措[J]. 高教管理，2021（5）：71-73.

[②] 张曦林. 规制抑或自由：高校教师流动治理中的价值冲突与选择[J]. 中国高教研究，2021（1）：26-31.

[③] 童锋，秦秋明，饶敏. 高校科研拔尖人才无序流动的表征、根源及对策[J]. 科技管理研究，2020（20）：105-110.

没有认真、科学地制定一个长远的规划，不仅对高校人才工作的规划如此，对高校整体的规划也是一样的。2010年我国出台了第一部关于中长期人才规划的政策《国家中长期人才发展规划纲要（2010—2020年）》，提出了高校要进一步制定本地区、本学校的人才队伍建设规划，确定切实可行的目标、任务和措施，并争取纳入当地人才发展的整体规划[1]。自此随着政策的实行和人力资源管理制度的不断改善，人才长远计划成为高校发展必不可缺的一部分，但在我国"双一流"建设的大潮中，在创新人才和头衔人才至上的人才竞争赛中，"抢人"大战如火如荼，在这样的氛围中，人才的长远规划带来的长久利益显然不比现有人才带来的眼下利益更有吸引力，人才的长久计划在高校的规划里成了一个摆设。

（四）资源配置趋向优化但自主创新氛围不浓

21世纪以来，随着我国高等教育扩招政策的实施，高校就读人数激增，高等教育规模逐年扩大，2019年我国高等教育毛入学率已达到51.6%，迈入普及化阶段[2]。同时在中国共产党第十九届五中全会通过的《中共中央关于制定国民经济和社会发展第十四个五年规划和二〇三五年远景目标的建议》中，强调了在"十四五"期间我国将实施教育扩容工程。教育规模的扩张导致一部分高校将大部分的教学资金用于扩展学校面积、增加分校、优化校舍建设等硬件设施建设上。近年来的高校人才引进热潮，同样分散了教学资金。现在高等教育规模已趋于稳定，高等教育工作重点已转移到更加注重提高质量上来，这就要求我们必须转变观念，围绕提高教育质量来配置教育资源。但我国高校高层对于创新资源的重视度不够高，且我国高校教师在学校高指标、高压力的考核制度的压迫下不得不陷入被动，被动地去进行科研工作，麻木地加班加

---

[1] 《中共教育部党组织关于认真学习贯彻全国人才工作会议精神和〈国家中长期人才发展规划纲要（2010—2020年）〉的通知》[EB/OL].（2010-05-29）[2020-12-24].http://www.moe.gov.cn/srcsite/A04/s7051/201006/t20100621-92821.html.

[2] 屈廖健, 邵剑耀, 傅添. 谁在高校扩招中获益最多？：高等教育机会获得的群体差异及影响因素研究[J]. 高校教育管理, 2021（3）：70-82.

点去缩短科研成果的周期,在这样的氛围下,高校教师往往没法做到拥有自主创新的意识。我国大学在人才、学科、设备、团队等方面具有适应基础研究创新与发展的综合优势,在国家自主创新体系中扮演着重要角色,但我国大学原始性科研创新能力不足,已成为创新型国家建设的瓶颈[1]。

(五) 教师队伍建设成为热点但体制机制障碍重重

2021年1月27日,教育部等六部门印发了《关于加强新时代高校教师队伍建设改革的指导意见》(以下简称《指导意见》),聚焦高校教师队伍建设关键领域和重点方面,出台支持高校教师发展系列举措。《指导意见》要求将建设高素质教师队伍作为高校建设的基础工作,把加强教师队伍建设工作纳入高校巡视、"双一流"建设、教学科研评估范围内,作为各级党组织和党员工作考核的重要内容[2]。教师队伍建设是高校人才建设工作中的重要一环,高校人才建设一直都是热点问题。《指导意见》是党的十八大以来,全面部署高校教师队伍建设的一个文件,高校教师队伍建设自此全面进入高校人才规划部署,"当前,我国教师队伍建设整体正在大踏步前进,有了长足的发展,但是建设一支支撑高质量发展的教师队伍,还需要不懈努力。'十四五'期间将持续破除教师发展深层次体制机制障碍,实现教师队伍从基本支撑向高质量支撑转型",教育部教师工作司司长任友群如是说[3]。高校教师队伍建设与高校自主创新能力相关联,一直都是高校工作的重点,但高质量教师团队建设成效却并不显著,高校高质量教师团队建设的本质就是创新人才队伍的建立,新时期的高校教师队伍建设不只是提升外来人才引进的质量,还要协调并处理好本土人才培养与外来人才引进的关系。

---

[1] 董彦邦,刘莉. 大学教师科研评价的目的、方法、程序对创新行为的影响:基于对C9高校部分理工领域的调查 [J]. 中国科技论坛,2021 (1):24-34.

[2] 《教育部等六部门关于加强新时代高校教师队伍建设改革的指导意见》[EB/OL]. (2020-12-24)[2022-04-17].http://www.moe.gov.cn/srcsite/A10/S7151/202101/t20210108_509152.html?ivk_sa=1024320u&wd=&eqid=e9ad99c900070ced00000004642681b0.

[3] 实现教师队伍向高质量支撑转型 [N]. 中国教育报,2021-01-28 (1).

二、影响高校人力资源合理使用的原因

(一) 合理使用人力资源的认识障碍

人力资源是唯一可以连续投资、反复开发利用的一种智能型资源，是人力资源区别于"物"的资源的主要表现。知识分子的价值取向和人生追求，决定了高校人力资源更加具有价值意识、竞争意识和自尊意识。近年来，我国高校人事制度虽有较大的改革，但高校的人力资源开发与管理工作还没有脱离计划经济时代的人事管理思路。管理者恪守传统的以事为中心的管理模式，缺乏现代人力资源管理理念，在工作中既没树立人本管理思想，又没认识到人力资源的资本属性，相当一部分高校的人事管理工作者未接受严格的新时期高校人力资源管理的专业培训，对人力资源管理理论缺乏深入了解，仍然实施简单的人事行政管理，在人力资源管理中普遍存在着循规蹈矩、墨守成规、过于拘泥于执行现成的政策法规等现象，极大地影响了高校人力资源的开发工作。这种认识不到位还反映在对国家人才工作规划重要性的认识上。2010年我国出台了第一部关于中长期人才规划的政策《国家中长期人才发展规划纲要（2010—2020年）》，2020年国家又出台了第十四个五年规划，在国家规划和政策的推动下，高校对人才规划的认识有所提升，各大学也编制了规划，但很多大学对于规划的战略意义仍认识不足。战略规划是基于高校发展的具体需要，基于对高校未来发展蓝图的设想而制定的[1]。很多高校没有采取切实有效的措施去实现规划，使得规划在高校发展路程上成了空头支票。如目前高等教育"放管服"改革、"破五唯"改革等，到底怎样通过战略规划的制定和实施在高校治理中落实仍然是个问题[2]。

---

[1] 别敦荣. 战略规划与高校的转型发展 [J]. 现代教育管理，2015 (1)：1-9.
[2] 王鹏. 高校治理视域中的大学战略规划变形及其矫正 [J]. 现代教育管理，2021 (5)：38-43.

（二）合理使用人力资源的条件影响

为落实科教兴国战略，加快建设教育强国，国家陆续出台了一系列的人才计划，意在培养我国中青年优秀教师，例如，"万人计划""长江学者奖励计划""百千万人才工程"等重大人才工程，基本形成了定位明确、层次清晰、相互衔接的优秀人才培养和支撑体系[1]。在国家大力培养中青年教师人才的情况下，各大高校也逐步重视引进和培养青年教师，但是基于我国高校的基础人才选拔与培养现状，只能通过创新与原有的选拔机制相结合，造成了现今选拔青年教师的流程仍浮于表面，单一的选拔方式使得部分优秀教师资源流失。同时许多高校仅关注青年拔尖人才学术水平的提高并促进其学术成果的产出，却忽视对青年教师的价值观、师德、团队精神、心理健康等综合素质的提升[2]。在拥有高头衔、高帽子的中青年人才的引进中，这部分人才的收入是普通人才的收入的3～4倍[3]。在大量引进高薪人才的同时，高校原有的人才格局被打破。一方面，有限的经费来源导致大部分地方院校无力大幅度提高校内普通教师的待遇水平，收入的巨大差距必然造成教师队伍心态的不稳定，导致本土有学术成绩的教师可能萌生跳槽之念；另一方面，教师薪酬天平的严重倾斜将高层次人才和普通教师自行割裂为两个阶层，从而为两者之间的关系埋下隐患，影响了后续团队建设和教师之间的深入合作[4]。再从配置角度分析，大量的经济资源投入到人才的引进中，不仅本校教师的待遇水平无法提高，各院校的科研实验室和创新孵化基地可能也会因为资金不足而导致基础设备不够先进，即使人才储备再多也无

---

[1] 吴雷，关卓轶.高校青年教师队伍选拔和培训机制研究[J].黑龙江教育学院学报，2019(38)：16-18.

[2] 李金津.青年教师拔尖人才队伍的激励机制研究：以江苏省15所"双一流"高校为例[D].南京：南京大学，2019：53-55.

[3] 郭剑书，王建华."双一流"建设背景下我国大学高层次人才引进政策分析[J].现代大学教育，2017(4)：82-90.

[4] 孙涛.困境与出路："双一流"建设视域下的高校教师流动[J].北京社会科学，2020(6)：37-45.

法发挥出应有的作用。

（三）合理使用人力资源的制度缺失

提高人力资源的使用效能需要高校在开发、配置、使用和管理等方面有相应的制度保障。国家投入了巨大的人力、物力、财力来培养人才，但有些高校因缺少合理的分配制度，往往将一些人才安置到与所学专业不对口的岗位上，违背了人力资源"适才适用"的原则，造成了人力资源的浪费。有些高校在很大程度上沿袭着传统的行政等级制管理，在用人上采取"一刀切""唯学历论""本本主义"等做法，使许多高校存在"大材小用"的现象，遏止了一些专业突出但学历不够高的专家的成长和发展。有些高校机械执行国家退休政策的刚性规定，使许多知识丰富、经验足、在专业领域处于领头地位、身体健康、尚处于事业旺盛期的专家、教授，由于年龄的限制不得不退出重要岗位甚至退休，导致高校人力资源使用上的浪费。有的院校虽制订了师资培训计划，但因师生比例失调、教师教学工作量大等因素而无法兑现。还有一些高校，由于国家给予的财政支持力度不大，学校资金大多投向教学设施等硬件建设，对关系教学质量提高的人力资源软件建设投入偏少，因而对高校人力资源的培训大多停留在纸上，没有落到实处。在制定员工薪酬、福利政策和员工激励政策的时候，有的高校没有对现有教师的情况进行分析和调查，仅从学校层面考虑，根据职务职称统一确定薪酬、福利待遇，对于科研业绩成果则按照数量和"级别"统一给予奖励，以物质奖励为主，并没考虑学科之间的差异[①]，导致激励的针对性不强，激励成效也不显著。同时，还有些高校的评价管理带有明显的行政色彩，考核方法单一，为了便于操作，"重量轻质"，流于形式，凸显对人的刚性管理与绝对控制[②]。

---

① 司林波，孟卫东，刘汉峰. 论高校人力资源的标准化管理 [J]. 教育评论，2013（6）：18-20.

② 志伟. 基于战略人力资源管理的视角的高校人事管理体系的构建 [J]. 黑龙江高教研究，2015（1）：47-49.

(四) 合理使用人力资源的环境制约

近年来,我国高校的环境有了很大改善,但有些环境还制约着人力资源的合理使用:一是学术单位行政化倾向。官本位的体制对学术研究构成了非常大的障碍,很多学术活动不遵循学术自身规律。比如许多科研机构和大学在管理上仍然用行政管理的办法来套用学术管理,学术单位被官员主导而不是学者主导,学术资源也更多地被各级官员所掌控。所有的学术机构都有行政级别,单位领导和学术职务都由行政任命。中央人才规划纲要已经提出要逐步取消大学、科研机构和医院的行政级别,期待尽早实现,越早越好。二是学术氛围庸俗化倾向。大学的学术氛围应该是追求卓越、创新,目前学术研究中缺少批判精神,比如院士制度,评上了院士就意味着成为无所不能的学术权威。科学精神最核心的就是批判精神,国际学术界一向倡导平等的对话和讨论,包括正常的学术批判,但我们至今还缺乏这种学术氛围。三是人才评价短期化倾向。突出表现在对 SCI 论文的过度重视。只要发表了 SCI 论文,奖金、职称和各种附加利益随之而来。同时,评价目标的功利化、评价方式的数量化、评价周期的短期化、评价指标的单一化[①],使得浮躁风盛行。《中共中央关于制定国民经济和社会发展第十四个五年规划和二〇三五年远景目标的建议》提出,要重视创新型人才的培养和使用。很多高校虽然不断以高薪引进一些有实力的人才,大量的教学资金被人才引进占用,但使用环境以及一系列资源配置无法跟上,导致人才在实际中无法实现创新的抱负。

第四节　新时期高校人力资源合理使用的指导思想与操作策略

2019 年 2 月,中共中央、国务院颁发的《中国教育现代化 2035》

---

① 赵志鲲. 高校人事制度改革的问题与路径 [J]. 中国高校科技,2011 (12):56-58.

作为新时代我国优先发展教育事业、建设教育强国的纲领性文件，明确提出"到 2035 年，总体实现教育现代化，迈入教育强国行列"的战略目标。面向 2035 年的中国高等教育现代化，其发展愿景是通过优化发展理念、完善制度体系、聚焦人才培养、增强技术力量和规范治理结构来实现高等教育发展的新布局、新视野、新高度、新突破和新格局。2020 年 10 月，党的第十九届五中全会审议通过《中共中央关于制定国民经济和社会发展第十四个五年规划和二〇三五年远景目标的建议》，标志着我国开启全面实现教育现代化和建设社会主义现代化强国的新征程。本节着重探讨新时期高校人力资源合理使用的指导思想与操作策略。

一、新时期高校人力资源合理使用的指导思想

党的十七大将人才强国战略与科教兴国战略、可持续发展战略确立为经济社会发展的三大国家战略并写进了党章。党的十八大以来，党中央把加快建设人才强国摆到更加突出的位置。习近平总书记提出一系列加快建设人才强国的新思想。党的十九大进一步指出，人才是实现民族振兴、赢得国际竞争主动的战略资源，强调要加快建设人才强国。这些思想和理论为推进新时期人才强校战略、为加强高校人才队伍建设和实现人力资源的合理使用指明了方向、提供了遵循。

其一，全面落实三个"坚持"。坚持党管人才原则；坚持以人为本；坚持四个"尊重"，即尊重劳动、尊重知识、尊重人才、尊重创造的方针，把促进高校发展作为人才工作的根本出发点。

其二，牢固树立三大"观念"。牢固树立人才资源是第一资源的观念，充分发挥人才资源开发在高校发展中的基础性、战略性、决定性作用；牢固树立以人为本的观念，把促进人才健康成长和充分发挥人才作用放在首要位置，努力营造鼓励人才干事业、支持人才干成事业、帮助人才干好事业的社会环境；牢固树立人人都可以成为卓越人才的观念，坚持德才兼备原则，把品德、知识、能力和业绩作为衡量人才的主要标准，不唯学历，不唯职称，不唯资历，不唯身份，努力营造谁勤于学

习、乐于奉献、勇于创新，谁就能获得成为卓越者的机遇。

其三，切实抓好三个"环节"。高校应进一步创新人才工作机制，营造有利于人才成长的良好环境。坚持分类发展的原则，打破单一的选才和评价标准，为各类人才指明发展方向、提供发展空间，形成公平竞争、合理流动的人才聘用和管理机制；深化收入分配制度改革，提高人才竞争力，逐步探索与一流大学人才队伍发展相适应的薪酬保障体系，为人才发展提供根本保障；不断创造条件促进学术交流，为人才发展注入活力，形成活跃的学术交流氛围，形成人才广聚、人尽其才、才尽其用、才乐其业的人才发展环境。

其四，大力加强四个"建设"。一是人力资源的能力建设，包括"三力"和"三观"。"三力"即学习能力、实践能力、创新能力；"三观"即世界观、人生观、价值观。二是人力资源的制度建设，包括"六大制度"和相应的"六大机制"。"六大制度"即教育制度、评价制度、选拔制度、流动制度、分配制度、保障制度；"六大机制"即培养机制、评价机制、任用机制、调节机制、鼓励机制、保障机制。三是人力资源的队伍建设。高校必须三支队伍一起抓：站在教学与研究第一线的专业技术队伍，包括教师和其他专业技术人员；以服务为宗旨、维护高校各机构稳定运行的管理队伍；以为高校教学科研提供实验辅助支持、保障后勤服务等为基本职能的工勤队伍。三支队伍各有重任，缺一不可。高校在重点加强高层次人才、教学科研队伍建设的同时，也要抓好管理队伍、实验辅助人员队伍的建设，真正调动各方面积极性，全面提高学校三支队伍整体素质。四是人力资源的环境建设：努力做到用事业造就人才，用环境凝聚人才，用机制激励人才，用法制保障人才。贯彻党管人才原则，要注意处理好党管人才和尊重人才成长规律的关系、党管人才和依法管理人才的关系，不断促进人才工作的制度化、规范化、程序化，进一步树立尊重劳动、尊重知识、尊重人才、尊重创造的校风、作风、教风和学风，努力营造有利于各类优秀人才脱颖而出的环境与氛围。

二、新时期高校人力资源合理使用的操作策略

（一）以习近平的人才思想为指导，制定好高校人才工作规划

习近平的人才思想包括重视人才、培养人才、吸引人才、识别人才、使用人才和管理人才等思想，这些思想为新时期我国由"人才大国"迈进"人才强国"提供了顶层设计和理论指导，对新时期高校人力资源的合理使用也具有重要的理论和实践意义。在习近平人才思想指导下，针对高校人才工作面临的新形势、新要求和教师队伍建设的实际情况，今后一个时期高校人才工作要着力抓好以下几项工作：

一是贯彻落实科教兴国战略和人才强国战略的精神，制定好未来五年的高校人才工作规划。提高国家自主创新能力，建设创新型国家，继续推进高水平大学和重点学科建设，加强师资队伍建设，实施人才培养工程等，对人才工作提出一系列新要求。高等学校要提前谋划、加强研究，进一步理清高校人才工作中长期的发展思路和目标任务，进一步加强对人才工作的统筹协调和服务工作，制定好本校未来五年甚至更长一个时期的人才工作规划。

二是以提高自主创新能力为重点，进一步加大"高层次创造性人才计划"的实施力度。要以"长江学者和创新团队发展计划"为重点，进一步构建定位明确、层次清晰、紧密衔接、促进优秀人才可持续发展的培养和支持体系，充分发挥国家人才计划的示范和带动作用，广揽海内外优秀人才，培养造就新一代高水平学科领军人才和学术带头人。要组织动员各方面力量，加大海外高层次人才引进力度和优秀留学人才的回国资助力度，吸引海外优秀人才到高校从事教学科研工作。要大力加强创新团队建设，积极构建高校科技创新体系，积极支持高层次人才参加国际重大科学研究计划和国际学术交流任务，不断提高学校优秀人才在国际学术界的影响力。要加强组织协调工作，加大对中青年教师教学科研实践、学术交流和出国研修的支持力度，切实在中青年教师中掀起海内外研修的新高潮，大力促进中青年教师的专业发展，不断提高他们的教育教学水平和创新能力。

三是进一步明确改革思路，推动高校教师人事制度改革向纵深发展。随着中央有关部门对事业单位改革工作的深入推进，事业单位机构编制、经费投入、用人制度、分配制度、社会保障等配套政策的改革思路和措施将越来越清晰。教育部将根据国家关于事业单位人事制度改革的总体部署，深化高校人事制度改革，按照逐步建立以岗位绩效工资为主体的分配制度的思路和"按需设岗、公开招聘、择优聘任、合同管理"的原则，全面推行教师岗位分类管理和公开招聘制度，积极探索科学规范、符合现代大学制度的高校用人制度。配合科技创新平台的建设和基层学术组织的改革，积极完善创新平台与创新团队的人事管理机制。要加强对教师绩效评价体系的研究，根据学校、学科和岗位的不同特点，建立以促进教师专业发展和绩效提高为导向，由品德、知识、能力、业绩等要素构成，同行专家、专业组织和学生多元参与的发展性教师评价体系。

四是加强人才工作的宣传，发挥舆论引导与激励作用。人才是实现新时期高校人力资源合理使用的第一资源。进一步做好人才工作的重大方针政策、重要理论成果、实践经验和先进人物的宣传工作，破解人才激励的痛点和难点，充分挖掘人才潜能，倡导平等对话、理解尊重、批判质疑、兼容并蓄等核心价值[1]，努力营造尊重劳动、尊重知识、尊重人才、尊重创造的良好舆论环境，回归和赋予高校重视人才的应有品格和本质内涵，提升高校人力资源合理使用实效，促进人才强校战略的全面实施。

五是加强理论研究和实践探索，不断总结高校人才队伍建设的成功经验。在新的历史条件下，教育改革实践为高校人才队伍建设的理论研究提供了更为宽广的舞台和空间，加强理论研究显得尤为重要。高校有关专家和人事工作第一线的同志要着眼于教师队伍建设的实际需要，锐意进取、开拓创新，积极加强理论研究和实践探索。既要对高校师资管

---

[1] 徐静. 高校内部治理研究的价值向度 [J]. 江苏师范大学学报（哲学社会科学版），2018，44（3）：154-159.

理中的宏观问题进行理论探讨，又要对教师的素质提高、职务聘任、绩效评估等专门问题进行实证研究；既要研究借鉴发达地区高校实施人才强校战略比较前沿的做法，又要研究西部地区高校引进、培养、稳定人才队伍的成功经验；既要研究国内人才工作的理论与实践，又要加大国际比较研究的力度，学习借鉴发达国家的有益经验，加强前瞻性研究，促进高校人才队伍建设，为高等学校全面实施人才强校战略做出新的更大的贡献。

（二）转变资源配置方式，推进人才组织模式创新

高校人力资源的配置方式是影响高校各项综合改革以及学术资源发展的重要因素。前些年，为适应高等教育规模发展的需要，一批高校为解决办学规模扩大与基本条件相对不足的矛盾，将相当大的经费比例用于新校区或校舍建设，使高校的办学条件在短短几年时间内有了很大的改变，这是非常必要的。现在高等教育规模已趋于稳定，高等教育工作重点已转移到更加注重提高质量上来，这就要求我们必须转变观念，围绕提高教育质量来配置教育资源。提高高等教育质量的中心任务是提高人才培养质量和高校的创新能力。要解决这个问题，关键是建设一批创新平台和创新基地，改善教学科研条件，采取多种途径，进一步提高教师的学术水平。教师如果缺少科研的条件，不能及时跟踪学术的前沿，就难以进行创新性实践，提高创新能力，产生创新成果，培养创新人才就会成为空话。高校人力资源的配置状况和使用效益对高层次人才资源的聚集与培养、高校的自身实力与发展潜力影响巨大。高校应调整投入的主要方向，进一步加大对平台、基地建设及科研资助的投入力度，加大对优秀人才集聚和培养的支持力度，这是今后一个时期高校发展的战略性选择。高水平大学要努力依托科研创新平台、重点研究基地集聚一批拔尖人才，培育一批创新团队，推出一批优秀成果，同时培养造就一支高水平高素质的教师队伍，使高校在国家创新体系建设中发挥更大、更重要的作用。要发挥好创新基地和平台的作用，建设一批优秀创新团队，使高层次人才和优秀人才群体的作用得到充分发挥，推进高校人才

组织模式创新至关重要。近年来，一些高校积极探索大师加学术团队的模式，集成学科、平台、人才的综合优势，取得了显著成效，实现了创新成果与培养人才的双赢。我们要很好地总结这些经验，不断探索创新团队发挥作用的机制，在探索中创新，在创新中追求卓越，做出贡献。

（三）着眼于提高自主创新能力，加强中青年教师队伍建设

从提高国家自主创新能力和建设高水平大学的需要出发，要求我们必须把加强中青年教师队伍建设放在高校人才工作十分重要的位置。目前，我国高校教师队伍中 45 岁以下的中青年教师占 79.2%，其中 40 岁以下的占 66.1%。他们是支撑 21 世纪我国高等教育可持续发展的中坚力量，新一代学科带头人将主要从他们中产生。加强中青年教师队伍建设，有几个问题值得引起大学校长们的高度重视：一是必须采取有效措施，抓紧培养、吸引和支持一批有突出培养潜力的优秀学术带头人和学术骨干，这是加强高校高层次人才队伍建设、培养造就新一代学科带头人的重要基础。二是严把新聘教师入口关，在保证质量的基础上，切实提高新聘教师学位层次。由于我国建立学位制度时间不长，过去博士毕业生人数少等原因，高校教师学位层次偏低。据统计，全国高校教师队伍中，具有博士学位的仅占 8.2%。高校教师是一项专业性很强的职业，应有较高的专业知识水平和系统严格的学术研究训练。按照国际通行做法，高校教师应经过博士阶段的专门训练，具有博士学位。近几年随着研究生招生规模扩大和出国攻读博士学位的留学生回国逐年增多，为高校补充更高学位的青年教师创造了条件。各地各高校应进一步把好新聘教师的入口关，国家重点建设大学的新聘教师应具有博士学位或本学科最高学位，其他高校也要向这个目标努力。三是加大中青年教师的研修力度。一方面，要依托国内高水平大学，建设一批国家级骨干教师培训基地，采取国内访问学者、高级研修、攻读学位等多种方式、多条渠道选派中青年教师进行研修；另一方面，要以更大的力度，进一步扩大中青年骨干教师赴国外学习深造的规模，选拔一大批中青年骨干教师到国外高水平大学的一流学科专业，师从一流的导师，使他们紧密跟踪

国际学术前沿,加快提升创新能力。高校领导一定要狠下决心,舍得投入,要鼓励并创造条件,尽可能多派优秀青年教师到国外高水平大学学习深造,这是加快培养高校优秀人才的重要途径。

(四) 着力于制度创新,营造利于优秀人才发挥作用的制度环境

人才成长需要环境。要营造"人尽其才,才尽其用"的人才成长环境,加强人才队伍建设,培育和提升人才队伍的素质和水平,制度保障将起着基础性、导向性和长期性的作用。马克思指出,教育的真谛是对人格心灵的唤醒,而非单纯的文化传递。学校要切实加强自身软环境的建设与营造,每个学校的软环境搞好了,对整个高等教育系统及整个社会也会产生重要影响。建设好大学的自身环境,每所学校应各有特点。大学要本着继承与发展的理念,以其独特的人文氛围、文化积淀、学术环境、历史传统等建设好大学环境。在大学环境建设中,人事制度建设带有根本性、体现规范性、公正性,要从构建现代大学制度着眼,积极探索体现教师职业特点、符合中国国情和高等教育规律、有利于优秀人才脱颖而出和人尽其才的新型高校人事制度。要高度重视校园创新文化建设,创新体现着先进生产力的发展方向,创新文化是一种先进文化,是一种发展文化,是一种能够包容不同学术见解的氛围和环境。加强校园创新文化建设,要把人的科学素质的提高、科学精神的弘扬、科学道德的培养作为重要内容,倡导解放思想、大胆质疑、勇于创新、积极合作的精神,克服急功近利倾向,摒弃浮躁之风,潜心静气做学问、搞研究,全身心地投入到教学科研中去。要在高校真正形成尊重劳动、尊重知识、尊重人才、尊重创造的良好氛围,切实把对优秀人才的关心爱护、支持帮助、表彰奖励落到实处。

(五) 健全配套机制,保障实现各类人才的合理使用

要解决目前高校人力资源管理中所存在的问题,必须健全和形成科学配套的机制。

一是有效的培养机制。高校人才教育培训是根据实践活动的具体要

求，通过学习和培训进一步提高人才素质。要制定人才教育培训规划，采取多种形式，教育培养一大批教学科研急需的优秀人才。坚持"国内培养"与"国外深造"相结合，中西部地区高校积极组织和选派人员到沿海发达地区著名高校进行培训；拓宽境外培训渠道，有组织、有针对性地选派教学、科研、管理等方面的人才出国深造，造就一批具有创新意识和创新能力的高层次人才。高校具有传播知识、创新知识、发展知识的重要作用，理所当然应是创建学习型社会的典范。要努力构建终身化、网络化、开放化、自主化的终身教育体系，为高校人才终身学习发展搭建平台，促进良好学习风气的形成，促进人才知识更新和发展。

二是合理的配置机制。合理配置人才和大胆使用人才，努力盘活现有的各学科各专业人才，才能在人才使用性开发上取得重大突破。不同高校应有不同的人才配置机制，顶尖大学可以通过优越、富有吸引力的引才条件去筛选优秀水平的教职工，中西部地区高校在国家中西部发展政策的支持下进行人才引进。但是对于地方院校来说，不管是顶尖高校或是中西部地区高校的人才聘用政策都不适用，只有构建适合自身发展战略的人才引进及招聘策略，才是最重要的。即使地方高校盲目用奖金和工资激励去挖掘其他高校的人才，并在人才引进方面有了一定的成就，但科研条件、教学配置、学校理念等方面的制约会导致终究无法留住人才。因此，各类大学都应该在自己的能力基础上去制定差异化的教职工招聘策略、人才引进机制，并积极地去争取地方政府等区域资源的支持，创建人才发展的优质环境[1]。

三是公平的竞争机制。竞争是激励人才奋发向上的有效措施，只有竞争才能使人才的潜能得到充分释放，人才智能才会快速发展，人才价值才会充分实现。加强高校人力资源使用性开发，应以建立健全有效的激励机制为主，在重奖重用上有新的进展。还要以高校人才合理配置为

---

[1] 孙贵平，郑博阳，商丽浩. 中国大学教职招聘策略优化研究：基于60所高校的模糊集定性比较分析[J]. 复旦教育论坛，2021（6）：80-87.

重点，建立健全开放有序的人才流动新机制。同时，国家应采取有效措施，引导人才向中西部高校流动，促进中西部地区高校学科建设和人才队伍建设，为西部大开发和中部崛起准备充足的科技和人才力量。

四是全面的激励机制。激励是调动教职工工作积极性的主要方式，是保持教职工工作状况稳定的前提条件，是促进教职工不断发展的重要举措，是激发教职工积极进行创新的基本动力。高校要依据"待遇待人，感情留人、事业留人"和"效率优先，兼顾公平"的原则，实施考核结果和教师个人利益挂钩的激励机制。要加强对绩效考核的反馈和沟通，不仅要将绩效考核和个人利益挂钩，还要将考核结果作为教师招聘和晋升的主要依据，对考核优秀的教职工给予充分的物质、精神激励，对不符合考核要求的教职工采取相应的惩罚措施，体现出劳动成果在待遇上产生的差距[①]，体现出效率的重要性。并且，考核过程和结果要进行公示，体现出管理过程的公开透明。高校需要一流的人才、一流业绩和一流的贡献，以及向高层次人才和重点岗位倾斜的分配激励机制，建立以揭定薪、按劳取酬、优劳优圈、以岗位工资为主要内容的校内分配方法。同时灵活运用精神激励。除了常规的荣誉授予外，高等学院应注意利用其他非常规的精神激励形式，比如授予一定的自我决断的工作权力，让教职工一定程度上参与某项工作的策划与管理过程，并充分采纳教职工的合理建议。

五是科学的评价机制。科学的人才评价机制是科学管理人才的核心。作为高校整体性人才开发的重要环节，完善人才评价机制是高校管理现代化的需要。建立科学的人才评价机制，不仅可以为人才的使用和奖惩提供依据，有助于促进人才素质优化，而且关系着高校人力资源使用性开发的成功与否，为合理使用人才创造有利条件。传统人才管理体制使得高校人才难以实现合理配置，身份限制影响人尽其才，国家财政

---

① 叶莎莎，朱珠，彭莉萍，黄燕. 高校人力资源管理激励机制研究与实践[J]. 高教论坛，2021（20）：23-25.

负担沉重使人才价值很难体现。因此，必须改革传统的人才分配、管理、使用体制，充分发挥社会主义市场经济体制在高校人才配置方面的基础性作用，建立和完善人才分类管理制度。一方面，高校要改革各类人才评价机制，完善人才评价手段，大力开发应用现代人才测评技术，努力提高高校人才评价的科学水平，建立以能力和业绩为导向的高校人才评价考核机制；另一方面，高校必须优化绩效考核过程，创新人才评价方法，要把人才评价和绩效考核结合起来，全方位、多角度按照不同的考核方法对人才进行绩效考核，采用主观评价与客观评价相结合，自我考核与上级考核、下级考核、同事考核相结合的形式，提高人才评价的科学性。

下篇

高校目标管理研究

第九章 高校目标管理的理论探讨

管理是提高质量与效率的重要举措。目标管理是人力资源管理的重要内容，是人力资源开发的重要工具。中国高校最缺少的不是技术、资金、资源，而是高质量的管理。改革开放以来，中国高校管理已经引进、介绍、学习和借鉴了西方发达国家的许多管理方法和管理经验，但仅从操作层面上模仿是远远不够的。成功的管理方法和管理经验既要建立在较为坚实的理论研究基础之上，又要反映中国国情和教情，体现中国高校管理的特色。在高校推行目标管理，是有效开发高校人力资源、形成一流管理的现实需要，是高等教育高质量发展、建设一流大学与一流学科的客观要求，是建设现代化高等教育强国、实现中华民族伟大复兴的主动选择。

第一节 高校目标管理的相关概念辨析

中华人民共和国成立以来，国家一直实行高度集权的中央行政管理体制，计划管理主导各行各业，高校也一直实行计划管理。1978年，中国经济体制发生重大改革，全面质量管理开始渗透到各行各业的管理之中，量化管理、绩效管理成为大众关注的热点。高校也不断探索新的管理模式，为量化管理、绩效管理培植了合适土壤。1995年国家人事部下发《事业单位工作人员考核暂行规定》（人核培发〔1995〕153号），为高校绩效考核和人力资源管理提供了政策依据，许多高校加强了高校教师的考核力度。1999年清华大学率先迈出人事制度改革的第一步，通过绩效考核实行岗位聘任制。进入 21 世纪，随着社会主义市场经济体制的建立和高校内部管理体制改革的深入，高校的组织结构、管理体制正在发生明显的变化。高校规模的扩大、市场的冲击、社会制度的变迁以及管理观念的更新，均要求高校实行高效率的管理。2003 年北京大学教师人事体制改革引起了全社会的关注，推动了高校管理改革的浪潮。一些高校逐渐将目标管理作为破解高校管理难题的利器。

进入新时代，教育领域吹响全面深化改革的号角。党的十八届三中全会通过的《中共中央关于全面深化改革若干重大问题的决定》提出，要深化高校管理体制改革，完善学校内部治理结构。高校管理体制改革中，除目标管理方法备受关注外，计划管理、量化管理、绩效管理、全面质量管理等多种现代科学管理方法也引起了人们的重视。目标管理是一种以整个高校为管理对象，并且与高校内部多方面管理都有关联的综合性的管理方法。目标管理在整个高校的管理中处于十分重要的地位。在国外，目标管理素有"管理中的管理"之称，这充分反映了目标管理的地位和作用，也高度概括了目标管理与其他各种管理方法的关系。目标管理与其他管理方法是一种总体与部分的关系，目标管理中蕴含着其他管理方法，其他管理方法都只是在高校某一领域或某一方面加以应用，因而只能是目标管理的一部分。目标管理与其他管理方法紧密联系，互为条件，其一致性表现在三方面：一是应用目的一致，即各种管理方法都是以提高管理效率为目的；二是基本要求一致，即各种管理方法都要求高校有完整的计量检测手段和准确的数量依据，并建立健全原始记录统计工作和合理的传递程序，还要求有各种各样的定额标准，要求有各种规章制度和工作标准等；三是管理手段一致，即它们都是现代的科学管理方法，都具有较严格的规范性和系统性。但其他管理方法不等于也不能代替目标管理，因为其他每种管理方法在应用范围的广度和管理内容的深度上都是有限的，这也是目标管理同其他管理方法最主要的区别。

一、目标管理与计划管理

（一）对计划管理的理解

计划是管理者在特定时间段内为实现特定目标体系，对要完成特定目标体系而展开的管理活动所做出的统筹性策划安排。"计"是在特定时期内，为完成特定目标体系而对展开的管理活动所处综合环境、高校内外影响因素以及高校自身发展历史性对比等多项因素的归纳总结和科学分析。"划"是依据归纳总结和科学分析所得出的结论，确定相应的措施、办法以及执行原则和标准。"计"是战略性的，"划"是战术性的，由此可以看出计划本身的内涵就具有全面性。人们对于计划谈论较多，但对其内涵不一定理解得深刻。例如："编制计划与计划的编制"，从字面上看，虽然只是"计划"两字的位置不同，但其所隐含的意义是截然不同的。事实上，计划是经过充分研究、讨论和分析后制订出来的，绝非是依照往年惯例、不加分析地编制出来的。计划预算管理是全面预算与公司战略管理、计划管理相结合的现代化管理工具[①]。通过对什么是"计划"的讨论，可以得出"计划"两字本身就具备了全面性、系统性和统筹性的特征[②]。在组织管理中，任何管理活动无论大小，"计划"的有无会产生截然不同的管理效果。计划管理就是对计划进行的管理，即一个组织根据自身的能力和所处的环境，设定组织一定时期内的奋斗目标，并通过计划的编制、执行、检查、协调和合理安排组织中各方面的管理活动，优化配置组织的各种资源，以求取得合理的经济效益和社会效益。计划管理工作的一个基本任务就是谋求组织的生存，其次是发展，再次是在充分利用机遇的同时，使风险降到最低。具体说来，任何计划管理都是为了解决三个问题：一是确定组织目标，二是确定为达成目标的行动时序，三是确定行动所需的资源比例。计划管理能

---

① 孙洁. 计划预算管理在民营企业的应用：以 W 公司为例 [J]. 财会学习，2022（1）：157-159.

② 石晓梅. 企业计划管理概述 [J]. 时代金融，2008（4）：106-107.

够为学校整体发展进行设计,但是它缺乏灵活性和动态性,一旦出现变动或突发情况,它就很难快速适应新情形,从而导致管理不及时。

(二) 目标管理与计划管理的比较

1. 管理目的不同

计划的目的是使管理有序运行。计划管理从稳定大局着手,根据有关指令和信息组织有关人员编制各种计划;协助和督促执行单位落实计划任务,组织实施,保证计划的完成;利用各种统计信息和其他方法检查计划执行情况,并对计划完成情况进行考核,据此评定教学、科研等成果;在计划执行过程中环境条件发生变化时,及时对原计划进行调整,使计划仍具有指导和组织作用。高校通过对计划的制订、执行、检查、调整,合理地利用人力、物力和财力等资源,有效地协调高校内外各方面的活动。目标管理立意更高,不仅关注管理的有序进行,而且关注组织的和谐发展。在目标管理中,我们通常所说的"目标",是指单位或个人在一定时期内要完成的工作任务和期望取得的成果。实行目标管理就是要将单位或系统在一定时期内的整体目标和任务,转化为一个具有多级性的目标体系,将目标逐层展开,逐层落实,使每一层面、每一个人都有各自努力的方向和具体的目标。各级主管人员根据整个目标体系进行计划、领导、组织、协调、监控和考核,以实现单位的总体目标。

2. 评价标准不同

计划管理以"计划书"为评价标准。任何一项管理活动只要有了"计划书",就说明管理活动在执行前经过了科学预测、全面分析、系统筹划,以及对计划执行过程中可能出现的偏差制定了相应的措施,从而确保管理活动结果是可预测、可控制的。反之,没有计划书的管理活动必然是盲目的、盲动的,管理活动的结果也将是不可预测的、不可控制的,那么这个计划也必然是失败的。目标管理中的评价标准更为科学,不仅有目标确立时签订的契约(任务书),而且还有详细的考核标准,更为重要的是,考核主体是多元的,对目标的执行情况能做出更为准确的判断。

3. 管理职能不同

计划工作是组织机构管理职能中最基本的一个职能，它所涉及的是要在未来的各种组织行为过程中做出抉择和安排。以高校行政管理工作为例，计划工作不仅是行政管理机构的一个基本职能，而且是行政机构其他职能的出发点，其他一些职能（组织职能、服务职能、领导指导职能、控制监督职能）都必须反映计划的要求。计划工作既包括选定行政工作的目标，又包括确定实现这些目标的途径和方法。因而，预先确定目标就是计划工作的前提。但是，目标的确定不是在真空中进行的，我们在进行计划工作时要考虑到目标实施时所处的未来环境的特点。由于事物是发展变化的，谁也不能完全预料到目标实施过程中将会出现的诸种复杂多变的情况，这样，在实现确定目标的过程中，完全有可能出现不确定目标[①]。目标管理的职能是多方面的，既有整体决策，也有年度安排，还有具体实施，这些职能与"共同目标"的制定、实施、实现密切相关。比如，某高校的"十四五"发展规划作为一种整体战略决策，其实施就与随后制定的年度工作目标及目标的具体实施密不可分。从这个意义上说，"共同目标"的实现，实际上是分目标的实现过程。

（三）对计划管理的评价

通过以上对比可以看出，目标管理相对于计划管理的优势是明显的，但这并不是否认计划管理。任何一种管理方法都不存在绝对的好与坏，只是适应性的问题。结合新时代高校内部治理结构改革实践，可以得出两点结论：

其一，目标管理取代计划管理是形成一流高校管理、更好开发人力资源的必然趋势。尽管人们说，"任何管理的起点都是计划，万事计为先"。计划管理的核心是目标的设定，科学目标的设定是管理高效率的重要基础。但是，计划的科学制订并不能保证计划一定能够科学、有效地实现。在现实的高校内部管理中，由于控制管理弱于计划管理，所以

---

① 易琳. 浅谈高校行政工作中实现目标管理的难点和措施[J]. 教书育人，2008（12）：47-49.

虎头蛇尾的情况常见于工作之中。因此，计划的有效实施必须要有有效的控制管理，即对计划的实施进行监督、检查、协调和修正[①]。控制在本质上是对人的一种束缚，这与以人为本的和谐社会的理念是分道扬镳的，它必然具有很大程度上的不适应性，因而必然被一种更先进的管理方法所代替。

其二，目标管理取代计划管理是更好发挥人的主体能动性、促进高校高质量发展的客观要求。在高校的管理实践中，计划管理曾一直起着主导作用，高校将各项管理活动纳入统一计划进行管理。在计划经济占主导地位时期，计划管理是高校管理工作的龙头，其作用和重要性引起了学校领导的高度关注，同时也带来了高校管理效益和效率的极大提升，为高校的可持续发展奠定了良好的基础。但其缺陷也是很明显的，凡事都按计划行事，导致统得过多，管得过死，僵化呆板，不利于发挥办学自主性、调动办学积极性，使高校发展失去创造活力。计划是一种僵化的管理方法，而事物是不断变化的，计划的脚步永远跟不上时代的步伐，特别是在经济社会高质量发展的今天，计划管理日益暴露出局限性，在一定程度上阻碍了高校的发展质量与效率，对其进行改革势在必行。

二、目标管理与绩效管理

绩效，也称为业绩、成效等，反映的是人们从事某一种活动所产生的成绩和成果。绩效管理即对各个层次的绩效进行综合管理[②]。绩效管理是一个完整的系统，在这个系统中，组织、管理者和员工全部参与进来，管理者和员工通过沟通的方式，将组织的战略、管理者的职责、管理的方式和手段以及员工的绩效目标等管理的基本内容确定下来，在持续不断沟通的前提下，管理者帮助员工清除工作过程中的障碍，提供必要的支持、指导和帮助，与员工一起共同完成绩效目标，从而实现组织

---

① 宋维明. 贯彻科学发展观 完善高校内部管理 [J]. 中国林业教育，2008（3）：1-3.
② 杨顺勇，王学敏，查建华. 人力资源管理 [M]. 上海：复旦大学出版社，2007：201.

的远景规划和战略目标。坚持以全面绩效管理为导向的管理制度,既是高校争取社会合作资源、开展学科建设绩效考核的依据,也是政府会计制度下高校财务改革的重要途径[①]。

(一)绩效管理的主要观点

1. 系统的观点

绩效管理是一个完整的系统,不是一个简单的步骤。绩效管理不是一个什么特殊的事物,更不是人事部门的专利。它说到底还是一个管理手段,管理的所有职能都涵盖计划、组织、领导、协调、控制。因此,我们必须系统地看待绩效管理。

2. 目标性

强调目标的一个最大的好处就是员工明白自己努力的方向,管理者明确如何更好地通过目标对员工进行有效管理,提供支持帮助。同样,绩效管理也强调目标管理,目标+沟通的绩效管理模式被广泛提倡和使用。只有绩效管理的目标明确了,管理者和员工的努力才会有方向,才会更加地团结一致,共同致力于绩效目标的实现,共同提高绩效能力,更好地服务于组织的战略规划和远景目标。

3. 强调沟通

沟通在绩效管理中起着决定性的作用。制定绩效目标要沟通,帮助员工实现目标要沟通,年终评估要沟通,分析原因寻求进步要沟通,总之,绩效管理的过程就是员工和管理者持续不断沟通的过程。离开了沟通,组织的绩效管理将流于形式。许多管理活动失败的原因都是沟通出现了问题,绩效管理就是致力于管理沟通的改善,全面提高管理者的沟通意识,提高管理者的沟通技巧,进而改善组织的管理水平和管理者的管理素质。

4. 重视过程

绩效管理不仅强调工作结果,而且重视达成目标的过程。绩效管理

---

① 李佳骏,张琳梓,于佳明. 高校成本管理研究 [J]. 合作经济与科技,2022(9):130-131.

是一个循环过程,这个过程中不仅关注结果,更强调目标、辅导、评价和反馈。

(二) 目标管理与绩效管理的比较

目标管理与绩效管理有许多相同之处,二者均以目标为中心,强调沟通,通过绩效考核提升管理效率,可以说二者的宗旨是大同小异。但具体的实施办法却是大相径庭。

1. 管理起点不同

绩效管理以制订绩效计划为管理的起点。绩效计划是绩效管理的开始。在这个阶段,管理者和员工通过沟通主要完成以下任务:员工的主要工作任务是什么;如何衡量员工的工作(标准);每项工作完成的时间期限;员工的权限;员工需要的支持帮助;管理者如何帮助员工实现目标;其他相关的问题,如技能、知识、培训、职业发展等。这些是制定绩效管理目标的过程,最终结果是形成管理者和员工共同签字的文字记录,即绩效管理目标。

目标管理的起点更胜一筹。目标管理从达成目标共识开始,达成目标共识的方式分为三种:自上而下式、自下而上式和协商定案式。在这三种达成方式中,员工的目标可以来自上级,也可以自定,还可以通过协商制定,这样达成的目标不仅能使员工心甘情愿地接受,而且,目标制定后注意进行合理分解,因此具有很强的操作性。

2. 管理重点不同

绩效管理以绩效考核为中心,导致许多组织实施中出现种种问题。有的单位通常以考定薪、一考了事、以考代评,仅仅制定绩效考核制度,而那些制度又常常是照搬照抄,"盗版"制度比较多,"表格"制度较多,甚至有些单位所谓的考核制度只是考核表格而已。更重要的是,绩效管理容易让大家由于对考核结果过分关注,而忽略把考核结果运用到组织整体绩效和员工个人绩效的提升上来,很难使员工通过绩效考核结果来正确认识自己的差距和不足,从而更加努力工作和提高自我,获得更多的发展机会和取得更好的业绩。这些问题都是由于缺少"管理",使得绩效管理本来最突出的优点,即提高员工积极性和提高组织效率,不仅没有发挥出来，反而在推行过程中容易出现执行难的情况：领导推进为难，管理者执行困难，员工抵触发难。由是出现组织成员在绩效管理实施过程中不愿积极配合项目实施人员，在绩效指标制定过程中不愿提供准确有效的信息资料，在绩效评价过程中不愿主动参与团队成员间的互评，在绩效面谈过程中不愿接受低绩效的情况[①]。于是绩效管理逐步流于形式，领导疲于应付，管理者象征性考核，员工马虎应付，在这种情况下绩效管理就实施不下去了。

目标管理以目标制定为中心。目标管理同样重视成果，但是它关注过程发展而非简单监督，寻求对组织优化的管理而非一味重视评估，是以目标为导向的管理。目标管理的一个重要优点是把目标的制定和个人的激励联系起来。由于人人参与自己目标的制定，也就有了一种个人的承诺。员工既明白该完成的任务，又知道将如何进行考评。由于组织管理人员和他的下级经常能够做面对面的交流和沟通，其结果也将有助于提高士气。这样就可以有效地避免绩效管理中员工没有自我责任感和抵触的现象，使得目标管理的各个步骤能够顺利进行下去并发挥其作用。

3. 沟通方式不同

沟通是一切管理所必不可少的重要手段。绩效管理强调在管理过程中进行持续不断的沟通，并注意收集信息、做文档记录，为年终考核作好准备，并把绩效沟通作为关键性因素。

目标管理的沟通方式更为科学。目标管理的理论基础是人性假设理论和行为科学理论，是在对人心、人性、人的行为进行综合分析的基础上形成的一种管理方法，其沟通方式是基于人的心理发展而定的。人的心理发展有兴奋和抵制期，不可能始终如一地保持某一状态，因而要持续不断地沟通是不科学的，效果也是不好的，这正是绩效管理的弱点。而目标管理在制定目标时进行双向沟通，在绩效反馈时进行沟通，中间有一个"间歇期"，符合人的心理发展规律，比绩效管理更为科学。

---

① 黄岳钧. 绩效管理过程中的员工心理问题[J]. 中国人力资源开发，2007 (9)：49-51.

4. 结果处理不同

绩效管理注重工作改进，在奖惩完毕后，绩效管理还要进行绩效诊断和提高。在绩效管理者看来，没有完美的绩效管理体系，任何的绩效管理都需要不断改善和提高。因此，在绩效评估结束后，需要全面审视学校绩效管理的政策、方法、手段及其他的细节，不断改进和提高学校的绩效管理水平。

目标管理的境界更高。在结果处理上，不仅具有绩效管理的特征，更注意考核结果的运用，以结果为参照进行各种激励。目标管理之所以被称为"管理之导航""管理中的管理"，是因为其管理之道在于激励。完美是相对的，是一种主观判断，如果员工认为它完善，它就完美，反之亦然。因此，目标管理注意调和人心，讲究情感因素，激励员工去实现那些完美的目标，从而实现"完美的管理"。

（三）对绩效管理的评价

由于采用传统的管理方法，高校一直处于低质低效运行状态，人力资源没有得到充分开发。实施绩效管理后，许多问题迎刃而解。可以说，绩效管理在契合市场经济体制的运行中曾显示了强大的适应性，是新时代高校内部治理结构改革的利器。绩效管理的显见作用，可以归纳为以下方面：

1. 提升计划管理的有效性

有的高校搞管理没有一定的计划性，管理的随意性很大，学校处于不可控状态，而绩效性管理则可以弥补这一缺陷。绩效管理体制强调：认定合理的目标，通过绩效考核这一制度性要求，使组织上下认真分析每一季度的工作目标并在学期末或年末，对目标完成结果进行评价，从而加强各级部门和员工工作的计划性，提高学校管理过程的可控性。绩效管理的贡献就在于它对组织最终目标的关注，促使组织成员的努力方向从单纯的忙碌向有效的方向转变。绩效管理就是要告诉你：该忙些什么，什么该忙，什么不该忙，不要瞎忙；有些忙是不必要的，甚至有些"忙"起不到好作用，还要起坏作用。

2. 提高管理者的管理水平

部分管理人员缺乏基本的管理知识和技能，沉迷于具体的业务工作，不知道如何管人，部门优势不能得到有效发挥。绩效管理的制度性要求部门主管必须制定工作计划目标，必须对员工做出评价，必须与下属充分讨论工作，并帮助下属提高绩效。这一系列的工作本来是每一位管理者应做的事情，但大多数高校没有明确规定下来，淡化了管理者管理学校的责任。绩效管理就是要设计一套制度化的办法来规范每一位管理者的行为。从体制上说，绩效管理正是提高管理者水平的一个有效方法。

3. 发现学校管理问题

绩效管理是时下高校管理中运用较普遍的管理方法，也是遇到问题最多的管理主题。高校在实施绩效管理时，会遇到许多问题与矛盾，人们会产生一些怀疑或疑问。但仔细想一想，这些问题一直潜藏在内部，只是没有暴露而已。绩效管理是一个系统管理，可能自己的问题，以往不觉察，但这一问题恰恰正是影响他人的原因，而问题的暴露也会使高校找到提高管理质量的方向。

在由计划经济向市场经济转型之初，绩效管理的作用是显著的，不仅在企业界和工商业界发挥了巨大作用，在高校管理中同样产生过不可磨灭的功效。但随着经济社会从高速发展转向高质量发展，管理思维与方法的不断更新，这种管理方法的弊端也日益暴露。就管理的核心而言，绩效考核是绩效管理的主要环节，即对人及其工作状况进行评价，通过评价体现人在组织中的相对价值或贡献程度。但在考核中，自评、上级评、下级评、同级评都存在不同程度的问题。首先是自评的准确性有待进一步考察；上级考评中，上级的个人情感因素对考核的结果有一定程度的影响；下级考评中，下级与上级角色不同、工作性质不同，因此评价的结果也难以公正；同级考评中，非工作因素影响更大；加上目标设定不明确、得不到高层支持、遭遇员工抵制、考核流于形式等，都对绩效考核提出挑战。考核是绩效管理的支撑，一旦考核崩溃，绩效管理就会全军覆没，导致绩效管理无法发挥出其导向功能、管理功能、激励功能及诊断功能。因此在高校治理结构改革实践中，绩效管理走向衰微也是大势所趋。相比较而言，目标管理由于有学校领导的重视，有员工的积极参与，加上管理不单是重视考核，同样非常重视目标的制定，所以操作起来更灵活，也更有适应性。目标管理取代绩效管理是管理科学上的进步，是以现代化管理推动高等教育高质量发展的重要方向。

三、目标管理与量化管理

量化管理是指在布置工作时，将工作以量化的形式提出要求，并使之涵盖工作全过程的一种管理方法。量化主要包括三个方面的要素，即时量、数量和质量。"时量"主要是指完成工作的时间量；"数量"是指完成工作的数字；"质量"是指完成工作的标准。三者相互依存，如同三维空间中，确定一个点位置的三个坐标，缺一不可，否则在执行中必然会有偏差，影响工作质量。

（一）量化管理的主要观点

1. 量化理念：靠数据决策，实行到位管理

管理者在向下属布置工作时，常出现不同的下属执行结果不一致的情况。具有"量化"意识的领导在布置工作时，通常会将时量、数量、质量意识贯穿在整项工作的过程中，如："你今天下午三点之前把三十份装订好的文件送到会议室。"短短一句话，三个量包含其中："时量"——"下午三点之前"；"数量"——"三十份文件"；"质量"——"送达装订好的文件"。这使经办人在头脑中立刻树立了三个"量"的概念，在执行中就可以到位。让每一位员工在执行同一项命令时，能够按照管理者的意识，把工作保质、保量、按时完成好，这是量化管理的核心。

2. 量化目标：拿数据衡量，进行精确分析

所谓量化管理，典型的理论和实践案例包括：泰罗的定额管理、二战后福特公司"蓝血十杰"的统计管理、质量管理中运用的过程统计控制、支持管理的IT系统等。但无论哪条路线，最终的量化目标才是关键所在，因为不进行实时的数据分析，就没有明确清晰的目标，就很难

正确和有效地应用先进的管理工具。

3. 量化过程：用数据控制，实现动态平衡

量化管理通过数据积累、数据传递去控制管理的"三维空间"。这是量化管理法之所以可以让每一位下属工作到位的直接原因。如果深入分析就会发现，每一项具体工作就如同"三维空间"中的一个"点"，在三维空间中，确定任何一个点的位置，需要三个坐标，那么我们也可把时量、数量、质量当作三个坐标，有了这三个坐标，就找到了工作的定位点。反之，缺了任何一个坐标，工作这个点的位置就会出现偏差。

(二) 目标管理与量化管理的区别

目标管理中有量化因素，量化管理中也有目标因素，二者有交叉，有融合，但是目标管理不等于量化管理，量化管理也不同于目标管理，二者又各有特色，各有千秋。

1. 管理本质不同

在管理本质上，有"人本"和"事本"之分。对于管理之道，研究或实践的路线虽各不相同，但主要有两条：一是偏重组织，二是偏重人。偏重组织的管理倾向于研究战略、结构和系统，偏重人的管理则倾向于研究价值观、文化和行为。量化管理强调以事为本，强调"硬"管理，主张指标定量或量化，实行量化管理。德鲁克说："追求考核上的量化指标，而不是目标的明晰一致，这是量化管理的误区。"

目标管理注重以人为本，更强调"软"管理，主张以人为本，实行人性化管理。我们知道，组织中最活跃的因素是人，而人为事之本，管住了人，也就管住了事。相比之下，目标管理比量化管理更进了一步。

2. 管理重心不同

量化管理关注指标。量化管理强调数量化和精确化，以衡量部门差异、员工差异、计划与执行差异为目的。量化管理认为，量化才好管理。凡是能够衡量的，就能够做得到。职能部门站在"职能"的角度，为了职能管理的需要，为了一个子系统的目标，利用自身最擅长的专业知识和技能，精心设计出远远偏离组织目标的个性化指标体系——考核指标、计划指标、财务指标、责任制指标、统计指标等，而要实现的

远、中、近期目标是什么，似乎没有人关心。

目标管理关注目标，其导向作用更加明显。目标管理以目标为出发点，围绕目标设定指标，通过指标可以窥见目标。目标管理是针对过去组织管理的"粗放化"管理而提出的目标细化的管理，强调管理上的精耕细作，将大目标层层分解，以考核目标的实现情况和提升绩效为目的。通过层层落实，以小目标的实现来推动大目标的实现。其实，指标只是目标的一个个构成元素，目标远大于指标。忽视目标的导向，指标的设定会偏离管理的主题。这正是量化管理所没有考虑到的。

3. 管理方法不同

量化管理强调战术管理。在量化管理过程中，为了保证考核指标的公正与科学，要求管理的重点要放在那些可以区分差异的战术环节上，如考核员工的胜任能力，通过建立绩效考核法、KPI考核法、360度考核法等考核措施，奖勤罚懒，调动员工的工作积极性与主动性。

目标管理强调战略管理，在管理思维上技胜一筹。在目标管理过程中，组织的每个管理流程形成一个个紧密相连的管理闭环，这些闭环之间环环相扣，形成一个有机的整体。目标管理不再是单纯的绩效考核，而是将目标制定、目标实施、绩效考核、信息反馈有机统一起来，以保证战略目标落实的管理工具。而从这一角度比较可以看出，目标管理中往往蕴含着量化管理。

（三）对量化管理的评价

目标管理与量化管理虽然在多方面存在差异，但是高校所面临的问题往往既可以采用目标管理方式又可以采用量化管理方式，在高校选择哪种管理方式解决人力资源开发与管理问题的时候，我们要分析两种管理方式在处理问题的程度上的差异。由于量化管理在制定量化指标的时候要考虑到可操作性、可衡量性、有效性等诸多因素，因此关注同一问题，量化管理往往需要将某些不可量化的指标使用可量化的替代指标完成量化功能，方能执行量化功能。简单地使用量化的方法，容易出现粗暴简单地用"数字说话"的倾向。教师为了完成各项指标，不按科研教学工作的规律办事，采取应对方法，出现"上有政策，下有对策"的局面。这不符合学术人才成长规律，可能会在评价过程中忽视教师学术创造力的重要性，影响了高校教师工作积极性及潜能的发挥。譬如，有研究者指出，对人文社会科学研究成果过于侧重量化管理，使得研究人员要像机器一样，既要持续不断又要按时定量地产生新的研究成果。人文社会科学研究者所拥有的资源是知识、信息、创意和想象力，学术管理的有效性意味着如何将这些资源转换成高质量、高创造性的研究成果，但精神产品的质量与绩效是无法用数量来界定或衡量的，适用于工厂的量化管理方式但并不适用于学术管理。现行的量化标准——用课题级别及数量、刊物级别及论文的篇数和字数等要素构建的指标体系，其实质是"学术行政化"和"学术企业化"相结合的结果。"量化"体系，与其说是一个科学化标准，毋宁说是学术行政化、企业化的标准，是对人文社会科学学科特性的忽视和抹煞[1]。更重要的是，简单用课题、论文等量化指标评价人文社会科学研究，与《深化新时代教育评价改革总体方案》提出的破除"五唯"顽瘴痼疾背道而驰。目标管理则既可以实行量化管理，也可以实行定性管理，能在量化管理的基础上梳理与疏通流程，找到关键点，更好地、多方位地解决问题，是更符合新时代要求的管理机制。

第二节 高校目标管理的特征探讨

高校目标管理是以目标为导向，以人为中心，以成果为标准，从而使高校内部组织和个人取得最佳业绩的现代管理方法。它反映了高校与社会、人、文化之间的基本关系，是顺应新时代发展要求的管理方式，对高效人力资源开发与实现高校管理现代化具有重要的导向作用。同传统的过程管理相比，高校目标管理具有独特的属性和特征。

---

[1] 覃红霞，张瑞菁. SSCI 与高校人文社会科学学术评价之反思[J]. 高等教育研究，2008（3）：6-12.

一、方向的明确性

目标是人们在一定条件下，在预测的基础上，根据需要和可能所向往和追求的预期效果。从这种意义上说，目标就是办学的方向，目标的确定为管理指明了方向。失去目标，学校管理工作就无法控制，工作就会失去努力的方向，动力就会减小；如果目标方向有偏差，就像天鹅、梭子鱼和虾一起拉卡车一样，必然会造成使的劲越大，离题越远，管理的效果就越差，最终导致教学、科研、管理等工作的混乱，贻误教育时机，影响教学质量，不利于人才培养。只有目标明确，才能方向正确。只有明确了方向，才能在资金短缺、师资匮乏、人心思动的市场竞争中，知道如何去发挥学校的优势和能量，更好地去实现学校的目标和价值。在大方向上，中国高校目标管理要坚持社会主义的办学方向，全面贯彻党的教育方针，运用马克思主义理论和科学管理规律以及党的政策，并按照高等学校的教育教学工作的客观规律，合理地组织教育教学和科研工作，全面提高教育教学质量，从而培养社会主义现代化建设所需要的适应于新时期要求的各类专门人才。这一目标是中国高等教育的总体目标，各高校必须围绕这一总目标来开展工作，来制定具体的实施目标。

（一）以建设大学制度为改革方向

马克思曾经说过："最蹩脚的建筑师从一开始就比最灵巧的蜜蜂高明的地方，是他在用蜂蜡建筑蜂房以前，已经在自己的头脑中把它建成了。"人们总是在趋利向前的社会意识指向下，从"现有""应有"和"会有"的联系上，事先设计一种标准来衡量达到的效果程度的。一个科学的目标，是理想和规律的统一，是理智和逻辑的统一，是求实和进取的统一，也是现实和未来的统一。人们主观上所追求的应是客观现实发展的必然，因为客观现实的存在和发展决定着人们对目标的追求，决定着目标在未来的实现[①]。建设现代大学制度是中国高校改革的方向，

---

① 张裕建. 浅析高等学校目标管理 [J]. 涪陵师范学院学报，2002（3）：112-114.

这一方向的确立使目标管理能立足现实，预设目标，远瞻未来。

1. 走向现代：大学的共同使命

从传统走向现代，是近代以来中国社会发展的基本定位。中国很早就已经建成了现代大学，也具有早于现代国家的成长而成长起来的现代大学制度。但从现代大学离不开现代国家与现代社会给养的角度看，其时的中国现代大学制度又是内部性的。从培育现代国家的高度来认识，要把现代大学制度建设看作中国谋求全面现代化事业的重要部分，因此，大学制度建设不仅仅是大学高质量发展的需要，同时也是国家高质量发展的需要，是国家制度建设的需要，是建立社会主义民主制度以及提高国家的能力以保障人民民主的需要。追求现代政治制度，特别是建设现代民主政治制度是国家的目标，而大学在实现这一目标方面可以发挥应有的作用。"走向现代"，对于大学来说，是在一个更坚实的现代政治与现代社会基础上重新回归现代，对于国家来说，是以建设社会主义政治文明为主，带动中国现代文明建设，实现全面现代化[1]。

2. 追求卓越：大学的共同目标

从平凡走向卓越是现代大学的共同追求，在经济高速发展的今天，它不仅具有历史必然性，也具有现实可能性。首先，从世界范围看，中国高等教育必然要实现"赶超"。进入 21 世纪以来，中国高等教育在规模上的扩张具有显著超越发展的特征。2002 年，中国高等教育毛入学率已经超过 15%，进入高等教育大众化阶段；2019 年，中国高等教育毛入学率达到 51.6% 以上，已迈入高等教育普及化的门槛[2]，2021 年达到 54.6%。中国用不到 20 年的时间完成了发达国家半个多世纪的发展历程，为实现卓越发展创造了契机。其次，从必要性来看，穷国办大教育的事实和培养创新人才的紧迫需要，不允许中国当代高等教育按照发达国家高等教育发展的轨迹、按部就班地完成发展使命，这对管理模

---

[1] 鲍嵘. 现代制度建设：大学与国家的共同追求 [J]. 复旦教育论坛，2008（3）：36-39，69.

[2] 教育部. 中国教育概况：2019 年全国教育事业发展情况 [EB/OL].（2020-08-31）[2022-04-20]. http://www.moe.gov.cn/jyb_sjzl/s5990/202008/t20200831_483697.html.

式改革提出了要求。再次,从可能性来看,整体上处于落后地位的中国高等教育可以借助"历史落伍者的特权",借鉴前人经验,越过某些发展阶段或促进某些条件的成熟,直接或者加速达到理想的目标,为管理方法的改革提供了借鉴。目标管理是一种追求卓越的管理,在培育超越精神、促进现代大学制度的活力方面能起到显著作用。

3. 创新制度:大学的共同要务

改革高校内部管理体制,建立现代大学制度已成为中国高等教育改革的中心论题。高校内部管理体制主要体现为责、权、利在管理的各阶层和高校内各个不同利益群体间的分配及他们相互间的作用。高校内部管理仍然存在机构庞大、人浮于事、办学成本高、耗费大量人力物力等问题。学校要改变大机关、小学校的局面,可以通过目标管理,深化内部管理体制改革,制定严谨的目标管理制度,理顺各种管理关系。在学校层面上,目标管理制度的制定要有长期性,要充分调动二级学院的积极性。在学院层面,长远目标的制定一定要注意处理好几个关系:一是学院与学校的关系。学院发展的自身目标定位要准确,不攀比,要理解学校领导的整体部署。二是学院与各个部处的关系。要彼此相互理解、协作。三是学院内部的关系。学院内部一定要团结,创建一个和谐的领导班子。

(二) 以完善大学职能为发展方向

知识经济时代,高等教育成为经济以至整个社会的中心。社会对高等学校的需求发生变化,高等学校的社会职能也必然发生变化。推动高等学校社会职能的变化将主要体现在两方面:高等学校三项职能的内涵将进一步丰富和发展,不仅表现在对培养人才、发展科学和直接为社会服务职能赋予新的内容和要求,更表现在三项职能的紧密联系、相辅相成、对知识的传授、加工、创造和应用起整合作用。在高校引入目标管理,提高人才培养质量,丰富科研成果,增强社会服务能力,是从内涵与外延上对大学职能的完善。

1. 以目标管理推动一流人才培养

人才培养是高等教育的基本职能,是高校的立校之基。实现这一职能的主体——教师的责任感、使命感、奉献精神在一流人才培养中起着决定作用。所谓"百年大计,教育为本;教育大计,教师为本",就是在这个意义上说的。可以说,有什么样的教师队伍,就有什么样的教学质量。教师自我实现需要的满足、工作的积极性直接决定了高等教育的质量。在高等学校管理中,只有清楚地掌握教师的心理需要,促进其自我价值的实现,实施人本主义管理,才能充分调动其积极性,从根本上提高教学质量,实现高等教育目标。其实,这正是目标管理的本质,因为目标管理以目标为中心,强调教师的参与,注重权力下放,重视教师的自尊和自我控制,符合了教师的心理需要,因而能因势利导,提高教师的积极性,最终提高教学质量。

2. 以目标管理促进一流成果增长

开展科学研究是高等教育的重要职能,也是高校的兴校之本。目标管理是强调科研成果的管理。大而言之,以科研成果评价高校的实力成为一种趋势,也是建设一流大学的一种手段。从教师个人来说,科研成果的增长不仅能满足其成就感,还能实现其荣誉感,使其能从中体验到科研的幸福。而对科研成果的鉴定,既有数量上的要求,也有质量上的规定,传统的方法难以充分激发学校与教师的研究潜力。实施目标管理后,学校在高新技术产业化上将大有作为,如北京的中关村、南京的浦口、浙江的杭嘉湖等地,均是建在高校密集区。高校参与或独立创办知识密集型高科技企业,成为促进高新技术产业化的一条重要途径。高校目标管理本身就是高等教育领域借鉴经济学领域的管理理论的产物,这本身就证明了高等教育的科学研究及转化功能。

3. 以目标管理完善社会服务功能

服务社会是高等教育的直接职能,也是高校存在的根本目标。这一目标的确立有利于实现高等教育发展与社会服务的良性循环,也有利于推动高等教育"走出象牙塔",走向社会中心。高校的发展可以进一步拓展和增强高校为经济增长服务的功能,发挥高校在高新技术产业化、创办和衍生高新技术中小企业方面的潜力。面对日益加剧的国际经济竞争,美国、德国及英国等发达国家都深切感到仅仅依靠企业界自身的技术创新力量已无法抗衡，必须充分发挥高校和政府研究与开发机构在技术创新中的作用，纷纷采取措施，鼓励高校的师生创办高新技术企业，这已成为世界潮流。有的高校还与政府、社区或社会各界发生联系，通过传播科学知识，"三下乡"活动、义务支教等活动，改进了学校与社会的关系，形成良性循环。高校运用目标管理也要充分考虑到高校服务社会的功能，从各个方面给以支持和鼓励，在政策上给以支撑，从目标的制定、目标的分解、目标的实施、目标的考核等各环节保证高校为社会服务功能的实现。

二、校情的适应性

校情是指学校的整体情况，它包括学校地域环境、历史传统、办学基础、院校性质、办学层次、管理模式、领导体制、师资力量、办学规模等方面，以及各个方面之间的相互联系。"适应"意为"适合"或"合宜"等意思，即指对新的环境、情况、需要等的适应。校情的适应性是高等学校内、外部环境相互作用和历史与现实相互融合的一种动态表现。在高校目标管理中，校情的适应性研究就是分析一所高校的过去、现在和将来，分析高校在改革发展中形成的办学特色和水平。在认识学校共性的基础上进行学校个性的探索，揭示每所学校在自己特定环境中所创造的新鲜经验以及产生的新问题。其基本目的就是使目标管理适合该校的实情，能通过目标管理促进学校发展，提高办学水平，形成世界一流大学与一流学科建设的内在动力。虽然校情是个体学校发展的程度的体现，反映的是某一学校的历史变迁，但其成功的经验、存在的问题往往蕴含着许多具有普遍启发意义的内容。因此，只要从个别上升到一般、从局部扩展到整体，就可以揭示出目标管理在适应高校发展中的规律性。校情的适应性分析对高校目标管理具有现实意义。首先，校情适应性分析是实行高校目标管理的前提条件。高校实行目标管理与否，怎样根据校情实行有效的目标管理，其前提就是看此高校是否适合实行目标管理，适合哪种类型的目标管理，此所谓"知己知彼，百战不殆"。其次，校情适应性分析是改进高校目标管理的有效途径。通过对影响高校目标管理的因素进行探究与分析，可以发现利于实行高校目标管理的潜在条件，改进有待完善的因素，剔除不利于高校实行目标管理的因素，从而促进高校目标管理的发展。再次，校情适应性分析是促进高校目标管理模式多样化的客观要求。高校目标管理不可能只依赖于一种模式，通过对影响高校目标管理的因素的分析可以推动各个高校根据自身的校情，不同时期的客观情况的变化，以及学校的管理氛围来选择适合本身发展的目标管理方法。

(一) 高校目标管理与类型层次相适应

高等学校类型是指具有某种共同特征的高等学校所形成的种类。根据分类依据及标准的不同，可将高等学校划分为不同的类型。中国比较权威的高校类型分类有：根据学科侧重点分为理工院校、文史院校、农业院校、林业院校、艺术类院校等；根据学科覆盖面分为综合性院校、多科性院校、单科性院校等。高等学校层次是指根据若干参数或某一参数（依据或标准）将高等学校划分为不同的层级。中国学者普遍认可的高校层次分类有：根据隶属关系或管理权限划分为国家教育部所属院校、中央各部委所属院校、地方政府所属院校；根据高等学校的"能级"，分为研究型院校、教学研究型院校、教学型院校；根据人才培养的层次分为大学、专门学院和专科院校等。可见高等学校的类型层次受其特征、培养目标、隶属关系等多种因素的影响。

高校类型不同，目标管理的重点也应不同。比如，华南地区某原"985工程"大学提出"双一流"建设中期目标是"围绕国家战略需求和区域高新技术发展的需求，建成5个国家级科技创新平台和16个省级科技创新平台"。这对于以工见长、理工结合、与科技创新关系密切且实力雄厚的高校来说，目标的高度是适合其校情的。但这对于以文史哲见长的华中师范大学不一定合适，因而华中师范大学目标任务书中对于创建国家级科技平台可以不做要求，其重点目标在于建设一流学科、培养一流师范生，这与其师范性质是密不可分的。

高校层次不同，目标管理的类型也不相同。例如，教学型高校以一流本科教育教学为工作重心，因为教学工作是高校唯一的经常性的中心工作。与研究型高校相比，绝大多数教学型高校科研经费和科研设备条件都十分有限，从事科研开发的人员较少，承担的国家级研究课题不多，且创新性科研能力不足，科研方向多集中在本科专业、学科的教学研究上，科研成果数量较少且水平不高，可以推行"教学目标管理"。研究型高校在办学标准如科研经费、研究生的生源、学科专业特色、科研特色、省部级以上重点学科、重点实验室、高校的综合实力等方面具有优势，则可以重点推行"科研目标管理"。

（二）高校目标管理与办学基础相适应

高校的办学基础指高校办学赖以维持的前提条件，主要是指物化的条件，包括学校硬件设施、师资配备、经费保障、教学科研水平、后勤管理等。依据不同高校的状况，可以分为基础较薄弱高校，基础一般的高校和基础牢固的高校。基础较薄弱或一般的高校，特别是新建院校、合并组建的新院校、刚升格的本科院校，因为资金不足，师资缺乏，资源有限，目标的设定要以短期目标为主。尽量避免时间跨度过长、使用频率过高、评价重点过多、评价方法过繁，以使高校本来不丰厚的资源得到最大限度的使用。以三峡大学为例，它由武汉水利电力大学宜昌校区和原湖北三峡学院于 2000 年合并组建，组建后办学基础迅速巩固，学校发展的前期目标的设定相对符合前期发展状况，目标完成难度略低，经过努力后目标易于实现，既激发了教职员工的潜力，又促进了学校的高速发展。因此它的发展空间比较大，目标容易制定，并迅速成长为湖北省省会城市以外规模最大、学科门类最齐全的一所综合性大学。

反之，基础已经很牢固、综合实力较强、发展水平已经很高的高校，目标管理要立足于长效，要理性采用目标管理，构建符合自身实际情况的目标管理体系。例如，中部某"双一流"建设高校（原"985 工程"大学）20 世纪 90 年代中期，在高校内部体制改革浪潮推动下，为了提高高校内部管理效能，调动高校教职工工作积极性，引进了目标管理。这个时期实际上是该大学办学基础比较稳固，但尚未达到最高水平的时期，也正是采用高校目标管理的最佳时期，因而盘活了办学资源，激发了学校活力，在几年内教学、科研等方面取得了飞速发展，综合排名跻身国内一流大学行列，目标管理取得了巨大收获。随着目标管理进一步推进，学校办学基础已比较稳固，学校发展已达到一定的水平，再要求发展目标实现"每年一个台阶""每阶段一个飞跃"已经难度太大，这时就要调整目标，课题、论文、专利、奖励、科研经费等目标要根据教师实际情况做出相应调整，这样才能真正激发教师产出一流成果，实现争创一流大学的目标。

（三）高校目标管理与发展目标相适应

高校的发展目标是指在一定的时期内，经过改革、建设和发展，学校要达到的相对理想的办学标准。各个高校因办学条件、办学基础的差异，其发展在性质、任务、规模、层次、水平、效益和特色等方面的质和量是不同的，这些不同的质和量的统一就构成了高校的发展目标。高校发展目标具体包括：办学性质定位、办学层次定位、服务面向定位、办学水平定位、办学特色定位等。高等学校在多样化的办学层次和类型中依法自主办学，需要合理定位自身发展目标。

综合性重点高校发展目标更高。这些高校在办学指导思想上具有稳定的先进性，办学资源上具有相当的优质率，办学结构上具有科学的合理性，办学声望上具有很高的公认度，那么他们的发展目标必然比普通高校更高更远大。要根据高校及社会的发展，正确认识、及时调整高校教育、人才培养、科研、服务的目标，不断提高各项工作的质量和水平。比如，武汉理工大学从2001年就开始酝酿推行目标管理。该校采取的策略是逐步推进。首先在21个教学院系实行目标管理，然后逐步推广到30个机关职能部门和其他直属单位，到目前为止基本上已在全校实行目标管理，目标管理方案也日益完善。为了充分发挥学院（部）工作的主动性和创造性，鼓励学院（部）在协调发展的同时，结合本单位"十一五"发展规划和建设发展的实际，积极开展具有特色和创新的工作。经过多年建设，该校学科建设、研究生培养、本科教学、科研工作、队伍建设、行政管理、思政与党建和学生工作等目标达到较为理想境地，学校由此将"十四五"建设目标定为"建设世界一流学科，建设世界一流大学"。

一般的新建高校和普通高校发展目标较低，这些院校应当对自己的发展目标有清醒认识，发挥自身原有的优势与特色，避免竞相办"综合性、研究型"大学的现象。新建地方高校和普通院校在发展目标定位中存在的问题主要有两个方面：一是在指导思想上有贪大求全的倾向，表现在办学规模上求大、学科建设上求全，但实际上却忽视了其教育资源的有限性，提出一些在一定时期内很难实现的建设目标，导致学校逐渐失去原有的办学特色和优势，使学生培养质量、学校发展目标大打折扣。二是目标定位过于高远和宽泛，缺乏操作性。很多新建地方高校升为本科后，将办学目标定得越来越高、越来越泛。为了避免上述状况，促进新建高校和普通高校发展目标切合实际，关键是要学校准确定位，科学制定高校战略。这就要求高校清楚地把握自身战略发展方向和目标的研究、制定、决策，并将这些决策付诸实施，即对高校实行发展战略研究（研究战略决策、战略实施、战略监控），保证学校的长期发展战略引导短期发展目标。比如，长江大学于2004年推出目标管理改革方案。由于合并后其规模比较大，学科比较齐全，处于办学水平较低阶段，如同处于粗放阶段的工业部门，自身定位为地方性、教学型高校，符合学校的状况；而且长江大学提出挺进国内一百强，这是一个长期发展战略，根据一百强高校的评价标准，制定各时期内具体的发展目标，并分步实施。经过多年实践，普遍认为目前实施的院系目标管理方案基本符合学校办学基础和发展状况，促进了学校发展，学校由此提出"十四五"期间建设"优势突出、特色鲜明的高水平综合性大学"的目标定位。

（四）高校目标管理与管理模式相适应

高等学校管理模式即高等学校管理通过计划、组织、指挥、协调、调控等功能，有效地利用人力、物力、财力诸要素，促进它们相互间的密切配合，发挥最高效率，以达到预期目标的过程中所采用的模式。高等学校管理模式在目前呈现为较复杂的关系。高校管理模式按最高决策主体的人数划分为委员会制与一长制，按学术权力与行政权力的对比分为行政权力主导模式与学术权力主导模式，按最高权力主体来自校内与校外人数对比分为内控模式与外控模式，按大学委员会与校长关系的性质分为直线委员会制与参谋委员会制，按委员会的构成比例分为多元委员会与单一委员会制，按权力在学校和下属二级单位（各院系、部门）之间的分配比例分为集权式与分权式。根据中国高校管理实际，此处仅从集权与分权的角度分析高校目标管理必须与高校管理模式相适应。

一是在具有重大方针决策意义的目标制定上宜采用集权式管理。集权式管理是集中领导、统一管理、统一指挥的主要手段。集权在决定方针政策、决定各职能部门设置以及主要领导人员的选配等重大问题上具有决定性的意义。集权常表现为效率高、标准一致，利于统筹全局、贯彻指令，一定的集权可以保证决策的专门化，而决策的专门化又是决策合理化的重要条件之一。因此，这种情况下采用高校目标管理有利于高效率地制定高校发展战略目标、利于标准一致地贯彻目标要求、利于统筹全局目标、贯彻执行、从而保证目标的实现。华南理工大学在世纪之交提出了实现教学研究型大学向研究教学型大学转变，将来发展为综合性研究型大学的总的发展目标。在这个总目标指导下，以学科建设为龙头，加强科研工作；以人才培养为基础，强化本科生、研究生教学工作；以队伍建设为主题，强调教师不仅要从事教学，更要参与科研活动。1998年试行岗位责任考核制度，1999年提出团队建设思路，2000年正式推出"兴华人才工程"建设方案，实行团队目标责任制管理。2006年启动了第三期"兴华人才工程"建设，进一步完善团队目标管理责任制。到目前为止，有力地促进了学校的学科和师资队伍建设，推动了教学、科研的全面发展，强化了教师团队合作意识，加速了学校高水平大学建设的进程。2021年，该校提出以"双一流"建设和广州国际校区建设为"双引擎"，向着中国特色、世界一流大学奋勇前进的目标。

二是在目标管理的执行实施上宜应用分权式管理，即要求简政放权、重心下移。"目标与自我控制"的管理体制才是真正的目标管理。学校要充分信任各二级单位主要领导和师生，相信他们充满对学校事业发展的强烈责任感，拥有处理所涉及事务所需要的水平与能力。他们又处于教学、科研第一线，对各方面情况非常了解，这比学校领导或职能部门直接处理某些事务会效果更好。第一，赋予二级单位在人事、教学、科研、学科建设、学生工作等方面独立自主的权力，使其具有更大的活动空间和工作自由度。第二，机关职能部门的职责要从某一方面权力的代表者、执行者，转变为以调查研究为基础、提出建议为基层铺路搭桥、排忧解难的服务者、目标达成过程中的监督者和协调者。第三，学校考评二级单位的工作时，以其是否实现或超额完成目标为核心标准，至于在实现目标的过程中，除非有重大事项，学校一般不对其进行干预。第四，为广大师生提供一个宽松自由的环境。避免过去那种过死、过细、形式主义色彩严重的管理，以调动他们的积极性，充分发挥他们的聪明才智，使他们自觉履行自己的义务，承担起自己的责任，加倍努力去实现目标。中南财经政法大学从 2001 年逐步实施目标管理，到目前目标管理工作已全面展开，包括教学、行政机关、直属单位共 44 个单位。通过实施目标管理，大胆放权，保证权责统一，学校各项管理工作更加规范，井然有序，充分调动了基层单位领导和师生积极性，学校领导从烦琐的管理事务中解脱出来，学校得以稳步发展。2022 年，在校友会发布的中国大学排行榜上，中南财经政法大学位列第 46 名。

三是动态中追求集权与分权的平衡，这是高校目标管理的关键。高等学校目标管理强调分权管理，行政管理部门、院系获得更多的自主权，利于实现治事与用人的有机结合，实现责、权、利的有机统一。但是过分下放权力，过分重视对人的管理，就有可能造成管理权限不清或跨越权限的管理，势必导致管理的混乱和效率低下，甚至产生内耗。有效的管理应当是管理层次清晰、管理权限分明、职责明确的系统管理。因为管理的特点之一即是管理的权变性。管理不能脱离组织而单独存在，只能依附于组织。而组织是处在变化中的，组织内部资源的流动、组织结构的变迁、人员的调整等都可导致管理的不确定性和不稳定性。因此，集权与分权的适度和平衡是暂时的，而不适度、不平衡是常见的。作为最高层次管理者的校长则应在这复杂的管理过程中善于对集权与分权进行调整,在动态中把握集权与分权变化的度,将二者科学结合,促进学校发展。

三、目标的多元性

目标的多元性是指在高校管理越来越复杂化,信息流通越来发达的情况下,目标的种类层次更新转型也日益加快,各种目标的发展均面临着不同的机遇和挑战,新的目标也将层出不穷。在现代复杂的社会结构下,高校组织结构日益复杂,必然需求各种不同的目标服务于不同组织的发展,这些目标服务于高校组织的发展,就形成了高校目标管理中目标的多元化,也就是复杂高校组织结构中目标的多元化。这些多元化的目标,是从不同的视角对目标进行各层面的分解。在现实中,针对高校中不同的管理客体和不同的管理过程有不同的管理目标,或者一所高校管理总目标可以分解为若干个子目标,从而形成一个高校目标管理的目标体系。对这一个目标体系,可以依据不同的标准划分为不同的类型。

(一)以目标周期为标准进行划分

周期即指时间的长短。以周期为标准就是以目标实施时间为标准对高校目标管理中的目标进行划分,这是比较常用的一种划分方式。因为目标总是在一定的时间范围内想要达到或实现的目的,因而总能够在时间要素问题上对它进行划分。以实施时间为标准,可以将高校目标管理中的目标划分为长期目标,中期目标,短期目标。

1. 长期目标

长期目标指与目标管理的根本宗旨、价值观或者是组织的根本利益、整体利益相联系的总体发展目标,是比较原则和抽象的目标,通常更多地表现为一种质的规定性或相对较为笼统的量的规定。从实施的时间看,这样的目标规划通常要5年以上才能完成。

2. 中期目标

中期目标指围绕长期目标而制定的较长期努力方向和指标。通常情况下,中期目标不完全包含实现组织的长期目标的内容,但可以在一个或几个方面实现长期目标,或者为彻底实现长期目标奠定良好的基础和准备条件。从实施时间来看,中期目标通常以 2～5 年左右为期限。

3. 短期目标

短期目标是高校根据总目标的要求,结合某一时期所处的环境和主客观条件的实际而设定的必须在短期内变成现实的努力目标。从实施时间来看,短期目标的实现期限通常以 1 年为准,因而短期目标又可称为年度工作计划。短期目标是比较具体的规划,具有比较强的可操作性,内容主要是当年计划实施哪些项目,要完成哪些任务,达到哪些指标等。短期目标也有以半年为期的,是因为目标是在当前时期能很快变成现实的工作打算,具有一定的紧迫性,需要将目标尽快地分解为具体目标并予以实施。

(二) 以目标性质为标准进行划分

目标总体上都有质和量的要求,是质和量的统一,但是,由于目标的层次或侧重点不同,或由于条件的限制,通常会在质或量上有侧重,表现为以质或量为主的目标。因此,以性质为标准,可以把目标分为定性目标和定量目标两种形式。

1. 定性目标

定性目标指高校目标管理中那些不能或不必要用数字或数据来表示,只能从性质上说明高校目标管理活动应达到的基本要求的目标。定性目标的基本特点是侧重于质的阐述,如高校目标管理中的长期目标、中期目标,以及一些具体目标中的难以量化的目标,如关于提供社会服务质量的目标,关于提高管理人员服务态度的目标等。

2. 定量目标

定量目标指高校目标管理中那些能够而且必须用数字或数据来表示的目标,通过对数字或数据的比较分析,得出高校目标管理活动的基本特征和应达到的基本要求。在高校目标管理中,定量目标占有相当大的比重。这一方面是因为高校管理是面对社会服务的管理,最终必须以一定的公共产品(或准公共产品)或服务落实到公众,因而长期的、中期的定性的目标必须转化为具体的可操作的目标;另一方面是现代高等教育事业本质上是以大众为主体的事业,是为大众服务的事业,而只有将管理目标量化为可操作的目标，也才能便于公众公正客观地对管理主体的行为的合法性、目标的实施与效果、公共产品（或准公共产品）的数量及其消耗程度等做出评估，而管理主体也才能具体真实地了解到公众舆论的好坏，以及通过管理减少各种冲突的程度，因而高校目标管理具有尽可能将管理目标数量化的发展趋势。定量目标的基本特点是从量的角度进行阐述，如各种短期的、具体的和当前的目标，以及专门的涉及合格率的指标、提供公共产品（或准公共产品）的数量和公共服务数量（次数）、公共投入的经费等目标。

（三）以目标层次为标准进行划分

高校目标管理是在高校组织系统中进行的管理活动，而高校组织系统是由性质不完全相同、层次有所差异的组织构成的。不同层次的高校，其内部层次的划分也是不同的，各层次的职责权利也会不同，这就决定了高校内部不同层次的组织各自所承担的目标也必然会不同。因此，以层次为标准对目标体系进行划分，可以展现出不同层次目标的基本内涵和特点。以此为标准进行划分，可以将目标分为高层目标、中层目标和基层目标。

1. 高层目标

高层目标指高校管理决策层的具有战略性、综合性、预见性的目标。在现代高校管理主体系统中，校长是核心，以校长为首的校务委员会是最高决策层，因而高层目标通常也就是学校目标。高层目标的功能偏重于决策方面，涉及有关整个学校发展的重大问题的决策，因此，高层目标的范围广、变量大、时间长，具有战略意义。

2. 中层目标

中层目标指高校管理中层依据高层目标所制定的具有指导性、协调性和一定的操作性的目标。在高校目标管理主体系统中，院系领导和一些职能部门领导等是中间层，因而中层目标也就是院系目标、职能部门目标。中层目标较之高层目标，范围相对较窄，变量相对较小，时间相对较短。

3. 基层目标

基层目标指高校基层组织或群众根据高层和中层管理目标而设定的具有执行性、操作性、基础性的目标。基层目标的最大特点是具有执行性或可操作性，因而它对高校目标管理工作的指导也就较为具体或直接。基层目标较之高层和中层目标来说，范围窄，变量小，时间短。

（四）以目标内容为标准进行划分

不同的高校，目标管理工作具有不同的内容，也相应地具有不同的管理要求，因而有不同的目标。以内容为标准进行划分，高校目标管理的目标可以分为一般管理目标、具体工作目标和领导工作管理目标等三种。

1. 一般管理目标

一般管理目标也可称为要素管理目标，指以高校目标管理过程中的要素为专门的管理对象而进行管理的目标。从高校目标管理的要素构成来看，通常有对人的管理目标、对物（学校财产等）的管理目标、对财（教育经费的筹措和支出）的管理目标、对事（教学、科研、社会服务）的管理目标、对时间的管理目标、对信息（高校组织管理过程中的信息，以及公共信息等）的管理目标等。

2. 具体工作目标

具体工作目标指高校目标管理中某一类或某项具体工作在一定时空范围内应达到的预期结果，如人才培养目标、教学科研工作目标、师资队伍建设目标、招生就业工作目标等。

3. 领导工作管理目标

领导工作管理目标指高校领导层为了实现组织的目标而在组织中进行管理活动所要达到的预期结果，如合理的领导班子结构、建立和健全教育管理系统、管理工作的科学化和民主化、领导人员素质培养和提高等目标。

当然，按不同的标准，从不同的视角对目标还可以进行各层面的分解。从责权利关系看，目标可以按照组织的层级分解为总目标和子目标；从目标的特征来看，目标可以分为战略目标和战术目标；从实施管理任务的对象来看，目标又可以分为组织共同目标和个人目标；从目标的高度来看，目标可以分为维持性目标和突破性目标等。

四、设计的整体性

系统论认为，当构成整体的各部分单独存在时，它们有着各自不同的功能和性质。一旦将它们以某种特定的方式组合起来，形成整体，其性质和功能就会发生质的变化。因此，贝塔朗菲把"整体大于各个孤立部分的总和"作为一个重要的定律提出来。注意整体性是研究事物本质的重要途径，而事物的部分是通向研究事物本质的要素，各部分的确定性唯有参照整体才能表现出来，脱离了整体，任何部分都失去了存在的意义。

目标管理是一项系统工程，必须在整体规划下明确分工，在分工的基础上有效综合，这就是现代管理的整分合原理。按照系统论的观点，任何事物都是由相互作用、相互依赖的若干要素结合而成的具有特定功能的有机整体，同时这个整体又是更大系统的一个要素。因此，高校组织作为一个整体，在实行目标管理时要有整体概念，要在整体规划下明确分工，又在分工的基础上有效综合，以求达到整体的最佳效益。

高校系统是一个相对独立的整体，它由其内部各类要素组成，但并不是这些要素的简单相加，其整体功能也不表现为其内部各子系统功能的简单相加之和，而是以立体交叉的网络结构作为其存在形式，以综合效果表现其功能。当高校系统内部的各子系统结构合理、配合得当的时候，其整体功能往往大于各子系统的功能之和。因此，研制以整体性为基础特征之一的高校目标管理，就必须注重整体设计。但反过来说，整体功能又不是凭空产生的，它最终体现在各子系统的具体及其结构上，这又要求人们在研究高校目标管理时顾及其内部各子系统的分目标。合理的高校目标管理研究首先应该把着眼点放在高校系统的整体运行方面，然后根据该系统整体运行的要求去设计其子系统的目标。各子系统的目标并不能完全取决于整体目标，而必须同时考虑各子系统自身的发展需要和可能，以及它们相互之间的协调和配合。

高校各部门、各学院之间联系广泛、紧密而复杂，从功能上可以分为教学、科研、行政管理、后勤保障以及校办产业等部门，每一部门都有自己的工作目标，并且受到其他部门工作目标的影响；各部门之间的目标的变化必然引起其他部门目标的连锁反应，从而对高校原有的目标产生一定影响；每一部门在实现自身目标和系统整体目标的同时，各部门之间互相影响与制约，构成了一个复杂的网络体系。例如抓好教学工作目标会为科研和科技产业等部门提供优秀的人才，促进教学水平和人才质量的提高，但过度重视教学工作目标也会导致科研的青黄不接。所以高校目标管理首先要有整体性，要能从全局出发，明晰每一项目标，做到胸有成竹，层次分明。目标管理活动的整体设计是为创新创造条件，同时整体设计又不断吸纳创新活动的成果，把创新成果系统化，使系统处于一个良好的平衡状态之中。

（一）目标制定要形成整体观念

目标是确定统一行动的调子。如果设计不当，就会一着走错，满盘皆输。可以说，对目标进行整体设计是对最高管理层的一次真正考验。如果上层管理者优柔寡断，做事颠三倒四，制定出不合适甚至错误的目标，并且整个组织集中力量为实现该目标而奋斗，那么可能会铸成大错，因为目标本身就是错误的[1]。因此，把握目标制定的整体性，是各级管理者应当采取的必要行动。

目标分为大目标和小目标两种。大目标即总目标，是高校推行目标管理的出发点。在制定总目标时，管理者必须注意区分哪些是有特殊目的的目标，哪些是在性质上类似教条的目标。前一类的特定总目标包括在一定阶段内要求达到的成果量等目标；第二类则包括一些含糊的说明，如"一旦有更好的人才培养方案，学校将立即着手进行培养方案改革"，或"我们的办学目的是满足消费者（家长或学生）的需要"。显然，只有特定目标对目标管理才有意义，但这并不是说高校目标管理不应该有某些广泛的、也许连续几年都较少变化的目标原则。相反，这些

---

[1] 苏俊. 卓有成效的目标管理 [M]. 广州：广东经济出版社，2008：63.

原则常常能帮助管理者从纷繁复杂的头绪中找出希望发展的方向，只是在设计时要注意科学性。

1. 信息收集

总目标多由最高管理者负责，因为他们是具有代表性的行政主管和工作人员。简单地说，他们代表了学校领导中最高一级的思想和倾向。但是，如果没有来自下层各级管理人员、广大职工的大量信息和资料，他们也无法决策。这就是说，学校管理者必须掌握必要的信息，比如对国家"双一流"建设政策和今后高校管理改革的动向的研究、人才市场需求调查报告和预测、对学校领导班子的评价、学校历年的管理数据等，这些都有助于总目标的设定。

2. 战略规划

经过一番对信息的了解研究之后，管理者可以着手制定要达到的目标。目标必须分为长期目标（例如5年）和短期目标（一般为1年左右），这两者都是为实现学校发展的愿景而设计的，需要做很多的系统规划方面的工作，并制定整体战略架构和发展方向，以此来确定目标管理的重点，并考虑该如何实现这个目标。

3. 纵横比较

制定总目标需要经过认真思考，更需要进行纵横比较。从横向来说，主要是指同类比较，即同类高校、同类院系、同类专业、同类学科等之间在预期达成目标上的比较。这种比较的好处是使目标具有可操作性，不至于脱离实际。从纵向来说，主要是指一所高校、某个院系（所）、教师个人同其历史基础进行比较，在原有基础上适度拔高。这种比较的优点在于既尊重历史条件，又基于现实提出挑战，使目标具有激励性。

4. 整体决策

一般来说，管理者在详尽地审查了各种有关因素后，对学校的总体情况有了大致的了解，大体上可以得出学校的基础怎样，现状是什么，将要达到什么目标，有哪些发展潜力，面临的竞争是什么，需要解决什么问题等结论。通过综合考虑，拟定出学校发展总体目标。

(二) 目标分解要强调整体功能

从总目标出发，高校应设定每个单位、个人的小目标。小目标是某一特定大目标的一部分，是经大目标分解而得的，与大目标之间是整体与部分的关系。例如晋升职称是大目标，学历是小目标，当学历达到要求后，学历就成为晋升职称的条件之一。在一定条件下，小目标可以转化为大目标。如教师的教学工作量在平时是小目标，当进行年度考核时，教学工作量就成为大目标。大目标往往由一个或多个小目标组成，小目标的管理直接影响到大目标的达成，即只有在小目标的条件得到满足后，大目标的达成才成为可能。因此既要重视大目标的设定，又要十分重视小目标的管理，按照大目标、小步子的要求，逐步实施高校管理的目标行为，在可能的条件下使管理客体的小目标及时得到确认和合理化，激励教职员工的上进心和自信心，可以避免因目标过大造成压力过大而出现对目标"可望不可即"的弊端，从而进一步优化目标功能。

1. 进行综合分解

目标管理常常有三种分解方式：一是自上而下地分解，即先宣布学校的总目标，然后按组织向下传递，供各级管理人员在制定目标时使用；二是自下而上地分解，即先从基层开始，多方面逐步建立起学校的总目标；三是协商定案，即一边召开许多会议和广泛地交换意见，一边制定各种目标，会议由各类代表人员参加。这三种方法，在单独使用时，都会存在缺陷。自上而下地分解，下层管理人员在向上反馈时，会认为既然目标已定，建议也是白搭，不如说些好听的话，给领导留个好印象。自下而上地分解，由于高校是一个大单位，众口难调，每个人都从自己的利益出发，对目标的出台提出不同的见解，往往难以形成一致意见。协商定案是目标分解中效果最差的，虽然这种做法表面上看实现了最大范围的参与管理，但其结果只能是在一片混乱中草草收场，除非是在特别小的组织里和只有寥寥几个参与人员时，才能奏效。综合分解即是根据不同的目标，针对不同的参与对象，选择不同的分解方式，使分解效果明显而实用。

2. 建立目标锁链

分级设定目标、目标与目标之间环环相扣、起始目标与终极目标相贯通就形成了目标锁链。这一锁链体现于目标管理的过程中，具有"牵一发而动全身"的整体循环性。这种系统循环由目标制定开始，经目标实施、目标考核、再到总结反馈，之后在新的起点上重新制定下一轮的目标，每个环节都是对上个环节的深入和对下一个环节的准备，任何一个环节出现问题都势必影响目标管理的成效。因此，目标的制定与分解要主次分明、多方协调、通盘考虑、循序渐进，不能跨大步，必须遵循系统循环的科学性、合理性、可行性、实用性、客观性和时效性原则，使得高校能够在一个设计严密的目标管理整体中不断实现新的目标，达到新的水平。

（三）目标实施要注重整体监控

从系统控制论的角度看，所谓监控或控制，是指施控系统（监控主体）根据一定的标准，对受控系统（监控客体）发出指令以纠正其由于环境干扰而产生的偏差状态的活动，其直接目的是纠正系统偏差状态，根本目的在于保障系统目标的实现。过程监控不像目标的制定、执行、评估、调整、总结等那样构成一个相对独立的环节。过程监控，与其说是目标管理过程的一个环节，不如说是目标管理过程中的一种理念和效果，它渗透于目标管理过程中的各个环节，并构成这些环节之间相互作用的要求，使目标管理在动态中平衡。在目标实施中，应全面监控，调整纠偏。学校管理者在目标实施阶段，应定时检查和分析各级目标的实际执行偏差和达标情况以及各目标的实施均衡情况，同时有效控制目标。当发现目标不尽合理、目标计划本身有偏差时，必须修正目标计划。尤其是当客观环境发生重大变化或本身有重大失误，预定目标和计划不能继续执行时，必须重新调整目标，全面改变计划。

（四）目标考核要发挥整体优势

整体的概念在组织管理中用得比较多，主要是指为了一定的目的组织起来共同行动的团体。在高校目标管理中，以总目标为基础，以工作关系为纽带,通过教学、科研或管理等方式把三个及三个以上的部门、个人联系在一起就形成了团体。团体成员之间在教学、科研或管理环节紧密联系在一起,协同运作的方式叫整体运作。整体化运作便于发挥整体优势,不仅是高校目标管理的一个趋势,而且也是其他一些组织发展的一个趋势。在目标考核中,应全面地、历史地看待各个单位的发展。对于高校的各二级单位来说,其工作是具体的、复杂的。在高等学校内部,各个二级单位的发展历史不同,对于不同发展起点的单位,我们应该采取不同的考核指标或者增设特别的鼓励奖项,以调动相对"落后"的二级单位的发展积极性。

（五）总结反馈要讲究整体效益

目标管理系统是由管理的对象（人、财、物、时间、信息等）、管理者、管理手段等要素构成的。管理系统各要素虽然都有各自独特的功能和作用,但不能独立起作用,只有在相互联系中才能发挥作用,产生功效。目标管理系统的整体效益,就是研究和把握管理系统中的各种关系,从而保证系统的有效运行,产生最佳效益。高校目标管理活动切忌只考虑眼前利益,不顾长远利益;只顾局部利益,不顾整体利益。系统的整体性是做好高校目标管理工作的出发点。在目标反馈中,奖励与惩罚、表扬与批评,都要基于全局的考虑、整体的观念,应知其不足,寻求进步。在总结反馈的过程中,针对成绩,要给予充分的肯定并要讨论如何或可以采取什么措施进一步巩固;对于不足,应当讨论采取何种措施或计划来改进提高。一方面,针对目标管理的实施过程中存在的问题,分析其主要原因,并提出改进的具体方法,以完善高校目标管理的管理理论和方法,推动高校目标管理理论的深化;另一方面,针对各个单位在目标管理中存在的主要问题,深入了解其原因,并提出改进计划。

五、全员的参与性

全员是指高校内的全体员工,上至学校高层管理者,下至普通教职员工,当然也包括高等教育的消费者——学生,都是高校的重要人力资源。高校目标管理是一种高境界的管理，不仅在于其管理思想的哲学意蕴，而且在于其以人为本、民主办学的管理方法，是一种兼容并包的管理艺术，将学校领导、部门领导、基层职工等均囊括于目标体系中。全员参与是指高校目标管理由高校组织中上级和下级管理人员一起制定共同的目标；同每一个人的应有成果相联系，规定他的主要职责范围；以这些规定为指导，评价一个部门或每一成员的贡献情况。由于这种做法特别适合于对各级管理人员的管理，故被称为"管理中的管理"。这种管理的特点在于它既纠正了古典管理学派偏重以工作为中心、忽视人的一面，又纠正了行为科学学派偏重以人为中心，忽视同工作结合的一面，能把工作和人的需要统一起来。它能使教职员工发现工作的兴趣和价值，在工作中实行自我控制，通过努力工作满足其自我实现的需要，组织的共同目标也因此实现。因此全员的参与性是高校目标管理的本质属性和基本特征，它与传统的高校管理的片面性是相对立的，摒弃了"唯我独尊"的霸权主义，秉承了"得道多助，失道寡助"的民本精神，彰显了"无敌于天下"的管理谋略，对于推动高等教育高质量发展具有重要价值。这种智慧主要体现在三个层面上。

（一）学校领导主动参与

高校组织系统是人们为了达到特定的共同目标，而使全体教职员工通力协作的人工系统。共同目标既是高校组织存在的前提条件，也是高校管理活动要达到的目的。如果没有明确的共同目标来统一全体成员的思想行动，高校组织就如同一盘散沙，既不能形成整体，也不能构成系统。如果管理活动不能实现共同目标，当然就没有什么绩效可言，也就谈不上高质量发展。虽然目标管理重视结果，强调自主、自治和自觉，但并不等于领导可以放手不管。相反，由于形成了目标体系，一环失误，就会牵动全局，因此学校领导在目标实施过程中的管理是不可缺少的，学校主要领导的重视和参与程度，是决定目标管理效果的关键。高层管理者的重视和参与程度如何，将直接决定目标管理的效果。根据斯蒂芬·罗宾斯（Stephen P. Robbins）的研究发现，当高层管理者高度负责，并且亲身参与目标管理的实施过程时，生产率的平均改进幅度可达到56%；而对应高层管理者低水平的承诺和参与，生产率的平均改进幅度仅为6%。因此，高层管理者直接负责目标管理的实施工作，是目标管理取得成功的根本保证。也正是在这一意义上，同传统的管理相比，目标管理是更高质量、更高效率、更有特色的管理。学校领导要从全局和战略的高度，规划学校的现在与未来，既着眼于近期效益，又着眼于长治久安；既着眼于制度的落实，又着眼于人性的升华；既着眼于个人绩效的提升，又着眼于整体的和谐与共赢。在这种关系下，目标管理集刚性柔性于一体，融归纳与演绎于一身，聚抽象与具体于一域，对立统一的观点在此得到淋漓尽致的体现，管理主体与管理客体之间、管理过程与管理结果之间、管理方法与管理程序之间都处于有机统一之中。在管理方法与技术层面，从大处着眼，小处入手，学校领导要特别注意把握好以下两点：一是学校领导的职责主要体现在指导和协调下属人员的工作，及时反馈信息，改善和创造良好的工作环境；二是要掌握好授权，要充分相信下属和员工，不要过多地干涉他们的工作，要依靠员工的"自我控制"和"自我管理"来完成高校的目标，也就是要充分授权。一些民办高校的管理者，不放心授权，不敢授权，这也是导致目标管理失败的一个重要因素。

（二）部门领导充分参与

高校中存在着许多单位，横的叫部门，纵的叫层级，这种纵横联合构成高校管理的矩阵。部门处于管理的中层地带，起着承上启下的作用，而部门领导在此过程中扮演着"接力手""中继站"的角色。无论目标分解是采取自上而下还是自下而上的方式，部门领导的作用都是至关重要的。高等教育组织结构如同一根链条，环环相扣，任何一个环节出现问题都同样会影响整体的运转。如果将高校比作一个人，最高决策管理层就好比头脑，决定前进的方向；基层教职员工则是脚踏实地的双足，但仅有头脑和双足还是不够的，必须还要有一个承上启下的腰，也就是贯彻执行决策意图和指挥具体操作的中层管理层。这个层面的管理者，既要有胸怀全局的大局观，又要熟悉具体的业务操作，是高校非常重要的骨干力量。经验表明，中层管理的薄弱是很多具有良好创意的新兴高校在竞争中栽跟头的主要内因之一。高校目标管理重点探索了中层管理者必备的技能与工作技巧,旨在培养能够分享高校管理理念,带领下属实现组织远景目标的高绩效中层管理者。目标管理通过专门设计的过程,将组织的整体目标逐级分解,转换为部门目标,再转换为各员工的分目标,从组织目标到单位目标,再到部门目标,最后到个人目标,在目标分解过程中,权、责、利三者已经明确,而且相互对称。这些目标方向一致,环环相扣,相互配合,形成协调统一的目标体系。只有每个部门完成了自己的目标,高校整个的总目标才有完成的希望,个人的目标也才可能最终实现。要实现部门的目标,部门领导不充分参与,其结果可想而知。目标管理要赢、要胜,要强调系统的"大同性",强调"全胜",致力于追求和谐、和合的境界,就要处理好整体与部分、部分与部分的关系,通过物质刺激、精神鼓励、职位变动等方式促进部门领导充分参与到目标管理中来,把学校各单位紧密结合在一起,有助于把握管理的本质,抓住管理的深层次矛盾。

(三)基层群众积极参与

广大教职员工参与决策和管理是高校成功运用目标管理的核心。从理论而言,目标管理属于管理的计划职能范畴,它不是用目标来控制,而是试图将个人的奋斗目标与组织目标结合统一起来,从而达到对被管理者的较好激励效果。这就要求在制定目标时要注意上、下级的双向沟通,以此来获取各级的自觉承诺[①]。

其次,目标管理虽然强调目标,但是并不忽视人的作用,目标管理是一种参与的、民主的、自我控制的管理制度,也是一种把个人需求与组织目标结合起来的管理制度。在这一制度下,上级与下级的关系是平等、尊重、依赖、支持,下级在承诺目标和被授权之后是自觉、自主和自治的,因而目标管理是一种全员参与的管理,上至学校主要领导,下至一般教职员工,既是目标管理的主体,又是目标管理的客体。这与中

---

① 代霞,凌杰.高校目标管理共有要素系统与路径创新[J].衡阳师范学院学报,2006(2):150-153.

国古代的管理思想是不谋而合的。老子曾经强调说："圣人无常心，以百姓之心为心"，"圣人在天下也，歙歙焉，为天下浑其心"①。这就是我们所说"民主管理"的风范，也就是以民心为心、以民意为意，让群众当家作主，发挥群众的主体能动性。"学生和教师对于一些行政单位和组织怀有爱恨交加的两重心理：一方面常觉得它们是一种约束，很官僚，让人厌烦；而另一方面又希望学校运行顺畅，能提供自己需要的各种服务，而这些服务只能通过精心设计和组织来实现。参与、交流、协商均不可少。这些功能需要另一个层面的机制，许多大学成员需要对这些加以关注并付出精力，这是他们基本工作责任的部分。使大学行政与交流方面的工作和谐并富有人性是一项重要任务。"② 目标管理之所以可贵，其重要的特色就在于尊重员工。因为高校目标管理对象是教师，教师的心理特征表现为自尊心强、自制力强、求知欲强。在如何提高教学水平、搞好科研等具体事项上，他们往往比领导更具发言权。只有让全体教职员工参与目标的设置，才能保证目标的科学性和可行性，增进他们对目标的理解和提高乐于接受目标的程度，并在参与制定目标中发现自己的价值和责任，从实现目标中得到满足，这些都有利于激励教师的工作积极性。因此，让教职员工参与目标管理就要将学校管理向全体员工开放，以员工之心为心，善于倾听员工的心声，让他们感到倍受重视，让他们共同参与关心、共同参与决策，进而共同参与负责，以便于整合各种异议，"藏天下于天下"，充分做到管理民主化和透明化。

六、操作的灵活性

操作的灵活性是指在目标管理中，设定的目标在面对外界客观条件的变化时所具有的可塑性和适应能力。目标是未来一年、两年或更长时间内所要达到的期望值，随着形势的变化，组织内部和外部的物质、能量与信息的交换及环境变化，原来难以实现的目标，现在可能已失去努

---

① 老子. 道德经［M］. 李正西，评注. 合肥：安徽文艺出版社，2003：107.
② 博德斯. 管理今日大学：为了活力、变革与卓越之战略［M］. 王春春，赵炬明，译. 桂林：广西师范大学出版社，2006：72.

力实现的意义，原来对自身的生存和发展没有影响的因素，现在可能成为迫切要实现的任务，所以，目标的实现是伴随着目标不断适当调整的过程[①]。目标的灵活性使目标在发展方向、发展重点、发展速度等方面能与时俱进，体现出目标的动态特性，确保目标成为促进整体和部门发展的动力和方向，使整体和部门始终充满积极向上的生机和活力。关注操作的灵活性是高校目标管理推行中要注意的一个重要问题。条件变了，目标操作起来可能变容易，也可能变得更加困难，甚至变得根本不可能完成，这就要求制定弹性目标，能根据条件的变化而做出修改，保持操作的灵活性与合理性。

具有弹性的目标，一般具有三个特征：一是如果客观条件向有利于目标实现的方向或比预测的情况好时，预定的目标可以超额完成；二是当客观条件与预测的情况相符时，所设定的目标经过努力能够达成；三是客观条件向不利于目标实现的方向变化或比预测的情况坏时，有达不到预定目标的可能性，但也不会相差悬殊，通常只是在基准水平与预定目标水平之间的一定范围内波动[②]。目标具有弹性，才能在千变万化的形势下有充分回旋的余地，才能在目标管理的推行过程中实现动态管理。如果目标僵化了，不具有弹性，就不能适应客观条件的变化，可能导致效益下降，使目标管理的推行失败。

（一）目标的局部弹性

目标的局部弹性是指在目标体系中，一系列目标都具有可以弹性调解的性能，特别是在重要目标项目上更具有这种可调性。要使设定的子目标具有更好的局部弹性，就要靠执行者充分发挥自己的主观能动性。在通常情况下，学校总目标的弹性，由学校高层领导负责考虑，对下进行目标分解时，只须说明弹性程度即可。各层次子目标的执行者，也要考虑自己所承担责任的目标弹性，以便于在推行目标中灵活掌握。如此，层层分解目标，层层目标都具有较好的弹性，一旦学校总目标具备

---

① 郭必裕. 对高校目标管理中目标的本质探讨［J］. 煤炭高等教育，2004（5）：34-37.
② 苏俊. 卓有成效的目标管理［M］. 广州：广东经济出版社，2008：245.

弹性功能时，各个分目标的弹性也就能得以保证。可以说，目标的局部弹性是"准备着"的措施，而不是在一开始就把弹性变成弹性现实，然后再去等待客观情况的变化。变化有可能出现，也可能不出现。即使出现了变化，也可能有两种：向好的方面或是向坏的方面变化。因此，目标的局部弹性，也只是"准备着"的应变措施[①]。

（二）目标的总体弹性

目标的总体弹性是指学校的总体目标具有可塑性和适应能力，这是相对于目标局部弹性而言的。掌握目标的总体弹性，从横的方面来讲，要注意保证总目标在一定范围内的广泛性，使总目标能在较大程度上适应各种变化。这就需要进行宏观决策。根据控制论的原理，宏观决策从广义上讲，包括决策前的目标确定、信息处理、可行性分析、方案选择等活动，及决策后的组织实施、信息反馈、优化调整、总结提高。这些环节，集中体现了决策过程中的预见控制、现场控制和反馈控制。高等学校在目标确定后，对可能产生的问题和风险要有预见性的控制，防患于未然；在管理过程中，要通过调查研究、信息反馈、动态预测，针对新情况、新问题，搞好动态控制，加强全局性协调，实施有序有效的渐进管理，以获取最佳的管理效果[②]。从纵的方面来讲，应注意保持目标在一定程度上的合理伸缩性。当客观条件朝好的方向转化时，可以突破原定的总目标，大干一场；如果客观条件基本与预计的情况相符，则应按预定目标，稳扎稳打，步步推进；如果客观形势朝着不利的方向转化时，就应注意紧缩战线，谨慎行事。

（三）目标的积极弹性

目标的弹性，不论是总体弹性还是局部弹性，都具有积极弹性与消极弹性两种性质。所谓积极弹性，是指在设定目标时，根据科学的预测，不仅使目标具有可调性，而且事先预备好可供选择的各种方案，作为适应各种变化的防备措施。苏联心理学家维果茨基说过，"目标的难

---

① 苏俊. 卓有成效的目标管理 [M]. 广州：广东经济出版社，2008：247.
② 胡四能. 试论高等学校的目标管理 [J]. 五邑大学学报（社会科学版），2001（3）：21-24.

度应放在人们可以达到但又必须付出努力才能获得的范围之内"。因此在设立目标时，一方面，目标设置的难易要合理，既要有一定的难度，又不是高不可攀；既保持一定的压力，又不会使人感到过分紧张，要让教职工在通过自己的努力去达到目标，从而在实现目标的过程中充满信心和决心，激发出强大的工作动力。另一方面，目标设置要明确，具体可行。即使是制定有关学校发展的长远规划时，也必须有中期与近期的具体目标，否则会让人觉得目标过于空泛或漫无边际而丧失追求的动力。因此，恰当的目标必然是能激励教职工"跳起来，摘果子"，通过一定的努力可以实现的[①]。

（四）目标的消极弹性

所谓消极弹性，就是那种留有过多余地的弹性。主要表现在把目标定得过低，不费吹灰之力就能得到。比如，把大学生的英语四级过关率定为50%，把毕业生就业率定为40%，都是可以轻而易举地实现的。所以说，目标的消极弹性，是保守的、留有后手的。对于这种消极弹性，尽管操作起来具有很大的灵活性，但不利于调动教职员工的积极性，不利于充分开发员工的潜力，除在特定的条件下可以运用外，一般情况下是不宜采用的。

七、激励的科学性

所谓激励，指激发、鼓励的意思。所谓激发就是通过某些刺激使人发奋起来。在组织行为学中激励的含义主要是指激发人的动机，使人有一股内在的动力，努力朝着所期望的目标前进的心理活动过程，故激励也可说是调动积极性的过程。从心理学角度来说，是指激发人的行为动机并使之朝向组织特定目标的过程，即通过各种客观因素的刺激，引发和增强人的行为的内在驱动力，使人达到一种兴奋状态，从而把外部的刺激转化为个人自觉的行为，去实现组织的目标[②]。美国哈佛大学教授

---

① 陈明. 高校教师目标管理的心理学机制分析 [J]. 黑龙江高教研究，2005（4）：85-86.
② 徐向农，韩同远. 建立高校目标管理中的激励机制 [J]. 理工高教研究，2004（6）：50-51.

威廉·詹姆士关于人力资源开发的研究发现，在缺乏激励的环境中，每个人的潜力只能发挥出一小部分，即20%～30%。如果受到充分的激励，每个人的能力可以发挥出80%～90%。并且，科学的激励机制激发人的创造性思维，而创造性思维是创造力的源泉。高校在实施目标管理的过程中，决不可忽视激励的科学性。可以说，科学的激励机制是学校总体目标得以实现的推动器。要做到激励科学，就要做到激励适度，即要注意"过犹不及"。"度"即尺度。"度"从哲学角度来说就是量变和质变的关系，是质和量的统一，是事物保持自己质的数量界限。激励适度即是激励的尺度均衡。尺度均衡是公平的规制所在。在高校目标管理实施激励的过程中，协调统一就是尺度均衡的最佳表现。能够恰如其分地把握好激励的广度、梯度、力度等，适时地体现和最大限度地满足人们心理和生理实际所追求的平衡，称为最佳适度的量。高校目标管理中的这种最适度的量体现于目标考核后的激励广度、激励梯度等方面。

(一) 激励广度适当

所谓激励广度，就是针对目标实现的情况，激励实施的活动范围，即管理主体对管理客体实施激励的对象比例要求。任何事物都有其数量的表现形式，激励亦不例外。激励面的分布就是激励比例的确定。保持激励的适当比例，也是不断实现激励科学化所必须的。荀子曾提出"赏不欲替"，意思是说奖励面要控制在一个适度的范围内，太广太多，就会让一些投机取巧的人从中得利，奖励所具有的激励作用就会消失；韩非子也认为："赏誉薄而谩者，下不用；赏誉厚而信者，下轻死。"其意是说奖励面过宽且奖励的内容又过于空泛利薄，就不能起到激励的作用；管理者只有加大奖励的力度，即把握奖励面，充实奖励内容，才能使人们树立起努力工作就可获得超常利益的自信心，才会激励人们竭尽全力去建功立业。管子强调管理者在运用奖赏管理手段时，一定要谨慎操作，切不可将具有激励作用的奖赏搞成了福利主义。人的利益趋同性比较极易因利益获得不一而形成嫉妒态势。适度的奖励作为一种良好的教育方法和有力的行为评价，将会促使人的自身能力的发展完善，将会让人放射出极大的潜能。

奖励面分布100%，则等于没有奖励，等同于奖励分布面为0，因为它消除了所有人的差别，即无所谓先进与后进之别，自然也就失去了奖励的意义。研究表明，当奖励分布小于1%的时候，除了能力极强且抱负极高的人之外，其他的人都会失去追求奖励的动力。美国心理学家佛隆在研究此类问题时曾设计了一个公式：$MF=E\times V$（外在激发力量＝效价×期望）。期望主要是指获得这种奖励的可能性，即获奖的概率。奖励的广度是否适宜可以用三个标准来衡量：是否能真正调动优秀者的积极性；能否真正调动大多数人的积极性；能否促进未受奖者的积极性。奖励的面太宽，一方面会增加组织的管理成本，另一方面还会降低激励的效果。

1. 动态理解"二八定律"，科学把握激励广度

"二八定律"最早是由古西腊的柏拉图提出来的。随后，在1897年，意大利经济学家帕累托（1848—1923）偶然注意到英国人的财富和收益模式，他发现大部分所得和财富流向了少数人手里，即80%的财富被20%的人所占有。而且，这种不平衡的现象到处都存在，并且重复出现。这一模式在数学上有相当的准确度，即20%与80%的关系。其实，这一法则的重点不是百分比，而是客观上存在不平衡关系的一项事实，二八分布不过是这种不平衡关系的简称，也就是说帕累托发现的仅仅是具有接近80/20关系的不平衡现象。该定律告诉我们，在特定的群体中，只要控制了重要的20%，就能100%地控制全局。将这一定律运用到高校目标管理中，就是要防止"不居人前，亦不落最后"的懈怠思想的滋生，把优秀率设定为20%，通过重奖20%的核心组织、核心人员，发挥他们的骨干带头作用，带动80%的组织、人员朝同一目标前进，这样就牵住了"牛鼻子"，有利于总目标的实现。

2. 合理运用"黄金分割定律"，有效控制激励广度

所谓"黄金分割率"是指事物的各部分间的一种数学比例关系，即整体被分为较大部分和较小部分的二者之比，用数字表示为1/0.618。如果用整数表示，即113/70，近似于8/5。不过，有不少人从大数的角度，认为2/3也是黄金分割的近似值。十九世纪以前，黄金分割问题主

要是作为美学和艺术的对象而加以思考的。3600年前,古巴比伦人和古埃及人就不自觉地把黄金分割率用在金字塔的建造上。2500多年前,古希腊著名数学家毕达哥拉斯发现这个规律,而古希腊哲学家柏拉图将此称为黄金分割率。无论是古希腊帕特农神庙,还是中国古代的兵马俑,它们的垂直线与水平线之间竟然完全符合黄金分割比例。然而,随着自然奥秘的不断被发现,科学资料的积累以及先进计算手段的运用,黄金分割原理突破了原来的天地,在更为广阔的领域里若隐若现,似乎在暗示人们,它不仅仅是构造美的法则,也是宇宙中普遍存在的、事物发展变化的一种内在法则[1]。"十"这个数字一直被后人奉为科学和美学的统一法则,它像一个美的和谐魂灵,融入米开朗基罗、达·芬奇、拉斐尔的绘画雕塑,也融入贝多芬、莫扎特、巴赫的音乐。在中国,2000多年前都江堰的"四六分水",是一个接近黄金分割率的分水原则。"分四六、平潦旱",治水三字经传诵的都江堰的分水原则不仅仅是为了防洪,还反映了一种兼利天下的理念。大自然造化的神奇之处还在于,就是在几万年形成的我们的人体结构中,几乎通身都是接近1:0.618的比例关系。社会分配中也存在黄金分割率,公平正义也是和谐社会的一种"美",但是,公平正义不是绝对平均主义,而是根据个人贡献,进行有区别的奖赏。在管理科学中,寻求激励面的最优化常常需要运用黄金分割法则。人类很早就发现,自然界的和谐之美,不是绝对地平均分配,而是依照"0.618"的黄金分割率[2]。黄金分割率适用于规模较大的高校目标管理,特别是在"巨型大学"中运用这一定律,有较大的作用。因为这些大学单位林立,人员众多,将奖励面限制在20%过于狭窄,竞争会呈现白炽化状态,会使许多单位或个人失去信心,不利于调动积极性。

从心理学的角度讲,正、负激励要保持适当的比例,正激励的面要大,负激励的面要小,这样有利于提高激励的总体效果。正向激励是利

---

[1] 蒋谦. 黄金分割率的哲学意蕴 [J]. 科学技术与辩证法, 1999 (4): 26-34.
[2] 李培林. 社会公正、黄金分割与和谐社会建设 [J]. 中国图书评论, 2006 (7): 4-7.

用人们都想成为优胜者的心理，使更多的人成为优胜者。当每一个人认为自己是优胜者时，他就会像优胜者那样去行动。负激励也是必要的。负激励不仅可以对当事人起到教育作用，促使其以后改正错误行为，同时还对他人起到了警示作用。但负激励的面不能太大，否则会物极必反。

（二）激励梯度适中

"梯度"即是目标考核后按照业绩划分的等级。等级不仅能区分目标的类别，而且可以反映出目标实现的强弱、大小、多少、高低等。等级的划分表明了目标执行的情况，为单位与单位、个人与个人的比较提供了依据，同时也是激励先进、鞭策后进的重要手段。一般而论，对业绩的评定划分为五等较为适中。

A等是最杰出的，具有超出完成定额工作的能力，经常对业务做出贡献，是某一领域的专家；能独立地用基础理论去解决本职工作以外的问题；曾被委托执行高水平的工作且成绩显著；在很艰难的环境中工作也从未产生问题；能够及时抓住具有首创性、挑战性的工作目标，并能够取得成功。简而言之，杰出者是那些精通业务、处事稳妥、有潜力的人。

B等是优秀的，在执行和完成具有挑战性工作目标时工作出色的人；每一项课题或工作都能及时、彻底完成，成绩比预期的要好；非常能胜任本职工作，工作中能从全局出发，值得信赖，只需要有限的辅导和监督。

C等是良好的，工作称职，具有足够的潜力去完成交与的任何任务，能承担项目的主要业务；工作结果在质量和数量上都较好；不需要过多的辅导和监督。

D等是及格的，满足起码的工作要求，但要改进；具备做好该项工作的基本知识，但不具备独立工作的能力；如果适当地给予某些指导，帮助其改进工作，让其有进取的余地，有可能成为好员工。

E等是不合格的，不能满足工作的最低要求，经常出错；工作缺乏动力，节奏慢，过分依赖于辅导和监督；缺乏必要的知识，自己不知道如何去做好工作，即使在工作要求很明确的情况下，也不能圆满地完成任务。

研究发现，A等员工占到10%；B等员工占15%；C等员工占50%，这类属于中等水平的员工，他们的变动弹性最大；D等员工占15%，需要对他们敲响警钟，督促他们上进；E等员工是最差的，也占10%，要么辞退他们，要么解聘他们。根据业绩评估，每个员工都知道他们处在哪一等级，这样就没有人会抱怨不公平。

第三节 高校目标管理的时代价值

当今时代，无论是国际竞争的风云变幻，还是知识经济的大潮涌动，无论是高校规模的不断扩展，还是信息产业的强烈挑战，无一例外地使不同国度、不同层次、不同类型的高等教育管理聚集于管理质量与效率，而目标管理是以成果为导向的卓有成效的管理方法，将其引入高校管理中，具有重要的时代价值。

一、提高高校的竞争力

在经济全球化、贸易全球化的背景下，国际竞争日趋激烈，高等教育作为国民生活的文化中心，国家综合竞争能力的重要构成部分，不可避免地卷入竞争之中。在近年的高等教育研究中，对大学核心竞争力的研究成为一个热门话题。一些大学排行榜按照大学的综合实力进行排名，为高等教育贴上地位的标签。纵观世界大学排行榜，中国高校排名相对落后，其主要原因是学术成果落后，突出表现在一流成果数量少。尽管这些排名不一定反映了大学的全貌，但它确实在一定程度上反映了大学的核心竞争能力。这种竞争力是指在高等教育系统中，作为竞争主体的大学以定位为导向、以资源和能力为支撑，通过对资源、学科和过程的有机协调与整合，逐步形成某方面或某些方面核心能力后对大学资源有效运作而产生的整体学术竞争能力①。大学要提升竞争能力，必须以目标定位为导向，找到具有优势的学科或专项能力来全面规划，逐步建构自己的核心竞争力。大学的目标定位可以通过办学层次、学科特色、人才规格、毕业生就业方向等来明确。而这些目标都可以通过定量的标准或定性的描述加以考评。通过考评，促进大学对社会、经济和技术发展变化及国际竞争格局的清晰洞察，确立明晰的发展方向和办学目标，使学校的资源开发和能力提升不会因迷失方向而无所作为。当然，并不是所有高校都有参与国际竞争的能力，如多数地方高校和民办高校的核心竞争力暂时不可能成为"世界一流"，但可以成为"板块一流"或"行业一流"。在参与竞争的过程中，由于大学的资源是有限的，需要通过目标管理提高管理效率，减少资源浪费，不断积累力量，促进每个大学在自己找准的"地盘"上建立核心竞争力，通过不断培育壮大，使之在国际竞争中发挥作用。

二、增强高校的适应力

自 1999 年中国高等教育扩招以来，高校规模的发展经历了一次大的扩张过程，主要体现在招生人数的急剧膨胀上。1998 年普通高校本专科生招生总数为 108.36 万人，1999 年上升为 159.68 万人，2000 年上升为 220.61 万人，2001 年上升为 268.28 万人，2002 年上升为 320.50 万人，2003 年上升为 382.17 万人，2004 年上升为 447.34 万人，2005 年上升为 504.46 万人，2006 年上升为 540 万人。至 2020 年，普通高校本专科生招生总数已达 967.45 万人。高等教育毛入学率也呈急剧上升趋势，2002 年一跃而超过 15%，2019 年，中国高等教育毛入学率达到 51.6%，迈入高等教育普及化阶段；2020 年攀升到 54.4%，"十四五"末将实现毛入学率达到 60% 的目标②。随着高等教育入学人

---

① 赵利光. 大学核心竞争力的系统性识别 [J]. 科学与管理，2008（2）：61-64.
② 钟秉林. 传承百年历史，推进高等教育高质量发展 [J]. 重庆高教研究，2022，10（1）：3-5.

数不断增加，加之高校的合并、重组、扩建，学校规模变得越来越大，管理层级越来越多，组织结构越来越松散，学校内部矛盾越来越多，传统的过程管理缺乏应有的活力，管理中权力与信息的不对称、责任和义务的不对称等，都显示出效率低下的弊端，不能适应效率时代的需要，阻碍人力资源充分开发利用。在高等教育资源十分有限的压力下，"高等学校规模的日益扩大和内部结构与外部关系的日趋复杂化，高校的管理愈加专业化，带有更多的企业化特点"①。高等教育管理者们将目光投向企业的目的在于期望借鉴企业效率的方法去完成他们担负的责任。"如果不能说管理者借鉴了企业的方法，至少可以说他们借鉴了企业科学管理的精神"②。因此，要从根本上改变管理的低效问题，在于改变高校的管理机制，以"教育规律＋效益法则"为基础，激发高校的内在潜力，才能为高校更好地适应规模扩张提供管理上的机会与空间。20世纪90年代末期，在中国高等教育规模高速发展的时期，360多所中央部委所属院校实行了部门管理体制改革③。其间，目标管理作为企业中一种成熟的管理方法，逐渐受到高校的青睐，不少高校在推行目标管理中取得了良好的回报，有效地调和了高校内部的诸多矛盾，化解了高校内部的诸多冲突，为我们进行高校目标管理提供了有益的借鉴。

三、拓宽高校的辐射力

服务社会是高等教育的重要职能之一，在高等教育日益社会化的今天，这一职能与社会时局的契合日益重要。改革开放以来，随着以市场为取向的经济体制改革的迅速推进，受强有力的意识形态和经济活动的影响，中国经济体制发生了重大改革，市场经济逐渐占据主要地位，绩

---

① 格里芬. 管理学 [M]. 刘伟, 译. 北京：中国市场出版社, 2006：352.
② 塞弗思. 有效学校的人力资源管理 [M]. 原亮, 郑美勋, 译. 4版. 北京：中国轻工业出版社, 2006：12.
③ 康宁. 中国经济转型中高等教育资源配置的制度创新 [M]. 北京：教育科学出版社, 2005：1.

效问题提上管理日程，高等教育日益步入市场的轨道。在中国从高速发展向高质量发展转型的过程中，市场与高等教育的界限和关系发生了变化，新的管理模式产生了，市场机制及其思考与实践的方式，如竞争、契约、激励、质量保证、绩效指标等被引入了高等教育管理。"在英国，企业家在高等教育管理中介机构和大学管理过程中起着关键作用。在欧洲也或多或少在尽力减少高等教育对国家的财政依赖，并鼓励学者、私人部门和政府在知识生产与传播方面进行更高水平的合作"。[1] 在国家与高等教育的关系上，资金的力量已明显地处于统治地位，国家维持高等教育财政能力的有限性已得到广泛和明确的认识，高等教育不可能不受市场经济的制约和影响，会在很大程度上进入市场，形成利益交换关系。而利益交换是要计成本与产出的，这就涉及效率问题，即如何有效配置高等教育资源、有效开发人力资源，使高等教育尽量以较少的投入得到更多更好的产出，以便更好地为社会服务。然而，在实践中，众多的高校依然遵循传统的管理体制，其突出的弊端表现在重数量轻质量、方式大于目标、眼前重于长远等，越来越不适应高校管理的需要。在近年来的高校管理体制改革中，许多高校试图通过推行岗位责任制提高工作效率，但由于激励的手段单一，考核与结果脱节，效益与激励割裂，加之物质激励的区分度不明显，仍旧带有传统的理想化的精神激励为主的色彩，激励效果不显著，缺乏长久的动力机制，没有长远利益，不能适应市场经济的需要，服务能力较低，社会影响不大。在当今时代，"在国家管理高等教育的同时，市场机制的作用更为明显。另外，自我管理机制开始形成，政府对大学管理由过去的过程管理向目标管理转变，一些国家对教学或科研的评估是建立在自愿基础上的，如法国'全国评估委员会'对自愿参加的学校进行评估"[2]。伴随着市场机制的引入，人们的价值观念发生了深刻的变化，效益问题提上组织管理日程，

---

[1] 亨克尔, 里特. 国家、高等教育与市场[M]. 谷贤林, 等译. 北京：教育科学出版社, 2005：3.

[2] 薛天祥. 高等教育管理学[M]. 桂林：广西师范大学出版社, 2001：42.

而目标管理的核心理念就是提高管理效益,也是对上述问题的化解。通过目标管理,促进产学研结合,更好地将科技成果转化为生产动力,从而将学校的影响力渗透到社会的方方面面。因此,高校引入目标管理,拓宽在其服务半径内的影响力,是符合中国的现实情况的,是破解现实矛盾的需要。

第十章　高校目标管理的过程分析

高校目标管理是一个完整的、连续的循环系统，由目标制定开始，经目标实施、目标考核再到总结反馈（如图10-1所示），每个环节紧密联系，环环相扣，任何一个环节出现问题都势必影响目标管理的成效。

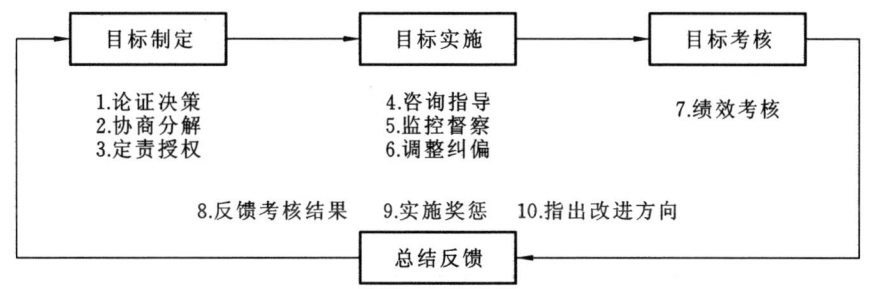

图10-1　高校目标管理的具体过程

第一节　目标制定

目标是一个组织或一个人努力的目的，是一切行动的导向，是高校人力资源开发与管理的逻辑起点。目标制定是目标管理工作的基础和前提，确定什么样的目标和怎样确定目标是目标管理工作首先要考虑的问题。一般来说，高校目标管理的目标制定主要有论证决策、协商分解和定责授权三个具体步骤。

一、论证决策

高校领导层在目标管理过程中的主要任务就是确定未来几年学校发展的总方向和总目标,即学校的发展方向、发展定位等。具体来说,校领导要从战略的角度把握党和国家的教育政策、法规以及经济和社会发展需要,在深入调查学校自身发展现状和外部环境的基础上,提出适合校情的目标,在战略分析的基础上,勾画出本校的目标方针、目标项目和目标值;然后召集各方面专家、各部门负责人、教职工代表等讨论商议,经过多方论证,确定未来一定年限内的发展目标。

(一) 目标体系的内容

对高校实施目标管理,首先得明确高校有哪些目标,即明确学校的目标体系。但在具体内容上,教育管理理论界对此有不同的划分形式,如按目标的性质可分为战略性目标和战术性目标;按时间可分为长期目标、中期目标和短期目标;按工作性质可分为教育教学目标、管理目标等。高校可以按照本校的实际情况作具体划分。

(二) 目标确定的依据

从战略管理的视角分析,高等教育管理的进步是国家发展的产物,也是国家高质量发展的组成部分,国家高质量发展为高等教育管理的发展提供了合适的土壤。高等教育管理卷入国家事务需要用政治的观点来看待,就像战争的意义太重大,不能完全交给将军们决定一样,高校管理的目标也不能完全由学校决定,它必须是国家大政方针和学校实情的结合。

一是依据党和国家的教育政策、法规以及经济和社会发展需要。我国高等教育法规定,高等学校的任务是为中国特色社会主义建设培养具有马列主义和毛泽东思想、具有专门科学文化知识、具有实践能力和创新精神的高级专门人才。这一目标是高等教育的总体目标,高等学校作为高等教育的办学主体就必须围绕这一总目标来开展工作,全面贯彻落实国家的教育方针,完成高等教育的任务。

二是依据学校现行实际条件以及学校建设与发展要求。中国有几千所不同类型、不同层次的高等院校，各个高校要根据自己学校的历史、现行条件（师资力量、教学设备等）提出适合自己发展、有自己特色的发展目标。

三是依据学校每年的工作重点。现在每个高校都根据自己的实际情况，结合国家政治、经济的发展制定了适合自己发展的五年规划。目标管理的首要任务就是要在高校的五年发展计划的基础上，进一步分解目标，形成年年有进步的工作重点。

高等学校的目标体系主要是教学单位和职能部门承担的学校总目标，其中教学单位的目标尤为重要。教学是高等学校为社会培养专门人才的主要途径，是高等院校的中心任务。高等学校教学单位的主要目标应该包括：完成某一学科教学任务的数量和质量、学科建设、教学研究、科学研究、教师队伍建设、学生工作等等。

（三）目标确定的原则

目标的确定规定了高校目标管理的行动方向。如果目标不准，就会方向失灵。因此，目标的确定必须遵循一些必要的原则。

1. 科学性与民主性统一的原则

所谓科学性，就是高校要根据党和国家的教育方针、政策以及上级教育主管部门的要求，同时也要根据时代、社会发展的需要和本地、本校实际情况来制定学校的整体发展目标。目标必须实事求是，高低适度，准确可行，既不能高不可攀，也不能唾手可得。所谓民主性，就是目标制定要广开言路，积极鼓励教职员工发表意见，倾听他们的意见和建议。一方面，要充分发动教职工参与计划的制订。学校在制订计划时，应邀请教职工代表参加计划的拟订，组织教职工讨论计划的草案，集思广益，使之更科学，也便于大家知道、了解计划内容和要求，增强执行计划的自觉性。另一方面，要充分尊重群众的意见和建议，在教职工讨论计划时，要鼓励大家畅所欲言，讲真话，特别要注重听取不同的意见，切忌走过场，图形式，谋求表面的一致。只有这样，才能使计划趋于完善。

2. 全面性与重点性统一的原则

全面性原则就是制定目标要有全局观念、整体观念。目标要能反映学校的全面工作、基本任务和发展方向。因此，制定目标时既要考虑到国家、社会的需要，又要考虑到学校的校情以及学院的院情；既要着眼于未来，又要立足于现实；既要看到学校的内部条件，又要了解学校的外部环境等。这样可以避免片面性，防止顾此失彼。重点性原则就是制定目标要有侧重点，不能面面俱到。现在高校的工作千头万绪，需要解决的问题非常多，必须明确工作的重心，抓住主要矛盾，选取关键目标，集中全力攻关。这样，可以避免分散精力和资源，以便把有限的人力、物力和财力优先用于解决最关键、最迫切的问题上。

3. 先进性与可行性统一的原则

先进性原则就是所定目标具有挑战性，与时俱进，能激发人们的拼搏精神，增强人们的竞争意识。可行性原则就是指所定目标要切实可行。可行性原则与先进性原则是一个问题的两个方面，二者是辩证统一的。期望理论告诉我们：可望而不可即的目标，对人们来说，期望值为零，激发力量亦为零；实现概率越小的目标，期望值越小，激发力量也越小。因此，制定目标必须从实际出发，在现有人力、财力、技术、设备、人员素质和管理水平等条件的基础上，制定使目标责任者感到通过努力可以达到，即所谓的"跳一跳，够得着"的目标，这样的目标才具有较大的激发力。

4. 稳定性与灵活性统一的原则

灵活性原则，是指所定目标要具有一定的可调节性。对于实施过程中可能发生的环境、条件变化，以及来自其他方面的随机性干扰，目标本身要具有一定的适应能力。不仅要使目标具有可调节性，而且要使主要目标值和对策措施留有余地，有多种实施方案。当环境发生变化时，既要有适应变化的预备方案，又要有临时应急的有效措施，使目标责任者处于主动地位。所谓稳定性，就是制定的目标不能朝令夕改，要保持其内在的连贯性，以保持系统运转的最终目的性和方向性。

（四）论证决策的程序

在战略管理中，论证决策的作用至关重要。但是决策不是管理者凭空发论，靠"拍脑袋"定调子、选方案，而是按照一定程序，在对信息进行分析、预测、讨论等的基础上敲定的。论证决策一般可按照如下的程序进行：

第一，获取信息，科学预测，确定目标。认真学习和领会党和国家的教育政策、法规以及经济和社会发展需要；深入细致地调查研究本校的历史、现状以及未来的发展，做出客观的估计；对高等院校的外部环境做出正确的认识。

第二，分析依据，提出目标。在做好准备工作的基础上，提出初步设想，简单勾画出本校的目标方针、目标项目和目标值。然后广泛征求各方面的意见，并对各种意见进行归纳整理，提出目标的初步方案。

第三，群众参与，民主讨论。召集各方面的专家、各部门的负责人以及教师代表等研讨方案的科学性、先进性以及可行性。

第四，多种方案，比较选优。

第五，深思熟虑，果断决策。经过多方论证、选优之后，决策者据此做出最后的选择。

二、协商分解

目标分解就是将整体目标在纵向、横向或时序上分解到各层次、各部门以至具体人，形成目标体系的过程。目标分解是明确目标责任的前提，是总体目标得以实现的基础。

（一）目标分解的原则

目标分解是目标实施的基础和前提。目标分解的好坏，直接影响着目标的实现和整个管理绩效。因此，进行正确的目标分解，必须遵循以下原则：

1. 整分合原则

整分合原则就是将总体目标分解为不同层次、不同部门以至每个人的分目标，各个分目标的综合又体现总体目标，并保证总体目标的实现。根据整分合原则形成的目标体系，越是上层目标，越带有战略性、指导性和抽象性；越是下层目标，越具有战术性、具体性和灵活性。"分"是系统管理层次性、能级性的体现，是充分发挥各级管理职能，进行民主管理、参与管理，争取获得良好管理效果的需要。"合"是集中统一的体现，是发挥单位整体功能，确保总体目标实现的需要。总之，分是手段，合是目的，分与合是辩证统一的。

按照整分合原则进行目标分解，必须做到分得开，合得拢，宏观控制，微观搞活，总目标统帅分目标，组织目标与个人目标一体化。在确保总目标实现的前提下，目标分解的方法可以多样化，对策可以各异，落实形式可以不同，只要便于目标的实施，有利于总目标的实现，都可以采用。

2. 责权利统一原则

责权利统一的原则就是在分解目标、落实目标责任的同时，既明确责任，又要授予相应的权利。这里主要强调的是授权。授权时，要注意以下三点：第一，责权相应。责任是授权的依据，权力是尽责的前提，权责必须统一。责任到人，权力也要到人。担负多大的责任，就要授予多大的权力。防止有责无权，或者有权无责。第二，防止假授权。授权要建立在对目标责任者充分信任的基础上，敢于委以责任，就要敢于授予权力。权力一经下放，就要允许被授权者在权限和责任的范围内行使，不能乱加干预，更不能轻易收回。第三，逐级授权。按照管理层次，把权力授予直接下级，一般不要越级授权。授权时，要把权力直接授予目标责任单位的主要负责人，以便建立起与目标责任体系相适应的权力关系，形成责权利相统一的目标体系。

3. 协调原则

目标分解的协调原则，主要是指上下级之间、部门之间、个人之间的目标责任、权力、措施等方面的协调一致。由于目标分解牵涉各级、各部门、各个人，目标分解的合理性主要取决于其协调性和平衡性。协调性和平衡性必须通过协商、调整、配合来实现。因此在分解目标时，要力求做到上下左右之间充分协商。上级机关要进行综合平衡，以求分解的目标与单位、个人能力相匹配。

(二) 目标分解的形式

形式是内容的体现。在高校目标管理中，目标的内容是不同的，因而分解的形式也应有所不同，按照不同的目标内容，采取不同的分解形式。

1. 按管理层次纵向分解

这种分解形式是将总目标从上到下逐级分解为每个管理层次的分目标，其中有些目标可一直分解到个人。其优点是，层次清晰，便于按级负责，逐级控制，独立性强。

2. 按职能部门横向分解

这种形式是将总目标在同一层次上分解为不同部门、不同业务内容的分目标。其优点是配合紧密，协调性强。当一项目标需要各部门的共同配合才能完成时，就必须采用这种分解形式。

3. 按时间顺序分解

这种分解形式是将总目标按照时间顺序分解为各个时期、各个阶段的分目标。它常用进度表、流程图、运行图的形式表示。其优点是，前后衔接，时序性强，便于分段实施、分期检查和控制，也便于准确掌握目标进度，及时对目标偏差进行调节和纠正。

(三) 目标分解的方式

学校的总体目标制定之后，就需要从总目标出发制定各级组织的分目标，也就是将目标分解下达到各单位及个人。目标分解的方式常有三种：

1. 自上而下分派式

先由高校最高管理层公布总目标草案，然后依次分派各二级单位部门目标草案及个人目标草案。若各二级单位对分派的结果并无异议，则总目标即告定案，部门目标与个人目标也相继确定。

这样的目标分解方式可以将基本信息逐级向下传递，传达具体目标指示，使人们对目标本身及其与其他组织任务的关系有所了解。但是，由于带有"上头说了算"的特点，可能影响士气。

2. 自下而上汇总式

先由各二级单位根据实际情况，对分派而来的个人目标草案酌情进行修改，并呈送学校核定后正式确定。这样能满足下属自我实现的需求，从而使其全力以赴去实现目标。

自下而上的目标分解方式具有启发性，通常有利于创造民主的气氛。管理者通过这种民主的有效的上行设定方式，有助于评价下行设定方式的绩效，而且有助于了解教职员工目前所面临的各种问题。

3. 上下沟通协商式

先由学校管理层公布总目标方案，经与各二级单位领导磋商并获得同意后确定草案；然后二级单位领导依据总目标，设定各单位的目标草案，经与相关职能部门商讨，并获得支持、达成承诺后定案；最后，各级二级单位依据部门目标，拟定自己部门的个人目标草案，经与单位同仁协商后定案。

一般来说，目标分解要经过"三上三下"：首先各职能部门在学校总体目标的基础上结合本部门实际把学校总目标进行横向分解，报请学校目标管理领导小组审核；然后各学院再根据职能部门的目标分解制定本单位的目标，把学校目标进行纵向分解，报请各职能部门审核通过；最后再经学校审议确定，形成全校目标管理体系。

（四）目标分解的结果

目标分解的结果一般是形成目标管理任务书。现以××大学人文学院××学年度工作目标管理任务书（模式）为例进行说明。

××大学人文学院××学年度工作目标管理任务书（模式）

人文学院：

根据学校发布的《××发展规划》及《××学年度工作计划》，结合你单位的具体情况，现下达××学年度工作目标管理任务如下：

一、领导班子与党风廉政建设（6分）

（一）领导班子建设（3分）

1. 领导班子认真学习马列主义、毛泽东思想和邓小平理论，实践

"三个代表"重要思想……

2. 领导班子办事效率高，服务意识强，工作务实……

3. 领导班子加强党组织建设工作……

（二）党风廉政建设（3分）

（以下各项目标中的具体内容省略。）

二、精神文明建设（3分）

三、学科建设（12分）

四、教学改革与管理（20分）

五、评建创优工作（7分）

六、科学研究（12分）

七、师资队伍建设与人事管理（6分）

八、学生教育、招生和管理（9分）

九、实验室与信息化建设（5分）

十、财务管理（5分）

十一、资产管理（4分）

十二、安全与消防（4分）

十三、图书资料建设（4分）

十四、国际交流（3分）

××大学目标管理办公室

××年××月××日

三、定责授权

随着目标的协商分解，学校的总任务、总目标被逐一划分到各个院系和职能部门，为保证各级单位和教职工职责的履行和任务的完成，必须给予相应的权力作保证。同时，还要给予相应的利益作为承担责任的报酬，从而实现责、权、利的统一。学校应简政放权，将管理重心下移，逐步扩大院系的办学自主权。学校职能部门要转变职能，给各个院系以相应的人权、物权、财权，由其自主支配，而自己仅仅需要把握宏观上的管理和调控即可。这种相对比较宽松的管理方式能充分激发二级单位和教职工的主人翁意识，使他们不断挖掘自身潜能，保证目标得以顺利实施。

所谓授权就是拥有权限的上级，不但给予下属一定的任务和明确的目标，而且要授予他们推行目标管理所需要的权限。列宁曾说，"管理的基本原则——一定的人对所管的一定的工作完全负责"，"责和权相一致，这是提高管理效率所绝对要求的"。分解目标，明确职责，也要授予相应的权力。责与权既对立又统一，有责无权，任何人都不可能对工作实行真正的管理；责大权小，许多事情都要请示领导，由领导决策、批准，实际上等于宣告下级不必对工作完全负责；有权无责，其结果是权力泛滥，使管理缺乏监督。故只有贯彻权责对等原则，才能使目标管理得以有效实施。

（一）授权的作用

高校目标管理是以人为本的管理，对权力的追求是许多中层管理者的欲望，满足他们的这种需要，进行适度的授权，其作用十分重要。

一是有利于自觉担责。实行授权，可以使二级单位和教职员工自觉承担自己的目标任务，并自行判断处理问题，自我教育及自我提高，无疑这是一种有效的在职锻炼方法。

二是有利于任务分担。由于高校规模的逐年扩大，学校的各项事务复杂化，管理任务变得更加繁重。如果高校管理层仍然必须处理或决定校内一切大小事宜，那么会造成管理者负担过重、管理效率低下的状况。因此，推行有效的目标管理，就必须实行授权。

三是有利于自我实现。权限下放以后，上级应给予下级充分的信任，采取"支持、商议、指导、帮助"的办法，促使下级自主地行使权限，积极地自我管理，从而自觉地达到各自的分目标。

（二）授权的原则

授权不等于不管，放权不等于放任。作为管理者，掌握授权的基本原则就是要放得开，收得拢；该放就放，该收就收。

一是适度授权。根据目标授权时，应该根据目标执行者的目标责任性质与范围来确定其权限的范围与程度。对于目标执行者自主管理完成目标成果所需要的相应权限，学校都应予以认真地考虑和委任。

二是明确授权。实行授权时，应根据已经明确的目标进行授权。如果所设定的目标不明确，职责不清楚，那么就难以确定实现目标所需要的相应权限。因此，制定明确的目标，根据目标责任实行授权，是授权的前提。

三是监督授权。授权者并不能由于实行了授权，就完全解除其应负担的责任，还应该对被授权者的目标实施情况及行使的职务权限是否妥当担负监督的责任。

第二节 目标实施

在高校目标管理工作中，目标实施是学校目标确立及分解下达以后学校管理系统为了保证达到预期目的而采取的一系列宣传、监督、检查、调整措施。制定目标是为了实现目标，目标能否实现，实现程度如何，关键取决于目标实施阶段中所进行的管理。目标实施主要包括三个具体的步骤：咨询指导、监控督察和调整纠偏。

一、咨询指导

高校目标管理是一种需要全校教职工参与和每个个体自我控制的管理方式，但在实施过程中，大多数教师和教辅人员对这种管理方式并不了解。因此在高校推行目标管理这种管理方式，首先要在全校范围内进行目标管理的宣传工作，让广大的教职员工和学生了解这种管理方式的好处以及运行的程序等等。

目前目标管理在高校管理领域还处于摸索阶段，很多理论和具体操作还不太成熟，所以实行目标管理的院校有必要设置专门的目标管理小组，以进行相关理论的研究和具体的操作程序研发。一般而言，主要有以下的工作：

第一，目标管理的宣传工作。营造"上下同欲"的管理氛围，要求上至各级领导、下至广大教职工对学校的发展目标有统一的认识，并为实现目标而共同努力。因此学校要通过网络、会议、广播等途径宣传目标管理的意义、作用等。

第二，目标管理过程中的咨询和答疑解惑，尤其是分批次地深入到各个二级单位对其目标管理工作进行指导。

第三，目标管理过程中的各种信息和资料的收集、整理工作。

二、监控督察

监督即监控督察的意思，对目标管理过程实施监督，就是为了做好控制。按照控制理论的理解，控制是指按照既定条件和预定目标，对受控对象施加主动影响的行为过程，目的在于保持事物的稳定状态或促进事物由一种状态向另一种状态的转换。控制作为管理的一项基本职能，其存在形式主要是管理人员为了保证实际工作与计划相一致而采取的管理活动。目标管理强调的是"自我控制"，但并非仅仅是"下达—考核"式的管理方式，它要求对目标管理的整个环节进行监控。这是因为在实行目标管理的过程中，各种突发事件和内外环境的改变都会影响目标的实现水平，若不对其进行有效的监控，就有可能造成无法挽回的损失。这就需要学校必须建立高度灵敏、明确、及时、得力的信息反馈系统。学校建立反馈系统，使上情及时下达，下情及时上报，使学校领导能及时准确地掌握情况，果断地解决问题。

（一）监控督察的作用

好的过程不一定会有好的结果，但好的结果一定依赖于好的过程。过程监控在高校目标管理中的作用是不言而喻的。

1. 化解矛盾冲突，保障系统和谐稳定

目标管理中的目标具有弹性，其主要原因是由于目标系统性的存在。目标的弹性是指在面对内外客观条件的变化时所具有的可塑性和适应性。条件变了，目标执行有可能变得更加容易，也可能更加困难，甚至变得不可能，这就要求相应调整以保证系统的和谐稳定。过程监控一方面是为了监控人，但另一方面也可以监控环境，这样就可以在关键情况下调试矛盾冲突。

2. 强化责任意识，保障员工积极自主

在德鲁克的管理思想里，"组织使命"是非常关键的概念。所谓的"组织使命"也就是一种责任意识。在目标管理中出现形形色色的弊端或危机，通通都与责任心密切相关。俗话说：角色无大小，关键是责任。责任意识是一种潜藏在员工的内心世界，通过实施监控，可以强化员工的责任意识，从而保障员工的积极自主。

（二）监控督察的原则

管理控制主要有以下两个基本原则：一个是适时性原则。一个完善的控制系统实施有效的控制，必须在发生偏差时，能够迅速发现，及时纠正；甚至在未出现偏差之前，即能预测出偏差的产生，从而防患于未然。另一个是关键点原则。一个大的目标管理系统，其管理人员由于精力和时间的限制，不可能面面俱到地实施控制，因此应该通过控制关键点，即将主要精力集中于系统过程中的一些突出因素，掌握系统状态，了解执行情况。可以选择重点目标为关键点，可以选择重点单位（先进单位、后进单位或者试点单位）为关键点。同时对个人来说，可采用自我控制的方式来取代强制性管理。目标管理使管理人员能够控制好他们自己的成绩，这种自我控制可成为更强劲的动力，推动他们尽自己最大的努力把工作做好。

三、调整纠偏

目标管理是一个不间断的反复的动态的循环过程，应随着工作环境和条件的变化及时进行调整和完善。

学校管理者应通过信息反馈机制关注整个管理过程，对各级目标实施中出现的偏差、达标情况以及目标体系中各层次分目标的实施均衡情况，进行查看、指导、协调和督导。在目标实施阶段，首先是要调节目标中因事先考虑不周全而造成的不合理部分，其次是工作对象发生了根本的改变后需要调整的部分。应定时检查和分析各级目标的实际执行偏差和达标情况以及各目标的实施均衡情况，同时有效控制目标。当发现目标不尽合理、目标计划本身有偏差时，必须修正目标计划。尤其是当客观环境发生重大变化或本身有重大失误，使预定目标和计划不能继续执行时必须重新调整目标，全面改变计划。

当然对目标进行动态管理，并不是凭主观臆断，而应是在对各种信息进行综合分析的基础上作出的准确判断。有四种信息常常被管理者用来衡量目标的科学性，它们分别是个人的观察、统计报表、口头汇报和书面报告，这些信息各有优劣，但是，把它们结合起来使用，就可以大大增加信息的来源并提高信息的可信程度。

第三节　目标考核

目标考核是高校目标管理的关键环节，没有考核就没有管理。对目标考核概念的厘定、构成要素的分析以及特征的探讨，是合理考核的前提条件，也是实施奖惩的基础。

一、目标考核的基本内涵

对考核的解释，一曰 examine，指用适当的方法进行考察（如对教师的业绩进行考核）；二曰 check，指观察以弄清是否具有确实性或可靠性（如考核公司职员）；三曰 test，指用考试或测验的办法对才能、态度、知识或技能进行考察（如人事助理已对他们进行了职业方面的考核)[①]。在管理学中，考核是指用系统的方法、原理来评定、测量实施目标的组织与个人所实现目标的程度，也是对管理行为与成果的评价。它是完成战略性目标的一种结构方法，是衡量组织各子系统是否完成目标的手段。

考核与考查、考试意义不同。所谓考查，一是 examine，指观察或用其他感官检验（以确定准确性）；二是 check，指检查并弄清情况，尤指旨在确定情况是否良好，确保准确性、确实性、可靠性、安全性；

---

① 王同亿主编. 语言大典 [M]. 北京：三环出版社，1990：1962.

三是 examen，指为了研究或衡量事物的价值或状态而进行的观察或调查。所谓考试，一是 examination，指对想要领取证书的人或某一职位的候选人进行的一种测验，典型的内容是一些要解答的问题、表演的技能或完成的作业；二是 test，指用测验的办法对学生或求职者的才能、态度、知识或技能进行的考察；三是 quiz，指测验的行为或行动，特指通常无特别准备而举行的口头或书面的小测验。

在组织管理的用语中，尽管考核与考查、考试都含有 examine 之义，但其侧重点不同：考核侧重于对业绩的评价，考查侧重于对情况的查证，考试侧重于对能力的检验；考查是关于方法的，考试是关于结果的，而考核既是关于方法的又关于结果的；考查讲的是事实，即强调过去的事实，考试讲的是期望，即强调现在业绩，考核既证明事实又讲期望，把过去业绩同现在的状况相联系；考查是分析性的，涉及过去和现在的情况，考试是描述性的，涉及应该是怎样的情况，考核既有分析又有描述，把过去、现在、将来融为一体；在管理上，考核涵盖了考查与考试，所以，要对组织管理进行全面的衡量与评价，只能用考核，而不能以考查或考试取代考核。

考核与目标是紧密相联系的，先有目标，后有考核，即考核的依据来源于量化后的目标体系，亦即考核指标体系。基于目标的考核被称为目标考核。其内容可以作以下界定：一是高层管理者"做正确的事"，即目标考核主要针对基于战略目标实施的关键指标考核，同时也考核管理状况；二是中、基层管理者"把事做正确"，即目标考核主要是针对关键指标落实的工作目标完成情况进行考核；三是工作人员"正确地做事"，即目标考核不仅强调工作计划的完成、工作职责的履行，更要关注工作执行过程中的规范性、主动性、责任性等关键因素。

在高校目标管理中，目标考核是指考核主体对照考核指标，采用科学的考核方法，评定学校二级单位或个人工作任务完成情况、工作职责履行程度、组织发展状况，以此作为兑现奖惩的依据，并将考核结果反馈给考核客体的过程。目标考核通过系统的方法、原理来评定和测量各部门的工作行为和工作效果，是学校和二级单位及个人进行有效沟通的一项重要活动。

二、目标考核的构成要素

目标考核是由若干相互联系的要素有机构成的一个系统，在这个考核系统中，目标是一切构成要素的出发点，以之为中心，存在着八大要素。

（一）考核主体

考核主体是高校目标管理活动中有认识和实践能力的考核者。根据考核工作的需要，目标考核管理部门选择一些了解考核指标、能判别考核标准的人进行目标考核，这些人可以是学校领导、职能部门领导、院系（所）主要负责人、教师代表、学生代表，也可以是聘请的专家。考核主体在目标考核中的作用就是充当"判官"和"裁判员"的角色，他们与目标考核的最大关联性就是对考核指标与考核标准的把握。

（二）考核客体

考核客体是高校目标管理活动所指向的对象。根据目标下达的方式，考核客体分为团队考核和个体考核。团队考核的客体主要包括高校里的职能部门、直属单位、机关团体等二级单位。个体考核的客体主要包括学校领导、部门干部、教师、学生、职工及其他人员。考核客体在目标考核中充当的是"运动员"的角色，他们的成绩优劣既取决于自身的表现，也取决于考核主体的价值判断。

（三）考核指标

考核指标是规定或提出要达到的目标，分数量指标和质量指标。数量指标用于描述目标存在的规模、等级和发展的程度及内部组成要素的排列结构，它通常包括工作效率和工作总量，如国家课题数、省部级奖励数、论文发表数、大学生英语四级通过率、毕业生就业率、科研经费年增长率等。质量指标是一目标区别于另一目标的内在规定性，它通常包括工作过程的正确性、工作过程的有效性、工作结果的时限性和工作方法选择的正确性。因为学校工作有重要工作与一般工作之分，所以无论是定量指标还是定性指标，都有一般指标与重点指标之分。

（四）考核标准

考核标准是用作判断依据的考核规则、原则或衡量基准，用以确定考核指标的数量、质量，尤其是用来确定考核指标的性质、实现的水平或达到的程度。考核标准形成的判据是考核指标，即先有指标，后有标准，没有指标，就无法制定标准。考核指标可从数量和质量上加以限定，考核标准可依此划分为定量标准和定性标准。定量标准从数量上进行衡量，如教授给本科生授课率达100％为合格。定性标准从质量方面加以描述，如师德师风良好。

（五）考核周期

考核周期指完成一个考核循环所需要的时间。高校目标考核一般分为三类：年度考核、平时考核和专项考核。年度考核一般每年一次，在年终对考核客体的业绩进行总评；平时考核主要是各项工作的主管领导对下属机关、二级单位等的业绩作记录和分析，以便为年终考核和专项考核提供参考资料；专项考核是指对具有特别价值的项目进行专门考核，以便于激励发明创新，其考核周期较长，一般在两年以上。

（六）考核方式

考核方式是指履行考核职能、进行考核活动所采取的形式和方法。考核方式的选择依据是考核目标，由于目标可以分解为定量和定性的指标，考核方式的选择可以依此划分为定量考核和定性考核。定量考核是一种绝对性的考核，考核结果用明确的数据加以区别；定性考核是一种相对性的考核，考核结果以相对的等级划分进行比较。由于考核指标有重点和一般之分，考核方式又可分为战略考核和战术考核。战略考核是针对全局工作、决定全局命运的考核。战术考核是针对某个具体目标使用各种资源进行评价与鉴定的原则和方法。

（七）考核过程

考核过程是指考核活动在时间上的持续性和空间上的广延性，是目标考核存在和发展的形式。它包括从考核指标的制定到考核结果的形成的一系列活动，其中最重要的是过程监控和程序设定。过程监控是指对考核活动进行跟踪、指导、纠偏等活动。考核程序是为进行目标考核而设定的工作流程。考核程序可以是开放性的，也可以是封闭性的；它可以自上而下，也可以自下而上。但无论哪一种程序，都需要逐级进行。在这一过程中，考核主体和考核客体的身份会发生变化，即他们既可以充当考核主体又可以充当考核客体。

（八）考核结果

考核结果是指绩效考核要达到的预期效果。它得自考核行为或考核过程，是一种与某个先前的考核动作或行为直接相关的后果。考核结果可以是量化结果，如甲大学物理学院2022年度教学工作目标考核总评为95分；考核结果也可以是等级结果，如乙大学化学学院2022年度党建工作为B等；考核结果还可以是名次排位，如丙大学文学院2022年度科研工作总评为第三名。

三、目标考核的主要特征

如前所述，考核不同于考查、考试等概念，而且，高校目标管理中的考核也不同于其他组织的目标考核，因为它具有相对独特的特征。

（一）客观性

高校目标管理中的目标考核由于量化程度高，共性目标与个性目标都按文件量化评分，扣分与加分依据充分，能避免人为主观臆断。共性的考核分与专项的考核分，都经过了反复斟酌，先是各部门拿出考核意见，考核后交领导审核。领导审核考核结果的分数，确有充分依据的，可以加分或者扣分。个性目标考核后交分管领导审定，分管领导审定时，只就自己分管部门的分数进行审定，每项打分都在封闭的过程中进行，评分者不受干扰，避免人为因素影响加分或者减分。这样的量化结果，反映实际状况，较为公平。

（二）严格性

目标考核在严格的系统中进行，能做到各系统考核人员固定，标准统一，做到一把尺子量到底。一方面是从好中择优，评出有说服力的先进单位；一方面以分数为尺子，排出名次，报学校载入单位主要领导的政绩档案，有助于提拔管理有方的领导者。

（三）民主性

目标考核通过民主测评，能全面综合考核部门的工作业绩。由单位汇报实际任务完成情况的总结，由熟悉业务的同志参与测评，一个单位一票，背靠背打分，这样使考核过程无法弄虚作假，而且是在总结的基础上来测评，还可以防止考核结果做假。

（四）科学性

科学性包括准确性、可靠性和灵敏性。准确性表现在指标的含义和传达的信息明确，能准确与考核目标挂起钩来；可靠性表现在指标之间相互衔接、彼此一致，不会出现相互矛盾、不相关的情况；灵敏性表现在指标能够很好地区分出单位绩效之间的差异，对组织所关注的差异能做出灵敏的反应。

（五）应用性

应用性包括经济合理性、普遍接受性和操作可行性。经济合理性指收集与分析指标完成情况信息的成本是可接受的；普遍接受性表现在指标的设定得到全体或者大多数二级单位的广泛认同和支持；操作可行性表现在指标的设定使目标考核在操作上简便易行。

四、目标考核的实施策略

目标是由考核客体自愿达成的，在目标执行中要配以科学的考核指标和畅通的考核程序才能有效考核具体的执行结果。由于目标考核关系到考核客体的切身利益，需要有明确的考核标准、公正的考核主体、灵活的考核方式、合理的考核周期，才能使考核具有公平感。目标考核的目的是引导考核客体进行自我控制，因此要引起考核客体的重视，并通过对结果的合理运用强化考核客体的绩效意识，激励他们为新一轮目标考核的实施做好准备。

(一) 合理选择考核主体

考核主体是指目标考核活动的承担者。考核主体分个人主体、集团主体和社会主体。费尔巴哈说:"存在是主体,思维是宾词。"[1] 考核主体不同,考核意识就不同。要使考核结果公平,首先要使考核主体有公平意识。公平理论告诉我们,公平是一种价值判断。由于高校目标考核工作是多方面的,工作业绩也是多维度的,不同的主体对同一工作的价值判断往往是不同的。正是根据此原理,人们在实际过程中开发出一种全视角选择考核主体的方法——360度考核法(见图10-2)。此法又称全方位考核法或多源考核法,是指从与被考核者发生工作关系的多方主体那里获得被考核者的信息,以此对被考核者进行全方位、多维度的考核的过程。这些信息的来源包括:来自主管领导的自上而下的反馈;来自师生群体的自下而上的反馈;来自同级部门横向的反馈;来自组织内部的支持部门的自我考核;来自组织外部的专家的反馈。该方法通过不同的考核主体从不同的角度来考核,能获得更多的信息来源,因而能全方位、多视角、准确地考核目标执行者的业绩,具有较高的公正性。

第一,主管领导考核。"要使考核过程客观、精确,考核主体与考核客体之间的距离不能拉得太远,由直接主管来考核其下属是最理想的选择。"[2] 让他们对各单位进行打分或评定等级,是因为他们最熟悉该项工作及各部门的工作状况和工作结果,具有更大的准确性。例如教务处对各院系的教学情况更为了解,则由其考核本科教学。如三峡大学就采取这一形式(见表10-1)。在绝大多数情况下,主管领导是专项目标考核的最佳人选,但是主管领导在考核各部门时,必须依靠工作记录进行,做到有理有据,以事实为准绳。在实际工作中,由于主管领导(如教务处处长、研究生院院长、人事处处长)因为业务繁忙而无法详细了解每个院系的工作,不能准确进行考核,这种情况下就可以委托自己的代理人(如分管本科教学的副处长、主管研究生招生的副院长、负责人才招聘的副处长)代为执行。

---

[1] 冯契. 哲学大辞典 [M]. 上海: 上海辞书出版社, 1992: 417.
[2] 王礼平. 如何进行目标管理 [M]. 北京: 北京大学出版社, 2004: 154.

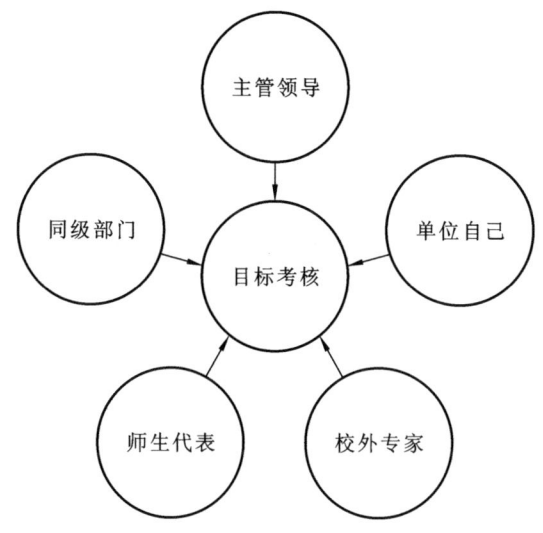

图 10-2　360 度选择考核主体

表 10-1　三峡大学 2022 年度的主管领导考核

考核指标	考核主体
学科建设	学科办
本科教学	教务处
研究生培养	研究生处
科研工作	科学技术处/社会科学处
教师队伍建设	人事处
行政管理	国资管理处/计财处/保卫处/后勤部
学生工作	学工处
思想与党建	组织部/宣传部/纪委监察处
国际教育	国际合作与交流处

资料来源：参见《三峡大学 2022 年度目标管理办法》。

第二，部门自我考核。选择部门自我考核即是由各部门主要负责人对本部门的工作实绩做出评估，一般形式是先就本部门目标达成情况填写一份评估表，自我评分或评定等级，再作述职报告，简明扼要地陈述成绩与不足。自我考核体系要求各部门在参与考核面谈之前完成。目标考核系统中的部门是目标的具体执行者,他们对目标达成的程度心中有数,以他们为评价中心能获取更多更详细的资料,让他们拥有发言权能给各部门一个自我反思的机会,并引发教师对影响目标达成的因素进行讨论。现以华中师范大学为例进行说明(见表10-2、表10-3)。

表 10-2 华中师范大学机关、直属单位目标考核自评表

考核内容	权重	考评等级			
		A	B	C	D
组织管理	10%				
工作态度	10%				
工作效率	10%				
队伍建设(含党风廉政建设)	10%				
目标任务完成情况	50%				
工作创新	10%				
综合考评					

资料来源:参见《华中师范大学2021年度目标管理考核办法》。

表 10-3 华中师范大学院系所目标考核自评表

考核内容	考评等级			
	A	B	C	D
学科建设				
教学工作				
科研工作				
教师队伍建设				
管理工作				
学生工作				
思政与党建工作(含党风廉政建设)				
综合考评				

资料来源:参见《华中师范大学2021年度目标管理考核办法》。

第三，部门相互考核。各部门相互考核是从另一个不同的角度来看待目标的达成情况，常采取匿名投票或背靠背打分的形式进行。不同部门的管理者经常以一种不同的、更为现实的眼光来看待另一部门的工作绩效，做出现实的评价，可以弥补上述两种考核中的某些偏差，帮助形成关于考核结果的共识。而且，这种考核更易于发现各部门的缺点，有助于改进工作。

第四，师生代表考核。选择师生群体作为考核主体，有利于对定性考核做出客观的描述。师生群体生活在本单位里，熟悉本单位的具体情况，能站在一个独特的视角观察本单位的工作绩效，对成绩与问题均心中有数，能了解到详实情况。但选择师生代表作为考核主体，应该采取匿名的形式进行，并要综合考虑考核结果。

第五，校外专家考核。聘请校外专家，组成专家考核小组，根据考核制度和考核标准进行考核，能取得更为客观的考核结果。因为校外专家不涉足考核结果应用问题，所以与他们自身的利益没有冲突，在考核时能做到公平公正，较少地掺杂个人情感因素，其考核结果基本上能实事求是地反映各部门的工作业绩。

(二) 充分激励考核客体

考核客体是考核实践活动所指向的对象，包括个人、单位或部门，是目标考核的中心。古人云："不塞不流，不止不行。人其人，火其书，庐其居，明先王之道以道之，鳏寡孤独废疾者有养也，其亦庶乎其可也。"原意是对佛、道两教不加以堵塞，儒教就不能得到推行。今多指不破除旧的思想，新的东西就建立不起来。因此，要引起考核客体的重视，需要从激励入手，提高考核客体的思想认识。

首先，回应考核客体的期望。从期望理论我们可以知道，考核客体总是渴求满足一定的需要并设法达到一定的目标。这个目标在尚未实现时，表现为一种期望，要把这种期望转化为实现目标的动机，形成一种激发的力量，事先要做好目标考核的宣传和绩效辅导工作。孙子说："势者，因利而制权也。""势"在这里是指引起兴趣与关注。学校要向各单位和教职员工讲清考核的目的，广泛听取意见和建议，认真对待和处理各单位和教职员工的反馈，加强考核客体对目标考核的正确理解，形成"造势"，使他们明白，实施目标考核的目的一是实现组织的总体战略目标，提升组织的运作效率，二是为提高部门和教职员工的业绩，促进部门和个人发展。这样能使各部门和教职员工摒弃"为考核而考核""为酬金而考核"的思想，形成学校发展与部门发展并行不悖，学校业绩与部门业绩并驾齐驱的思想。

其次，遵循利益相关的原则。马斯洛的需要层次理论告诉我们，一般人都是受利益驱动的经济人，而且不同需求层次的人希望得到的利益也不同。正是因为需要，人们才会重视目标考核，因此目标考核要同个人利益结合起来，实行"捆绑式"的考核，对于按要求实现了目标的单位和个人，要按制度进行奖励，反之则进行必要的惩罚。通过细化考核等级，适当拉开差距，并把每个考核等次都与不同的奖惩结合起来，不搞平均主义，真正体现效率优先、兼顾公平的原则。

再次，满足客体的公平需求。公平理论指出，如果过程公平的话，结果一定是公平的。尽管这一概说显得有些武断，但它为目标考核体现程序公平和分配公平提供了有价值的参考。因为公平是一种价值判断，所以让考核客体充分参与到考核中，就有助于使之产生公平感，进而重视目标考核。在目标考核中，要充分吸引考核客体参与整个考核过程，包括考核指标的确定、评价、结果反馈、绩效改进等活动，增加考核过程的透明度。与此同时，可以建立考核投诉制度，对考核中的不合理现象，建立由校长、部门主管和教师代表组成的申诉委员会来纠正考核中的偏差，控制考核尺度，使考核客体产生公平感，进而重视考核工作。

（三）科学制定考核指标

考核是一个无形的指挥棒，指标的设定将使考核客体围绕指标转，制定科学的考核指标是目标考核系统高效运转的保证。从某种意义上说，考核指标的设定是整个考核系统的目标和目的，也就是说，通过考核指标的设定，规定了学校对各单位及个人的考核内容，可以影响各单位及个人对待不同工作的态度，进而起到引导工作行为的作用。它让各单位及个人明白学校对他们的要求是什么，以及他们将如何开展工作和改进工作。

1. 放眼学校发展，制定战略指标

战略指标是从宏观上对学校工作进行规划，战略指标的下达具有战略导向性。依据不同高校工作的重点、基本点和亮点，可以将考核指标分为核心指标、基本指标和个性指标。

第一，突出重点，制定核心指标。核心指标是指在高校发展中具有中心地位、起关键作用的考核指标。核心指标的下达确立了高校管理工作的战略重点，使管理工作主次分明，行动有轻重缓急。如果将高校管理工作比作船，核心指标就像指南针。没有核心指标，高校管理工作就如同在雾海中漫无目的地航行，会迷失前进的方向。核心指标下达的依据是学校办学定位。例如，长江大学的办学定位是教学研究型，其核心指标就应当涉及教学质量、研究水平，围绕这一核心，长江大学下达了相应的核心指标（见表10-4）。

第二，兼顾全面，制定基本指标。基本指标是指在高校发展中具有主要地位、起根本性作用的考核指标。基本指标贯穿于高校管理工作的始终，规定着管理工作的本质，并对学校发展战略起支撑作用。如果把学校管理工作比作一棵大树，基本指标就是树根。因此，从这种意义上讲，确定了基本指标，就确定了学校管理工作的主要构成部分，就抓住了学校工作的"大头"。基本指标是带有共性的指标，一般高校都包含这些指标，如本科教学、纵向科研经费、学生事务、学生信息与注册管理等（见表10-4）。

第三，展现特色，制定个性指标。个性指标是指某所高校所特有的、区别于其他高校的考核指标，也可以指某个部门区别于其他部门的特征。个性指标的下达能彰显独具一格之处，突出办学特色，以特色兴校。一所高校要"长命百岁"，只抓基本工作不行，还得推陈出新，走差异化的发展战略，独树一帜，才能在竞争占据优势。个性指标的下达要依据学校办学优势，使其个性化和特色化。仍以长江大学为例，该校的品牌专业、精品课程、重点学科等是其办学特色，因此成为该校的个性指标（见表10-4）。

表 10-4 长江大学 2007 年度院（系）目标管理指标体系（综合部分）

核心指标	1. 英语四级合格率（%）	2. 考研录取率（%）	3. 毕业生就业率（%）
	4. 学费收缴率（%）	5. 公开发表论文数（篇）	
基本指标	1. 本科教学	2. 纵向科研经费（万元）	3. 学生事务
	4. 学生信息与注册管理	5. 人才引进	6. 实验室建设与资产管理
	7. 共青团工作	8. 党组织建设	9. 宣传思想工作
	10. 党风廉政建设	11. 工会工作	
个性指标	1. 获省（部）级以上教学成果奖	2. 新增省（部）级品牌专业	3. 新增省（部）级及以上精品课程
	4. 公开出版教材	5. 新增省（部）级及以上教学示范中心	6. 获省（部）级以上科研成果奖
	7. 国际主要检索系统收录论文	8. 国内权威期刊收录和登载论文	9. 获国家专利
	10. 公开出版学术专著	11. 横向科研经费	12. 新增省（部）级及以上重点实验室
	13. 新增省（部）级及以上工程技术中心	14. 科研管理	15. 大学生获省（部）级及以上奖
	16. 大学生公开发表论文	17. 大学生公开出版学术专著	18. 大学生获国家专利
	19. 新增省部级及以上重点学科	20. 新增学位（博士/硕士）点	21. 新增专业学位授权领域
	22. 研究生培养		

资料来源：长江大学校长办公室：《长江大学 2007 年度院（系）目标管理任务书》，2007 年 4 月。

不同的高校有不同的办学定位，也有不同的个性特色，考核指标的下达也会各不相同，但其共同的要求都是抓住重点，掌握根本，突出特色。依据这一要求，考核指标的下达需要首先对学校的总体情况进行分析，把学校的管理工作按照效益高低进行降序排列。然后进行以下工作：第一，取排在第一位的目标，作为学校的优势战略，将其定为个性指标；第二，取排在最后一位的目标，作为学校的劣势战略，将其定为基本指标；第三，取绩效起伏最大的目标，作为学校的发展战略，将其定为核心指标；第四，把平时花费时间和精力较大，但成绩增长较小的目标作为劣势战略，将其定为基本指标；第五，把平时花费时间和精力较少，但成绩增长较大的目标作为优势战略，将其定为个性指标。

2. 立足考核需要，制定战术指标

战术指标是从实际操作的角度出发，对考核工作加以描述。为了使考核具有科学性，战术指标的制定要在战略指标的基础上进行细分，考核指标可分为定量（量化）指标和定性（不量化）指标两类（见图10-3），这两类指标考核的内容和侧重的要点均有所不同。具体来说，定量指标用于考核可量化的工作，而定性指标则用于考核不可量化的工作；相对而言，定量指标侧重于考核工作的结果，而定性指标则侧重于考核工作的过程。

无论是定量指标体系还是定性指标体系，其建立程序一般都要遵循以下步骤：

第一步，指标性质分析。根据考核目的，对考核内容、性质以及完成这些工作所具备的条件等进行研究和分析，从而了解被考核者所应达到的目标、采取的工作方式等，初步确定目标考核的各项要素。

第二步，工作流程分析。考核指标必须从流程中去把握。根据被考核对象在流程中扮演的角色、责任以及同"上游""下游"之间的关系来确定衡量其工作的考核指标。此外，如果流程存在问题，还应对流程进行优化或重组。

第三步，重要程度分析。可以使用图标标出各指标的绩效特征，按需要将考核的重要程度分档。如可以按照非考核不可、非常需要考核、

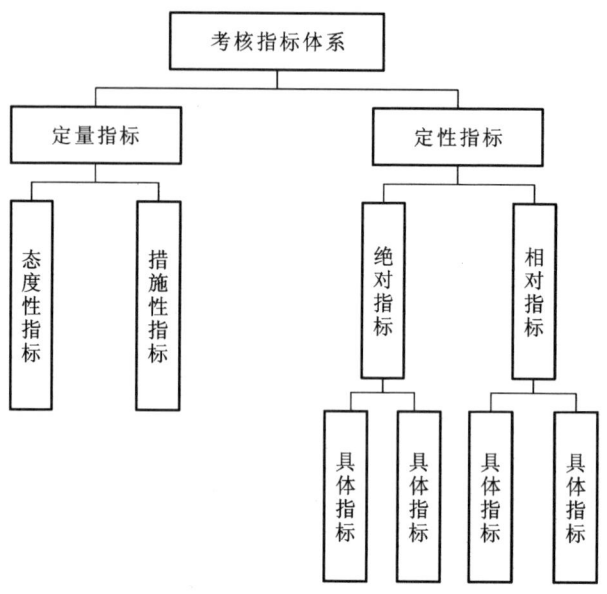

图 10-3 考核指标体系模式图

需要考核、需要考核程度低、几乎不需要考核五档对上述指标要素进行评估，然后根据少而精的原则按照不同的权重进行选取。

第四步，考核理论验证。依据目标考核的理论基础与原则，对所设计的考核指标进行验证，保证其能有效可靠反映被考核对象的目标特征和考核目的及要求。

第五步，调查确定指标。根据上述步骤所初步确定的要素，可以运用多种灵活方法进行要素调查，最后确定考核指标体系。在进行要素调查和指标体系的确定时，往往要将几种方法结合起来使用，使指标体系更加准确、完善、可靠。

第六步，修订考核指标。为了使确定的指标更趋合理，还应对其进行修订。修订分为两种：一种是考核前修订。通过专家调查法，将所确定的考核指标提交领导、专家及咨询顾问，征求意见，修改、补充、完善考核指标体系。另一种是考核后修订。根据考核及考核结果应用之后的效果等情况进行修订，使考核指标体系更加理想和完善。

在通过上述步骤的分析后，可以形成以下三种指标体系：

其一，定量指标体系。定量是"将评语转化为分数的方法"，把指标定义在人们能理解的范围，代之以实验、数学符号、公式，使认识对象由模糊变得清晰起来，由抽象变得具体，为考核提供方便。一般而言，可以将教学、科研、学科建设、学生工作、教师队伍建设等易于量化的内容列入定量考核指标体系，由此向下，依次可以分解出二级指标、三级指标等（见表10-5）。

表 10-5 定量考核指标体系

一级指标	权重	二级指标	权重	三级指标	权重
教育教学工作	%	教学工作	%	教研立项数	%
				教授授课率	%
				教材订购率	%
				实习基地建设	%
				综合性实验性课程比例	%
				省级大学生优秀成果奖	%
				省级优秀学士论文获奖率	%
				毕业论文设计质量	%
				日常教学工作管理	%
		毕业生工作	%	毕业生就业率	%
				毕业生考研率	%
		研究生培养工作	%	就业率	%
				导师队伍	%
				条件建设	%
				课程教学	%
				培养质量	%
				教学管理	%
				思想教育和日常管理	%

续表

一级指标	权重	二级指标	权重	三级指标	权重
科研工作	%	科研经费	%		%
		科研基地	%		%
		成果获奖	%		%
		申请专利	%		%
		论文收录	%		%
		科研管理	%		%
学科建设	%	学位点申报	%	硕士、博士学位点申报	%
		国家重点学科申报	%		%
		工程建设重点学科建设规划与措施	%		%
		国内外学术交流	%		%
学生工作	%	招生工作	%		%
		日常管理、思想教育工作	%		%
		学风建设工作	%		%
教师队伍建设工作	%	师资队伍评建	%		%
		高层次拔尖人才引进	%		%
		团队建设	%		%
		人事管理	%		%
		学位提升	%		%
		教师进修	%		%

其二,定性指标体系。定性指标,"即用划分等级或精练的短句来评价人的表现能力"①。定性考核就是按优、良、中、可、劣或 A、B、C、D、E 的等级进行评定。对于考核中难以量化或不需要量化的工作,常设为定性指标(见表 10-6)。

表 10-6 定性考核指标体系

一级指标	等级	二级指标	等级	三级指标	等级
领导班子建设工作		贯彻落实院系党政领导班子工作职责			
		议事规则与工作制度			
		团结协调与创新发展			
		贯彻执行学校党政决定			
		稳定与信息保密			
宣传思想工作		宣传思想工作组织领导与队伍建设			
		政治理论学习工作			
		积极宣传学校和学院各方面工作成绩、经验及动态			
		精神文明创建活动			
党风廉政建设工作		组织领导及宣传教育			
		制度建设及执行情况			
		廉洁自律情况			
		政务公开及群众监督情况			
		完成学校布置的纪检工作情况			

---

① 张石森,欧阳云. 哈佛 MBA 人力资源全书 [M]. 呼和浩特:远方出版社,2003:76.

续表

一级指标	等级	二级指标	等级	三级指标	等级
安全管理工作		安全教育工作			
		安全防范工作			
		安全技术指导工作			
		安全措施工作			
		安全事故处理			
行政工作		执行校长办公会议决议			
		来信来访的处理			
		公文管理与运行			
		信息与统计			
		参与学校重大活动			

其三，综合指标体系。考核指标的建立要采取定性考核与定量考核相结合，能定量的尽可能定量，不能定量的不能勉为其难。现以武汉理工大学学科建设工作目标考核实施办法为例进行说明（见表10-7）。从考核计算系数中可以看出，它既有具体的定量的规定，也有定性的等级的描述，定量中包含着定性，定性中渗透着定量。

（三）明确下达考核标准

制定考核标准就是管理双方订立一个契约。契约一旦生成，就将以之衡量考核客体的成效，所以此项工作对于目标考核，是磨刀不误砍柴工、事前沟通的工作。目标考核标准的制定是关系到考核工作成功与否的重要环节。在实践中，考核标准和考核办法是紧密相关的，也就是说，在制订考核办法时，考核标准也蕴含于其中。考核标准一般由相应的主管部门和被考核单位协商后制定（见表10-8）。

表 10-7　武汉理工大学学科建设工作目标考核实施办法

一级指标	二级指标	三级指标	目标分值	考核计算系数	考核计算系数说明	备注
学科建设	1、学位点申报		20	A1＝完成值/目标值（完成值≤目标值）；A1＝[（完成值）/目标值]^(1/2)（完成值＞目标值）	公式中的目标值是指下达的新增数；完成值是指实际新增数。	
	2、国家重点学科申报		30	A2＝完成值/目标值（完成值≤目标值）；A2＝[（完成值）/目标值]^(1/2)（完成值＞目标值）	公式中的目标值是指下达的新增数；完成值是指实际新增数。	
	3、"211工程"建设重点学科建设规划与措施		15	A3：按A、B、C、D四个等级分别取1、0.8、0.6、0.4	根据所在学院"211工程"建设的立项和建设情况、校内重点学科建设项目检查的得分等因素，分别评定为A、B、C、D四个等级。	

续表

一级指标	二级指标	三级指标	目标分值	考核计算系数	考核计算系数说明	备注
学科建设	4、国内学术交流	学术活动	10	A4：按A、B、C、D四个等级分别取1、0.8、0.6、0.4	根据学院举办或参加国内学术会议、学术讲座、开展国际合作研究等学术活动情况，按优、良、中、差分别评定为A、B、C、D四个等级。	根据各学院年终总结报告，相对确定等级系数
		学术任职及专著出版	5	A5：按A、B、C、D四个等级分别取1、0.8、0.6、0.4	根据所在学院的教授在国内学术组织中任职情况及出版专著的数量等，按优、良、中、差分别评定为A、B、C、D四个等级。	根据各学院年终总结报告，相对确定等级系数

注：表中的目标值总分为80分，另有20分入定性考核。

资料来源：武汉理工大学发展与改革办公室：《武汉理工大学二级工作目标责任制考核实施办法汇编》，2007年6月。

表 10-8　考核标准及其制定

考核指标	考核标准（考核办法）	考核标准的制定者
学科建设		学科办
本科教学		教务处、高等教育评估中心等
研究生培养		研究生处
科研工作		科研处
教师队伍建设		人事处
行政管理		国资管理处、财务处等
学生工作		学工处
思想与党建		组织部/宣传部/纪委监察处

高校内部各单位的目标考核，在标准设置维度上的共同之处是，都包括行为特征性效标与结果性效标两种，因此考核标准的制定可依据结果考核与过程考核分为定量标准与定性标准。

1. 以数量考核为参照，下达定量标准

定量标准就是根据考核指标，运用数学公式，从数量方面测算目标的实际情况，将抽象描述转化为具体分数的方法。"数字是最公正的判官。"[①] 定量方法最大的特点就在于它的精确性，具有很强的说服力。譬如，从暨南大学教学工作量考核计分标准（见表 10-9）我们可以看出，定量的优势相对于定性分析是很明显的，它把标准定义在了人们能理解的范围内，抛弃了人们对事物原因和结果进行的主观臆测成分居多的分析，而代之以数学符号和公式，使人们的认识由模糊变得清晰，由抽象变得具体起来，在明确考核指标的情况下，简单明了、较易实施，为考核提供了方便。因此要使考核客体"头脑中有数字，肩上有目标"，基础的工作就是要有正确的数据、正确的情报。定量标准的制定包含三

---

① 杨欢进. 经营管理名言集 [M]. 北京：中国物资出版社，1987：120.

步：一是把全部考核指标总权重定为100%，按考核指标的重要程度分别确定它们的权重；二是按目标实际完成情况评价指标的得分标准；三是进行综合评价。华中师范大学的课程教学考核标准便是这一形式的典型例子（见表10-10）。高校目标考核一般对教学、科研成果、学科建设、教师队伍建设、学生培养、毕业生就业等易于量化的指标用定量标准进行考核。

表10-9 暨南大学教学工作量考核计分标准

	>100人	51~100人	41~50人	26~40人	16~25人	6~15人	≤5人
专科理论课	2.0	1.8	1.6	1.4	1.2	1.0	0.8
专科实验课	1.3	1.2	1.1	1.0	0.8	0.6	—
本科理论课	3.0	2.6	2.3	2.0	1.8	1.6	—
本科实验课	1.5	1.4	1.3	1.2	1.0	0.8	—
本科体育、外语课	—	—	1.4	1.2	1.0	0.8	0.6
研究生理论课	—	—	2.4	2.2	2.0	1.9	1.8
研究生实验课	—	—	—	2.2	2.0	1.9	1.8

资料来源：暨南大学校长办公室：《暨南大学教学科研系列考核评分标准》，2004年6月1日第62号文。

2. 以质量考核为依托，下达定性标准

定性标准是从质的方面来考核目标的执行情况，对于不便采用定量方法进行考核的目标，可以采用定性标准加以考核。采用定性指标进行考核，可以对整个工作进程进行评价，适用的范围较广。定性标准的制定有两种方法：一是简单分等法，就是按优、良、中、可、劣或者按A、B、C、D、E的等级进行评定，如排序法，就是将考核客体按考核指标进行排队，最好为首位，次好为第二，依次类推。再按各客体指标上所得的序数相加，按总序数从小到大进行排除，最后给出优、良、中、可、劣或者 A、B、C、D、E 的等级。另一类是用短句分等法。它不是简单地分等,而是将这个标准转化为不同的短句,供评定者选择。同简单分等法相比,这种方法更进了一步,不过,当指标体系较为复杂时就难以对考核结果进行进一步比较,给考核主体带来困难。在实践中,一般将简单分等法和短句分等法结合起来使用,例如,武汉理工大学在制定行政工作目标考核标准时,便是采用这种形式(见表 10-11)。

表 10-10　华中师范大学院系本科教学年度工作目标管理考核指标系统

考核要素		考核指标		主要观测点(考核标准)	
内容	权重	内容	权重	内容	权重
课程教学	100%	1. 教学计划	20%	年度(学年)专业教学计划	30%
				主讲教师资格	30%
				教授、副教授授课	40%
		2. 日常教学	30%	教师课程教学进度	60%
				课后作业与课后辅导	40%
		3. 课程考核	20%	考试命题	30%
				考场监控	30%
				阅卷评分	20%
				试卷分析	20%
		4. 质量监控	30%	教学管理组织	40%
				教学信息采集、反馈与利用	30%
				教师执行教学规范	30%

资料来源:华中师范大学:《华中师范大学院系本科教学年度工作目标管理考核评估试行方案》,2005 年 10 月 25 日第 116 号文。

表 10-11　武汉理工大学行政工作目标考核实施办法

三级指标	目标分值	考核计算系数	考核标准
执行校长办公会决议	30	按 A、B、C、D 四个等级分别取 1、0.8、0.6、0.4 乘目标分值	A. 在规定时间内认真落实校长办公会决议，及时反映执行情况。 B. 在规定时间内主动反馈信息，经协调能执行校长办公会决议。 C. 能反馈校长办公会决议执行情况和信息，部分落实决议事项。 D. 至少经一次协调后仍不能及时执行校长办公会决议，且不能反馈信息，或拖延不办。
来信来访处理	25	按 A、B、C、D 四个等级分别取 1、0.8、0.6、0.4 乘目标分值	A. 认真对待和处理本单位各类来信来访，无群体上访情况。 B. 能积极协助学校和上级部门处理各类来信来访，无群体（5人以上）重复和越级上访事件发生。 C. 能按学校和上级部门要求妥善处理群体和个人上访所涉问题。 D. 在处理上访所涉问题时，至少一次因处理不当造成不良后果。
公文管理与运行	20	按 A、B、C、D 四个等级分别取 1、0.8、0.6、0.4 乘目标分值	A. 草拟的公文语言文字及格式规范，报送程序正常。签收处理公文及时、高效。对直接签收的上级公文资料能及时送交归口部门。 B. 报送和接收公文程序正常，能妥善处理直接接收的上级部门来文所列事宜。 C. 经归口管理部门提示，能适时改正报送和接收处理公文时的不规范程序。 D. 至少一次延误公文正常运转并造成不良后果。

续表

三级指标	目标分值	考核计算系数	考核标准
信息与统计	15	按A、B、C、D四个等级分别取1、0.8、0.6、0.4乘目标分值	A. 配备专人负责信息与统计工作，上报10条以上信息且被录用3条以上，及时准确地上报统计资料。及时上报并妥善处理突发事件。 B. 上报5条（含5条）以上信息且被录用2条以上，统计资料准确。及时上报突发事件。 C. 上报信息少于5条，统计资料基本正确，迟报少于1次。 D. 无上报信息，统计资料不全或虚报、迟报、越级报超过1次。
参与学校重大活动，节假日值班制度	10	按A、B、C、D四个等级分别取1、0.8、0.6、0.4乘目标分值	A. 积极参加学校布置的重大活动，有负责人组织，有专人参与；国家法定假日和寒暑假有专人值班，及时上报并处理一般事务。 B. 能参与学校重大活动；国家法定假日和寒暑假有专人值班并处理一般事务。 C. 能配合学校做好重大活动的部分工作；节假日值班有安排，经抽查有一次不到位。 D. 经抽查至少有一次节假日无人值班或出现突发事件不能及时处理。

资料来源：武汉理工大学规划与改革发展办公室：《武汉理工大学二级工作目标责任制资料汇编》，2007年6月。

定量标准与定性标准的侧重点均各有不同。制定考核标准时首先要进行指标性质分析。具体来说，定量标准用于考核可量化的工作，而定性标准则用于考核难以量化的工作；相对而言，定量标准侧重于考核工作的结果，而定性标准则侧重于考核工作的过程。二者各有优势，但缺陷也在所难免。在实际操作中，定量标准往往难以确定，或者笼统，或者缺乏针对性，或者缺乏可比性。而定性标准的评价往往会带有考核者的主观倾向，准确度易受影响，被考核者对考核结果的认同和信服感也会受到影响。为了发挥各自的优势,弥补彼此的不足,需要将二者结合起来。

(四) 认真研究考核周期

所谓考核周期,也称考核频率,即考核的间隔时间,就是指多长时间进行一次考核。考核周期短,则称高频率考核;考核周期长,则称低频率考核。短周期考核与长周期考核各有其特点(见表10-12)。上级单位与下级单位之间、下级单位与教职员工个人之间的目标根据需要可进行长周期考核,也可进行短周期考核。多数高校都是一年进行一次考核,这与考核的目的有关系。如果考核的目的主要是为了分奖金,那么自然就会使得考核的周期与奖金分配的周期保持一致。合理设置考核频率也是提高绩效考核有效性的手段。从原理上来说,考核频率越高,则考核效果越好,但是在实际操作中,也要考虑单位状况和单位特点。考核周期的设计,既关系高校的管理成本、考核制度的实用性与适用性,又要在客观上符合结果性效标与行为特征性效标自身周期特点。对于长效考核指标,要采用低频率的考核周期。例如高校科研部门的任务跨度大,通常具有研究性工作居多、不易测量、工作任务时间跨度长、和正常的考核周期相悖、计划性较弱,短期成果不显化等特点,适合较长的考核周期(较低的考核频率),可以是一年一考核,也可以三年一考核。对于任务性考核指标,则宜采用高频率考核周期。例如,高校的宣传工作,需要时间短,见效快,如果不及时考核,时间一长,印象就会模糊,到时考核就只能凭主观感觉了。

(五) 恰当应用考核方式

面对纷繁复杂的考核方式,人们往往莫衷一是。其实,目标考核方式本身并无优劣之分,只有适用之别;也没有适合一切高校的通用的考核方式。目标考核的目的在于把高校总系统中的各子系统有机统一起来,以此来提升管理绩效。因此,目标考核方式的选择要以绩效为导向,突出适应性。根据不同的目标性质和指标特征,考核方式可以分绝对考核和相对考核。

表 10-12　短周期考核与长周期考核的比较

因素	类别	
	短周期考核	长周期考核
覆盖年限	1 年	3～5 年
所需时间	1 个月	2～4 个月
考核依据	①部门的自我考核 ②事先商定的目标 ③考核主体的意见	①部门的自我考核 ②历年的自我考核 ③学校发展的重点 ④相关文件的数据
考核目标	①就事先商定的目标进行绩效管理 ②为来年设定目标 ③增进上下级之间的沟通 ④确定考核客体的业绩	①检验部门或个人的绩效水平 ②获得有效的工作反馈 ③强化上下级之间的伙伴关系 ④通过奖惩促进工作绩效的提升
考核成本	成本较低	成本较高

1. 以绝对考核为主轴

绝对考核是学校各单位或个人完成工作的数量和质量与学校下达给该单位的工作目标的比较。绝对考核也称无条件考核，具有不受外界影响而能保持其存在、性质、大小等的特征，具有高绩效性。在哲学上，绝对是一种最高的原则，反映了一种"是就是，不是就是不是"的价值判断。从这一维度出发，绝对考核是一种精确度较高的考核，反映了一种常数；不以变化的环境或关系为转移，不受比较对象的支配。因此，绝对考核的结果较为真实，没有争议，说服力强，效度与信度都较高。因此在实践中，它受到了人们的青睐。绝对考核是一种数量考核，适于用定量标准进行的考核。

2. 以相对考核为副翼

相对考核是学校各单位之间完成工作的数量和质量的比较。相对考核也可称为参照考核，反映了目标和考核标准之间的粗略比值。庄子认为，事物是相对而存在的。他指出："是亦彼也，彼亦是也；彼亦一是非，此亦一是非。"人是事物的尺度，考核标准的存在要受人的认识的支配，因而是有条件的、暂时的、有限的，实绩与考核结果之间的比值只能是一种模糊的近似值。这是对许多粗放性管理工作进行考核的需要，不可抹杀，否则会堵死回旋的空间，导致管理的僵化。由于相对考核侧重于行为的描述，在实际操作中适于用定性标准进行的考核。

绝对考核与相对考核各有所长。世界上一切事物都既是绝对的，又是相对的。相对和绝对的关系是对立统一的辩证关系。高校目标考核要以绝对考核为主，以相对考核为辅。武汉理工大学在这方面做了许多有益的探讨（如表10-13）。

表10-13 武汉理工大学机关工作目标责任制考核等级的确定与奖励实施

编号	分类考核类别	分类考核的等级分为四个，即优秀、良好、合格与不合格，按照相对考核与绝对考核相结合的原则进行确定。
1	绝对考核等级的确定	分类考核中学校领导和专家组的考核为绝对考核。绝对考核的等级按以下办法确定： ①优秀：总分≥90分； ②良好：80分≤总分＜90分； ③合格：60分≤总分＜80分；④不合格：总分＜60分。
2	相对考核等级的确定	分类考核中学院、直属单位与科研院所、机关职能部门、教师代表的考核为相对考核。相对考核的等级按以下办法确定： ①优秀：不超过被考核单位总数的30%。 ②良好：除优秀、合格和不合格单位以外的其他被考核单位。 ③合格：被考核单位的单项有下列情况之一发生时，只能评为合格。一是该考核单项的实际考核得分大于等于60分但低于80分的；二是发生较大责任事故，造成学校有形或无形资产受到较大损失的；三是经学校认定的其他事项。 ④不合格：被考核单位的单项有下列情况之一发生时，只能评为不合格。一是该考核单项的实际考核得分低于60分的；二是发生重大或特大责任事故，造成学校有形或无形资产受到重大损失的；三是经学校认定的其他事项。

资料来源：武汉理工大学规划与改革发展办公室：《武汉理工大学二级工作目标责任制资料汇编》，2007年6月。

在实践中，要使绝对考核发挥主导作用，使相对考核发挥辅助作用，还需要运用一些其他相应的考核方法，如交替排序法、对偶排比法、强制分布法等。

其一，交替排序法。交替排序法亦称选择排序法，它利用了人们容易发现极端、不易发现中间的心理。其具体做法是：首先将文科性质单位、理科性质单位、职能部门进行分类，在所有同一性质的考核客体中，首先挑出最优者，其次找出最差者，接着找出次优者，依此类推，直到将被考核者全部排完为止。使用交替排序法，不仅上级可以直接完成排序工作，还可以扩展到自我评价、同级评价和下级评价中。

其二，对偶排比法。对偶排比法也称成对比较法，它的具体做法是将事业单位、团体、职能部门分成三类不同性质的考核客体，在各类考核客体之间逐一配对比较，将每一次比较结果记录下来，然后统计每一个考核客体胜出的次数，根据胜出次数决定胜负（如表10-14所示）。

表10-14　部门绩效成对比较表

被考核部门	A	B	C	D	获胜次数
A	√	√	√	√	4
B	—	0	√	√	2
C	√	—	0	√	3
D	—	—	√	0	1

注：表中"√"表示横行的部门优于纵列的部门，获胜次数越多的部门绩效等级越高。

其三，强制分布法。强制分布法（forced distribution method）亦称强迫分配法、硬性分布法。所谓强制分布法，就是按照某种分布，通常按照"正态分布"，对评价结果进行合并归类或归档。强制分布有两种形式：

第一种形式：百分比强制分布法。即用百分数的形式规定某评价档次单位数量或人数占总人数的比率（如表10-15所示）。强制分布图的比例规定只是一个对总体比例的控制，具体到各个部门，可以有一定的上下浮动。例如，有的部门可能只有几个人，很难要求他严格地按比例分布进行评定。

第二种形式：直方图分布法。即按直方图的形式，把归类归档的结果要求表示出来（如图10-4所示）。图10-4中的数字表示强制规定动作客体数，即事先规定优秀为3个，良好为5个，满意为7个。

表10-15　百分比强制分布法

等级	比例
优秀	10%
良好	20%
满意	40%
需改进	20%
难接受	10%

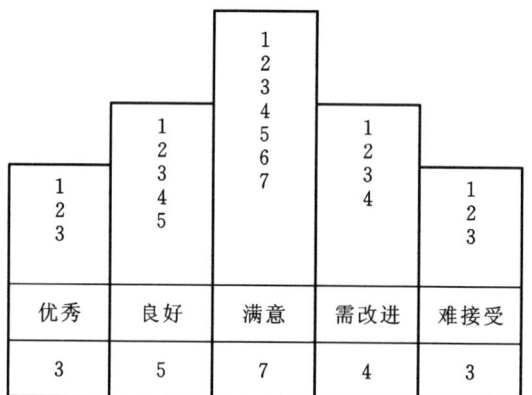

图10-4　直方分布图

我们认为，在考核中运用强制分布是必要的，但必须具体情况具体分析。比如，学校的经济实力有限，奖励面就不能太大，奖励的额度就要作限制。再如,对优秀率可以进行强制分布,但对不合格率则不能用强制分布的方式进行,否则会引起教职工的强烈不满。

(六) 不断完善考核程序

目标考核是一项系统工程,在其运行中,需要遵循系统论的原理,促进考核系统中各要素的有机衔接和相互联系,处理好学校总体目标与部门分目标、部门总目标与个人分目标之间的关系,更好地开发整体功效,实现总体目标。

1. 建立目标控制系统

目标考核系统由多个要素构成,每一个要素又与其他要素处于相互联系之中,一个要素的变化会引起其他要素的变化,如目标值的变化会影响结果值的精度与效度,过程的变化会引起结果的变化。要使这些变化处于可接受的范围内,就需要进行过程控制,也就是说要建立目标考核的控制系统。

(1) 建立控制模型

在目标考核过程中,为了进行有效的监控,必须建立科学的控制系统。所谓控制系统,是由施控系统和被控系统两个子系统组合而成的系统,它由监督、反馈两条线路和分析中心构成。其结构如图10-5所示。

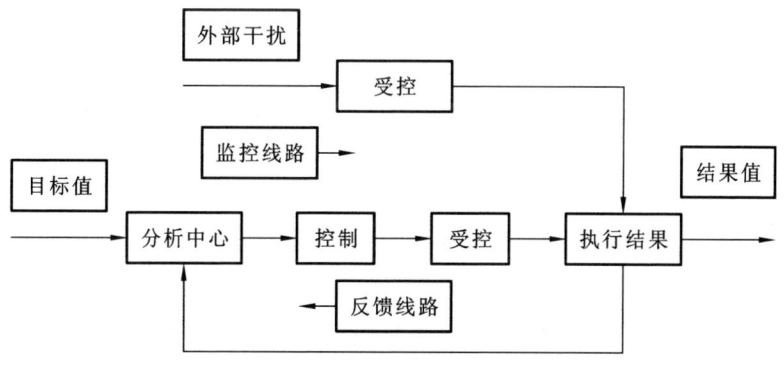

图 10-5　目标考核控制系统

资料来源:卫虎娃编著:《管理导航:企业目标管理手册》,人民中国出版社1998年版,第129页。

从以上控制系统的结构看,控制是一个不断循环的系统行为。它是从目标计划的标准行动开始,通过控制信息转化为被控系统的实际行动。通过反馈信息把实际行动结果与目标计划的标准进行比较,找出偏差,针对偏差原因,制订纠正计划,再将纠正计划转化为行动标准,如此周而复始,循环往复,直到目标达成。

(2) 确定控制标准

目标要有可控性必须要有一定的标准。计划是控制的依据,但计划一般内容详尽,环节复杂,各级考核人员在实际考核活动中,往往不便于掌握其中的每一个细节,因而需要建立起一套科学的控制标准。这些标准是衡量工作成果的尺度,是在一个完整的计划中选出的计量工作成果的关键点。

在高校目标考核中,要根据学校所要达到的总目标来选择关键点。这个目标,可以是学校的总目标,也可以是各个院系的分目标。由于目标责任者所负责的最终成果是衡量计划完成情况的最好尺度,因而只有建立起一个可考核的标准,才能保证目标考核在可控的范围内。

(3) 衡量考核成效

在目标考核过程中,需要依据考核标准衡量执行情况,把实绩与标准进行比较,对工作作出客观评价。按照标准衡量成效,最理想的是在偏差尚未出现之前就有所觉察,并能采取措施加以避免。例如,在平时考核中,科研处发现某学院上半年科研指标才完成30%,为防止该学院年终不能达成目标的局面,就需要及时纠正该学院的科研进度,并对其进程进行跟踪监控。

为准确地衡量目标执行情况,还必须考虑衡量的精度和频度问题。所谓精度,是指衡量结果能够在多大程度上反映出被控对象的变化。精度越高,越能准确反映被控对象的状态,但同时衡量工作会变得更为复杂。所谓频度,是指对控制对象多长时间进行一次测量和评定。频度越高,越能及时掌握状态变化,但同时增加了监测机构的工作量,或者有时根本无法做到。鉴于这两种情况各有利弊,所以对于精度和频度的考虑,均要以适度为准则,才能减少偏差。

(4) 纠正考核偏差

控制的目的在于纠正偏差，因此目标考核要在衡量工作成效的基础上，针对被控对象状态相对于标准的偏离程度，及时采取措施予以纠正，从而使其恢复到正常状态。

管理学家孔茨在《管理学》中指出，纠正在实际执行中所产生的偏差，既可以看成整个管理系统工作的一部分，也可以理解为控制工作与其他工作的结合点。这是因为管理系统只有不断发现并纠正执行中的目标差，才能最终实现目标。当然，纠正目标差只有通过考核才能发现，并需要其他工作的配合，视不同情况，采取不同的纠正措施。有时可以通过加强指导或领导工作来纠正偏差；有时可以通过组织职能来纠正偏差，如重新明确院系不同人员的分工，或更换新负责人；有时可以通过计划职能来纠正偏差，如重新修订计划或修改目标。

2. 选择目标考核程序

建立畅通的考核程序是目标考核协调机制顺利运转的保证。控制论告诉我们，控制系统具有稳定性，目标考核可以依此建立封闭式考核程序系统；控制系统又处于动态开放中，所以目标考核可以依此建立开放式考核程序系统。

其一，封闭式考核程序系统。封闭式考核属于内部控制，而内部控制性质是关于内部控制是什么以及内部控制为什么存在的问题[①]。因此，这一考核程序是不将考核情况告知考核客体，不进行考核面谈，考核过程在封闭的状态中进行，人事处在考核中是作为考核工作的组织者出现的（如图10-6所示）。

其二，开放式考核程序系统。这一考核程序是通过考核客体填写自我考核部分，考核主体与考核客体进行实绩面谈，交换意见，以达成观点的一致，考核程序在开放的状态中进行（如图10-7所示）。封闭式考核程序与开放式考核程序各有利弊，不存在优劣之分，只存在适用之别，在实际运用中可以根据学校特点进行选择。

---

① 黄寿昌. 科层制组织内部控制设计的哲学基础：从控制论范式到权力范式 [J]. 财会月刊，2022（7）：143-152.

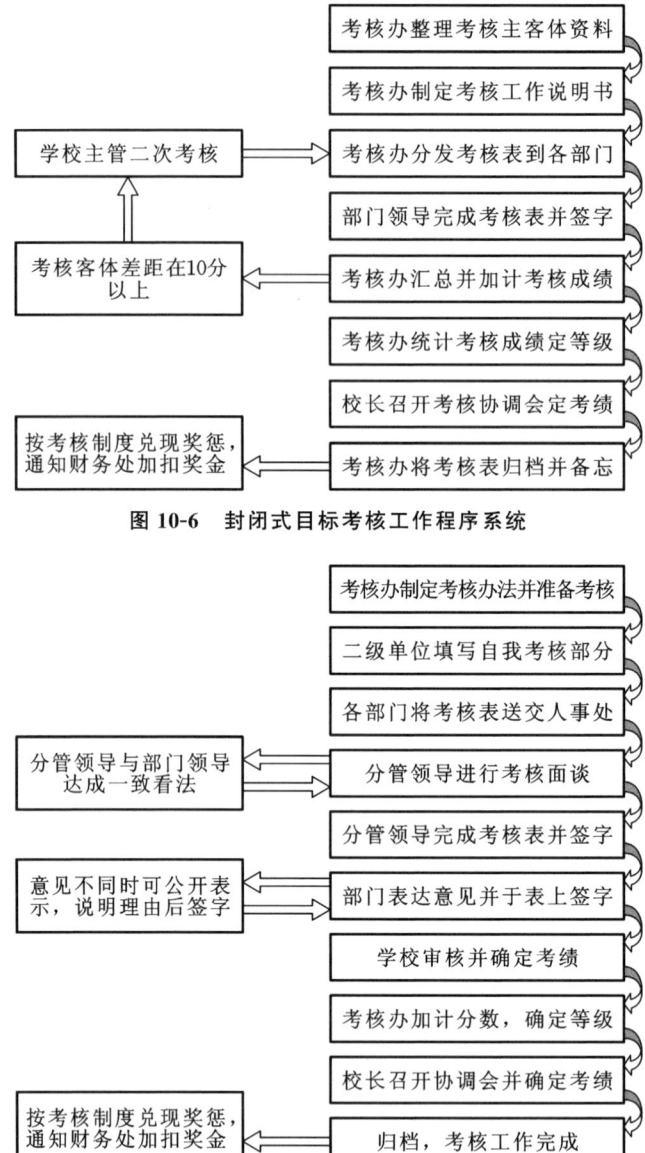

图 10-6　封闭式目标考核工作程序系统

图 10-7　开放式目标考核工作程序系统

其三，混合式考核程序系统。封闭式考核程序系统与开放式考核程序系统均只注重某一方面，难免有不周全之处。在考核实践中，常常将封闭式考核程序与开放式考核程序结合起来，建立混合式考核程序。现以西北师范大学的考核实例进行说明（见图10-8）。

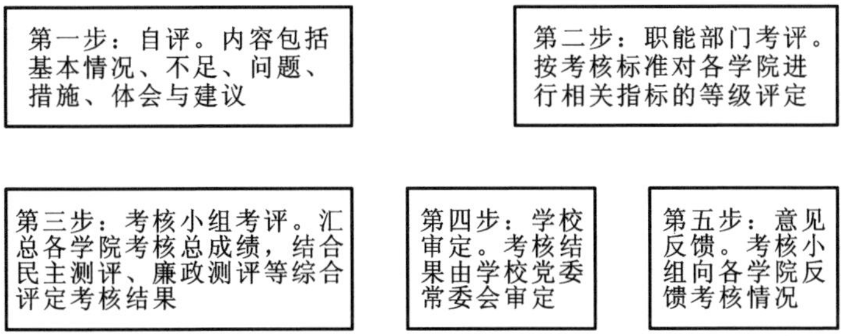

第一步：自评。内容包括基本情况、不足、问题、措施、体会与建议

第二步：职能部门考评。按考核标准对各学院进行相关指标的等级评定

第三步：考核小组考评。汇总各学院考核总成绩，结合民主测评、廉政测评等综合评定考核结果

第四步：学校审定。考核结果由学校党委常委会审定

第五步：意见反馈。考核小组向各学院反馈考核情况

图 10-8　混合式目标考核工作程序系统

资料来源：西北师范大学党委组织部：《西北师范大学学院目标管理责任制考核实施办法（试行）》，2007年。

第四节　总结反馈

总结反馈为学校管理层、职能部门和教学单位提供了一个更为正式的、面对面的平等沟通机会。通过这种沟通，学校管理者可以进一步了解各二级单位的实际工作情况，协助他们提升成绩，各二级单位也可以了解到学校管理者的管理思路和计划，有利于促进两者之间相互了解和信任，提高管理的渗透力和工作效率。

总结反馈包括三方面的内容：结果反馈、奖惩兑现、进行改进。结果运用决定了组织走什么"路"，举什么"旗"，革什么"命"，它集中反映了一个组织的战略和追求，可以说，考核结果运用是目标考核的"一只看不见的手"。总结反馈有利于对二级单位的表现形成双方一致的看法。在目标考核结束之后，学校应该当面告知被考核者最终的评价结果，同时接受被考核单位对于考核结果的质疑、申诉等，如有必要可以对绩效评价结果予以调整和修正，有利于二级单位认识问题、改进工作。通过公开或私下的方式，表达学校对于二级单位所取得的成绩、成果的祝贺，肯定其专长、优点，以激励二级单位的积极性，有利于二级单位认识到自己的闪光点。通过绩效面谈，让二级单位认识到自己存在的问题和不足，学校管理者要对其提出建设性的意见，有利于制订更为科学的目标管理方案。但对考核结果的运用，不是一件简单的工作，涉及部门与员工的绩效改进和利益分配，如果处理不妥当就会出现问题，引发部门与部门之间或者员工之间的矛盾。特别是在考核结果与薪酬挂钩的情况下，如果处理不当，更容易出现问题。管理的根本是管心，所以考核结果的运用要基于人性的分析，将考核结果与激励机制有机结合起来，才能真正使每一个考核方法和技巧切合人心、实用有效。

一、反馈考核结果

结果反馈包括两层含义：一是以学校的事实和数据为载体，向各部门反馈考核结果。二是学校针对部门考评中出现的一些实际情况，特别是一些不平衡指数作认真的研究和分析，将研究和分析后得出的指导性意见适时反馈给各部门，指引和督促其改进工作，使学校高效地向总目标迈进。结果反馈不是目标考核的终点，相反，它是新的目标考核工作的起点。为了新的目标考核工作顺利进行，结果反馈一要关注公平，将考核结果公开；二要关注满意，给不满者以申诉机会；三要关注需要，在面谈中增进理解。

1. 将考核结果公开化

考核结果形成以后，目标考核组织管理部门要及时将结果予以公布，可以借助网络信息化手段，在网上公布考核结果，也可以通过内部刊物发布考核结果。公示的目的在于使各考核客体了解考核结果，明白自己的优缺点，知道差距和如何改进。同时，结果公示也是促进考核公平、公正的一种有效手段，能在很大程度上抵制营私舞弊现象的发生，因为"公众心中那杆秤"是最公正的。

2. 建立考核申诉制度

考核结果公布以后，不同的结果会引起不同的反响。通过建立考核申诉制度，给那些对于考核结果不满意或认为不合理的考核客体一个申斥的机会，不仅是考核民主化的要求，也是目标考核发挥作用的必要措施。为了做好这项工作，学校可以成立考核申诉委员会，负责解释说明考核结果，使考核客体心服口服；同时可以纠正考核偏差和错误，使考核更为科学和公正。

3. 充分利用绩效面谈

反馈面谈是目标管理的深层次管理。目标考核是对各二级单位发展过程的"诊断"，反馈面谈则是对其发展过程的"治疗"。通过面谈能够增进组织与各二级单位的沟通和理解，帮助他们发现自身的不足，是二级单位学习和纠正问题、明确方向和目标的大好时机。良好的考核面谈是反馈考核结果、营造考核氛围、实现有效激励的一种重要方式。要防止面谈成为"批斗会""审判会"，而要注意人文关怀，使下级敢于正视问题，改进不足。一般而言，目标考核面谈包括三个步骤，即面谈准备、实施面谈和面谈效果核价。

反馈面谈一般安排在绩效考核后，在已得出明确的考核结果且准备较充分的情况下进行。面谈的内容主要是讨论学校各二级单位工作目标考核完成情况，并帮助分析工作上成功与不足的原因及下一步的努力方向，同时提出解决问题的意见和建议，求得二级单位的认可和接受。谈话中应注意倾听二级单位的心声，并对涉及的客观因素表示理解和同情。对敏感问题的讨论应集中在事实上，而不应集中在个人上，最大限度地维护二级单位的自尊，使其保持积极的情绪，进而使面谈达到增进信任、促进工作的目的。

面谈准备有三个要项：首先是明确面谈目的。它包括：双方就被考核者的表现达成一致的看法；指出被考核者优点之所在；辨明被考核者的不足与努力方向；共同为被考核者制订相应的改进计划。其次是确定恰当的面谈时间。面谈时间应尽量安排在被考核者方便的时候。再次是选择一个适宜的场所。面谈的场所最好是一个相对封闭，能够让被考核者感觉轻松，并便于双方自由沟通交流的地方。

实施面谈时应注意这样一些问题：为使双方顺利地实现交流和沟

通，应营造一个融洽的面谈气氛；明确说明这次面谈的目的；根据考核已确定的标准和目标，说明评分的结果和理由；充分利用角色换位和聆听技巧；避免算旧账；不要说教；先表扬，后批评，再表扬；让被考核者了解自身的发展前景，共同制定新的工作目标；该结束的时候应立即停止，用鼓励的口吻结束谈话。

二、有效实施奖惩

韩非子说："奖罚不信，则禁令不行。"在目标考核中，只奖不惩，便会淡化责任；只惩不奖，就会淡化激情。只有奖惩结合，正向激励与负向激励并用，才能取得良好的效果。

1. 加扣薪酬

目标考核结果与薪酬的联系通常反映在绩效工资发放、奖金分配等方面。加扣薪酬的基本理论是绩效理论和期望理论。激励是指激发人的行为的心理过程，也可以理解为创设满足各种需要的条件，激发人的动机，使之产生实现组织目标的特定行为的过程。对物质利益的追求是每个人都有的一种潜意识，所以目标考核要注重薪酬激励，根据绩效决定报酬。这样有助于吸引和留住成就导向型员工；可以激发员工、下级单位多做符合学校发展目标的事情，有利于在学校中建立以绩效结果为导向的激励机制；有助于聘请到优异的员工，因为这种激励方式能满足人们的需要；有利于形成以绩效为导向的工作文化。

加扣薪酬关涉到两方面的问题，一是绩效工资，二是奖金分配。绩效工资是以绩效为导向的工资制度，它强调各单位负责人的工资调整或员工的工资调整取决于部门、个人及学校的绩效，以成果与贡献为评价标准。一般而言，绩效工资的发放应与各单位日常工作考核结果挂钩。奖金分配是指学校依据什么给部门发奖金、发多少。奖金的发放一定要基于评价。除了和各单位的日常工作考核挂钩外，通常还要考虑各单位的其他特别表现，比如重大研究发明、特殊管理贡献、突破性荣誉获得等。为了使教职员工的利益与团队、学校的利益紧密联系，在薪酬分配时还可以根据学校整体效益来确定。例如，规定只有当学校的总目标实现以后，才能进行奖金分配和加薪，而且，奖金的数额和加薪的幅度随学校效益的变化而变化。

在现代管理中，应把思维创新并付诸有实效的行为作为重要奖惩因素，以调动教师的创新意识，鼓励教师的创新行为。薪酬激励应注意两方面：一是薪酬激励应与相应制度结合起来。通过建立一套制度，创造一种氛围，以减少不必要的内耗，使组织成员都能以最佳的效率为实现组织的目标多做贡献。例如，薪酬奖惩标准在事前就应制定好并公之于众，且形成制度稳定下来，而不能靠事后的"一种冲动"，想起来则奖一下，想不起来就作罢，那样是达不到激励的目的的。二是薪酬激励必须公正，但不搞平均主义。为了做到公正激励，必须对所有职工一视同仁，按统一标准奖罚，不偏不倚，否则将会产生负面效应。此外，必须反对平均主义，平均分配奖励等于无激励。目标考核要做到"该奖则奖，该罚则罚。譬如，武汉理工大学对机关部门的奖惩制度规定："考核为优秀的部门，部门的年终奖励上浮20%；考核为良好的部门，部门的年终奖励上浮10%；考核为合格的部门，部门的年终奖励按实际标准发放；考核为不合格的部门，部门的年终奖励下浮10%。"

2. 升降职位

职位的升迁是单位领导者实现事业抱负的心理需要，反映了他们的一种精神需要，以之为动机进行激励，既能以金钱留人，更能以事业留人。在实际操作上，职位升降要以绩效为导向，以契约为依据，目标实施之前就与各单位负责人签订合同，什么情况下该奖励、什么情况下该惩罚都要说得十分分明。目标考核结果反映了一个单位的绩效情况，它能在很大程度上说明一个单位负责人是否适合担任该职位，因为目标考核反映的是该负责人任职后的一段较长时间内的工作成效。目标考核结果说明了一个单位负责人的能力大小。对于目标考核中许多项均属于"D"或"不合格"的单位负责人，要考虑其"下课"或降职问题；反之，在各项考核工作中均表现出色者，要考虑其升职问题。当然，凡事不能一概而论，也要针对各部门的特殊情况进行评价。譬如，一个学院的课题要若干年后才能出成果，因此不能根据当年的成果数量来评比，而要进行专项考核，再确定其奖惩。当然，对下属单位领导者有关职位的奖惩也应通过业绩评定来进行。例如，武汉理工大学对机关部门领导班子的奖惩制度规定："考核为优秀的部门，给予部门负责人正职5000元、副职4000元的奖励；考核为良好的部门，给予部门负责人正职3000元、副职2000元的奖励；考核为合格的部门，不奖不罚；考核为不合格的部门，给予部门负责人正职3000元、副职2000元的罚款。"此外，对下属单位领导者关于职位的奖惩还可以通过荣誉激励来进行。荣誉是众人或组织对个体或群体的崇高评价，是满足人们自尊需要、激发人们奋力进取的重要手段。荣誉激励成本低廉，但效果很好。学校可以通过给目标考核中成绩突出的单位领导颁发荣誉奖、授予荣誉称号、公开表扬等进行激励。

三、指出改进方向

在总结反馈的过程中，针对成绩，要给予充分的肯定并要讨论应该或可以采取什么措施进一步巩固成绩；对于不足，应当讨论采取何种措施或计划来改进提高。这个环节在整个目标管理的过程中起着承上启下的作用，决定着高校目标管理的理论和实践的发展。其主要内容一方面是针对本次目标管理的实施过程中存在的问题，分析其主要原因，并提出改进的具体方法，以完善高校目标管理的管理理论和方法，推动高校目标管理理论的深化；另一方面则是针对各个二级单位在本次目标管理中存在的主要问题，深入了解其原因，并提出下一年的改进计划。

第十一章　高校目标管理的原则概括

高校目标管理原则是高校进行人力资源开发与目标管理时应遵循的行动准则和基本要求，它源于人们对目标管理规律的认识，是管理哲学中的权威论、方法论、艺术论等问题的综合体现，贯穿于高校人力资源开发与目标管理工作的全过程，既是对高校目标管理实践经验的概括，也是实施一流管理必须遵循的准则。高校目标管理原则本身的合理化、科学化、系统化，对高校人力资源开发与目标管理活动的规范化、科学化起着重要作用，对高校高质量发展起着重要作用。由于实践本身的丰富性及人们在总结实践经验时秉持的价值观和认识水平的差异，原则的科学性必然是相对的。面对各种各样的原则，管理者应根据高校的实际情况，有鉴别地选择和利用。根据高校目标管理的原则包括目标兼顾原则、行动协调原则、过程监控原则、适时反馈原则、有效激励原则和合理授权原则。

第一节　目标兼顾原则

目标兼顾是指此目标的实现不会损害彼目标的落实，甚至是相互促进的。在当今中国高等教育的二维坐标上，在横的方向是深入推进高等教育普及化进程，扩大高等教育供给，极大地满足民众的学习需求；在纵的方向是提升教育质量，建设现代化高质量高等教育体系，更好地服务于社会。在这场整体性的演进中，高校目标管理被详加考量，竞争既在当下，又在长远；既在重点领域，又在一般领域；既维持传统，又提出创新。实现这些关系的有机统一，要用系统的方法，把诸多目标结合起来，做到目标兼顾。

一、长期目标与短期目标兼顾

长期目标是根据学校的远景规划而制定的战略目标。短期目标是根据学校的近期发展而做出的短期规划。高校的主要任务是创造知识、传授知识，培养高级专门人才。高校若要在今后的竞争中占有一席之地，形成高质量发展的长效机制，就需要重视学术声誉、毕业生质量、教师资源、学生资源、经费资源等，这是高校工作的长期目标。为实现长期目标需要分步完成许多工作，这便是短期目标，如每年学校要在有影响力的期刊上发表多少论文、做出多少科研成果、需要争取多少科研基金、需要完成哪些实验，达到什么预期结果、需要开设多少新课程等。对某一阶段工作业绩的目标考核，都需要考虑它与长期目标的关系。长期目标与短期目标之间存在着必然的联系。

长期目标放眼未来，短期目标立足当下。因为现在是未来的前提，所以短期目标是长期目标的基础，任何长期目标的实现都必然通过短期目标来实现。短期目标必须体现长期目标，必须为长期目标服务。只有确立长期目标，才会有动力。如果没有长期的目标，高校目标管理就像在大海中漂浮的小舟，会迷失前进的方向。长期的目标一定要定得稍微高一点，实现起来要有一定的难度，这样才能有压力，有压力才有动力。比如，有较好基础的一般本科院校将2030年远景目标定为建设国内一流大学。而短期目标，则是指在某阶段中的目标。不同的阶段，不同的单位，目标也不一样。长期目标的实现是循序渐进的过程，不可能一口吃成个胖子，一定要从易到难，从简单到复杂，先实现最基础的目标，然后不断提高。其次还要根据时间安排，在某一段时间内，重点"进攻"某个目标。短期目标是长期目标实现的基础，是实现长期目标的根本保证，只有让每一个短期目标都实现，长期目标才能最终变成现实。长期目标是短期目标的最终结果，制定这些短期目标的目的就是为了一步一步地实现长期目标。一个一个的短期目标实现了，能增加长期目标实现的信心。不过，长期目标的时间跨度较大，中间发生的变化难以预测，因此，随着情况的变化，长期目标在实施过程中会不断进行调整。高校只有使学期目标、学年目标、2～5年目标和长远蓝图之间形成一个完整的目标体系，才能协调一致，切实可行。

二、重点目标与一般目标兼顾

重点目标是学校工作重点的体现，一般目标反映的是学校的常规工作。重点目标关系到学校生存之计，发展之机，是学校工作的核心。一般目标支持学校的常规运转，是学校工作的基础。重点目标要以一般目标为基础。就高校而言，为了建设国内有知名度、国际上有影响力的研究性综合型大学，要把教学上质量、科研上水平、管理上台阶同时作为最重要的目标，相辅相成。围绕教学目标、科研目标、管理目标等重点目标，通常还要明确一些一般目标，如为实现科研目标，可以制定教师科研成果目标、学生科研成果目标等。这些目标都可以通过具体的指标来体现，指标的设定将使管理围绕指标转，制定科学的考核指标是目标考核系统高效运转的保证。从某种意义上说，考核指标的设定是整个目标管理系统的目标和目的，也就是说，通过考核指标的设定，规定了学校对各单位及个人的考核内容，可以影响各单位及个人对待不同工作的态度，进而起到引导工作行为的作用，它让各单位及个人明白学校对他们的要求是什么，以及他们将如何开展工作和改进工作。因此，考核指标的下达具有其战略导向性。依据不同高校工作目标，可以将考核指标分为核心指标、基本指标和个性指标。

三、刚性目标与柔性目标兼顾

刚性目标就是制度性目标。刚性目标的实现是管理者依靠一定的行政指挥系统，通过制定一系列章程、规定和规则，采取强制的方式与手段使职工遵守和执行。刚性目标是通过稳定的规章制度来保障实施的，具有一定的强制性。如果有违反规章制度者，则采用行政方式与经济手段予以惩罚。柔性目标采用非强制形式进行管理，即人性化目标[①]，是指在研究人们心理行为规律的基础上，采取非强制的方式，在职工心中产生一种潜在的说服力，从而把组织意志变为人们自觉行动的目标。由于高校目标管理中的问题多种多样、千差万别，不能一味地用制度去堵、去禁，有些现象或问题可以堵得住、禁得住，但有些问题是禁也禁不住、堵又堵不住的，那就得充分发扬人性，用疏导的方法，采取疏与堵结合的方式。就像治水一样灵活而适时地进行疏与堵，把问题处理在萌芽状态，就可保平安而无恐慌之忧。如安全工作目标等一些敏感而棘手的普遍性问题，我们采用堵的方法，制定刚性目标，能收到很好的效果；而对于思想工作目标、组织建设目标，则不宜用堵的方法，因为人的思想总是要表达出来的，堵是堵不住的，只能用疏导的方法。所以，要实现刚性目标和柔性目标相协调，关键在设置目标时要考虑目标的性质。在诸多设立的目标中，有的目标是基础性、前提式的，有的目标是伸缩性、比较式的。如反映办学质量的毕业生初次就业率，就是柔性目标，而教师岗位目标中教师接受教学任务的态度就属于刚性目标。学校管理者要根据目标项目的性质，科学、准确地对目标进行定位，然后针对不同性质的目标采用不同的管理方法。

四、组织目标与个人目标兼顾

组织目标即学校目标。组织目标与个人目标互相影响、互相制约。目标管理的最终目的是促进学校的发展，提高学术水平，为社会培养更多优秀的专业人才。而组织目标需要组织中的成员共同来完成，所以，要实现目标就必须使个人目标和组织目标有机地统一起来，形成最小阻力。首先，管理者要正视二者的差异性，使组织目标尽可能地覆盖、包含个人目标，使教职员工能从学校所设立的目标中看到个人利益，并且通过群众参与制定的方式促进大家接受并把组织目标转化为个人目标。其次，对于与组织目标方向上不矛盾的个人目标，如教师的自选科研课

---

① 帅泽兵. 柔性管理的目标取向和实施策略[J]. 湖南教育（A版），2021（10）：44.

题、开设新课程的愿望等,应该为它们的实现创造条件、提供机会,开辟可能的"用武之地",从而使之纳入组织目标体系。再次,对于与组织目标利益不一致的个人目标,要分析情况分别处置;对于性质上错误的,要教育、批评、引导使之修改;对那些于本单位无益却对国家有利的目标,则应帮助他们另谋实现渠道[①]。

五、维持性目标与突破性目标兼顾

维持性目标就是控制增长、保持现状的目标。突破性目标就是超越现实,使规模、水平不断拓展,甚至达到前所未有的水平的目标。在高校目标管理中,目标既要是预期可达到的,也要是需要经过一定的努力才能达到的,目标的实现能有效地满足高校教职员工的个人成就动机,而动机是引起个体行为活动的直接原因。高校教职员工大多受过高等教育,多有较高的成就动机,在高校实施目标管理可以更有效地激励教职员工努力工作。目标是一种期望值,不同的期望值构成不同的目标,要形成目标管理的压力和动力效应,要求目标的设定既不能太高,也不能太低[②]。如果过高,员工无法达到,与期望值相差悬殊,就会失去激励和评价考核的意义。同样,目标也不能太低,否则员工就可以轻轻松松地就达到目标,远远地超过期望值,设定这样的目标就等于没有设定。富有突破性的目标是激励教职员工努力工作的驱动力,但是突破性目标又必须是部门成员通过努力可以达到的目标,这就要求确定目标时,应充分考虑内、外环境的影响,综合考虑为实现目标所需要的条件和努力。突破性目标的制定要以维持性目标为根基,没有维持性目标,突破性目标就会成为空中楼阁。譬如,高校制订的稳定本科生招生计划,扩大研究生招生规模,使本科生与研究生之比达到3∶1,这一目标是在基于招生工作的基础分析上制定的,因而是符合实际的,又是切实可行的,能把维持性目标和突破性目标很好地结合起来。

---

① 陈明.高校教师目标管理的心理学机制分析[J].黑龙江高教研究,2005(4):85-86.
② 郭必裕.对高校目标管理中目标的本质探讨[J].煤炭高等教育,2004(5):34-37.

六、功利目标与精神目标兼顾

功利性是团队目标设定的核心特征，体现这一目标对社会和团队本身的根本价值，如学校要造就杰出校友、获批院士、长江学者和产出顶级期刊论文，这一目标从大学生发展角度看就是功利性的。精神目标是非功利性的，是指团队目标实现过程中获得的除根本价值外的其他价值，如学校在培养优秀人才和出科研成果的同时，孵化出了一批高新技术企业，培养了一群高水平的教师和科技创新人才，形成了一种良好的校园文化等[①]。一方面，在市场经济条件下，完全抛弃功利追求不太现实，高校目标管理必须考虑教师的利益追求，这些追求有物质的、精神的，目标的设置要对这些因素进行全面考虑。另一方面，大学又是一片学术研究的净土，无私奉献是大学的本色，在基本的物质生活得到保障以后，要利用目标管理强化教师的奉献意识，用"四有"好老师标准鼓励教师"十年磨一剑""甘坐冷板凳"，多出创新性研究成果。

第二节 行动协调原则

高等教育改革是改革惯习与场域文化的集体行动[②]，"无论高等教育有多么复杂，无论把高等教育系统分解为怎样的子系统，高等教育系统都必然要求各子系统在目标上协调一致。不仅要求每个子系统的目标与整体目标相协调一致，也要求每个子系统的目标与自己内部的组织成员的个体目标相互协调。更重要的是，每个系统的目标与实现这些目标的条件之间需要相互协调，这就形成了管理活动的普遍性"[③]，即高校目标管理需要协调。

---

① 郭航鸣.做好学校目标管理核心工作的思考［J］.金华职业技术学院学报，2004（1）：111-113.

② 周作宇.教育改革的逻辑：主体意图与行动路线［J］.北京师范大学学报（社会科学版），2020（1）：5-29.

③ 薛天祥.高等教育管理学［M］.桂林：广西师范大学出版社，2001：115.

目标是由多个子矢量构成的一个相互联系、相互制约而又相互支撑的系统。此目标的实现往往会促动彼目标的实现，此目标的缺损往往会影响彼目标的实现。要发挥系统的整体功能，就要把全校整体管理目标与各部门乃至个人目标连成优化的目标系统，从制定全校目标到具体分解落实到部门和个人目标，以及实施与考核目标，全过程都要求全校所有成员参加，协调一致，共同完成，以利于调动各方面的积极性，把每个部门、每个人的积极性都集中到实现学校总体目标上来，提高全体教职员工队伍的整体素质，建立一套较完善的考核体系，提高科学管理水平。

一、目标制定时集思广益

目标管理强调人人参与和上下同欲的重要性，要求各级人员都参与目标的制定工作，而且以上下级人员直接协商的方式来进行。从理论而言，目标管理属于管理的计划职能范畴，它不是用目标来控制，而是试图将个人的奋斗目标与组织目标结合统一起来，从而达到对被管理者的较好的激励效果。在高校目标管理中尤其要如此，因为高校目标管理的客体是教师，教师的自尊心强、自制力强、求知欲强，在如何提高教学水平、搞好科研等事项上，他们往往比学校领导更具有发言权。这就要求在制定目标时不仅要发挥领导者的才智，也要广纳全体教职员工的意见建议，并注重上下级之间的交流沟通，以此来获取全体成员的自觉承诺，保证目标的可行性和科学性，增进全体成员对目标的理解和提高接受目标的程度，并在参与目标的制定中发现自己的价值和责任，提高对实现目标的积极性。

二、目标分解时各展其长

学校发展总目标确定以后，首先形成长远目标、年度目标并确定实施步骤，同时，将目标分解为各部门、各学院、各系所直到教职员工个人的岗位目标。分解时要根据每个单位的实力、教职员工的实际能力，扬其所长、避其所短，确保其通过努力能够完成。如果分解的目标与单位、责任人不相符,目标过高,脱离实际,会使目标可望而不可即,失去激励性;如果目标太低,轻易就能实现,则缺乏挑战性,不能充分发挥每个单位、每个教职员工的潜力。

三、目标实施时群策群力

目标管理注重整体管理和成果管理,"生产成果"的集体性和教师劳动的个体性是高校目标管理的重要特征。高校培养人才、发展科学、服务社会所取得的成果是全体教职员工共同劳动的结晶。由于高校具有多学科、多专业、多层次、多规格的特点,仅有管理人员和少数教师的努力是无法实现目标的,一位教师只能教好一门或几门课程,进行某些学科领域的科研工作,而不可能精通各类学科、各种专业的教学、科研工作。学校总目标的实现既依赖于每位教职员工的努力工作,又促进个人目标的实现;个人子目标的实现既依赖于学校总目标的实现,也推动学校总目标的实现。因此,在目标实施的过程中,只有教职员工之间、各类教师之间、各学科之间、各专业之间有效配合,形成具有统一目标的教育力量和科研力量,才能更好地发挥综合优势。

四、目标考核时多元参与

目标管理以制定目标为起点,以考核目标完成情况为终结。从目标制定、目标实施到目标考核是一个动态的循环上升的过程。目标考核是目标管理一个周期的最后一环,也是动态过程再启动的准备阶段,对目标起着总结、提高的作用。只有多元选择考核主体,才能对目标进行全方位、多视角的考核,考核结果才能更为客观公正。这些考核主体应当包括学校领导、部门领导、一般教师、学生代表、校外专家、社会团体等。

第三节 全程监控原则

监控即监督控制的意思,按照控制理论的理解,控制是指按照既定条件和预定目标,对受控对象施加主动影响的行为过程,目的在于保持事物的稳定状态或促进事物由一种状态向另一种状态的转换。控制作为管理的一项基本职能,主要是管理人员为了保证实际工作与计划相一致而采取的管理活动。一般是通过对计划执行情况的监督、检查等方式,及时发现目标偏差,找出原因,采取措施,以保证目标实现的过程。在高校目标管理过程中实施全程监控原则,就是要在高校目标管理的所有环节实施全程监督,减少损失,促使目标顺利实现。实施全程监控的原则,应从以下几方面做起:

一、目标制定时明确职责

高校目标管理是个极其复杂的系统工程,只有环环相扣,才能保障整个系统正常运转,因此,监控的前提是明确职责,确立每个项目的负责人,责任层层分解。在目标制定时一定要明确指出校级总负责人是谁,中层各职能部门的责任人是谁,院系的责任人是谁,每个单项的负责人是谁,做到事事有人做,人人有事做,职责明确。把目标管理与岗位责任制有机结合,可以减少"踢皮球"。列宁曾说过:"管理的基本原则是,——一定的人对所管的一定的工作完全负责。"[①] 只有目标明确,责任到人,实施监控才有针对性,实效性。

二、目标实施时关注境况

目标实施情况的监控是全程监控原则最重要的一个环节,只有掌握了目标实施的具体情况,才能促进目标的最终实现。首先,应成立专门的目标管理小组,严格遵照相关的标准对各单位进行定期与不定期的检查,并通过信息反馈机制严格监控整个管理过程,对各级目标实施中出现的偏差、达标情况以及目标体系中各层次分目标的实施情况,进行查看、指导、协调和督导,同时广泛收集并整理各种信息,及时提醒相关

---

① 中共中央马克思恩格斯列宁斯大林著作编译局. 列宁全集:第三十六卷 [M]. 北京:人民出版社,1959:554.

人员。其次，应因情制宜，给予必要的帮助。教学院系是高校的最基本单位，各项工作任务的最终落实大都在教学院系。教学院系的工作目标一经确定，院系负责同志自然要组织力量去实现目标，但如果教学院系本身的力量不足以完成时，学校领导和有关职能部门要积极创造条件帮助院系完成工作目标。只有教学院系的各项工作目标顺利完成，才能有效地保证职能部门的目标顺利实现，从而使学校的年度工作目标圆满完成，这是一个相互联系的不可分割的目标任务链。校领导及职能部门支持和帮助教学院系的形式也不拘一格，依具体情况而定，比如下放一定的权力，或给予必要的经济支持，或以学校的名义协助院系做些必要的工作等等。最后，应因时而变，及时调整。目标管理是一个不间断的反复的动态的循环过程，应随着工作环境和条件的变化及时进行调整和完善。当发现目标不尽合理、目标计划本身有偏差时，必须修正目标计划。尤其是当客观环境发生重大变化或本身有重大失误，使预定目标和计划不能继续执行时必须重新调整目标，全面改变计划。经过一次次扬弃，将不断出现"更上一层楼"的局面，量变积累到一定程度时质变终将出现。

三、目标考核时维护公正

目标考核环节的监控主要是维护目标考核过程中的公正性，监控的主要内容包括：考核主体是否具有权威性和代表性；考核程序是否具有严密性；考核的内容是否具有全面性；考核的标准是否具有科学性；考核的结果是否具有认同性等。监控的主要形式是学校纪检部门、工会组织和教职工学生代表参与考核的全过程，保持考核过程一定程度的透明度。

当然，要使这些措施得力，前提是需要建立一个比较完备的监控系统，使其具有导向性、适时性、针对性和灵活性。（1）目标监控系统应该具有导向性。目标实施过程中的管理监控是通过人来实现的，即使是最好的管理领导者也不可避免地要受自身个性及经验等主观因素的影响，因而目标管理中由于人的主观因素造成的偏差是不可避免的，有时甚至难以发现和纠正，因此，只有凭借客观的、精确的考评标准来衡量目标或计划的执行情况，从而补偿人的主观因素的局限，才能以此引导员工向着目标达成的方向前行。对于一个系统的主管人员来说，由于精力和时间的限制，进行目标管理时，实施控制不可能面面俱到，所以应该通过宏观控制，也就是在保证大政方针的情况下，对局部实施无为而治的自由管理。监控系统主要是抓目标输入和目标考评两个方面，而对监控系统的运行过程，除了提供必要的人、财、物等物资条件和咨询指导外，一般不应过多干预。因此，实施监控要尽量减少指令信息，把工作的重点放在宏观控制方面。(2) 目标监控系统应该具有适时性。一个完善的监控系统，要求在实施监控时，如若发生偏差，必须能够迅速发现并及时指导；甚至在未出现偏差之前，就能预测出偏差的产生，从而防患于未然。监控的适时性可以使管理人员尽可能早地发现甚至预测到偏差的产生，及时进行纠正，从而可以把各方面的损失降到最低限度。这就要求各目标管理实施单位依靠现代化的信息管理系统，及时把重要可靠的信息传递给有关人员，使其随时掌握工作的进展情况，尽早获得实际绩效与计划或标准之间的偏差信息，以便及时采取措施实施矫正。(3) 目标监控系统应该具有针对性。所谓监控要具有针对性，就是说要善于抓住关键点。针对性体现了抓主要矛盾的思想，这样的做法，往往能收到牵一发而动全身的效果。在监控过程中，有针对性地实施监控应注意以下几个方面：一是针对重点目标，通过监控对全局具有决定意义或重大影响的重点目标，促进单位整体目标的实现。二是针对核心对策，一项目标的实现往往有多项对策，在这个过程中抓住起决定作用的对策，也就抓住了实现目标的关键点。三是针对重点单位，可以通过对先进单位的监控，来确保目标达成的可能性，从而激励后进者。(4) 目标监控系统应该具有灵活性。要使监控工作在遇到意外情况下仍然有效，就应该在设计监控系统和实施监控时，使之具有灵活性。由于事物的矛盾性存在，常常决定了事物发展变化不只是一种状态，也就说事物发展变化存在着多种可能性空间。至于事物会处于哪一种状态的可能性空间，则要视具体情况、具体条件而定。监控系统如若不具有灵活性，在实施过程中，就难免陷入被动。

第四节 适时反馈原则

反馈就像一个监视器,时刻根据内外环境的实际情况,通过对反馈回来的信息不断调整、完善,从而不断更准确地应答内外环境的刺激[①]。高校目标管理中的反馈主要指在目标制定、实施和考核的过程中,通过一定途径把相关信息传达到目标管理的主客体,以便采取针对性措施实现学校目标的一种活动。适时反馈就是要求在目标管理的全过程的每个环节中把握时机,及时反馈信息,以顺利推进目标管理。高等学校的目标并不能一蹴而就,而且为达到目标投入的绝大多数要素是不可再生、不能重复使用的,因此从追求效益最大、避免风险或损失进一步扩大的角度出发,适时反馈都是必要的。适时反馈能集思广益,提高决策的科学性;能准确掌握信息,提高快速反应能力;能促进交流,形成凝聚力。如果在目标管理中不坚持适时反馈原则,只管"秋后算账",不仅于事无补,而且会严重挫伤教职工的积极性,造成不必要的损失。因此,适时反馈是高校目标管理中不可忽视的一项重要原则。

一、目标制定时加强双向沟通

目标制定是高校目标管理的第一个环节,也是最基础性环节,目标制定不准确将直接影响目标实施效果。目标太高,无法完成,会打击教职工的信心;目标太低,轻易就能达成,也起不到激励的作用。高校目标管理中目标的确立极其复杂,既要考虑外部环境,又要权衡内部实力;既要准确定位学校总目标,又要合理分解各部门、个人目标。因此,制定目标仅凭某一个人"拍脑袋"是行不通的,只有发挥集体的智慧才能找准目标,确定方向。在制定目标时,要重视双向沟通,使学校广大教职工对学校的发展目标有统一的认识,并将教职工的事业心和发

[①] 杜鹏. 反馈控制理论在警务实战技能教学中的应用初探[J]. 北京体育大学学报, 2007 (S1): 400-401.

展欲望转化成具体的目标、信条和行为准则,形成教职工的精神支柱和精神动力,为学校共同的目标而努力奋斗。

从沟通的内容看,一是把决策层厘定的学校总目标、依据、资源分配策略以及如何实施的初步思路下达到学校各二级单位和个人;二是把各二级单位和个人结合学校目标与本单位和个人实际拟定的单位和个人目标上传给决策层。从沟通的形式看,学校可以通过草案形式把学校有关方案下发到单位和个人,也可召开各二级单位负责人会议进行研讨交流,然后由各二级单位领导在各自单位召开教职工会议进行传达;各二级单位以书面报告或当面汇报的形式把单位及个人的信息上传给学校决策层参考。从沟通的方法或技巧看,目标制定时的沟通应采取多次循环、"三上三下"的方法。首先要广泛征集各单位和广大教职工意见。各单位分别召开领导干部会议,研讨本单位的工作目标,然后召开本单位教职工会议,通报单位目标,征求他们的意见,并上报学校目标管理领导小组。接下来,学校结合内外环境及各单位意见,确定学校目标,并分解到各部门。最后各单位进一步讨论,反馈意见,如此循环最终达成共识。通过适时反馈,在让教职工了解学校发展目标和工作重点的基础上,引导教职工找准自己的位置,明确自己的责任并创造性地开展工作,保证目标的实现。

二、目标实施中加强信息通报

在经历了 20 世纪 90 年代的大扩张、兼并整合后,中国高校一般规模比较大,很多高校二级单位多达 100 多个,少的也有三四十个,各二级单位属性差异也比较大,再加上高校松散联合的组织特点和学术人员多为个人单独工作的特点,在目标实施过程中如果不加强信息通报,容易导致学校决策层、管理层不清楚目标是否有所偏离,目标是否顺利推进,目标是否需要调整等问题,同时二级单位和个人也不知道自己工作进展情况在全校中所处的位置,不能激发各单位和个人之间比超赶的热情。因此,在目标实施中必须加强信息通报,才能保障各单位和个人按时完成各自目标,从而促成学校目标的顺利实现。

目标实施中的信息通报首先要把各单位及个人目标实施情况及时收集汇总到学校决策层或目标管理领导小组,然后综合会诊,梳理出哪些目标进展势头良好,哪些目标遇到困难,最后分析目标受阻的原因并采取相应对策。如果是目标设定不当,就要及时校正;如果是学校提供的资源不足,则要补充一定资源;如果是单位或个人工作方法欠妥,努力程度不够,则要加强指导和督促。目标实施信息通报也包括上传和下达双向通道。上传可以通过各二级单位定期工作总结,也可以由各职能部门在常规管理中随时收集相关信息,整理归类上报决策层;下达可以以简报的形式定期下发到各二级单位,也可以由有关领导和专家到各二级单位进行现场调研。更科学的办法是利用现代化技术,开发目标管理网络系统,各层级人员都可以随时登录管理系统,查阅目标实施现状,提高信息反馈的即时性。在各二级单位内部,可以定期举行正式的评估会议,上下级共同回顾和检查目标进展情况。这样做的原因有:教职工内心希望能够了解自己的绩效,希望通过有效途径知道自己做得怎么样以及别人对自己的评价;教职工希望自己的工作绩效能够得到他人的认可与尊重;教职工也需要了解自己有待于提高的地方,使自己的能力得到提高,技能更加完善;教职工需要有一个有效的平台将他们的绩效表现反馈给自己,他们不希望只凭自己的猜测来了解。总之,教职工希望了解自己的绩效表现,更多地是为了提高自己的绩效,提高自己的能力。

三、目标考核中加强得失交流

得失交流即绩效反馈,是由管理者将考核情况反馈给被考核单位和个人。绩效反馈是目标考核中的一个重要环节,只有合理及时地进行绩效反馈才能让被考核单位和个人了解自己的考核结果及其背后的原因,增加共识,减少误解和猜疑;同时可以为改善今后工作,提高绩效,为被考核单位和个人的发展提出建议;此外,还可以为下一轮目标管理确定新目标奠定共识的基础以及完善目标考核细则。

绩效反馈不能泛泛而谈,反馈的内容要具体、全面、客观。一般而言，应包括四方面的内容①：一是通报院系、部门当期评估考核结果。通过对院系、部门乃至个人绩效结果的通报，使他们明确其绩效表现在整个学校中的大致位置，激发其改进现在绩效水平的意愿。在沟通这项内容时，管理者要关注各院系、部门和个人的长处，耐心倾听他们的声音，并在制定下一期绩效指标时有所调整。二是分析各院系、部门和个人绩效差距与确定改进措施。高校整体目标的实现有赖于提高每一名教职工的绩效水平从而促进学校整体绩效水平的提高。因此，每一名高校管理者都负有协助教职工提高其绩效水平的职责。改进措施的可操作性与指导性来源于对绩效差距分析的准确性。所以，高校管理者在对教职工进行过程指导时要记录他们的关键行为，按类别整理，分成高绩效行为记录与低绩效行为记录。通过表扬与激励，维持与强化教职工的高绩效行为。还要通过对低绩效行为的归纳与总结，准确地界定教职工绩效差距。在绩效反馈时反馈给他们，以期得到改进与提高。三是沟通协商下一个目标考核周期的工作任务与目标。考核反馈既是上一个目标考核周期的结束，同时也是下一个目标考核周期的开始。它对于下一个管理周期也是一种"超前反馈"，为合理制定下一管理周期的目标提供依据。为了使下一轮目标任务顺利完成，需要高校管理者与教职工共同制定和修改目标体系。管理者不参与会导致整体目标方向性偏差，员工不参与会导致绩效目标的不明确。另外，在确定绩效指标的时候要预见下一轮目标实施过程中内外部环境变化，而不是简单地在上一期目标的基础上累加几个百分比。四是确定与目标任务相匹配的资源配置。绩效反馈不是简单地总结过去的上一个目标管理中教职工的表现，更重要的是要着眼于未来的目标管理周期。在明确目标的同时确定相应的资源配置，对高校管理者与教职工来说是一个双赢的过程。对于教职工，可以得到完成任务所需要的资源。对于高校管理者，可以积累资源消耗的历史数据，分析资源消耗背后可控成本的节约途径，还可以综合有限的资源情

---

① 凌杰. 高校目标管理共有要素系统与路径创新：以 A 高校目标管理为例的分析 [D]. 长沙：湖南师范大学，2005：41-42.

况，使有限的资源发挥最大的效用。

反馈沟通需要技巧，不恰当的方式有可能得到事与愿违的结果。有研究者提出了具有参考价值的绩效反馈策略和技巧[1][2]：维护自尊，加强自信；提供有针对性的反馈，使教职工参与反馈，直接反馈比间接反馈更好；反馈前先做准备，从教职工角度多考虑等。在反馈人员的选择上，最好是群众基础好、有一定权威的学校领导，这样才能使反馈更规范，使教职工对考核结果更信服。

总之，适时反馈是加强学校组织与教职工之间的有效沟通，改善管理者与被管理者之间相互关系的重要机制。有效的反馈机制，能减少信息传递过程中的失真现象，避免猜疑与误解，在组织中建立相互信任的关系，营造和谐融洽的氛围，促使组织目标管理得以顺利实施。

第五节　有效激励原则

激励是指激发人的行为的心理过程，可以理解为创设满足各种需要的条件，激发人的动机，使之产生实现组织目标的特定行为的过程。将目标管理引入高校人力资源开发与管理，实质上是引入一种竞争机制，是深化内部体制改革的必然选择，其目的是充分调动广大教职员工的积极性，最大限度地挖掘每个人的潜能，提高学校的教育质量、科研水平和办学效益。在目标管理中引入激励机制不仅有助于促进单位的整体工作氛围，同时也有助于促进单位管理效率的提升[3]。高等教育从高速发展转向高质量发展，高校普遍推行的以结果为导向的绩效激励机制，是否能触碰到高校教师的激励点还需提供有力证据[4]。广大教职员工的积

---

[1] 张有道. 绩效反馈中的面谈沟通和薪酬激励策略 [J]. 社科纵横，2006 (5)：56-57.
[2] 郭睦庚，何艳娜. 绩效考核结果反馈技巧探讨 [J]. 长江大学学报（社会科学版），2004 (5)：38-41.
[3] 李彦. 激励机制在事业单位人事管理中的有效性探究 [J]. 人才资源开发，2022 (7)：40-41.
[4] 虞华君，刘广. 内外激励对高校教师教学绩效的影响 [J]. 高等工程教育研究，2022 (2)：136-142.

极性能否真正调动,关键在于激励是否到位。管理的根本是管心,只有基于人性的分析,采取有效的激励方式,才能真正使每一个管理方法和技巧切合人心、实用有效。高校教师的需要具有以下特点:急切的创造、成就需要;强烈的自尊、荣誉需要;迫切的学习和发展需要;现实的自主和公平竞争需要;必要的社会交往需要;丰富的精神和物质需要。针对高校教师需要的特点,可以确立高校目标管理中的激励原则。

一、物质激励与精神激励相结合

对物质利益的追求是每个人都有的一种潜意识,所以目标管理要注重物质激励,以满足人的"生理上的需要"。然而人是需要精神生活的,在物欲得到满足后,人在精神方面更需要被满足,这就需要进行精神激励,以满足人的"心理上的需要"。物质激励是以金钱留人、福利留人,精神激励则以事业留人、感情留人。物质激励和精神激励对于教职员工积极性的发挥都有不可替代的作用,是引导员工实现子目标,尔后实现总目标的动力基础。物质激励是基础,精神激励是关键,两者有机结合,才能充分调动每个教职员工的积极性和创造性。

(一) 物质激励是基础

物质激励即通过物质刺激的手段,鼓励职工工作。物质激励是组织激励和精神激励的基础[①],它主要表现在工资的增长、资金的发放、福利的提高等。在实践中,不少高校在使用物质激励的过程中,耗费不少,而预期的目的并未达到,下属单位的积极性并未显著提高。例如在发放奖金上,很多学校仅仅依靠年终一次性发放资金的办法,不知不觉陷入了不及时奖励、不分好坏的"皆大欢喜"的无效奖励的恶性循环中,根本无法达到激励效果。要想通过物质奖励调动职工的积极性,就不能把奖金与工资放在一起发,否则就把工作应得的和额外奉献混为一谈,教师不一定会有受奖感受。在现代管理中,应把具有创新性并有实效的行为作为重要奖励因素,以调动教师的创新意识,鼓励教师的创新

---

① 张毅,闫强. 企业核心技术创新的激励结构分析[J]. 科学学研究,2022 (5):938-949.

行为。物质激励应注意两方面：一是物质激励应与相应制度结合起来。通过建立一套制度，创造一种氛围，来减少不必要的内耗，使组织成员都能以最佳的效率为实现组织的目标多做贡献。例如，物质奖惩标准在事前就应制定好并公之于众，且形成制度稳定下来，而不能靠事后的"一种冲动"，想起来则奖一下，想不起来就作罢，那样是达不到激励的目的的。二是物质激励必须公正，但不搞"平均主义"。为了做到公正，必须对所有职工一视同仁，按统一标准奖罚，不偏不倚，否则将会产生负面效应。此外，必须反对平均主义，平均分配奖励等于无激励。

（二）精神激励是关键

精神激励是在较高层次上调动下属的工作积极性，其激励深度大，维持时间也较长。精神激励的方法有许多：一是目标激励。组织目标是组织凝聚力的核心，它体现了目标管理工作的意义，能够在理想和信念的层次上激励全体职工。实施目标激励，首先，学校应将自己的长远目标、中期目标和近期目标进行宣传，使各单位更加了解学校目标，了解本单位在目标的实现过程中应起到的作用。其次，应注意把学校目标和各单位目标、个人目标结合起来，宣传目标间的一致性，使大家了解到只有在完成学校总目标的过程中，才能实现本单位的目标，继而实现个人目标。每个单位的发展、待遇的改善与学校事业的发展、效益的提高息息相关。二是参与激励。高校教师都有参与管理的要求和愿望，创造和提供一切机会让教职工参与管理是调动他们积极性的有效方法。通过参与，形成职工对组织的归属感、认同感，可以进一步满足其自尊和自我实现的需要。三是荣誉激励。荣誉是众人或组织对个体或群体的崇高评价，是满足人们自尊需要、激发人们奋力进取的重要手段。荣誉激励成本低廉，但效果很好。学校可以通过向目标考核中成绩突出的单位颁发荣誉奖，授予荣誉称号，公开表扬等方式进行激励。

二、正向激励与负向激励相配合

在目标管理中，对人的激励从方式上讲包括两类：一是对正确行为的肯定，即正向激励；二是对错误行为的否定，即负向激励。正向激励伴随着物质奖励、晋升职务、公开表扬、授予荣誉称号等，其目的是通过肯定的方式，使员工正确的行为重复发生；负向激励伴随着的是物质惩罚、公开批评、降级、处分等，其目的是通过否定的方式，限制或修正员工的不正确行为。二者的目的最终都是把员工的行为引向学校目标。激励不等于奖励，仅仅将激励狭义理解为正面鼓励，只强调利益引导的一个方面是不准确的，单用这个方面来指导实践则是有害的。员工在实施目标过程中总会有所长，也会有所短，既会显现出优点，也会暴露出缺点，这是完全正常的。奖励作为一种对员工正强化的信息反馈，不仅给员工愉快的反馈信息，而且还能使员工在某些物质和精神上得到满足，这正是实现组织目标所需要和期待的。而惩罚作为一种对员工负强化的信息反馈，不仅给员工具有警示性的反馈信息，而且还会使员工的物质和精神利益受到某种损失，而这是员工所不希望和惧怕的[1]。奖励和惩罚都是实施激励中不可缺少的手段。"奖罚不信，则禁令不行。"在目标管理中，只奖不罚，便会淡化责任；只罚不奖，就会使激情消退。只有奖罚结合，才能取得良好的效果。

（一）正向激励是根本

目标管理要以正向激励为主。正向激励的功能通常表现在三个方面：第一，认同功能。每位教职员工都希望得到认同，领导、同事及其学生对其印象和评价如何，是他们最关心的。对其能力的赏识和肯定、对其成绩的表扬会使其认识到自身行为的价值，从而提高工作兴趣，增强工作的积极性。第二，导向功能。激励是一种对动机和行为的肯定，它表明了什么样的动机和行为会受到尊敬，什么样的精神风格会受到赞扬，提倡什么，鼓励什么，具体明了。第三，鼓励功能。激励有利于在团队中形成你追我赶、争先恐后、蓬勃向上、生动活泼的竞争气氛和良好的工作环境，从某种意义上讲，没有激励就难以形成强大的内在动力。激励作为一种工作艺术，在高校目标管理工作中有以下五种具体方式：第一，目标激励。目标激励是指把实现一定的目标作为激励手段，

---

[1] 王从英，王力. 激励理论在项目管理中的应用[J]. 山西建筑，2008（15）：183-184.

调动人们积极性的一种方法。目标是满足人的需要的外在物,是人们希望通过努力而达到的结果。从需要没有得到满足,到采取围绕目标的行为而达到需要的满足,这就是一种激励的过程,目标激励法正是利用这一激励过程来调动人们的工作积极性。目标激励就是通过有针对性地设置目标,把学校乃至整个社会的战略目标与个人的目标统一起来,让职工在完成学校目标的过程中,看到自己的利益和作用,从而更好地发掘人的内在潜力。第二,榜样激励。"榜样的力量是无穷的",有了榜样,大家就会工作有方向、追赶有对象。第三,荣誉激励。渴望得到别人的赏识是人类普遍的心理需求。给予荣誉是一种赏识,一种肯定,也是鼓舞和鞭策。第四,关怀激励。情感需要是人类尤其是高校教师最基本的需要之一。要针对这一特点,做好感情交流、沟通。第五,参与和竞争激励。高校目标管理的一个重点,就是注重全员参与,促进竞争,这样可以最大限度地调动和发挥教师的主动性、积极性和创造性,从而为实现既定目标提供动力保障。

(二) 负向激励是手段

负向激励中的惩罚是对过失、违纪、违法行为进行惩处和制裁,以减少或杜绝此类行为再发生的一种形式,是正向激励形式顺利发挥作用的重要保证。高质量的目标管理要以正向激励为主,而对于负向激励的运用则要讲究技巧,否则会适得其反。负向激励是针对错误行为给予惩诫。但惩罚并不是恣意妄为,而应遵循以下原则:一是惩罚与教育相结合。惩罚本身不是目的,仅是一种必要手段,其目的在于改造人的行为,因而惩罚应对事而不对人,要以事教人、以案警人,促使其弃劣从优,最终使人们以强烈的责任心、道德感来规范和约束自己的行为。二是准确掌握惩罚时机。惩罚的最佳时机应选定在目标考核后,这样对当事人来说可加深其对不良业绩与受惩罚之间因果关系的了解,同时对其他人也足以起到警示作用。三是惩罚要根据动机、情节、认错态度合理进行,宽严适度。对情节较轻、认错态度较好的人员的处罚应贯彻从宽处理原则。从宽的惩处,易使其感受到内疚,并减弱其抗拒心理,产生激发作用;而过于严厉的惩处,则会使被惩处人产生抵制抗拒情绪。因而给予惩处必须慎重，做到有理、有度、有节[①]。

三、外在激励与内在激励相贯通

根据双因素激励理论，人有内在需要，也有外在需要，所以激励也要采取内在激励与外在激励相结合的方式。但两种激励方式的重要程度并不是相等的，内在激励侧重于激发人的内在动力，也就是说，内在激励是发自人的内心的，因而激励更持久。而外在激励注重物质、职位等方面，因而是肤浅的。高校目标管理在强调外在激励的同时，更要强调内在激励。

外在激励就是激励是独立于目标之外，要么是薪水，要么是升职，激励跟目标本身毫无关联；激励就是"出卖劳动，换取报酬"。内在激励却和目标本身紧密相联，它能激励员工精益求精。比方说，爱因斯坦研究相对论，即使乏人问津也乐此不疲。这就是内在激励在发挥神奇力量了，科学研究这一目标本身的魔力使他深深着迷。卡普兰和诺顿在最新出版的《组织协同》一书中举了一个大家所熟知的例子：每年的春秋两季，在波士顿和坎布里奇两座城市之间的查尔斯河上，哈佛大学和麻省理工学院会进行赛艇比赛。每位运动员都会为了在比赛中获胜而做出巨大的努力，他们冬练三九，夏练三伏，每天都会在课余抽出几个小时用于训练。那么他们能够得到多少钱呢？没有钱。这些运动员之所以牺牲休息时间并勤奋锻炼，是因为在内心深处，他们享受积极备战、与队友合作，进而赢得比赛的乐趣。这是内在激励的典型例子。我们不妨想象一下，如果一所高校能够使其员工获得相似的激励——每个人都勤奋工作并且同心协力地帮助学校创造佳绩，这将释放出多大的能量啊！

由于高校管理者不可能在教职员工内心创造出内在激励，所以只能创造一种外在激励的环境，使员工能够在适宜的土壤里自由创造内在激励，这也是内在激励与外在激励的结合点。高校目标管理的最大优点也

[①] 张玉.论中西人性预设与社会治理模式中激励制度的建构[J].学术论坛，2004（4）：49-52.

许就在于它能使员工控制自己的表现,即实现"自我控制"。自我控制的本质体现就是内在的自我激励,其中更蕴含着一种更强大的动力:它追求卓越而不是仅仅要求过得去,它意味着更高的业绩目标和更广阔的视野。任何一种激励,只有内化为自我激励才能起作用。任何一种外在的激励形式如果不能够被激励对象内化,从而形成自我激励,则会成为空洞的形式而不能形成实质的动力。

四、显性激励与隐性激励相补充

在高校组织中,有许多显性因素,也有许多隐性因素,激励也要因情况而定,采取隐性激励与显性激励相结合的形式。但由于隐性激励的隐蔽性,其公正性会受到人们的质疑,而显性激励是公开透明的,其公正性会受到更多的认可,因此高校目标管理要以显性激励为主,尽量少用隐性激励。

(一) 强化显性激励

显性激励,是指当事人预期在一定时限内可获得的实质性补偿的总和。它包括由合约规定的绩效补偿关系(如工资、奖金等货币收入或其他实物收入),还包括合约明确规定之外的但可预期的物质或精神方面的补偿(如荣誉的获得、职位的提升以及由此得到的物质补偿的增加等)[①]。其特点是当事人可以感知到或预期可得到。它是当事人所尽力去求取但不由当事人决定从而诱导当事人行为的一种激励方式。显性激励的作用是直接而重要的,管理客体付出什么就收获什么,一切都清清楚楚、明明白白,客观公平,说服力强。显性激励对部门行为起着规范和约束作用,决定了组织所走的"路"、所举的"旗"、所革的"命",也集中反映了一个组织的文化、战略和追求。对于组织中的高效益单位,学校在考核中对他们的认同,实质上是对他们的显性激励,会促使他们更加努力地工作,同时,也促使其他部门受到鞭策。这些认同方式包括:由于单位优良的业绩而获得证书、奖状、奖品等;通过内部刊物

---

① 许建兵. 浅析激励机制的形式及作用 [J]. 商场现代化, 2007 (17): 96-98.

或网络的方式进行宣传；在大会上进行公开表扬；授予特定的称号，如优胜单位等。

(二) 弱化隐性激励

隐性激励，是指在公开的显性收入、荣誉等之外，采用非公开的隐蔽方式进行激励的一种方式。隐性激励是一种不知不觉的激励。古人云："圣人居无为之事，行不言之教。""不言"即是一种婉转的激励。在很多组织，隐性激励都以不同的形式存在着，比如隐性的职务消费、非公开且没有既定标准的各种津补贴、上级红包等。隐性激励的优点在于：一是避免破坏和谐氛围。中国人常常有"不患寡而患不均"的心理。薪资差距过大，鲜明强烈的对比会使得员工的心理落差加大。运用隐性激励的方式，客观上既能够拉大员工的薪资收入、激励骨干员工，又由于标准不公开、奖励名单不公布，能够避免低薪者产生心理不平衡，从而维护了组织的和谐氛围。二是激励标准可灵活调整。由于隐性收入没有统一的标准，因此激励的标准可以灵活调整，从而最大限度地激励骨干员工和业绩突出者。例如某高校在目标考核后发放技术创新重奖，只需要管理者集体评议，主观决策即可，不必受制于制度条文等。但是隐性激励在激励效果上，也并非一"隐"就灵。隐性激励也存在明显的副作用：一是激励效果有局限。激励往往产生于组织对人员贡献的公开认可，对绩效差异的不同奖惩。由于"隐性"的束缚，绩佳员工能够得到奖金，却不能够得到公开的荣誉；能够清楚自身的奖励情况，却不清楚奖励的标准以及与他人的对比，从而使得努力前进的方向变得模糊。二是价值导向不明确。对组织而言，激励的重要作用之一是通过树立标杆、奖励绩优来明确鼓励的行为，传递组织倡导的价值导向。但隐性激励的特性使得组织能够传递的信息幅度非常有限，甚至连被激励者本人都不清楚具体的激励标准。三是激励公平被质疑。"公平、公开、公正"是对激励程序的基本要求。隐性激励的"不公开"必然导致员工对其公平性、公正性的质疑，当这种激励广泛应用的时候，激励的"三公"原则必然首当其冲遭到挑战，一旦"三公"原则遭到挑战，隐性激励就会造成对组织和谐氛围的破坏。

五、成就激励与期望激励相联系

成就需要是高校教师的首要追求，是高校人力资源开发与管理的重要激励因素。对于未能如愿以偿的教师，给予激励，让他们心存期望，并激励他们为之而努力，对于目标的实现具有重要作用。高校要想使目标管理真正卓有成效，就必须更加重视目标考核结果在奖金分配以外领域的应用，更加重视高校教师本身的需要的特性，在成就需要和期望需要方面做文章。

（一）重视成就激励

何谓成就？成，是完成；就，是达到。所以"成就"是完成工作并达到预期的目标。小者做出成绩，大者立德、立功、立言，成名成家。《论衡·量知》中说："人之学问知能成就，犹骨象玉石切磋磨琢也。"虽然成功的欲望每个教师都有，但是不同的目标导致的欲望是大不相同的。在目标理论系统中，成就目标是指个体为了获得或达到某一有价值的结果或目的参与成就活动的原因。成就目标主要包括任务目标和能力目标两种类型。任务目标是指个体把完成任务作为行为的目标，重视工作的过程和个人努力的作用，把完成任务的过程作为提高能力的手段，对自己能力的评价不受外界环境的影响；能力目标是指个人能胜过他人，证明高能，以回避对能力的负性评价为目标，把完成任务作为表现能力的手段，重视横向比较。高尔基说："一个人追求的目标越高，他的才能发展就越快，对社会就越有益。"因此在目标管理中，要把目标定得高一点，以便激励教师不断克服困难，追求教学创新、科研创新、管理创新，不断提高能力和水平，避免"浅尝辄止"。此外，对成就的肯定也是一种有效的激励。荀子说："赠人以言，重于金石珠玉；观人以言，美于黼黻文章；听人以言，乐于钟鼓琴瑟。"在荀子看来，"美言"对人有着极大的激励作用。所谓"美言"，是一种善意的赞扬勉励之语，饱含着对成就的肯定和对未来的期望，是一种正面激励。这种激励方式不仅对有成就的单位和个人有效果，对成就不高的单位和个人同样管用。

(二) 正视期望激励

美国管理学家弗罗姆于 1964 年首先提出期望理论,其基本观点是:人之所以努力工作,是因为他觉得工作可以达到某种结果,而这种结果对他又具有足够的价值。即某一目标对人的激发力量,取决于该目标的效价和预计达到目标的期望值的乘积,用公式描述为 MF(激励力量)= E(期望)×V(效价)[1]。其中,激励力量是指激励水平的高低,它表明个体为实现工作目标所做努力的大小;效价指目标的实现对个人需要满足价值上的主观估价。效价主要受人的需要结构和个性特征影响;期望值指个体对某一目标实现可能性的主观估计。

从基本模式可以看出,弗罗姆认为目标对个体激励强度,由期望值和效价二者的合力决定。效价和期望值的不同结合,会产生不同的激励力量。要想激励力量高,即员工愿意为某一目标付出最大努力,必须是效价和期望值都高,即他认为该目标实现可能性较大且能满足自身需要。期望激励抓住了问题的主要方面并给予了令人信服的剖析,揭示了其内在的必然性,在总体上该理论比其他激励理论更为合理和科学,并且在管理实践中得到较广泛的应用。这一理论在高校目标管理中尤其有实践意义。在许多高校中,目标考核结果主要被当成奖金分配的手段,考核的结果直接与部门的奖金挂钩,这对有成就的部门起到了激励作用,但忽视了其他部门期望,因而忽视了其他部门的发展。实际上,目标管理的核心作用在于提升组织的绩效,对各部门进行有效的激励,通过提高部门绩效来达到提升组织绩效的目的。考核结果用于奖金分配只是一个方面,如果把进行奖惩作为主要应用,非常容易引起员工对目标管理的恐惧心理和抵触情绪。同时,组织领导对此也感到非常棘手,经常为此与各单位发生矛盾。根据考核的结果,可以发现各部门与标准要求的差距,从而制订有针对性的组织发展计划和新目标计划,这就是说,在注重成就的基础上,还要注重发展,要将过去的目标和今后的目标结合起来,在成就的基础或总结经验的基础上重构期望目标,从而提高目标管理的有效性。

---

[1] 苏东水. 管理心理学 [M]. 上海:复旦大学出版社,2002:148-150.

第六节　合理授权原则

所谓授权，是指由上级授给下属一定的权力和责任，使下属在有效的监督之下，有相当的自主权、行动权。目标管理理论是建立在"Y理论"人性假设基础上的，它认为人们对自己认同并参与的目标能实现自我指挥和控制。据此，目标管理在行为上主张宽容、放权的原则，上级对下级是平等、尊重、信赖和支持，下级在承诺目标和被授权之后是自觉、自主和自治。中国高校实行党委领导下的校长负责制，高校目标管理中的授权主要包含两个方面：一方面，校长把权授给各职能部门，诸如学校招生、就业、教学、管理等目标确定后，可授权由职能部门实施，以自我控制为主；另一方面，由于目标的具体实施靠教学院系及广大教职工，当目标分解到各院系时，需要合理授予院系领导及教职工人、财、物、事等权力，从而达到责权一致，保证目标的顺利实施。合理授权可以把领导者从琐碎的事务中解脱出来，专心处理学校重大战略规划决策问题；可以激发下属的工作热情，增强下属的责任心，提高效率；可以增长下属的能力才干，有利于培养干部；可以充分发挥下属的专长，补救领导自身才能的不足[①]。同时，这种相对宽松的管理方式能充分激发教职工主人翁意识，使他们不断挖掘自身潜能，保证目标计划得以顺利实施。那么在高校目标管理中如何授权呢？

一、明确授权范围

合理授权的前提是授权者应把哪些权授给下属。有研究发现，主管80%的工作都是可以授权的，他只需做事关企业命运和前途的20%的工作即可[②]。目标管理强调分权管理，中国高校管理传统又形成了比较严密层级条块管理模式，因此，在高校中推行目标管理，领导也完全可

---

① 薛天祥. 高等教育管理学 [M]. 桂林：广西师范大学出版社，2001：280.
② 郑玉善. 浅析有效授权的基本程序 [J]. 人才开发，2005（2）：18-19.

以把80％的权授给下属，比如日常事务性工作、具体业务工作、专业技术性工作、一般人员接待等。

(一) 职责性授权范围

一般而言，学校有分管副校长以及教务、科研、学工、校办、党办、团委、人事、组织、后勤等中层处长，也有院长、系主任以及各科室主管等，各岗位均有明确具体的职责。校长应根据职责大胆授权，除工作调研外不随意插手和干预。

(二) 临时性授权范围

目标管理是计划性比较强的管理。但"计划不如变化"，经常都有计划之外的工作，如对外谈判、迎接督查、学习交流等这些工作，在校长交待原则和思路之后，可择人之长，授权处理。

(三) 替代性授权范围

因外出学习、事病假等因素领导缺岗时，可对熟悉此项工作的干部予以替代性授权。如中层处长替代副校长，中层副职替代中层正职等。

(四) 特长性授权范围

应该说每位干部、教师都各有所长，有的老成持重，有的聪明睿智，有的仔细周密，学校可以根据干部特长进行授权。如学校设备的购置、合同的签订等，可授权有相关专长的同志考察市场或签订合同。再如工会活动的开展、科研课题的研究，以及临时要加强的工作，都可以按特长授权。

有些工作是不能授给下属的，如学校的战略决策、重要目标的确立、人事的奖惩权以及职级升降等。首先，核心目标的制定不能轻易授权。学校三年目标、五年规划、办学思想、核心价值理念等这些长远而宏观的决策与校长的治学思想密切相关，只有校长才能思考得更深更成熟，下属是无法胜任的。其次，学校的决策不能随意授权。学校的方案等一般都要通过自下而上的讨论修改，其间多会有不同的意见，这些方案的制订既要体现民主，又需要校长最终决策。再次，特殊人和事的处理不能简单授权。学校工作离不开与本系统和外单位的沟通协调，特别情况和重大事件要校长亲自出面，一则以示重视，二则易于解决。最后，涉及机密事务不能轻易授权。涉及教职工的隐私问题、后备干部的培养、人事岗位的调整等机密事务，校长要长期考察，深入全面地思考，适时决策。

二、选准授权对象

下放的权力能否被有效利用，关键的一点就是领导者所选的受权人是否合适。为此，领导者在授权前必须对受权人的忠诚度、工作态度、素质能力以及发展潜力有比较准确的认识和把握。优秀的受权人一般有以下一些特点：熟悉组织业务、管理方式和组织文化，容易接受指挥和领导，易于沟通和协调，易于发挥组织效能，在组织中有较高的威信。选择这样的受权人有利于开展工作，有效地调整和改善组织机构的运作状况，为学校带来效益。

三、遵循授权要求

授权是一种艺术，一种技能，因此，合理授权还要遵循一定的要求。

（一）目标明确

首先，授权要以学校的目标为依据，分派职责和委以权力时都应围绕学校的目标来进行，只有为实现学校目标所需的工作才能设立相应的职权；其次，授权本身要体现明确的目标，分派职责时要同时明确下属需要做的工作是什么，达到的目标和标准是什么。

（二）权责相应

下属履行其职责，必须要有相应的权力。因此，授权时要将责任和权力一起交给下属。只有责任而没有权力，不利于激发下属的工作热情；只有权力而没有责任，则可能使下属不恰当地滥用权力。传统的高校管理中，由于很多领导没有授权的习惯，工作环境中没有良好的授权氛围，只给下属相应的责任而没有给下属充分的权力，有时虽然授予下属权力,但领导本人又参与其中;有时不相干的人也横加干涉,造成"统而不放"的局面,被授予权力的人只是一个参与者,不是全程的责任人,这样就给下属推卸责任留下了"借口",不利于目标管理的有效实施。

(三)量能授权

领导者在选定受权人后,应根据其能力大小和知识水平高低进行适当授权。以功授权,以资授权则往往会贻误大事。学校可以通过绩效评估、素质测评、观察、访谈等形式对教职工能力进行排序,实施梯次授权。

(四)有效配合

有效配合是指组织的有效配合。授权意味着权力结构的转变和组织资源的重新整合,因此授权时必须给受权人全面的调用人、财、物、信息等的权力。要弄清受权人所要完成任务的条件是什么,涉及哪些部门、人员,这些条件哪些受权人自己可以创造,哪些需要有关部门的协调和配合。

(五)逐级授权

授权应在直接领导和直接下属之间,不能越级授权,否则将会造成权力紊乱,破坏上下级之间的正常的工作关系,所以授权者必须对受权人进行"一级管一级"的分级领导,不能含糊其辞,重复授权。否则,一方面容易造成学校人力、物力资源的浪费,另一方面造成下属之间的互相猜疑,互相推诿,进而影响到同事之间的关系,降低下属的工作积极性。

四、选择授权方式

领导者在进行授权时,不仅要遵守一定的要求,还必须掌握正确有效的授权方式,不同的方式会带来不同的效果。一般而言,授权的方式有以下几种:

(一) 充分授权

充分授权是指领导者在向下属分派职责的同时，并不明确赋予其具体的权力，而是让下属在管理权力许可的范围自由发挥其主观能动性，自己拟订履行职责的行动方案。"用人不疑，疑人不用"，作为学校领导，目标一旦下达，就要充分信任下属能办好，因为信任具有无比的激励作用，是授权的精髓和支柱。这样的授权方式虽然没有具体授权，但它几乎等于将领导者的权力大部分下放给其下属。此类授权方式的对象一般是学校的核心教职工，且忠诚度极高。

(二) 不充分授权

这种方式是指领导者向下属分派职责的同时，赋予其部分权限。根据下属权限的程度大小，不充分授权又可以分为几种具体情况：让下属了解情况后，由领导者做最后的决定；让下属提出所有可能的行动方案，由领导者最后抉择；让下属做出详细的行动方案，由领导者做最后审批；让下属采取行动前即时报告领导者；下属采取行动后，将行动的结果报告给领导者。通过这种方式，领导者脱离具体的指导阶段。这种方式一般用于学校的中层骨干。

(三) 弹性授权

这是综合使用充分授权和不充分授权两种形式而形成的一种混合的授权方式。它一般是根据工作的内容将下属履行职责的过程划分为若干个阶段，在不同的阶段采取不同的方式。这反映了一种动态的授权过程。此种方式对应的受权对象一般是有一定工作经验但技能欠佳的下属。

(四) 制约授权

领导者将职责和权力同时指派和委任给几个不同的下属，以形成下属之间的相互制约。这种授权形式只适用于那些性质重要、容易出现疏漏的工作。制约授权方式常会抑制下属的工作积极性，不利于提高工作效率，所以一般不宜采用。

五、掌控授权状况

有效的授权控制是目标最后完成的强有力保障，也是实行合理授权的一个重要环节。领导者要依据工作目标和绩效标准进行过程控制。

（一）目标追踪

领导者一旦确定了工作目标，就要定期地对下属进行追踪。目标追踪的方式可以是按预先约定的时间和效率，由下属递交公文或报表；或当面汇报工作的进展，接受领导者的咨询。需要注意的是，领导者不能仅仅依靠看下属的报表或听信下属的报告，还必须走动管理和进行实际调查，否则可能看不到最真实的情况。

（二）态度支持

领导者要摆正心态，让下属大胆地去尝试，对下属的轻微错误抱宽容态度，尽量不干涉下属的具体工作，让下属不再有授权就是受控制的感觉。

（三）奖惩并行

当下属的潜能得到发挥，业绩突飞猛进时，领导者一定要适时奖励，对其出色部分予以充分肯定，对不足部分提出意见并进行指导。当下属行为已经远远偏离原来轨道，甚至给学校带来损失时或下属能力太低，根本无法完成任务时，领导者应立即停止授权，以免造成更大的工作损失。

第十二章　高校目标管理的规律探讨

　　规律是事物发展中本身所固有的本质的、必然的、稳定的联系。马克思主义哲学关于规律的基本观点是：第一，规律是事物的本质联系。客观世界的事物、现象存在着普遍联系，但并不是一切联系都是本质的，都可称为规律。规律和本质是同等程度的概念。列宁说，"规律就是关系"，就是"本质的关系或本质之间的关系"，即体现了事物本身所固有的、内在的根本性质和发展过程。第二，规律是事物的必然联系。规律和必然性也是同等程度的概念，它代表着事物必定如此、确定不移的趋势。第三，规律是事物的稳定联系。规律是变动不居的现象中相对稳定的联系。规律的稳定性也就是它的重复性。只要具备一定的条件，某种合乎规律的现象就必然重复出现。毛泽东同志说，由于特殊的事物是和普遍的事物联结的，当我们研究一定事物的时候，就应当去发现一事物的特殊性和普遍性的两方面及其相互联结，发现一事物和它以外的许多事物的互相联结[①]。事物与事物的相互联结就是关系，对关系的探讨实质上就是对规律的探讨。从高校人力资源开发与目标管理的角度来看，探讨高校目标管理中人与事等各种本质的、必然的、稳定的关系，就是对高校目标管理规律的探讨。遵循事物发展的规律，不仅是高校人力资源合理开发的前提，也是形成一流管理和促进高等教育高质量发展的必然要求。在本章中，我们探讨的对象主要包括：主体与客体的关系、过程与结果的关系、集中与分散的关系、公平与效率的关系、适应

---

① 毛泽东.毛泽东选集：第一卷［M］.北京：人民出版社，1991：318.

与超越的关系、刚性与柔性的关系、个性与共性的关系、定性与定量的关系、激励与约束的关系。

第一节 主体与客体的关系

主体与客体是用以说明人的实践活动和认识活动的一对哲学范畴。主体是实践活动和认识活动的承担者；客体是主体实践活动和认识活动指向的对象。高校目标管理的主体是主体的下位概念，它除了具备主体的一般性质外，还应当具有高校目标管理领域所需要的特殊性质。一般来说，高校目标管理的主体是指具有高校目标管理方面的科学知识和技能、拥有相应的权力、从事高校目标管理活动的人。根据这一定义，可以析出三层含义：其一，高校目标管理的主体具有较高的专业素质；其二，主体主要是高校目标管理活动的领导者；其三，主体的职责主要是对目标的提出进行决策。高校目标管理的客体作为客体的下位概念，在进入高校目标管理领域后被赋予新的涵义，即进入认识和实践范围的客观事物，它既包括财、物、时间、空间等自然客体，也包括人、组织等社会客体。从这一定义同样可以析出三层含义：一是高校目标管理的客体在专业素质上明显低于主体；二是客体主要是高校目标管理活动的被领导者；三是客体的职责主要是动手操作。主体和客体作为高校目标管理系统中的两个基本组成部分，二者之间既有联系又有区别，其关系划分不是绝对的，此一时的主体可能是彼一时的客体，反之亦然，从而使他们之间的关系处于动态变化中。

一、主客体关系的应然状态

在高校目标管理活动中，主体和客体之间拥有明确的界限，两者之间在性质、功能等方面存在着根本的区别、对立与冲突；但是它们之间又不是绝对对立、彼此隔绝、互不相关的，而是存在着相互联系、相互依存，甚至相互转化的关系，在目标管理活动中表现出既相互对立又相互统一的关系。

（一）主体与客体对立

主客体的对立就是指主体和客体的相互反对或相互排斥。在高校目标管理活动中，就主体一方而言，总是希望自己的目的和意志能够以目标的形式充分地在客体身上体现出来；而作为客体来说，则力图按照自己的客观本性来表现其主动性并反作用于主体。一方面，为了使日常管理活动能够顺利展开，我们必须维护主体的权威地位。在一定的条件和范围内，主体就是主体，客体就是客体，两者不能等同或者替代。另一方面，我们也不能片面强调主体的作用，而忽视甚至无视客体的力量。主体如果违反了客体的活动规律时，就会遭到客体的惩罚。主体只有遵循管理客体的活动规律，在一定程度上限制其自由活动范围和改变其运动方向，才能使自己的意志在客体身上有所体现。主客体之间的对立，是主客体关系建立的基础，是人力资源开发与管理发展的原动力。

（二）主体与客体统一

主客二分是西方哲学把握世界的基本框架，而中国哲学把握世界的基本框架是主客合一。"二分"用马克思主义哲学来解释就是对立，"合一"即统一。主客合一思想源于中国传统文化的天人合一思想。孟子认为天人相通，人性就是天的副本。庄子也说："有人，天也；有天，亦人也。"天人合一到宋明理学发展到高峰，张载写道："圣人尽性……其视天下，无一物非我。"而汉朝董仲舒认为人"超然万物之上而最为贵也。人下长万物，上参天地"。可以说，主客合一是中国传统文化的轴心结构，它一方面肯定主体的地位，同时又充分重视客体的存在，从生命存在整体角度看待人与自然、人与社会、人与人、人与自身的关系，强调德性主体与客体共在而又超越的关系。

作为高校目标管理活动的两大核心因素，主体与客体在根本目标上是一致的，也就是说，他们有着共同的价值观。由于价值反映的是主体对客体的需要关系，即主体对客体的需要和客体在何种程度上满足主体需要的关系，因此，价值观是一种意义的观念，价值尺度是一把意义的尺度，人作为主体总是自觉或不自觉地运用这一尺度去度量客体，并借此来调整主客体的关系[①]。价值观的一致使主体与客体之间存在着相互联系、相互制约和相互转化的辩证关系。首先，主体和客体是以对方为自身存在的条件的，二者缺一不可。没有了客体，主体也就失去了存在的基础与条件，因为客体是主体权威的体现者，是他所制定的目标、计划等的最终执行者，是他一切行为的监督者和评价者，离开了客体，这一切都变得没有意义。同样，客体无法离开主体而单独存在，离开了主体，客体也同样失去了存在的依托。其次，主体和客体之间又是相互作用相互制约的关系。主体对客体的制约作用是不言而喻的，其实二者之间的制约作用是相互的，双向的。主体也要受客体的作用和制约，比如目标必须根据客体的现状做出，主体不能离开所管对象来设置目标；目标的实施有赖于客体与主体之间的协调，特别有赖于作为客体的人与管理者的合用；管理者的管理行为不能是任意的，他们也必须接受纪律的约束和下级的监督[②]。最后，主体和客体在一定条件下可以相互转化。这种转化一方面体现在形式上的相互转化，即主客体社会角色的互换，另一方面则体现在内在属性上的相互转化，具体而言就是能力上的相互渗透、知识上的相互授受以及心理上的逐步相容与接近。

二、主客体关系的实然状态

（一）主客体关系失谐

随着高等教育普及化的实现，高校办学规模扩张，人力资源开发难度加大，高校目标管理遇到新的挑战，主客体之间不断发生影响和作用，在统一关系不断增进的同时，对立关系也不断加剧，使主客体关系紧张，不断走向失谐。

1. 主客体关系僵化

所谓"僵化"指的是目标制定过程中主客体之间缺乏双向互动和主动配合，具体表现在以下三个方面：一是目标分解过程中，单向地下达

[①] 杨东柱.试论主体性与人的认识问题[J].四川教育学院学报，2008（5）：20-22.
[②] 张正霖，帅重庆，张靖若.管理哲学[M].北京：企业管理出版社，1993：144-145.

或上报。一些高校为加快建成国际或国内一流大学与一流学科，在围绕"双一流"建设方案制定目标时，往往是先由高层管理者根据内外环境分析和上级主管部门的意见，设定本校的整体目标和发展规模、学科建设、专业建设、师资队伍建设、基础设施建设等等指标，再"分解"到下属院系直到基层单位。然后，这个下达的指标就作为上级考察的目标。目标体系的构建是一个单向的自上而下的行为，整个"目标分解"过程缺乏或者很少听取下属部门的意见或建议，"目标分解"也就变成了"目标分摊"[①]。二是目标确定过程中，客体较低的参与度。在高校目标管理中，目标的真正实施者主要是广大的教职工，但在实践中，教职工对于目标管理的了解甚少，基本上没有参与的机会，有的甚至不知道自己所在的高校在推行目标管理，这给目标管理的实行造成了很大的困难。三是定责授权过程中，混淆职权责关系。目标管理的对象主要是学校各二级单位，而负责推行高校目标管理的机构大多是挂靠在校办或人事处，它们同样是学校的二级单位，同级纵向管理常常缺乏权威性。另外，尽管每所学校都成立了相应的目标管理领导小组，但那都是各单位主要领导的临时拼凑，没有明确的责、权、利，也就没有什么实质性的领导力。

2. 主客体关系缺失

所谓"缺失"就是指在目标实施过程中，主体和客体之间缺乏监督、指导以及纠偏等互动活动。第一，目标实施过程中的"零监督"。当前中国高校目标管理基本上都是年终考核，不少高校是一奖了之或一罚了之。年初布置工作任务把计划指标分下去，年底考核算总账兑现奖惩。完成了任务是领导有方，没有完成任务是员工执行不力，以结果代替过程成为个别管理者逃避责任的护身符。第二，目标实施过程中的"零指导"。在大多数推行目标管理的高校中，从目标制定到目标考核的过程中，其管理工作基本上处于"空窗期"。他们对各个二级单位的实

[①] 宋周，何燕. 当前高校目标管理实施现状述评 [J]. 成都大学学报（社会科学版），2002（4）：38-39.

施情况不管不问,更没有深入到二级单位内部进行必要的"行为指导"。这对于一些"后进单位"来说,是一个非常严重的问题,他们仅仅知道目标是什么,至于如何才能达到目标则是一头雾水,最终就会导致目标管理工作的不完美。第三,目标实施过程中的"零纠偏"。影响目标实施的主要是学校的外部环境和内部运作机制。学校的外部环境包括党和国家的方针、政策,国家发展目标,教育管理体制变革,学校所在社区的发展现实及需要等等,外部环境的变化必将引起学校目标及其实施的变化。学校管理者在目标实施阶段,应定时检查和分析各级目标的实际执行偏差和达标情况以及各目标的实施均衡情况,同时有效控制目标。当发现目标不尽合理、目标计划本身有偏差时,必须修正目标计划。但是在目前的高校目标管理过程中,目标一旦达成,就具有"超稳定性",很少有人再关注目标是否切合实际,目标是否由于社会环境的改变而应有所变化。这种"零纠偏"状态普遍存在实施目标管理的高校中,并直接影响到了目标管理的发展。

3. 主客体关系冲突

所谓"冲突"是指主客体之间的角色对立。主要体现在目标考评过程中,学校的各个职能部门同时扮演着"教练员""裁判员"和"运动员"的角色。由于每个角色所站的角度不同,所维护的利益不同,势必会产生角色冲突、角色对立,令职能部门的工作事倍功半,甚至无法展开。(1)"运动员"与"裁判员"之间的角色冲突。在绝大多数实行目标管理的高校中,都存在着"运动员"与"裁判员"之间的角色冲突,即被考核者与考核者之间的冲突。这是因为很多高校的考核主体都具有"双重角色"。具体来说,在对职能部门进行考核时,各个教学单位的领导或者代表就成为此次考核活动的考核主体;而反过来,当对教学院系进行考评时,职能部门的管理者就由之前的"被考核者"转变成了"考核者"。在这个身份转化的过程中,就不可避免地会出现"运动员""裁判员"的角色冲突,最终势必会影响考核过程的公平、公正。(2)"运动员"与"教练员"之间的角色冲突。职能部门还有一个角色非常重要,那就是"教练",即目标管理的咨询者。在那些没有专门的目标管理机构的高校，他们的目标管理工作基本上都是挂靠在学校的人事处之下，在人事处领导的带领下，由几个人兼职处理有关目标管理的相关事宜。这样就产生了所谓的"运动员"和"教练员"的矛盾。众所周知，"教练员"的主要职责就是自始至终参与下级的工作过程，对下级工作不断给予观察、记录、帮助、培训和激励。但是，由于职能部门所承担的角色过多，任务过重，导致分身乏术，无暇顾及教学院系的咨询指导工作，更不用说进一步深入观察、记录及指导他们的具体工作了。

4. 主客体关系疏离

所谓"疏离"是指主客体之间关系疏远、分离。主要指在目标反馈过程中，主体和客体双方都对"年度总结""结果反馈"以及"提出改进意见"等工作不重视。常表现在两个方面：一方面，客体在总结当年的工作时，没有采用认真的态度，敷衍了事。众所周知，年末是高校最忙碌的时候，同时又恰逢每年的目标管理考核总结阶段（对于年初下计划，年末考核总结的院校来说），再加上部分单位对于目标管理工作的不重视，种种原因导致各单位的工作人员在总结当年的工作情况时，或多或少抱着敷衍了事的态度，呈交的总结报告书只是应付上级的"例行公事"，缺乏科学性、可信性。另一方面，主体针对当年的考核结果，没有对于客体提出改进的方向。同样，作为主体的职能部门来说，每年的目标管理总结工作非常繁重。更严峻的是，他们必须要面对全校的教学院系的考核结果来进行分析。在没有专门的目标管理机构的情况下，他们没有时间、没有精力来对如此多的教学单位的考核结果进行认真、深入的研究，更无法提出具有建设性的意见。

（二）主客体关系失谐的原因

辩证唯物主义告诉我们，内因是变化的根据，外因是变化的条件，外因通过内因起作用。高校目标管理的主客体关系失谐既有主客体自身的原因，也有客观原因。

1. 缺乏对主客体关系的正确认识

高校目标管理相对来说是一种新生事物，绝大多数教职工对目标管理并没有深刻的认识，这是造成目前主客体关系失谐的根本原因。正如马克思曾说："从前的一切唯物主义（包括费尔巴哈的唯物主义）的主要缺点是：对对象、现实、感性，只是从客体的或直观的形式去理解，而不是把它们当作感性的人的活动，当作实践去理解，不是从主体方面去理解。"①

从高校目标管理的主体而言，管理层是目标管理的发动者和组织者，他们的思想认识直接影响到目标管理的实施效果。目标管理强调的是"沟通"和"参与"，但是在实际操作过程中，高校管理者依旧倾向于"自上而下"地下达，缺乏和二级单位的沟通、协商，致使很多人在思想认识上将目标管理混同于传统的管理方式。从高校目标管理的客体而言，在目标管理中，真正实施目标的是广大的教职员工。但实际上他们对目标管理的认识非常有限，有的甚至将其等同于传统意义上对教师进行的绩效考核。这种思想上的被动最终导致他们无法真正主动参与到目标管理的各个环节中。同时，由于他们不了解目标管理的基本理论和基本程序，难以深入地参与到目标管理过程中，也就直接影响到他们参与高校目标管理的整个活动的积极性。

2. 缺乏对主客体关系的协调机制

在实行目标管理的高校中，大多数都没有设置专门的机构来组织实施目标管理，使主客体关系处于一种"真空"状态，是产生主客体关系不畅的关键原因。

在高校目标管理的具体实践活动中，事情繁多且杂乱，挂靠在学校某个处室的"目标管理小组"面临着艰巨的任务和巨大的挑战。譬如，目标制定过程中，负责职能部门和教学单位所定目标之间的协调平衡；目标实施过程中，负责监督、指导各个单位的实施情况；目标考核过程中，选取公平、公正的考核主体，对考核主体进行考核前的培训等；目标反馈过程中，负责解释考核结果，反馈考核信息，提出改进意见等等。但是在目前的高校目标管理中，并不是每一所高校都有这样的专门

---

① 中共中央马克思恩格斯列宁斯大林著作编译局. 马克思恩格斯选集：第一卷 [M]. 北京：人民出版社，1995：54.

机构来负责对目标管理各个环节中的主客体关系进行沟通和协调，导致了各种各样不正常主客体关系的出现。

3. 缺乏对主客体角色的转化能力

在高校目标管理中，主体和客体的角色并不是一成不变的，在很多环节中都需要角色之间的转换。但是大多数人还没有具备主客角色转化的意识与能力，这是主客体关系失谐的重要原因。

高校目标管理中的主客双方还没有从根本上认识到转换角色的必要性。高校的各个职能部门、直属机关等在目标制定、目标实施、目标考评和目标反馈的各个环节中都将自己定位于目标管理的主体地位，认为自己是学校计划的制订者、具体实施的组织者等，不需要和作为客体的教学单位进行多方沟通、协商和协调。而作为客体的教学院系也习惯于被动地服从于上级的各项命令、指示，很少主动地提出建议及反映工作过程中的困惑。思想意识中的这种"泾渭分明"的主客体关系直接导致了目标管理主客体的角色冲突。

高校目标管理中的主客双方还不具备"自如"转换角色的能力。在高校的管理活动中，很多人都是长期扮演着一种角色（主体或者客体），没有角色转换的经验，也不具备角色转换的能力。譬如，在目标考核过程中，职能部门和教学单位之间是互为考核主客体的关系。对于大多数教学单位来说，他们不适应这种由被考核者到考核者的角色转换，也不具备考核者所需要的知识、能力等，给目标管理的推行造成了不小的困难。

4. 缺乏对主客体关系的和谐追求

目标管理是一种理论性比较强的管理方法，但是在实践过程中，很多人仅仅关注它的实践性，而忽视了其理论，尤其是对主客体关系认识的升华，这是主客体关系失谐的直接原因。

一方面，在目前的高校目标管理中，很多人都将目标管理纯粹当作一种管理方法，当作一种对教职员工的考核方式。在这种观念的引导下，很多人认为目标管理进行到目标考核这一环节就基本上结束了，很少人关注考核之后的目标总结和反馈，这对于深化目标管理理论和升华主客体关系的认识是非常不利的。另一方面,高校目标管理的主客双方态度上的不端正也是引起这些问题的主要原因之一。很多人都将目标管理看作年初"领任务"、年末"交报告"的形式化过程,并没有认真对待其中的每一个环节。尤其是每年的目标实施总结,很多都流于形式,错失了改进提高的机会。

三、主客体关系的和谐状态

《中庸》有云:"和也者,天下之达道也。"和,就是和谐。和谐就是多样性的统一,是不同事物之间协调有序、和顺共存的方式或状态。"和"即和衷共济之意,"谐"有协调顺畅之义。和谐的哲学依据是"和而不同"的思想,首先和谐的前提是承认"不同",也就是承认事物的多样性、差异性、矛盾性与竞争性。然后是有序,和谐是不同事物各得其所、各司其职、各安其位、各尽其能、优劣互补的一种有序的发展方式或状态;再次是协调,和谐是不同事物之间相互配合、相互支持、相互理解、相互沟通、协调发展的方式或状态;最后是活力,和谐也是不同事物之间相互作用、相互推动、相互促进,既相互竞争又相互协作的一种发展方式或状态。党的十六届四中全会提出建设"和谐社会"的发展目标,中共十八届五中全会提出"创新、协调、绿色、开放、共享"的新发展理念,均将和谐发展作为重要内容。和谐管理强调利用由"人"的因素所带来的不确定性,来应对管理活动中的不确定性,提高人力资源开发与组织管理效率[①]。顺应新时代经济社会高质量发展的潮流,在高校目标管理中构建"和谐"主客体关系,意义深远。

(一)主客协商,上下同欲

古人云:"上下同欲者胜。"充分认识主客体的辩证关系,在目标制定过程中,就是要做到组织内各个成员之间相互协商,上下同心,制定出适合自己的目标体系。

---

① 席酉民,张梦晓,刘鹏. 和谐管理理论指导下的合法性与独特性动态平衡机制研究[J]. 管理学报,2022,19(1):8-16.

1. 群策群力，确定共同的目标

研究表明，当人们亲身参与了某项决策的制定过程时，他们一般会倾向于坚持立场，并且在外部力量作用下也不会轻易改变立场[①]。在目标的确定过程中，只有学校、二级单位以及教职员工共同参与协商，才能充分调动学校全体成员参与的积极性、主动性与创造性，教职工才能充分表达自己的意愿，将个人目标与总目标相互融合，才能形成为成员所共同认同的、合理的学校发展目标。而将预定的目标强加给教职工或简单地将他们的目标进行汇总均不可能产生有效的目标。

2. 共同参与，体现民主的氛围

在高校目标管理的目标制定过程中，应该采取协调的方式，即上下级之间经过充分协商与讨论，在目标制定过程中取得共识，最后形成完整的目标体系。这种通过自上而下、自下而上的双向构建而形成的学校目标体系有利于下级积极性的调动，有利于正确理解和确定各自的职责、权利和责任。

3. 签责任书，确保职权责统一

马克思认为，没有无权力的责任，也没有无责任的权力。责任是实质，权力是关键，务必做到权力、责任和职务的统一，防止"责任重叠"和"责任空白"。在目标制定一致后，首先要确定每一个二级单位、每一位教职员工对每一个目标和分目标的确切责任，即谁对完成这些目标和分目标负责。尽可能做到"千斤重担众人挑，人人身上有指标"，即某个目标属一个主管，一个部门。如果目标责任不清，目标定得再好也难以完成。其次将每个个体（或群体）的目标，以目标责任书的形式固定下来，以明确各自的目标责任。目标责任书是控制目标实施与考评的依据，其内容应包括目标项目、权数、权限及条件、进度安排、自我评价、领导评价、奖惩等等，从而保证目标实施成果的评价有据可依。

（二）主客配合，齐心协力

任何管理都需要相应的运行机制去推动和落实。目标管理是一种极

[①] 刘颖，杨文堂. 绩效考核制度与设计 [M]. 北京：中国经济出版社，2005：3.

其复杂、难度较高的管理方式，更需要设置一个高效的监督、指导、沟通和反馈机制。

1. 主客体之间的相互监督

在目标实施过程中，学校领导必须对各个二级单位的目标实施情况进行全面监控，而同时二级单位也对职能部门的执行情况进行监督。而且由于高校的重大工作都直接体现在各职能部门的工作层面上，而具体落实又都在各教学院系，令主客体双方的监督工作可以围绕着"共同目标"来开展和进行。

2. 主体对客体的指导帮助

在目标实施过程中，要有领导和各职能部门的支持和帮助。教学院系的工作目标一经确定，院系负责人自然要组织力量去实现目标，但如果教学院系本身的力量不足以完成时，学校领导和有关职能部门要积极创造条件帮助院系完成工作目标。只有教学院系的各项工作目标顺利完成，才能有效保证职能部门的目标顺利完成，从而使学校的年度工作目标圆满完成。

3. 主客体之间的多方沟通

在高校目标管理活动中，身为管理客体的教学院系由于所站的高度不同、考虑问题的角度不同，可能会和管理主体即职能部门产生或大或小、或多或少的冲突。我们应该正视这种对立关系的存在，加强二者之间的相互沟通，减少或者消除矛盾，为共同达成学校的发展目标而努力。

4. 客体对主体的积极反馈

教学单位应及时向学校职能部门责任人提供工作进程中有关目标实现程度的各种信息，帮助他们了解各阶段工作状况，这样学校有关职能部门才能及时分析问题，为教学单位提供帮助和指导，做好服务工作。同时日常积累的教学单位工作进程情况也能辅助学校对教学单位考核，给予更客观和公正的评价，减少分歧。

（三）主客转化，彼此促进

任何个体或者群体都不能仅仅以一种角色出现在社会舞台上，势必会出现多种角色重叠，需要多种角色相互转化的情况，在高校目标管理中也是这样。管理主体和管理客体实质上都承担着特定的社会角色，他们在学校里处于不同的地位，承担着不同的职能，但是他们的角色并不是恒久不变的，要随着各种条件的变化而发生改变。

在目标考核过程中，高校及其二级单位之间的主客体关系是相互转化的。职能部门、直属机关要作为考核主体，对每一个教学单位进行评定；而同时他们又是被考核的对象，接受教学单位对他们实现目标的情况进行考核。因此，为了保证目标考核工作的顺利进行，必须要做到：

1. 公平公正地扮演"裁判员"角色

考核主体代表着学校管理层，按照学校推行目标管理时所核定的统一的价值标准，公开、公平、公正地对职能部门和教学院系的工作进行评价。考核主体的这种身份就犹如体育比赛中的裁判。作为一名裁判，就应该具有优秀的思想品质、心理素质以及较强的业务知识和能力，以保证被考核者得到客观和合理的评判。另外，裁判还应该严格掌握考核标准和裁判尺度，尽量不受或少受主观因素的影响。

2. 尽心尽责地当好"教练员"角色。目标管理小组、教学院系的领导以及各个职能部门的管理者在目标管理过程中，实际上都承担着这样一种角色，他们要对下级的工作不断给予观察、记录、指导、帮助、培训和激励，即所谓的"教练"的身份。作为"教练员"，就应该具有良好的职业道德以及很强的管理意识、素质和能力，以保证队员在比赛过程中处于积极的竞技状态并表现出应有的实力。因此，教练员要对下级从严要求，尽心指导，促进其发展。

（四）主客沟通，面向未来

发展不忘和谐，和谐不忘沟通。以新发展理念为遵循，建设社会主义和谐社会，是中国高等教育追求的根本目标。在探索高校人力资源开发与目标管理服务新时代经济社会高质量发展的机制时，我们既要立足问题本身，又要放眼未来。

1. 深入分析结果，指出问题所在

各个职能部门应将考核结论及潜在原因反馈给教学单位，通过这种反馈，让他们知晓此次目标管理的考评结论，更了解考核结论的缘由、自己工作中存在的问题。同时各个职能部门也要和教学院系共同探讨目标管理过程中存在的问题和解决的方法，对各个教学单位提出的建设性的改进意见。反馈和沟通有利于增进教学单位和学校上级之间的了解和互相信任，增强考核工作的激励效果，改进和提高教学单位的绩效。

2. 正视考核结果，积极寻求发展

学校管理者和教学单位责任人应认真、系统地总结工作，以任务完成和目标执行情况的数据和考核结果以及日常掌握的教学单位工作情况、信息作为下一阶段学校目标制定的依据，调整步伐，主动把握机遇，以便进入下一个目标管理循环。另外若教学单位有异议，可以通过正当的信息渠道进行申诉，以使教学单位感到考核的公平、公正。

第二节　过程与结果的关系

目标管理注重管理结果，高校人力资源开发与管理注重管理过程，二者之间必然存在某种程度的不兼容。但这并不等于否认了高校目标管理，相反，高校通过汲取目标管理的精髓，克服自身的不足，实现优势互补，恰恰能实现管理效益的最大化。但高校实行目标管理的前提是合理处理过程与结果的关系，否则高校目标管理就会出现水土不服的情形，违背这一理论引进的初衷。

一、过程与结果关注的焦点

目标即行为所要实现的结果，这些结果可能是个人或者集体努力的成果。目标管理就是指以目标为导向而进行的管理，强调的是目标对管理的导向作用。它是一种通过上下级共同制定目标，并对下级单位目标或个人目标完成情况进行考核，以确定是否实现预定目标的管理方式。从本质上来讲，目标管理是注重结果的管理，而不注重实现目标的具体过程。德鲁克也指出，目标管理"是一种实践，其本质不在于'知'，而在于'行'；其验证不在于'逻辑'，而在于'成果'；其惟一权威就是成就"①。

(一) 注重成果是目标管理的本质

从组织追求而言，德鲁克认为，"企业的任务必须转化为目标，企业管理人员必须通过这些目标对下级进行领导并以此来保证企业总目标的实现；目标管理是一个程序。一个管理人员的职务应该以达到公司目标所要完成的工作为依据；每个企业管理人员或工人的分目标就是企业总目标对他的要求；管理人员和工人是靠目标来管理；企业管理人员对下级进行考核和奖惩也是依据这些分目标"②。从德鲁克的管理思想可以看出，"目标"既是全员努力的方向，也是全员追求的结果。目标管理的每一个因素都渗透着对结果和成就的追求。也就是说，为了"结果"和"成就"，可以"条条大路通罗马"。

就个人成长而言，德鲁克指出："企业中的每一个成员都有着不同的贡献，但所有的贡献都必须是为了一个共同的目标。换句话说，他们的努力必须全都朝着一个方向，他们的贡献必须互相强化以便形成一个整体——没有缺口、没有摩擦、没有不必要的重复劳动。"③ 这就鲜明地指出，目标管理是"以目标为导向的管理……即是以'有效性'(Effectiveness) 作为个人工作的目标，再加上'自我控制'(Self Control)，而'自我控制'的有效性即要以资讯交流作为自我管理、自我改善、自我更新及自我发展的工具，进而实现提升贡献、创造顾客之目的"④。也就是说，目标管理是一种以工作和人为中心的管理方式，个人要实现自己的目标，必须首先实现组织的目标，而组织目标的实现，又推动了个人目标的实现。

---

① 德鲁克. 管理：使命、责任、实务：使命篇 [M]. 王永贵, 译. 北京：机械工业出版社, 2006：序Ⅵ.
② 周三多, 陈传明. 管理学 [M]. 北京：高等教育出版社, 2004：117-118.
③ 德鲁克. 管理：使命、责任、实务：实务篇 [M]. 王永贵, 译. 北京：机械工业出版社, 2006：60.
④ 德鲁克. 卓有成效的管理者 [M]. 许是祥, 译. 中英双语典藏版. 北京：机械工业出版社, 2005：序ⅩⅣ.

从成果鉴定而言，目标管理是一种重视成果评估的管理，它的最终目的就是实现预定的目标。实施目标管理，管理者对目标实现的具体方式不作硬性限制，认为"不管白猫黑猫，抓住老鼠就是好猫"，追求独特的成果效应，能充分调动组织成员的积极性、主动性和创造性。同时又依据分目标对下级进行考核，并依据分目标的达成情况和所取的成果的大小进行评定。所以各个部门及每个成员首先考虑的是目标的实现、活动的成果。也就是说，在目标管理过程中，管理者告诉下级的只是"你要登上那座山峰"，至于沿着哪个山坡、哪个途径登上去，那是由下级自己去决定的。下级因而有更多的选择、有更宽的活动余地。这不仅有利于下级发挥主动性、创造性，而且有利于形成和谐的上下级关系，营造出良好的心理环境。

（二）强调过程是高校管理的特征

中国传统的高校管理以建立规章制度为切入点，强调对高校活动的规范和控制，其高校内部管理的过程可以大致归纳为规划、计划、执行、检查、总结等环节。目前，刚性方式是大多数学校进行监督和控制的主要方式。它不仅是中国长期以来计划经济影响的结果，也是以中央集权为特征的管理体制作用的结果。以过程为中心的控制管理使中国高校不可避免地形成了行政管理高于学术管理的内部管理特征，这种情况一直延续到今天也并没有多大的改观，受到了众多的诟病。

1. 过程控制忽视人的情感

以规章制度作为高校管理的制度构架，高校管理者往往自觉不自觉地把管理对象视为一个静态的、可控的封闭系统，在系统内部，管理者主要依靠自己的权力、职责、责任等对管理对象进行系统化、有序化、规范化的刚性管理。刚性方式以规章制度为中心，依靠的是组织制度和职责权利，管理者主要通过权威、命令、政策、法规、守则等管理方式和手段对员工进行控制、监督和惩罚。这种管理忽视了环境的复杂性和可变性，忽视了高等教育活动中知识分子的本质特征以及知识分子之间的差异性。通过刚性方式进行监督和控制是建立在"经济人"假设基础上，强调通过严格的规章制度和奖罚制度对被管理者予以监督和控制，忽视人的情感因素、积极主动性和创造性，这显然不是建立在尊重人、相信人、弘扬人的主体性基础上的，其对于人力资源开发的弊端也是显而易见的。

2. 过程控制扼杀人的潜能

规范的刚性管理主要适用创造性工作要求低、工作标准容易量化的工作。高校过多地使用刚性方式进行监督和控制，会束缚高校人力资源创造性潜能的发挥，不利于其学习能力、适应能力、创造能力和竞争能力的提高[①]。在集权控制型管理模式下，高校不得不对应于政府的行政部门来设置学校的管理部门，从而形成了高校内部庞大的行政管理系统。大多数高校的行政管理系统掌握着办学和科学研究的资源与条件，从而拥有了远远超过学术部门的各种权力。在这种内部管理体制下，高校本来应当更加崇尚的且应更具有权威性的学术权力常常因为没有物质资源的支持而失去效力。例如，学术委员会做出的调整专业配置的决定，可能因为人事处、教务处在人员或教学任务安排上的问题而搁浅。而当学术管理权力不能左右高校的发展时，作为以文化传承和文化创造等学术性工作为主业的高校，其发展的方向和动力都将出现问题[②]。

3. 过程控制背离大学的本质

一味强调管理中的过程控制，会与学术自由的本质背道而驰，因为对过程的控制"是让个人的全部生活、工作和休闲，服从于当权者的命令。它把人贬低为一架无所不在的强制机器上的齿轮。它强迫个人放弃一切未得到政府允许的活动。它不容忍任何异见。……它把社会改造成了一支纪律严明的劳动大军，或像它的反对者所说的那样，造成了一座监狱"[③]。尽管这一说法有些过激，但它反映了学者们的呼声，也凸显出过程管理的弊端。

---

① 袁宇，李树超. 中国高校人力资源能力建设的监督和控制 [J]. 全国商情（经济理论研究），2008（5）：45-46.
② 宋维明. 贯彻科学发展观 完善高校内部管理 [J]. 中国林业教育，2008（3）：1-3.
③ 米塞斯. 官僚体制·反资本主义的心态 [M]. 冯克利，姚中秋，译. 北京：新星出版社，2007：23.

二、过程与结果脱节的原因

结果和过程的关系是：结果从过程中来，到过程中去。如果好过程没产生好结果，要么是过程还不够好，需要进一步改进；要么是由于外部不确定性环境的影响，下一次继续坚持做就会有好结果。如果不好的过程产生了好结果，这说明这种结果是偶然得来的或是投机取巧获得的，不可能重复，不具有普遍性和必然性。中国高校引进目标管理后，对传统的过程管理大加否定，于是走向了管理的另一个极端，重结果轻过程是高校目标管理过程与结果脱节的根本原因。

在目标制定过程中，很多高校只是单纯地将目标下达到各个二级单位或者教职工个人，而缺乏目标下达过程中的双向沟通和协调，不注重目标的论证决策，不注重目标的协商分解，不注重职权责的统一等，直接影响到了教职工执行目标的积极性和有效性。

在目标实施过程中，大多数高校则呈现出僵化有余、弹性不足等问题。很多高校在目标实施的过程中，对目标管理的实施动态失去了应有的关注，普遍缺乏对实施目标的指导、监控以及纠偏；对目标实施中各单位之间的矛盾不进行协调，听之任之；对技术问题不予以解决，任其自生自灭；对偶发事件不加以疏导，放任自流，致使目标管理常常达不到应有的效果。

在目标考核过程中，很多人认为目标考核属于结果管理，相对于过程管理而言，结果管理是最经济、最容易、最直观的，对教职员工也最有震慑性。因此，学校管理者把目标考核作为重要的管理手段，把管理的重心放在对教职员工的工作结果的考核上。例如，重点考核课时量、发表论文及著作的数量等等，而忽视了教职员工实现目标的过程及工作的质量。于是在高校推行目标管理之后，各个二级单位都唯"目标"是举，这都是缘于最终的考核结果和每个个体的利益、名誉有很大的关系。很多高校在实施目标考核的过程中，认识到了目标考核的重要性，对目标考核的结果非常重视，但是却对目标实施的过程监控不力。在年初或学期初时根据学校整体目标分解制定出各单位目标，到年底时就目标完成情况与计划进行对照总结，根据奖惩制度或规定进行绩效兑现，粗看还是那么回事，但是却忽略了过程监控这一关键的环节。过程和结果脱节，目标考核指挥棒不能引导客体向高校要求的方向努力，实际考核结果不能反映客体的实际绩效结果。

高校目标管理还存在一个认识误区，即很多人都忽视目标反馈这个重要的环节，认为高校目标管理推行到目标考核阶段就已经告一段落，这也是目标管理注重结果而忽视过程的重要表现之一。这种认识方式一方面令目标管理无法达到充分开发人力资源和提高管理质量的目的，另一方面使得高校目标管理实践过程中暴露出的问题无法得到及时的解决，最终使目标管理这种科学管理方式的管理效能无法得到有效发挥。

三、过程与结果配合的途径

斯蒂芬·罗宾斯认为，管理是指同别人一起，或通过别人使活动完成得更有效的过程。著名管理学家哈罗德·孔茨曾指出，管理是设计和保持一种良好环境，使人在组织中高效达成既定目标。从中可以看出，在管理中，过程和目标是有机统一的，管理活动按一定的程序，行使其基本职能，形成有序的管理过程和环节，才能够顺利地实现管理目标。要对高等教育这样一个多维参数相互作用的复杂系统进行科学的管理，就必须运用系统论、控制论和信息论等方法，把过程和结果有机结合起来。加强高等教育目标管理的实质就是根据培养的人才和获得的科研成果在社会实践中的表现这一信息反馈进行高等教育管理。但是，由于人才培养的超前性、人才和科研成果的社会效益和经济效益的滞后性、高等教育工作的周期性长等特点，直接的目标管理具体操作起来十分复杂[①]。目标管理有其所长，也有其所短；过程管理有其优势，也有其弊端。高校目标管理需要吸收二者之长，克服二者之短，在注重结果的同时，还必须重视过程。

在管理实践中，强调对目标的管理和对过程的管理，关注的重点是

---

① 李培凤，王生钰. 高等教育管理原则探析 [J]. 高等理科教育，2006 (5): 12-15.

不同的，采取的方式、方法也是不同的，两者存在着对立、不同的一面。但两者又是统一的，统一于管理的全过程。目标是诱因，是导向，是宗旨；过程是手段，是实现目标的保障，是条件。离开了过程，目标就会成为无源之水，无本之木；离开了目标，过程就会成为无方向的盲目的过程。目标的实现取决于每个具体过程的到位。目标的实现也就是过程的结束，新的目标的确定又意味着新的过程的开始。

目标的实现还必须依赖于整个过程的各个环节，只有各个环节最优化才能达到成果的整体优化。因此，有效的管理者必须加强过程管理。为了更好地在高校推行目标管理，我们应该将结果管理与过程管理有机地结合起来。在过程中实现目标，而不仅仅是为了目标而进行管理。

（一）规范制度，注重环节

目标管理是一种现代管理方式，它集行为科学、管理科学于一身，为此必须要建立相应的配套制度。同时目标管理也要强调过程管理，就是强调规范管理、标准管理、依法管理，追求的是更好的结果、更多的结果、更持续的结果。我们在高校目标管理中要积极加强目标管理的各项规章制度的建设和基本环节的层层落实，这样才能确保目标一步步实现。

（二）高度重视，精心指导

目标管理理论强调自主、自治和自觉，但这不等于说领导可以放手不管。在目标实施阶段，学校各个部门、个人都在行动，必然会出现各种矛盾、问题与困惑，甚至是困难的局面，影响目标的实施进程。因此，学校领导在目标管理实施过程中，要经常去视察，掌握目标实施过程的各种情况、信息，并针对各种问题，对下级给予指导，提出建议。

（三）及时反馈，追踪调节

目标管理是结果管理，实施的关键是总体目标和各级子目标确定的科学性，这在目标管理的起步阶段是很难做到的。因此，在操作过程中，要特别注意各个层面的情况反馈，不断调控修正，把过程管理的长处有机结合到目标管理中去。

一是做好检查工作。目标管理实施在进行到一个阶段,有必要对实施的情况进行检查,以确证目标实施是沿着正确的方向进行。学校领导要利用双方经常接触的机会和正常的信息反馈渠道及时掌握目标实施情况,做好检查工作。要检查目标执行情况,检查最好自下而上地进行,由下级主动汇报工作,学校领导对下级工作中的问题不要训斥、指责,更不能推卸责任,而要多给予支持、协助。甚至在必要时,可经过一定的手续修改目标,从而有利于进一步采取更有效的行动。

二是搞好调节工作。目标的实施过程,并不会是一帆风顺的过程,其间会产生许多矛盾,甚至是意外情况,而这些矛盾和意外情况与目标产生冲突。要使目标得到实施,就必须及时做好协调工作。一方面,要做好学校内部的协调工作,包括学校领导成员关系的协调,领导与教职工之间的协调,教职工之间的协调,还包括人事、事事之间的协调,努力做到统一认识、统一指挥,团结一致,使学校总目标、部门目标和个人目标大体整合一致,形成积极向上、共同为实现目标而奋斗的氛围;另一方面,要做好学校外部的协调工作,如学校与上级、学校与家庭关系的协调,为学校管理目标的实施提供良好的外部环境。另外,调节工作还包括根据环境的变化,适当调整目标。

(四)适度控制,及时纠偏

所谓控制,就是针对目标管理实施过程中出现的偏差,采取有效的措施加以控制和纠正,使工作恢复到正常状态。要做好控制工作,掌握目标实施进程的全面信息是关键。学校领导要主动到下层,多与学校成员交流,掌握各种情况信息,完善各种反馈机制,及时了解目标实施过程中的各种情况。同时又要做好调动成员积极性的工作。学校目标管理的操作,中心是促使目标达成度的逐步增大,关键是激励人的精神和心理状态不断完善。在实施目标管理的操作过程中,要以目标为中心,以人为主体,注意充分调动人的积极性、主动性,以充分发挥学校成员的自我控制作用。

（五）追求目标，保证质量

学校的育人活动周期性极其漫长，影响学生成长的因素很多，是全方位的。学校作为其中一个很重要的因素，应该整合各种有利的因素，避免各方面的不利影响。学校的育人工作既需要追求目标，更需要保证教育教学质量。学校毕竟不同于企业，效率和利润并不是该组织所追求的唯一或者最终目标，高等学校工作的核心任务就是培育高层次的人才，学校管理必须是注重"产品"质量的活动，在追求规模扩展、效益增长的同时，必须注重人才培养质量、成效与特色，不辱高等教育服务经济社会高质量发展的使命。

第三节 共性与个性的关系

矛盾是高校人力资源开发与目标管理中必然存在的现象，因为"一切矛盾不仅有特殊性，而且有普遍性，这就是共性和个性的问题。共同性不是存在于差别性之外，而是寓于个性之中。一切矛盾由于个性而分别表现为单个的具体事物，又由于共性而隶属于一定的种类。具体事物的个性不能脱离同类事物的共性"[①]。在高校实施目标管理，是把目标管理的理念和方法应用到高校人力资源开发与内部管理过程之中。因此，无论是哪所学校，要想实现目标管理的效果，都不可避免地要遵循目标管理的一些基本理念和方法要求；但各校校情的差异性又使我们在推行目标管理的过程中不得不关照各自学校的特殊性。认识并处理好目标管理中的个性和共性之间的关系，是高校目标管理中不可回避的一个问题。

一、共性的特征分析

高校目标管理的共性是指目标管理在各高校实施过程之中所体现出

---

① 湖北省《辩证唯物主义与历史唯物主义》编写组. 辩证唯物主义与历史唯物主义 [M]. 武汉：湖北人民出版社，1980：8.

来的普遍性规律或共同性特征，主要体现在以下方面。

(一) 参与性

高校目标管理的理论认为，目标的实施者同时也是目标的制定者，在制定目标时重视各级管理者和被管理者的参与和协商，改变"一切行动听指挥"、弱化主体的参与意识的传统僵化管理模式。教职工作为学校的主体，既是管理者又是被管理者，他们既有权利也有义务对涉及学校教育事业的改革与发展出谋划策，提出建议与意见。在制定带有全局性、战略性以及前瞻性的教育决策时，要发动广大教师自觉地参与，从他们的创造性实践中汲取营养，推动教育持续、健康地发展。高校管理者在处理目标实施中的问题时，也必须广泛地听取教职工的意见与建议，提高他们在学校中的地位，集思广益，把学校办好。另外从人力资源开发的角度来说，高校里的教职工作为一种高能量的智力资源，其开发潜力是巨大的，开发不好则是浪费。高校教师都有自己的学术研究空间，而这些不是领导都能精通和涉猎的，如果领导对学术研究进行简单、粗暴的干涉或进行强制性的指挥，只能陷入外行领导内行的尴尬境地，这无益于教师独立进行学术研究工作，势必影响学校的教育质量与效益。因此，高校实施目标管理更要充分调动教职工的参与性、自觉性，靠自我控制、自主管理的方式，自觉地去完成自己所承担的各项目标任务。在目标管理过程中，也是由执行者本人自觉地以过程标准来检验活动的程度与评价活动成果，并通过工作的目的性、管理的自我控制和个人的创造性来进行管理。

(二) 整体性

高校目标是一个由多层次、多数量、多性质的具体目标构成的整体。各个具体的分目标都是由学校总目标分解而来的，它们之间纵横交错、相互联系、相互衔接、相互制约，把学校的管理活动紧密地联系在一起，从而把学校各部门以及每个教职工组织在这个整体系统之中，使每个人都明确自己所做的工作与各个具体目标紧密相关，与学校的总目标关系重大。这样可以调动各方面的积极性，形成一个为实现学校总目标而密切协作、通力配合、团结一致、有组织的群体。高校教师主要从事学术性的教育科研工作，这种工作性质要求有宽松自由的环境，要求能够创造性地独立思考。但这种工作性质和个人单独劳动的特点往往使人淡化集体的利益而过分看重自己的作用，容易产生文人相轻、门户之见、不善于合作共事等问题，也不习惯管理者的管理和指挥。另外高校不实行坐班制，教师彼此交流的机会不多，更容易淡化他们的合作共事意愿。对此，教育管理者应努力协调集体目标与个体目标之间的关系，使他们树立全局意识，在关注个体利益的同时更加关注集体的利益。学校管理者还应努力协调各方面的需要，诸如通过举办学术讨论、讲座等活动增进学术交流与团结协作，形成"劲往一处使"的合力，整体推动学校教学工作的深入开展。

（三）实效性

目标管理被称为结果管理，很重视管理的最终效果，并严格兑现奖惩。目标管理中目标的确定有明确的效益指标，以及检验工作业绩的客观标准。在人员分配、资源配置等过程中都是以效益为中心的，只有效益指标得到了落实，才能说目标管理是成功的。因此，目标管理是以效益为目的的管理。高校教师的劳动属于精神劳动范畴。他们在专业、学术上一般都有很强的事业心、成就欲，对所取得的成绩、成果是否被承认特别重视。他们可以牺牲其他物质方面的需要，但对荣誉以及来自精神上的褒奖看得很重。因此要尊重他们的劳动，在目标管理中要尽量为他们着想，提供方便，特别是在教学、科研上要信任他们，依靠他们，多听取和尊重他们的意见，对他们的业绩给予合理的评价与充分的肯定。

（四）阶段性

实现学校的总目标，是目标管理全过程的最终结果，它是分时期实现的，这就表现为目标管理的阶段性。学校不断向前发展，正是不同时期目标管理各个阶段的实现与衔接。这些不同时期的目标管理过程又是更长时期目标管理全过程中不同的阶段。这样，犹如江水般一浪接一浪地向前推进，积蓄高质量发展动能，使学校的事业不断向前发展。

二、个性的内涵解读

高校目标管理的个性体现在由于高校层次、高校类型、高校性质以及各高校具体条件等校情的多样性，高校目标管理的实施情况也随之各有差异，具有自身的特点。

（一）不同层次的高校目标管理的个性问题

现代普通本科高校按层次可以分为几个不同层次：研究型高校、研究教学型高校、教学研究型高校和教学型高校。研究型高校承担精英教育的任务，主要培养学术型人才（博士）和开展科学研究工作，创造、发现知识，以提高社会的科学技术水平，提高生产力水平，促进社会的发展和进步。教学型高校以培养应用型人才为主，主要承担大众型教育的任务。虽然教学型高等院校也开展科学研究工作，但是其侧重于知识和技术的应用研究，这种研究主要是为培养应用型人才服务的。教学型高校通过培养掌握并善于应用科学知识和技术的人才，将高新科学技术转化为生产力，促进社会的发展和进步[1]。与研究型高校和教学型高校相比，研究教学型与教学研究型高校强调教学与科研并重。很多研究型高校是从教学研究型高校发展而来，而很多教学研究型高校则是从教学型高校发展而来的。因此，在高校由教学型向教学研究型转型的过程中，首先强调的就是科学研究工作在学校发展中的地位，以争取科研项目为目标，通过科研任务来整合科研资源，集聚科研力量，从而带动学科建设和队伍建设；其次，通过各种政策来增强学科意识，引导学科建设；最后，通过学科建设水平的提高，推动学校教学水平提升与高质量人才的培养[2]。

不同层次的高校目标定位不同，追求一流的方式不同，管理工作侧

---

[1] 秦启轩.试论高等学校层次性[J].高等教育研究学报，2002（4）：7-9.
[2] 杨文俊，成云，郭若冰.论教学研究型大学的教学与科研的关系[J].职业圈，2007（11）：174，178.

重点乃至管理方式的选择自然也就不同。研究教学型与教学研究型高校强调教学科研并重，研究生教育与本科生教育并举。教学型高校以本科教育教学为工作重心，教学工作是学校唯一的经常性的中心工作。与研究型高校相比，绝大多数教学型高校科研经费和科研设备条件都十分有限，从事科研开发的人员较少，承担的国家级研究课题少，且创新性科研能力不足，科研方向多集中在本科专业、学科的教学研究上，科研成果数量较少且水平不高。不同层次的高校办学标准如生师比、科研经费、研究生的比例、学科专业特色、科研特色和人才培养特色、学校的综合实力和核心竞争力等具体内容的主要指标各不相同。因此，学校层次不同，实施目标管理时目标设定、具体措施、难易程度等也各不相同。

（二）不同类型的高校目标管理的个性问题

普通本科高校按不同的标准可以划分为不同的类型。按学科设置和办学特色分类可以分为文科院校、理科院校和工科院校；按院校规模划分则可以分为综合性大学、多科院校、单科院校等。

高校类型不同，目标管理实施的情况也必然不同。一般来说，理工科院校比文科院校更适合推行目标管理，这是由理工科院校与文科院校的工作特点决定的。理工科院校的教学、科研工作跟数、量紧密相连，各项研究都可以转化为实实在在的经济效益，因此许多工作容易量化；而文科院校中定性的工作较多，其社会效益大于短期的经济效益，因而往往很难在短时间内体现出或在一定时期内根本估算不出其价值，很难将其工作量化，更难以相互对比。比如一本文科类专著、一项文科类课题或一篇文科类学术论文，到底谁的价值更大，我们很难得出公正而准确的结论。

此外，高校的规模大小也对目标实施具有重要影响。综合性大学相对于单科院校更适合于实施目标管理。

（三）不同条件的高校目标管理的个性问题

目标管理具有一定的适应性，高校的现实条件不同，目标管理的适用性亦有所差异。各高校具体办学条件千差万别，有经费投入上的差别，有在校生规模上的差别，有科研水平上的差别等。因此在具体的管理工作上，也不可能是一种模式。工作、生活环境比较好的院校比相对条件较差的院校更难推进目标管理，这是因为教职工的物质待遇已经达到一定水平，就算更加勤勉工作、付出巨大努力，完成目标所得不一定能够让待遇有明显增长。经过权衡，他们会更愿意选择轻松地去工作，而不愿意为了获得对已有收入影响不大的利益而被目标所约束。这样一来，目标管理对教职工的激励功能已弱化了，目标管理推行的阻力就会更大。地方高校与部属高校相比，或一般地方院校和重点院校相比，在办学条件上存在较大的差距和较多的困难。如办学经费较少、学科建设的整体水平较低、师资队伍建设欠缺、人才培养层次及结构落后等问题在一定程度上制约着地方院校的快速发展。因此，从内部挖掘潜力，从管理上求效率，调配有限的教育资源保证优先目标的实现，并促进目标效益的最大化，对地方高校来说具有很强的现实意义。部分地方高校实行目标管理的实践和取得的良好效果证明，目标管理是管理现代大学的一种有效的管理办法，也是地方高校快速提升办学实力的一种有效途径[①]。但是办学条件较差的高校实施目标管理也存在具体的问题，如各单位在制定目标时，由于没有足够的人力、物力以及财力等的保障，目标值偏高，没有可行性，容易导致目标可望不可即，在实施过程中产生悲观主义。

另外就高校的发展历史而言，调查表明，学校发展的前期更适合目标管理，到了一定发展阶段后，学校发展目标达到一定极限了，提不出更适合的发展目标了，也就缺乏目标管理的基本要素了；新建院校或刚合并组建的新院校更适合推行目标管理，因为学校发展空间比较大，目标容易制定。

在社会主义市场经济体制已经建立和高校内部管理体制改革不断深

---

① 谭家齐，王炎廷，曾德贤. 地方高校实行目标管理的战略意义与平台路径：兼论三峡大学目标管理体系的探索与构建 [J]. 三峡大学学报（人文社会科学版），2007（3）：107-110.

入的背景下，虽然一些高校把企业中目标管理理念和方法引入大学院系管理中，取得了良好的效果，但毕竟高校是学术组织，在组织特点、目标追求、产品属性等方面与企业存在很大的差异性。办学历史较长的高校容易受传统惯性影响，它们在实施目标管理的过程中遭受的阻力较大，所以大部分院校目标管理尽管初见成效，但很多方面都不尽如人意。实力强劲、基础牢固、层次较高的"双一流"建设高校，一定时期内可能在某些方面已经达到发展顶峰，接下来的发展是如何实现自我超越，而发展目标的制定又容易超越教职工现有能力范围，这种状况下要理性采用目标管理，构建具有中国特色、符合自身实际情况的目标管理体系，不能盲目照抄照搬其他高校的目标管理模式。

而一些新建院校与新合并高校有较大的发展空间，目标较为明确，在全新的环境下内部实施阻力相对也较小。而且，学校基础较薄弱或处于发展的基础阶段，可以根据自身的发展、时代的发展和社会的要求制定出一套切实可行的学校发展性评估指标体系，并利用这套体系检查督促学校内部各项工作开展的情况。这套指标的使用应在时间跨度、使用频率、评价重点、评价方法和手段等方面较上级行政主管部门的督导更具灵活性，使学校本来不丰厚的资源得到最大限度的使用，避免评估周期耗时长、难以及时发现问题的弊端，以便及时加以调整。

(四) 不同性质的高校目标管理的个性问题

普通本科高校按办学投资主体划分可分为公办高校和民办高校。公办高等学校是由国家举办的高等学校。民办高等学校是由国家机构以外的社会组织或者个人单独或者联合举办的高等学校。公办高校的办学主体是国家，教育经费主要来源于国家财政部门，公立高校与政府之间是隶属关系。而民办高校的办学主体是私人或社会法人团体，办学经费主要来源于社会。

民办高校与公办高校之间在管理模式、人才培养目标与模式等各个方面都有较大的差别。从某种程度上而言，民办高校就像一个企业。民办高校随市场经济的发展应运而生，与市场有天然的联系，具有市场导向性质[①]。首先，民办高校管理体制较灵活，对人才市场的反应更为敏感，可以及时增添新的专业，调整课程设置，为社会提供短缺人才。民办高校以市场需求为导向进行专业设置是其内在优势之一。其次，民办高校资源利用率高，成本收益比率高。一般而言，民办高校资源有限，面对公办高校的强大的竞争压力，就会强化危机意识和防患意识，必须精打细算，节省开支，以发挥教育资源的最大效益。再次，民办高校具备充分的教育管理自主权。民办学校与公办学校最大的不同，除了经费来源渠道不同外，就在于它能根据市场自主办学，自主招生，自聘教师，自主管理。因此它可以对高校管理进行大刀阔斧的改革，以适应信息社会时代对劳动市场的需求，培养出具有创新能力的高素质应用型或复合型人才，并可以带动整个教育体制的改革。最后，民办高校由于学校发展同办学者及教职工的物质利益和社会地位密切相关，因此，民办高校在求生存、促发展上比公办高校有更大的积极性、主动性，具有强烈的提高教学科研质量、建立名牌学校的愿望和为学生成才服务、为市场服务的意识。这就使民办高校开展目标管理具备较强的驱动力。

总之，高校目标管理最早是由企业目标管理引入、嫁接到高校管理之中的。对于其实施环境而言，与企业性质越相近，实施效果也应该越好。因此，相对于公办高校，民办高校更具有实施目标管理的土壤与条件。此外，民办高校与公办高校相比，所处层次较低，大部分还处于专科阶段，主要任务是培养应用型人才，目前并没有真正履行科学研究的职能；总体规模与基本条件也较差；受观念影响，政策上受限制较多，存在较大竞争的压力。所有这些特征也决定了民办高校与公办高校在实施目标管理过程中具有极大的差异性，因而要具体情况具体分析。

三、共性与个性的联系机制

高校目标管理中的共性与个性相互联系，共性寓于个性之中，并通

---

① 贾玉林，张晓黎. 论民办高校的性质和市场定位 [J]. 邢台职业技术学院学报，2001 (4)：38-41.

过个性表现出来，没有个性就没有共性，同时没有共性的个性，也就失去了存在的基础。因此，在高校目标管理中一方面要遵循目标管理的普遍规律，另一方面要突出个性，创新目标管理的学校特色。

（一）体现共性：遵循目标管理的普遍规律

目标管理作为一种管理方法，有其自身的普遍规律，无论在何种层次、类型、条件、性质的高校中实施都是有其共性的。有效实施目标管理，必须遵循目标管理的规律，体现目标管理的共性，才能发挥目标管理这一科学管理方法的作用，帮助学校目标顺利实现。

当前各高校内部管理体制改革的动机，归根结底是受社会经济、政治、文化的影响而逐渐形成的。在这一过程中，除了这些外部因素的直接影响外，管理理念与思想在其中起着极为重要的作用。目标管理能够从企业组织引进到高校组织，本质原因就是它的管理理念适用于高校，符合高校组织对于管理的要求。目标管理的管理理念主要包括系统理论、契约理论、激励理论、控制理论等。目标管理的基本程序都是在这些理论指导下设计的。从目标制定、目标实施、目标考核到总结反馈，接着进行下一轮的目标管理，在新的起点上制定新目标进而实施、考核、总结、反馈，目标管理作为一个环环相扣的系统，使人们能够从系统理论的观点出发，系统、全面、完整地去分析目标管理及相关问题，能够对高校的各个子系统的地位和作用，以及它们之间的相互关系有更清楚的了解，以整个系统最优化而不是系统要素最优化的观念来实现整体发展。总目标制定为高校的总体发展指明了方向，确定了工作重点；分目标的确定是在全体成员共同协商的基础上进行的，它为每个成员定责授权，通过签订契约的方式来明确上下级的责、权、利，有了各自的分目标，教职工在目标实施过程中就能够进行自我控制、自我调节，促使教职工由被动管理转向主动管理，自觉地完成各自的目标。同时，在管理行为上实行以人为中心的、宽容的、放权的管理原则，把个人目标同单位组织目标很好结合起来，为教职工充分施展才华创造了条件。目标考核是在激励理论的指导下进行的，包括马斯洛的需要层次理论和赫茨伯格的双因素激励理论。心理学家马斯洛认为人的未满足的需要能够影响他的行为，成为激励的工具；双因素激励理论认为在管理中调节好政策、行政管理、工资发放、劳动保护、工作监督以及各种人事关系处理等只能起维持工作现状的作用，而员工工作表现机会、工作本身的乐趣、工作上的成就感、对未来发展的期望、职务上的责任感等能够给员工较高的激励。目标考核能够有效地提高教职工的需要层次，从而形成他们继续努力的动力，激发他们的工作积极性和创造性；同时，目标考核不仅注意了物质和工作条件等外部因素，还注意到了工作的安排，量才录用，各得其所，重视对人进行高层次的精神鼓励，给予表扬和认可，注意给人以成长、发展和晋升的机会，这些考核内容在物质和精神上都是有效的激励因素，能满足教职工的需要，有利于调动他们的积极性，提高劳动生产率和实现目标。总结反馈环节反映了控制论的观点。控制论就是研究如何利用控制器，通过信息的变换和反馈作用，使系统能自动按照人们预定的程序运行，最终达到最优目标的理论。高校是一个自动控制的系统，各控制对象在完成了目标管理的前三个环节后，执行的情况要作为反馈信息输送回来，并作为下一步调整控制的依据。总结反馈为学校管理层、职能部门和教学单位提供了一个比较正式的、面对面的平等沟通机会，有利于二级单位和教职员工认识到自己的闪光点和不足，从而改进工作，也有利于制订更为科学的目标管理方案。

由此可见，目标管理的每个环节都是有着成熟的理论支撑和普遍的发展规律的，每所实施目标管理的高校，无论在层次、类型、条件、性质上存在多大的差异，都必须遵循目标管理的一般规律，体现目标管理的共性，凸显目标管理的参与性、整体性、实效性和阶段性，只有这样，目标管理才能达到预期目的。

（二）突出个性：创新目标管理的学校特色

矛盾的普遍性与矛盾的特殊性辩证统一原理认为，矛盾的普遍性与矛盾的特殊性是辩证统一的，普遍性存在于特殊性之中，特殊性与普遍性相互联结，不可分割。这就要求我们在认识事物的时候，既要从特殊性中概括出普遍性，又要在普遍性的指导下去研究特殊性。高校目标管理具有普遍规律性，但由于各高校在地域环境、历史传统、办学基础、院校性质、办学层次、管理模式、领导体制、师资力量、办学规模等具体校情上存在巨大差异，在目标管理具体实施过程中亦应体现出特殊性或个性。

首先，在目标确定上，各高校应根据自身的校情来选择发展目标。很多高校在制定目标时随意拔高，缺少对自身定位和资源的分析，提出的目标往往是创一流大学、创一流学科、创一流专业，而这些目标最终往往落空。因此确定发展目标时应对学校远期目标、中期目标、短期目标进行综合考虑，对学校发展中的优势、劣势、机会和危机等进行全面分析，对学校总体目标与部门目标如何协调进行通盘考虑，做到目标主次清楚、重点突出。如地方农林类高校，就应将发展目标定位于建设具有特色的农林类重点高校，服务地方农业生产与经济发展，而不是好高骛远，盲目提出建设综合性或一流大学的目标。要做到总体目标的科学合理，除了考虑本校校情，还应广泛听取各部门的意见，统筹、协调组织内部各部门具体情况，根据本校年度工作总目标，通过上下沟通共同建立部门各自的分目标，使各部门在工作总目标指导下，建立起一个自上而下、层层展开，自下而上、层层保证的工作目标连锁体系。这样不仅利于目标的实施，而且可以减少决策的盲目性。

其次，在目标实施过程中，也应该以高校具体情况为行动依据。目标管理的科学性在于重视对成果的评估。因而工作目标的量化程度对目标管理实施有效与否至关重要。然而高校工作具有其特殊性。一方面，高校是育人机构，它以生产一定的产品（合格的毕业生或科研成果）与国家或社会进行资源交换，从这个方面而言，很多工作可以得到量化，如当年培养的毕业生人数、当年科研转化的产值等；另一方面，由于受教育事业的内部规律（影响受教育者身心的规律）以及教育事业的外部规律（社会政治、经济等相适应的规律）的限制，高校工作在相当程度上是难以量化的，尤其是人文学科更是如此。因此，在目标实施过程中，也应当重视结合其他科学管理方法，并对其进行优化组合，发挥管理的整合效应。对于不同层次、类型、性质的高校而言，教学型高校相对于研究型高校、理工科高校相对于文科高校、民办高校相对于公办高校，更应加大目标管理的实施范围与实施力度；在整体上而言可能难以引入目标管理的高校，则可以在适合采用的一定范围内实施，辅之以其他管理方法，总之目的就是取得管理效能的最大化。

最后，在目标的考核评估与反馈方面，要勇于突破，有所创新。目标考核评估，是目标管理中的一个基本要素，是落实目标管理任务的重要手段。目标考核指标体系的制定，一是要注重科学性，即设计考核衡量工作成绩的指标要科学合理，并尽可能量化，减少主观性；二是要强调可行性，即要符合学校实际，便于操作。可行性是衡量目标决策正确与否的标志，是目标管理能否顺利实施的关键。同时要确定合理的目标任务下达和考核评估时间，使其更加符合高等学校的实际情况，这是推行学校目标管理必须首先考虑的问题之一[1]。此外，应建立健全激励与约束机制，其中奖惩标准的确定是关键。无论是目标制定者，还是目标实施者都要在教学、科研和管理中认真研究奖惩对象，科学设置奖惩条件和实施办法。只有保证了奖惩工作的科学化、规范化、制度化，才能充分发挥其在学校目标管理中的激励作用和制约作用，推动学校目标管理深入、持久、健康地发展[2]。

总之，高校实施目标管理受内外条件的限制，不可能采取"一刀切"的方式，甚至在同一所高校的各个部门，其具体实施亦应有所差异。这就要求各高校在实施目标管理过程中应积极探索创新，走出一条既符合目标管理普遍规律又能体现各自特色与个性的可行路径。

第四节 适应与超越的关系

关于"适应"一词，《辞海》中的解释是："（1）生物在生存竞争中适合环境条件而形成一定性状的现象。它是自然选择的结果。（2）在生

---

[1] 吴淑娟. 关于高校推行目标管理的几点思考 [J]. 长江大学学报（社会科学版），2005 (4)：119-122.

[2] 宁夏大学学院实体化改革领导小组. 行目标管理之策 走科学管理之路：宁夏大学学院目标管理探索与实践 [J]. 宁夏大学学报（人文社会科学版），2004 (3)：9-12.

理学和心理学上指感觉适应,即感受器在刺激持续的作用下所产生的感受性的提高或降低的变化。"《现代汉语词典》的解释是"适合(客观条件或需要)"。它的英文单词是 adapt,《朗曼现代英语词典》的解释是"to change so as to be or make suitable for new needs, different conditions, etc"。很明显,无论在汉语还是英语中,作为"适应"的主语的某物,都是被动地围绕其宾语的需要、变化而改变自身的。高校目标管理中的"适应",主要指所有的管理活动都应以适应社会发展为目标,以适应学校实际为行为起点,以适应个体的需要为动力之源。

"超越"的英文单词 transcendence,德文是 Transzendenz。它原是神学中用以表示超验存在的一个概念,后被雅斯贝尔斯、海德格尔等存在主义者所用,指"最本质的存在"。海德格尔进一步把超越与人的本质相联系,认为这种不断超越现有界限的行动正是人的本质,因为人的存在正在于他能够不断超越自己当下所是[①]。美国教育哲学学会前主席费尼克斯认为:"超越是指对任何给定状态或现实存在的无限超出的经验。"[②] 高校目标管理中的"超越",主要指在管理活动中提出的目标适当超前于社会发展,适度突破学校现实条件,适度超越个人发展现状,以使高校成为引领时代的发动机,充分挖掘人的创造潜能。

一、主动适应的现实需要

任何一种管理理念和方法都不具有超凡神力,都是有一定条件限制的。在高校中实施目标管理,理应充分考虑高等教育本质属性和学校现有条件,观照高校中人(教职工和学生)的需要,才能最大程度地发挥高校目标管理的效应。

(一)适应社会发展:高校目标管理的社会使命

随着高校逐步从社会的边缘走向社会的中心,高校与社会的经济、

---

① 葛力. 现代西方哲学辞典 [M]. 北京:求实出版社,1990:502.
② 联合国教科文组织国际教育发展委员会. 学会生存:教育世界的今天和明天 [M]. 华东师范大学比较教育研究所,译. 北京:教育科学出版社,1996:35,192.

政治和文化等各个方面之间的联系日益密切，需要面对各种各样的社会期望和尽力满足多方面对知识和人才的需求，因此，大学的发展总是与社会的需要联系在一起。事实上，大学从它产生之日起，本身就已经成为社会不可缺少的一部分，不管是在它处于象牙塔时期还是其后所历经的各个不同发展阶段，它从来就没有也不可能失去与社会的联系。既然大学本身就是社会系统的一个有机组成部分，既然它无法避免和社会进行接触，它的发展要受到社会的强有力的影响，那么它就不得不考虑社会对它的要求，必须适应社会。大学的适应性，要求在高校目标管理中目标的制定一定要充分考虑当下社会现实需要，从而实现大学的社会使命。

当前中国高校处在经济全球化和改革开放的知识经济社会大背景下，适应社会发展，高校必须发挥社会经济发展的人才库、知识库、思想库和产业孵化器的作用。因此，中国高校发展的目标应围绕这些应然功能展开。首先，高校必须成为社会发展的人才库。人既是知识的载体又是知识的创造者，知识经济的发展靠人才，人才培养靠教育，传播知识、造就人才是大学促进知识经济发展的最根本、最本质的价值表现形式。在未来社会，不管经济如何发展，教育如何变革，大学都始终会是传播知识和培养人才的中心，承担经济发展的人才库的功能是高校不能回避的发展目标。其次，高校必须成为社会发展的知识库。大学在生产新知识方面有其学科优势、人才优势、信息优势、学术环境优势，因此大学必然并且应该承担起作为社会经济发展知识库的责任。事实上许多新学科、新的理论和技术都产生于大学。中国过去 20 年来，国家自然科学中有将近半数是由大学完成的，大学已经成为社会发展的知识库，并将发挥越来越巨大的作用。再次，高校必须成为社会发展的思想库。思想是行动的指路灯，物质的富足固然是一个国家发达的重要标志，但思想的贫瘠会成为一个国家最大的缺陷。在科学技术日新月异、物质财富不断增长的时代，科学技术在推动物质文明突飞猛进的同时，冲击着人文教育，淹没了人文思想。大学具有人文资源和文化环境的优势，并致力于整理和保存人类优秀的思想遗产，它可以成为社会的一个活的思想库。最后，高校必须成为产业孵化器。知识产业与大学有着密切的联系，大学不仅仅是科学研究和技术开发的基地，也是新型知识产业的孵化器。大学有条件发展知识产业。早在20世纪初期，一些发达国家的大学就形成了为社区经济与社会发展服务的思想，从而打破了大学办学的封闭性，现今已经形成了教学科研生产一体化的办学模式，直接参与产业发展。

(二) 适应学校实际：高校目标管理的行动起点

高校除了传递知识、发展知识、服务社会等这些一般目标外，不同学校也会有不同的具体的发展目标以及相应的目标管理方案，因此，高校实行目标管理要适合不同高校的具体校情。

首先，高校目标管理必须与高校类型层次相适应。不同类型的高校在目标管理实施方面各有差异。一般来说文史院校比理工院校推行目标管理的难度更大。理工院校所从事的工作跟数、量紧密相连，许多工作容易量化；而文史院校中定性的工作较多，很多工作的价值不好判断。比如一本专著、一项课题或一篇学术论文，很难说前者比后者价值更高或更低。

不同层次的高校目标管理的应用也各不相同。一般来说教学型高校更适宜实行目标管理，研究型高校相对难度较大，教学研究型高校居中间状态。教学型高校以本科教育教学为工作重心，教学工作是高校唯一的经常性的中心工作。与研究型高校相比，绝大多数教学型高校科研经费和科研设备条件都十分有限，从事科研开发的人员较少，承担的国家级研究课题不多，且创新性科研能力不足，科研方向多集中在本科专业、学科的教学研究上，科研成果数量较少且水平不高。这样便于量化的目标体系就相对偏多，目标的实施考核更加简易方便。反之，科研型高校在办学标准如科研经费、研究生的生源、学科专业特色、科研特色和人才培养特色、省部级以上重点学科、重点实验室、高校的综合实力和核心竞争力等的主要指标方面各不相同，而且这些指标难以绝对量化，高校目标管理在实行中就难以保证明确、客观、公平。

其次，高校目标管理必须与高校办学基础相适应。高校的办学基础指高校办学赖以维持的前提条件，主要是指物化的条件，包括学校硬件设施、师资配备、经费保障、教学科研水平、后勤管理等。依据不同高校的状况，可以分为基础较薄弱的高校、基础一般的高校和基础牢固的高校。基础较薄弱或一般的高校，特别是新建院校、合并组建的新院校、刚升格的本科院校相对更适合采用目标管理。目标的激励特性说明超越教职工现有能力的目标是具有激励价值的目标，经过努力而做出的承诺会使人更有责任感。当基础较薄弱或处于发展的基础阶段，高校可以根据自身的发展、时代和社会的要求制定出一套切实可行的高校发展性评估指标体系，并利用这套体系检查督促高校内部各项工作开展的情况。这套指标的使用应在时间跨度、使用频率、评价重点、评价方法和手段等方面较上级行政主管部门的督导更具灵活性，使高校本来不丰厚的资源得到最大限度的使用，避免评估周期耗时长、难以及时发现问题的弊端，以便及时加以调整。简言之，就是用各种监控和指导策略唤起教职工对目标的责任感，使他们自愿地把目标视为对自我的挑战，视为一种源源不断的力量，这样目标不仅会得到贯彻执行，而且能充分调动教职工的工作积极性，起到很好的激励效果。反之，基础已经很牢固、综合性、实力较强、发展水平已经很高的高校不太适用目标管理，因为人的潜力有限，这类高校发展的上升空间不大，而发展目标的制定容易超越教职工现有能力范围，完成未来目标的现存能力和潜力、竞争者的现状及政策所赋机会等都已不复当初。华中科技大学20世纪90年代中期，在高校内部体制改革浪潮推动下，为了提高高校内部管理效能，调动高校教职工工作积极性，引进了目标管理。这个时期实际上是华中科技大学办学基础处于比较稳固但尚未达到最高水平的时期，也正是采用高校目标管理的最佳时期，因而盘活了办学资源，激发了学校活力，华中科技大学在几年内教学、科研等方面取得了飞速发展，综合排名跻身国内一流大学行列，目标管理取得了巨大收获。但是该校却于2004年暂停实施目标管理，原因就在于随着目标管理进一步推进，学校办学基础已稳固，学校发展已达到较高的水平，再要求发展目标实现"每年一个台阶""每阶段一个飞跃"已经难度太大，而且随着学校教师队伍的高层次化，高校目标管理的激励度与教师能接受的激励度形成落差，激励效应不复存在，此时再推行目标管理，就要对目标进行适时调整，否则就不切合学校实际，在推行过程中遭到各种抵制。

(三) 适应个体需要：高校目标管理的动力之源

人的因素是管理中最基本的因素，是资源开发和管理活动顺利实施的动力之源。目标管理需要一种自我控制、自我激励的氛围。上至各级领导，下至广大教职员工和学生都需要对学校的发展目标有统一的认识。高校实施目标管理必须适应人的发展，适应和促进教职员工的身心发展和学生素质的提高，满足他们发展所需要的物质和精神条件，使教师内心深处感觉自己的努力和成长是有价值的，从而提高完成目标的自觉性和积极性。

首先，高校目标管理必须与教职工发展相适应。一是高校目标管理必须与教职工身心发展相适应。高校目标管理应制定目标促进教职工的身体发展。通过积极组织教职工参与运动会、定期举行院系间比赛、主动参与常规锻炼等来促进教职工身体发展的同时，使他们联系更加密切，增强人际交往能力，愉悦身心。高校目标管理也应制定目标促进教职工的心理发展。教职工的心理发展主要包括认知能力的发展、情感能力的发展和意识品质等方面的发展。通过目标管理的实施可以促进教职工的心理发展，使他们具备先进的认识力、敏锐的观察力、高尚的情操、丰富的创造力、坚韧的意志力和健全的人格。二是高校目标管理必须与教职工职业发展相适应。具体表现在以下方面：高校促进教师获取丰富的职业知识，这些知识包括内容性知识、教育学知识、关于学生的知识和自我知识；促进教师有意识地提高有关教学和学习的认知能力；在高校和社会的各种活动中发展教师的合作能力，改善人际关系；促使教职工在工作中慢慢积累成就感，不断获取工作的幸福感；高校的各种培训要推动每一个教职工都有改进职业发展的机会。同时，运用发展性教师评价促进教师职业发展。发展性教师评价是保持教师发展动力的重要保证[①]。在考核评价方向上立足现在、兼顾过去、面向未来,不仅注重教师的现实表现,更加重视教师的未来发展,重在促使教师自身的成长。在考核评价过程中,特别重视培养教师的主体意识和创造精神,强调考核评价者要对教师的过去、现在作了解,根据教师过去的基础和现实表现,规划其未来的发展目标;考核评价者和教师共同协商制定发展目标,并创设条件,促进教师努力达到发展目标;主张在宽松的环境中,促进教师自觉主动地发展,从而实现教师个体的发展目标和自身价值;重视提高教师的参与意识,发挥其积极性。

其次,高校目标管理必须与学生发展相适应。大学生作为高校中的受教育者,是高校的重要组成部分。他们的成长和素质的提高是高校实施目标管理的重要目的。人的素质即人的本质、本性,是人们与生俱来的自然特点和后天获得的一系列稳定的社会特点的有机结合。人的素质分为自然素质与社会素质,还有一种介于这二者之间的心理素质。高校实施目标管理与学生素质提高相适应,就是要求高校学生工作以人为本,以教师和学生为主体的同时,坚持以学生为本,以德育为先,以育人为目标,服务于学生,促进学生全面发展。

二、适度超越的理想追求

目标管理的基本理念之一就是在完成过去目标的基础上不断提出新的目标,如此循环往复,螺旋式上升。但超越是有一定限度的,无限超越只是幻想,不是理想,适度超越才是目标管理追求的理想。

(一)适度超越社会发展:彰显大学的象牙塔精神

大学对社会进行引导是大学对现实使命的一种超越,同时也是象牙塔精神的延伸。传统的象牙塔精神要求大学与社会保持一段适当的距离,以一个旁观者的身份来对现实进行批判性审思,同时在适应社会的过程中,象牙塔精神又充当着理性裁判人的角色,维护大学的理想与尊严。在这两种情况下,大学似乎都只是处于一种被动的地位,它并没有

---

① 李彦启. 略论高校教师发展策略 [J]. 黑龙江高教研究, 2007 (10): 115-117.

积极去寻求发挥功能的更佳模式，因此也注定了在社会的不断进步之下要受到人们越来越多的指责和不满，承受不断增加的压力。大学要摆脱这样一种费力不讨好的尴尬处境就必须实现一种自我超越。而事实上，引导社会就是大学对自身现实使命的一种超越。

适度超越要求在目标制定时，不能过分追求大学的功利价值，在教学、科研和社会服务等方面更要彰显人文精神，除了在物质和金钱上对社会有很强的依赖性外，还要与社会保持适当距离，对社会上那些腐朽没落的东西，进行批判、否定，更有责任去努力探索解决这些问题的途径。高校是个学术组织，学术的最大特点就是把求真、崇善、好美作为基本目标，因此在高校目标管理中应把创新性目标摆在比较重要的位置，在教学中鼓励内容上追踪学术最前沿，手段上不断采用新技术，科研上不断推陈出新；不仅数量上要有突破，更要强调质的飞跃，这样才能真正破除"五唯"，产出一流科研成果。

（二）适度超越学校现实：促进大学的可持续发展

仅仅强调适应学校现实，只能和传统的学校维持性管理没有什么区别，大学实行目标管理就是通过资源的优化组合，提高学校的生产效率，突破学校的局限，充分挖掘内部潜能，改变原地踏步走的现状，实现高校可持续发展，促使目标管理过程呈"螺旋式"上升、"波浪式"前进。

目标实际上是一种期望值，是未来要达到的某种效果，而不是已实现的事实。因此，学校在制定目标时，除必须对国家的政策、法律法规、自身的任务有正确的认识，对自身的周边环境、人文情况和历史、现状作详尽的分析和研究外，还要对学校自身现有资源的优劣进行分析，克服劣势，发挥优势，做好对未来的预测，制定出具有激励作用的先进目标。目标要有激励作用，只有先进的目标才能激励人们为之奋斗。一是目标制定的理论的先进性。只有在先进理论的指导下制定的目标才会是先进目标。先进的理论首先必须是科学的理论，它应该包括马克思主义理论、党的路线方针政策、目标管理理论、行为科学理论、现代科技信息理论等。学校在制定整体目标时，需要把这些理论很好地结合起来，综合地加以运用，才能制定出先进科学的管理目标。二是目标高度的先进性。学校制定的目标源于现实又高于现实，它是一个具有超前性的高标准，它是通过努力才能实现的。没有一定的高度，就没有先进性可言，也就没有激励的作用，失去了制定目标的意义。国外有些学者认为：高校管理中存在三种"时向"模式，即"过去向""现在向""未来向"，三种"时向"的综合可构成六个区，即A（档案区）、B（安全区）、C（行动区）、D（眼前区）、E（乐观区）、F（幻想区）。我们提出高校管理目标时，不能站在A区与B区，安于老一套，求稳怕乱，根据过去与现在的经验设置未来的目标。我们应当立足C区，提出稳妥可靠又面向未来的目标。同时还要大胆地站到E区与F区中寻找未来的奋斗目标（当然要以预测作为基础），干前人未曾干过的事业，使高校真正沿着"三个面向"的办学道路可持续发展。

（三）适度超越个人现状：实现大学教职工充分发展

目标是引起行为最直接的动机，设置合适的目标会使人产生想达到该目标的成就动机，因而对人具有强烈的刺激作用。目标一般来说既应是预期可达到的，也应是需要经过一定的努力才能达到的，目标的实现有效地满足了个人的成就动机。动机是引起个体行为活动的直接原因，成就动机是指一个人努力实现自己设置的目标和追求成功的动机。大学教职工大多受过良好的教育，大多数人都有较高的成就动机。因而，在高校实施目标管理可以更有效地激励教职工努力工作。目标是一种期望值，不同的期望值构成不同的目标，为形成目标管理的压力和动力效应，要求目标的设定既不能太高，也不能太低。如果过高，教职工无法达到，就失去激励和评价考核的意义；同样，目标也不能太低，否则教职工轻轻松松就可以达到目标，设定这样的目标就等于没有设定。富有挑战性的目标是激励教师、科研人员工作的驱动力，但是具有挑战性的目标又必须是部门成员通过努力可以达到的目标。这就要求确定目标时，目标要略高于执行者的能力水平，须经过一定的努力才能实现。如果在一个许可的范围内制定一个较高的目标，还可以发挥出员工较大的工作潜力①。正如高尔基所说：目标越高，人的潜力发挥得就越好。

三、适应与超越的相互递进

适应与超越是一组"互为递进"的概念，适应是超越的基础和前提，而超越的阶段性成就又需要适应来加以维持、巩固和发展，超越的目标应指向新的适应，适应和超越是进化、发展过程中互为工具、互为目的、互为环节的结果②。

在高校目标管理中，处理大学与社会之间的关系时应坚持二者是一种肯定和否定的整合，大学不应逢迎现实，但也不应漠视现实。一方面，它必须面向经济结构转型升级主战场办学，主动积极参与到国家和经济社会高质量发展建设之中，把自己的文明成果推向社会，并从社会中不断汲取营养；另一方面，社会的快速发展和科学技术的不断进步会带来一系列新的热点难点问题，需要高校的智力集团进行攻关解决，为社会进步做出自己的贡献。

在处理目标管理与校情的关系时，应在尊重校情的基础上进行资源的优化整合，最大程度地挖掘内部潜力，不断提出新的发展目标，推动学校可持续发展。一些高校制定的目标往往把根据部门的职责应完成的任务作为奋斗的目标，或者把随着时间的推移必然实现的任务作为目标，甚至把已实现的但还未呈报的成果作为目标，这样无法激发学校和部门发展的动力和活力，会使目标管理失去应有的效果。

在设定个人发展目标时，也不应以维持现状为宗旨。从长远看，人们总是期望进一步的发展。没有发展和进步，只将维持现状作为目标，难以维系人们的热情，起不到鼓励性作用，目标更难以实现。另外，目标还不能屡屡过高而导致次次落空，过低或过高的目标，亦即对现实性的过于极端的考虑和完全不予考虑，都将使目标管理难以有效。高校教

---

① 莱瑟姆. 个人、班组和组织的目标设置 [M]. 芝加哥：科学研究学会，1984：85.
② 杨昌勇. 也论教育之适应与超越：对鲁洁教授"超越论"的商榷 [J]. 教育研究，1997(3)：27-32.

师由于受教育的水准较高,加之平时所养成的学习与工作习惯,需要结构异于他人,高层次的需要强度大。他们善于学习,注重提高业务水平;勤于钻研,努力发现新成果。学业上的成就与科研上的突破都是一种莫大的享乐。因此,他们往往自发地为自己定出较高的奋斗目标,对他们提出适度超越现实的目标会产生良好的激励效果,会使他们的成就欲和荣誉感不断得到满足,因而向更高的目标迈进,为学校、社会和科技高质量发展做出更大贡献。

第五节 定性与定量的关系

目标考核是高校目标管理的关键环节。随着现代教育管理理论与信息技术的发展,考核也在经历一次次变革。在经历了由"定性描述"到"定量判断"到"意义建构"的发展历程后,考核模式也由"追求结果、效率的行为目标模式"发展到"交互发展性考核模式",考核方法由单一的定性考核或定量考核趋向多元化、综合化、人性化,考核更具促进和激励功能。目标考核最明显的效果是数量上的增长,教师的科研成果多了,图书馆藏书量上升了,教师队伍壮大了……但是,如果数量的增长对质量的提高所起的作用甚微,考核也会在数量与质量之间存在博弈,由此也引发了定量考核与定性考核的争议。彼得·德鲁克说:"如果我们知道目标,管理是有效的。不幸的是,大多数情况下,我们并不知道我们的目标。追求考核上的量化指标,而不是目标的明晰一致,这是量化管理的误区。"澄清定量考核与定性考核的区别,辨明二者的关系,将其合理地用于高校目标管理的实践,乃当务之急、现实所需。

一、定性与定量考核相补充的价值所在

辩证唯物主义告诉我们,任何事物都同时具有质和量两个方面,是质和量的统一体。质,即是对事务进行定性的描述;量,即是对事务进行数量的表达。定性与定量评价分别从不同角度观测事物,定性与定量

相结合的视角正是当下科学评价制度所需要的①。我们在进行目标管理时，既要进行定性考核又要进行定量考核。

所谓定性考核，就是考核主体针对考核客体的行为，采用定性指标，从质的方面来考核目标的执行情况，用划分等级来评价业绩的方法。定性考核有多种分类，一是简单分等法，就是按优、良、中、可、劣或按 A、B、C、D、E 的等级进行评定。如排序法，就是将考核客体按考核指标进行排队，最好为首位，次好为第二，依次类推。再按各客体指标上所得的序数相加，按总序数从小到大进行排除，最后给出优、良、中、可、劣的等级。二是用短句分等法。它不是简单地分等，而是将这个标准转化为不同的短句，供评定者选择。定性考核适用于不可量化的考核指标，侧重于工作过程的考核。采用定性指标进行考核，可以对整个工作进程进行评价，流程简单，适用的范围较广。所谓定量考核，就是考核主体针对具体的与绩效有关的数量指标，以业绩为标准，运用数学公式，从数量方面测算目标的实现情况，将评语转化为分数的考核方法。马克思说："一种科学只有在成功地运用数学时，才算达到了真正完善的地步。"为了弥补定性考核界限不清、难以比较的缺点，人们开始逐步探索运用数学工具进行定量考核。定量考核适用于可量化的指标，侧重于考核工作的结果。定量考核的关键是考核指标的设定。它需要运用系统论、管理学、运筹学等方面的科学，通过研究、分析、预测、评价、决策等过程，方能设定较为科学合理的量化指标。采用定量指标进行考核，在明确考核指标的情况下，简单扼要、容易实施，量化考核的结果可以在组织的横向与纵向之间进行比较。

定量考核与定性考核是绩效考核的两种基本方法，它们相互补充，相互依存，均不可缺少。定性考核是定量考核的前提。从量化指标的确定看，很多指标没有一个预先的定性评价就无法进行定量评价。没有定

---

① 楼雯，刘小曼，蔡蓁. 基于安娜·卡列尼娜原理的单篇科学论文评价方法研究［J］. 情报理论与实践，2022（6）：89-94.

性的评价，定量评价就失去意义①。定量考核是定性考核的量化。定性考核量化是一种价值尺度的外显，没有定量的考核，定性考核就难以准确表达。定性使定量有意义，定量使定性表达更准确、简洁，具有可比性②。考核主体对考核客体的认识是一个循序渐进的过程，定量考核与定性考核方法都是一定认识阶段的产物。从辩证唯物主义认识论的角度来看，定量与定性考核都属于感性认识阶段，而建立在定量和定性考核结果之上的又一次定性分析才是理性认识阶段。在从感性认识到理性认识的飞跃过程中，由于认识主体——分析者的参与，考核结果的公正性再次受到人的主观因素的影响。因此，必须将定量考核与定性考核有机结合起来，用联系的、发展的观点来对高校各部门、个人进行考核，以促进互相分立的学科、单位和部门的珠联璧合。

二、定性与定量考核相割裂的原因分析

在高校目标管理中，尽管既实行定量考核，又实行定性考核，但常常由于二者缺乏有机的结合，彼此缺乏相互融通的机制，加上考核中重量轻质的功利取向，使定量考核与定性考核貌合神离，各行其道，割裂了考核的整体功能。

自 1995 年人事部下发《事业单位工作人员考核暂行规定》的通知以来，量化考核被中国高校引入并迅速推广。在近些年的教育评估的推动下，目标管理在中国高校迅速兴起，目标考核作为一种重要的评估手段，几乎被人们认为是无所不能、无往不胜的。很多高校一年一考核，而且考核指标多是教学工作量、科研成果量、学生工作量、行政工作量等。为了实现数量的跨越式增长，为了创办一流大学、创办一流专业、创办一流学科，一些高校提出教学上档次、科研上台阶、管理上层次等口号。为了实现这些目标，有的高校要求"学生英语四级统考一次性过关率要达到 80% 以上"；有的高校要求"每年的科研经费要按 20% 增

---

① 郭必裕. 对高校定性绩效考核的探讨 [J]. 理论界，2004 (4): 140-141.
② 郭必裕. 对高校定性绩效考核的探讨 [J]. 理论界，2004 (4): 140-141.

长,科技论文数要按50%增长";"某重点高校制定了每年完成SCI论文1000篇的所谓'千篇工程'目标";还有些单位要求博士生必须以第一作者身份发表4篇高水平论文才能获得博士学位";"某'双一流'建设高校要求硕士生一次性就业率在99%以上,本科生一次性就业率在90%以上";"某部属高校要求教授上课率为100%";"一地方高校要求每个院系年进书量不少于1000册";"某省属高校要求毕业生考研报考率在30%以上,录取率在15%以上"……这些高校认为这些数字就代表了成绩。高校在执行考核方案过程中,目标制定者力求使用数量指标考核客体,但是忽略了指标的质量。许多高校在制定考核目标时充满理想,缺乏对自身的合理定位和可资利用的资源的分析。为了"达标",学生在英语四级考试中雇用"枪手"、买隐性耳机、购标准答案、做夹带、搞抄袭等,能用的作弊手段几乎全用上了。试问,靠这些手段获得的英语四级证书的含金量有几何?为了争取到科研经费,"跑官"在中国高校中成了一个流行的时髦术语,凭亲戚、朋友、同学、师生等关系找课题、要项目、发文章,甚至凑数造假,不是自己做的项目也挂在自己名下,拼凑搭车。试想,通过这些途径产出的科研成果水准有多高?为了完成考研率,有院系做出硬性规定,今年某某留下读研。试看,这样招收的研究生质量有多好?为了完成文章数量,拿到项目,晋升职称,许多教师不得不将论文"化整为零",玩着变戏法的手段将一篇文章分成几篇发表,将研究成果分阶段发表,以篇数定英雄,根本不在乎更高水平、更深领域的研究和发展。试猜,这样的学术研究质量有多高?为了实现教授上课率达百分之百,有的高校把教授们的时间填满,有的高校教授周课时竟达到20节之多,老师们只得疲惫地应付,哪有精力去精心备课。试思,这样的课程何来质量?

三、定量与定性考核相结合的路径依赖

正如世上没有包治百病的灵丹,任何一种考核方法都不可能做到尽善尽美,有些考核指标需要量化才有说服力,而有些考核指标却无法量化。为此,必须处理好定量考核与定性考核的关系,做到定量考核与定

性考核并举。

(一) 以定性考核为主轴

定性考核是针对目标的质量进行的考核,而质量是一事物区别于另一事物的内在规定性。质量是一种特殊的性质,乃其惯性的量度,通常取作该物体所含物质的数量的量度①。古希腊亚里士多德认为质量是事物存在的本质,说:"现在所称'是'的事物,其本义是指'这个',其别义是每时量,又指质。"② 在这里,质量是作为"物质多少的量"而引入,如人才培养质量、教学质量等。质量考核即是对"目标多少的量"进行考查核实,做出评价。质量考核是目标考核的必然趋势。辩证唯物主义指出,质量是事物的本质属性或内在规定性,是由事物内部矛盾的特殊性决定的。它把该事物、现象和过程同所有其他东西区别开来,并使这种区别具有明显的确定性和稳定性。没有质量,事物就会失去存在的基础。恩格斯说:"存在的不是质,而只是具有质并且具有无限多的质的物体。"③ 质量的消失会引起事物的消失。从这种意义上说,质量考核是高校目标考核的根本。要使管理有质量,就必须进行质量考核。在具体的考核中,要关注每一项目标的质量标准。根据行为描述,建立定性考核指标。定性指标的确定,一是要科学选定考核主体。他们不仅要精通业务,是本行业或本领域的专家,而且在道德品质上具有权威性,这样才能以德服人。二是要准确获取信息。考核指标的确定要公平、公正、实事求是,就有必要建立信息的实时收集制度和监督制度,并且要做好日常记录,建立信息库,以供随时提取和查询。三是要尽量细化考核指标。考核指标是对考核内容的细化,是对考核客体的具体要求,也是考核主体对考核客体的绩效评判。只有将其尽可能细化,才能全面反映考核客体的业绩。

---

① 朱新民,李永春,周吉.现代管理科学词库 [M].上海:上海交通大学出版社,1986:555.
② 冯契.哲学大辞典 [M].上海:上海辞书出版社,1992:1032.
③ 中共中央马克思恩格斯列宁斯大林著作编译局.马克思恩格斯选集:第三卷 [M].北京:人民出版社,1972:563.

（二）以定量考核为副翼

定量考核就是根据考核指标，运用数学公式，从数量方面测算目标的实际情况，将抽象描述转化为具体分数的方法。绩效管理专家卡普兰有句名言，即"没有量化就没有管理"。量化考核是考核方法的一个重要的进步，量化指标的使用大大降低了考核中的主观性，使得考核结果更科学、客观，并具有可比性[①]。"数字是最公正的判官"[②]，人们历来对数量十分关注。绩效考核不能忽视对数量的重视。古希腊毕达哥拉斯认为，"凡物皆数"。数量可以借助于具体的数字来表征，为精确的测定和统计提供了基础。目标考核作为现代管理科学的一个元素，必然要以数字为工具进行管理，这就是毛泽东所指出的要"'胸中有数'。这是说，对情况和问题一定要注意到它们的数量方面，要有基本的数量分析"。"不懂得注意事物的数量方面，不懂得注意基本的统计、主要的百分比，不懂得注意决定事物质量的数量界限，一切都是胸中无'数'，结果就不能不犯错误。"[③] 定量方法最大的特点就在于它的精确性，具有很强的说服力，其优势相对于定性分析是很明显的，它把标准定义在人们能理解的范围，抛弃了对事物原因和结果进行的主观臆测成分居多的分析，而代之以数学符号和公式，使人们的认识由模糊变得清晰起来，由抽象变得具体，在明确考核指标的情况下，简单明了、较易实施，为考核提供了方便。因此，要使考核客体"头脑中有数字，肩上有目标"，其基础的工作就是要有正确的数据、正确的情报。定量标准的制定包含三步：一是把全部考核指标总权重定为100%，按考核指标的重要程度，分别确定它们的权重；二是按目标实际完成情况评价指标的得分标准；三是进行综合评价。高校目标考核一般对教学、科研成果、学科建设、教师队伍建设、学生培养、毕业生就业等易于量化的指标进行定量考核。

---

① 戴清. 绩效管理理论下高校教师考核的研究 [J]. 平原大学学报，2007（2）：9-12.
② 杨欢进. 经营管理名言集 [M]. 北京：中国物资出版社，1987：120.
③ 毛泽东. 毛泽东选集：第四卷 [M]. 北京：人民出版社，1991：1442.

（三）定量与定性彼此融通

定量考核与定性考核的侧重点各有不同。选择考核方法时首先要进行指标性质分析。具体来说，定量考核用于考核可量化的工作，而定性考核则用于考核难以量化的工作；相对而言，定量考核侧重于考核工作的结果，而定性考核则侧重于考核工作的过程。二者各有优势，但其缺陷也在所难免。在实际操作中，定量考核往往难以确定，或者笼统，或者缺乏针对性，或者缺乏可比性。而定性考核往往会有考核者的主观倾向，准确度易受影响，被考核者对考核结果的认同和信服感也会受到影响。为了发挥各自的优势，弥补彼此的不足，需要将二者结合起来，既看数字又不唯数字；既有"规定动作"，又有"自选动作"。一方面，要尽量做到定量考核与定性考核机制相融通。在定量考核与定性考核的结合中，以业绩为主的工作指标可以量化，如课时量、科研经费、发表论文数量等。而行政管理部门因为绩效目标不明确，绩效方面的权重会相对较小一些，对于工作态度方面的要求则相对较高，要以定性考核为主。基于定量考核比较客观、准确的特性，尽可能采用定量考核的方式。同时，要采用数字工具来实现定性向定量的模态转换，即在行为考核中，量化各种考核指标，以提高客观性和准确性。另一方面，要努力实现定量考核与定性考核相补充。定量与定性考核各有利弊，为弥补考核结果相互间的不足，在定性与定量考核相结合的基础上，要进行综合分析。这种分析是建立在两种不同的考核结果之上的又一次定性分析，它需要对绩效考核工作进行再考察、再认识、再评价。因此，可以把高校绩效考核体系中带有根本指导意义的方法概括为"经验定性—抽象定量—综合定性"的模式。在其实践中，要始终坚持定量考核与定性考核有机统一，坚持定性考核以定量考核为基础，坚持定量考核以定性考核为目的，实现定性考核与定量考核相结合。

第六节 刚性与柔性的关系

传统的高校管理主要以刚性管理为主，在管理上"以事为中心"，管理者靠严密的组织结构、硬性的规章制度、纪律监督和奖惩制度来管理和约束教职员工，以保证管理工作的正常进行。这些制度与规范对促进学校改革和发展曾起过十分重要的作用。随着知识经济的发展和管理现代化水平的提高，"以人为中心"的管理思想不断强化，单凭刚性管理难以凝聚组织的内驱力，现代管理需要在充分了解人们心理和行为规律的基础上，在采取制度管理的同时，还要注重情感的投入，采取柔性的非强制性的方式和手段，刚柔相济的管理理念应运而生。这一管理思想兼容了哲学上的本体论与认识论，是刚强与柔和的对立统一。将这种哲学思想用于高校目标管理，不仅折射了管理改革者新锐的意识形态，而且展现了管理改革者深邃的行为艺术，乃管理的上乘境界，是高校人力资源开发与目标管理必须坚持的思想。

一、刚柔相济的重要意义

高校目标管理是一种管理哲学，其管理活动分为两个方面。一方面可谓刚性管理。所谓"刚"就是制度、规范。对于一所高校来说，"刚"就是指规章制度；对于管理者来说，"刚"就是有几个基本不能改变的原则，即以规章制度为中心，凭借制度约束、纪律监督、奖惩规则等手段进行管理，这是20世纪通行的泰罗管理模式。刚性管理在高校管理实践中广为运用，管理者利用国家各项政策、法规，通过高校内部规章制度、岗位职责、行为规范，使教职员工的一切行为有章可循，有据可依。这种严格、科学、完整的管理体制具有明确的目标，使教职员工产生一种自我约束、自我控制、自我调整的内驱力。目前中国高校推行的管理制度有很多，如教师资格制度、教师职务聘任制度、岗位制、工作绩效考核制等，这些制度在规范管理、提高效率等方面发挥着重要作用。刚性管理的弊端则是缺乏"人本性"和"情感性"，习惯于用自上而下的行政手段推动工作，强调学校组织的权威性、等级性以及各种行为的规范性和严肃性，把教师当成冷冰冰的管理对象，忽视教师的情感，缺少横向的沟通与协调；用硬性的标准和尺度量化管理，缺乏灵活性，不利于最大限度地调动广大教职员工的积极性。

管理的另一方面可谓柔性管理。所谓"柔"就是建立管理制度所依据的思想，是随机应变的准则。柔性管理是 20 世纪 50 年代以现代管理科学为中心的管理思想的扩展，在研究人的心理和行为的基础上，以尊重人的人格与尊严为前提，以提高向心力与凝聚力为出发点，实行以人为本的管理[①]。柔性管理是以人为中心，依据组织的共同价值观和文化、精神氛围进行的人格化管理，它是在研究人的心理和行为规律的基础上，采取非强制性方式，在组织成员心目中产生一种潜在的说服力，从而把组织意识变为个人的自觉行动。柔性管理坚持人的自然属性、社会属性、精神属性的辩证统一。它要求能听取和吸收教师意见，遵循"从教师中来，再到教师中去"的原则，充分展现目标管理的灵活性和适应性；能充分体现教师在实施目标过程中的主导作用，善于用启发诱导的方式最大限度地激励教师为实现挑战性目标而努力；能尽量和教师保持沟通，营造政通人和、宽松和谐的氛围，有利于考核结果的双向沟通；最重要的是，在这种和谐的情感氛围下，管理主体和管理客体和谐相处，形成强大的情感凝聚力，积极朝着一个目标共同努力，推动学校总目标的实现。

刚性管理和柔性管理既对立又统一，二者相辅相成，缺一不可，它们的有机结合即是刚柔相济。刚柔相济是一种管理思想，也是一种管理艺术。正确理解刚柔相济的内涵，遵循刚性与柔性相结合的原则，是高校目标管理和谐发展的要求。

刚柔相济通常分四种情况：一是刚中有柔，即内刚外柔，执行管理制度要有"软件"相配合，刚性的制度是僵化的，要有很多柔性的"软件"与之配合才会有用。在组织管理中，不仅要坚持原则，照章办事，而且要善于为组织成员"减负"，使每个成员都没有太大的心理压力，心情愉快地接受任务。二是柔中带刚，即内柔外刚，这是中国人非常注重的一个做人原则，也是一种传统的管理哲学。对于一个组织来说，就

---

① 刘峥嵘，欧阳霞，陈石福. 高校师资管理中"柔性"与"刚性"的特点与辩证关系 [J]. 科技管理研究，2007（3）：168-169.

是外不失刚劲,坚持目标不动摇,内不失柔和,以人为本凝聚人心。三是以刚补柔,即在组织管理中,以人为本是主旋律,但不能将人文关怀凌驾于管理原则之上,也要加强制度建设。既要追求自由,又要严肃纪律,以防止任性;既要有情感沟通,又要严格执行制度,以防止涣散。四是以柔济刚,即组织管理不是人管人,而是制度管人,但制度是刚性的,过于强调制度管理有时会物极必反,必须辅以思想教育,注重精神激励。

高校目标管理是以目标作为各项活动的指南,通过工作目标来引导每个部门、每个教职员工的行动,以目标的实现程度来评价贡献大小和分配报酬,通过目标的制定、分解、实施和评估,充分发挥部门和教职员工的能动性、积极性,实现学校的总目标。从高校目标管理的特点来看,它既为刚柔相济法则的生长提供了合适的土壤,但同时也需要刚柔相济的哲学思想为之掌舵。在构建社会主义和谐社会的今天,高校目标管理更需要刚柔相济的思想作为实现目标的保障。

首先,高校目标管理是一种系统的管理,系统的协调性需要刚性的制度和柔性的关怀相协调来召唤人心。作为一个管理系统,高校目标管理的构成要素包含各个部门、单位、学科、团体及个人,要使这些构成要素的工作有方向,就要求各部门所有工作都有目标,并把各部门在一定时期内的活动目的简单明了地以目标的形式表现出来,再通过层层分解,划分职责,形成权责共担的系统。目标管理系统的这种运行机制是一个有机的整体,具有不可分割性,若其间的某一环节出了故障,则可能牵一发而动全身,导致整个系统的土崩瓦解。因此,必须有一套刚性的制度与规范为之作保障,也需要一种柔性的协调机制为之作"润滑剂",使整个组织朝着同一个方向迈进。

其次,高校目标管理是一种民主参与的管理,民主的人文性需要刚性的规范和柔性精神相配合来凝聚力量。在高校目标管理中,在目标的形成与分解过程中,自始至终都存在着上下级的共同参与,只有实行刚柔相济,才能既坚守原则不放松,使分目标不至于偏离总目标,又充分重视上下左右的共同协商讨论与意见交流,考虑人的自我关怀、价值判断和理想追求。工作目标制定后,各部门要按照预定目标,合理地开展工作,还需要刚性的过程管理与柔性的精神激励。在考核目标时,除了坚持原则求公正之外,更需要注重柔性的沟通,充分尊重与理解高校教师工作的独特性,才能调动各部门及广大教职员工的积极性,使他们朝气蓬勃地挑战更高的目标。

再次,高校目标管理是"自我控制"的管理,"自我控制"需要刚性的"硬件"和柔性的"软件"相依存来引发员工内省。辩证唯物主义指出,内因是变化的根据,外因是变化的条件。高校目标管理作为一种外因,要通过目标的制定与达成作用于人的内因变化,必须使各部门及教职工能达到自我控制的成效。德鲁克说过,目标管理方式所起的作用最大,实际上就是以自我控制的管理方式取代上级统一支配的管理方式。依靠自我控制进行工作,是"我要干",而不是"要我干"。要达到这种效果,单有硬性的规定是不能激发员工的内在潜力的,还必须有柔性的方法与手段。

最后,目标管理是成果与人并重的管理,二者的并行不悖需要刚性之"经"和柔性之"权"相贯通来承载。高校目标管理既考虑传统管理学派的以工作为中心,又重视行为学派所强调的人的因素,二者的统一在于既要强调工作成果,重视成果的评定,将指导目标的完成情况作为奖惩的依据,但同时又要强调激发下属单位的积极性,重视教职员工潜力的开发。工作成果是硬指标,员工向心力是软指标,二者有机结合才能实现管理效益最大化。

二、刚柔相克的严重危害

在管理中,刚性是经,柔性是权;有经有权,有所变,有所不变,不可不变;持经达度,变只能变在20%,叫作创新,80%不能变,叫作稳定。《周易·蒙》中有云:"刚柔节也。"其意是说刚强和柔和的互相调剂。在中华武术中,虚实、蓄发、化打、吞吐、刚柔等都是太极阴阳机理的一理纷呈、妙法的技巧机要，而刚柔相济乃太极拳的精粹①。八卦掌更是将刚柔相济发挥到极致，其歌诀云："力要刚兮也要柔，刚柔偏重功难收，过刚必折不可疑，柔软太盛等于休。"意思是说八卦掌不偏刚也不偏柔，是刚柔相济的拳术，过刚或过柔都会损及身体。刚柔相济同太极拳中的"阴阳相济"是一脉相承的。"阴阳相济"是太极拳的基本结构原则，也是基本操作规矩，是其"松静为本"价值参照的本质要求。它是中国文化对宇宙万物运行规律性的理论解释，又是中国人关于待人、接物、处事、应世的统筹兼顾、协调平衡之系统论方法；其核心精神则是整合相关所有事物对立统一的两个方面，使之成为达到自身既定目标的有机整体。阴阳相济的外部表现是中正和圆活，其内部状态则是平衡与变换②。与刚柔相济相近的说法是"恩威并施""法德双修"。刚柔相济重在"济"字，强调替代与互补，体现"和谐"；强调"柔"字，要求"以柔克刚""水滴石穿""四两拨千斤""不战而屈人之兵，是为上策"；刚柔相济的核心是"两手都要抓，两手都要硬"。

在高校目标管理中，如果偏重刚性管理或偏重柔性管理，就会走向极端，出现刚柔相克的情况，危害高校目标管理的和谐发展。正如《易经》八卦卦象所说：刚乃阳，阳气太旺会伤及体肤，波及周遭；柔乃阴，阴气太盛又会伤及内脏，损坏机体。运用到高校目标管理的实践上，如果只刚不柔，刚性十足，过分强调制度措施、组织机构、具体方法的管理，表现出一种咄咄逼人的气势，而忽视组织管理中的核心因素——人的思想、观念、心理状态与组织氛围的营造，组织就会失去和谐。如果只柔不刚，一味求软，过分强调分权与自由，上下左右就会协调不够，形成各自为政、事权分离的局面，以致效率不彰。为了避免这些流弊，充分发挥管理效能，就要"软硬兼施"，使刚与柔密切配合，在差异中找出阴与阳、动与静的关系，合理加以利用，避免其相克之处，发挥其相辅之处，变负面关系为正面关系，从而产生阴阳互补、刚

---

① 杜子宇. 刚柔相济：刚发寒战劲 [J]. 武当，2022（1）：6-9.
② 阮纪正. 传统太极拳的三项基本原则 [J]. 中州学刊，2007（4）：167-169.

柔并济的作用，使组织管理呈现出上下协调、左右逢源、内外贯通的平衡状态。

防止刚柔相克，需要管理者不能矫枉过正。儒家思想尤其悟通这一点，并从经验中找出了一种充满智慧的中庸之道，即"执其两端，用中于民"，在避免过刚与过柔的博弈中，坚持"允执厥中"。这是一种权衡术与平衡术，一种极高明的艺术。刚与柔，各有其长，各显其能，柔能弥补刚之过于盛壮，刚能弥补柔之过于软弱，二者结合能相得益彰。正如老子指出的："天下柔弱莫过于水，而攻坚强者莫之能胜，以其无以易之。弱之胜强，柔之胜刚，天下莫不知，莫能行。是以圣人云：'受国之垢，是谓社稷主；受国不祥，是谓天下王。'正言若反。"[①] 天下万物，没有比水更柔弱的。然而，水之所过之处，无坚不摧。是故，弱中有强，柔中有刚，刚柔并济，则所向披靡，无往而不胜，管理之道，莫不如此。

三、刚柔相济的基本原理

在高校目标管理中，智力、想象力及知识，都是我们重要的资源。但是，资源本身所能达成的目标是有限的，唯有刚柔相济的哲学思想才是不竭的动力源泉。在实践中，高校目标管理包含目标制定、目标展开、目标实施和目标评价四个环节，实现高校目标管理的刚柔相济需要从这四个方面入手。

（一）刚中有柔地制定目标

目标管理需要有刚有柔，在刚性目标上绝不能手软，才能控制局面，但在操作细节上要能屈能伸，即刚中还须有柔。这是因为目标管理离不开科学合理的目标。高等教育培养人才、发展科学、服务社会的效益具有滞后性，亦称稳定性，其管理工作不可能一蹴而就，目标的制定也需要有一定的稳定性，即要坚守刚性目标，不能朝令夕改。这就要求目标的形成要有科学性，一旦形成，就将成为高校的行动指南。目标的

---

① 老子. 道德经[M]. 北京：线装书局出版社，2013：152.

制定过程要有柔性，形成目标要由下而上，充分尊重下属单位的自主性，使管理目标的形成不仅具有民主性，更具有操作性。科学合理的目标，要由大家来制定，不能由管理者在办公室"拍脑袋"产生，这样才有助于目标的执行，有助于下级单位在管理过程中达到"自我控制"。

（二）柔中带刚地展开目标

刚柔相济的管理哲学要求我们，只要胸中有丘壑，就能在和谐的气氛中开展规范的管理。因此目标管理者要"内用黄老，外示儒术"，对局势洞若观火，内不失刚劲，外不失柔和，既要有效地实现管理目标，让人心悦诚服，又不能逾越一些有形的规则。在分解与落实目标时，思想工作是柔，责任落实是刚，责任落实要在做好思想沟通工作的基础上展开，以保证目标"下放"有序，层层分解有条不紊，层层落实责任明确，总目标有效地统率分目标，分目标有效地支撑总目标，形成一个金字塔形的目标体系。当然，事物是发展变化的，没有一成不变的事物，也没有一成不变的目标。目标的分解在必要时还得因事而变或者因势而变。日本有一种管理方法叫"夕阳日落法"，便是这个道理。目标的分解要根据情况进行渐变，但不要突变。

（三）有刚有柔地实施目标

刚柔相济的管理方法提醒我们，大多数情况下，刚与柔是不可分割的。高校许多管理工作有刚无柔就会激化矛盾，堵死回旋的空间，而有柔无刚，又会使目标管理难以有效实施。因此在目标的实施过程中，首先要刚，即建立目标责任制。凡事预则立，不预则废。预的核心是确定目标，也就是工作方向、期望值和达到目标的措施。离开目标责任制就无法进行目标管理。其次要柔，即要合理授权，授权是完成领导活动、实现现代领导目标的重要环节。合理的授权能满足下级的自我归属感，有利于调动下属在工作中的积极性、主动性和创造性，激发下属的潜力。最后要刚柔并济，成立目标控制中心，实行自我控制与组织控制。自我控制是一个组织发展过程中最重要的品质之一，是衡量一个组织成熟度的重要指标。通过自我控制能使组织成员洞察自己与总体目标，评价自己的适应能力，关注自身的弱点，并且能够积极地采取措施进行疏导，调和刚与柔的关系，以适应目标对自己的要求。

（四）亦柔亦刚地评价目标

刚柔相济的管理艺术警示我们，在目标评价中，刚与柔是对立统一的。管理者要善于为组织开刚柔相济的"药方"，从对人对事上来区别对待，按人的不同等级及不同的素质采用与之相应的"配方"，从长期规划到短期策略，做到思想细分，目标细分，长期执行及短期执行相互照应。只讲刚性管理，为下属单位"下放"目标，不重视柔性管理，不讲究激励技术，目标就会形同虚设。因此目标管理必然要重视成果评价，而评价工作又包含绩效考核、信息反馈、结果认定和兑现奖惩。把握刚柔相济的要领就是：对定量的考核要刚，"一就是一，二就是二"；对定性的考核要柔，优与良的划分有时不是绝对的，该通融时要通融；信息的处理要刚，收集到的资料要真实，不能弄虚作假；绩效面谈要柔，即使有的单位在目标管理中表现不佳，但学校管理者要做好思想工作，以有情的沟通代替刻板的说教，激发其努力的动机；在兑现奖惩时，坚守原则是刚，要严格按目标管理制度执行，这就要赏罚分明。赏、罚是两杆公平秤，用好这两杆秤是管理水平的体现。在此问题上，"分明"二字是个不可逾越的标准，该赏则赏，该罚则罚，该赏多少则赏多少，该罚多少则罚多少，任何通融、迁就的行为都会造成管理混乱。精神激励是柔，目标管理要注重精神激励，以充分调动全体员工的积极性。

第七节　集中与分散的关系

辩证唯物主义指出，"矛盾是绝对的"。任何事物都是相比较而存在，相斗争而发展。在高校目标管理中，集中与分散是两个彼此对立而又互相依存的概念，不存在绝对的集中，也没有绝对的分散；过度集中不可取，过度分散也同样不合适。因此，集中与分散，不能用"好"与"坏"简单地加以区分。从理论上讲，集中的管理模式有利于提高效率和促进合作，但是集中又不利于激发下属的积极性和创造性；分散无疑对培养下属的积极性和创造性大大有益，但是过分分散，往往会导致目标失控。目标管理需要在集中与分散之间寻求平衡。为适应新时代高校内部治理结构变革的时代需要和客观环境，高校目标管理应构建一种集中与分散相结合的模式。

一、集中与分散相互依存的条件

集中与分散的关系是大学自中世纪产生以来在管理中就存在的一对矛盾统一体。埃米尔·涂尔干曾指出："很少能找到一种机构，既是那么统一，又是那么多样；无论用什么伪装都可以认出；但是，没有一个地方，它和其他任何机构完全相同。这种统一性和多样性构成大学是中世纪生活的自发产物的程度的最后证明。"[①] 这里的"统一性"就是所谓的集中性，"多样性"就是所谓的分散性。在高校目标管理中，集中与分散不存在谁重要谁不重要的问题，只能在不同的时期、在不同的条件下，根据管理的需要，确定二者有所为，有所不为。

（一）集中是分散的前提

所谓集中，即意味着学校的最高管理层拥有较多的管理权限，具有对目标的决策权。集中管理具有成本低、反应快、效率高的优点；其弊端是要求管理者熟悉每一个下属单位的情况，而高校是一个多学科群体、多部门联合体，管理工作千头万绪，管理者不可能通晓一切，实行集中管理难免会有力不从心之感，而且易形成统得过死、管得过多的被动局面，不利于调动下属单位及教职员工的积极性。但这并不是说集中管理不可取，相反，适度的集中恰恰是高校目标管理的必要前提，这与高等教育组织的系统性是密不可分的。

一方面，目标管理理论强调管理的系统性。一个组织的总目标是由一系列子目标组成的目标体系，分目标只有与组织的总目标相统一，才

[①] 转引自克拉克.高等教育系统：学术组织的跨国研究 [M].王承绪，等译.杭州：杭州大学出版社，1994：导言1.

能促进组织团队的建立，才能发挥整体绩效。在高校目标管理中，要把教师的个人目标和学校的发展目标及国家的发展目标结合起来，形成"目标链"，通过目标管理，协调各方面的关系，使教师统一思想、统一认识、统一行动，不断提高学校工作的向心力和内聚力，才能有利于学校整体目标的实现。

另一方面，目标管理是一个组织的上下级管理人员和组织内的所有成员共同制定目标、实施目标，并按照目标的实施结果进行考评、奖惩的活动，是逐步实现"自我控制"的一种管理方法。目标管理是一种集中的管理方式。这种集中性体现在三个方面：首先，组织目标是共同商定的，是全体思想的统一。总目标统领每个部门及每个人担负的任务、责任及应达成的分目标。其次，组织目标是全体行动的统一。以这些总目标和分目标作为单位和个人开展活动的依据，组织的一切活动都是围绕这些目标进行的，目的是将履行职责变为达到目标。再次，以目标为依据对个人和单位进行测定与评价。目标管理是一种计划职能与控制职能相融合的综合性方法，它强调事先通过目标进行预先控制，事中交由管理者实行自我控制，事后注重成果评价。

（二）分散是集中的基础

所谓分散，即被管理部门享有较多的自治权，具有对目标的建议权和执行权。伯顿·克拉克认为，分散控制导致高效竞争，竞争的焦点是获得相对声誉[①]。分散管理具有自主灵活、适应性强的优点，能根据不同的部门和单位有针对性地进行管理；其弊端是易导致各自为政、管理涣散的局面。从系统论的角度出发，高校组织是由一个个子系统组成，总目标坐落于这些子系统中，子系统的珠联璧合就构成高校组织的大厦。没有分散的子目标，总目标的大厦就会轰塌。

目标管理的分散性是由目标管理的特点决定的。首先，目标管理重视人的因素，要求发挥管理主体和管理客体两方面的积极性，这就意味着进行目标分解的同时，也要进行权力下放，而管理客体因为手中有

---

① 克拉克. 高等教育新论[M]. 王承绪，等译. 杭州：浙江教育出版社，2001.

"权",也愿意为实现目标付出努力。其次,目标管理是建立相互支持和明确责任的目标锁链和目标体系,不同的目标之间既松散又牢固地进行联合,而最大的权力则坐落在院系,它对上效忠,对下负责,为高等教育新的管理方式——院系管理——倾注了活力。

二、集中与分散彼此冲突的表现

集中与分散是一对矛盾的统一体,在其相互配合中,由于度的把握难以做到适中,会因过度统一而导致统得过死,也可能因过度分散而导致放任自流,还可能形成统一与分散的交集与分离。

(一) 集中或分散过度

在高校目标管理上,最容易出现两种倾向:一是过度集中,二是过度分散。所谓过度集中,是指学校高层领导对目标统得过多,管得过死。目标的制定权、考核权主要集中在高层领导手中。温家宝说,腐败最重要的原因是权力过于集中。目标管理也一样,过度集中,就会束缚下级单位的手脚,必然与高等教育诉求学术自由的原则相对立,进而影响下属单位与教职工的积极性,这与目标管理的初衷是背道而驰的。所谓过度分散,是指高校目标管理条块分割,各行其是。过度分散,必然会导致组织反应迟钝,运转低效,经过精心制定的目标得不到实施,管理秩序就会涣散。过度集中或过度分散,都会导致上级不能有效地指导下级,下级不能有效地制约和监督上级,彼此相克抵消了目标管理的正向功能。

(二) 集中与分散交集

集中与分散必然有交集,交集的部分越大,越表示目标管理"持经达度";交集的部分越小,越表示目标管理偏离轨道。在高校目标管理中,学校总体目标与下级单位的目标、单位目标与个人目标都是上下级的直线关系,不应存在横向并列的分散目标。学校总体目标应统领下级单位的分目标,对下级单位进行统一指挥、宏观协调,单位对个人也是如此。如果集中与分散之间接近于重合,则表明组织指挥系统统一,横向摩擦少，管理效率高，而且这种组织建立之后，能推动高校的日常管理工作。但是这种类型的组织没有专业化的管理分工，难以适合不同院系的特殊情况，缺乏针对性，难以大面积推广，只适用于共性目标的管理。

（三）集中与分散游离

集中与分散会有分离，此即目标管理中的"离题"，也就是学校总体目标与下级单位的目标"水火不相容"，互相倾轧、彼此游离。在高校目标管理中，由于目标分解过细，会造成目标臃肿；加之过分强调专业化管理，会造成上级与下级之间各自为政，上级不能很好地领导与指导下级，下级不能很好地服从上级；该集中的没有集中，不该集中的却悉数集中；该分散的没有分散，不该分散的却尽数分散。总目标与分目标不能很好地兼容，子目标之间不能很好地协调，目标之间的冲突抵消了目标管理的正向功能。

三、集中与分散交汇中和的措施

"中和"是天地万物各安其位、和谐发展的自然法则。《中庸》有云："中也者，天下之大本也。和也者，天下之达道也。致中和，天地位焉，万物育焉。"将"中和"的思想引入高校目标管理，促进集中与分散相结合，至少有三个方面的作用：一是以集中为前提，将目标分解到个人，既有利于激发个人的积极性，也有利于提高系统的合力。高校目标管理通过建立纵横交错、整合一致的目标链，使个人目标、部门目标与学校目标融为一体，以目标为轴心把学校全部资源整合起来，特别是把各层次的管理者和被管理者的积极性都调动起来，形成一个整体的合力，产生出整体的业绩。二是将权力分散于各级管理者，有利于提高各级管理人员的领导能力，能创造一个培养和锻炼管理人员领导能力的管理环境，促使他们相信群众、依靠群众，在管理方式上实现由"命令型"向"信任型"的转变。三是集中与分散相结合，集中有分，分中有集，教职员工之间相互影响、相互作用，有利于改善和提高教职员工的整体素质。

需要强调的是,"中和"是中国的传统管理理念。在高校目标管理渗透"中和"思想,即是强调以人为本,但这不等于不讲规章制度,强调民主管理不等于不讲集中,强调集体意识不等于不讲民主。用一种倾向替代另一种倾向就是走极端。面对目标管理,不管是从组织的规范还是从职能的发挥来说,其管理都必须强调具体问题具体分析。针对高校职能部门、二级单位、教师个人的不同背景,目标管理应该有不同的要求。

(一)宏观层面：集中兼顾分散

贯彻执行国家的教育方针和政策法令,服从国家和教育主管部门的统一规划和宏观调控,是高校目标管理的基本依据。根据高校的实际情况,主要应从以下几方面加强目标管理的宏微结合。

1. 目标定位

从系统管理的观点来看,目标的集中性在于保持系统运转的最终目的性和方向性,目标的分散性在于关注目标系统中各子要素的独特性。这一点,对于高校目标管理的宏观统一十分重要。高等教育的目的是为社会培养高级专门人才、进行科学发明创造和为社会提供服务。在这个总目标下,各级各类高校根据自身的实际情况制定出各有特色的办学目标,如一些综合性重点大学以争创世界一流为目标,一些地方高校或职业技术学院以培养社会需要的各种职业人才为目标。这些目标一经确定,应保持相对的稳定性,在相当一段时间内不能偏离。如果擅自改变办学目标,或降低办学要求,或盲目攀高办学层次,或不顾教学质量,一味追求经济利益,都必然导致目标定位的偏离,直接干扰和影响学校总目标的实现。

2. 指标控制

系统工程在选择最佳设计模型时,采用费效分析方法,来实行目标管理的宏观调控,归纳出效能、时间、费用三项指标,力图做到效能高、时间短、费用省。运用这个方法,高校可以从宏观控制的角度,将目标管理的内容分解为以下几个指标：(1)数量指标。指人才培养、科研成果等的数量。(2)质量指标。指人才培养的合格率和开展科研、提供社会服务的质量。（3）效益指标。指学校办学的社会效益及经济效益，要做到耗费少、效能高。要按照高等教育的办学规律和特点，合理地调配和使用教育资源，为社会培养更多的人才，做出更多的发明创造，提供更好的服务。

（二）微观层面：分散不离集中

高校作为一个大系统，管理工作是其中的一个子系统，其管理功能又直接作用于其他系统，管理工作的效率和水平是高校综合管理效益水平的直接反映。鉴于此，高校目标管理实现集中与分散的结合，就必然要使宏观目标渗透到学校工作的微观层面，广泛进入学校工作的具体实践领域。

1. 建立目标群体

高校作为一种团队组织，由众多的部门、成员组成，各个组织和每个成员都有各自不同的目标，这些目标都指向学校的总目标。目标管理在微观层面上实现集中与分散的结合，就是要根据总目标来设计各项工作的子目标，形成一个既有层次又相互联系的目标管理体系——目标群，使各项分散的目标具体明确，更好地实现学校总目标与分目标的兼容。

2. 发挥组合效应

从系统工程的观点看，系统管理在于追求整个系统的效果，因此，在微观层面上实现高校目标管理之集中与分散的结合，不应只着眼于某一项工作目标的实现，而应通过对各项工作的督导，促进各个部门和成员间有机地配合，产生组合效应，从而实现管理的总目标。

3. 形成管理循环

高校人才培养具有周期性，高校目标管理遵循系统管理的特征，具有相对的稳定性并形成管理循环，即使每一管理循环的状况由于主客观条件的变化有所差异，但其基本运行规律还是相同的。因此，从微观层面研究高校目标管理之集中与分散的问题，首先要求高校根据人才培养各阶段的状况、特点作深入的调查研究，然后精心组织好各个阶段的教育、教学和管理工作,把各项工作都落实到管理循环的各个阶段[①]。

(三)操作层面:集中关照分散

集中与分散是高校目标管理活动的基本思路,大多数的管理制度安排都是围绕着其界限划分来设计的。高校目标管理采取何种模式运行,遵循什么样的原则,以及如何处理权力的集中和分散问题,都是目标管理中必须考虑的重要内容。二者各有其长,各有其弊,目标管理在于选择一种集中统筹、分而治之的管理方案,以克服其弊,展现其长,从而促进高校目标管理发挥最佳效益。

1. 共性强调集中

所谓共性目标,是指目标管理的各参与单位的目标有共同之处,能用同一个标准、评价参数评判其成功与否。高校目标管理的共性目标主要包括师资队伍建设、组织建设、学风建设、教学质量、招生就业等。对于共性目标的管理,一般是采取趋同的管理模式,即目标的制定采取同一种办法,目标的分解实行同一种流程,目标的实施采取同一种方式,目标的评价采取同一个标准。对共性目标实行集中管理,是为了实现同一个目标——学校的总体目标,而携手共进。

2. 个性强调分散

所谓个性目标,是指目标管理的各参与单位依据自身的基础,在系统中从事各自的任务与角色,各有其应尽的义务与责任,各有其动机与目标。从管理改革的角度而言,个性目标也称创新目标或特色目标。个性目标常常体现在科研创新、学科建设等方面。在高校管理改革过程中,发展二级单位的创新功能,需要建设个性目标。有个性的组织管理才是有活力的组织管理。每个院系都应有自己特色化的发展目标、发展理念、人文精神、竞争优势。为了保证个性目标的实现与发展,在目标制定、目标分解、目标实现和目标评价中要根据院情、系情进行微观协调,避免一刀切,并确立与之配套的短期、中期和长期评价机制,使个性目标具有可持续性。

---

① 胡四能. 试论高等学校的目标管理[J]. 五邑大学学报(社会科学版),2001(3):21-24.

第八节　公平与效率的关系

公平与效率一直是人类追求的目标，一切改良、改革和革命，都或是为了效率，或是为了公平，或者兼而有之。然而，直到今天，无论在学理的层面，还是在社会实践的层面，公平与效率的关系问题都没有随着人类知识的积累、科技的进步、社会的演进而最后"终结"，反而因真实世界中不断出现的新情况而显得更为复杂、尖锐。公平与效率是共同富裕的基础，社会改革必须建立在效率和公平互促的基础之上，否则，要么会出现社会分化，要么会陷入共同贫困[①]。在高校目标管理中如何处理公平与效率的关系，不仅关系到高校人力资源开发的效率与目标管理的成败，也关系到高等教育高质量发展的大局。

一、效率是高校目标管理的本质体现

"效率"一词最早是物理学术语，后被人们引入经济学的研究中。作为经济学意义上的效率，是指资源利用的有效性、产出率或资源配置的优化率。目标管理活动的实质就是提高效率，其基本任务是使组织成员以最有限的时间、精力、资金和物质等实现组织的目标。高校目标管理活动既追求学校整体工作效率，同时也重视教职工个人效率。高校整体工作效率表示高校投入的人力、财力、物力资源与培养合格人才的质量与数量、创造的科研成果以及服务社会的实效的比较。高校中个人效率指教职工个人投入工作中的时间、精力等与个人从学校中得到的回报之间的比较。高校引入目标管理就是为了打破高校内部长期的僵化管理体制，引进竞争机制，盘活有限的资源，优化资源配置，协调各部门和个人之间的利益，使个人目标和组织目标得到最大程度的实现。

效率优先是高校实施目标管理初期阶段的必然选择，这是由以下两

---

① 朱富强. 共同富裕的理论基础：效率与公平的互促性分析 [J]. 学术研究，2022（1）：96-103.

个因素决定的：一是由目标管理的特点决定的。目标管理的核心就是重视绩效考核，并且根据考核的结果，不仅给予相应的奖励和表彰，还把个人成果反映到人事考核上，作为晋级、提升和调资的依据。这种不单凭年限、资历和个性的做法，有利于打破"大锅饭"和破除"五唯"，鼓励人们多劳多得的工作热情，提高了职工的积极性和主动性，促进了教职工的勤学向上和潜能的释放，不仅使个人效率得到提高，同时大大提高了整个学校的生产效率。追求效率最大化是高校实施目标管理的出发点和最终归属。二是为了改变中国高校长期低质低效发展的现实需要。长期以来受计划经济体制影响，中国高校内部分配上实行平均主义、吃"大锅饭"，年度考核走过场，未能体现出绩效优先的原则，在校内津贴和学校创收分配以及活工资的分配上，存在着"四个一样"（即干与不干一个样，干多与干少一个样，干好与干坏一个样，绩效显著与业绩平平一个样）和"两多两少"（即多干工作的不多得，少干工作的不少得）的现象[①]。那些敬业爱岗、业绩突出的教师得不到应有的奖励，而一些工作成绩平平者甚至无所事事的人也未受到必要的惩罚，教学一线上的骨干教师"超负荷"工作，在分配上却与其他人员同酬，使得奖勤罚懒、奖优罚劣的制度无从实现。面对高校外部环境日益宽松的新形势，怎样着力于高校内部能量的释放，也就是高校怎样最大限度地发挥内部办学潜力，已经引起教育界的极大关注。引进目标管理就是强化竞争意识、效率意识，激发教职工工作热情，提高高校效率。

二、公平是高校和谐发展的前提

目标管理中的高效率是靠调动每个教职工的创造性、积极性，充分发掘每个单位和个人的潜力实现的。如果以追求效率为唯一价值诉求，尤其是实行"效率第一"的分配制度，会逐渐拉开内部收入差距，必将使学校内部和谐与安定的组织氛围遭到一定程度的破坏，挫伤大部分教职工的工作积极性，最终导致整个学校的效率降低。同时，高校教师是

---

① 李春杰. 关于当前高校青年教师流失现象的思考[J]. 南都学坛, 1999 (1): 91-93.

脑力劳动者，教师的劳动是一种特殊的专业活动，不同于物质生产劳动。物质财富生产者的劳动价值可以根据产品的数量与质量，以计件工资的形式来体现，而教师的劳动面对的是复杂的人，他们劳动价值的实现比较迟效与间接，效果比较隐蔽，对教师的工作做出及时而科学的评价比较困难，容易导致评价的结果与评价的客体不一致甚至相差甚远，这时如果片面强调效率第一，就会影响教师工作积极性的发挥。因此，公平也必然成为高校目标管理的价值诉求。

"公平"的内涵比较复杂，但与经济学意义上的"效率"相对应，并联系到"效率优先，兼顾公平"等语境，"公平"则主要是指"经济公平"和"社会伦理公平"。"经济公平"是指机会公平和经济规则公平，它强调各种市场主体在拥有平等权利和地位的前提下，拥有公平的、能充分发挥自己能力并取得成就的机会，强调市场规则公平。"社会伦理公平"则是从社会学或伦理道德的价值标准出发，以人的消费需求为基准，强调任何社会成员都能获得与社会发展水平相适应的生存保障，且维护与之相连的社会稳定。目标管理的出发点是促进组织效率的提高，但目标管理也是目标任务分解、合理配置资源、协调各部门和个人利益的过程，所以公平问题也是目标管理中的价值诉求。

高校目标管理中的公平，既有经济意义上的含义，又内含了社会伦理意义上的公平，包括目标管理过程中的规则公平、机会公平和结果公平。首先，规则公平主要是竞争环境的公平，即竞争规则对各竞争主体应当是统一的，一视同仁的，所有主体都必须遵循同一规则参与竞争，对参与竞争的主体必须按照统一尺度衡量。由于各人的自然禀赋不同，努力程度不同，在工作过程中所做出的选择不同，因此，各人在生产中所取得的收入份额也必然不同。但从规则公平的角度来说，只要竞争的规则是公平的，则竞争的结果就是公平的。规则公平作为公平的一个方面，在逻辑上是优先于机会公平与结果公平的。高校目标管理中，规则公平主要指目标管理过程中设定的各种规则，包括目标分解原则、资源配置制度、授权规则、目标考核规则、绩效奖惩政策等是公平的。

其次，机会公平就是学校向每个单位和个人提供统一的竞争规则，它确保每个单位和个人在竞争中都享有同样的被挑选的机会、参与的机会，并且每个人可以通过自身的努力取得获胜的机会。高校目标管理中要求组织目标与个人目标的切合，改变传统外部控制管理模式，强调自我管理、自我控制，在目标管理过程中，确保每个单位和个人都有机会参与目标实施活动，是实现组织目标的前提，只有实现每个部门、个人的目标，组织的目标方能得以实现。机会的不公平，打击了那些得不到机会的部门和个人的积极性，并且直接导致结果的不公平。实现机会公平的基本前提是规则公平。机会的公平实际上是一种形式的公平，由于各部门和每个人的起点是不同的，因此，很难每个部门、每个人得到同等的机会。此外，机会的有限性是机会公平的前提条件。在任何人都能获得机会的情况下，是不存在机会公平问题的。正是由于机会均等在现实上的难以操作性，规则公平的重要性在目标管理中就突显出来。设定什么样的规则，使哪些人能够参与哪些竞争机会，在什么背景下参与竞争，这都要依靠公平的竞争规则的确立。

最后，结果公平又称分配公平。结果公平包括产品分配按照投入与产出的比例分配和数量上平均分配两种形式。按比例分配的结果是指在规则公平、机会公平的竞争条件下，个人的投入与产出的比率与他人的投入与产出的比率的对比。当每一个个体与其他个体有相同的投入产出比率和最终收入比率时，这种分配就是公平的，这是结果公平的一种表现形式。平均也是一种公平，在数量上平均分配劳动产品是结果公平的另一种表现形式。按比例分配劳动成果有利于激发人们的积极主动性，促进效率的提高；平均分配曾经在计划经济体制下也发挥过一定的积极作用，但高校目标管理强调绩效考核，在结果公平上秉持的是差异性公平，即奖惩分明，奖勤罚懒，多劳多得。

三、公平与效率兼顾是目标管理的理性选择

关于公平与效率的关系问题，理论界有三种基本见解：替换关系、同一关系和互补关系。持替换关系的学者一般认为，公平与效率是两种截然不同的价值标准、政策原则，二者之间存在着非此即彼的替换关

系，如果强调了效率，就必然会损失一些公平；如果注重公平，则必然损害一定的效率[①]。从公平与效率的辩证关系出发，"如果平等和效率双方都有价值，而且其中一方对另一方没有绝对的优先权，那么在它们冲突的方面，就应该达成妥协。这时，为了效率就要牺牲某些平等，并且为了平等就要牺牲某些效率"[②]。相应地，以公平与效率之间存在替代关系的见解为基础，学者们构思了种种应对之策，即效率优先论、公平优先论、效率与公平兼顾论等。持同一关系的学者认为公平与效率属于同一关系，即公平就是效率、效率就是公平，二者之间不存在天然的、本质的区别与对立，它们是可以相互转化的。这类学者认为，从唯物主义历史观来看，公平与效率的关系最根本的在于二者的一致性。公平必然会导致效率，而效率必然要求在全社会范围内实现公平。持互补关系的学者认为公平与效率属于互补关系，二者之间存在区别与对立。然而，他们却又认为这种区别与对立并不是二者关系中的主流。从宏观社会的层面而言，无论公平还是效率，都在资源配置、社会发展等各领域发挥着根本性的作用，二者的共生、共存、共荣的互补关系才是具有最基础性意义的因素，是社会各项机能得以平衡的重要保障。公平价值及其主导下的制度安排有其优长之处，能够处理好社会、政治领域的各类争端性议题和关系；效率价值及其主宰的制度设计，有利于发挥市场经济的优化配置作用，有利于提高个体的积极性和全社会的经济绩效。然而，不可否认的是，现实生活中存在大量的单凭"公平"或"效率"无法解决的问题，以致出现一些"公平失效""效率失灵"的现象。只有当两者发挥互补作用、相辅相成时，才能够较好地解决社会平衡发展、充分发展问题。

由上述分析可知，公平与效率之间的关系是错综复杂的，公平的类型不同，公平与效率的关系也就随之不同；同一种公平，在不同的具体情况下，对效率的影响也不同。在高校目标管理中，只要理性选择，合

---

① 李丹阳. 公平与效率的互补关系探析 [J]. 学术研究，2007（1）：51-55.
② 奥肯. 平等与效率：重大的抉择 [M]. 王奔洲，译. 北京：华夏出版社，1987：80.

理安排，公平与效率是可以协调统一、相互促进的。

首先，规则公平、机会公平与效率是互相激发的关系。规则公平、机会公平属于制度公平和起点公平，而制度公平和起点公平是达到高效率的必要条件或基本前提。一方面，高效率无非是资源配置的最优化的结果。而获得资源配置最优化的根本手段只能是基于制度公平和起点公平的平等竞争，舍此别无他途。制度公平和起点公平可以实现充分完全的竞争，是效率最高的制度安排。另一方面，高效率是每个教职工充分发挥自己潜力的结果。规则公平和机会公平使每个教职工有公平感，从而能提高工作士气，使他们积极主动地开展工作，提高工作效率，实现学校目标。反之，高效率能促使学校发展，鼓舞教职工士气，提供更多资源和机会，又可以进一步确立更高水平的制度公平和起点公平。因此，制度公平和起点公平与效率是完全一致的，相辅相成的，前者与后者互为充分而必要的条件，不存在本质上的矛盾，而是相互统一、相互促进的关系。

其次，结果公平与效率是互相协调的关系。目标考核和奖惩公平总体上都属于结果公平，与效率之间呈协调一致的关系。优者多获、劣者少得的分配公平精神，是效率原则的必然要求。因此，在高校目标管理中按努力和贡献进行分配所体现的分配公平与效率是一致的。结果公平与效率表面上看好像是矛盾的，是因为人们往往把结果公平简单地看作平均主义，没有注意到由结果公平保证的学校稳定环境是实现效率的必要条件。同时，在绩效分配体制下，有效需求不足是常态，一定程度的结果差异有利于促进积极竞争氛围，与效率并不矛盾。相反，往往是追求虚假或局部效率所导致的分配结果上的不公平，会妨碍真正效率的取得。另一方面，效率是学校目标管理秩序得以存在的物质前提，低效运转不能使高校从社会上获得更多资源，从而不能为教职工提供更多的发展机会，也不能为教职工提供充足的成果来满足教职工公平分配的要求，所以高效率有助于分配公平和结果公平的增进。可见，效率也是公平，真正的公平与真正的效率是完全一致的，并不存在不可调和的矛盾和冲突。当然，效率的提高最终能否带来公平的进步取决于竞争规则是否公平，分配规则是否公平。

四、公平与效率兼顾应坚持的原则

古典科学管理是一种重视效率的管理，行为科学管理是一种重视人际关系的管理，而公平感是人际关系建立的基础，所以集古典科学管理和行为科学管理精髓于一身的高校目标管理，内在地要求在管理过程中效率与公平统一并重，并在实践中坚持整体性原则、实质性原则和发展性原则。

首先，坚持效率和公平兼顾的整体性原则。要从整体上把握效率和公平，而不能把某个部门或某一部分人所认定的"效率"和"公平"作为学校整体的效率和公平。否则，就容易造成把局部的"效率"和"公平"当作全校的效率和公平，做出错误的判断，制定出不符合实际、既没有效率也损害公平的政策。在高校目标管理中，管理者一定要有全局观念，无论是设定的各项规则，提供的机会，还是实施的奖惩，都应全盘考虑，对弱势群体或单位在政策和机会上适当倾斜；在奖惩幅度上把握好度，既不能回到传统管理中平均主义"大锅饭"，又不能把差距拉得太大，这样不利于激励大多数人，因为奖励的必然是少数单位和教职工。

其次，坚持效率和公平兼顾的实质性原则。坚持效率与公平统一并重，就是要从本质上去把握公平与效率的关系，而不仅满足于效率与公平关系的表象，以免把实质上不具备效率与公平的表面上的"效率"或"公平"当作真正的效率或公平，而把表面上似乎不具备"效率"和"公平"而实质上是符合效率和公平的事物当作非效率或非公平的事物。高等教育是一项特殊的社会生产活动，高等教育的"产品"具有精神性和文化性特征，其效率难以完全用量化的手段直接检测。高等教育除了培养人才和科学研究外，还具有促进经济社会发展、提升人的精神品位、引领社会文明的功能。正如英国教育家纽曼所言："大学并不满足于培养出评论家、科学实验者、经济学家或工程师……大学训练是达到一种伟大而又平凡的手段，它旨在提高社会的思想格调，提高公众的智力修养，纯洁国民的情趣，为大众的热情提供真正的原则，为大众的志向提供真正的目标。"① 因此，对高等教育生产效率的判断较一般生产性部门更加复杂和困难。如果奖励的程度大于被奖励者与其他人贡献的差别程度，则会使其他人产生不公平感；而如果贡献大而奖励小则起不了激励作用。无论哪一种结果最终都会导致个人工作效率，以致整个学校生产效率降低。

最后，效率和公平兼顾的发展性原则。应该把效率和公平看作是一个不断提高、发展、丰富的动态过程，而不能以静止的眼光来看待效率与公平及两者的关系。否则，必然不能以更高层次的公平代替原来低层次的公平以适应提高了的效率，妨碍工作效率和公平的整体进步。效率总体上是不断提高的，相应地人们对公平的要求也会不断提高。保持公平与效率的动态制衡，是我们把握两者关系的重点。

总之，效率与公平是高校目标管理两个不同维度的价值追求，效率是绝对的，体现了目标管理比较刚性的一面；公平是相对的，反映了目标管理比较柔性的一面，刚柔相济才能实现目标管理的最佳效果，因此，高校目标管理中的效率与公平是互补互激的关系，它们之间不仅存在着冲突和对立，而且更具联系和统一关系。在高校目标管理中我们不应抛开公平去追求效率，抛开公平的效率只能是一种短视行为，最终会丧失效率；同时，不能为了公平而不讲效率，这是与目标管理的本质背道而驰的。只有实现公平与效率的良性互动，学校组织追求的目标才能顺利实现。

第九节　激励与约束的关系

任何一种管理模式在一定程度上都是激励和约束相容的过程，因为管理在一定程度上就是组织内部管理者和被管理者之间的一种博弈。高校实施目标管理的对象是具有高深学问的知识分子，是需要充分自由工

---

① 彭泽平. 高等教育中公平与效率关系的思考 [J]. 江苏高教，2003（5）：27-30.

作氛围的学者,是以生产知识和培养人才为其主要产品的劳动者,因此,更需要处理好激励与约束之间的关系。从管理学角度来讲,激励是组织中使组织成员产生并增强为实现组织目标的工作动力的管理活动的总称;约束是组织为防止和减少组织成员偏离组织目标、损害组织利益的行为和迫使管理成员努力工作的管理活动的总称。激励与约束是高校目标管理中两种具有有机联系的管理活动,它通常以一种完整、统一的形式存在于高校目标管理实践当中。其作用是在满足个体需求、发挥个体潜能、规范个人行为、提高个体素质的基础上,维护学校内部的良好秩序、协调相互关系、提高高校的运转效率,形成一流高校管理,推进一流大学与一流学科建设。

一、激励与约束的统一

激励与约束是管理活动的两翼,它们之间相互依存,构成了多方面的相互联系,并且在一定条件下相互转化。

(一)激励与约束之间相互依存

作为管理的一种重要模式,高校目标管理体现了管理的激励与约束共存的特点。一方面,目标管理是一种管理上的激励技术。它以一定目标的设置诱发教职工的工作动机,导致一定的行为,产生相应的激励作用,保证行为目标的实现,因为目标是人的一种期望,没有目标,人就不会有努力奋发的动力。管理者的重要任务之一就是努力达成被管理者目标与学校目标的一致。从这种意义上讲,目标既是管理者要实现的目的,又是管理者激励被管理者的一种重要手段。美国心理学家弗洛姆曾经提出著名的期望理论,这是通过考察人们的努力行为与其所获得奖酬之间的因果关系,来说明激励过程的一种理论。期望理论认为,人总是希望达到一定目标,取得一定成绩后,能得到期望的报酬和奖励,能得到社会的承认和同事的赞许。因此,管理者要设法提高职工的绩效与激励之间的关联性。如果只要求人们做贡献,而没有相应的行之有效的物质和精神激励来强化人们继续做出贡献,久而久之,人们的奉献精神就会消退。

同时，目标管理也是一种约束机制。驱使人们积极工作的力量来源于三个方面：自身对目标追求产生的动力、外部激励产生的动力和约束产生的压力。按照组织目标对被管理者施行约束（如设置风险、竞争环境等）的直接作用是对人形成一种外部压力，可促进人们产生某种顾虑和紧张，从而形成一种避惩和控制力量。因此，压力会使人产生一种约束作用，适度的压力往往会转化为人们努力工作的动力。

（二）激励与约束之间相互联系

高校目标管理中的激励与约束是通过奖与惩实现的。只有奖（干好干坏都一样）达不到激励作用，只有惩（无论多么努力还是要受惩罚）也达不到约束作用，因此，高校目标管理中激励与约束之间存在着密切联系，从而使它们形成了一个密不可分的有机整体。激励与约束之间具有相对价值关系。价值关系反映的是一物对一物的有用性。激励与约束之间的价值关系是指高校目标管理活动中激励与约束之间相对于对方来说的有用性。正是这种激励与约束之间的价值关系，才导致两方之间相互作用、相互配合，从而使它们有机结合在一起。激励与约束的价值关系具有内在性、恒定性的特点。在高校目标管理活动中，一旦二者存于同一个管理活动中，也就形成了价值关系；同时，这种关系持久地存在于高校目标管理活动中，它并不随外在条件的变化而变化。

（三）激励与约束之间相互转化

在目标管理活动中，激励与约束并不存在绝对的界限，它们在特定的条件下可以相互转化。当一种奖励成为一个人孜孜追求的目标时，那么这种激励有可能转化为一个人行为的外在约束力量。同样，当一种惩罚成为人们时时回避的边界，那么这种惩罚也可能成为有些人的一种激励形式。因此，在高校目标管理活动中，建立激励与约束机制，奖惩标准的确定是关键。无论是目标制定者，还是目标实施者都要在教学、科研和管理中认真研究奖惩对象，科学设置奖惩条件和实施办法。只有保证了奖惩工作的科学化、规范化、制度化，才能充分发挥其在学校目标管理中的激励作用和制约作用，推动学校目标管理深入、持久、健康地发展。

二、激励与约束的对立

激励与约束之间存在着相互依存、相互转化的关系，这是二者相统一的一面。但是，作为矛盾的双方，它们之间的统一性并不是指两者之间实现了完全的同一与一致。恰恰相反，双方之间的统一是以它们之间存在的区别、对立乃至冲突为前提的，这是矛盾双方斗争性的一面。根据矛盾的对立统一规律，有条件的、相对的同一性和无条件的、绝对的斗争性相结合，构成了一切事物的矛盾运动。因此，在激励与约束这对矛盾中，双方之间的斗争性是绝对的、无条件的。激励与约束在高校目标管理活动中，一定程度上表现为相互对立。一是实施方式上的对立。即注重对目标考核优秀者的物质激励，但是缺少对目标完成不力者的物质惩罚；强调对先进者的精神激励，通过树立标杆、榜样等形式加以宣传，忽视对后进者的精神鞭策、警示。二是活动方向上的对立。无论是激励还是约束，都是从物质和精神两个方面来予以实行。激励活动在物质和精神上的表现是正向的，是为了维持表现活动的原态持久或是更进一步；而约束活动在物质和精神上的表现是负向的，为了削弱表现活动的原态效果，并促使对象有一定程度上的正向表现。

（一）激励与约束相互区别

激励与约束存在的意义是一致的，是为了确保高校目标管理活动的有效性，但在运用的形式上、反映的内容上、实施的对象上存在着一定的区别。一是形式上的区别。在高校目标管理活动中，每个不同的环节中都包含着激励与约束。目标制定环节中，由上而下的目标制定方式的约束力大于激励力，而由下而上的目标制定方式的激励力大于约束力；目标分解过程中，从上而下的目标分摊则是约束明显，激励有限，而从下至上的目标选择则是激励性占主导；目标实施活动中，固定的操作模式的约束性强，而自由的目标实施的激励性强；目标考评中，考核标准的一一对应的约束作用大，而灵活的适情考核的激励作用大。二是对象上的区别。基于活动对象的行为表现，激励与约束才得以实施。活动对象在活动过程中一旦表现为偏离或是违背活动方向的行为，就必须实施约束，以保证方向的固有指向性；而活动对象如果在实现目标的活动过程中表现积极，为了予以肯定和提醒其他表现不够积极的活动对象，则往往对积极的活动对象实施激励。而此时，激励与约束在对象上的差异十分显著，激励的对象是表现积极的活动人或组织，而约束的对象是表现不够积极的活动人或组织。

（二）激励与约束彼此冲突

首先是情感表达上的冲突。在实施激励与约束的过程中，情感表达明显不同。对管理对象实施激励时，激励主体内心充满愉悦和兴奋之情，所以，表达出来的东西是乐于被激励主客体二者所接受的；而在实施约束的过程中，约束主体往往心力交瘁、烦躁不安，此时所表达出来的东西不利于约束主客体的和谐共处，而且双方的情绪又极为糟糕。这样，激励与约束活动的冲突就被淋漓尽致地表达出来。其次是活动氛围上的冲突。激励活动在一定的组织团体中一旦得以实施，就必然会让整个活动场所气氛热烈。无论是被激励的对象，还是未被激励的对象都必然倍感喜悦，活动劲头自然十足。但约束活动一旦被施与，则情况就会相反，甚至犹如阴影笼罩。

三、激励与约束的协调

在高校目标管理活动中，激励与约束之间既相互对立又相互统一，由此构成的矛盾运动推动着管理活动的开展和管理水平的提高。

（一）有机协调激励与约束之间的联系

激励必须依附于约束而存在。激励行为的实施必定参照一定的标准，在高校目标管理活动中，目标考评环节中的任务指标就明显为激励行为提供了一定的指向，而此时的任务指标就是客观存在的约束。然而，约束并不是独立存在的，必须倚靠激励而存在。如果没有后续的激励，则约束就不可能称其为约束，因为此时的约束并不能产生实际的效应。高校目标管理中目标考评主要是涉及两个方面：一是目标考核，就是针对任务指标对任务实施者的完成情况进行分析对比；二是实施奖惩，主要是对任务完成较好者予以物质或是精神上的奖赏，从而对其行为进行肯定以使其继续加以保持甚至增强付出行为，与此同时对任务完成较差的员工进行物质或是精神上的惩罚，以此来矫正和规范教职工的先前行为，从而实现行为结果的优化。

(二) 正确处理激励与约束之间的冲突

激励与约束并不是永远都能和谐共处，在一定程度上，极易产生冲突。如果目标任务难度过大，则约束力就增强，往往起不到激励的效果；然而如果目标任务难度不够，则约束力减弱，此时的激励力也并没有增强，甚至有可能减弱或是根本不存在。在制定学校发展目标的过程中，必须要考虑教职工的个人目标，并使个人目标融入学校发展目标之中，否则，任务指标一旦分解到个体就会产生强大的约束力，一旦超过教职工内心的承受度，就不可能体现出激励作用，会出现相反的情况，甚至引起教职工的反感而致使更糟糕的情况发生。当然，如果只顾激励而不重视约束，则会令激励机制变得根本不起作用，或是只有投入更大的成本才能产生所谓的激励效果。

(三) 适时促进激励与约束之间的转化

激励一旦内化为教职工所追逐的价值理想，则教职工就会在很大程度上维持和保持先前激励所产生的影响，但这就必须依靠自我的约束。约束一旦内化成为教职工规避处罚的意愿，就会主动地激励自己来调整自己的行为。高校目标管理中的指标考核，作为一项约束性的机制，在一定程度上仍然也在激励着教职工的积极主动性。

当然，正确处理激励与约束之间的关系，需要设计科学合理的激励与约束机制。激励机制包含了四大要素：激励主体要素、激励客体要素（即激励对象）、激励资源要素或手段要素、激励关系要素。激励机制的建立要围绕激励要素，建立物质的或精神的激励与约束措施。由于激励机制本身是连接起因与结果的介质，激励机制本身的建设也需要内外资源、手段作为载体或介质，既包括有形的物质、工作岗位等，也包括无形的声望、地位等，具有全方位、多层次的要素特征。另外，激励与约束机制的建立还要考虑激励关系要素，主要是考虑纳入激励范围中的人与人、人与物、人与环境的关系状态，包括主体与客体之间的关系，客体与资源、主体与资源的关系以及不同主体、不同客体、不同资源相互间的关系。